L'HISTOIRE AU QUOTIDIEN

DU MÊME AUTEUR

Aux éditions Armand Colin

LA MÉDITERRANÉE ET LE MONDE MÉDITERRANÉEN À L'ÉPOQUE DE PHILIPPE II, 1949 ; 2e éd. 1964.

NAVIRES ET MARCHANDISES À L'ENTRÉE DU PORT DE LIVOURNE (1547-1611), avec Ruggiero Romano, 1951.

CIVILISATION MATÉRIELLE ET CAPITALISME (XVe-XVIIIe siècle), t. I, 1967.

CIVILISATION MATÉRIELLE, ÉCONOMIE ET CAPITALISME, 3 volumes, 1979.

Aux éditions Belin

LE MONDE ACTUEL, en coll. avec S. Baille et R. Philippe, 1963.

Aux éditions Flammarion

ÉCRITS SUR L'HISTOIRE, 1969.

Aux éditions Arthaud

VENISE, photographies de Folco Quilici, 1984.

LA DYNAMIQUE DU CAPITALISME, 1985.

L'IDENTITÉ DE LA FRANCE, 3 volumes, 1986.

DISCOURS DE RÉCEPTION À L'ACADÉMIE FRANÇAISE, 1986.

UNE LEÇON D'HISTOIRE, Colloque de Châteauvallon, 1986.

GRAMMAIRE DES CIVILISATIONS, 1987.

LE MODÈLE ITALIEN, 1989.

ÉCRITS SUR L'HISTOIRE, tome II, 1990.

Dossiers Documentaires Meusiens

LES TROIS PREMIÈRES ANNÉES DE LA RÉVOLUTION À BAR-LE-DUC, D.E.S. de 1922, éd. 1989.

Aux éditions de Fallois

LES ÉCRITS DE FERNAND BRAUDEL :

Tome I – AUTOUR DE LA MÉDITERRANÉE, 1996.

Tome II – LES AMBITIONS DE L'HISTOIRE, 1997.

Tome III – L'HISTOIRE AU QUOTIDIEN, 2001

LES MÉMOIRES DE LA MÉDITERRANÉE. PRÉHISTOIRE ET ANTIQUITÉ, 1998.

LES ÉCRITS DE
FERNAND BRAUDEL

★ ★ ★

L'HISTOIRE
AU QUOTIDIEN

Édition établie et présentée
par
Roselyne de Ayala et Paule Braudel

Préface de Maurice Aymard

Éditions de Fallois

PARIS

© Éditions de Fallois, 2001
22, rue La Boétie, 75008 Paris

ISBN 2-87706-413-1

SOMMAIRE

Préface, par Maurice Aymard I

INTRODUCTION 9

PREMIÈRE PARTIE : De part et d'autre de l'Atlantique .. 33

DEUXIÈME PARTIE : L'enseignement de l'histoire 117

TROISIÈME PARTIE : Le temps des *Annales* 201

QUATRIÈME PARTIE : Les « ouvriers en histoire » 249

CINQUIÈME PARTIE : L'histoire qui s'écrit 351

POUR CONCLURE 545

ANNEXES :
Bibliographie générale de l'œuvre de Fernand Braudel ... 555
Notes 583
Index 591

Table des matières détaillée 607

PRÉFACE DE MAURICE AYMARD

Ce troisième et dernier volume des *Écrits de Fernand Braudel* pourra sembler, au premier abord, ne pas avoir la cohérence thématique forte que conféraient la Méditerranée et l'Histoire elle-même, dans ses ambitions sans cesse réaffirmées, aux deux précédents. Mais ce n'est qu'une apparence, qui nous invite à chercher au-delà, et à remettre en cause, une nouvelle fois, une certaine vision, simplificatrice mais tenace et souvent reprise, qui réduit Braudel à être l'homme d'un seul livre, *La Méditerranée et le monde méditerranéen à l'époque de Philippe II* : un chef-d'œuvre exemplaire, au sens médiéval du terme, proposé ensuite, à travers une série d'articles dont le plus fréquemment cité est celui sur la longue durée, comme modèle pour une histoire prête à s'attribuer le rôle d'organisatrice et de point de rencontre obligé du dialogue nécessaire entre les sciences de l'homme. Comme si Fernand Braudel s'était contenté, après 1950, de vivre des rentes de ce premier succès : celles-ci lui auraient permis de s'imposer à la tête des institutions, dans le climat favorable des décennies d'après-guerre, les fameuses « trente glorieuses » popularisées par Jean Fourastié, qui sont marquées par une transformation et une modernisation, l'une et l'autre profondes, de l'économie et de la société françaises. La présidence du jury de l'agrégation d'histoire (1949), la succession, la même année, de Lucien Febvre au Collège de France, puis, en 1956, à la direction des *Annales* et à la présidence de la toute nouvelle VIe Section de l'École pratique des Hautes Études (devenue, après lui, en 1975, l'École des Hautes Études en Sciences sociales) dont il avait été en 1947-1948 l'un des fondateurs, la direction du Centre de Recherches Historiques, la création et la direction, jusqu'à sa mort, de la Maison des Sciences de l'Homme, l'Académie française enfin : l'accumulation des responsabilités et des honneurs semble, a posteriori, aller de soi. Il lui aurait donc suffi d'attendre...

Que les choses soient loin d'être aussi simples, et que sa vie n'ait pas cette belle et simple linéarité où les épreuves mêmes, comme la captivité (1940-1945), sont transmuées en réussite : « La prison peut être une très bonne école. Elle enseigne la patience et la tolérance... Sans ma captivité, j'aurais sûrement écrit un tout autre livre... » (p. 17), ce livre en apporte mieux que la preuve : le témoignage à la première personne, avec ce texte autobiographique — une exception sous sa plume —, « Ma formation d'historien », rédigé en 1972, l'année même de son départ à la retraite, à la demande de William McNeil pour le *Journal of Modern History*, qui ouvre ce volume. La réussite n'était pas acquise d'avance, bien au contraire, tout comme ne l'était pas le choix de la carrière d'historien : c'est son père, nous dit-il (p. 13), qui s'opposa à sa volonté de devenir médecin, et, agrégé à la veille de ses 21 ans, sa « vocation d'historien » ne viendra chez lui « que plus tard ». Le choix même de la Méditerranée comme personnage central de son livre n'était pas davantage acquis : il ne s'impose à lui qu'après six années de recherches d'archives et de lectures destinées à préparer une thèse, dont il avait lui-même choisi le titre, sur *Philippe II, l'Espagne et la Méditerranée*. D'où son effort, tout au long de ces pages, pour relier, avec le recul des années, sa propre évolution, progressive et, pour l'essentiel, strictement personnelle, aux nouvelles orientations de l'histoire qui se définissent entre les deux guerres, et dont les *Annales* de Marc Bloch et de Lucien Febvre, créées en 1929 à Strasbourg, sont, pour la France, la référence obligée : des *Annales* dont il a été le lecteur dès l'origine, mais qu'il ne rejoint qu'à la veille de la guerre, à la demande de Lucien Febvre — dont il devient l'ami personnel à l'automne de 1937, à la faveur d'un long voyage de retour entre Santos et la France —, et malgré les réticences de Marc Bloch, mais après un premier passage à la *Revue historique* où Charles-André Julien l'avait accueilli à son retour d'Alger à Paris en 1932. Autant de rencontres dont la logique nous apparaît aujourd'hui évidente, mais qui auraient pu tout aussi bien ne pas avoir lieu, ou ne pas être vécues avec la même intensité, et donc ne pas avoir les mêmes conséquences.

Cette « histoire au quotidien », qui est d'abord celle de la vie de l'historien Fernand Braudel, est donc placée sous le signe de deux couples de termes opposés. Celui du hasard et de la nécessité, le premier jouant un rôle prépondérant au départ, car c'est lui qui distribue les cartes, pour passer ensuite au second plan, quand, précisément, les jeux sont faits et les positions et les identités de chacun mieux assurées. Celui de la réussite et de l'échec, car le pouvoir n'est pas tout, dans l'Université comme ailleurs, et ne suffit pas à lui seul à vaincre les résistances passives et les forces d'inertie conjuguées de tout un milieu, appuyées par les institutions en place : F. Braudel en aura fait l'expérience à de multiples reprises, dans ses tentatives pour rénover à la fois l'enseignement de l'histoire à tous les niveaux (du primaire au supérieur), l'organisation de la recherche, le fonctionnement des institutions, l'histoire comme discipline et la coopération à ses yeux nécessaire entre celle-ci et les autres sciences du social. Et il aura découvert que l'échec peut prendre deux formes principales, celle de l'échec patent, et celle, plus décevante encore, de la victoire apparente, dont les effets se trouvent rapidement émoussés, tout rentrant peu à peu dans l'ordre ancien à peine adapté. Ceci explique que, malgré les charges dont il s'est trouvé investi, malgré les entreprises collectives et les institutions qu'il a dirigées et souvent créées, il ne cesse de se penser, au fond, comme enseignant dans des institutions situées « à la marge de l'Université », comme le Collège de France et la VIe Section (p. 232), ou en tout cas comme un homme dont les idées et les choix marquent des ruptures (p.14). Mais ceci explique aussi, plus profondément, que, libéré de la majorité de ses charges à partir de 1972 (le Collège de France et la VIe Section) et même de 1968 pour les *Annales*, il ait su organiser et réussir de façon aussi magistrale cette dernière partie de sa vie, et changer de statut pour atteindre, lui aussi et sans l'avoir ni cherchée ni encore moins sollicitée, la célébrité que seuls confèrent aujourd'hui les médias : la traduction anglaise de la *Méditerranée* (1972-1973) et son succès rapide aux États-Unis, la série télévisée consacrée à la Méditerranée (1976) et le nouveau départ qu'elle donne, en France même, à son livre, qui touche enfin le grand public, le succès immédiat et spectaculaire des trois volumes de *Civilisation matérielle, économie et capitalisme* (1979), la rédaction de *L'Identité de la France*, laissée inachevée et publiée après sa mort, l'élection à l'Académie française (1984).

C'est donc bien un parcours personnel, même s'il porte la marque de ses responsabilités institutionnelles, que ce livre nous invite à suivre. Au commencement fut l'Algérie, où il découvrit la Méditerranée, et put la voir « de l'autre rive, à l'envers » : on sait son importance dans la genèse de la conception de son œuvre, mais aussi dans l'accumulation d'images, de paysages et de lectures qui ont nourri cette « certaine idée de la Méditerranée », qu'il construisit pour lui-même, et alimenté son écriture.

Mais l'importance du Brésil n'est pas moins grande : prendre ses distances, c'est toujours pour Fernand Braudel la possibilité de mieux voir. Le Brésil lui a donc permis de mieux voir la Méditerranée, dans son ensemble, mais aussi dans son dynamisme, qui lui permet entre XVIe et XVIIe siècle, à l'heure du déclin que la tradition associait aux Grandes Découvertes, de construire le système de navigation de l'Atlantique central puis méridional, d'en faire une « Méditerranée moderne » et de créer, de l'autre côté de l'océan, une « Europe américaine [...] participant à son histoire générale et à la vie mêlée des Europe qui l'entourent, les vieilles et les nouvelles » (pp. 83-84). Mais le Brésil qu'il découvre, c'est aussi le Brésil du XXe siècle, celui de São Paulo autant que celui de Bahia et de Recife ou celui des districts miniers : entendons un Brésil engagé dans une impressionnante entreprise de modernisation, reprenant à son compte cette conquête progressive de son immense espace intérieur qu'avaient amorcée ses premiers occupants européens, et qu'il lui faut en permanence relancer, mais aussi le *pais novo*, qui réussit tant bien que mal le mélange des races que l'Algérie coloniale, qu'il vient de quitter, précisément refuse, au risque de se condamner à l'échec. Et un Brésil qui est alors en train de se doter de ses propres structures universitaires pour former lui-même ses propres élites, mais qui possède déjà ses grands intellectuels, écrivains, historiens, sociologues (comme Caio Prado ou Gilberto Freyre). C'est à travers le Brésil que Braudel découvre l'Amérique latine, non à travers les anciennes possessions espagnoles, vers lesquelles l'attireront ensuite les aventures de l'argent du Potosi, dont l'exploitation, l'arrivée en Espagne et la redistribution en Europe, en Méditerranée, et, plus loin encore, en Asie, vont dicter les rythmes d'une économie européenne constituée en économie-monde. Pour l'heure, ce sont les fortunes successives du bois de brasil, du sucre, de l'or, du caoutchouc, du café ou du coton qui l'attirent : elles rythment les étapes de la découverte et de la mise en valeur du pays, de nouvelles civilisations surtout rurales mordant à chaque fois sur la forêt, ainsi que les circulations des hommes, des troupeaux et des bêtes de trait. Grâce à elles, le Brésil ne limite pas son horizon à la seule Europe, mais s'intègre peu à peu dans une économie du continent américain en train de se mettre en place. Ce Brésil, où il reviendra et d'où il verra arriver au lendemain de la guerre ses premiers étudiants étrangers, il ne l'oubliera jamais.

Le deuxième volet du livre, l'enseignement de l'histoire, assure le lien entre les années brésiliennes et l'après-guerre. Les textes réunis ici révèlent une double ambition. Celle de développer la recherche dans un ensemble de directions nouvelles, de faire de l'histoire une discipline de pointe et de la porter à la rencontre des autres sciences sociales (ambition déjà clairement soulignée dans ses conférences de captivité, publiées pour la première fois dans le volume II de ces *Écrits*). Mais aussi celle de l'enseigner aux élèves des écoles, des collèges et des lycées en éveillant leur intérêt : tâche qui n'est possible que si le professeur accepte de reparcourir avec eux tout l'itinéraire de l'historiographie, en partant à chaque fois de l'histoire traditionnelle, du récit, des hommes, des événements, pour n'en arriver que dans une dernière étape aux développements les plus récents de la recherche. Sur ce plan, sa conférence de 1936 sur « la pédagogie de l'histoire » à l'Instituto de Educação de São Paulo annonce ce qu'il défendra jusqu'au bout, à l'occasion des réformes successives de nos programmes, comme en témoignent aussi bien sa contribution au manuel de 1963 sur *Le Monde actuel,* destiné aux classes terminales, et réédité en 1987 sous le nom de *Grammaire des civilisations,* que son dernier cours, filmé pour l'exemple, cinq semaines avant sa mort, devant les élèves d'un collège de Toulon, et consacré au siège de cette ville en 1707, que l'on retrouve analysé dans le premier volume de *L'Identité de la France.* Chercher est une chose, enseigner en est une autre : « Il me semblerait déplorable de bannir le grand homme de nos leçons scolaires » (p. 125). Seul le récit peut permettre de soutenir l'attention, pour glisser à l'occasion quelques idées qui incitent l'élève à réfléchir. Ainsi, pour la Grèce ancienne, cette suggestion qui annonce *La Méditerranée* : « La base de la civilisation grecque n'est pas la Grèce elle-même mais la mer Égée, ce secteur de la Méditerranée tout semé d'îles » (p. 121). Ou encore, à propos de la pluralité des Europe : « L'européanisation de l'Atlantique, c'est le grand fait de l'histoire moderne, devenu plus tangible avec les XIXe et XXe siècles... *Mare nostrum,* je veux dire l'Atlantique » (p. 134).

Sur ce plan, F. Braudel a eu conscience d'avoir échoué, malgré ses interventions répétées, tout comme il a eu conscience de n'avoir qu'en partie seulement réussi sur le front de la réorganisation de la recherche : certaines de ses idées sont passées — surtout celles concernant les ambitions de l'histoire — non (en dehors des infrastructures nécessaires) les réformes correspondantes des institutions. La recherche est entrée en force à l'Université, et a pris sa place, comme il le souhaitait, dans les cursus des étudiants, dont la thèse dite de nouveau régime est devenue le point d'arrivée. Mais son projet de « création d'une faculté des

Sciences économiques, sociales et politiques » n'a pas davantage abouti que le programme cohérent d'enseignement qui devait être le sien. Celui-ci visait à surmonter les barrières institutionnelles et disciplinaires, à regrouper et à fédérer, et à donner aux sciences sociales leur vraie place en termes de formation des étudiants, de reconnaissance institutionnelle, de centres de recherche et de moyens de travail (y compris le personnel des laboratoires).

Restait pour lui, comme un domaine où il pouvait se mouvoir librement, l'enseignement de la recherche, et de la recherche seule, tel que le Collège de France, en l'accueillant après le refus de la Sorbonne, lui a permis de l'assurer, tout comme la VIe Section. La réflexion à haute voix, associant la lecture critique d'ouvrages, les commentaires de documents et la présentation de recherches en cours conduites par lui-même ou par des collègues français ou étrangers, y porte tantôt sur des livres qu'il prépare ou projette d'écrire, tantôt au contraire sur des thèmes qui le préoccupent comme l'Allemagne du XVIe siècle, le progrès technique et scientifique ou les résultats et les méthodes de l'économie historique. La série des comptes rendus de ces cours pendant ses vingt-deux années d'enseignement (1950-1972) met en évidence la diversité de ses intérêts et le foisonnement des sollicitations qui l'assaillent : la seconde édition de *La Méditerranée* (1966), l'histoire de l'Espagne promise à Lucien Febvre mais qu'il renoncera à écrire, l'histoire du capitalisme entre XIIIe et XVIIIe siècle dont le premier volume paraît en 1967, mais qui ne sera achevée qu'en 1979, et même l'annonce de cette histoire de France, à laquelle il consacre ses deux derniers cours, mais qu'il ne commencera à rédiger qu'en 1979, aussitôt après avoir donné le bon à tirer de *Civilisation matérielle, économie et capitalisme*.

On pourra être surpris en revanche du bilan mitigé qu'il trace de sa direction des *Annales*, malgré le prestige et le pouvoir qu'elle lui confère. Ce qui explique sans doute, alors même que Lucien Febvre avait annoncé dès le lendemain de la création de la VIe Section que les *Annales*, c'était désormais les *Annales* plus la VIe Section, qu'il ait décidé de passer la main à la génération suivante dès 1968, sans même attendre l'heure de la retraite. S'il rappelle en 1972 en effet (p. 25) que « de 1946 à 1956, *en fait*, Lucien Febvre sera seul pour diriger les *Annales* » et que « de 1956 à 1968, *en fait* », lui-même « sera seul pour les diriger à son tour », il affirme quatre ans plus tard son désaccord avec l'une des thèses centrales du livre de Traian Stoianovich dont il signe la préface : l'après-guerre ne marque pas à ses yeux, comme le voudrait l'auteur, « la période décisive, celle où le modèle historiographique va vraiment se dessiner et se définir ». Pour lui, « une nouvelle période, certes. Mais rien d'essentiel n'a été ajouté par les *Annales* de la deuxième génération au lot d'idées mises en circulation par les premières *Annales*. Aucun de nous, les nouveaux venus... n'a ajouté vraiment une idée neuve, un concept inconnu à l'arsenal théorique déjà constitué. Des formules oui, des exemples oui, des confirmations oui ; des novations, non et non » (p. 231). Et de regretter presque aussitôt « l'immense succès de la revue » et la transformation, qu'il avait pourtant souhaitée, de la VIe Section en établissement autonome, assurant la collation des titres universitaires, l'École des Hautes Études en Sciences sociales : « Ne nous y trompons pas : nous sommes devenus orthodoxes » (p. 233). Dans les mêmes années, il aimait évoquer l'idée de lancer une nouvelle revue, qui aurait été vraiment la sienne et qui, sous le nom d'*Inter-Sciences*, aurait retrouvé le chemin de l'hétérodoxie et de la contestation. Mais il était alors engagé sur d'autres fronts, et il pressentait que le temps lui était compté.

Par opposition, les deux groupes de textes réunis dans les quatrième et cinquième parties illustrent deux comportements différents, mais complémentaires, car se situant sur des plans distincts, celui de l'homme et celui de l'historien. Dans les portraits de ses égaux et de ses aînés, qu'il s'agisse d'hommages destinés à être lus en présence de l'intéressé ou, malheureusement, de plus en plus souvent, d'articles nécrologiques, les deux mots clefs sont ceux d'amitié partagée et de générosité d'intelligence et de cœur, les qualités qu'il appréciait le plus chez ses interlocuteurs. Dans les grands articles, préfaces et comptes rendus, qu'il utilise pour prendre parti sur un ouvrage récent, la règle est au contraire celle qu'il s'était fixée dès ses premières recensions, à Alger, de l'*Histoire de l'Afrique du Nord* de Charles-André Julien, et qu'il s'est toujours fait un devoir de respecter, même à l'égard des plus grands, comme Gilberto Freyre : fondée sur le principe souvent réaffirmé par lui (mais aujourd'hui trop souvent oublié) qu'en matière de débat intellectuel il n'y a pas plus de place pour la complaisance que pour la polémique inutile, la critique y contrebalance presque toujours l'éloge, et vient souligner les limites acceptées ou choisies par l'auteur dans la conception ou la rédaction de son entreprise. Au fond, Fernand Braudel, au nom d'une certaine idée de l'histoire globale, en demande toujours plus, et ne manque jamais de signaler ce qu'il aurait aimé trouver en plus, et dont l'absence le laisse sur sa faim.

Ce dernier volume des *Écrits* vient donc illustrer une série d'aspects souvent méconnus ou négligés de l'œuvre, de la vie et de la personnalité de l'homme et de l'historien. Loin d'être mineurs, ces aspects aident à mieux le comprendre dans sa complexité, et à nous prémunir contre la tentation de la simplification. Il est donc heureux qu'en guise de conclusion les responsables de cet ouvrage aient choisi, parmi les articles, assez nombreux, que F. Braudel a rédigés, surtout entre 1980 et 1985, pour des journaux français et plus encore italiens, cet article publié dans *Le Monde* en 1980 : il y réaffirme la longue durée de la crise économique amorcée au début des années 1970, la nécessité pour la France de lui apporter des réponses structurelles, mais aussi l'importance de ses dimensions culturelles, 1968 ayant précédé de cinq ans le premier choc pétrolier. Dix ans plus tôt, dans une interview à un journal italien, il avait avancé l'idée, parlant du mouvement étudiant et de ses effets qu'il prévoyait durables, qu'une « société fait une révolution culturelle quand elle est incapable de faire une révolution structurelle ». Cette fois, la « sagesse de l'histoire » le conduit à réaffirmer sa confiance dans l'avenir et dans ceux qui viennent après lui : « Je suis de ceux qui voudraient laisser à toute expérience jeune le droit de vivre ou de mourir d'elle-même [...] J'ai le goût des eaux vives. L'avenir à court terme et à long terme leur appartient. À condition de les laisser bondir » (p. 551). Puisse cette confiance être contagieuse.

M. A.

INTRODUCTION

 À Braudel, comme à quiconque, il arrivait au hasard d'une conversation de parler de lui-même, de son enfance et de son village natal de Luméville ; de ses souvenirs algérois ; parfois, mais à peine, de la « drôle de guerre » ; jamais, par contre de son interminable captivité, sinon pour en évoquer un jour à l'usage de ses filles quelques épisodes comiques. Au vrai il ne se racontait guère et n'a jamais eu la moindre tentation autobiographique. Il a donc bien fallu à McNeil, des mois durant, pour arriver à ses fins, toute l'obstination à laquelle Braudel fait allusion.
 S'il a finalement cédé, c'est parce que cette proposition plusieurs fois renouvelée l'avait conduit, dans l'intervalle, à réfléchir à cette étonnante révolution intellectuelle qu'inaugurent dès avant le début du XXe siècle les ambitions de « synthèse » de Henri Berr et qui se poursuit en se transformant, avec les Annales d'histoire économique et sociale de Lucien Febvre et Marc Bloch, en 1929, puis la création de la VIe Section de l'École pratique des Hautes Études, en 1947. S'interroger sur le sens de cette longue continuité de pensée et sur la façon dont, finalement, elle est parvenue jusqu'à lui et l'a entraîné à son tour, c'était tout autre chose qu'une tranche d'autobiographie. « Ma formation d'historien » ne consacre que sept pages à l'historien Braudel (il n'a jamais écrit sur ses cinq années de captivité ailleurs que dans la demi-page qui y est consacrée) et quatorze pages aux expériences de ses prédécesseurs. Ce n'est pas un hasard.

MA FORMATION D'HISTORIEN*

Comment s'est faite, au jour le jour, ma formation d'historien et comment cette évolution, qui recoupe l'histoire de l'École des *Annales*, peut-elle être une illustration des particularités de l'historiographie française actuelle ? Telle est la double question que m'a posée en 1972 William McNeil, pour le *Journal of Modern History*. J'avoue avoir fait longtemps la sourde oreille à cette proposition qui me contraignait à jeter sur moi-même un regard insolite, à me considérer en quelque sorte comme un objet d'histoire et à m'engager dans des confidences qui ne peuvent se situer au premier abord que sous le signe de la complaisance, voire de la vanité. Toutes ces raisons, je me les suis dites et redites, mais William McNeil s'est obstiné : si je n'écrivais pas moi-même cet article, il me fallait avoir la gentillesse de donner à un autre la documentation nécessaire pour l'écrire ! J'ai finalement cédé et j'essaierai de répondre en toute honnêteté à la double question posée, bien que j'avoue ne pas être certain que ce récit trop personnel et d'un intérêt douteux pour le lecteur tranche vraiment le débat.

I

Commençons donc par le témoin. Je suis né en 1902, entre Champagne et Barrois, dans un petit village qui compte aujourd'hui une centaine d'habitants et qui, au temps de mon enfance, en comptait presque le double. C'est un village enraciné depuis des siècles ; j'imagine que sa place centrale, au confluent de trois

---

* *Journal of Modern History*, 1972 (pp. 448-467). Première édition en français, *Écrits sur l'histoire*, II, Arthaud-Flammarion, 1990.

routes et d'un chemin ancien, peut correspondre à la cour d'une ancienne villa gallo-romaine. Non seulement j'y suis né, au hasard des vacances d'été qui y ramenaient mes parents, mais j'y ai vécu assez longuement auprès de ma grand-mère paternelle qui a été la passion de mon enfance et de ma jeunesse. Aujourd'hui encore, je ne me reporte pas à ces premières années, restées très claires dans ma mémoire, sans satisfaction. La maison où j'habitais, construite en 1806, aura duré telle quelle, ou à peu près, jusqu'en 1970, beau record pour une simple maison paysanne. Je crois que, pour l'historien que je suis devenu, ce long stage campagnard, fréquemment renouvelé, a eu son importance. Ce que d'autres ont appris dans les livres, je le sais depuis toujours de source vive. Comme Gaston Roupnel, l'historien des campagnes bourguignonnes, comme Lucien Febvre, avant tout un homme de Franche-Comté, j'ai été à l'avance et je reste un historien de souche paysanne. Je connais par leur nom les plantes, les arbres de ce village de l'Est, j'ai connu chacun de ses habitants, j'ai vu à l'œuvre encore le forgeron, le charron du village, les bûcherons occasionnels, les « bouquillons » ; j'ai vu chaque année changer les soles du finage qui, aujourd'hui, ne porte plus que des prairies consacrées à l'élevage ; j'ai vu tourner la roue d'un vieux moulin qui, je crois, avait été jadis construit pour le seigneur du voisinage par d'arrière-parents à moi. Et comme toute cette France de l'Est, paysanne, est pleine de souvenirs militaires, j'ai été enfant, de par ma famille, aux côtés de Napoléon, à Austerlitz, à la Bérézina. Par un paradoxe qui n'en est pas un après tout, c'est cette France de l'Est qui, en 1793 et 1794, sur l'arrière des armées révolutionnaires, demeura fidèle et sauva la Révolution, alors qu'elle n'est pas et ne sera pas révolutionnaire en esprit, surtout par la suite.

Mon père était instituteur à Paris et devait terminer sa vie brève (1878-1927) comme directeur d'un groupe scolaire. J'eus cependant l'avantage, de 1908 à 1911, d'habiter la grande banlieue de Paris, mais alors la grande banlieue de Paris c'était la campagne presque intégrale. Mériel était un gros village aux lourdes maisons de pierre, aux jardins clos de murs, pleins de groseilliers et de cerisiers, disparaissant chaque printemps sous les lilas en fleurs. L'Oise qui le borde ou presque amenait du Nord des convois de péniches belges que traînaient derrière eux des remorqueurs. De temps à autre, les Montebello, ces descendants du maréchal Lannes, organisaient de magnifiques chasses à courre...

À l'école où j'entrais tardivement, j'eus un instituteur prodigieux, intelligent, attentif, autoritaire, et qui récitait l'histoire de France comme on célébrerait la messe.

Ensuite, je fis des études au lycée Voltaire, à Paris (1913-1920). Mon père, mathématicien de nature devrais-je dire, nous a, mon frère et moi, enseignés avec une telle ingéniosité que nos études furent dans ce secteur d'une étonnante facilité. Je fis beaucoup de latin, un peu de grec. J'adorais l'histoire, ayant en outre une mémoire assez hors de l'ordinaire. J'écrivis des vers, trop de vers. En somme, je fis de très bonnes études. Je voulais être médecin, mais mon père contrecarra cette vocation pas assez affirmée et je me suis trouvé désorienté en cette année 1920 qui, pour moi, a été triste. Finalement, j'ai commencé en Sorbonne des études d'histoire. Je suis licencié, diplômé, agrégé sans difficulté, mais sans plaisir trop vif. J'ai l'impression d'avoir un peu bradé ma vie, d'avoir choisi la facilité. La vocation d'historien ne viendra chez moi que plus tard.

De la Sorbonne bienveillante, alors peu peuplée, je n'ai gardé qu'un seul souvenir agréable : l'enseignement de Henri Hauser. Il parle un autre langage que nos autres professeurs, celui d'une histoire économique et sociale ; merveilleusement intelligent, il sait tout et le montre sans ostentation. Signe des temps : il parle devant un très petit auditoire, six, sept personnes. Soyons juste : j'ai aussi pris du plaisir à suivre les cours de Maurice Holleaux, extraordinaire spécialiste d'histoire grecque, qui parlait lui aussi pour trois ou quatre auditeurs, dont l'historien roumain Cantacuzène et le futur doyen de la Sorbonne, André Aymard.

Mes études terminées en un clin d'œil, j'arrive à vingt et un ans comme professeur d'histoire au lycée de Constantine (Algérie). Je suis alors un apprenti historien comme des centaines d'autres. J'enseigne comme des milliers d'autres une histoire événementielle qui m'amuse, car je l'apprends tout en l'enseignant. Je suis même d'entrée de jeu ce que l'on peut appeler un bon professeur, car j'aime mes élèves qui me le rendent avec usure, à Constantine, puis l'année suivante à Alger. Je le répète, je suis alors un historien de l'événement, de la politique, des biographies illustres. Les programmes de l'enseignement secondaire nous y condamnent. Le diplôme d'études supérieures que j'ai écrit : *Bar-le-Duc pendant les trois premières années de la Révolution française* (comme tout étudiant de gauche à l'époque, la Révolution de 1789 m'avait attiré et retenu) est un devoir consciencieux. Bref ma montre est à l'heure de tout le monde et, comme il convient, de mes maîtres les plus traditionnels. Je m'efforce d'être aussi érudit, aussi honnête qu'ils le sont, aussi attaché que possible aux faits. Mon diplôme prouve cette allégeance, de même que mon premier article publié en 1928 (« Les Espagnols et l'Afrique du Nord »), ou ma communication, à Alger en 1930, au Congrès des Sciences Historiques dont je suis le secrétaire adjoint — occasion pour moi de revoir mes maîtres et de faire la connaissance de Henri Berr, le plus sympathique, le plus généreux des « hommes arrivés », seulement soucieux de convaincre et plus encore de charmer les autres.

Mon séjour à Alger devait durer jusqu'en 1932, coupé seulement par mon service militaire qui, en 1925 et 1926, m'a donné l'occasion de parcourir toute la Rhénanie, de connaître et alors d'aimer l'Allemagne.

J'ai donc eu la possibilité de m'abandonner au plaisir de vivre dans une ville magnifique, sous le signe elle-même de la joie de vivre, de visiter sérieusement tous les pays d'Afrique du Nord, jusqu'au Sahara qui me fascinait.

Je crois que ce spectacle, cette Méditerranée comme aperçue de l'autre rive, « à l'envers », a beaucoup compté dans ma vision de l'histoire. Mais ma mutation en esprit s'est faite lentement. En tout cas, je n'ai pas compris, à cette époque de ma vie, le drame social, politique, colonial qui était cependant sous mes yeux. Ce n'est qu'au-delà de 1939, il est vrai, que le paysage s'est assombri en Afrique du Nord et que la nuit est alors tombée d'un coup. Je me vois donc des excuses. Tout d'abord le besoin de vivre quand on a vingt ans, cette attention exclusive à soi-même, bonne et mauvaise conseillère ; la difficulté d'apprendre l'arabe (j'essaie sérieusement et je ne réussis pas) ; l'inquiétude exclusive qui est la mienne au sujet de l'Allemagne que je viens de voir de près, que j'aime et qu'en même temps, en homme de l'Est, je redoute. Et surtout, il faut le dire, en 1923, en 1926, et durant les années qui suivent, l'Algérie française ne se présente pas à mes yeux comme un monstre. Un jour peut-être, sur ces années perdues, un « pied-noir » écrira un livre comme *Autant en emporte le vent*. En tout cas, je ne me sens pas alors moi-même mauvaise conscience. La mauvaise conscience sera là vingt ans plus tard. Aussi bien, vers 1930, quand Benjamin Crémieux arrive à Alger pour y faire une conférence, il télégraphie à R. Kipling : « J'arrive en Algérie, je vais comprendre la France. » Kipling et l'Angleterre avaient l'Inde — et bonne conscience. Et l'Inde, c'était l'explication de l'Angleterre.

Je me suis donc mis tardivement sur la route de ce qui sera ma passion, une histoire nouvelle, en rupture avec l'enseignement traditionnel. Pour choisir mon sujet de thèse (la thèse était alors l'étape obligatoire vers l'enseignement supérieur), j'avais naturellement, connaissant convenablement la langue allemande, pensé d'abord à me tourner vers l'histoire allemande. Mais cette histoire me paraissait empoisonnée à l'avance par mes sentiments trop français. C'est pourquoi je m'étais laissé tenter par l'histoire de l'Espagne, rencontrée par hasard, au cours de mes études, à propos d'un travail sur la paix de Vervins (1598), fait sous la direction du sympathique et prestigieux Émile Bourgeois. Par jeu, j'avais appris l'espagnol, puis j'avais consulté aux Archives Nationales le richissime fonds K, issu du pillage des documents de Simancas par Napoléon Ier. Étant à Alger, j'avais pensé qu'un travail consacré à *Philippe II, l'Espagne et la Méditerranée* ferait un sujet de thèse acceptable. Et il fut accepté en effet, sans difficulté, à la Sorbonne.

Il n'y avait alors en France ni bourses de recherche, ni année sabbatique. Il me fallut attendre les vacances d'été de 1927 pour commencer mes longs travaux d'archives à Simancas. Mais j'eus une chance peu ordinaire : alors que je cherchais à acheter l'appareil photographique de tout le monde (le microfilm est une invention d'après-guerre), un ouvrier américain, cinéaste, me proposa un vieil appareil destiné à dégrossir les scènes de cinéma et me prouva qu'il ferait merveille devant des documents. Je jetai archivistes et *buscadores* de Simancas dans l'envie et l'admiration en expédiant, par rouleaux de trente mètres de pellicule, deux à trois mille photos par jour. J'en usai et abusai, en Espagne et en Italie. Grâce à ce cinéaste ingénieux, j'ai été sans doute le premier utilisateur de vrais microfilms que je développais moi-même et lisais ensuite, à longueur de journées et de nuits, avec une simple lanterne magique.

Peu à peu, mes doutes grandissaient au sujet du libellé de mon travail. Philippe II le Prudent, le Triste, m'attirait de moins en moins, et la Méditerranée de plus en plus. Dès 1927, Lucien Febvre m'avait écrit (je le cite de mémoire) : « Plus que Philippe II, il serait passionnant de connaître la Méditerranée des Barbaresques. » En 1931, Henri Pirenne exposait à Alger ses idées sur la fermeture de la Méditerranée à la suite des invasions musulmanes. Ses conférences m'ont paru prodigieuses : dans sa main ouverte ou fermée, tour à tour s'enfermant ou se libérant, toute la mer. C'est pendant ces années-là, entre 1927 et 1933, alors que je vivais dans les archives sans aucune hâte, même pas celle de choisir définitivement mon sujet, que ma décision a mûri d'elle-même. Alors j'ai choisi la Méditerranée.

Encore fallait-il pouvoir écrire un pareil livre. J'eus la réputation auprès de mes amis et de mes collègues de ne jamais devoir achever ce travail trop ambitieux. Je m'étais mis en tête de retrouver le passé de cette mer que je voyais chaque jour et dont les hydravions d'alors, qui volaient bas, me livraient des images inoubliables. Or les séries ordinaires d'archives parlaient surtout des princes, des finances, des armées, de la terre, des paysans. De dépôt d'archives en dépôt d'archives, je m'enfonçais donc à travers une documentation fragmentaire, mal explorée, parfois mal, ou pas classée. Je me rappelle mon ravissement en découvrant à Dubrovnik, en 1936, les merveilleux registres de Raguse : enfin des bateaux, des nolis, des marchandises, des assurances, des trafics... Pour la première fois, je voyais la Méditerranée du XVIe siècle.

Mais tout sujet d'histoire appelle, exige une problématique. J'eus une autre chance. En 1935, on m'offrit, par hasard, un poste à la faculté de São Paulo, au Brésil. J'y ai trouvé un paradis pour le travail et la réflexion. Chargé d'un cours général d'histoire de la civilisation, j'y ai eu des élèves charmants, par certains côtés contestataires, vivant près de vous, vous obligeant à prendre parti à tout propos. J'ai vécu ainsi trois années prodigieuses : l'hiver, la période de mes vacances australes, j'étais en Méditerranée ; le reste du temps au Brésil, avec des loisirs et des possibilités fantastiques de lecture. J'ai lu alors des kilomètres de microfilms. J'avais pris aussi contact directement avec Lucien Febvre, en 1932 et 1933, une fois chez Henri Berr (avec qui j'étais en relation depuis 1930), une fois à l'*Encyclopédie française*, rue du Four, une fois chez lui, dans son étonnant bureau de la rue du Val-de-Grâce. Et puis, en octobre 1937, à Santos, alors que je quittais définitivement le Brésil, en montant à bord du bateau (il n'y avait pas d'avions transocéaniques pour les passagers à l'époque), je trouvai Lucien Febvre qui revenait, quant à lui, d'une série de conférences à Buenos Aires. Ces vingt jours de traversée furent pour Lucien Febvre, ma femme et moi vingt jours de bavardage et de rires. C'est alors que je suis devenu plus qu'un compagnon de Lucien Febvre, un peu son fils : sa maison jurassienne du Souget est devenue ma maison, ses enfants mes enfants.

À cette époque, toutes mes hésitations s'étaient envolées. Je touchais au port ; j'avais été nommé, l'année précédente, à l'École des Hautes Études. L'été 1939, au Souget, je m'apprêtais à commencer la rédaction de mon livre. Et c'est la guerre. Je la fais sur la frontière du Rhin. De 1940 à 1945, je suis prisonnier en Allemagne, tout d'abord à Mayence ; puis de 1942 à 1945, dans le *Sonderlager* de Lübeck où m'avaient mené mes rébellions de Lorrain. Puisque, de ces épreuves longues, je suis revenu sain et sauf, me plaindre serait vain et même injuste : seuls les bons souvenirs sont au rendez-vous, aujourd'hui. Car la prison peut être une très bonne école. Elle enseigne la patience, la tolérance. Voir arriver à Lübeck tous les officiers français d'origine juive, quelle étude sociologique exceptionnelle ! Et plus tard soixante-sept ecclésiastiques de tout poil, jugés dangereux dans leurs camps respectifs, quelle étrange expérience aussi ! L'Église française ouvrait devant moi son éventail, du curé de campagne au lazariste, du jésuite au dominicain. Autres joies, autres expériences : vivre avec des Polonais trop courageux, accueillir les défenseurs de Varsovie dont Alexandre Gieysztor et Witold Kula, être submergé un beau matin par l'arrivée massive des pilotes de la Royal Air Force, cohabiter avec tous les spécialistes français de l'évasion envoyés chez nous en pénitence, ce sont là — et j'en passe — des souvenirs souvent pittoresques. Mais ce qui m'a vraiment tenu compagnie pendant ces années longues, ce qui m'a « distrait », au sens étymologique du mot, c'est la Méditerranée. C'est en captivité que j'ai écrit cet énorme ouvrage que Lucien Febvre a reçu cahier d'écolier par cahier d'écolier. Ma mémoire m'a seule permis ce tour de force. Mais, sans ma captivité, j'aurais sûrement écrit un tout autre livre.

Je n'en ai pris totalement conscience qu'il y a un ou deux ans, en rencontrant à Florence un jeune philosophe italien. « Vous avez écrit ce livre en prison ? m'a-t-il dit. Oh, c'est pour cela qu'il m'a toujours donné l'impression d'un livre de contemplation. » Oui, j'ai contemplé, en tête à tête, des années durant, loin de moi dans l'espace et dans le temps, la Méditerranée. Et ma vision de l'histoire a pris alors sa forme définitive, sans que je m'en rende compte aussitôt, en partie comme la seule réponse intellectuelle à un spectacle — la Méditerranée — qu'aucun récit historique traditionnel ne me semblait capable de saisir, en partie comme la seule réponse existentielle aux temps tragiques que je traversais. Tous ces événements que déversaient sur nous la radio et les journaux de nos ennemis, ou même les nouvelles de Londres que des radios clandestines nous livraient — il me fallait les dépasser, les rejeter, les nier. À bas l'événement, surtout le contrariant ! Il me fallait croire que l'histoire, le destin s'écrivaient à une bien plus grande profondeur. Choisir l'observatoire du temps long, c'était choisir comme un refuge la position même de Dieu le Père. Très loin de nos personnes et de nos malheurs quotidiens, l'histoire s'écrivait, tournait lentement, aussi lentement que cette vie ancienne de la Méditerranée dont j'avais si souvent ressenti la pérennité et comme la majestueuse immobilité. C'est ainsi que je me suis mis consciemment en quête du langage historique le plus profond que je pouvais saisir, ou inventer, le temps immobile, ou pour le moins très lent à se dérouler, obstiné à se répéter. Mon livre s'est alors ordonné selon plusieurs lignes temporelles différentes, allant de l'immobile à la brièveté de l'événement. Aujourd'hui encore, ces lignes dessinent, traversent pour moi tout paysage historique.

II

Le témoignage que l'on me demande sur l'École des *Annales*, ses origines et son programme, met en cause trois hommes : Henri Berr, Lucien Febvre, Marc Bloch, que j'ai connus tous les trois, on le verra, de façon assez différente.

Le premier, Henri Berr (1862-1954), est celui qui me pose et qui pose les problèmes les plus difficiles. Voilà qui surprendra, j'en suis sûr, ceux qui ont connu cet homme comme transparent aux yeux d'autrui, passionné par une œuvre grandiose, disproportionnée à vrai dire, devant laquelle cependant il n'a jamais hésité un instant, qui a été étonnement fidèle, tout au long de sa vie, à ce qu'il fut dès ses premiers projets et écrits : je songe à cet article « Essais sur la science de l'histoire : la méthode statistique et la question des grands hommes », paru dans la *Nouvelle Revue* des 1er et 15 mai 1890 ; plus encore à sa thèse principale, soutenue en 1898, *La Synthèse des connaissances et l'histoire : essai sur l'avenir de la philosophie* ; même à sa thèse secondaire (écrite selon l'usage en latin, mais traduite et publiée en français trente ans plus tard, en 1928, sous le titre : *Du scepticisme de Gassendi*), probablement le plus fin et le mieux réussi de ses ouvrages, celui pour lequel il avait lui-même une certaine prédilection.

En relisant aujourd'hui ces écrits très anciens, j'entends très exactement la voix de Henri Berr telle qu'elle est restée dans mon oreille, alors que je l'ai connu cependant fort tard, en 1930 (il avait soixante-huit ans). Étrange ou juste coïncidence, son accueil direct, chaleureux bien que discret, auquel je fus alors si sensible, avait touché de la même manière un autre jeune homme qu'il avait dû rencontrer pour la première fois vingt ou vingt-cinq ans plus tôt : « Si petit jeune homme, si mince débutant que l'on fût, lui rappelait Lucien Febvre en 1942, on connaissait votre accueil. Une parfaite bonne grâce, certes ; une parfaite cordialité ; bien plus, un élan. »

Donc un homme qui semble n'avoir pas ou peu changé, au cours d'une vie fort longue, dont il a goûté la longueur en homme d'esprit et de labeur qu'il a toujours été.

Or cet homme, c'est un peu les *Annales* bien avant leur création, dès 1900, peut-être même dès 1890. C'est à lui qu'il faut s'adresser si l'on veut savoir « comment tout a commencé ». Mais je dois avouer que rien, dans la formation ou la biographie connue de Henri Berr, ne semble, à première vue, l'avoir désigné à l'avance pour ce rôle exceptionnel qui a, bel et bien, été le sien.

Il fut ce qu'on appelle un élève très brillant et sans doute a-t-il été dès son jeune âge attiré par de multiples curiosités puisqu'en 1880-1881, il avait obtenu au concours général de nombreuses distinctions, et notamment le prix d'honneur de rhétorique (discours latin), le premier prix de discours français, le premier prix de philosophie. Les lecteurs du *Journal of Modern History* ne connaissent certainement pas ces concours nationaux qui, en France, marquent la fin de l'enseignement secondaire et en distinguent les élèves exceptionnels. Alors ils ne peuvent guère imaginer l'auréole de gloire jetée ainsi par ces trois prix réunis sur la tête de cet enfant. Car c'est encore un enfant : il lui faudra d'ailleurs une dispense d'âge pour entrer à l'École Normale, rue d'Ulm, en 1881. Trois ans plus tard, il était agrégé des lettres.

Les humanités, la littérature, le latin, le grec sont donc les matières qu'il a choisies finalement pour couronner ses études universitaires. Alors n'est-il pas étonnant tout de même, ou aberrant au premier abord, de voir ce brillant agrégé des lettres, professeur de rhétorique et qui le restera quarante années durant jusqu'en 1925, se fuir presque d'entrée de jeu, se trahir, délaissant les matières qu'il enseigne chaque jour avec un indéniable talent, pour se jeter, à corps perdu, dans la philosophie et l'histoire ?

Comme le discours français ou le discours latin, en cette fin du XIXe siècle, ne sont déjà plus que des exercices scolaires et vains, Henri Berr n'est-il pas resté logiquement, sous le coup de son très grand succès initial d'adolescent (le premier prix de philosophie), un philosophe de tempérament et de vocation ? Or quel philosophe, entre 1884 et 1890, se désintéresserait de l'histoire ? Au moins depuis Hegel, la philosophie se nourrit obligatoirement de cette expérience vécue à profusion par les hommes, et l'histoire, sorte de matière première, a commencé (mérite supplémentaire) à se transformer, à s'organiser dès avant 1870. Henri Berr l'a noté : « La fondation [en 1868] de l'École des Hautes Études par Victor Duruy, écrit-il, la création de la *Revue critique* en 1866, montrent que la nécessité de transformer notre haut enseignement, de relever notre science était apparue avant nos désastres. » Cette histoire qui se dessine alors est une histoire qui se veut analyse, érudition attentive, science en un mot, celle même qui va conquérir la nouvelle Sorbonne, réformée de fond en comble en 1908, mais d'une façon qui ne plaira pas à tout le monde, ni par la suite à Henri Berr lui-même, plutôt indulgent de nature.

C'est donc en philosophe que Henri Berr suit les vastes débats intellectuels de son temps, qu'il essaie de les dominer et de leur découvrir un sens. Le titre de sa thèse le dit à lui seul et, détail peut-être significatif, quand il lui arrivera plus tard d'en parler, il la désignera, pour abréger, non pas sous son titre principal : *La Synthèse des connaissances et l'histoire*, mais selon son sous-titre : *Essai sur l'avenir de la philosophie*. Le mot *philosophie* passe avant les autres. Ainsi un philosophe. Mais peut-être fallait-il précisément un philosophe pour ces premiers et nécessaires tours d'horizon, au moment où, bien au-delà de la lancée ancienne d'Auguste Comte (1798-1857), se lève en France le soleil à peu près neuf de la sociologie *militante*, avec Émile Durkheim (1858-1917) et la revue qu'il fonde, en 1897 — la bientôt prestigieuse *Année sociologique* qui sera l'une des lectures favorites de toute une génération de jeunes historiens, de Lucien Febvre à Marc Bloch, à André Piganiol et à Louis Gernet...

La prise de position de Henri Berr, au moins en 1898, n'est cependant pas dressée contre ou à propos de Durkheim, contre ou pour la sociologie. De bons, de très bons rapports se nouèrent et d'ailleurs se maintinrent avec *L'Année sociologique*. Mais la « synthèse », préoccupation essentielle de Henri Berr, c'est plutôt pour lui, ramenée sur terre, *la philosophie de l'histoire* telle qu'elle s'est pratiquée et se pratique encore en Allemagne, à condition, comme il le dira avec insistance, que l'on ne sacrifie ni l'analyse minutieuse, ni la prudence intellectuelle et que l'on élimine les grands systèmes ou les concepts gratuits, non démontrés et non démontrables. Telle est, si je l'aperçois bien, la pensée du fondateur de la *Revue de synthèse historique* en 1900, en cette première année de la revue et du siècle.

Les *Annales* sont-elles déjà en puissance dans cette entreprise ? Oui et non. Lucien Febvre et Marc Bloch ne sont pas des philosophes, ni de goût, ni de tempérament. Ce que réclameront les *Annales*, bien plus tard, c'est une histoire dont la recherche s'étendrait aux dimensions de toutes les sciences de l'homme, à la « globalité » des dites sciences de l'homme, et qui s'en emparerait en quelque sorte pour reconstituer ses propres méthodes et son vrai domaine. Henri Berr est trop courtois pour afficher un pareil impérialisme, voire pour seulement le concevoir. Ce qu'il prétend réunir, ce sont les formes diverses entre quoi l'histoire obstinément se partage : histoire politique, histoire sociale, histoire économique, histoire des sciences, histoire de l'art, etc. Peut-il espérer, en tirant à lui ces filets fragiles, s'emparer du coup de l'économie, de la sociologie, de l'esthétique... ? Non, sans doute. À ces voisines, il s'agit seulement de rendre des visites, de poser des questions. La *Revue de synthèse historique* ne naît pas, ne vit pas sous le signe de la polémique. Au plus, sous le signe de la controverse courtoise. À l'étranger, par exemple en Allemagne, en Espagne ou en Italie, on voit plutôt dans la nouvelle revue l'expression d'un besoin de l'heure, « quelque chose, dit Benedetto Croce (*Critica*, I, 20 janvier 1903), qu'on attendait depuis un bout de temps, qui devait forcément apparaître d'un moment à l'autre ».

Et pourtant cette revue, en France, éveille aussitôt les inquiétudes ou les rognes des traditionalistes et des bien-pensants, dont le flair est généralement assez sûr quand il s'agit de reconnaître et de dénoncer les nouveautés impies. On le saisit fort bien à travers quatre lettres inédites que je viens, par chance, de découvrir dans les archives du Collège de France. Depuis 1898, Henri Berr était professeur au lycée Henri IV où Henri Bergson enseigna en même temps que lui. Et, à deux reprises, en 1903 et 1910, il songea à poser sa candidature au Collège de France, tout proche de là. Ces tentatives suscitèrent des réactions curieuses qui, pour une fois, l'ont amené à se défendre — donc à préciser sa pensée et à polémiquer un brin. Le 30 octobre 1903, il écrivait à l'administrateur du Collège : « J'ai la confiance que je puis faire, dans votre Collège de libre science, une bonne tâche et en partie neuve. M. Monod [directeur alors de la *Revue historique* et lui-même candidat au Collège de France] se trompe en m'écrivant : il y a déjà assez de chaires de philosophie au Collège de France. Je pourrais lui répondre : il y a assez de chaires d'histoire pure comme de philosophie proprement dite. Ce qu'on m'accorde généralement — et de là vient le caractère particulier de la *Revue* que j'ai fondée — c'est d'unir à la préoccupation philosophique le goût et la méthode des recherches érudites. Pour moi, il n'y a de synthèse valable que par l'analyse patiente. » Il sera plus net encore quand, pour la seconde fois et de façon plus sérieuse, en 1910, il esquissera un nouveau pas vers le Collège. Depuis 1892, affirme-t-il, « le Collège de France n'a plus aucun enseignement d'histoire philosophique ni même d'histoire générale. On y enseigne l'histoire littéraire, l'histoire de l'art, l'histoire de la philosophie, l'histoire des législations, l'histoire économique, on y enseigne des histoires, on n'y enseigne pas l'histoire... ». J'ai bien peur que ces mots nets et qui sonnent clair aient peu favorisé le candidat. Je lis en effet, lors de la délibération de janvier 1910, sur les registres du Collège : « M. Bédier [alors administrateur du Collège] informe ses collègues que M. Berr a modifié le titre de l'enseignement dont il souhaite la création et qu'il propose désormais cette appellation : "Théorie et histoire de l'histoire". M. Bédier dit, à ce propos, le bien qu'il pense des travaux de M. Berr et de son utile *Revue de synthèse historique*. M. Bergson s'associe à ce que vient de dire M. Bédier. » Quelques instants plus tard, Henri Bergson présente le projet dont il est en principe le défenseur : « Il analyse, dit le procès-verbal de la séance, et explique cette proposition, indique qu'elle procède d'une observation juste de l'état actuel des études historiques, mais s'en remet aux historiens [du Collège] du soin de prononcer sur la possibilité et l'utilité de créer un enseignement de synthèse historique. » Autant dire que Henri Berr était abandonné par son rapporteur à l'hostilité des historiens en place. Le vote suivit : Berr n'eut aucune voix. Quel miracle !

En 1910, donc, Henri Berr était déjà, à son propre étonnement et malgré lui sans doute, le « mouton noir » des bien-pensants de l'Université, position qu'occuperont plus tard avec plus d'éclat encore Lucien Febvre, lui surtout, mais aussi Marc Bloch. La raison en est sans doute, autant que les idées discutées dans la *Revue* et qui troublent la quiétude des gens en place, le fait que Henri Berr a commencé de rassembler autour de lui un groupe vivant, actif, enthousiaste et bruyant d'intellectuels venus de tous les bords, historiens, géographes, économistes, sociologues, biologistes, anthropologues, et philosophes bien entendu. Si je ne me trompe — mais peut-on se tromper devant cette évidence ? —, la vie intellectuelle en France, et sans doute ailleurs, est sous la dépendance de petits groupes, de minorités actives, salons d'hier et de jadis, cercles, cénacles, salles de rédaction, partis minoritaires. Voyez le rôle, dans l'étonnante littérature américaine contemporaine, de la maison ouverte à Paris aux amis et aux hôtes de passage par l'intelligente et passionnée Gertrude Stein ! La *Revue de synthèse historique*, ce ne sont pas seulement des articles, et très souvent de beaux articles que l'on a du plaisir à relire aujourd'hui encore, ce sont aussi et plus encore des réunions, des conversations, des échanges d'informations et d'idées. Au 14 de la rue Sainte-Anne, « on entrait, raconte Lucien Febvre qui fut parmi les premiers visiteurs, et dans un petit cabinet assez étroit, maussade et noir, on trouvait derrière un bureau un homme jeune, svelte, d'une mise sobre mais élégante [bien sûr Henri Berr]... Beaucoup de visiteurs toujours dans le petit cabinet. Des jeunes et des anciens. À gauche, je le vois encore, parfois endormi et silencieux en apparence, puis brusquement éveillé, vif, pétulant, l'habitué des habitués, Paul Lacombe, original esprit qui a tenu sa partie avec autorité dans les premiers contacts de la *Synthèse*... ». D'autres noms évidemment seraient à citer : Henri Hauser, François Simiand, Abel Rey, Lucien Febvre, Paul Mantoux et plus tard Marc Bloch. Si Henri Berr écrit peu, et quand il écrit laisse courir sa plume un peu trop vite peut-être, c'est que son œuvre principale consiste à appeler, à parler, à enseigner, à discuter, à écouter, à réunir, à se perdre dans des dialogues et des conciliabules multiples. À partir de cinq heures du soir, chaque jour, ou presque, il ouvre sa porte au visiteur, de préférence dans son bureau de 2 de la rue Villebois-Mareuil. Il est par excellence l'homme des réunions intelligentes, préparées, conduites avec habileté.

Sans doute, tout ce lent et patient et multiple travail aurait-il porté des fruits plus précoces si la guerre n'avait pas surgi, en 1914. Ce sera seulement à partir de 1920 que Henri Berr complétera son œuvre parlée, projetée, en partie seulement réalisée. Cette année-là il met en train sa monumentale collection l'*Évolution de l'humanité* (Albin Michel) ; il fonde en 1925 le *Centre de synthèse* et, peu après, ses très fameuses *Semaines de synthèse*. La revue est continuée, mais change en 1931 de titre pour devenir la *Revue de synthèse*. La disparition de l'adjectif *historique* est symptomatique : la philosophie, l'universalisme vont régner en maîtres.

De cette œuvre multiple, des préfaces qu'écrit Henri Berr aux beaux livres de sa Collection et dont l'Université aime à plaisanter —, je ne veux, ni ne peux présenter un bilan, même sommaire. De mon point de vue, l'essentiel est cette « réunion d'hommes, active, vivante, agissante, conquérante », autour de lui et grâce à lui, selon les mots de Lucien Febvre. Un groupe d'hérétiques, diraient les Sages, mais n'en faut-il pas ? Henri Berr, administrateur de l'hérésie : ce beau titre l'aurait surpris mais ne lui aurait pas déplu outre mesure.

Les *Semaines* ont été les assises de ces merveilleux efforts. En 1933, par exemple, la *Semaine* fut consacrée aux notions de Science et de Loi scientifique. Étaient réunis des mathématiciens des physiciens, un biologiste, des psychologues, un sociologue (Maurice Halbwachs), un historien des sciences, un économiste et Paul Langevin, « le plus grand de nos philosophes scientifiques ». Et Lucien Febvre : « J'étais là, écrit-il, et j'écoutais ces hommes qui cherchaient, en toute ardente bonne foi, à délimiter, à cantonner, à mesurer avec précision les ravages que la grande poussée de la physique moderne venait de faire dans nos théories. Et voilà que de ce concert de voix habituellement isolées et qui ne s'écoutaient guère, sortait une harmonie : voilà qu'elles disaient les mêmes mots avec des accents différents ; voilà qu'elles rendaient sensible à tous, humainement sensible, l'unité fondamentale de l'esprit humain. Grande leçon [...] qui [...] cessait pour nous — qui a cessé à tout jamais d'être une leçon abstraite. Elle a, si je puis dire, pris figure d'homme. »

Ces mots indiquent le sens des activités du cercle constitué autour de Henri Berr à partir de 1900-1910, et sans cesse renouvelé par la suite. Or c'est dans ce cercle qu'est né, tardivement, le désir de fabriquer une revue plus combative que la *Revue de synthèse*, moins philosophique, fondée sur des recherches concrètes et neuves. Et c'est de ce désir, je dirais volontiers de cette nécessité, que sont finalement nées les *Annales*. Mais elles naissent avec lenteur. Marc Bloch et Lucien Febvre se rencontrent à l'université de Strasbourg où ils sont nommés tous les deux en novembre 1919. Ils attendront dix ans pour lancer leur revue, en 1929. Pendant ce long intervalle, ils collaborent régulièrement avec Henri Berr. Lucien Febvre fait dix fois pour une le voyage de Strasbourg à Paris. Et c'est au *Centre de synthèse* encore que je le rencontre pour la première fois, à propos d'une merveilleuse discussion sur l'humanisme, en octobre 1934. Plus encore, Lucien Febvre est l'animateur, le responsable essentiel des *Semaines* qui, à mon avis, sont de loin les plus réussies de toutes les activités du *Centre* de la rue Colbert. En 1938 encore, la *Semaine* sur la sensibilité en histoire est pour l'essentiel l'œuvre de Lucien Febvre. Il a même songé à ce moment-là à prendre en main la *Revue de synthèse*. Peut-être l'eût-il fait sans la seconde guerre mondiale.

La création des *Annales*, en 1929, n'en pas moins été une cassure. En tout cas, elle prendra cette signification à la longue, surtout après la guerre, pendant les années de solitude grandissante que traverse Henri Berr, de 1945 à 1954. La rupture du fils et du père, pensera-t-on, et je l'ai pensé. Le père s'en plaignait à peine. Tout se passait en silence. La présentation de la jeune revue, en 1929, ne fait cependant aucune allusion à la *Revue de synthèse*. Mais cela n'est-il pas, à soi seul, significatif ? La destruction par l'héritière de Henri Berr de l'abondante correspondance qu'il reçut de Lucien Febvre, notamment durant les interminables années de la guerre de 1914-1918, nous prive d'un document qui serait décisif*. Mais la cause est jugée : la pensée de Lucien Febvre s'est assurément formée, nourrie au pays de la Synthèse, comme il disait.

III

La justification — mais est-elle nécessaire sur un plan quelconque ? — des fondateurs des *Annales*, c'est l'immense succès intellectuel de leur œuvre commune, de 1929 à 1939. Il n'y a aucune commune mesure entre la *Revue de synthèse historique*, ou la *Revue de synthèse*, et les *Annales*. La « Synthèse » s'ouvre à trop de discussions théoriques, à trop de concepts qui passent sur la scène comme fantômes ou nuages. Avec les *Annales*, nous sommes sur terre. Dans leurs pages, ce sont les hommes du temps présent et du temps passé qui entrent avec leurs problèmes concrets, des « vivants », eût dit Gaston Roupnel. Certes, des collaborateurs de la *Revue de synthèse* participent à sa création, mais changeant de maison, ils changent d'allure et de ton. La maison du fils, c'est la joie de vivre, de comprendre, et aussi d'attaquer, de polémiquer ; c'est une maison de la jeunesse. Ajoutez le talent exceptionnel de deux hommes hors de pair qui ne se comparent qu'aux plus grands historiens d'expression française, un Henri Pirenne, un Fustel de Coulanges, un Michelet. Ajoutez enfin qu'à Strasbourg, la France a constitué, en 1919, la plus brillante université qu'ait connue notre histoire. Les *Annales* n'ont eu aucune peine à y trouver les meilleurs collaborateurs, André Piganiol, Henri Baulig, Charles-Edmond Perrin, Georges Lefebvre, Paul Leuilliot, Gabriel Le Bras.

Mais leur réussite, en sa plus profonde raison d'être, est la réussite d'une collaboration directoriale conduite merveilleusement, unique dans l'histoire de l'historiographie française.

---

* En fait, une partie de la correspondance de Henri Berr, heureusement préservée, a été récemment publiée. *(Note des éditeurs.)*

Passent les années. De 1946 à 1956, *en fait*, Lucien Febvre sera seul pour diriger les *Annales* ; de 1956 à 1968, *en fait*, je serai seul pour les diriger à mon tour. Or il est indéniable que les grandes, les très grandes *Annales* sont sans discussion possible les volumes publiés de 1929 à 1939.

Leur force d'impact est d'autant plus vive qu'elles naissent à un moment de médiocrité satisfaite et générale de l'historiographie française. L'Université, d'entrée de jeu, dans sa quasi-totalité, leur est hostile. Marc Bloch ne peut franchir, en 1928, le seuil de la IVe Section de l'École des Hautes Études. Deux fois, en vain, il essaie d'entrer au Collège et c'est seulement en 1936 que la succession de Henri Hauser lui permet d'accéder à la Sorbonne. Lucien Febvre entre au Collège, dont il sera l'une des gloires, mais seulement à sa seconde tentative, en 1933. Henri Hauser, leur ami, leur compagnon de lutte, n'est pas accepté, en 1936, à l'Institut. À la *Revue historique*, où je passe alors très souvent de 1933 à 1935, quel grand maître en place ne déblatère pas contre les *Annales* ? Je me dispute assez régulièrement avec Charles Seignobos ; malgré son âge, c'est un adversaire qui, le lorgnon en bataille, prend un plaisir fou à provoquer. (Mais c'est là que j'ai appris à l'aimer.)

Bref, l'hostilité est parfaitement en place. Et c'est pourquoi les *Annales* sont si vives, condamnées à l'être : elles se défendent, elles frappent avec alacrité, non pas pour des raisons de personnes, mais bien face à des animosités prétentieuses et puériles. Leur tableau de chasse est impressionnant. Marc Bloch, plus mesuré dans ses critiques, est très souvent sans pitié. Lucien Febvre s'amuse et amuse davantage. Il apporte à ses attaques une joyeuseté rabelaisienne.

À la réflexion, je pense que cette atmosphère de combat a contribué à la qualité exceptionnelle des premières *Annales*. En 1945, en effet, plus d'hostilité : toute la jeunesse de l'Université court vers l'histoire des *Annales*, auprès de Lucien Febvre, d'Ernest Labrousse, le successeur de Marc Bloch à la Sorbonne, auprès de moi-même. La Sorbonne a perdu de son agressivité, même quand elle refuse de changer de style : « Nous ne pouvons tout de même pas refaire nos cours », disait à Charles Morazé, vers 1945, un des maîtres de ladite Sorbonne, ultra connu d'ailleurs.

En 1929, l'hostilité monte bonne garde et, chance inouïe, tout est à faire, ou à refaire, ou à repenser sur le plan conceptuel et pratique de l'histoire. Celle-ci ne pouvait se transformer qu'en s'incorporant les sciences diverses de l'homme comme sciences auxiliaires de notre métier, en conquérant leurs méthodes, leurs résultats, leurs façons mêmes de voir. Lucien Febvre, qui tient la plume dans l'« Avertissement » qui ouvre le premier numéro, le dit sans ambages, avec une virulence qu'il faut imaginer car, les années ayant passé, sa voix semble aujourd'hui toute raisonnable. Il dénonce une recherche cloisonnée, historiens d'un côté, économistes et spécialistes du social occupés du seul présent de l'autre, une histoire compartimentée où chacun vit dans un enclos fermé de hauts murs, des sociologues qui s'intéressent ou aux « civilisés », ou aux « primitifs » et qui s'ignorent. « C'est contre ces schismes redoutables, écrit Lucien Febvre, que nous entendons nous élever. *Non pas à coups d'articles de méthode, de dissertations théoriques*. Par l'exemple et par le fait !... [Par l'exemple de] travailleurs d'origines et de spécialités différentes... qui exposeront le résultat de leurs recherches sur des sujets de leur compétence et de leur choix. » Il y a bien là, si l'on est attentif aux mots que j'ai soulignés, une allusion au style de la *Revue de synthèse*, mais aussi la reprise des leitmotiv de ladite *Revue*. La nouveauté des nouveautés, c'est que le combat se concentre sur une seule place du rassemblement de la recherche : une seule science se dresse face aux autres. Plus encore, en ce qui concerne l'histoire privilégiée, si l'horizon social en son entier, des hiérarchies aux mentalités, est retenu, c'est l'économie, elle surtout, qui sera visée. Les premières *Annales*, sur le modèle admiré du *Vierteljahrsschrift für Sozial- und Wirtschaftsgeschichte*, s'intitulent *Annales d'histoire économique et sociale*. Ainsi l'occasion sera-t-elle fournie à Marc Bloch de s'affirmer, à pied d'œuvre, comme le premier historien économiste de son pays.

Le fossé s'en trouvera élargi entre les *Annales* et la *Revue de synthèse*. Pour Henri Berr, « la société englobe l'économie », et les *Annales* se trouvent donc avoir éclairé seulement « un aspect de la vie des sociétés, resté longtemps dans l'ombre et sur lequel le marxisme avait appelé l'attention ». Un coup d'épingle en appelant souvent un autre, « les *Annales*, écrira plus tard Lucien Febvre, que Henri Berr suivit toujours personnellement d'assez loin... ».

En tout cas les *Annales*, durant les dix premières années de leur existence, ont été, je le répète, le fruit d'une collaboration constante, d'une amitié sans pareille entre Lucien Febvre et Marc Bloch. Cette amitié, avec ses oppositions logiques, ses accords, ses résultats exceptionnels, est au cœur de l'entreprise. De 1919, date de leur rencontre à Strasbourg, à 1944, date de la mort de Marc Bloch fusillé par les Allemands, cette amitié pendant vingt-cinq ans explique un travail en commun merveilleusement à l'unisson.

Dans sa dédicace à Lucien Febvre de *Métier d'historien* (écrit en 1941, publié seulement en 1949), Marc Bloch le dit avec bonheur : « Longuement nous avons combattu de concert, pour une histoire plus large et plus humaine. [...] Parmi les idées que je me propose de soutenir, plus d'une assurément me vient tout droit de vous. De beaucoup d'autres, je ne saurais décider, en toute conscience, si elles sont de vous ou de moi — ou de nous deux. Vous approuverez, je m'en flatte, souvent. Vous me gourmanderez quelquefois. Et tout cela fera entre nous un lien de plus. » « Oui, dit Lucien Febvre commentant ces lignes, oui, en tout ce temps que d'idées échangées, prises, reprises et mêlées. » Vous remarquerez des deux côtés le ton confiant, affectueux, et dans le texte de Marc Bloch, si je ne m'abuse, une pointe de déférence : « Vous me gourmanderez quelquefois. » Non seulement il y a eu entre Lucien Febvre (1878-1956) et Marc Bloch (1886-1944) de fortes et multiples différences de caractère et de tempérament, d'intelligence, de goûts personnels, il y a eu aussi une différence d'âge à ne pas oublier, au départ surtout. Quand ils se rencontrent pour la première fois à l'université de Strasbourg, en 1919, Lucien Febvre note : « Marc Bloch était là, qui me semblait très jeune. On est toujours très jeune, à 32 ans, aux yeux d'un homme de 40. » Et il continue : « Bloch était là, ardent, contenu, plein d'un intransigeant désir de servir, tout de suite en confiance, m'interrogeant comme s'interroge un frère plus âgé. » Lucien Febvre a déjà derrière lui une œuvre (sa thèse magnifique sur *Philippe II et la Franche-Comté* est de 1911), il est l'aîné, le directeur de conscience, l'esprit qui entraîne, le maître en somme ; Marc Bloch à cette époque, d'une certaine façon, l'élève. Et les jeunes étudiants (dont un ami fraternel Henri Brunschwig) qui, à Strasbourg, ont l'avantage d'écouter ces professeurs prestigieux, ne s'y trompent pas. Il y a un maître dans tout l'épanouissement de son enseignement et de sa pensée, Lucien Febvre, un maître qui sort d'apprentissage, Marc Bloch. Sans doute est-il toujours resté dans leurs rapports quelque chose de ce passé-là, qui explique le ton de Marc Bloch, presque à la fin de sa vie. Mais quand, en 1929, ils s'attaquent ensemble à l'énorme tâche des *Annales*, ils marchent assurément du même pas. Leur « concert » est si parfait que bien des fois, si l'on ne court à la signature, l'article de Marc Bloch pourrait s'attribuer à Lucien Febvre. Il est évident que l'écriture de Marc Bloch s'est modelée sur celle de Lucien Febvre. Mais ils ont finalement créé, l'un et l'autre, avec leurs tours de phrase, leur vocabulaire, une langue des *Annales* de qualité littéraire certaine, mais qui irritera les adversaires jusqu'au sang. L'histoire est-elle, peut-elle être, se voulant une science, question d'écriture, de mode littéraire ?

Ces deux hommes, que sont-ils ? Malheureusement, j'ai à peine connu personnellement Marc Bloch que j'aurai vu seulement trois fois à Paris, en 1938 et 1939. Il est le fils d'un grand historien, Gustave Bloch, spécialiste d'histoire romaine, longtemps professeur à l'École Normale Supérieure, puis à la Sorbonne. Lauréat du concours général, normalien, agrégé d'histoire, Marc Bloch a été boursier d'études en Allemagne aux universités de Berlin et de Leipzig (1908-1909), pensionnaire à Paris de la Fondation Thiers. En 1920, à Strasbourg, il publie sa thèse : *Rois et serfs : un chapitre d'histoire capétienne.* En 1929, quand il prend la direction des *Annales*, il a derrière lui plusieurs publications, dont ce chef-d'œuvre, *Les Rois thaumaturges* (1924), dont le premier projet remonte à une suggestion de son frère aîné, médecin de haute qualité qui devait mourir prématurément.

Lucien Febvre, né en 1878, à Nancy, en Lorraine, était en fait fils de père et mère comtois. Son père, normalien et professeur de grammaire nommé par hasard au lycée de Nancy, y fit toute sa carrière. Lucien Febvre y poursuivit ses études secondaires et même obtint sa licence ès lettres devant la faculté de la ville. Je l'accusais par jeu d'avoir conservé une pointe d'accent lorrain — dont je pouvais parler, comme de juste, en connaisseur. Mais, sans répudier la Lorraine, Lucien Febvre s'est senti et voulu toute sa vie franc-comtois, avec enthousiasme, et, le cas échéant, un peu d'injustice à l'égard ou du duché de Bourgogne ou des Cantons suisses voisins.

Élève au lycée Louis-le-Grand, normalien, il était agrégé d'histoire en 1902. Il sera ensuite pensionnaire de la Fondation Thiers, à Paris : c'est alors, certainement, que déchargé de son enseignement, il a travaillé à sa thèse. C'est alors qu'il a, « petit jeune homme », connu Henri Berr, lequel aimait, non sans malice, évoquer ces temps anciens où Lucien Febvre venait lui demander conseil et lui soumettre des articles.

Malheureusement, nous n'avons pu lire aucune des lettres de jeunesse de Lucien Febvre. L'homme est donc à comprendre de loin. Il suffira de retenir, en ces années d'ultime formation, son goût très vif pour la littérature — et le voilà séduit par l'enseignement élégant de Joseph Bédier ; sa sympathie pour Gustave Bloch, pour Gabriel Monod l'historien (plus encore l'homme que le professeur) ; socialiste ou socialisant, il entend rêver devant lui Jean Jaurès, conférencier d'un soir ; par contre, il est allergique à Henri Bergson, autant si ce n'est plus que son ami et compagnon inséparable Henri Wallon ; enfin, il est passionné par Lucien Gallois (1857-1941), ce géographe disciple et ami de Vidal de La Blache (que Lucien Febvre a également connu). Lucien Gallois est alors un professeur extraordinaire. Et Lucien Febvre sera, sa vie durant, un géographe averti, merveilleux observateur de la terre, des plantes, des hommes, des paysages. *La Terre et l'évolution humaine*, paru en 1920, est un chef-d'œuvre qui n'a été ni dépassé, ni remplacé, comme le disait récemment le géographe Pierre Gourou, bon juge en la matière.

Mais la constatation la plus importante, c'est que Lucien Febvre a, tout de suite, été en possession de son talent. Sa thèse, *Philippe II et la Franche-Comté* (1911), est un chef-d'œuvre qui réalise à l'avance tout le programme des futures *Annales*. Que ce livre, en 1972, n'ait pas vieilli, qu'il se range sans une ride aux côtés de plus beaux et plus récents travaux d'histoire régionale française — ceux d'Emmanuel Le Roy Ladurie, de René Baehrel ou de Pierre Goubert — c'est un record exceptionnel. Tout saisir du passé d'une province observée dans sa réalité historique et dans son actualité géographique, n'était-ce pas, pour prendre à mon compte des expressions récentes, procéder à « une pensée globale », seule forme d'histoire digne aujourd'hui de nous satisfaire ? Très tôt, il est en possession d'un prodigieux capital de réflexion et de lecture ; il a une curiosité universelle, un don universel pour comprendre, même ce qu'il aborde pour la première fois ; il est admirablement attentif toujours à ce que dit l'autre, quel qu'il soit, sachant écouter, mérite rare, s'insérer jusqu'au cœur d'une argumentation si difficile soit-elle, écrivant avec une facilité déconcertante. Avec cela prodigue de ses découvertes, de ses idées ; les télégraphiant à vrai dire car peu bavard par nature, alors qu'il raconte admirablement quand il y consent. Bref, aussi réceptif que généreux, il m'apparaît un peu comme le Diderot de son temps : à lui tout seul il est une « banque d'idées pour une génération ». Il y a d'ailleurs, dans les premières *Annales*, la même passion et le même sens de la polémique et du combat juste que dans l'*Encyclopédie* des « philosophes » du XVIIIe siècle.

Je n'ai évidemment pas tout dit, ni tout expliqué des hommes et des œuvres qui ont fait surgir et vivre les *Annales*.

Ainsi j'aurais dû montrer Lucien Febvre se retirant devant

l'ardeur de Marc Bloch de secteurs où il avait été d'entrée de jeu un maître : l'histoire économique, l'histoire rurale et agraire. Il lui laisse la place libre. Son infléchissement s'accentue de la sorte vers l'histoire des mentalités, qui culmine dans son *Rabelais*, infléchissement commencé, il est vrai, dès 1924 avec son *Martin Luther*. C'est là la perspective majeure, dès lors, de sa recherche et de ses préoccupations. Son dernier livre, dont j'ai vu le manuscrit terminé un mois avant sa mort et qui a disparu mystérieusement, s'intitulait *Honneur et patrie* : c'était, dans une voie où l'on a peu produit encore (celle des mentalités collectives), une étude sur le passage de la fidélité à la personne, au prince (l'honneur), à la fidélité à la nation (le patriotisme) — l'histoire en somme de la naissance de l'idée de patrie.

Je n'ai pas dit non plus que les *Annales*, malgré leur vivacité, n'ont jamais constitué une École au sens strict, c'est-à-dire un système de pensée fermé sur lui-même. Au contraire. Le mot de passe à l'entrée, c'est la passion de l'histoire, rien de plus, mais c'est beaucoup, et non moins, faisant corps avec cette passion, la recherche de *toutes* ses possibilités nouvelles, l'acceptation même d'un changement de la problématique selon les nécessités et logiques de l'heure. Car passé et présent inextricablement se mêlent. Sur ce point tous les directeurs successifs des *Annales* sont d'accord.

Et puis qui ne sourira de me voir écrivant sur les *Annales* une histoire *historisante*, eût dit Henri Berr, *événementielle*, aurait dit Paul Lacombe ? J'ai parlé d'hommes, d'événements. Or il est bien évident que même ce petit cours d'eau, précis et vif, de la « Synthèse » aux *Annales*, coule dans un vaste paysage, à travers une époque particulière de l'histoire, bien tourmentée, on en conviendra, de 1900 à 1972, dans un pays particulier — le nôtre. Et « la France se nomme diversité », disait Lucien Febvre. Est-il fortuit alors que Henri Berr, Lucien Febvre, Marc Bloch et moi-même, nous soyons tous quatre de la France de l'Est ? Que l'entreprise des *Annales* commence à Strasbourg, face à l'Allemagne et à la pensée historique allemande ?

Enfin ai-je eu raison de décider, il y a plus de quatre ans, qu'il était dans la ligne des *Annales*, telles que je les vois, de laisser le soin de les diriger, sans plus m'en occuper moi-même, à une équipe jeune — Jacques Le Goff, un médiéviste, Emmanuel Le Roy Ladurie, un moderniste, Marc Ferro, un spécialiste de l'histoire russe actuelle ? Il m'arrive de n'être pas d'accord avec eux, carrément. Mais, grâce à eux, la vieille maison est redevenue une maison de la jeunesse.

PREMIÈRE PARTIE

DE PART ET D'AUTRE DE L'ATLANTIQUE

CHAPITRE I

LES ANNÉES BRÉSILIENNES

Nommé, en janvier 1935, professeur à la toute jeune université de São Paulo, Fernand Braudel arrive au Brésil en avril suivant. « C'est au Brésil que je suis devenu intelligent ! » déclara-t-il plus tard. Outre son enseignement, il lit tout ce qui concerne l'histoire, la géographie, l'économie et la civilisation du continent sud-américain. Il eut même l'intention, abandonnée après la guerre, d'y consacrer un ouvrage (« Vais écrire carcasse d'un livre sur Brésil et Argentine du XVIe siècle », lettre à Lucien Febvre, 30 décembre 1941). D'où l'importance et l'abondance de ses contributions en ce domaine.

I

CARTOGRAPHIE DU MONDE ACTUEL*

Chaque ville a son mot à dire, son petit discours pour qui est prêt à l'écouter. São Paulo est silencieuse, réservée quand il s'agit d'elle-même, parlant peu de ses propres affaires, s'intéressant un peu plus au Brésil, nous entretenant par contre, longuement et avec plaisir, du monde. Parce que le monde l'enveloppe, vit avec elle, lui impose sa suite de problèmes, de questions et d'exigences. Avez-vous remarqué combien ici les échanges intellectuels décrivent de larges cercles et nous font voyager par la terre entière ? São Paulo, rose des vents, a le sens, l'expérience, la compréhension du monde, pas celui d'hier, celui d'aujourd'hui, dont les coordonnées se contractent, dont le volume diminue, dont les continents, chaque jour davantage, se rapprochent les uns des autres. Ici fermente la jeunesse des choses ; impunément on y peut, on y doit rêver du futur. Il s'agit au vrai de la présence réelle du monde, telle qu'elle est, telle qu'elle s'élabore. Voyez simplement les producteurs des produits agricoles de base, le café et le coton ; ils créent, entre le propriétaire pauliste et les marchés les plus éloignés, des liens si réels et si forts que les journaux s'y intéressent quotidiennement. Étrange situation que celle du *fazendeiro* du Nordeste qui joue sa partie contre des adversaires d'Afrique, d'Asie et même d'Amérique du Nord ! En France, si l'on excepte le large courant qui lie la métropole à ses lointaines possessions, l'économie nationale tend à se fermer sur elle-même, à vivre en champ clos, en raison de sa force, de sa stature et, aussi, de son apparente immobilité. En somme, rien qui puisse se comparer à ces interminables antennes

---

* Cet article a été publié en portugais dans *O Estado de São Paulo*, 19 mai 1935. Texte français égaré, traduit du portugais par Paule Braudel.

qui vont de São Paulo jusqu'à l'Europe, à l'Afrique du Nord, à l'Amérique septentrionale, au Pacifique, au Japon.

Pardonnez-moi donc d'avoir écouté le conseil répété de la ville en consacrant mon premier article pour l'*Estado* à cette cartographie du monde actuel. Je voudrais lui donner le ton d'une simple conversation, dans laquelle les idées, sans programme préétabli, vont et viennent et s'entrechoquent. Je ne peux oublier, cependant, que je suis seul à parler, à définir ma position. Heureusement le lecteur, je l'espère, me suivra en contestant, en critiquant l'esquisse trop élémentaire que je me propose de lui soumettre, en m'aidant ainsi à recréer cette atmosphère de contrastes, de vie et de discussion sans laquelle il n'y a pas de conversation profitable.

★

Je crois qu'une carte du monde est assez simple à dessiner. J'y vois seulement deux divisions : l'Europe, au sens large du mot, et l'Extrême-Orient, l'Asie des Moussons, des rizières, des jonques et des terres noires... Je m'étendrai seulement ici sur le premier terme de la division. Mais comment entendre cette Europe dilatée que je place au premier plan de la discussion ? La définir est un problème décourageant. Les plus prudents, qui sont aussi les moins francs, parlent, sans la définir, de déclin, de crise, de bilan. On liquide la maison, mais qui en fixera les limites ? L'Amérique du Sud, cet énorme triangle cartographique, il serait facile, je crois, de la définir. Mais l'Europe ? Une péninsule asiatique, a-t-on dit, ce qui n'est qu'une boutade. Son être géographique, où commence-t-il ? Où finit-il ? Faut-il inclure dans sa masse l'Angleterre et ses prolongements impériaux, les domaines où règne la livre, et la Russie, qui atteint le Pacifique, et la France d'outre-mer ? Un journaliste, Francis Delaisi, nous disait, il y a longtemps, qu'il était indispensable de distinguer deux Europe : l'Europe A, industrielle, peuplée de chevaux-vapeur, comprenant l'Allemagne, des morceaux de la Russie et de la Pologne, l'Italie du Nord, la Tchécoslovaquie, l'Autriche, la France, les Pays-Bas et un fragment de l'Espagne, où le réseau des voies ferrées et des routes carrossables serre ses mailles ; et, de l'autre côté, l'Europe B, sans industrie, avec ses pistes primitives, ses campagnes attardées, ses réserves illimitées d'immigration...

Francis Delaisi écrivait au moment où l'Europe, déjà inquiète, cherchait une solution à ses problèmes d'existence, et il proposait un remède simple : la formation d'un bloc entre les deux

Europe, l'une fournissant les objets manufacturés à la seconde qui, en échange, lui donnerait ses excédents de blé et de produits alimentaires. Plus ou moins à la même époque, Lucien Romier disait quelque chose d'analogue quand il proposait de confier à l'Allemagne, surpeuplée et surindustrialisée, la valorisation du Far West européen. Mais, à supposer, ce qui est assez chimérique, que ce bloc européen — menace en somme pour le monde puisqu'il constituerait une puissance formidable et dangereuse pour autrui — réalise sa fusion, réunirait-il toute la substance européenne du monde ? N'existe-t-il pas une troisième Europe, une Europe C, l'Europe coloniale ou, mieux, d'outre-mer ? N'est-ce pas l'Europe encore que les États-Unis, le Brésil, et bien d'autres pays ? L'Europe, la vieille Europe, a conquis, autrefois, le monde en en brisant les limites imparfaites ; c'est seulement sur le plan mondial que se reconnaît son vrai visage.

*

Une esquisse économique du monde ne peut être plus compliquée que la précédente. De ce point de vue-là, l'univers apparaît comme un ensemble de réservoirs, de bassins, où les eaux n'atteignent pas le même niveau. Les économistes se réfèrent à une moyenne idéale : le niveau des prix mondiaux, une réalité d'ailleurs, puisque c'est par rapport à lui que s'effectuent les échanges économiques, que s'organisent les marées et les courants, à cause de lui que se rompent les digues. Cette océanographie économique, vue de haut, présente apparemment quatre compartiments : le compartiment européen, le monde britannique, le fuseau américain et l'Asie ou Extrême-Orient. Que le lecteur soit indulgent et ne proteste pas. Je n'ignore pas les lacunes d'une telle ébauche et je pense comme lui que c'est toujours au début d'un raisonnement qu'il faut protester, là que se trouvent les vérités les plus contestables. Toutefois, ces compartiments, dont nous supposons l'existence, ne communiquent pas entre eux comme les océans et les mers. Personne n'ignore le duel de la livre contre le dollar, ou du franc contre telle autre monnaie. De là à imaginer — cette fois, le lecteur se sera peut-être habitué à ne pas protester — que ces compartiments représentent apparemment quatre secteurs, quatre maisons rivales, il n'y a qu'un pas, qu'il faut franchir. Économiquement parlant, les malheurs et les difficultés de l'un font le bonheur des autres. Voyez l'Europe. L'inquiétude politique a rendu l'avenir incertain, sur le continent... Aux causes générales de la crise s'ajoutent des facteurs psychologiques défavorables. Dans un pays comme la France, par exemple, en dépit des efforts du gouvernement pour les décongeler et les mettre en mouvement, les capitaux s'immobilisent prudemment et le crédit se restreint. Cette aggravation de la crise continentale n'a-t-elle pas un lien avec la reprise des affaires en Angleterre ? Mais l'inquiétude européenne n'a pas épargné longtemps l'île. L'Angleterre sera obligée de s'armer, de se protéger, en surchargeant son budget... Et, si l'inquiétude européenne ne se dissipe pas, comme il est possible, il est probable que les eaux monteront ailleurs. Les historiens n'ont pas, comme les hommes d'affaires, la possibilité d'être informés quotidiennement : grave infériorité ! Mais les légers symptômes d'euphorie américaine ne proviennent-ils pas de ce que les eaux ont baissé et se sont troublées ailleurs ? Rivalité, mais aussi solidarité : les prix mondiaux montent et descendent en vertu de vastes mouvements, de marées généralisées, dont les économistes souhaiteraient fixer la périodicité et l'amplitude. En Europe, on croit, de préférence, que c'est le lourd climat politique du continent qui est à l'origine de la crise actuelle ; aux États-Unis, le président Roosevelt place à la source de la marée basse la dégringolade de l'économie américaine. Je ne veux pas me prononcer à ce sujet : les deux explications concordent sur un point, à savoir que l'organisme économique du monde est un et qu'une blessure localisée entraîne fatalement des répercussions générales.

*

Une civilisation nouvelle, pas toujours visuellement perceptible, s'élabore à l'intérieur du cadre mondial. Hier, une civilisation se nourrissait seulement de quelques emprunts extérieurs, et d'elle-même — avant tout d'elle-même. En dehors du génie particulier à un pays que la paix enfin retrouvée apaise et enchante, qu'est-ce qui anime, au XVIIe siècle, la vie brillante des dernières années du règne de Henri IV ? Quelques importations de Flandres — fraises de dentelle, briques pour jointoyer les pierres des constructions murales — et quelques autres venues de la prestigieuse Italie... Aujourd'hui, je le répète, s'élabore une civilisation qui emprunte aux expériences les plus diverses, qui ajoute aux vieux concepts de l'Europe l'idée grandiose que l'Amérique a conçue de la machine, le dernier des animaux domestiques dont l'homme s'est doté. Voyez avec quelle rapidité circulent les mille éléments dont l'agglomérat forme une civilisation. Ce ne sont pas seulement les guerres qui tendent à être générales ; les modes, à partir de Paris ou de Vienne, se répandent à travers tous les pays et il n'est pas de philosophie, ni de trust qui ne désire conquérir le monde entier, ni de ville où le style Le Corbusier n'ait implanté ses modèles.

Dans cette société de demain qui s'élabore, quelle place donner au rêve, aux leçons de l'expérience, à l'homme et à la machine ? J'avoue que ce dernier problème me préoccupe ici plus qu'ailleurs. Je n'ai jamais beaucoup apprécié les peu compréhensibles *Scènes de la vie future* de Duhamel, et aujourd'hui moins que jamais. Quel plaisir, mais quel devoir aussi de dompter, subjuguer la fantastique nature américaine et de lui imposer une loi humaine ! Mais il faut le dire, il n'y a pas seulement la nature à vaincre, il y a le terrible labeur de l'homme. La machine peut être l'esclave, et nous les seigneurs. La civilisation exige repos et loisir ; sans ce luxe, elle cesse quasi d'exister. La Renaissance italienne sans les cours oisives des princes mécènes, le « Grand Siècle » français sans l'inutilité de la Cour, le XVIIIe siècle sans les salons des dames trop fortunées, tous ces patrimoines de richesse intellectuelle, combien de luxe ils évoquent, combien d'apparentes inutilités sociales ! Il est désolant, pour nous et pour la société, que la machine n'ait pas libéré, mais bien assujetti l'homme, soumis à la loi de la surproduction. Ces expériences politiques dont on nous fait éloges et réclames, je les juge toujours en me demandant quelle place elles assignent à l'homme et à la machine. Mais j'ai déjà trop bavardé pour me lancer maintenant dans le recensement de ces expériences actuelles.

*

Ce monde dont j'ai tant parlé, on ne peut éviter de le rêver meilleur sur ses différents plans. Rêves politiques : la Société des Nations, le projet des États-Unis d'Europe, l'idée de certains auteurs anglais de lier en un seul bloc tous les pays situés autour de l'Atlantique. Rêves sociaux aussi, et rêves économiques, rêves religieux... J'hésite devant la masse des questions qu'ils posent et aussi devant l'impossibilité de délimiter les problèmes. Permettez-moi donc, pour terminer mon article sans résoudre ces difficultés, une digression historique.

L'Empire romain a réalisé, pour le monde antique, le rêve qui tourmente tant de nos contemporains. Il a supprimé les frontières, soumettant à une même loi les nombreuses petites ruches installées sur les bords de la Méditerranée. Rome a donné à ces populations les immenses bénéfices de la *pax romana* et l'Europe, des siècles durant, a vécu dans le souvenir de ce paradis perdu. Prend-on, toujours en compte, cependant, le passif de l'expérience romaine ? Camille Jullian y faisait allusion dans un de ses cours au Collège de France et je ne résiste pas au plaisir de broder quelque peu autour de cette grande idée. En brisant, par sa conquête, les petits mondes indépendants, Rome a empêché le plein développement de la pensée antique. Elle a vécu comme un héritier qui dilapide la fortune qu'il n'a pas eu la peine d'accumuler. Avant elle, la splendeur du miracle grec ; après elle, ce Moyen Âge dont l'érudition aujourd'hui découvre qu'il a été si fertile dans le domaine de la technique, qu'il s'agisse des routes ou de la navigation maritime. Rome a tendu vers la perfection politique et le monde d'aujourd'hui vers la perfection technique. N'y aurait-il pas un grand péril à inverser les termes de l'équation ? Un ordre, une perfection ne doivent-ils pas s'acheter au prix d'infériorités flagrantes, de misères inexpiables ?

II

BAHIA*

Collaborateur intermittent du quotidien O Estado de São Paulo, *Fernand Braudel écrivit cet article au retour d'un long séjour qui l'avait enchanté à Bahia.*

Deux mois déjà ont passé sans que, de mon voyage à Bahia, se soient dissipés le choc de la surprise, la joie de la découverte, si différents de ce que j'attendais. Deux mois déjà et cependant restent encore en moi, mêlés, les souvenirs lumineux, les réflexions interminables sur le passé de la ville, sur son présent, son témoignage sur le Brésil auquel elle a donné beaucoup de son âme, de ses secrets, de ses mystères. Bahia nous laisse l'impression légèrement irritante qu'elle a tant de choses à nous dire sur elle-même et sur les autres qu'à tout instant nous risquons de ne pas la comprendre.

Naturellement, dès l'arrivée, j'ai été impressionné, enchanté aussi par les détails strictement « nordistes » qui lui donnent son caractère propre : les vendeuses ambulantes d'oranges et de gâteaux enveloppés dans des feuilles de bananiers, brunes et fines, dans leurs vêtements multicolores ; la cuisine africaine ; les églises, lourdes, rutilantes, et, dans l'intérieur, la foire de Sant'Anna, avec son bétail à demi sauvage venu des pâturages de Minas, guidé par les longs cris des *vaqueiros* à cheval, avec son vaste marché en plein air où l'on grille des épis de maïs à côté de la « carne do sol », d'objets de paille tressée, d'une céramique rudimentaire et d'une surabondance de fruits.

Impressions vives, désordonnées, qui se ressentent un peu de la brièveté du séjour et du hasard de mes promenades. Peut-être faut-il regarder la ville de très loin pour mieux la deviner, s'éloigner d'elle en direction de la brousse conquise dans l'intérieur

---

* O Estado de São Paulo, 24 et 27 octobre 1937. Texte français égaré, traduit du portugais par Paule Braudel.

des terres, ou encore en direction de ces horizons océaniques sur lesquels s'ouvre son propre horizon. Après seulement, revenir vers elle, vers ses rues en pente, ses mille confidences pour éprouver, en même temps que l'allégresse de sa luminosité de pays sec, le sentiment réconfortant, illusoire peut-être, de connaître finalement sa place exacte, son vrai visage.

Que d'églises, que de couvents, que de chapelles, pensera le touriste pressé qui n'a pas eu le courage de les visiter pendant l'escale. Trop d'églises, et pour belle que soit São Francisco, on se sent un peu incommodé par l'exagération du baroque. Alors, avec cette impression qu'on rejette parce qu'elle finit par être dérangeante, on s'engage sur le chemin qui circule entre les collines du Reconcavo, aussi mouvementées que cette façade de l'église da Ordem Terceira qui, recouverte d'un crépi des siècles durant, vient de retrouver la lumière du jour en 1932. Entre les détours de la route, le tropicalisme de la végétation, les découpures de la mer à travers les entrelacs des feuillages, d'une part, et de l'autre, l'or de la cathédrale de São Francisco, de l'église da Ordem Terceira et la douceur de leurs azulejos, n'y a-t-il pas une harmonieuse correspondance ?

Mais poursuivons notre chemin en dépassant les orangeraies du Reconcavo. La ville dévorante va aujourd'hui chercher très loin son bois, son manioc, son bétail, par les longues routes qu'une administration prévoyante s'emploie à développer et améliorer. Ces routes qui s'enfoncent dans l'intérieur mènent à des foires encore médiévales et magnifiques, comme celle de Sant'Anna, d'où camions et bêtes de somme, parallèlement au train, portent à la capitale ce dont elle a besoin pour vivre et jouer son rôle de grand centre. Au Brésil, les zones que pénètre l'attraction des grandes villes sont particulièrement vastes : Bahia pille ou plutôt monopolise à son profit un espace qui est presque la moitié de la France et qu'il a fallu conquérir à partir des portes de la ville. Chasseurs d'Indiens, aventuriers, chercheurs d'émeraudes, d'or et de pierres précieuses, *vaqueiros* à cheval, vêtus de cuir, que d'hommes ont été nécessaires à la conquête de cet espace au profit d'une ville nouvelle et d'une nouvelle civilisation !

Mais l'expansion de ces hommes rudes n'a pas été la seule à rayonner à partir de Bahia. C'est dans cette ville de clochers et de prière que les jésuites et les franciscains, entre autres, se sont organisés pour la conquête spirituelle, non seulement de l'énorme *sertão* autour de la cité, mais du Brésil tout entier. De ces religieux tout-puissants qui s'infiltraient jusque dans les conseils gouvernementaux et les affaires les plus importantes, les couvents et chapelles de Bahia nous parlent à chaque pas. Ne les imaginons pas, cependant, immobiles et accrochés à leurs prébendes. Ils ont formé autrefois, des siècles durant, une armée militante. Ils ont rempli de leurs prières, de leurs activités, de leurs robes blanches, les églises que nous voyons encore, et celles que la pauvreté de leurs matériaux a condamnées à disparaître. En somme, ce n'est pas seulement pour elle que la ville a érigé ces maisons de Dieu, construites avec des pierres apportées de Lisbonne ou des îles bahianaises, qu'elle a multiplié l'or et les azulejos et les sombres bois sculptés. C'est aussi pour le Brésil entier. Et ce fut son luxe de métropole religieuse d'être la ruche envoyant ses jeunes missionnaires vers tous les points de l'horizon brésilien, à travers les forêts et la brousse, malgré la distance et les périls. Une grande histoire.

Une autre grande histoire de Bahia, aussi grande sinon aussi belle que la précédente, s'est déroulée sur l'immensité de la mer. Je ne me rappelle plus qui a parlé de l'immense barque verte à quoi fait penser la ville, posée au-dessus de sa baie. Sur ses bords, l'Atlantique rapetisse, prend des dimensions raisonnables. Pris au piège de la baie et de l'archipel bahianais, il devient une Méditerranée, un énorme jardin maritime que Bahia cultive et exploite depuis sa naissance. Elle l'exploite même au point de l'avoir terriblement appauvri. Aujourd'hui n'existent plus l'industrie de l'huile de poisson ni la chasse à la baleine qui attirait sur ses plages, au début du XVIIe siècle, ces pêcheurs de Biscaye qui ont enseigné au monde l'art périlleux et dramatique du harpon. Mais la vie maritime continue, riche et variée. Le spectacle des voiles des bateaux de pêche fait penser, non sans raison — et la presse en est d'accord — que ces barques ne pratiquent pas une pêche scientifique, moderne, qu'il faudrait créer une école professionnelle de pêche, sortir avec des chaloupes des limites du jardin, en direction des côtes encore inexplorées et qui constituent, en somme, des réserves sauvages de poisson. Mais y a-t-il spectacle plus émouvant que ce recoin du port, près du Mercado Novo, avec sa multitude de barques dont les mâts sont faits de troncs d'arbres qui ont presque tous oublié de pousser droit, avec son peuple de vrais pêcheurs, d'hommes de la mer ? Parmi tous les pays d'Amérique du Sud, le Brésil est sans aucun doute le plus prodigue en marins, le plus riche en matériel humain adapté à l'aventure de la mer. Une promenade sur la côte de Bahia laissera voir aussi ces voiliers de charge, généralement sans tirant d'eau, qui viennent jusqu'à la ville chargés de marchandises — ces mêmes voiliers que von Martius, il y a plus d'un siècle, a eu la chance d'utiliser. Et comment ne pas sentir, devant le port, l'importance de la mer dans la vie de Bahia, qui fut sans doute la première ville au Brésil à posséder son navire à vapeur, ses compagnies de navigation maritime et qui, aujourd'hui encore comme dans le passé, reste un grand port ?

Ce passé, les livres et les archives nous aident à le comprendre. Sans doute n'existe-t-il pas, pour l'interpréter, des œuvres aussi lumineuses, aussi hautes en couleur, que celle de Gilberto Freyre sur Recife. Ce serait même un des reproches que je ferai à ce brillant historien que d'avoir oublié non seulement la Bahia officielle, mais aussi la Méditerranée bahianaise et toutes ses voiles. Quant aux archives, je les ai explorées si rapidement que je ne peux y faire qu'une rapide allusion. J'ai rêvé, plus que je n'ai regardé, dans ce dépôt, l'histoire océanique de Bahia. Le hasard a mis entre mes mains un document de 1802-1803, un rapport du service de santé qui se réfère surtout au trafic des Noirs et aux *sumacas* qui, dès cette époque, apportaient à Bahia — au moins pour son prolétariat — la « carne do sol » du Rio Grande do Sul.

Or ce trafic d'esclaves était, semble-t-il, aux mains des armateurs bahianais, peut-être portugais, mais installés à Bahia. Lors de l'interruption de 1807-1808, le trafic a continué entre les côtes d'Afrique et le Brésil, ce qui fait penser qu'il s'agissait bien d'un mécanisme brésilien... Simple détail, dira-t-on. Oui et non, car si on remonte le passé jusqu'à l'époque de la voile exclusive, on s'apercevra que les Américains — tous les Américains — occupaient une place prépondérante dans l'Atlantique. En dehors du cas bahianais, que je soupçonne sans l'affirmer, il y a le cas des voiliers de Boston. Pendant la Révolution, les Américains du Nord ont envoyé des corsaires jusque dans la Manche. De même, pendant la guerre de 1812-1814, qui les a opposés à nouveau à l'Angleterre et qui a lancé leurs clippers contre le commerce anglais. L'un d'eux, *The True Blooded Yankee*, faisait escale à Bahia en 1814 et était accueilli par le comte d'Arcos, malgré les protestations du consul anglais, Frederic Lehmann. Et, dans la révolte de l'Amérique espagnole, il faut aussi réserver une place d'honneur aux voiliers américains. L'histoire de Bahia — c'est ce que je veux souligner — se relie donc, par son arsenal et par ses marins, à la grande histoire.

Aujourd'hui la conquête de l'Atlantique par le *steamer*, le navire de fer à vapeur, s'achève par une immense victoire de l'Europe. L'Américain, de Boston ou de Bahia, fut le grand vaincu de cette révolution si importante que ne mentionnent jamais nos histoires générales. Bahia parle donc d'une époque où l'Atlantique était beaucoup plus américain qu'aujourd'hui. Les voiliers brésiliens animaient alors non seulement la côte d'Afrique mais tout le littoral du Brésil. *Sumacas*, bricks, goélettes, barques, par leurs incessants va-et-vient, ont beaucoup fait pour l'unité brésilienne. On a revendiqué pour le rio São Francisco le droit à la première place dans la formation du Brésil moderne. Mais celui de l'Atlantique, et celui de Bahia, n'ont-ils pas été primordiaux ? Tant par les longues routes de l'intérieur que par celles de l'océan, Bahia n'a-t-elle pas contribué à la formation du Brésil, matériellement et spirituellement ? Un critique de Bahia m'a dit : « Autrefois, le Brésil était bahianais. » Mais a-t-il donné à cette phrase le sens que je lui prête moi-même ? Après tant d'autres, je dirais aussi, comme terme de comparaison : « Quand l'Amérique espagnole était sévillane... » Car Séville a fait l'Amérique espagnole et l'a marquée de sa douceur.

Au Brésil, comme en Amérique, je crois au rôle influent des villes pendant les premiers siècles, villes qui, du reste, n'ont rien à voir avec celles qui en ont conservé les noms. Elles me font penser aux cités antiques, maîtresses d'elles-mêmes, résolvant seules leurs affaires ordinaires, pénétrées par la vie rurale qui les enveloppe et leur donne vie. Ville portugaise, mise en place par la volonté royale, Bahia n'a-t-elle pas vécu ainsi durant de longues années sur le mode antique, produisant son sucre, plantant ses arbres fruitiers, tirant son éclairage de l'huile de poisson de ses pêcheries ? [...]

Mais revenons à la ville d'aujourd'hui, à son horizon naturel, à sa présence réelle et vivante. Son passé parle des autres ; son existence actuelle parle d'elle-même, principalement. On ne peut qu'être impressionné par la façon dont, avec une véhémence qui émeut et convainc, elle cherche à reconquérir le terrain perdu par rapport aux autres villes brésiliennes qui se sont modernisées plus facilement et plus rapidement, comme Rio et São Paulo. Et la mesure de cet effort nous est donnée par le gouvernement actuel de l'État, son orientation patiente, intelligente, novatrice, qui se reflète dans tous les domaines d'activité. Ainsi, en ce qui concerne l'architecture, j'ai été impressionné par l'élégance et les proportions des nouvelles constructions, dont les lignes très modernes ne nuisent pas à l'atmosphère de la ville. Ce sens harmonieux de l'ensemble ne vient-il pas du fait que le passé de Bahia n'a jamais pu être oublié et se projette sur sa vie actuelle ? En tout cas, c'est à cette remarque, simple à première vue mais complexe en réalité, que l'on aboutit lorsqu'on tente de dominer les mille impressions éprouvées devant la société bahianaise d'aujourd'hui. Par société, je n'entends pas telle ou telle catégorie, mais bien la Bahia vivante, aimable et discrète, intelligente et fine que j'ai regardée avec attention et sympathie. Je revois, en ce 2 juillet, jour de fête, cette vendeuse d'oranges et ses immenses jupes empesées de broderie anglaise, la foule, la nuit, sur les places, bavardant sur le seuil des maisons, les rencontres que j'ai faites dans les archives et les ministères, les maisons où j'ai été reçu avec tant de grâce. J'ai été particulièrement sensible à une certaine qualité du rire, de la répartie, si pleine de sympathie, et qui donne l'illusion de comprendre et d'être chez soi.

Or cette société, à moi qui suis un peu pauliste, me donne l'impression d'une société vieille, c'est-à-dire cohérente. Elle a un parfum d'Europe, alors que São Paulo m'évoque Chicago ou New York. Dans le Brésil méridional, on est stupéfait de la fluidité de la société, de son manque de résistance en face des impératifs économiques. Si le café ne donne plus de bénéfices, le *fazendeiro* plante du coton... En Europe, au contraire, la société est résistante, compacte.

Je suis convaincu de l'importance de cette notion de cohésion sociale. On ne lui donne pas généralement la place qu'elle mérite. Elle me paraît décisive pour la compréhension du monde américain. Je crois que les sociétés, au cours de leur histoire, se solidifient et se dissolvent ensuite pour à nouveau se cristalliser. La vieille société pauliste, dans la décennie 1880-1890, a été ainsi submergée, altérée en profondeur par l'immigration européenne, bien qu'elle ait résisté sans doute et sauvé ce qu'elle put du passé : langue, religion, certaines conceptions de vie. Or la société bahianaise n'a pas souffert une rupture identique. Pourtant, depuis le début du XIXe siècle, plusieurs tentatives furent faites pour établir des colonies étrangères, principalement germaniques. Elles échouèrent toutes. Otto Quelle, dans un article de *Iberoamerikanisches Archiv*, a fait le récit de ces tentatives. Leopoldina, fondée en 1813 au bord du fleuve Paraiba avec des colons suisses, semble l'unique centre qui ait prospéré. Cependant, comme l'a déjà observé, il y a longtemps, Francisco Vicente Vianna, son essor est dû à la main-d'œuvre servile, ce qui revient à dire que l'entreprise, de type bahianais, fut en réalité européenne. Mais comment expliquer la disparition de ces greffes étrangères, comme ce fut le cas du groupe de soldats irlandais établis près d'Ilheus en 1823 ?

Je sais qu'il faut prendre en compte la localisation de telles tentatives, premiers éléments, ou plutôt premières expériences de cette zone neuve qui, dans le Sud de l'État, ira conquérir à la civilisation et au progrès les étendues forestières et indigènes de l'ancienne province d'Ilheus. Mais n'y aurait-il pas, cependant, à cet échec général, une explication d'ensemble ? À Bahia, le tissu social n'était-il pas trop serré pour permettre le développement, entre ses mailles ou à ses marges, d'expériences étrangères ? Ainsi, n'est-il pas digne de remarque que, dans la grande zone où s'installera, à la fin du XIXe siècle, le règne du cacao, tous les éléments, capitaux et hommes, viendront du Brésil bahianais : le capital, des familles commerçantes de la cité ; les hommes, du réservoir des brousses qui vont du São Francisco jusqu'à Sergipe et même plus loin encore ? On connaît le procédé cinématographique qui fait passer un film en sens contraire de sa marche normale. Le plongeur saute hors de l'eau et revient au point de départ. Qu'on imagine une machine analogue déroulant le film de l'histoire, du présent vers le passé. Le Brésil, ici ou là, se viderait de ses hommes nouveaux. À Bahia, le processus n'éliminerait presque rien.

Vieille société mais des images ou des raisonnements sont-ils nécessaires pour dire son ancienneté ? Mille faits de la vie bahianaise de tous les jours la suggèrent : la simplicité d'une politesse raffinée, l'art d'une cuisine originale et, surtout, le goût de la mesure qui place toute chose sur une échelle accessible à l'homme. Il y a dans les gratte-ciel tronqués, dans les rues pavées de cette pierre dure dite « cœur de nègre », que les passants ont usée au point qu'on la prend pour les galets roulés de tant de rues de nos villes d'Europe, dans les boutiques souvent étroites comme des boutiques médiévales, dans les rues tortueuses, dans l'art des jardins, dans les maisons qui parlent de la vieille Lisbonne ou de Porto, une harmonie de notes mêlées, fondues, qui font l'homogénéité de la civilisation de Bahia. On sent surtout une société cohérente, capable de mouvements d'ensemble, qui connaît ses classes et leurs exigences, qui a ses nouveaux riches, comme toutes les sociétés, mais qui sait les reconnaître, qui a ses problèmes sociaux. À São Paulo, on dit communément : « Nous, nous n'avons pas de problèmes sociaux. » J'ai répondu à l'ami qui me faisait cette remarque : « C'est parce que vous n'avez pas de société. » J'entendais, évidemment, par « société », la société rigide, dans le sens européen du terme, aux éléments imbriqués les uns dans les autres. Il y a dans le Nord un peu de cette rigidité européenne, et les problèmes y ressemblent à ceux de l'Europe. Ce qui crée des problèmes sociaux — ils existent en fait dans toutes les sociétés, quelle que soit leur consistance —, c'est la conscience qu'en a la masse.

Or, à Bahia, cette conscience, cette connaissance, existent

sûrement et prouvent l'âge de la ville et de son être : ouvrez les journaux de Bahia, écoutez les discussions habituelles, lisez le prospectus politique distribué sur les places, le 2 juillet, pendant le défilé des troupes. Diffusé par le Directoire de l'Union démocratique des étudiants de Bahia, il insiste sur le caractère réel de ce 2 juillet 1823 dont on célébrait l'anniversaire. « Parce que ce trait de notre histoire — l'expulsion des derniers colonisateurs portugais —, bien que les historiens unilatéraux ne le disent pas, a eu, avant tout, un caractère de lutte populaire contre l'injustice sociale que représentaient l'enrichissement croissant des étrangers et l'appauvrissement des petits propriétaires et des indigènes... Le peuple de Bahia, pour fêter dignement la plus grande de nos dates, marquée par le sang fécond des esclaves des plantations du Reconcavo et d'Ilheus, du peuple de la ville et des faubourgs de Bahia, doit défendre de façon concrète la liberté et la démocratie. » Helio Fontes, dans un article de l'*Imparcial*, du 30 juin 1937, écrit ces phrases qui se passent de commentaire : « Le cacao, peut-on dire, est ici souverain. Il a créé une mentalité, c'est la tyrannie de la monoculture. Personne ne pense haricots, maïs, riz, blé, farine de manioc, etc. Une idée fixe : le cacao. D'elle est sorti le " colonel " latifundiaire, ensuite manipulateur d'un de ces partis politiques paradoxaux qui ont créé, presque tous, l'esclavage d'un certain nombre de Brésiliens. C'est ce qui est arrivé aussi avec la canne à sucre à Pernambouc et avec le bétail dans le Rio Grande do Sul. Il y a une façon spéciale de classer les valeurs humaines, par ici : " Un tel vaut cinq mille... achevez : *arrobas* de cacao." » On pourrait faire des réflexions analogues en marge de l'article que Tasso da Silveira publiait dans l'*Imparcial* du 3 juillet dernier, dans le but de prouver que tout le mal provient de ce que le travail humain est devenu une marchandise...

Bien entendu, je ne porte aucun jugement sur ces affirmations. Mon intention est seulement de montrer, ici ou là, l'attention vigilante portée à des problèmes sociaux, d'hier ou d'aujourd'hui. Mon intention est de noter une fois de plus que, à Bahia, le passé pèse sur le présent, ou plutôt vit dans le présent et y met la marque de sa poésie et de ses expériences. Il imprègne la ville de ce parfum subtil qui fait son charme et lui donne une âme, de cette surprenante luminosité, aussi belle que celle de Florence, qui s'insinue, circule et explose dans le paysage.

III

LA FAILLITE DE LA PAIX, 1918-1939 *

Conférence prononcée à la Faculdade de Filosofia, Ciencias e Letras de l'université de São Paulo, en 1947, et publiée en 1951, en portugais.

L'idéal serait de parler de ces années qui vont de la fin de la première guerre mondiale jusqu'au début de la deuxième, comme si nous ne les avions pas vécues, comme si elles ne signifiaient pas pour nous tristesses, folies, espérances, misères, indignations inguérissables et, pour les hommes de notre âge, la perte irréparable des meilleures années de la vie. Au vrai, l'idéal serait de parler de cette période incandescente comme d'années qui nous seraient étrangères, éloignées de notre existence, déjà perdues dans le passé, c'est-à-dire indifférentes à nos passions et à nos récriminations, même les plus légitimes. Mais c'est là un idéal difficile à atteindre.

I

Dans une centaine d'années, l'historien, si à cette époque il y a encore des historiens, reconnaîtra facilement que ces vingt années furent terriblement inquiètes et incertaines, avec très peu d'instants de paix véritable (vous savez qu'il est toujours nécessaire de distinguer entre les diverses catégories de paix : paix profonde, paix précaire, paix injuste... Maurice Baumont en arrive même à parler de non-paix), cet historien reconnaîtra qu'il n'y a pas eu de paix véritable, digne de ce nom, sauf entre 1924 et 1929, tout au plus, durant la brève éclaircie de ces années de mauvais temps persistant.

---

* *Revista de historia*, 1951 (pp. 235-244). Texte français égaré, traduit du portugais par Paule Braudel.

*

Car le mauvais temps a été durable. De 1918 à 1924, partout apparaissent, se reproduisent et se succèdent les violences, les coups d'État, les incidents sanglants, en réalité de véritables guerres... Ceci sur toutes les frontières récemment tracées de cette Europe centrale divisée scientifiquement par les diplomates, mais en réalité dépecée dans le sang. Et il en va de même, plus encore, à travers l'immensité asiatique, de la Turquie qui sera bientôt la Turquie de Mustafa Kemal, jusqu'à la Chine, en passant de la Russie européenne à la Russie asiatique. La guerre reflue de l'Europe à l'Asie, inguérissable.

Ne croyez-vous pas qu'après 1918, à travers les interminables espaces russes, c'est la guerre et encore la guerre qui a régné ? Avec il est vrai, des aspects nouveaux, l'aspect horrible de la guerre civile. En Sibérie, voici l'amiral Koltchak que les Anglais poussent en avant pour l'abandonner aussitôt, inexplicablement. Voici, marchant sur Saint-Pétersbourg, devenue Leningrad, le général Yudenitch qui, par miracle, est repoussé à proximité de la « capitale d'octobre ». Venant du sud et marchant sur Moscou, surgit Denikine, le « fils du serf », et, peu après, le baron Wrangel, aventurier de roman...

Rien peut-être ne fut plus atroce, après la première guerre mondiale, que cette terrible guerre « russo-russe », interminable série de pillages, d'assassinats, de razzias et de misères, les horreurs de la guerre sociale s'ajoutant partout aux horreurs conjuguées de la guerre politique et de la guerre étrangère. Et le drame a duré des années... Les Soviets l'ont emporté, finalement, grâce à leur position centrale, à leur ténacité, grâce aussi à l'inefficacité des interventions étrangères : intervention polonaise et intervention de la France en faveur de Wrangel. En novembre 1920, la conquête de la Crimée par les troupes rouges, qui eut pour conséquence le recul précipité et définitif de Wrangel et de ses partisans, leur embarquement pour Constantinople et leur complète dispersion, mit fin à la grande guerre « russo-russe ». Après quoi continue à saigner un pays épuisé, saccagé, ensauvagé, et secoué encore, par exemple par la révolte géorgienne de 1924.

Ajoutons que la « guerre russo-russe », drame russe par excellence, n'est pas seulement une guerre civile. L'étranger y intervient. Guerre civile et révolution, elle se diffuse au-delà des frontières. C'est le cas dans la Hongrie de Béla Kuhn, en 1919.

La Pologne, en 1920, prétendant envahir la Russie, est envahie par elle et n'est sauvée de la cavalerie de Budienny que par la victoire miraculeuse de l'armée polonaise, le 15 août 1920, devant les murs de Varsovie. Vers l'est, la tourmente russe s'étend plus loin encore : elle touche l'Extrême-Orient et se mêle à l'histoire sanglante de la Chine, donnant naissance au Kuo-Mintang.

Dans les années mouvementées qui dérivent directement de l'agitation de la Grande Guerre, n'allons pas supposer bravement que le monde occidental a connu une paix véritable, qu'il a vécu sans souci à l'ombre tutélaire des traités de Versailles. En réalité, la tension entre vainqueurs et vaincus a persisté, de façon tragique, et le 11 janvier 1923, Français et Belges occupaient le bassin de la Ruhr. Une nouvelle guerre commençait, la guerre de la Ruhr, moment des plus dramatiques de l'histoire européenne. Malgré la résistance passive des Allemands, l'occupation a triomphé bientôt et s'est imposée à une Allemagne désorganisée par la crise économique et par la catastrophe d'une inflation monétaire sans précédent. Ainsi triomphait, dans cette guerre de la Ruhr, la politique énergique du président Raymond Poincaré, alors à la tête du gouvernement français.

Mais cette victoire n'aura pas de conséquences pratiques pour bien des raisons. En mai 1924, les électeurs français se prononçaient en faveur du « Bloc des gauches », et l'expérience de Poincaré fut condamnée.

En outre, si la Ruhr est le centre de l'économie allemande, le régulateur de la vie économique de l'Allemagne et, par conséquent, de l'Europe, elle est en même temps une des grandes citadelles des trusts internationaux. Toucher à la Ruhr, ce n'est pas seulement dérégler le mécanisme allemand, c'est surtout affaiblir et mettre en péril tout le système du capitalisme international. Les financiers internationaux, dont les capitaux étaient investis dans les affaires de la Ruhr, prirent position contre la politique française et ils entraînèrent, sans difficulté, les gouvernements anglais et nord-américain. Ce sont eux, en effet, qui préparèrent l'échec final de l'entreprise franco-belge et c'est de cet échec qu'est sorti le premier plan international des réparations, le plan Dawes... Le 26 août 1925, les troupes françaises abandonnaient les dernières villes occupées de la Ruhr, Duisbourg, Ruhrort et Düsseldorf. Le rideau tombait alors sur la pseudo-guerre franco-allemande.

*

Il est vrai que, dès avant ce dernier acte, la situation internationale s'améliore brusquement. De 1924 à 1929, l'Occident, et presque le monde entier, traverse une accalmie relative. Cette apparition nette et rapide du soleil par mauvais temps coïncide avec une reprise de la prospérité de l'économie internationale. C'est grâce à cette reprise que l'Allemagne de Stresemann sort du chaos financier et crée une nouvelle monnaie, le *Rentenmark*. C'est grâce aussi à cette prospérité que Poincaré peut tenter sa seconde expérience de rétablissement du franc, en 1926. C'est grâce encore à ce retour de prospérité générale — pour le moins, il y a coïncidence chronologique — que les relations franco-allemandes s'améliorent, avec la signature, en octobre 1925, du pacte de Locarno, garantissant les frontières occidentales. En septembre 1926, quasi seuls, Stresemann et Aristide Briand se rencontrent dans le pays de Gex, à Thoiry, entre la Suisse et le Jura. Cette même année 1926, l'Allemagne était reçue dans la Société des Nations avec tambours et trompettes. Deux ans plus tard, en 1928, était signé le pacte de paix Briand-Kellog qui, traversant l'Atlantique, semblait augmenter le cercle des peuples décidés à vivre pacifiquement.

Pendant ces années-là, sous le signe du rameau d'olivier de Locarno, la personnalité française dominante est celle d'Aristide Briand. Il est l'incarnation des désirs français de paix et, pouvons-nous ajouter, d'une paix universelle, ouverte à tous les hommes, à tous les peuples et à tous les gouvernements de bonne volonté. Qui nierait aujourd'hui l'exceptionnel relief des actes et des paroles de celui qui fut alors considéré comme le « pèlerin de la paix » et à qui n'ont manqué ni les applaudissements passionnés, ni les critiques horriblement injustes ? Ni même, est-il nécessaire de le dire, les illusions personnelles : « Tant que je serai là où je suis, déclarait-il à la tribune de Genève, il n'y aura pas de guerre. »

Était-il possible vraiment à la Société des Nations d'éviter les conflits et de faire régner dans le monde la justice pacifique ? « À bas les canons et les mitrailleuses », déclarait Briand dans un autre de ses discours. Au vrai, rien n'était plus facile, pour la Société des Nations, que de faire respecter sa loi par les petites puissances. Quelques télégrammes, en effet, suffirent pour régler un conflit gréco-bulgare. Mais la solution générale du problème de la paix pouvait-elle être, serait-elle trouvée si les grandes puissances étaient en jeu ?

On a beaucoup ridiculisé les paroles utopiques et les hommes de bonne volonté de ces années qui suivirent le pacte de

Locarno. On a critiqué leur manque tragique de sens des réalités ; on a pratiqué contre eux, sans mesure, l'injustice et l'impertinence et mis en doute, non sans raison, la sincérité de Stresemann. Mais celui-ci, comme on le voit dans ses *Mémoires* publiés après sa mort (3 octobre 1929), pouvait-il raisonner autrement qu'en Allemand, désireux de sauvegarder le capital de forces et d'énergie de l'Allemagne ?

Soyons clairs. Si les hommes de ces années cruciales n'ont pas réussi dans leurs tentatives ; s'ils ont été accusés d'incapacité, d'imprévoyance et de pensées tortueuses, n'est-il pas juste de noter qu'ils ont été, en bien des cas, victimes des circonstances, de l'enchaînement inexorable des événements ? Pouvaient-ils savoir, prévoir que le rayon de soleil pacifique durerait seulement cinq petites années ? Pouvaient-ils prévoir qu'il était nécessaire d'agir vite, violemment, révolutionnairement ? Cinq années de guerre paraissent interminables ; cinq années de paix ne sont qu'un instant dans la vie précipitée des hommes et des peuples.

*

Or, le 24 octobre 1929, le crack de Wall Street déchaînait une crise économique dont le monde mit des années à sortir, dont il ne sortit pas, au vrai, avant les débuts de la deuxième grande guerre. Cette crise économique sans précédent par sa violence et son ampleur — crise de structure, crise intercyclique —, en multipliant ses dégâts en tous lieux avec une rapidité si surprenante, démontre par elle-même la nécessité, pour la neutraliser, que le monde, divisé par ses querelles et par ses passions, soit fortement uni par les rythmes normaux de sa vie matérielle.

À partir de 1930, la face politique du monde a changé : les révolutions, les coups d'État, les crimes se multiplient sans cesse, jusqu'à l'explosion finale, inévitable — ou qui du moins nous paraît telle rétrospectivement — de l'été 1939.

En 1931, éclate la révolution espagnole, incroyablement pacifique, il est vrai, à ses débuts. En 1931 encore, le Japon, sous prétexte d'établir la paix au long du chemin de fer de la Mandchourie, occupe celle-ci entièrement et donne l'opération pour terminée en janvier 1932. Alors, contre la Chine récalcitrante qui défend sa cause à la Société des Nations, le Japon à nouveau emploie la force et occupe Shanghaï. Ainsi commence une nouvelle guerre de Chine. En même temps le Japon, instaurant le contrôle des échanges commerciaux, s'installe dans une autarcie qui lui permet de reprendre souffle. Puis, récompensé pour avoir trahi l'économie mondiale, il cherche à développer son commerce sur tous les marchés du monde, victorieusement, grâce au coût extrêmement bas de sa main-d'œuvre.

Le 30 janvier 1933, Hitler reçoit, avec la chancellerie, la direction du Reich, et l'Allemagne instaure alors la révolution qu'elle avait feint de déchaîner en 1918.

Passent deux années et, le 2 octobre 1935, l'Italie fasciste attaque l'Éthiopie. Une guerre coloniale comme tant d'autres, dira-t-on. C'est peut-être juger trop vite. La guerre d'Éthiopie, c'est le problème des sources du Nil et du canal de Suez, un cas analogue à la question du Maroc, dans les années précédant la guerre de 1914. L'Italie, à la jointure des blocs qui s'opposent en Europe, arrive à elle seule, en déplaçant son faible poids, à dérégler la balance politique du monde. En vain, la Société des Nations essaie d'appliquer contre elle des sanctions : ce ne sont guère que des mesures de comédie.

En juillet 1936 commençait l'horrible guerre civile d'Espagne, planifiée du dehors, imposée sans pitié à un peuple véhément et passionné. À partir du 1er novembre 1936, Rome se rapproche définitivement de Berlin et constitue « l'axe Rome-Berlin », dont on allait tant parler ensuite.

Le 13 mars 1938, l'Autriche est envahie par les troupes allemandes et, en quelques heures, s'achève le drame de l'Anschluss. À la radio de Vienne, le président Kurt von Schuschnigg a à peine le temps de crier : « Dieu protège l'Autriche ! » Mais c'est le monde entier qu'Il aurait dû protéger, et sauver !

Était-ce possible alors, avec la marche précipitée des événements ? Aussi grandes qu'aient été sur le moment nos illusions, nos illusions désespérées, comment ne pas voir aujourd'hui l'inexorable enchaînement des événements ? En septembre 1938, nous assistons à l'horrible tragédie de Munich, couardise et imbécillité mêlées ; la Tchécoslovaquie, frappée à mort, n'a plus devant elle que quelques mois d'une liberté apparente et dérisoire. En avril 1939, alors que sonnaient les cloches de Pâques, les Italiens tombent sur l'Albanie minuscule et sans défense. En août 1939, sur la surprise du pacte germano-russe, surgit la question de Danzig, puis l'invasion et le dépècement de la Pologne, malgré la plus héroïque des résistances. À l'ouest, au long de la frontière franco-allemande, commence cette guerre qui n'est pas la guerre, cette « drôle de guerre » où les adversaires se surveillent des mois durant, en Lorraine, en Alsace, sur les bords du Rhin, tirant quelques rares coups de fusil, dans l'attente du terrible et brusque ouragan de mai 1940.

II

Tels sont les événements de 1918 à 1939, du moins les événements principaux ou, mieux, les lignes prédominantes du cadre qu'ils nous suggèrent. Vous êtes capables, avec vos propres souvenirs et jugements, de combler les lacunes de ce cadre forcément très sommaire : nous n'avons pu en rappeler que l'essentiel, rien de plus. C'est suffisant pour reconstruire le climat dans lequel cette histoire proche s'est développée, pour détacher quelques-uns des grands problèmes qu'elle met en cause.

Mais comment répondre de façon satisfaisante à toutes les questions qui se pressent dans notre esprit ? Comment expliquer les faits et les enchaînements de faits, et passer des événements aux raisons qui les ont motivés et dirigés, souvent avec une implacable logique ?

Dirons-nous que tout s'explique par les erreurs commises par les vainqueurs ? Ces vainqueurs qui, en 1918, libérés des problèmes russes par la faillite de la Russie tsariste, n'eurent pas la volonté ni la force de tirer l'immense pays de son aventure, en le plaçant dans le cadre de la politique mondiale ? Les vainqueurs n'ont-ils pas été satisfaits de cette absence, sous tant d'aspects providentielle pour eux ?

Dirons-nous que l'Angleterre, empêchant à plusieurs reprises la France de régler à son gré le problème allemand, principalement au temps de la crise de la Ruhr, est la responsable du second conflit mondial ? Ou alors la France, incapable d'abandonner sa prudence, ses calculs méticuleux, à l'occasion du rapprochement, dramatique mais inutile, entre Stresemann et Briand, en 1926 ? Ou encore, en 1924, les États-Unis qui, en renforçant leurs lois sur, ou plutôt contre, l'immigration étrangère, ont obligé la chaudière européenne à exploser, parce que trop pleine d'hommes ? Ou bien encore prendrons-nous au pied de la lettre les conférences du triste Neville Chamberlain, l'homme de Munich, le peu viril et peu clairvoyant Premier ministre de la Grande-Bretagne, ami aveugle et criminel de l'Allemagne hitlérienne ? Mais qui, scientifiquement, oserait refaire l'histoire — cet attentat contre l'esprit ? Ou mieux, qui pourrait être sûr que modifier ces petits facteurs, aurait modifié les résultats que nous connaissons ? Ces facteurs ont-ils tout déterminé, tout engendré ?

Dirons-nous également — et là toute une littérature viendrait nous cautionner — que sous les événements de 1918-1939 se devine une crise de structure, le déclin de l'Europe dont on a tant parlé après Albert Demangeon et Spengler ? Il est bien vrai que toute guerre, en dernière analyse, est un conflit d'espaces, un drame géopolitique. De ce point de vue, l'entre-deux-guerres ne laisse dans la quiétude que les deux monstres politiques du globe : l'U.R.S.S. et les États-Unis. Le monde est ainsi abandonné aux petites et aux fausses, ou insuffisantes, puissances. Mais tout cela dépasse de beaucoup le problème de la seule Europe.

Revenons à l'Europe. Combien de fois a-t-on dit que cette Europe, si longtemps reine du monde par sa pensée, n'a pas su conserver pour elle seule le secret et le bénéfice de sa culture triomphante, comme doivent se garder les avantages d'armes inédites, c'est-à-dire nouvelles et inconnues ? Nous répondrons oui et non. Si elle n'a pas eu la politique de son intelligence, qui ne voit que ce déclin (s'il y a déclin) est plutôt une conséquence que la cause de la guerre ? Et d'autre part, qui ne voit qu'il est impossible, même aujourd'hui, d'empêcher la pensée de courir le monde, de se diffuser, puisqu'elle est mobile par nature ?

On pourrait aussi avancer que l'entre-deux-guerres, dans son ensemble, s'explique par les rythmes et pressions économiques, mais l'explication reste simpliste. Elle est loin d'être satisfaisante. Les économistes nous disent qu'il n'y a de guerre que durant les périodes de prospérité. Or, de 1924 à 1929, la semi-ascension de la prospérité mondiale est l'occasion du feu d'artifice, pas entièrement illusoire, du rapprochement franco-allemand. Et qu'il n'y aurait pas de guerre pendant le mauvais temps économique ? Rien ne nous permet d'affirmer, en vérité, que le redressement économique qui marque les années qui ont précédé immédiatement le conflit a la responsabilité du déchaînement de la deuxième guerre mondiale. Il y a toujours, au vrai, possibilité de guerres entre les hommes, quel que soit le temps économique qui règne sur le monde.

Nous ne croyons pas non plus qu'on puisse voir la deuxième guerre mondiale, dans ses origines, comme uniquement un conflit d'idéologies, de civilisations passionnées, une guerre de religion à l'échelle mondiale. Cela, elle l'est assurément, mais pas uniquement. Tout un monde social, celui du capitalisme décadent, disait Sombart, vacille sur ses bases, chancelle. La première guerre mondiale et l'après-guerre lui ont porté des coups terribles. Partout le mal existe, comme si un « chef d'orchestre mystérieux » dirigeait cette dévastation silencieuse. Menacé par l'idéologie communiste, par l'idéologie fasciste, comment le monde se défendrait-il ? S'il prétend résister à l'une d'elles, c'est pour s'abandonner à l'autre. Comment oublier cette faiblesse sociale des démocraties, cet élément du conflit en gestation ? Mais tout ne s'explique pas seulement par là.

Et l'on n'éclaircira pas le problème en disant que, dans l'histoire des hommes, les guerres ne cessent de se succéder, si elles ne se ressemblent pas. Ce serait tomber dans la philosophie du sens commun, qui a sa valeur, ses illusions et son évidente inutilité, parfois ses éclipses. Pendant la première guerre mondiale, il était courant de dire et de répéter que ce serait la dernière des guerres. En France, où cette propagande fut particulièrement développée, le soldat combattant se convaincra que la guerre qu'il supportait serait la « der des der ». C'est une philosophie à laquelle, malheureusement, il est périlleux de se livrer, aujourd'hui en particulier, les yeux fermés.

*

Mais peut-être y a-t-il eu, de 1918 à 1939, pour qui voudrait examiner les événements ou les faits d'un peu haut, non une explication, mais un chemin susceptible d'y mener.

Nous pensons que l'historien du futur verra comme un des faits dominants, parmi ceux qui sont intervenus entre les deux guerres mondiales, le brusque, large et puissant développement des États. Partout l'État devient omnipotent, il s'occupe de tout et de tous, il limite la liberté individuelle, prescrivant, mesurant, taxant, supervisant chaque instant de notre existence. Héritage du XIXe siècle, mais héritage singulièrement alourdi.

Faut-il rappeler qu'il n'y a pas un gouvernement d'aujourd'hui, aussi fragile qu'il soit dans sa réalité ou son apparence, qui en fait ne possède mille fois plus de pouvoir que les dominateurs les plus authentiques dont l'histoire parle toujours avec grand respect ? Il n'y a pas un président de la République française, ou même un président du Conseil en France, qui ne possède aujourd'hui plus d'autorité réelle que Napoléon lui-même. Napoléon qui agissait avec la même rapidité, c'est-à-dire la « même lenteur » que César ; Napoléon qui ne pouvait faire connaître à Madrid ses ordres émanant de Paris, sinon quinze jours après les avoir confiés aux porteurs ; Napoléon qui, en dépit de son autorité personnelle, de toute sa police, n'a pas pu empêcher qu'échappent à la conscription militaire, à la fin de l'Empire, environ 200 000 insoumis, immense armée disséminée à travers tout le territoire français ;

Napoléon enfin qui ne l'a pas emporté en 1814 et 1815 dans sa lutte contre la petite bourgeoisie parisienne !

N'oublions pas que l'État aujourd'hui dispose de tous les moyens du progrès technique, pas seulement le téléphone, le télégraphe, la T.S.F., l'avion, mais les moyens et les méthodes de la propagande, l'enseignement et, pour finir, les puissantes et modernes ressources de la guerre. Peut-on s'étonner qu'il veuille tout faire ? Administrer les chemins de fer, les usines, les banques, imposer à tous ses nationaux une même façon de voir, de sentir, de croire ?

Et d'ailleurs, pour arriver à une pleine domination, l'État n'a besoin d'aucune politique préconçue. Il a à sa disposition les ultra-nationalismes qui n'aspirent qu'à être utilisés. Le président Masaryk déclarait que définir un problème nationaliste reviendrait à se situer immédiatement « dans les zones de la zoologie », reprenant ainsi la phrase de Nietzsche sur le nationalisme du futur, « le nationalisme du bétail ». Et c'est aussi Keyserling qui dit avec tristesse : « Tout le monde professe aujourd'hui son nationalisme comme autrefois on professait sa religion. » Avec une différence cependant, ajouterons-nous : les nationalismes ne se proposent pas à tous les hommes, alors qu'il n'y a pas de religion digne de ce nom qui ne soit accessible à tous les cœurs et ne maintienne ouvertes ses portes bienveillantes. C'est ce que proclame, à sa manière, une encyclique de Pie XI, en 1937. Le pape, se dressant contre les hitlériens, condamne ceux qui tentent « d'emprisonner [...] dans les frontières d'un seul peuple, dans l'étroitesse de la communauté de sang d'une seule race » Dieu « devant la grandeur duquel les nations sont "comme une goutte d'eau suspendue à un seau d'eau" (Is., XL, 15) ».

Quel beau texte ! Dieu, l'humanité... le supernationalisme capable de tout dévorer pour se maintenir !

III

Mesdames, Messieurs, que la guerre soit toujours présente dans la vie des hommes, à entrelacer ses fils rouges dans le tissu serré de l'Histoire, nous le savons très bien aujourd'hui. C'est elle qui ouvre et ferme les grandes portes des périodes historiques. L'opinion des historiens acrobates du temps d'Anatole France, qui excommuniaient sommairement l'histoire-bataille, ne prévaut plus. Ils l'excommunient comme si la vie n'était pas une lutte continuelle, une guerre sans fin ; comme s'il était possible de se taire sur les batailles sans mutiler l'histoire ; comme si un tel silence était l'anathème de la guerre !

D'un autre côté, comment accepter que de nos jours on parle de guerre en attribuant ses terribles embûches à l'action de quelques grands hommes, ou soi-disant tels, en discutant sur les responsabilités individuelles, sur l'établissement exact de l'heure d'envoi ou de réception des télégrammes officiels, comme si les diplomates étaient les auteurs uniques et décisifs de ces drames !

En fait, la guerre atteint les racines les plus profondes de la vie ; elle est, aujourd'hui, conflit de continents, drame planétaire ; elle est, aujourd'hui, conflit d'économies, de cultures, d'idéologies. La guerre, hélas pour nous, omnipotente et multiforme, nous enveloppe ; elle est à l'intérieur de nous. Elle est inséparable de la vie, comme la lumière est inséparable de l'obscurité, comme le jour l'est de la nuit.

CHAPITRE II

À TRAVERS UN CONTINENT D'HISTOIRE : L'AMÉRIQUE LATINE

Les trois années d'enseignement de Fernand Braudel à l'université de São Paulo l'ont marqué durablement. À travers les élèves qu'il a suivis et les nombreux étudiants sud-américains qui se sont succédé après la guerre à l'École pratique des Hautes Études, son intérêt pour l'Amérique latine ne s'est jamais démenti.

En témoignent une série de comptes rendus importants dont les premiers datent de sa captivité. En témoigne aussi un cours d'agrégation sur l'Amérique latine en 1947 dont subsiste une sténotypie effectuée par ses élèves eux-mêmes à l'Institut d'Études politiques de Paris. En témoigne enfin son accord donné à José Luis Romero de participer à une Historia americana *par une contribution de commande, sur un thème curieusement étranger à son domaine, intitulée « L'Europe et l'Amérique, 1531-1700 ». Cet accord était avant tout un geste de solidarité avec José Luis Romero qui se trouvait à un tournant difficile de sa carrière universitaire. Lucien Febvre avait fait le même geste au même moment. Le projet de Romero, qui dut alors quitter l'université de Buenos Aires, ne vit jamais le jour. Les deux textes de Lucien Febvre et de Fernand Braudel, retrouvés par hasard dans des archives argentines, n'avaient jamais été réclamés par leurs auteurs. Nous ne publions pas le texte de Fernand Braudel dont le dactylogramme, daté de 1949, indique sans ambiguïté qu'il ne s'agit que d'un brouillon de travail qui n'était évidemment pas destiné, tel quel, à la traduction.*

I

À PROPOS DE L'ŒUVRE DE GILBERTO FREYRE*

Ce long article, écrit en captivité (« Vais vous envoyer un article sur le Brésil pour les Annales *», lettre à Lucien Febvre, 29 avril 1942), recense l'ensemble des ouvrages (de 1934 à 1942), du sociologue brésilien Gilberto Freyre. Lucien Febvre en félicite l'auteur lorsqu'il reçoit le texte à Paris, et il le publie dans les* Mélanges d'histoire sociale, *en s'excusant auprès des lecteurs de ce que Fernand Braudel n'ait pu en revoir les épreuves, et auprès de l'auteur des inévitables coquilles, dues au fait qu'il n'a pu obtenir lui-même un jeu d'épreuves de l'imprimeur.*

Il vaut peut-être mieux — si longs qu'aient été les délais — ne pas avoir signalé ici, en temps voulu et l'un après l'autre, les importants ouvrages de M. Gilberto Freyre sur le passé brésilien. Ce retard nous permet aujourd'hui de présenter d'un seul coup ses livres vifs, un peu touffus peut-être, non ordonnés à la française, mais riches de substance et d'idées — au total, singulièrement novateurs. Ils gagnent à être ainsi rapprochés les uns des autres ; ils se complètent, ils ne forment qu'un seul et même ouvrage, une mise en cause à peu près totale du passé brésilien. Ou, du moins, de ce passé vu et jugé dans ses grandes lignes. L'occasion est donc excellente, en disant leurs richesses, de parcourir un vaste horizon d'histoire, peu familier aux chercheurs de ce côté de l'Atlantique : nous n'avons que trop l'habitude de le négliger ou, ce qui revient à peu près au même, de ne le regarder, le cas échéant, qu'à travers les ouvrages anciens de Southey, d'Handelsman, de Roch Pombo et, surtout, de Varnhagen : ouvrages vénérables et utiles, certes, mais à la façon des classiques, indispensables et grises histoires générales ; on ne se douterait point à les lire que la vie passée, qu'ils présentent de façon si monotone et, pour tout dire, si scolaire — cette vie qu'ils ne montrent que bornée par le traditionnel horizon politique —, est celle d'un étonnant, d'un savoureux pays, original,

---

* *Mélanges d'histoire sociale. Annales d'histoire sociale*, 1943, pp. 3-20.

varié et vaste à lui seul comme un continent ; on ne se douterait pas non plus, à les parcourir, que cette histoire est une somme d'expériences multiples, historiques et humaines, toutes du plus haut intérêt. Et justement : ce que nous voudrions signaler dans ce compte rendu, ce n'est pas seulement une œuvre éclatante — c'est l'histoire d'un pays qui est un monde, d'un pays que beaucoup d'historiens découvriront (le mot n'est pas trop fort) en lisant les pages colorées de Gilberto Freyre. Découvrir, et donc comprendre, assimiler, s'enrichir chemin faisant : je veux dire, se familiariser avec des sociétés très à part, des expériences et des valeurs originales, qui comptent surtout pour l'Amérique et même — nous y reviendrons — pour l'humanité entière.

★

Pour un tel voyage, point de guide meilleur que M. Gilberto Freyre. Avec les livres de cet écrivain-né [1], il ne s'agit pas d'une œuvre scolaire, tenant du manuel ou du dictionnaire : une note dans ce cas, aurait suffi. Il ne s'agit pas davantage d'un minutieux inventaire, clairement ordonné, avec les repentirs érudits de rigueur. Nous sommes, bien au contraire, nous sommes heureusement en présence d'une pensée osée, vivante, attentive aux valeurs humaines, à toutes les valeurs humaines, passionnée par surcroît et combative, jamais lassée de revenir à ses démonstrations et à ses thèses, avec une insistance touffue, multiple, parfois désordonnée, quasi proustienne, mais souvent irrésistible. Tout est bon à Gilberto Freyre : preuves sociologiques, médicales, philosophiques, qui mènent le lecteur aussi bien dans l'Égypte pharaonique (II, p. 375) que dans le vieux Portugal ou dans le Sud des États-Unis, le *deep South*, où l'auteur aime à revenir et à s'attarder. Ce bouillonnement tient à la richesse de la pensée et de l'information Gilberto Freyre a tout lu sur son énorme sujet, et il est plein de ses lectures : mais il les a toutes assimilées. Ajoutons qu'élève authentique de Boas, il a été formé aux méthodes réalistes et fructueuses de la sociologie et de l'anthropologie nord-américaines et, surtout, qu'il a le sens des grands paysages d'histoire, un art exact pour situer les masses compactes du passé les unes par rapport aux autres, enfin, le goût des vastes problèmes qu'il pose avec clarté, qu'il essaie de résoudre, toujours, en toute honnêteté intellectuelle.

Un dernier trait. Gilberto Freyre, sociologue, mais aussi historien — bien plus historien qu'il ne croit, au sens que prend le mot pour un lecteur des *Annales* — Gilberto Freyre est brésilien.

Il l'est avec lucidité, il l'est avec ferveur. D'où, sans nul doute, la résonance poétique de son œuvre, et les étonnants échos qu'elle a éveillés dans son pays. Or, être brésilien, cela signifie bien des choses à la fois. Des choses très compliquées. Et d'abord, pour un homme de cette classe, appartenir à l'intelligentsia d'un pays qui se cherche — d'un pays qui est en quête fiévreuse de lui-même, de son essence et de son être, des coordonnées exactes de son destin : les bornes milliaires du passé doivent servir, pour lui, à comprendre le présent et, non moins à pressentir le futur. Abus de l'histoire ? Oui et non. Utilisation de l'histoire bien plutôt, les faits du passé, transposés, devenant autant de signaux valables pour le présent, pour les hommes du présent.

Au vrai, le Brésil, pour ses intellectuels et pour Gilberto Freyre lui-même, est une personne que l'on trouve en soi, autour de soi, devant soi. Une personne qu'il faut comprendre une bonne fois, si l'on veut se comprendre soi-même. Par là s'explique la tradition vigoureuse des « essayistes » brésiliens. Je ne vois à leur comparer, pour le talent et la passion de l'analyse, que les essayistes — non du Portugal, mais de l'Espagne, d'hier et d'aujourd'hui : un Ganivet, un Unamuno, un Ortega y Gasset... Eux aussi sont obstinés à dire la secrète odeur des choses et des êtres de leur pays, ses fortes singularités, ses originalités irréductibles et parfois déconcertantes : « L'Espagne est un buisson de roses », n'est-il pas vrai ? À la quête du Brésil — ce constant souci de la pensée brésilienne, sa confidence essentielle — Gilberto Freyre, sociologue et historien, participe à la fois consciemment et d'instinct. Il nage à son tour dans ce courant si fort qui entraîne la littérature de son pays depuis l'ancêtre, le très célèbre Euclydes da Cunha, dont les *sertões* (les brousses) inaugurent une série, jusqu'à ce *Retrato do Brasil*, si empli d'ombres noires, de Paulo Prado — jusqu'à telle conférence d'Afranio Peixoto, intitulée *Dom Portugal* et qui n'est pas hors du sujet, bien au contraire. Ou encore, jusqu'à cet élégant volume de Buarque de Holanda, un peu court peut-être, mais au titre évocateur : *As Raizes do Brasil*, les racines du Brésil. De tous ces essayistes, Gilberto Freyre me paraît sinon le plus brillant — ils le sont tous — du moins le plus lucide et le plus riche, le plus documenté en tout cas. Essayiste, oui ; mais historien en sus ; historien privilégié, plein de souvenirs personnels et de souvenirs familiaux, s'appuyant fortement sur la connaissance de son Brésil à lui : ce Brésil précoce du Nord-Est, tôt mûri — ce Brésil de Recife et d'Olinda, le Brésil des seigneurs du sucre, des grandes familles patriarcales et patriciennes : les Wanderley, d'origine hollandaise ; les Albuquerque ; les Souza

Leão ; les Cavalcanti, de souche florentine ; les Carneiro da Cunha et quelques autres... Gilberto Freyre se rattache par les liens du sang à ces Wanderley qui, en souvenir du fondateur nordique, ont souvent encore, aujourd'hui, des yeux bleus et des cheveux blonds et — peut-être toujours en souvenir de lui ? — la réputation proverbiale d'être assez francs buveurs : c'est l'auteur qui nous l'apprend (I, 292), lui qui pense à eux sans fin au long de ses livres, comme il pense à la maison paternelle, à demi patriarcale, où s'est écoulée son enfance et une partie de sa jeunesse. Voilà qui donne à ses explications leur accent de terroir et leur résonance. Voilà qui crée aussi, reconnaissons-le, un assez grave danger pour le lecteur étranger, le lecteur européen. Si objective que soit la pensée de Gilberto Freyre, elle est constamment illuminée du dedans. Elle se situe volontiers sur le plan du souvenir et de la confidence. Peut-être nous convient-il de ne pas trop forcer la partie de ces réminiscences, de ces aveux étudiés ou non, de ces véhémences souvent justifiées : ce sont, avant tout, des avertissements, des mises en garde pour ses compatriotes. Elles ne sont pas pour nous, étrangers, si attachés que nous puissions être à la vie brésilienne. Renversons le problème : faudrait-il croire sur la France tout ce que nous en ont dit des Français intelligents, passionnés, pessimistes à leurs heures ?

Tel sera notre guide. Mais, avant de le suivre jusqu'au cœur du sujet, peut-être faut-il jeter un coup d'œil d'ensemble sur la carte du passé brésilien, en indiquer tout au moins les grandes lignes, signaler aussi quelques livres, qu'il serait bon d'ajouter à ceux que nous avons déjà cités. En somme, et le lecteur nous en saura peut-être gré, il importe de préparer un peu le voyage. On n'en comprendra que mieux, par la suite, l'apport personnel de Gilberto Freyre.

L'histoire « européenne » du Brésil commence avec le XVIᵉ siècle. Elle se découpe, traditionnellement, en larges périodes : la première, celle des temps dits coloniaux, va du début du XVIᵉ siècle à cette révolution symbolique d'Ypiranga (7 septembre 1822) qui, en séparant le Brésil du Portugal, ouvre avec le règne de Pedro Iᵉʳ (1822-1831) l'époque impériale (1822-1889). Cette deuxième période, c'est, avant, tout, la minorité puis le long règne, à tant d'égards remarquable et novateur, de Pedro II (1831-1889), interrompu par la brusque et, osons le dire, assez peu compréhensible révolution de 1889. Coïncidant — non sans raison — avec le centième anniversaire de la Révolution française. Troisième et dernière période enfin, celle de la République ou mieux des Républiques successives qui ont présidé aux destinées politiquement toujours très animées du pays.

À l'intérieur de ces divisions, imaginons bien d'autres bornages ; imaginons surtout une centaine de révolutions, un millier de guerres locales et quelques guerres extérieures ; au XVIe siècle contre l'Espagnol, le Français, l'Anglais et le Hollandais ; au XVIIe siècle contre le Français et le Hollandais ; au XVIIe et au XVIIIe siècle contre l'Espagnol encore ; au XIXe siècle contre le Portugal : de 1861 à 1865, du temps de Pedro II, contre le Paraguay — enfin contre l'Allemagne de 1917 à 1918, puis de 1942 à 19... ?

À l'arrière-plan de ces réalités et de cette chronologie politiques, les larges mouvements de la vie économique brésilienne ou — comme l'a dit, peut-être le premier, Lucio de Azevedo — les *cycles* économiques qui ont rythmé par larges poussées la vie d'un pays trop vaste, longtemps inconsistant et sous la dépendance, dès ses premières réussites, d'une économie mondiale toujours très exigeante.

Cet immense domaine, si nouveau et si fécond, a été prospecté, dans les trente dernières années, activement, par les historiens brésiliens et portugais. Bilan de tout premier ordre, en même temps répertoire commode et aéré, l'*Historia economica do Brasil* de Roberto Simonsen résume, en deux volumes récemment parus, tout ce qu'il est possible de savoir sur ces questions dans l'état présent des choses. S'il est classique de parler des temps coloniaux, du Brésil impérial et des Républiques, il est non moins classique désormais de se référer à la succession des *cycles* dont est issue l'histoire économique de l'immense pays. Cycle du bois de teinture, du « brésil » (le *pau brasil*) qui dure peu ; cycle du sucre ensuite et de l'élevage, c'est-à-dire de la conquête, dès le XVIe siècle, de l'arrière-pays par les troupeaux d'Europe : bœufs, chevaux, mulets, moutons, chèvres, tous venus des mondes ibériques et de ces îles : Madère, l'archipel du Cap-Vert, les Açores qui (plus qu'on ne l'a dit encore) ont été sur la route du Nouveau Monde des terres d'adaptation et de transition pour les plantes, les bêtes et même les hommes : autant de pré-Brésil si l'on veut. Après quoi, le cycle de l'or et le cycle des diamants, l'un et l'autre intermittents. Enfin, se situant au-delà du livre de Simonsen, arrêté pour l'instant à la date fatidique de 1822, le cycle du café, celui du caoutchouc, celui du coton : peut-être faut-il dire (on n'en parle point encore) celui de la grande industrie et des banques ? Entendons par *cycles* des activités limitées dans le temps et dans l'espace, qui naissent, prospèrent, déclinent — ou du moins doivent chercher de nouveaux espaces avec des conditions plus favorables de rendement ou de main-d'œuvre. C'est le cas, par exemple, aujourd'hui, pour le café pauliste, encore vigoureux, mais déclinant dans les vieilles zones de l'État méridional et qui trouve, dans les terres neuves de l'intérieur, des sols plus riches et des rendements plus forts que dans les fazendas glorieuses de Ribeirão Preto et du voisinage... Pour compléter ce double tableau — la politique, les affaires — ajoutons le conflit des races dans un pays où tous les peuples ont défilé : Indiens de jadis, premiers conquérants lusitaniens, Européens venus au cours des siècles de toutes les régions et de toutes les civilisations du Vieux Monde, peuples noirs importés d'Afrique en masses serrées d'esclaves, colons japonais enfin : ces derniers venus assez peu nombreux d'ailleurs, eu égard à la masse du peuple brésilien.

Autant de problèmes divers et complexes. À propos de chacun d'eux, la tentation a été grande, pour les historiens brésiliens, de tout expliquer du politique par l'économique, ou de ramener un passé multiple et varié au seul problème des races — voire, comme Manuel Bomfim (ses livres ont la simplicité mais aussi la force que donne un parti pris dont on ne se départit pas), de choisir une de ces races (l'indienne en l'occurrence) comme la plus méritante à ses yeux et de la montrer, par ses vertus, ses dévouements, comme la seule, ou la vraie constructrice de la composite maison brésilienne. Puis-je dire que le premier mérite de Gilberto Freyre, c'est justement de ne pas avoir accepté les simplifications qui s'offraient à lui, si nombreuses, de ne pas avoir repris les poncifs d'une littérature qui, nationale ou étrangère, en est surabondamment pourvue ? Réaction consciente, qui s'accompagne parfois d'une pointe de mauvaise humeur et de colère, car c'est une tâche difficile, si elle est nécessaire, que celle de penser autrement que les autres. En tout cas, dans son œuvre passionnée, point de vieilles redites, point de couplets déjà entendus, et c'est beaucoup ; ce qui vaut mieux encore, pas non plus d'enthousiasmes gratuits ou d'admirations sur commande. Bonté, charme, abondance matérielle de la terre brésilienne, que n'a-t-on pas lu sur ce thème ? Gilberto Freyre écrit : « Le Brésil des trois siècles coloniaux n'a rien d'un pays de cocagne ; il a été une terre de vie dure et difficile » (I, 58). Note exacte : sur ce point comme sur tant d'autres, l'auteur rend aux faits leur vérité en reposant les problèmes *en termes sociaux, en termes d'humanité*. Là où l'on disait : les gouvernants, les capitaineries, le sucre, les races, il voit des hommes, des familles, des milieux sociaux, des aristocraties, des peuples d'esclaves... Le progrès est immense.

Sans doute Gilberto Freyre n'est-il pas le seul, parmi les historiens du Brésil, à avoir mis l'accent sur le social. Je pense aux très beaux livres de Pedro Calmon — à qui l'on doit notamment le meilleur résumé cohérent d'histoire brésilienne, déjà traduit en espagnol. Je pense aussi à ce court essai, lumineux bien que partiel, de Caio Prado, œuvre de jeunesse et qu'il lui faudrait reprendre, élargir et débaptiser — car il est assez mal intitulé *Historia politica do Brasil* : en réalité, il s'agit là d'une interprétation de l'histoire sociale brésilienne dans ses rapports avec le politique. Cependant, à poser les grands problèmes du passé brésilien en termes et en équations d'histoire sociale, personne ne me paraît s'être appliqué avec autant de souci du réel — personne ne semble avoir réussi avec plus de bonheur que Gilberto Freyre. Là est son très grand mérite.

Mais, tout de suite, des précisions s'imposent, car socialement, de ce Brésil trop vaste, hétérogène et mal fixé, tout à la fois contradictoire et cohérent, deux humanités se partagent depuis toujours l'espace et la masse vivante, se partagent aussi, si l'on veut, le passé : une humanité de sédentaires, attachés à des villes et à des paysages ruraux bien dessinés — et toute une poussière sociale en mouvement de nomades, semi-nomades et semi-sédentaires, si divers qu'on remplirait des pages à en énumérer seulement les catégories.

Véritables nomades d'abord, au sens classique du mot, ces bergers des longues routes de l'intérieur, les *sertanejos* du Nord, poussant leurs troupeaux de bœufs sur des distances qui valent deux ou trois traversées de la France, à travers des brousses à demi désertes : les *sertões* chers au cœur d'Euclydes da Cunha. Condamnés à l'errance eux aussi, les *garimpeirios*, chercheurs de diamants, les *seringualeiros*, cueilleurs de caoutchouc, à qui Manaos dut hier son premier grand luxe — et, pareillement, les chercheurs d'or, encore nombreux à la fin du XIXe siècle dans l'arrière-pays bahianais, mais ruinés impitoyablement depuis par la découverte et le rendement des mines du Transvaal. Leurs bandes durent vite refluer vers la côte, au sud de Bahia, dans ce coin alors à demi sauvage, forestier, paludéen, de la zone « levantine » d'Ilheous, où leur effort, associé à d'autres, contribua à mettre en place cette « zone pionnière », aujourd'hui la grande région productrice du cacao. Nomades aussi, et nomades par excellence, ces héros des temps coloniaux anciens, les *bandeirantes* de São Paulo et d'ailleurs, mais de São Paulo surtout, aventuriers, chasseurs d'esclaves indiens, de perles, de diamants et d'or, plus tard chercheurs de terres, découvreurs des routes profondes du continent, types les plus connus, les plus représentatifs et les plus célèbres de cette humanité ondoyante. Nomades encore, ces spécialistes de la route, les *tropeiros*, propriétaires de *tropas* de mules (les mules achèvent la conquête du Brésil vers le milieu du XVIIIe siècle), capitalistes importants et considérés qui furent, vers la fin des temps coloniaux et durant l'Empire — avant les bateaux à vapeur, les chemins de fer et les automobiles — les camionneurs du Brésil ; nomades enfin, ces marchands ambulants, les *mascates*, au nom évocateur de l'Orient arabe, et qui, aujourd'hui encore, courent les pistes, de maison en maison et de fazenda en fazenda.

Est-ce tout ? Il faudrait citer aussi, migrateurs plus que nomades, ces ouvriers agricoles bahianais, prompts à la main, gagnant vers le sud, au moment des gros travaux agricoles, aussi bien les fazendas de Goyaz, « le vrai cœur du Brésil », que les *cafezais* de Rio, de São Paulo ou les grands domaines de Minas. Et les *cearenses*, si disposés à quitter le Ceara nordique, soit pour le territoire de l'Acre, soit pour les villes du Brésil où, tels les mozabites de l'Afrique du Nord, ils deviennent épiciers. Sans oublier les juifs enfin, pour la plupart séphardites, venus des mondes ibériques directement ou par le détour de la Hollande, de l'Angleterre, de Hambourg — capitalistes, marchands, revendeurs, médecins, avocats, toujours capables d'émigrer un beau jour, en emportant leurs bijoux et leurs pièces d'or : certains, dès la fin du XVIe siècle, fuyant le Nord brésilien et les rigueurs du Saint-Office, pour aller participer à la seconde fondation de Buenos Aires... Au total, d'un bout à l'autre du passé brésilien et aujourd'hui même, une masse humaine flottante, vagabonde, considérable.

Aussi est-il caractéristique de voir Gilberto Freyre accorder peu de place à ces « sans-village » et presque « sans-maison » — de le sentir peu soucieux des rapports de cette humanité avec les villes et les villages stables. Il y avait peut-être intérêt à aborder, dans le cadre brésilien, le gros problème du nomadisme, si important pour l'histoire des hommes et qui nous semble un problème de base quand il s'agit des Amériques européennes — États-Unis, Argentine, Brésil — et peut-être de tous les pays où, en face d'une population relativement faible, s'offre un espace démesurément vaste...

Notons que, ces problèmes, M. Gilberto Freyre les connaît assurément mieux que l'auteur de ces lignes. Il lui arrive de parler en passant (I, 9 *sq.*), et excellemment, de ce semi-nomadisme qui éparpille les hommes en surface, mais les rapproche, les mélange aussi. L'excellente carte des *Bandeiras paulistas*, dressée par

Affonso d'Escragnolle Taunay — et dont a paru récemment un second tirage —, montre que les aventuriers du Sud ont parcouru le Brésil en son entier et même un peu plus. Alors, sans aller jusqu'à dire que ces errants de l'âge héroïque (et les autres nomades et semi-nomades que nous avons énumérés incomplètement il y a un instant) ont fait le Brésil « un et immense » à eux seuls, reconnaissons qu'ils y ont bien contribué tout de même. Mais, peu attentif à ces itinérants, Gilberto Freyre ne nous les présente que dans la mesure stricte où ils interviennent dans la vie des villes, où il y a contact forcé entre ceux qui passent et ceux qui restent. Voyez ainsi (II, 63), pour le XIXe siècle, le tableau charmant qu'il donne des Mascates, vieux Portugais à moustaches énormes, ou juifs d'Alsace, ou Italiens vendeurs d'images, transportant leurs marchandises à dos de mule. Ce sont, au témoignage de d'Assier, des personnages importants à l'intérieur du Brésil, où on les considère, où on les reçoit comme de véritables « lords » ; nullement comparables, dit encore d'Assier, à « l'exporteur », ce marchand ambulant des Alpes ou des Pyrénées, si humble, qui porte sur le dos son bahut et ses marchandises.

Citons aussi ces cent et quelques images étonnantes de vie que les juifs auront inspirées à M. Gilberto Freyre... Mais enfin, on ne rencontre pas vraiment, dans ses livres, le *bandeirante*, le *tropeiro*, et, si ma lecture n'a pas été fautive (comment le vérifier sans index ?), le bouvier de l'intérieur, le *vaqueiro*, cavalier pittoresque vêtu de cuir, dont on n'oublie plus la silhouette une fois qu'on l'a aperçue sur les foires de l'intérieur bahianais ou, simplement, qu'on a lu les pages classiques que Capistrano de Abreu lui a consacrées. N'y aurait-il pas à marquer pourtant combien le sédentarisme est, au Brésil, cerné de dangers, touché par la mouvance, attiré par elle — combien, par suite, la société la plus stable y apparaît fluide aux yeux d'un Européen ?

Au vrai, si nous ne nous trompons pas, Gilberto Freyre a choisi et, d'instinct, opté pour son tableau d'ensemble, en faveur des sédentaires bâtisseurs de maisons stables, d'églises, de villes — créateurs assurément décisifs de la civilisation richement composite du Brésil. À eux toute son attention et tous les trésors de son érudition et de ses interprétations. À juste titre peut-être : ici comme dans le Maghreb — répétons-le pour nous consoler — le nomade n'est-il pas, presque toujours, un piètre créateur, un ouvrier aveugle, et la civilisation d'un pays n'est-elle pas, en dernière analyse, fille des hommes de la terre, des paysanneries enracinées et des bourgeoisies tranquilles ?

Mais — et voici où nous voulons en venir — ce choix a entraîné notre guide vers certains paysages qui ne sont peut-être pas tout l'horizon du passé brésilien s'ils en sont l'essentiel ; il l'a conduit à mettre l'accent sur les moins mobiles des peuples brésiliens — les peuples d'Afrique —, les mieux adaptés peut-être au climat et au sol des Tropiques, donc les mieux doués pour fournir au Brésil ses paysans d'une part et de l'autre ses ouvriers des villes. Nous disons les moins aptes, les moins portés à nomadiser : les esclaves noirs fugitifs ne se contentent-ils pas, très souvent, de quitter leurs domaines pour un autre dont le maître est plus généreux, plus libéral ou, simplement, plus indifférent ? Ou bien, s'ils fuient vers l'intérieur, mises à part les *bandeiras* ou pseudo-*bandeiras* conduites par des nègres (sur lesquelles il y aurait un si vif intérêt à être mieux renseignés), ils se groupent, règle générale, et toujours pour former des communautés agraires, *quilombos*, ces républiques égalitaires dont la plus connue et la plus vigoureuse a été celle de Palmarès, en pays bahianais (mais il y en eut des centaines d'autres et même hors du Brésil : ainsi à Saint-Domingue, dès le XVIe siècle). Or, Palmarès, avec sa polyculture adaptée aux clairières de la sylve tropicale, est un gros village de paysans sédentaires. C'est donc par un enchaînement logique que G. Freyre, toutes pages ouvertes, a donné ses livres à ces paysanneries noires sédentaires — à ces nègres au demeurant si divers et si mal jugés par des écrivains superficiels, incapables de les distinguer et de les comprendre ; c'est bien la première place qu'il leur assigne dans la dure construction du Brésil, où ils ont beaucoup plus fait que l'Indien, autant même que le Portugais. En même temps, une large place est faite aux métis de l'Empire finissant, aux meilleurs de ces sang-mêlé, avocats, médecins, hommes politiques, parfois écrivains de talent. Ainsi, en profondeur, par toute sa masse, l'œuvre de Gilberto Freyre plaide en faveur des enracinés, des stables. Rien n'étant plus convaincant que les livres de M. Gilberto Freyre et surtout plus contagieux, plus étonnant que ses idées et ses enthousiasmes d'intelligence, il peut être sûr que nous, étranger au débat, nous ne l'avons pas lu impunément ni suivi si longtemps pas à pas sans que, grâce à lui, ces humanités du Brésil, patientes ouvrières, ne nous soient devenues un peu familières et plus chères... Mais, au bout de ces pages denses et de ces argumentations répétées, au-delà des unes et des autres, échappant à la vigilance même de l'auteur, n'y a-t-il pas, malgré tout, une vue simplifiante de l'aventure historique brésilienne ? Et cela, d'entrée de jeu ? Si riche soit-il — et il l'est — le Brésil de Gilberto Freyre est une partie seulement du pays réel.

*

Ce Brésil stable se comprend à Recife. C'est de là qu'il nous faut partir à notre tour. Premier soin, visiter la ville à loisir, manger dans ses restaurants réputés les plats vantés par M. Freyre, méditer au long de la « Rua Impérial » et de ses vieilles maisons du siècle dernier — les hauts *sobrados*, demeures urbaines des grands propriétaires du temps de l'Empire —, goûter le charme vénitien et hollandais de la ville, lire et relire la splendide *Guia do Recife*, malheureusement plus malaisée à se procurer que le guide Baedeker que le voyageur le moins épris du passé emporte avec lui en France et en Italie. Visites et lectures faites, boucler ses valises. Gagner le pays environnant avec le propos d'être attentif aux maisons des hommes et tout d'abord, dans la banlieue proche, aux huttes, aux taudis, à ces « nids d'hommes » que sont les *mucambos* des pauvres : ensembles disparates, semblables, malgré la différence des matériaux et la décence plus grande, aux « bidonvilles » de notre Maroc, avec leurs toits de paille, leurs murs de terre sèche et de pisé, leurs couvertures de *sapé*, de *capim*, leurs charpentes fragiles de bois, parfois leurs feuilles de zinc... Au demeurant, nous dit Gilberto Freyre, demeures mieux adaptées aux exigences des Tropiques, plus saines en tout cas, que les imposants édifices de la Rua Impérial. Mais ne négligeons pas, loin de la ville cette fois, les vieilles maisons seigneuriales isolées dans la campagne, les *casas grandes*, énormes bâtisses aux larges murs de brique ou de pierre, aux grandes salles décorées parfois, au temps de leur splendeur, d'*azulejos* et de boiseries de palissandre — plus vastes cependant que bien meublées. La plupart sont en ruine, mais certaines, conservées, subsistent sous nos yeux. Megahype, Anjos, Norvega, Monjope, Gaypio, Morenos — là le Portugais a mis son pied lent et lourd de paysan, son « pe de boi » ; là est le point fixe des temps coloniaux. Et ces anciennes demeures sont le document le plus évocateur, le plus riche de sens sur cette époque, le seul qui n'ait pas été lu et utilisé avant Gilberto Freyre. Il sait en faire sortir, quant à lui, comme d'une boîte magique, avec mille souvenirs précis, mille images colorées, tout ce qu'il y a d'essentiel dans le passé profond du Brésil, tout ce qu'il a lui-même appris dans ce livre d'histoire qu'est une vieille ville riche de civilisation : une ville qui a des traditions, une cuisine et une politesse admirable faite pour nous rappeler, dans ce Brésil exquis du Nord, les douceurs ineffables des Europe plantées sous les Tropiques.

Une vieille ville, disions-nous — pour l'Amérique s'entend —

mais une grande ville aussi. Dès le XVIe siècle, avec la précoce et brusque fortune du sucre, peut-être a-t-elle été la plus peuplée des villes du Nouveau Monde ? Mais, autour d'elle, l'expliquant et la faisant vivre comme la plante la plus vigoureuse du jardin, retraçons toute une vieille et grande région, pétrie d'humanité, ce Nord-Est qui est un si beau paysage d'historien. Entendez, non pas le *Nordeste* des sécheresses, de la vie pastorale, des famines, dont on a l'image dramatique dans quelques romans réalistes brésiliens ou dans les notes de voyage de von Martius, ou encore dans Reclus ; mais, au sud de ces terres inhumaines et dures, cette bande de terres riches, en arrière de Recife et face à l'océan, le pays de la bonne terre (*massapé*) gorgée d'eau, avec ses arbres vigoureux, hier surabondants, son bétail gras, ses hommes lourds, « un peu Sancho Pança », nourris de sucreries, de *feijão* et de poisson frit, de sauces grasses et pimentées, d'*aguardente* — conduits aussi à l'embonpoint par les siestes, la nonchalance et les maladies complices... Dans ce pays de collines douces, dès le XVIe siècle, il faut imaginer la présence de la canne à sucre envahissante, ne laissant pas d'espace aux cultures vivrières. À elle la terre et les rivières qui animent les roues des *engenhos de assucar*, « des moulins à sucre » ; à elle les forêts — on les brûle pour lui faire place, on les brûle encore pour cuire le sucre ; à elle enfin et surtout le travail multiplié des animaux, du bœuf, comme celui des esclaves noirs. Car, sans eux (comme à Madère), qui accomplirait la besogne exténuante des *canavais* : couper les cannes, les charrier, les broyer, les cuire, puis transporter les sucres et les cassonades ?...

Jamais on ne nous avait montré, comme ces livres savent le faire, ce qu'a signifié la civilisation ou, si l'on veut, le cycle du sucre pour la peine et l'esclavage des hommes — et aussi ce qu'il a su humainement et socialement créer. Non pas ce luxe un peu clinquant noté par des voyageurs pressés, mais ce que G. Freyre appelle le « triangle colonial », cette première géométrie vivante du Brésil rural du Nord. Car, dans cette civilisation du sucre, il y a eu, certes, la mise en place du capitalisme d'Europe, celui des Flandres et de la Hollande, capitalisme en partie de marranes et de nouveaux chrétiens. On garde le souvenir, dans l'île méridionale de São Vicente, près de Santos (donc très loin de notre Nordeste), d'un *engenho* possédé par la firme des Schetz ; on sait aussi que le Nordeste et Recife ont été mis en valeur et avancés dans leur développement par la domination hollandaise et, on peut le dire, par le génie lucide de Maurice de Nassau. Sur ces problèmes, on dispose d'un livre classique, celui de Wätjen. Ces réalités, avec quelques autres, sont le côté européen du cycle du sucre.

Le triangle colonial de Gilberto Freyre en représente l'aspect brésilien — autrement important. La zone du sucre est une mosaïque de vastes propriétés pas toujours exactement juxtaposées. Au centre de ces seigneuries sucrières, s'élève la *casa grande* ; les très anciennes sont couvertes de paille, mais, très tôt, elles ont été construites en matériaux nobles. Là vit et règne le *senhor d'engenho*, entouré de sa famille et de ses esclaves — ces derniers logeant dans leurs cases, les *senzalas*, collées aux murs de la maison du maître ou dressées à son voisinage, un peu sur le modèle des *mucambos* d'aujourd'hui. La *casa grande*, un des sommets du triangle. Les deux autres sont l'*engenho de assucar*, mû par les bœufs ou par l'eau des rivières, et la chapelle seigneuriale parfois prise dans la maison, parfois détachée d'elle. Tel est le paysage architectural où s'est formé, avec la famille coloniale, le système complexe du patriarcat brésilien — la première civilisation dont tout reste imprégné, aujourd'hui encore, dans la société brésilienne.

Cette seigneurie — j'emploie à dessein ce mot inexact mais parlant — vit sur elle-même. L'anecdote de cet évêque espagnol, l'évêque de Tucuman, qui ne trouvait, dans le Brésil colonial, aucune commodité d'auberge ni de vivres, hors les *casas grandes*, est à ce point de vue caractéristique. C'est que la *casa grande* est cernée d'hostilités : celle des Indiens, celle des *quilombos*, celle des pillards de la côte, Anglais, Hollandais ou Français, presque toujours protestants, et dont l'irruption arrête au loin la roue des moulins à sucre — (ne faut-il pas mettre sur le pied de guerre maître et esclaves ?) La *casa grande* eut de suite contre l'Indien hostile ses Indiens fidèles, ses *Indios de arcos* ; elle eut vite aussi, avec ses Noirs, de bons soldats, prompts à suivre le maître et à mourir pour lui, non seulement dans la guerre contre l'hérétique, contre les Indiens ou les *quilombos*, mais aussi dans les querelles et les vendettas de grande famille à grande famille (I, 387). Dès le XVIIIe siècle, bien avant peut-être, se dégage un vrai type social d'esclaves et d'hommes de main du « seigneur » d'*engenho*, toujours mêlés à ses affaires personnelles et à ses luttes politiques.

Mais ce n'est pas sur ce côté militaire, externe, de la *casa grande*, d'ailleurs noté avec exactitude ; ce n'est pas davantage sur sa signification d'unité économique (elle se suffit à elle-même, elle est hôpital, elle est banque aussi) qu'insistera

Gilberto Freyre : sa curiosité va à la vie intérieure de cette oasis, à sa société complexe ; elle va avant tout à un type d'homme, le *senhor d'engenho*, de qui tout dépend, à qui tout aboutit.

Le *senhor* est un maître à l'antique. Il a droit de vie et mort sur ses esclaves et sa vaste famille, sa femme, ses filles, ses fils eux-mêmes. L'histoire anecdotique des familles est pleine des traits sanglants de cette justice paternelle. À l'ombre d'une telle autorité, qu'on imagine la vie étouffée des femmes, au plus sombre de la demeure. Qu'on imagine aussi ce que peut devenir le catholicisme dans une organisation où la chapelle est une dépendance de la maison et de la famille, où les morts ensevelis dans le sol même de cette chapelle enveloppent les vivants de leurs ombres insistantes : le christianisme est déformé, nous dit l'auteur, par un culte des morts « domestique » qui rappelle celui des Grecs et des Romains (I, XXIII). Surtout, de la *casa grande* aux *senzalas* des Noirs, le chemin est si bref que le seigneur et maître ajoute à ses enfants légitimes — blancs en général — des bâtards assez nombreux, qui le sont forcément moins. D'ailleurs, bâtards et fils légitimes s'élèvent ensemble le plus naturellement du monde, dans la vaste demeure surpeuplée de femmes, d'esclaves et de nourrices noires. Je veux bien croire que cette promiscuité sexuelle, cette polygamie, qui est un trait de *toute* l'histoire coloniale américaine, aura contribué, comme le dit Gilberto Freyre, à adoucir le conflit inévitable de la *senzala* et de la *casa grande*, à « démocratiser » les mœurs et à créer — cette fois sans contestation possible — une race métissée dont le provignement devait largement fructifier. Mais on ne peut, en quelques lignes, suggérer cette atmosphère de la *casa grande* que l'auteur, par des touches multipliées, a su rendre si vive et si obsédante. Car si nous perdons souvent de vue, au fil de la lecture, ses murs épais, ses fenêtres étroites qui ne laissent filtrer que le minimum de la chaleur accablante du dehors ; si Gilberto Freyre nous entraîne souvent loin d'elle, au bout de ses discussions ou de ses comparaisons, il nous y ramène toujours et très vite, d'un mot, d'une note fournie en passant, à propos d'un souvenir, d'un proverbe, de chansons de nourrices noires, de contes, de danses ou de confitures savantes, orgueil et secret jalousement gardé des maisons du sucre.

Ces détails savoureux sont impossibles à rapporter, encore moins à résumer. Le problème à retenir (si je n'accentue pas trop la pensée de l'auteur) c'est que, chaque fois qu'une civilisation nouvelle, vraiment cohérente, s'est développée au Brésil — du moins lorsqu'il s'agit d'une de ces civilisations rurales, et surtout de celles qui poussèrent sur la forêt brûlée —, on la voit débuter régulièrement par un paysage et un système plus ou moins identiques à celui du Nordeste, conformément aux règles de la *casa grande*... Même la plus récente, celle du café. Ainsi dans la vallée du Paraíba, sur l'axe de Rio à São Paulo, peu utilisé jusque-là[2] : vallée coupée vers 1850 d'écharpes forestières à l'abri desquelles les Indiens continuaient une vie indépendante et misérable. À cette date arrivent de Minas, de Rio, de São Paulo aussi, des pionniers avec leurs troupes d'esclaves ; pour établir les *cafezais*, ils brûlent la forêt et chassent l'Indien prompt à fuir. Or, la seigneurie du café (I, XXXIX) [la *fazenda* pauliste par excellence] n'est-elle pas construite sur le modèle de la *casa grande* ? Au centre, la maison du maître, avec ses balcons de bois, ses pièces multiples, ses vastes salles ; auprès, les maisons des esclaves, cubes de briques, demeures aujourd'hui des « colons » venus d'Europe ; enfin la chapelle, souvent sur la colline proche de la maison principale (située, elle, en contrebas, près du *terreiro* où séchera le café)...

Les voyageurs étrangers sont là pour nous dire le charme de ces *fazendas* accueillantes, patriarcales. Et elles sont, plus encore que les *casas grandes* du Nord, parce que plus jeunes, à portée de nos curiosités. Bref, on imagine le parti que peut tirer un sociologue habile, un écrivain convaincant, de ces coïncidences qui renforcent et élargissent sa thèse. Ce que Recife lui a appris, c'est bien plus que l'histoire coloniale de Recife, celle du Brésil entier. Car la civilisation de la *casa grande*, c'est le tuf sur quoi le Brésil s'est construit. Et dans l'extrême Sud, le Rio Grande des éleveurs, ou bien, à l'intérieur, l'étonnant pays de Minas Geraes, permettraient assurément les mêmes constatations sur les réalités omniprésentes et répétées d'un premier âge uniformément seigneurial.

Au temps des premières *casas grandes*, les villes du Brésil sont de petites villes, sauf Bahia et Recife, des villes pénétrées, submergées par la vie rurale : au vrai des villages, même les plus grandes. Leurs échevinages, leurs *câmaras municipais*, sont sous la dépendance des propriétaires — les *homens bons* — aussi indépendants du roi de Portugal que si ce dernier ne régnait pas : il est si loin ! Ces villes dans l'enfance, sans services publics, ni boutiquiers, ni rues pavées, ne s'animent guère que les jours de fête religieuse, par le concours des gens de l'intérieur, à l'occasion d'un mariage, d'un bal, d'une représentation théâtrale — ce qui signifie beaucoup de bruit de chevaux, beaucoup de poussière, des danses, de la musique ; le lendemain, le silence et le vide reprennent leurs droits. Peu à peu cependant, ces villes vont grandir, les unes précocement, comme Recife à l'époque des Hollandais, « no tempo dos framengos », ou comme Bahia l'officielle, dévouée au roi et à l'Église ; les autres bien plus tard : celles du Minas Geraes pousseront au XVIIIe siècle, comme de vraies *boom cities* ; puis viendra Rio et finalement São Paulo. En gros, c'est avec le XVIIIe siècle que le mouvement urbain se déclenche et qu'il va entraîner progressivement une rupture des anciens cadres, des habitudes consacrées et des équilibres acquis — mettre fin plus ou moins vite, selon les cas, à la civilisation coloniale, d'essence rurale. Attirés par la ville, par sa vie plus agréable, par ses fêtes, par ses églises — celles de Bahia sont d'une extrême richesse —, les mondes des *casas grandes* s'altèrent et leurs occupants émigrent vers les villes. L'émigration est lente d'ailleurs, coupée de retours et de repentirs, et pas toujours décisive du premier coup. Gilberto Freyre nous montre, dans la banlieue de Rio, au temps de l'Empire, dans les environs de São Paulo, vers la même époque, ce que l'on pourrait appeler des fermes mi-rurales, mi-urbaines, une maison de même style que la *casa grande*, mais de proportions réduites, avec un seul étage ; autour d'elle, des champs, des vergers d'orangers et de manguiers près de Rio, tandis que, dans les environs de São Paulo, le manguier cède la place à l'arbre pauliste par excellence, le *jabuticabeiro*. Ces fermes, ces *chácaras*, forment une sorte de tissu pré-urbain, aux mailles encore larges — chacun vivant sur son domaine et n'en sortant, avec son escorte d'esclaves, que pour aller à la messe et aux grandes fêtes de l'Église ou de la ville.

Mais la vie rurale et seigneuriale s'insinue plus avant — jusqu'au cœur des villes et des résidences urbaines avancées, les *sobrados*, auxquelles Gilberto Freyre a consacré, à mon avis, le meilleur de ses livres. À Rio, ils sont bâtis en grosses dalles de gneiss et, comme dans le Nord, l'usage des vitres — connu à São Paulo et à Minas — ne s'y rencontre guère. À Bahia, où la place abonde, le *sobrado* est entouré d'un large domaine agricole sur lequel vit un peuple de maîtres et d'esclaves. Un mur entoure les jardins, les vergers, les champs et la maison. À l'intérieur s'élève le *sobrado*, avec un ou deux étages ; dans son voisinage, les *senzalas* des esclaves, les remises des voitures, les écuries, la basse-cour, le vivier, où l'on conserve le poisson, toujours une fontaine, dont l'eau est parfois vendue aux pauvres du quartier. À Recife, où la place manque, les *sobrados* ont trois, quatre et jusqu'à cinq étages. Ce sont des maisons maigres, poussées en hauteur, avec souvent au dernier étage les cuisines et les logements des esclaves. Malgré ces différences, ces importantes constructions, demeures urbaines de seigneurs terriens, orgueil aussi de bourgeois enrichis, ont presque toujours le même type architectural. Les murs en sont démesurément épais, les pièces mal aérées, à demi obscures, humides, insalubres, et surtout sans gaieté. La grande *sala de visitas* s'anime rarement et l'existence des femmes y est celle de recluses. Par contre, la vie servile y met son animation grouillante, y pullule littéralement. Pour le service et l'entretien de ces vastes habitations — pour pousser les charges au long des ruelles montantes qui relient Recife aux collèges de jésuites situés sur les collines —, il faut qu'une main-d'œuvre servile peine et s'affaire. Comme elle est plutôt lente et nonchalante, il est indispensable qu'elle soit nombreuse.

Généralement, le *sobrado*, maison de riche, occupe les éminences ventilées des villes en construction. Le rez-de-chaussée de la ville, coupé de fondrières et d'eaux stagnantes, est abandonné aux pauvres, aux demi-libres noirs et métis, mangeurs de morue d'Europe et de viande séchée au soleil, provenant soit d'Argentine, soit, déjà, du Rio Grande do Sul. Ainsi, dans les bas-fonds insalubres, poussent, parfois à grand renfort de pilotis, les *mucambos* plébéiens — et chaque progrès du drainage rejette un peu plus loin ces villages primitifs, automatiquement remplacés par les constructions de pierre.

C'est de cette maison à étages, le *sobrado*, qu'aura été gouverné le nouveau Brésil — celui de l'Empire, fiévreux, incertain de lui-même, bousculé et décontenancé par l'afflux massif des techniques et des modes d'Europe, étourdi. Hier, le Brésil débouchait mal sur le monde, par l'unique intermédiaire du Portugal qui tenait la main à son isolement. Dès 1808, plus encore après 1822 — pour la plus grande fortune des commerces anglais et français —, le Brésil s'ouvre à l'Europe, comme d'ailleurs tout le reste du continent américain. L'Europe l'exploite, le gruge, le déforme et l'éduque, le pétrit avec rudesse. Révolution presque inconsciente, mais sans doute plus lourde de conséquences encore que la Révolution politique et sociale de 1889. Où mieux comprendre les temps troublés de l'Empire que dans les *sobrados* ? Là se brise ou achève de se briser, au spectacle de la rue et de la ville, le monde fermé et équilibré de la *casa grande*. Là s'explique la dissociation rapide du « patriarcat » d'autrefois. La femme se libère un peu (II, 157). La vie mondaine commence. Le fils échappe au *pater familias*. L'Empire, n'est-ce pas tout à la fois cette crise domestique et le moment où Clark l'Écossais établit sa première fabrique de chaussures à Rio, dans la Rua Ouvidor (II, 33), où l'usage du pain commence à conquérir le Brésil en même temps que les premières voies ferrées et mille nouveautés : le jardin anglais, le chalet, la bière, les dents artificielles, les produits pharmaceutiques, les costumes de toile blanche (innovation tardive), les idéologies romantiques, les littératures étrangères et les sociétés secrètes ? C'est l'âge des enfants prodiges, savants précoces, « bacheliers », docteurs, formés dans les universités d'Europe — leur âge d'or, car ils vont gouverner le pays, l'ouvrir aux Lumières, et l'empereur Don Pedro, empereur à quinze ans, est un des leurs, leur allié naturel contre les vieillards et contre le passé, dans un conflit de générations qui est de tous les temps mais qui jusque-là, au Brésil, n'avait jamais eu autant d'ampleur.

Par-delà ces innovations, il y a donc un drame social profond : la gêne grandissante des propriétaires ruraux, leurs conflits avec la ville, avec les loueurs de *sobrados*, les marchands et usuriers portugais enrichis par le trafic des esclaves, collectionneurs des lourdes argenteries de Lisbonne. D'où des conflits souvent sanglants, car la défense du *senhor d'engenho* s'accompagne de ruses et, davantage encore, de violences. Les *cabras* nous remettent en mémoire les bandits de l'Italie méridionale, de la Catalogne ou de l'Aragon au XVIe siècle, toujours liés aux seigneurs, maîtres de paysans et producteurs de blé, que la crise des prix atteignait alors cruellement. Dommage que Gilberto Freyre n'ait pas poussé, sur ce point, son étude jusqu'au terrain solide de l'économie. Dommage aussi qu'il ne nous ait pas entretenu davantage des *mucambos* de l'Empire. Mais tout l'essentiel du problème est traité de main de maître. En même temps que les *sobrados* s'organisent peu à peu dans les villes et hors des villes, des colonies libres de Noirs — presque des *quilombos* urbains, mais pacifiques, ceux-là —, se constituent. Tout le monde vient à la ville, le riche comme le pauvre. Et, si je comprends bien, la rupture de l'équilibre *casa grande-senzala* pose brusquement le problème social jusque-là étouffé et différé — le conflit entre maîtres et prolétaires, visible dès lors à travers les journaux et leurs pittoresques rubriques, soigneusement exploitées par Gilberto Freyre.

★

Si imparfait que soit le résumé qui précède, on ne se trompera pas sur la qualité d'une œuvre qui vaut tout autant par ses lignes d'ensemble que par son détail abondant et savoureux — si savoureux qu'il ne permet pas toujours au lecteur de se déprendre des explications de l'auteur. Et cependant, il nous faut fermer ces livres pour les voir du dehors et marquer si possible leurs limites — je veux dire nos réactions. Et ce que nous apporte Gilberto Freyre est immense et unique. Mais son récit nous laisse à la veille de la révolution de 1889. Comment, s'il persévère dans son entreprise — ce que l'on souhaite vivement —, comment nous racontera-t-il la grande histoire, obscure, mais capitale à mon avis, de la République ? Ce demi-siècle d'histoire récente, c'est le plus riche d'expériences et de vie, indéniablement le plus lourd de tout le passé national, en tout cas le plus révélateur par le nombre des expériences qu'il aura comptées et dans tous les domaines, ceux de la pensée, de l'économie ou de la politique. Allons-nous avoir, après ces livres aux titres balancés, *casa grande e senzala*, *Sobrados e mucambos*, un *Buildings et maisons à bon marché* ? Je plaisante, bien entendu, en pensant cependant que ces buildings, signe éclatant de l'intervention nord-américaine, de l'avènement des grandes villes, des sociétés anonymes et des banques, sont eux aussi des documents d'histoire. Pourtant, l'idée à peine esquissée, peut-on échapper au sentiment qu'à procéder ainsi, on mutilerait ce passé récent ? Si révélateur qu'il soit, un signe architectural n'est qu'un élément dans un ensemble, la partie d'un tout ; et ceci est vrai déjà des anciens signes architecturaux chers à l'auteur. Constamment, et je l'ai peut-être laissé deviner dans les pages qui précèdent, je vois le passé brésilien plus compliqué, plus divers encore que Gilberto Freyre ne le laisse supposer.

Reprenons ce beau livre : le *Nordeste*. Au-delà du triangle colonial qu'il dessine avec tant de netteté, n'y a-t-il pas d'autres réalités ? Antonil, dont les témoignages sur le Nord sucrier du XVIIIe siècle sont si importants, en ferait douter : ne signale-t-il pas, un peu en dehors du triangle, de petits ou moyens propriétaires qui font écraser leurs récoltes dans les moulins seigneuriaux ? Surtout, à côté de la canne à sucre omniprésente, il y a, avec toutes ses conséquences, le sucre, ou plutôt les sucres : ceux que l'on transporte, ceux que l'on entrepose et ceux que l'on vend, à tel ou tel prix, à un marchand, portugais ou non, de Recife ou d'ailleurs — des sucres qui partiront pour Lisbonne ou Anvers, ou Londres, ou Amsterdam, ces dernières étapes commandant souvent les autres. Il faut donc faire une place, dans la civilisation du sucre, au marchand de Recife, prêteur et usurier, engagé également dans le commerce des esclaves africains, faire aussi leur place aux villes, saisies non pas dans une rue et dans un *sobrado* ou dans des *mucambos* qui en sont des fragments, mais bien dans leurs réalités collectives.

Car c'est un paradoxe de ne pas trouver, dans ce *Nordeste*, Recife elle-même, de parler du jardin sans la plante qui en est l'ornement — de ne pas y trouver non plus Bahia, ville du Nordeste tout de même, qu'on ne trouve d'ailleurs pas davantage, sauf de brèves indications, dans les autres ouvrages de l'auteur : Bahia l'officielle, dévouée à l'Église, soumise au roi, avec ses mondes de fonctionnaires et de gens d'Église, ses marchands de la ville basse, et l'étonnante « Méditerranée » que l'océan forme en arrière des îles bahianaises, sillonnée, aujourd'hui encore, de voiliers de charge, fréquentées dès le XVIIe siècle par les Biscayens harponneurs de baleines — d'où une industrie rustique d'huile de poisson, encore vivante dans l'île d'Itaparica au temps de von Martius : elle alimenta longtemps l'éclairage de la ville et même un commerce d'exportation. Peut-être est-ce dans cette Méditerranée qu'au temps du comte d'Arcos, parut le premier bateau à vapeur du Brésil ? Bahia, elle aussi, a fait le Brésil. L'oublier, c'est oublier le gouvernement, la justice, les ordres monastiques rayonnants. Pourquoi cette exclusive ? Et pourquoi cette autre exclusive contre les villes premières du Brésil, les villes dans l'enfance — Tocqueville aurait dit : les « communes » brésiliennes ? Comme celles de l'Amérique du Nord, elles ont peut-être, elles ont sûrement créé l'esprit démocratique et le besoin de *self government* qui est au fond de la vie politique brésilienne.

Et je sais bien : Gilberto Freyre a ses préoccupations, qui ne sont pas les nôtres. Voilà pourquoi il est injuste, jusqu'à un certain point, de lui reprocher de ne pas voir le passé plus compliqué, de créer des hiérarchies un peu trop rigides, d'admettre des exclusives et, parfois, de trop généraliser. Dans le même sens, je lui reprocherais encore, volontiers, de ne pas assez distinguer les époques et les règnes dans un pays immense, et diversement travaillé par l'histoire. Les épaisseurs variables du temps et les alluvions qui leur correspondent ont une importance décisive en terre brésilienne, où les différences régionales signifient souvent des différences brutales de civilisation. Cette *chácara* pauliste où nous entrons à la suite de l'auteur (II), de quelle époque exacte est-elle ? Ce Félix Cavalcanti qui, à force de déménagements, aura habité à peu près tous les *sobrados* de la *Rua Impérial*, à Recife, quand vit-il ? Sommes-nous obligés, nous à qui cette histoire locale n'est pas familière, de la connaître aussi bien que Gilberto Freyre ? Petites questions, mais en s'accumulant, ces omissions de dates désorientent les historiens préoccupés de chronologie, soucieux de distinguer selon les âges ; elles amènent l'auteur lui-même à des quasi-confusions, ou pour le moins à des raisonnements fragiles.

Pareillement, si Gilberto Freyre parle, à deux ou trois reprises, des aires de civilisation, d'une zone levantine, d'une zone méditerranéenne (en entendant avant tout, par ce joli mot, Minas), d'une zone pauliste, il trace à peine ces cadres, oublie les autres. Or, le Brésil est un pays aux contrastes puissants, une famille de civilisations diverses au-delà de leurs ressemblances. Son histoire est une histoire de divergences et d'accords. À ne pas marquer ces histoires heurtées, M. Gilberto Freyre n'en a été que plus libre pour généraliser et étendre au Brésil entier les couleurs de son Brésil à lui. L'histoire qu'il nous conte, c'est, dans un ordre parfait, l'histoire du Nordeste de Recife, ses *casas grandes*, ses *sobrados*, ses canaux, ses rivières lentes, ses bacheliers romantiques, ses étudiants de la faculté de droit allant en frac donner l'aubade à leurs belles, sa cuisine, ses peuples mêlés par les siècles, ses grands hommes, ses politiciens éloquents et instruits de la fin de l'Empire, sa société cohérente et fine, sa civilisation de bon aloi.

Mais il y a les autres Brésils, modelés très différemment, et où le triangle colonial, quand il y apparaît, n'est pas éclairé de la même façon, où le *sobrado*, quand *sobrado* il y a, n'est pas animé par la même vie, ni par les mêmes hommes. Encore une fois, un détail architectural n'est pas tout dans une civilisation, et le même détail peut se traduire différemment, selon l'ensemble vivant qui l'encadre. Je songe à ce monde d'aristocraties seigneuriales et princières de l'Italie du XVIe siècle, tel qu'on peut l'entrevoir à travers les *Novelle* du dominicain Bandello, où Shakespeare a trouvé, peut-être, le canevas de *Roméo* et d'*Othello*. Si l'on veut, lui aussi, c'est un monde à *casas grandes* et à *sobrados* : *casas grandes*, les *castelle*, avec, auprès, leurs villages de paysans — et où l'été, prenant le frais à l'ombre des arbres et près des eaux vives, une compagnie courtoise écoute des récits et des fables d'amour ; *sobrados*, les palais de Sienne, de Milan, de Florence, peuplés de domestiques, d'enfants, d'esclaves parfois, avec leurs lourdes portes, leurs salles multiples décorées de tapisseries, de tableaux, où la signora trop tendre, d'accord avec sa « fante », fait entrer la nuit son soupirant, à la barbe du mari. Ressemblances, oui, mais ressemblances de surface. En fait, on ne mène pas, dans ces maisons italiennes, la vie qui, à la même époque, commence dans les sombres *Casas Grandes* brésiliennes du premier siècle d'histoire coloniale.

Ce que je veux et ce qu'il faut dire, en définitive, c'est que les paysages architecturaux ne sont pas tout dans un paysage humain. Il y a l'éclairage. Il y a la civilisation. Il y a le moment historique. J'ai peur que M. Gilberto Freyre, malgré les apparences, nous ait donné des livres trop brefs, où la géographie du passé n'ait pas été suffisamment esquissée, hors de son *Nordeste* natal. Je souhaiterais, quant à moi, un *élargissement horizontal* de son œuvre, un livre sur les maisons seigneuriales du temps de l'or à Minas, un livre sur celles du café, que sais-je... ? Les différents Brésil recommencent la même vie, le même cycle social, me répondra-t-il. Oui, mais à leur manière, à leur heure, tout comme un individu reprend la vie de son devancier, mais avec l'accent original qui le distingue. La Lorraine n'est pas, n'a jamais été la Bourgogne. São Paulo n'est pas, n'a jamais été Bahia ou Recife. Voyez, quand le livre *Sobrados et mucambos* s'achève : le Nordeste a déjà dépassé le stade des *sobrados* ; São Paulo en est encore, pour de vastes régions, à ses premières *casas grandes*. Le livre de Gilberto Freyre porte en sous-titre : « Décadence du patriarcat rural ». Mais quand il s'achève, voilà à São Paulo le patriarcat vigoureux, provignant, dans sa pleine et éclatante jeunesse. Vérité pour le Nord, erreur pour le Sud... Bref, je pense que ces livres, qui constituent une originale, vivante, vigoureuse étude régionale du Brésil nordiste, pèchent dans la mesure où ils veulent étendre trop vite leurs arguments au pays entier. Peut-être auraient-ils gagné à rester étude régionale ? Ce parti n'aurait certes rien supprimé des lumières qu'ils jettent, avec profusion, sur l'ensemble de la société brésilienne.

J'ai pris prétexte des livres de Gilberto Freyre pour signaler l'intérêt du passé brésilien — qui n'avait jamais été éclairé, à ma connaissance, avec cette chaleur et cette clarté. Ce propos m'ayant entraîné à sortir de leurs lignes pressées, qu'on me permette une dernière digression. Historiens d'Europe, nous voyons forcément le passé brésilien autrement que Gilberto Freyre et ses compatriotes. Nous le voyons sous un autre angle, qui n'est pas à négliger, après tout : celui de son histoire océanique, européenne et mondiale.

Pour nous, Européens, le Brésil est d'abord une *Europe* américaine, une Europe appuyée sur cette Méditerranée moderne qu'aura été l'Atlantique, vivant de sa vie plus ou moins animée, participant à son histoire générale et à la vie mêlée des Europe qui l'entourent, les vieilles et les nouvelles. Il est un pays beaucoup plus pétri d'Europe, certes, que la Russie. Or, je trouve que les historiens brésiliens oublient trop souvent — oublient presque toujours — cet océan charrieur de richesses, avec ses routes proches et ses grandes transversales, sa vie plus ou moins animée suivant les siècles. Car il y a des moments où cette vie interocéanique est gênée, comme suspendue, et je suis sûr que demain, à l'exemple de Pirenne parlant de la fermeture de la Méditerranée, il faudra parler des fermetures de l'océan. De ses accélérations de vie aussi, au temps du XVIIIe siècle, et de la progression urbaine, générale dans tout le Nouveau Monde alors — ou bien au moment où s'achève, avec le XIXe siècle, la conquête de l'Atlantique-Sud par la vapeur. Cette vie de l'océan, suivant qu'elle est faible ou forte, le Brésil, interminable Armor, se soude à l'immensité marine ou bascule vers ses profondeurs continentales... Un grand rythme, non pas le seul sans doute, mais dont beaucoup d'autres auront dépendu.

Voiliers et steamers d'Europe ont, eux aussi, construit le Brésil. Et le Brésil, avec des variantes multiples, des oppositions profondes et farouches, a tout de même, si l'on veut, recommencé l'Europe, c'est-à-dire cette longue histoire qui commence avec l'Antiquité classique. Pauvre en hommes utilisables au début des temps coloniaux, avec ses grandes familles exigeantes, ses *gentes*, ses esclaves, ses villes pareilles à la Thèbes d'Épaminondas ou à l'Athènes de Solon, n'a-t-il pas un fort parfum d'Antiquité ? Dans un monde dénué de superstructures politiques efficaces, l'élément de base n'a-t-il pas été logiquement la famille ? Gilberto Freyre voit dans la *casa grande* la matrice de la famille patriarcale. La réciproque n'est-elle pas aussi vraie ? C'est la famille qui a bâti la maison coloniale. Villes, familles antiques, communes médiévales, tout change avec le XVIIIe siècle. Et après le ralentissement du siècle précédent, ne se produit-il pas une Renaissance, liée à celle de l'Atlantique, liée à l'Europe, et à l'or de Minas Geraes ?

Voilà dans quelles directions un historien d'Europe regarde d'instinct, voilà peut-être les mots qu'il emploierait. Je crois à la vertu du vocabulaire. Mais celui qu'utilise Gilberto Freyre a apporté des lumières décisives sur l'histoire de son pays. Il a lancé des mots que nous avons si souvent répétés et il les a à ce point chargés de sens, d'histoire et de poésie, disons d'intelligence, qu'on ne pourra plus parler du Brésil, voire de l'Amérique, sans qu'ils ne nous montent aux lèvres.

II

AU BRÉSIL : DEUX LIVRES DE CAIO PRADO[*]

Caio Prado Junior[1] nous donne deux livres excellents sur le Brésil, l'un qui constitue la meilleure histoire économique dont nous disposions présentement sur son pays, l'autre qui est le début d'un ouvrage que l'on devine et que l'on souhaite monumental sur le Brésil d'aujourd'hui. Deux livres, deux esquisses et d'allure différente, de portée différente, mais cependant de même accent. Dirons-nous de même accent scientifique ? Au vrai, tous deux s'inspirent de la « dialectique matérialiste » et avec une vigueur singulière mettent, selon les règles d'école, l'accent sur les « processus » d'histoire, ou, si l'on préfère, sur les courants et les fleuves de vie dont le passé ne cesse de gonfler et de nourrir l'instable et éphémère présent. Certes, toute histoire implique une philosophie, comme le dit justement notre auteur, lequel, afin que nul n'en ignore, éclaire minutieusement sa lanterne dans la préface vigoureuse de son *Historia econõmica do Brasil*. Ce n'est pas nous qui chercherions, à ce propos, querelle à l'auteur. Il n'y a pas de paysage et il n'y a pas d'histoire sans poste d'observation et cela vaut autant — sinon plus — pour nos incertaines sciences de l'homme que pour les sciences de la nature. À condition, toutefois, ici comme là, de tenir compte et strictement compte de la position de l'observateur. Qu'on nous pardonne ces remarques : elles n'ont pas lieu d'être développées ici dans nos *Annales*. Il n'est pas davantage nécessaire de déduire ce qu'il y a de juste, de fort, d'efficace à nos yeux dans la dialectique matérialiste appliquée à l'histoire : par elle toute une nappe d'histoire est inondée de lumière. C'est là vérité banale. Il n'est pas davantage nécessaire de rappeler combien, aux *Annales*, nous avons combattu *pour* et *contre* ces éclairages nécessaires, à la fois

---

[*] *Annales*, 1948, pp. 99-103.

utiles, neufs, et en même temps, comment dire, en bref ? terriblement déformateurs, pour peu que le metteur en scène ne soit pas suffisamment attentif.

En tout cas, si le débat avait besoin d'être ouvert à nouveau, nous n'en écraserions pas au passage deux livres alertes et pleins de mérites dont on voudrait rapidement dire les richesses variées. D'autant plus que pour une critique qui serait, en même temps, la défense de nos points de vue, l'exemple se révélerait très mal choisi. Caio Prado, en effet, malgré toute sa décision philosophique préalable, est un historien-né, tant mieux et tant pis pour lui — un historien-né, ce qui veut dire, bien sûr, un observateur habitué à vérifier ses sources, à discuter l'enchaînement des faits, à n'avancer qu'avec prudence, et aussi, qui plus est, un observateur attentif à la vie multiple des hommes, celle-ci souvent si déroutante pour les théoriciens, coupée de caprices, même en ses causes les plus profondes et les mieux déterminées... Personne ne se trompera non plus à l'accent de ces livres volontairement dépouillés de passion extérieure, de poésie et de pittoresque faciles. Ils cachent mal, ils trahissent une violente passion pour le pays immense dont nous sont étudiées l'enfance et l'adolescence, avec un souci aigu de vérité, d'intelligence, d'honnêteté — ce qui est encore la meilleure façon d'aimer les hommes, d'où qu'ils soient. Comprendre le Brésil, déchiffrer ses origines, diagnostiquer ses maladies, mais cette fois scientifiquement, valablement, hors des voies faciles et incertaines de l'essai, hors des chemins de la seule poésie, hors des intuitions... On s'apercevra demain, si ce n'est dès aujourd'hui (mais nul n'est prophète dans son pays), que ces livres tendus, au grain serré, prennent place très exactement dans la série des grands et beaux livres où le Brésil a essayé de découvrir son vrai visage, depuis Euclydes da Cunha jusqu'à Paolo Prado et à Gilberto Freyre. Signe des temps nouveaux : dans cette explication nationale, sans cesse recommencée, les historiens ont relayé poètes, philosophes et essayistes. Nous ne nous en plaindrons pas.

C'est pour l'actif *Fondo de cultura económica* de Mexico que Caio Prado a écrit — donc tout d'abord en espagnol — cette histoire économique du Brésil dont nous vous signalons présentement l'édition portugaise, en somme la version originale. Elle se présente sous la forme d'un livre clair, rapide, de trois cents et quelques pages, où forcément et délibérément les faits du passé sont présentés à larges traits. L'auteur, qui n'aime ni les tableaux ni l'histoire-tableau ni les récits bien peinturlurés ni les portraits enlevés de pied en cap, est, par nature d'esprit, très à l'aise dans ces résumés concis, où ce qui est important et fort est souligné avec adresse et dit avec force. Huit chapitres chronologiques mènent le lecteur des débuts du XVIe siècle aux temps présents : les préliminaires (1500-1530) ; l'occupation effective (1530-1640) ; l'expansion coloniale (1640-1770) ; l'apogée de la colonie (1770-1808) ; l'ère du libéralisme (1808-1850) ; l'Empire esclavagiste et l'aurore de la bourgeoisie (1850-1889) ; la République bourgeoise (1889-1930) ; la faillite du système de 1930 à nos jours. On remarquera au passage que Caio Prado n'a pas donné à ces chapitres, qui sont tous d'excellentes mises au point, les titres auxquels on s'attendrait et qui parleraient du bois, du sucre, de l'élevage, de l'or, du café, du caoutchouc, du coton... Les titres du livre, à eux seuls, sont donc assez révélateurs. L'histoire économique n'est pas pour Caio Prado un champ clos, mais bien une histoire soudée, mêlée aux actes, particulièrement rattachée à la vie politique et à l'évolution sociale. Ce n'est pas ici, aux *Annales*, que nous protesterons. J'imagine qu'un historien marxiste n'aurait peut-être pas hésité à découper la masse vivante de l'histoire du Brésil de part et d'autre de l'introduction (c'est *des* introductions qu'il faudrait dire) de la vapeur sous ses formes diverses...

Puis-je dire que le plus neuf de cette mise au point me semble être l'étude du dernier siècle, de 1850 à nos jours, ou, mettons, de ce plus que demi-siècle, qui va de la révolution de 1889 et de la chute de l'Empire de Pedro II à nos jours ? Cet avant-dernier chapitre du livre se décompose en cinq paragraphes qui sont successivement : l'apogée d'un système (à la fois l'avènement d'une bourgeoisie d'affaires, le triomphe du capitalisme étranger et la mise en place d'un large courant d'exportations de produits bruts...) ; une crise de transition (entendez surtout la crise financière qui est la conséquence chronique du système, chute du change, demi-banqueroute, consolidation, énorme montée de la dette extérieure) ; puis essor et crise de la production agricole (ce qui nous vaut au passage une remarquable étude du commerce du café) ; l'industrialisation ; l'impérialisme (ce dernier titre, sans épithète, me paraît assez discutable, d'ailleurs...). Toutes ces questions mériteraient un examen précis que nous ne pouvons ici mener à bien. Il serait d'autant plus souhaitable qu'une traduction française mît un jour, d'un seul coup, toutes ces richesses à la portée du public de chez nous, professeurs, spécialistes et aussi public éclairé de la politique et des affaires. Je m'élève par avance contre toute explication de l'industrie brésilienne qui ne tiendrait pas compte de ses curieuses origines, telles que les explique Caio Prado. En l'occurrence, plus encore que le nationalisme économique, n'est-ce pas une fiscalité douanière assez aveugle, qui a donné naissance à une industrie poussée sans plan d'ensemble et qui se ressent aujourd'hui encore de son passé immédiat ?

Au vrai, ce que montrerait l'analyse de ces descriptions denses et *neuves* (car le Brésil le moins bien connu, c'est celui d'hier et d'aujourd'hui, ayons le courage de le dire, cette réalité qui se déforme sans cesse d'une année à l'autre, ce feu d'artifice déconcertant et ininterrompu de novations économiques et humaines), ce que noterait aussi le lecteur dans les autres chapitres du livre de Caio Prado, c'est l'attention de l'auteur à l'ensemble du paysage historique, la netteté, la finesse de ses analyses et de ses explications. Un exemple : en 1889, à cent ans de distance, la Révolution brésilienne suivait la grande Révolution française, simple accident, dira-t-on, coup d'État militaire sans plus, avec à peine la participation de quelques civils. Le peuple brésilien demeure inerte, *bestializado*, aux dires d'un des fondateurs de la République, « sans la moindre conscience de ce qui se passait ». Simple accident, et pourtant, tout change avec lui dans l'histoire de l'immense pays. Toute une évolution lentement préparée s'accomplit alors, toutes les digues (il en est d'innombrables) du conservatisme impérial craquent ensemble sous la poussée des eaux nouvelles. Voici pour des années le militaire introduit sur la scène politique. Mieux encore et plus caractéristique de l'heure nouvelle, voici l'homme d'affaires, ce personnage gonflé d'importance et que la République va élever à une position dominante. L'Empire avait été contre les hommes d'affaires ; l'Empire, entendez non seulement le régime politique, mais la société impériale, l'atmosphère même de la vie brésilienne. Mauá, cet extraordinaire brasseur d'affaires auquel Henri Hauser s'est si fortement intéressé, avait été curieusement mis à l'index sous l'Empire... Autres temps, autres mœurs : même le personnel politique de l'Empire, dès les premières années de la République, se jette dans les spéculations et les entreprises. On voit sur cet exemple, trop rapidement abordé ici, mais suffisamment clair, que Caio Prado sait observer, peser ses explications, qu'il est, à des milliers de lieues de nous, dans la ligne même où s'exerce l'effort de nos *Annales*.

Comme on le pense, j'ai quelques réserves à formuler. Elles viennent des divergences de point de vue au départ, et aussi de ce qu'un Brésilien, plus que nous — je pense aussi à Gilberto

Freyre —, a tendance à voir du dedans l'histoire de son pays (et c'est son droit, et même son devoir), par suite à le croire plus responsable de son destin qu'il ne le fut toujours en réalité. Chaque partie du monde reflète l'histoire du monde entier, la subit, s'en accommode. Si attentif que soit Caio Prado à cette vie du vaste monde, à l'intervention des grands trusts bancaires qui est une forme de cette vie générale, je pense qu'en définitive il s'enferme trop souvent dans le seul horizon brésilien, et, si vaste que soit cet horizon, il n'en est pas moins, parfois, une prison pour l'historien. Comment se fait-il ainsi que Caio Prado n'ait pas été plus attentif à l'histoire de l'Atlantique-Sud ? L'océan, en ce qui concerne le Brésil, n'est-il pas l'outil de sa liaison avec le monde ? Je crois avec lui que s'oppose assez dramatiquement une économie brésilienne humaine, qui serait faite pour l'homme brésilien, à une économie imposée au Brésil du dehors, inhumaine, liée à l'« impérialisme » mondial. Cette distinction met en lumière une série de notations et de faits remarquables. Mais, en fin de compte, le Brésil n'est-il pas condamné à être ouvert sur le monde, pour son bien et pour son malheur, comme toutes les contrées de la planète ?

Chicanons aussi sur l'organisation du livre. À suivre un plan chronologique Caio Prado n'a-t-il pas été entraîné à mettre trop nettement l'accent sur ce qui change plus encore que sur ce qui persiste et dure ? Plus qu'une histoire structurale, pour parler comme Gaston Roupnel, c'est une histoire conjoncturale qu'il nous offre.

Plus encore : par nature d'esprit, par habitude aussi, Caio Prado, si je ne me trompe, croit plus à l'histoire, aux réalités vivantes des rapports des choses entre elles, qu'aux choses elles-mêmes. Ce qu'il recherche d'instinct, ce sont des charnières, des frontières, la façon dont l'histoire économique se raccorde à la politique et à la vie sociale, cela un peu au détriment du droit fil de son sujet. Aussi est-il insuffisamment attentif au problème des prix, abordé toujours de biais, et ne tient-il pas compte assez large des crises cycliques et intercycliques qui ont, jusqu'à l'absurde, travaillé la matière économique et humaine du Brésil. En ces domaines le grand livre de C.-E. Labrousse — si révolutionnaire sur le plan de l'esprit — n'a sans doute pas eu le temps d'éveiller curiosités et réactions d'outre-Atlantique.

J'aurais beaucoup à dire de cette magnifique analyse du Brésil contemporain dont Caio Prado nous a donné le premier tome. Je trouve le volume plus riche, plus épanoui encore que l'esquisse d'histoire économique que nous venons d'analyser. Mais ce que Caio Prado nous offre n'est qu'une introduction ; un bilan du Brésil colonial dont le Brésil actuel est le fils légitime et, ici ou là, nous dit l'auteur, pas toujours émancipé. C'est au nom de cet héritage toujours vivant, même quand il a été transformé par la vie, que ce premier volume, consacré à l'actualité, débute ainsi par un bilan large, minutieux, intelligent, des trois premiers siècles européens du Brésil. On tourne le dos à l'actuel, mais pour le mieux saisir. La matière vivante du Brésil actuel est une suite de transformations, et qui n'a pas trouvé encore des cadres à l'intérieur desquels se décanter et se modeler de façon un peu durable : « On y saisit une réalité très ancienne que l'on s'étonne de trouver en place et qui n'est autre que le passé colonial. » D'où la nécessité, en ces débuts du XIXe siècle, de faire constructivement le point, mais non pour nous offrir, sans plus, un tableau d'histoire. L'auteur, je le répète, n'a pas le goût de ces histoires immobiles, mal engagées dans le temps, feuilles chronologiques trop minces et par suite inconsistantes. Donc irréelles. Pour lui, l'histoire est mouvement, rebondissement, hydrographie vivante. Au début de cette première partie du XIXe siècle où tout va se précipiter, c'est non pas la seule topographie des parties visibles, mais bien les sources, les filets d'eau, les rivières, tout ce bouillonnement de vie à l'assaut du temps qui est mis en cause.

Trois parties largement conçues : le peuplement, la vie matérielle, la vie sociale. Ces titres disent à moitié seulement le dynamisme de ces études. Il est bien impossible, on le devine sans peine, d'indiquer le trop riche contenu de ces études, ou d'y choisir quelques filons, quelques pages témoins. Un tel livre se lit avec passion, s'exploite comme une mine de faits et d'idées. Il se résume mal. Puis-je dire, à mon goût, que je le trouve trop bref malgré son ampleur ? J'aurais aimé une étude poussée des liens de l'homme et du milieu brésilien, que, géographe de formation et de vocation, Caio Prado aurait pu et dû écrire. C'est un grand sujet que les rapports de l'homme et de la terre brésilienne. Et, toujours à mon goût, il manque peut-être encore à cette analyse brillante une étude systématique de la civilisation, conduite, hors des habituelles et stériles routines, selon les idées novatrices de Lucien Febvre et de Marcel Mauss.

III

DU POTOSI À BUENOS AIRES :
UNE ROUTE CLANDESTINE DE L'ARGENT*

Au XVIe siècle, l'Amérique méridionale, dans sa presque totalité, se trouve hors des grandes routes du commerce, donc abandonnée à elle-même. Ici ou là, sans doute est-elle tenue par des conquérants blancs, mais ceux-ci sont peu nombreux et presque toujours misérables. La plupart du temps, cette Amérique reste le domaine d'Indiens libres, errants, ou même l'exclusive propriété d'une nature sauvage.

Deux exceptions, cependant : à l'Est, en bordure de l'Atlantique, la côte brésilienne de Recife à Bahia et, dans une certaine mesure vers le sud, jusqu'à São Vicente ; à l'Ouest, sur la côte du Pacifique, la route de mer du Callao (port de Lima) jusqu'à l'isthme de Panama. Ici agit le miracle de l'argent du Potosi dont les mines ont été découvertes en 1545 et d'où le métal blanc est transporté jusqu'à Lima, puis à Panama... À l'Est, au long de l'Atlantique, le miracle est celui de la canne à sucre, introduite avec un tel succès que les plantations portugaises attirent les navires de l'océan et leurs précieuses cargaisons d'Europe ou d'Afrique, dès 1550 au moins...

Mais le reste de l'Amérique méridionale demeure misérable et, misérables entre les plus misérables, les provinces du Rio de la Plata et du Paraguay, à l'extrémité de la vice-royauté du Pérou : ce sont des mondes disgraciés, ignorés, inhumains. Une ville, Asunción, y a bien prospéré, au milieu d'Indiens pacifiques. Encore ne compte-t-elle que trois cents feux en 1581 ! Et c'est une splendeur comparée aux autres postes : San Miguel de Tucuman, en 1582, n'a que vingt-trois feux ; Cordoba quarante, huit ans plus tard ; Santiago del Estero en réunit quarante-huit, et

---

* « L'essor économique : une route clandestine de l'argent. Fin du XVIe, début du XVIIe siècle », *Annales*, 1948, pp. 546-550.

Jujuy quarante, en 1596. Le reste à l'avenant. Certaines « villes » meurent au milieu de leurs territoires coupés d'immenses sablières ou de marécages, souvent, plus encore sous la malédiction des sols salifères. Elles tirent quand elles le peuvent une maigre subsistance d'Indiens pacifiques qui cultivent la terre alentour. Mais le malheur veut que les précieux esclaves indiens, là comme dans tout le Nouveau Monde, diminuent à vue d'œil : en 1596, ils sont peut-être encore 50 000 dans le Tucuman ; ce chiffre est tombé à la moitié, une dizaine d'années plus tard...

Il est vrai, ces postes sont autre chose que de simples agglomérations villageoises ou les sentinelles perdues d'un gouvernement lointain : ils tiennent des routes, ce qui est fonction de ville ou le serait si la fonction, en l'espèce, était rémunératrice. Elles sont, en fait, des villes en espérance... Car les routes courent, interminables, à travers des *desplobados* de 60 à 70 lieues d'épaisseur où l'on risque de périr de soif, quand on n'est pas la proie d'Indiens pillards. Mille obstacles — montagnes, fleuves, déserts, marais pestilentiels — s'opposent aux énormes roues de bois des voitures, comme aux convois des bêtes de somme. Sur les routes d'eau, les barques de jonc tourbillonnent dans les remous, chavirent dans les rapides. Au début du XIXe siècle encore, dans une Argentine pourtant transformée et méconnaissable, le voyageur rédigeait son testament, dit-on, avant de quitter sa maison.

Un fait atteste la faiblesse, l'insignifiance de la circulation routière pendant ces lointaines années de la première colonisation : l'absence de toute monnaie métallique. Les échevinages, les *cabildos*, fixent les prix des marchandises en cotonnades, ce qui dit, à soi seul, la pénurie d'un âge dur et maussade. On vit, on ne peut vivre que sur soi, sans être jamais assuré du lendemain. Fondée une première fois en 1536 par D. Pedro de Mendoza, Buenos Aires est évacuée en 1541 par ses habitants ; en 1580, elle est fondée de nouveau par D. Juan de Garay. Mais, longtemps encore, elle restera misérable. Autour d'elle, des Indiens nomades, que chevaux et canots rendent insaisissables, maintiennent un perpétuel état d'alerte. Et rien à attendre que de soi-même : « L'eau doit être puisée au fleuve par nos femmes, et nos champs sont labourés par nos propres mains », gémissent les habitants en 1590. Les marchandises d'Europe, véhiculées par l'invraisemblable détour du Pérou, arrivent — quand elles arrivent — à des prix inabordables. Aussi bien, chacun est-il vêtu de coton grossier, ignore chaussures ou chemises. Nous n'avons, dit une doléance de 1599, « ni vin pour célébrer la messe, ni huile, ni cire pour illuminer le Saint-Sacrement »...

Sur ces pays déshérités, au début de leur rude vie « coloniale », une jeune historienne brésilienne, Alice Piffer Canabrava, formée, orientée, je peux bien le dire, par la lecture et la connaissance de nos *Annales*, vient d'écrire un livre, son premier livre, dont il m'est agréable de dire la très grande importance.

L'ouvrage est clair, exact, méthodique, exempt de littérature facile, d'une remarquable écriture. Les textes publiés par les érudits argentins, espagnols, portugais et brésiliens, et les commentaires abondants auxquels ils ont donné lieu, ont été analysés avec soin et sûreté. D'ailleurs cette analyse n'est pas le tout d'un livre qui ne reste jamais limité à l'érudition pour l'érudition : le dossier étudié et bien étudié, des conclusions sont dégagées avec force et netteté. Conclusions convaincantes par surcroît.

La plus importante est sans doute celle-ci : de 1587 à 1625 — ces dates étant données avec les réserves d'usage que commandent nos connaissances —, une partie de l'argent du Potosi est déroutée vers le Rio de la Plata par Salta, Tucuman, Cordoba et Buenos Aires. Ainsi se dessine, plus tôt, et avec plus de force qu'on ne le dit d'ordinaire, ce premier alignement urbain le long duquel allait s'organiser la future Argentine. En outre, par Buenos Aires, cette « Argentine » s'ouvre à un commerce atlantique qui la relie au Brésil, à l'Afrique, à l'Espagne et plus encore, nous le verrons, à Lisbonne. Voilà donc dessiné, à la fin du XVIe siècle, un troisième et dernier lien entre l'Amérique méridionale et le monde. La mise en place de ces routes terrestres et océaniques, liées les unes aux autres, pose de grands problèmes. C'est le mérite d'Alice P. Canabrava de les bien poser et de nous proposer des solutions vraisemblables... Et c'est son mérite encore de ne pas rester attachée à l'étude du seul Rio de la Plata, si vaste que soit cette énorme Gironde — mais d'accomplir, pour nous expliquer d'aussi larges relations, les multiples voyages érudits qui s'imposaient. Et tout d'abord celui du Potosi.

L'occasion n'est, certes, point à manquer de voir pousser en 1545, à des milliers de mètres d'altitude, dans les solitudes glacées des Andes — défi constant à la vie des hommes — une ville minière étonnante. Et cependant, rien n'empêche, les filons découverts, la poussée de la ville. Dix-huit mois après sa fondation, elle compte 14 000 habitants et vingt ans plus tard 100 000 ; au XVIIe siècle, elle en hébergera 160 000 et sera alors, avec Mexico, la ville la plus peuplée d'Amérique. Comme on le devine, c'est une étrange ville. Un peuple brutal l'habite, gaspilleur, joueur, assoiffé de jouissances. Comment n'aurait-elle pas, au loin, affolé la jeune Amérique ? C'est un centre d'appel. Une révolution, à elle seule. Il faut la nourrir d'hommes et ensuite, dans ce monde de neiges et de glaces, nourrir les hommes eux-mêmes, ce qui signifie tout un ravitaillement pénible, hissé vaille que vaille jusqu'à elle, de la Plata, de Cochamba, du Tucuman, du Chili... En revanche, autour d'elle il lui faut payer les services reçus. N'est-elle pas « le marché le plus cher du monde », donc le meilleur payeur ?

Tout le métal blanc ne prendra donc pas, sagement, le chemin de Lima et du Callao, pour être transporté ensuite jusqu'à Panama et de là, par bêtes de somme, à Nombre de Dios, sur la mer des Antilles, où les galions les engloutissent dans leurs flancs, avant de venir les chercher à partir de 1594 au havre voisin de Porto Belo. Très tôt, du métal blanc a pris la direction de l'Atlantique : tentation, sinon fatalité géographique ? Mais par quelle route ?

Il s'en offrait trois pour une dérivation éventuelle. L'une coupait au plus court par une transversale directe tirée du littoral pauliste — disons de São Vicente (fondée en 1532), d'Iguape (1567), ou de Cananca (1587) — jusqu'au Paraguay, puis d'Asunción par les fleuves et les rivières, jusqu'au pied des Andes. La seconde suivait le chemin naturel du Rio de la Plata, du Parana, puis du Paraguay jusqu'à Asunción et, au-delà, rejoignait le premier. Enfin, dernière voie : ce long détour routier de Buenos Aires à Cordoba, d'où l'on peut remonter, par le rebord interne des Andes, jusqu'à San Miguel de Tucuman, Salta, Jujuy et les âpres pays du Potosi... Toutes ces routes auront servi, tour à tour et simultanément. Disons-le d'autant plus que nous ne connaissons, à leur sujet, que des témoignages insuffisants... Cependant, une seule route prend valeur historique, attire à elle un trafic suffisant pour qu'il soit décelable et surtout entraîne des conséquences — la troisième, celle qui, s'éloignant des fleuves, gagne de Buenos Aires, par la Pampa, Cordoba et Tucuman, puis les Andes... Tout cela, non sans luttes ou plutôt sans étonnantes hésitations. Asunción, fondée dès 1537, a servi dès 1543 au moins, de centre d'investigations en direction du Haut-Pérou. De multiples recherches d'itinéraires ont été conduites — surtout après la fondation, en 1561, de l'Audience de Charcas dont le ressort s'étendait à la fois au Haut-Pérou, au Tucuman, au Paraguay et au Rio de la Plata. Ne mentionnons, en 1563, sur l'ordre de Philippe II, que les reconnaissances du rio Pilcomayo en vue d'une liaison navigable dans la direction du Parana-Paraguay. Ce ne fut pas du jour au lendemain que la route du Tucuman fut reconnue comme la plus sûre, la moins exposée aux surprises des Indiens. Mais n'y a-t-il pas eu, bien avant que la route du Tucuman fût une route de l'argent, prolongée vers le sud jusqu'à la Plata, une route du Tucuman, tendue vers le Potosi où se portaient farine, cotonnades et mules... ? Qui dira le rôle probable, dans cette liaison, de l'élevage muletier du Tucuman ? Autre fait, qui laisse songeur, l'initiateur d'une grande liaison est un évêque de Tucuman ce curieux Francisco Vitoria, Portugais de naissance, que l'union des couronnes a aidé à faire fortune dans l'Église espagnole comme tant d'autres de ses compatriotes. Marchand, maître de bateaux, exportateur d'argent, acheteur d'esclaves et de sucres brésiliens, ses opérations, en 1587, ont l'allure nette d'un point de départ. Grâce à lui, l'argent péruvien trouve une importante sortie en direction de l'océan... Il ne va cesser, pendant des années, de glisser dès lors vers le Rio de la Plata.

À Buenos Aires, la politique espagnole est officiellement contre ce trafic. Les autorisations officielles sont dérisoires ; à les prendre à la lettre, elles ne font qu'entrebâiller la porte en 1602, en 1618 — mais elles ne sont pas prises à la lettre. Une fois pour sa défense, une autre fois pour son ravitaillement, plus souvent sous le prétexte de conduire des esclaves au Pérou, Buenos Aires obtient des dérogations, et ce sont là prétextes à fraudes continuelles. Les négriers n'apportent pas que des esclaves noirs, mais aussi des marchandises d'Europe, des sucres et viandes du Brésil, des draps anglais, des étoffes, des tapis des Indes, des velours, des brocarts... Telle est la puissance de l'argent du Potosi ! Du moment où il touche l'océan, tous les miracles sont permis. Peu importe que les autorités de contrôle se fâchent ou enquêtent ; hostiles un jour, complices le lendemain, elles ne changent rien aux trafics. Immense est l'estuaire du Rio de la Plata, petit le tonnage des vaisseaux qui le fréquentent ; alors, comment tout surveiller ?

C'est à Lisbonne et au Portugal — c'est aussi au Brésil — qu'aboutit ce commerce clandestin. C'est Lisbonne qui réexpédie les étoffes d'Europe, ce sont les Portugais qui approvisionnent l'Amérique en esclaves, le Brésil qui ravitaille Buenos Aires en sucres et aussi en viandes. S'étonnera-t-on, dans ces conditions, que Buenos Aires soit, en ses débuts, une ville à demi portugaise, avec des artisans, des marchands et de gros négociants lusitaniens, tel le richissime Juan de Vergara ? On le savait depuis les travaux de Lafuente Machain ; on le comprend mieux, quand on saisit les raisons économiques. On sait aussi que ces marchands et artisans sont souvent de sang juif, « nouveaux chrétiens », et l'on devine un lien entre les persécutions de l'Inquisition dans le Nord brésilien, en 1591, et cette immigration, à Buenos Aires, de *novos cristãos*. Ceci aussi, bien connu depuis longtemps. Mais avait-on jusque-là vu la profondeur de cette infiltration portugaise en pays espagnol, et les raisons économiques qui la dictèrent ? On trouve, en effet, des Portugais à Tucuman, au Potosi, jusqu'à Lima où, en 1636 encore, ils sont maîtres, dit-on, du commerce de détail. Voilà posé, une fois de plus, durant l'union des deux Couronnes d'Espagne et de Portugal (1580-1640), le gros problème de l'infiltration portugaise au-delà du méridien de Tordesillas, problème complexe dont les aventures marchandes ne sont qu'un aspect. Gardons-nous, pour en juger, de suivre trop à la lettre les sources espagnoles. Portugais et Espagnols sont frères ennemis. Aussi bien, inquisiteurs et jésuites n'auront que trop tendance, pour les frapper plus aisément, à déclarer judaïsants tous leurs rivaux... Jaime Cortesão le redisait dernièrement avec raison. Rendons aux Portugais ce qui est aux Portugais.

Vers 1625, donc bien avant la « restauration » portugaise de 1640, le trafic s'appauvrit s'il ne se tarit pas tout à fait. Alice Piffer Canabrava met ce tarissement en rapport avec la création, en 1623, de la douane de Cordoba, ce qui ne me semble pas très convaincant. Pourquoi ce contrôle eût-il été efficace ? Elle le met en rapport, aussi, avec la course grandissante sur l'Atlantique — ce qui, par contre, me semble évident... Cependant, je crois qu'il faut, plus largement que ne le fait la prudente historienne, replacer cette curieuse dérivation d'argent dans la vaste histoire de l'Amérique, du monde et de l'Atlantique. Aussi bien, au début, vers les années 1590, la dérivation n'est-elle pas en liaison avec la montée de la production minière ? Pratiqués en Nouvelle-Espagne à partir de 1546, les procédés d'extraction par amalgame ne semblent avoir été appliqués au Potosi que vers 1570. Au XVIIe siècle, n'est-ce pas la décrue minière qui condamne finalement le commerce dérivé ? Sur ce point, l'auteur aurait eu avantage à consulter de plus près les ouvrages d'Earl J. Hamilton. Je pense aussi que, de 1590 à 1625, la navigation du Rio de la Plata jusqu'à la péninsule Ibérique a été en quelque sorte une navigation de secours, par petits bateaux, une route supplétive à travers un océan terriblement dangereux par suite des dégâts endémiques de la course. Le Rio de la Plata, avec ses bas-fonds dangereux, a été longtemps un monde à l'abri d'où l'on pouvait, avec une sécurité relative, se risquer à travers l'océan. C'est dire une fois de plus que l'histoire américaine est liée à celle de l'Atlantique (et réciproquement, d'ailleurs). En fait, c'est une seule et même histoire. On le verra encore par la suite, pour le métal blanc du Potosi : au début du XIXe siècle, il arrive toujours à Buenos Aires et à Montevideo, mais cette fois pour y rejoindre les *clippers* américains. Amérique, Atlantique, ne dissocions pas ces destins unis... Je l'ai déjà dit dans nos *Annales*. Mais de telles vérités ne sont aveuglantes que pour des historiens. Et à condition de les répéter avec insistance, sans se lasser.

IV

Y A-T-IL UNE AMÉRIQUE LATINE ?*

Écrivain renommé, organisateur de la réforme universitaire du Pérou, en 1919 ; auteur de livres classiques, entre autres d'une *Literatura peruana*, d'une *América novela sin novelistas*, d'une *Vida y pasión de la cultura en América*, Luis Alberto Sánchez a le don de voir, de comprendre, d'aimer et, qui plus est, de faire voir, comprendre et aimer. Son récent livre — *¿Existe una América Latina?* (Fondo de Cultura Economica, Mexico, Colección Tierra Firme, n° 14) — éblouit dès les premières lignes. Et, pour peu que l'on s'abandonne à ses images, qui sont belles, et à ses raisonnements, qui sont clairs, on sera emporté, roulé par le courant de sa pensée, et sans le moindre sentiment du danger, avec l'impression de se confier au plus sûr des guides, au meilleur connaisseur des routes, énigmes et problèmes des quelque vingt compartiments du secteur latin du Nouveau Monde. Mais le danger existe : ce beau livre est un plaidoyer, souvent un rêve, chargé d'idéalisme et d'humanité, mais un rêve et non pas la froide et parfois cruelle réalité. Pour Luis Alberto Sánchez, l'Amérique latine est une famille humaine, une au-delà de ses dissonances, de ses heurts et de ses divergences ; homogène dans sa masse, elle est un continent en soi, et il lui faut, dès maintenant, organiser sa vie en fonction de cette unité biologique : vivre, pour elle, d'elle-même, dans un repliement sur ses valeurs originales et constructives.

En principe, le titre de ce livre pose une question : *¿Existe una América Latina?* Mais on voit que la réponse ne s'embarrasse ni de doutes, ni d'hésitations, elle ne laisse percer aucun doute ou

---

* *Annales*, 1948, pp. 467-471.

repentir. C'est là, pensons-nous, le défaut majeur de ce livre éblouissant, la raison de sa force combative et, en profondeur, de son étroitesse linéaire. Plaider, c'est choisir, simplifier, écarter les objections, mutiler les faits. C'est raisonner comme nos observateurs et rêveurs de l'Europe d'hier, parlant, entre 1910 et 1939, de l'unité européenne. L'Europe est *une*, sans doute, mais pas seulement *une* : elle est écartelée, opposée à elle-même, aussi obstinée à se construire qu'à se détruire. A-t-on le droit d'être plus optimiste en ce qui concerne l'Amérique latine d'aujourd'hui ou de demain ?

Plaider c'est choisir. Pour Luis Alberto Sánchez, c'est préférer aux villes arbitraires, « chirurgicales », voulues par l'homme, les villes biologiquement poussées, filles de la nature. C'est préférer aux villes les campagnes pérennes ; à l'intelligentsia vaine des élites, l'instinct des masses ; au blanc le métis, cet homme des nouvelles Amérique ; à la civilisation d'importation et aux fenêtres ouvertes sur le vaste monde, la culture autochtone et le repliement qu'elle implique. Voilà pour les préférences. Il y aurait toute une liste à dresser des lacunes voulues... Plaider c'est omettre sciemment. De grands problèmes restent dans l'ombre parce qu'inopportuns. Rien, ainsi, qui souligne l'immensité des espaces où l'homme, les nations et les civilisations elles-mêmes sont perdus, éloignés les uns des autres. « Je connais mal la pensée argentine, écrivait dernièrement un des meilleurs critiques brésiliens, Sergio Milliet, et du reste toute la pensée de l'Amérique du Sud, *isolados que vivemos uns dos outros*, isolés que nous sommes les uns des autres »[1]. Un essayiste argentin, Paul Navarro, déclarait, il y a peu de temps, que tout contact avec le Brésil était, pour ses compatriotes, la découverte inattendue d'un milieu humain, d'un paysage insoupçonné à quelques pas seulement de leur patrie, un voyage « au pays des mystères »[2]... Rien non plus — est-ce une gageure ? — sur les réalités économiques qui divisent autant, sinon plus, qu'elles unissent...

Enfin, comment ignorer, ou vouloir ignorer, ou essayer de supprimer, en fermant les yeux, les nationalismes qui ont travaillé et travaillent encore l'Amérique : avant-hier nationalismes politiques, hier nationalismes littéraires (les seuls que l'on puisse aimer d'un cœur tranquille), aujourd'hui, plus que jamais, nationalismes économiques — et ceux-ci sont insatiables. Malheureusement (ou heureusement, mais là n'est pas le problème), l'Amérique latine a ses divergences, ses blocs nationaux, ses cassures, ses oppositions, ses puissantes forces centrifuges. Ici, du fait de l'espace qui n'est pas homogène, là, en raison du passé, du violent travail de l'homme sur l'homme et sur la nature, dont l'homme, ensuite, ne se déprend plus... La civilisation elle-même n'est pas *une*, d'une seule coulée. Elle varie, elle a ses couleurs locales. Le livre de Luis Alberto Sánchez, à dessein monochrome, atténue les oppositions des teintes. En particulier, il ne fait point sa vraie et juste place au Brésil, à lui seul une Amérique latine à part, la lusitanienne. Si équitables que soient les lignes qu'il lui consacre, mais qu'il noie dans son tableau unitaire, le Brésil n'est pas présent dans ce concert libéro-américain. Il y a là arbitraire réduction à l'ordre, précisons bien : à un ordre espagnol, tourné vers les Andes, le Pacifique et les plateaux du Mexique méridional : le livre de Luiz A. Sánchez plonge ses racines avides et fortes dans le tuf des civilisations indiennes.

Nous reprochons à l'auteur de ne pas différencier, de ramener obstinément tous les problèmes à *un* problème. Prenons quelques exemples. Le premier chapitre du livre, ainsi, évoque le cadre, l'ambiance géographique de l'Amérique latine, cette force de choc, sur l'homme, du milieu naturel, surtout lorsque ce milieu est encore à demi sauvage. Nul n'y échappe, il est vrai. Témoin cet Enrique Hudson, fils d'Anglais, né et grandi dans la pampa argentine et qui, revenu assez jeune en Angleterre, ne cessera, dans ses écrits, de chanter la flore, la faune et les paysages d'Amérique, ceux de son Argentine natale, de l'Uruguay, de la Guyane, du Venezuela. Une nature souvent hallucinante, démesurée toujours, tyrannique. L'homme combat trop contre elle pour pouvoir l'oublier. Lucien Febvre aime rapporter, à propos de son voyage à Buenos Aires, en 1937, l'impression que lui laissèrent des toiles de paysagistes argentins : la terre envahissant la toile, avec à peine, en haut, une étroite ligne de ciel. « La littérature de l'Amérique latine, écrit dans le même sens Luis Alberto Sánchez, est sous la férule du paysage... Sans notre nature, n'existeraient ni *La Vorágine*, ni *Doña Bàrbara*, ni le préambule de *Facundo*, ni la poésie de Chocano, ni *Don Segundo Sombra*, ni les romans du Ruben Romero, ni l'ivresse sylvestre d'Uribe Arrais, ni l'angoisse géographique de Neruda, ni *Suave Patria* de Lopez Velarde... » L'énumération pourrait aisément se poursuivre. Je pense, en dehors de *Doña Barbara*, aux autres romans vénézuéliens de Romulo Gallegos, qui chantent la poésie, les spectacles et les hommes des *Llanos* du Venezuela. La terre d'Amérique envahit la vie, la littérature, l'art, la pensée, l'âme des hommes.

Aussi bien sommes-nous d'accord volontiers avec ce tableau qui ouvre le livre de Luis Alberto Sánchez, prêts à faire nôtres ses idées, remarques et injonctions. Mais cette géographie qu'il évoque, Luis Alberto Sánchez soutient aussitôt qu'elle est le grand facteur d'unité du continent latin, alors que l'histoire (entendez les circonstances et les hommes) travaille, absurdement, contre elle. La géographie exige l'adaptation de l'homme à son milieu, son enracinement, la mise en place d'un « plasma humain », elle exige un équilibre entre l'homme et le milieu naturel. Tel celui qu'avaient réalisé les civilisations précolombiennes et que les conquêtes européennes ont détruit. L'histoire accidentelle et tourbillonnante des hommes a rompu, ici, un processus d'adaptation, de sédimentation humaine.

Je ne soutiendrai pas le contraire, ni que l'histoire ne travaille pas, souvent, contre la logique du milieu. Mais quel milieu? Soutenir que, sur le continent américain, la géographie est *une*, la contrainte naturelle uniforme, n'est-ce pas aller beaucoup trop loin? En fait, il y a *des* espaces, *des* équilibres, *des* adaptations, *des* « plasmas humains ». La géographie est polyvalente. Celle des Andes n'est pas celle de la pampa argentine, ni celle du Nord brésilien celle du Sud. Que l'homme ait à s'adapter à son milieu ne prouve pas que ce milieu, divers par nature, n'aboutira pas à des hommes, des peuples et des nations dissemblables. L'histoire elle-même est-elle toujours fautive, et destructrice d'équilibres, d'unité?

De même suivons-nous l'auteur avec plaisir, mais pour nous écarter finalement de lui, dans l'excellent chapitre VII : *¿Existe la tradición?* Y a-t-il, en Amérique latine, une tradition historique? Quelle est-elle? Joue-t-elle, ou non, contre l'unité? Il n'est pas nécessaire de longuement discuter pour remarquer que la tradition est, dans la plupart des pays, celle de la minorité blanche et, donc, une tradition terriblement limitée dans le temps. Imagine-t-on la France ne tenant pas compte de son passé antérieurement à François Ier? Mais, pour Luis Alberto Sánchez, ces traditions minoritaires sont justement celles qui nourrissent directement les nationalismes destructeurs de l'unité américaine, que ce soit la *peruanidad*, la *argentinidad*, la *chilenidad* ou tout autre nationalisme. En fait, la vivante tradition, née de la vie ibérique et américaine, indigène et métisse, est unitaire. Du moins, il le prétend et, une fois de plus, il a raison et tort. Ibérique, indigène, métisse : artifices d'écriture. Ibérique est une façon trop commode de confondre les Espagne et le Portugal, indigène est un singulier dangereux, et métisse, pour le moins, une formule ambiguë... Ensuite, peut-on dire, sans plus, qu'il y a une tradition ibérique, indigène, métisse, et qu'elle est *une* ? N'est-ce pas prendre ses désirs pour des réalités ? Pourquoi le peuple — car c'est de lui qu'il s'agit sous cette formule — serait-il plus unitaire que l'élite ? C'est *les* peuples et *les* élites qu'il faut dire. Non, il ne suffit pas de tourner le dos à l'Europe, ou de nier la valeur exclusive du Blanc, pour fondre en une seule masse les vies tumultueuses du continent, tout à la fois portugais et espagnol, nègre et indien, sans compter bien d'autres apports humains.

Cela dit, je suis plus à l'aise pour signaler les beautés de ce livre, chanté autant qu'écrit, à la gloire d'un pays neuf et ancien à la fois, qui doit, pour vivre, associer entre elles ses différentes origines. Dès que L. A. Sánchez cesse de plaider, chaque fois qu'il s'abandonne à son besoin naturel de voir et de sentir, il est inimitable. Tous les chapitres (III, IV, V, VI) consacrés aux races — l'indienne, la noire, les hybrides — sont d'une étonnante plénitude. Je recommande tout spécialement ses considérations sur la ligne de couleur, ligne sociale autant que ligne ethnique. Elle ne sépare pas toujours les différences de peau, mais les terribles et impérieuses différences d'argent. Socialement, cet abrupt colossal entre riches et pauvres dessine un relief bien plus formidable que la Cordillère des Andes : selon que l'on sera en haut ou en bas, on sera blanc ou de couleur.

Puis-je signaler, en passant, que ce sentiment de dénivellation sociale particulièrement marquée, je le répète, est celui qui, partout, en Amérique du Sud, et avec une force sans cesse accrue, se fait jour dans les journaux et les romans d'avant-garde, annonciateurs de grands mouvements déjà amorcés ? La question sociale a extraordinairement mûri, en Amérique, durant la fièvre de ces dernières années. Elle domine tout, même le problème des races. Et c'est d'ailleurs un autre changement non moins important que la façon franche et sympathique dont le débat ethnique est aujourd'hui abordé, dans cette Amérique méridionale, latine de nom et sans doute d'esprit, sinon toujours de corps. Les admirables livres de Gilberto Freyre, le sociologue de Recife, sont à replacer dans une littérature qui s'étend aujourd'hui à tout le territoire latin. Hier on méprisait le métis. On l'exalte aujourd'hui et, en même temps que lui, les vertus d'un *melting pot* sans quoi cette Amérique, humainement, ne serait pas ce qu'elle est.

J'aime tout autant les pages que l'auteur consacre à la loi, à la coutume, à l'armée, à l'Église — ces dernières qui nous laissent malheureusement trop sur notre appétit. La loi est la terreur, le fléau de ces pays neufs que l'on croirait volontiers — *a priori* — libres de règlements minutieux ! Au vrai, sur ce sol vierge, ils se multiplient de façon folle ; l'Amérique latine vit en régime d'inflation législative. Que penser de ce pays — un très grand et très riche pays — où un président, en quatre-vingt-dix jours de l'année 1945, dicta quelque 7 000 décrets-lois ? Vous ne ferez pas un pas en Amérique du Sud sans heurter les règlements ou les dispositions du législateur. Ce n'est pas impunément que fonctionnent et fleurissent, partout, d'anciennes et robustes facultés de droit. Courbez-vous pour éviter cette branche, ou cette liane, ou ce bouquet d'épines ; passez par ce sentier, tournez la clôture ou la haie. Car, il est vrai, ici, le gendarme est assez souvent bon enfant. La loi crée des courses d'obstacles, mais elle est si compliquée que les individus lui échappent. Cette pluie de lois changeantes et souvent inadaptées tombe sur le sol sans trop le mouiller, si, généralement, elle ne le fertilise guère.

Après avoir relu certaines de ces pages, on se demandera au vrai si l'on avait bien le droit de chicaner l'auteur qui a tant à nous apprendre. Peut-on même ne pas suivre ses efforts avec sympathie, dans la mesure où, tel un sourcier, il recherche, à travers sa plus grande patrie, les eaux trop méconnues de la fraternité des hommes, dont il a soif ? S'il dessine les lignes parfois fausses, à coup sûr fragiles, d'une unité latine, ce n'est point — comme André Siegfried avec lequel il se querelle et sur lequel aussi il s'appuie chemin faisant — pour des raisons d'esprit, mais bien de sentiment. Il ne voit pas, il rêve, il souhaite l'unité de la famille américaine, de ce presque continent écartelé entre les quatre points cardinaux, entre Pacifique et Atlantique, entre Europe et États-Unis, et, plus encore, entre les mille influences, internes ou externes, qui l'ont habitué aux changements brusques et aux miracles. « Nous vivons comme si tout devait changer sur un télégramme », écrivait récemment Sergio Milliet.

En vérité, l'Amérique latine n'est *une*, avec une netteté aveuglante, que vue du dehors. Quand Luis Alberto Sánchez retrouve son Amérique, avec ses odeurs et ses couleurs violentes à Panama, c'est qu'il vient des États-Unis. Car elle est *une* par contraste, par opposition, prise dans sa masse continentale, mais à condition d'opposer celle-ci aux autres continents, sans que cela l'empêche jamais, par ailleurs, d'être profondément divisée.

V

DANS LE BRÉSIL BAHIANAIS :
LE TÉMOIGNAGE DE MINAS VELHAS*

On lit, on relit avec plaisir le livre délicat, intelligent, de Marvin Harris, de Columbia University. Son titre, *Town and Country in Brazil*[1], fait craindre un livre général, théorique, mais fort heureusement l'annonce est inexacte. C'est d'un voyage, puis d'un séjour dans une petite ville brésilienne, qu'il est uniquement question. Dès les premières pages, nous arrivons à Minas Velhas, au cœur de l'État de Bahia, loin dans l'intérieur ; nous y sommes encore quand le livre s'achève, sans jamais en cours de route nous être ennuyés une seconde en compagnie d'un guide qui sait voir, comprendre, faire comprendre. La peinture est d'ailleurs si vive, le texte à ce point attachant que l'ouvrage se lit « comme un roman ». C'est dans mon esprit un compliment exceptionnel, car il est rare qu'un ouvrage, scientifiquement conduit sous le signe de la plus étroite objectivité, puisse à ce point vous déprendre du temps présent et vous conduire, comme devant un spectacle, aux sources — ici encore vivantes — d'une réalité, d'une « civilisation » urbaine révolue. Un historien peut rêver d'un paysage de ce genre, mais le voir, désuet, archaïque, de ses propres yeux, le toucher du doigt, c'est un plaisir autrement vif, et quel enseignement ! Hâtons-nous d'en jouir ! Même à Minas Velhas, la vie nouvelle a ses attraits : un jour, elle bousculera tout cet ordre ancien, fragile, qui s'y maintient par miracle.

*

Au milieu d'un pays ingrat, montagneux, plus qu'à demi désert, Minas Velhas — les Anciennes Mines — a été plantée par

---

* « *Annales*, 1959, pp. 325-336.

l'aventure minière exigeante du XVIIIe siècle : elle a été l'une des importantes villes de l'or de l'immense intérieur brésilien, celles-ci précoces, nées dès la fin du XVIIe siècle, celles-là, les plus nombreuses, avec les premières décennies du XVIIIe. À Minas Velhas, l'exploitation remonte à 1722, peut-être un peu plus tôt. Le statut urbain de la ville date en tout cas de 1725 au moins et, dès 1726, elle avait son hôtel où l'or était fondu et prélevé le quint qui revenait au roi de Portugal. En 1746-1747, le quint s'éleva ainsi à 13 livres d'or, soit 65 livres de production. À quoi s'ajoutaient évidemment la fraude et l'or en transit. Tant que l'or des filons et des sables a été abondant, aucun problème, à vrai dire, ne s'est posé à la ville active : les vivres affluaient vers elle de partout, parfois de fort loin. Mais, avec la fin du XVIIIe siècle, la prospérité aurifère s'en va, à Minas Velhas comme dans l'ensemble du Brésil.

À ce désastre, la ville aura cependant survécu, tant bien que mal, malgré sa situation anormale, précaire par nature. Elle a continué sur sa lancée, puis elle a su acquérir et retenir la médiocre fortune d'un centre administratif de dernier ordre ; cahin-caha, elle est ainsi arrivée jusqu'au temps présent, après bien des déboires, car sa primauté administrative — sa seconde richesse — a été assez vite contestée et son « district » dès lors remanié, démantelé, retaillé... En 1921, dernier coup, presque mortel : Vila Nova, sa voisine assez prospère, s'est détachée d'elle, avec un district constitué à son intention et, bien entendu, une fois de plus, au détriment de la vieille ville et de sa circonscription. Ajoutez à ces avatars que, dans le tracé des routes carrossables, puis des chemins de fer, Minas Velhas n'a pas eu de chance : la géographie a joué contre elle. La voie ferrée s'arrête très loin de ses portes, à Bromado, et le trafic automobile l'atteint depuis peu et de façon malaisée : un camion par jour, avec sa grappe de voyageurs et ses marchandises hétéroclites...

Aussi bien, qui aurait intérêt à aller jusqu'en cette ville perdue ? Le voyageur hésite, parvenu face à la dernière montagne, à Vila Nova, ville bourdonnante, que touche, en même temps que la route, le progrès (l'électricité, la T.S.F., le coca cola...). Ce voyageur, s'il s'informe, ne sera guère encouragé à gagner, à dos de mule, par la « cluse » du rio das Pedras (que coupe, entre autres, une gigantesque chute d'eau), la haute vallée et les plateaux des *gerais* de Minas Velhas, battus par les vents, peuplés d'arbustes rabougris, d'herbes rares. « Restez avec nous, conseille-t-on à l'auteur. Nous avons l'électricité et des noix de coco, une abondance de fruits frais et de viande de porc... Minas Velhas est la place la plus morte du monde. Rien n'y a progressé depuis deux cents ans. Si vous voulez de la bière fraîche, vous feriez mieux de rester avec nous. Il n'y a qu'un bar à Minas Velhas et il fait trop peu d'affaires pour que ça vaille la peine d'un réfrigérateur [2]... Ils sont effroyablement arriérés. Les affaires y sont exécrables. C'est un triste endroit, très morne, froid, sans aucune activité. »

La surprise est d'autant plus grande, pour le voyageur qui sait qu'il a quitté la « civilisation », d'arriver à Minas dans une ville typiquement ville — impression que ne donnent guère les villes brésiliennes en train de se faire, aujourd'hui —, une ville, ô miracle, avec ses rues pavées, ses maisons [3] alignées au long des trottoirs, fraîchement repeintes en blanc et bleu, sa propreté générale, ses habitants décemment vêtus, ses enfants sortant de l'école en blouse blanche et culotte bleue... Un pont de pierre, des portes mobiles, des barrières, de pseudo-remparts, la grande place avec sa haute église de pierre, elle aussi peinte à neuf, or, blanc, azur, le jardin public et ses plates-bandes à entrelacs, orgueil de la ville, rendez-vous des promeneurs du soir... Le voyageur aurait-il atteint la ville merveilleuse ?

*

Ensuite ? Le mieux est de s'intéresser aux spectacles, aux réalités de la ville, selon le hasard des rencontres. Peu à peu, les problèmes se découvrent. Non, Minas Velhas ne vit pas, sans plus, des villages assez pauvres et frustes de ses alentours : Serra do Ouro, Baixa do Gamba, Gravatão, Gilão, Bananal, Brumadinho, villages de paysans blancs, comme le premier, ou de paysans noirs comme le deuxième, tous misérables d'ailleurs, car la terre, trop morcelée, est d'une fertilité médiocre. Au total, ces villages renferment 1 250 paysans. En face d'eux, Minas Velhas, à vrai dire minuscule, n'en groupe pas moins presque 1 500 citadins. Un paysan, à lui seul, peut-il supporter sur ses épaules le poids d'un citadin ? Non, bien sûr. C'est trop lui demander, d'autant que le surplus de la récolte — légumes, fruits, sucre, riz, haricots, manioc, un peu de maïs, ignames, patates douces, café — ne va pas seulement sur le marché de la ville : les vendeurs poussent jusqu'à Vila Nova, Gruta, ou Formiga... Il y a ainsi concurrence, mais la vieille ville, mieux située, tient tout de même le bon bout. Elle défend aussi ses droits par les propriétés mêmes de ses « bourgeois » ; les plus grandes sont des *fazendas*, de faible étendue il est vrai, mais souvent au long du rio das

Pedras, sur les meilleures terres. Ces propriétés, petites ou médiocres, sont un lien de plus entre ville et campagne.

En tout cas, c'est par rapport à ces paysans que l'homme de Minas Velhas se sent citadin, et jusqu'à la moelle des os, d'un sentiment bien plus fort que celui qui attache le Londonien ou le New-Yorkais à sa grande ville. Être citadin, c'est être supérieur, pouvoir se le dire, y penser, vis-à-vis de plus malheureux, ou de moins heureux que soi. La campagne, quelle différence ! C'est la solitude. La ville, c'est le bruit, le mouvement, la conversation, une gamme de plaisirs, de distractions. Une tout autre forme d'existence. N'enviez pas cet homme de Minas Velhas, qui habite une maison isolée, à l'écart ; car une *vraie* maison touche à ses voisines, se colle à elles pour s'aligner d'ensemble, d'un même mouvement, sur la rue. Si cette rue est calme, si « quand vous sortez, le matin, il n'y a pas un bruit », alors tout est gâché. La ville, c'est le bruit réconfortant, fraternel, des autres. L'occasion aussi, je l'ai dit, de se sentir supérieur à ces paysans, hôtes du samedi, le jour du marché, à ces clients empotés des boutiques, reconnaissables au premier coup d'œil à leur vêtement, à leur accent, à leurs manières, à leur visage même. Comme brocarder à leur sujet est agréable ! Eux-mêmes, ces campagnards, savent que la ville leur est très supérieure. Pensez donc, ici, chacun achète sa nourriture contre argent. La ville, pour eux, sans plus, c'est le *comercio*. Comme l'explique José, de Baixa do Gamba, « la vie du *comercio*, c'est seulement pour ceux qui ont de l'argent plein les poches »[4]. Sa femme trouve que « le *comercio*, ça va pour quelques heures. J'aime le *movimento*, dit-elle, mais après un instant, ça me fatigue et je ne puis plus attendre l'heure du retour »[5]. Pauvre paysan, ou, comme l'on dit à Minas, pauvre *tabareu*, pauvre *gente da roca*... « Leur ombre leur fait peur », dit Périclès, un citadin celui-là, bien que simple et pauvre briquetier de Minas. À plusieurs reprises, il a été le compagnon de Marvin Harris dans ses excursions hors de la ville. S'agit-il d'aller à Vila Nova, Périclès ira pieds nus, dans ses vêtements dépenaillés de tous les jours. Mais pour Baixa do Gamba, non, il fait toilette, va jusqu'à emprunter des chaussures. « À Vila Nova, personne ne fait attention à ces choses-là, mais à Baixa do Gamba, je ne puis tout de même pas avoir l'allure de ces *tabareus*... »[6].

Mieux que de longs discours, ces petits traits — ils foisonnent dans le livre — disent la fierté de la ville, son quant à soi, son goût de la dignité, son amour du bruit et de la fête, ce superlatif du bruit, son goût aussi de la culture, voire de la grammaire latine, ce qui, en 1820, faisait déjà l'admiration de deux voyageurs allemands, les naturalistes von Spix et von Martius. Eux aussi avaient été frappés par la dignité de la petite ville (alors 900 habitants) et... l'excellence de son professeur de latin.

*

Mais on ne vit pas seulement de bruit, ou de complaisance à l'égard de soi. Puisque les villages satellites ne nourrissent la ville qu'à moitié — et pas gratuitement — force lui sera de gagner sa vie pour payer ce qu'elle consomme : ce qu'elle achète aux paysans, mais aussi la farine ou le kérosène, le combustible indispensable, qui lui parvient de Vila Nova... À ce problème, deux solutions : l'émigration d'une part, avec ce qu'elle peut signifier de retours d'argent ; l'industrie artisanale de l'autre.

Laissons la première de ces solutions. Minas Velhas est un exemple, entre mille autres, de ces larges mouvements qui affectent à la fois tout le Nordeste brésilien (villes et campagnes) et pas seulement l'État de Bahia. C'est d'un point de vue d'ensemble qu'il conviendrait de voir ce gigantesque problème, dont les romans fleuves de Jorge Amado ont su dire l'inépuisable tragédie. Goutte d'eau, Minas Velhas est prise dans ce fleuve. Évidemment tout, chez elle, en est bouleversé. L'émigration porte sur les hommes jeunes, les plus qualifiés parfois, artisans que tentent les hauts salaires de Bahia ou, plus encore, de São Paulo. D'où bien des drames. Ceux des attentes — la ville a une population féminine surabondante —, ceux des retours ; mais y a-t-il de vrais retours ? Comment s'adapter de nouveau à l'existence en soi maussade de l'étroite ville ?

En dehors de ses émigrants, Minas ne peut compter, pour vivre, que sur le travail de ses artisans : ouvriers du cuivre, forgerons, fabricants de selles, de harnais, de bagages, de dentelles et de fleurs artificielles, briquetiers, ferblantiers, couturières, tailleurs, charpentiers. Imaginez une ville médiévale, de très petite taille, qui travaille pour son propre marché et, quand elle le peut, pour des marchés lointains. Le marché proche, ce sont les paysans dont nous parlions il y a un instant, acheteurs de selles, de harnais, de couteaux, de fouets... Aussi bien, sur quatre-vingt-quinze artisans, comptons-nous trente-neuf métallurgistes (si l'on peut dire) et vingt-huit artisans du cuir. La forge, c'est à peu de chose près celle des villages de France qu'a connue notre enfance, avec son soufflet rudimentaire. Dans la boutique, deux ou trois ouvriers aident le patron, généralement un fils ou un jeune parent, ou la femme du patron. L'acheteur achètera ainsi les produits fabriqués sous ses yeux, ou peu s'en faut. Nous voilà à notre gré, un instant, au XVIIIe siècle, au XVIIe, plus loin peut-être, n'importe où en Occident...

À côté du marché proche, le marché lointain (entendez par là l'intérieur du Brésil), par excellence la zone de la circulation muletière, encore en marge des voies ferrées, si peu nombreuses, et de la circulation des camions, celle-ci envahissante. Ce marché va vers l'ouest jusqu'à Chique Chique, jusqu'au pèlerinage du Bom Jesus de Lapa, sur le São Francisco, pèlerinage et foire tout à la fois. C'est là qu'affluent en juillet, en même temps que les pèlerins, les marchands ambulants de Minas Velhas, avec leurs mulets chargés de marchandises les plus diverses. Ils vendent, revendent, troquent, vendent à nouveau. Le patron, qui leur confie couteaux ou souliers, a bien convenu d'un prix avec eux, mais l'opération se déroule à ses risques et périls : le revendeur, quand il rentrera, lui rendra avec ses comptes la marchandise non écoulée. Nous voilà, fort loin dans le temps, peut-être en exagérant un peu, au début de la *commenda* et du capitalisme marchand. Le maître du jeu n'est pas celui qui produit, mais celui qui transporte et qui vend. Comme on l'imagine aisément, la zone touchée par ce trafic primitif est menacée, sans cesse réduite par la mise en place de nouveaux moyens de transport et l'arrivée de nouvelles marchandises, les uns amenant les autres. À Vila Nova parviennent déjà des souliers fabriqués dans l'État voisin de Pernambouc. Hier, il y a vingt-cinq ans, ces routes de l'intérieur, à partir de Minas Velhas, touchaient Goyaz et même São Paulo : il n'en est plus question aujourd'hui. Cependant cette zone nourricière réduite permet encore à Minas Velhas de maintenir tous ses échanges, trocs ou achats anciens. Ainsi, elle se procure ses métaux par une brocante attentive : ferraille, vieux rails, zinc des moteurs d'autos au rebut, cuivre des vieux chaudrons... Ses marchands lui apportent même le métal nécessaire à ses nickelages primitifs et qui tiennent mal. Il vaudrait mieux, bien sûr, faire venir de Bahia du nickel en feuilles. Mais comment le paierait-on ? Les marchands, eux, ramassent les vieilles pièces de nickel de 400 reis, qu'on ne fabrique plus aujourd'hui, mais qui, bien que démonétisées, courent sur ces circuits primitifs et continuent à affluer parmi les aumônes au Bom Jesus de Lapa. Un troc réussi et les voilà, après juillet, sur le chemin de Minas.

Primauté des transporteurs, primauté aussi des capitalistes, des entrepreneurs. Comment ceux-ci surgissent-ils ? C'est une question que notre guide ne résout pas tout à fait, ou traite trop vite, mais ces capitalistes existent bel et bien, reconnaissables, s'ils sont peu nombreux. Le secteur des métaux en connaît peu : le monde artisanal semble ici s'être débrouillé de lui-même, en fabriquant vite des objets de seconde qualité. Le forgeron João Celestino le sait bien : « Le forgeron n'a que son œil pour le guider », déclarait-il un jour. Mais à quoi lui sert, excellent artisan, d'avoir l'œil précis ? « La vie d'aujourd'hui ne nous donne plus l'occasion de faire une pièce décente de travail. » Liberté et misère !

Il en va autrement dans le secteur du cuir : les bas salaires aidant, est apparu le travail aux pièces (les artisans, curieusement, y voient un signe de liberté et d'indépendance, le salaire régulier les asservirait). Du coup s'installe le travail à domicile, voire la spécialisation dans des ateliers nouveaux, car la « manufacture » se met timidement en place. Nous sommes, ici, au XVIe ou au XVIIe siècle. Le maître, c'est l'entrepreneur, l'homme « qui fait travailler » les autres, ainsi le Senhor Braulio, fabricant de sandales, de chaussures, de bottes, de selles, qu'il vendra lui-même, marchand en somme comme il y en eut tant jadis, à travers l'Occident du premier capitalisme : il procure la matière première, paie les salaires, assure les ventes ; il est une providence, pensent les artisans de Minas Velhas. Je le veux bien, mais combien de temps le sera-t-il encore ? Tant que durera un système qui repose sur la division du travail et la mise en jeu de salaires très bas. Or ce système se heurte à bien plus fort que lui : ailleurs, il y a des machines. Il n'y en a pas, ou pour ainsi dire pas, à Minas. Un jour viendra où même les paysans, les *tabareus* des environs, n'y viendront plus acheter leurs souliers, leurs fouets ou leurs couteaux gainés de cuir. Car la lutte est engagée presque partout entre le Brésil d'hier, déjà très malmené, et le Brésil impérieux d'aujourd'hui. C'est par une économie ascétique, assez misérable, que la vieille ville résiste à tant de conditions contraires. À ce rythme, elle fait mal vivre ses riches, ou soi-disant riches, plus mal encore ses pauvres, ses vrais pauvres. On mesure cette médiocrité générale à la position qui paraît à tous si enviable, celle du boutiquier de la *venta*. Revendeur de produits alimentaires, de légumes, de fruits, de sucre grossier (la *rapadura*), d'eau-de-vie (la *cachaça*) ; prêteur, car tout ou presque tout se vend à crédit, l'épicier assis sur sa chaise à longueur de journée est l'heureux qui voit venir à lui les clients, les rumeurs, le *movimiento* entier de la ville.

★

Ces images, documents vivants si soigneusement mis en lumière, Marvin Harris nous pardonnera-t-il de leur avoir donné, avec insistance, le prix d'un témoignage inestimable sur le passé ? Comment mieux comprendre le « petit » capitalisme des boutiquiers médiévaux ou, s'il était nécessaire, le capitalisme à longue distance de leurs contemporains : ils sont là, l'un et l'autre, sous nos yeux, dans les premiers chapitres si riches du livre et que nous avons suivis pas à pas. Au-delà, Marvin Harris poursuit, selon le plan habituel des enquêtes ethnographiques : il avait parlé du site, de la vie économique ; il enchaîne et nous entretient, dans des chapitres toujours précis et vivants, des races, des classes, du gouvernement municipal, de la religion, des croyances populaires, son souci constant étant, chaque fois que la chose lui est possible, de montrer ou l'accord ou le désaccord entre la ville et les petits villages de ses alentours. Il a le sentiment d'être là à l'une des grandes articulations de toute enquête ethnographique, non sans raison.

Puis-je dire cependant que je ne suis pas tout à fait d'accord avec ce plan habituel, appliqué une fois de plus de façon très conventionnelle, *a priori* ? Une petite ville est-elle un bon champ d'observation dans l'actuel ? Oui sans doute, à condition de ne pas être étudiée seulement pour elle-même et en elle-même, selon les règles trop fréquemment pratiquées par l'enquête ethnographique, mais comme un témoignage qu'il faut ramener à des plans multiples de comparaison, à la fois dans le temps et dans l'espace. En ce qui concerne Minas Velhas, il fallait mettre en cause son passé, le passé de sa région, celui du Brésil pris dans sa masse. Il fallait mettre en cause son environnement actuel, s'arrêter à Vila Nova, comme le voyageur l'a fait au début de ce livre, mais aussi pousser jusqu'à Formiga, jusqu'à Gruta, jusqu'à Sincora, y rester à loisir et même interroger l'ensemble de l'État de Bahia, ses villes, ses villages. Puis, sans doute, aller plus loin, au Brésil, ailleurs peut-être...

Mais expliquons-nous plus clairement encore. L'auteur ne nous cache pas, dès les premières pages de son livre, le caractère exceptionnel de Minas Velhas, la surprise qu'elle provoque chez le nouvel arrivé, en raison surtout de son allure citadine, mal accordée à ses dimensions et à sa pauvreté. Dès lors, la démarche de l'auteur sera simple : étudier dans tous ses aspects et tous ses détails actuels la vie de Minas Velhas, puis conclure, grâce à une comparaison avec les critères de la vie urbaine, tels que les définissent sociologues ou ethnographes, que Minas est bien, pour l'essentiel, une *ville*. Mais le problème capital, pour moi, du point de vue des sciences humaines, se pose différemment : pourquoi, dirai-je, ce cas aberrant ? Et dans quelle mesure est-il aberrant ? Est-ce un cas unique, extraordinaire ? Se répète-t-il ailleurs, dans des conditions sensiblement analogues ? Où, comment ? Ces questions, la conclusion les aborde à peine, dans les seules pages de ce livre qui soient, à mon avis, évasives et imprécises.

Il me semble, pour ma part, que tout, dans la ville Minas Velhas, n'est pas absolument original. Je soutiens que l'aberrant se réduit, pour l'essentiel, à ces structures socio-économiques que j'ai décrites à la suite de l'auteur. En un mot, le fait saillant, auquel personnellement j'aurais à la place de l'auteur consacré tous mes soins, bien au-delà de ce que nous offre son intelligente mise au point, c'est le fait, surprenant en soi, que Minas Velhas ait, après la catastrophe des mines d'or, survécu et, notez-le, survécu comme une ville d'autrefois, avec de faibles revenus, une population médiocre. Cette survie, les mécanismes anciens qu'elle implique m'auraient presque exclusivement retenu. Je les aurais vus, revus, analysés en eux-mêmes, à la lumière aussi des mécanismes médiévaux ou à demi modernes que nous offre l'histoire européenne. J'aurais mesuré ce décalage chronologique. J'aurais calculé et compté plus encore que ne l'a fait notre guide (revenu global, par tête d'habitant), cartographié et mis en cause, de façon précise, l'aire de ces trafics...

Pour la survie de la ville, puisqu'elle possède des archives, je les aurais regardées de près. J'aurais essayé de savoir, pour bien marquer le point de départ, ce qu'elle était vraiment au temps de l'or, avec ses mineurs, ses artisans, ses boutiquiers, ses propriétaires fonciers, ses esclaves noirs, ses transporteurs. Au XIXe siècle, Marvin Harris nous dit qu'elle survit comme centre administratif, le salaire des « fonctionnaires » remplaçant, en somme, la poudre d'or. Encore faut-il que le district ait permis cette vie nouvelle, qu'il ait eu les richesses, le peuplement suffisant, que tout un système d'échanges — celui qui est menacé de périr aujourd'hui d'un jour à l'autre — ait maintenu, en subsistant, le jeu urbain de Minas Velhas. Question subsidiaire : de quel horizon, au XIXe siècle, sont sortis les nouveaux riches de Minas, car il y a eu alors des nouveaux riches ?

J'ai, en 1947, dans une tout autre région de l'immense Brésil, fait un voyage moins poétique que celui de Marvin Harris, mais non moins révélateur. Ubatuba, sur la côte de l'Atlantique, dans l'État de São Paulo, pas trop loin de Santos, a connu, vers 1840, son époque de splendeur. Elle fut liée alors par un trafic actif de caravanes muletières à Taubaté, comme Santos à São Paulo qui, alors, n'était qu'une toute petite ville. Taubaté-Ubatuba, comme São Paulo-Santos, c'est le mariage, l'association par-dessus la puissante Serra do Mar, muraille de verdure entre la côte et l'intérieur, d'un marché collecteur de café et d'un port qui l'exporte à travers le monde entier. Dans la lutte bientôt engagée, São Paulo-Santos l'ont emporté, à tel point que, du chemin de fer projeté entre Ubatuba et Taubaté, seules ont été construites les gares. Aujourd'hui encore, la liaison de Taubaté à Ubatuba se fait par un car qui réussit, Dieu sait comme, la prouesse de suivre l'ancien chemin muletier, piste glissante entre les deux villes : au départ, Taubaté à qui l'industrie a donné une vie nouvelle ; à l'arrivée, Ubatuba, misérable, mangée par la végétation tropicale. Ses anciennes maisons à étages (les *sobrados*), abandonnées, ruinées par l'eau, par les palmiers poussant entre les fissures des murs, mais de forme imposante, son cimetière avec ses plaques funéraires d'une certaine richesse, disent seuls la fortune ancienne du petit port. La ville d'Ubatuba n'a pas survécu. C'est un village de paysans, de *caboclos*. J'y ai rencontré la fille d'un ingénieur français, illettrée, ne sachant plus un mot de sa langue maternelle, mariée à un *caboclo* et en tous points semblable à lui. Et pourtant, Ubatuba a ses fonctionnaires, son juge de paix aussi, licencié de la faculté de Droit de São Paulo, civilisé en exil dans un pays revenu bien en deçà de Minas Velhas. Une soirée entière, j'ai écouté à ses côtés un chanteur populaire, accompagné d'un joueur de *violão* (qui est une sorte de guitare à six cordes) : toutes les chansons du folklore étaient à nouveau maîtresses ici, seules en place, et une improvisation chantée, suivant l'antique usage, contait l'épopée de la *chegada da luz*, l'arrivée de la lumière électrique : n'avait-il pas fallu ouvrir, pour la ligne et les poteaux, une tranchée, une *picada*, à travers la forêt qui, descendue de la montagne, enserre la ville ; forêt impénétrable, mais non pas vierge, puisque, nous faisait remarquer le juge notre guide, on y retrouvait, ici ou là, les restes de plants de caféiers. Les plantations ont disparu, comme la ville elle-même, qui n'a trouvé ni le circuit qui lui aurait permis de vivoter, ni l'énergie, en elle, qui aurait permis les adaptations. Minas Velhas, dans le circuit à vie ralentie du Nordeste, a eu plus de chance...

★

Comparé à ce problème central, le reste, le second paysage que nous offre Marvin Harris, me semble sans gros intérêt. Je doute, en effet, de son originalité. Qu'il s'agisse des croyances, du gouvernement municipal, de la passion politique, malgré toutes les nuances marquées par l'auteur, Minas me paraît vivre à l'heure générale du Brésil. Je suis troublé cependant par la façon dont Marvin Harris présente la question noire. Celle-ci est-elle aussi tendue qu'il le laisse à penser ? En gros, il y a d'un côté les « riches Blancs » et de l'autre les « pauvres Noirs », selon la formule habituelle, et aussi, bien entendu, des Blancs qui ne sont pas riches du tout et des Noirs aisés, instruits, d'où une pyramide sociale assez bizarre, la stratification ne se faisant pas à l'horizontale mais de guingois. N'en est-il pas ainsi ailleurs, dans le voisinage même ? La tension sociale et raciale en serait d'autant plus vive, je le veux bien, surtout au niveau du pauvre Blanc, celui dont la femme va elle-même chercher du bois, ou, preuve de misère à elle seule, faire la corvée d'eau ou de lavage à la rivière proche. Elle sera plus vive aussi, cette tension, au niveau du Noir aisé qui, invité chez les Blancs, mais pas comme un égal, reste dans son coin, craintif, mécontent, digne, trop digne. Cependant, faut-il attribuer à Minas Velhas, du fait de sa vie tendue et fermée, un racisme particulier, bien anormal dans le cadre de la civilisation brésilienne ? À l'échelle de la nation, la bonhomie règne entre peaux de couleur différente et il y a longtemps déjà que Gilberto Freyre a signalé leur fraternisation sexuelle. Assurément ce racisme, assez bénin, de petite ville, s'il existe, ne semble pas entrer dans la ligne historique du passé brésilien. Sur ce point, j'avoue que j'aurais aimé plus de lumière. L'étude des rivalités de club et de fanfare, d'enchères à la *fiesta*, le portrait poussé, un instant, de Waldemar, le seul conseiller noir de la ville, ne me donnent qu'une demi-satisfaction. Que penser, alors qu'on ne se réfère à aucun point de comparaison ? Comment les mêmes problèmes se posent-ils dans le voisinage, à Gruta, Formiga, Vila Nova, les villes voisines ? La tension sociale et raciale est-elle différente, particulière à Minas Velhas ? Et si oui, si elle se distingue des grands courants du pays tout entier, qui est coupable, le Noir, le Blanc, ou tous les deux ? Mais songez que le Noir de Minas Velhas a rompu entièrement avec les cultes africains qui, ailleurs, sont la source vivante de son originalité. Ce simple fait est d'énorme portée... Mêmes remarques, à contre-pied encore, en ce qui concerne la religion. Le catholicisme de Minas Velhas paraît à Marvin Harris formel, extérieur, assez vide. Et sans doute a-t-il raison. Mais sans doute a-t-il tort d'en tirer certaines conclusions. J'ai peur que ne lui manque le contact avec les différents catholicismes d'Europe, notamment ceux d'Italie, d'Espagne, de Portugal qui, à un Français par exemple, paraissent également formels et extérieurs. C'est par rapport à des formes plus pures, disons plus dépouillées, du christianisme que celui de Minas peut surprendre ; mais alors aussi celui du Brésil tout entier ! L'anticléricalisme que notre enquêteur cherche dans des textes de dates différentes, dans de « bonnes histoires », ne prouve pas grand-chose : il est dans la tradition d'un christianisme jeune, qui n'interdit pas le franc-parler ou les histoires un peu lestes. Je m'émerveille, en vérité, que malgré erreurs, ignorances, tiédeurs, déviations qui ne sont pas niables, le christianisme soit planté là dans la vieille ville, et bien en place, comme dans le reste du Brésil où il est une composante essentielle de la civilisation. Je dirai la même chose des superstitions : le Brésil moderne ne s'en débarrassera pas en quelques années. Elles sont aussi vives au cœur des très grandes villes que dans le petit centre urbain de Minas Velhas ou ses campagnes proches.

Mais arrêtons nos critiques qui, après tout, nous ont permis de prolonger le plaisir évident de notre lecture. J'aurais aimé certes que Marvin Harris orientât autrement son livre ; qu'il sût, à deux ou trois reprises, pivoter sur lui-même, pour faire face au passé du petit peuple qu'il avait sous les yeux ; qu'il distinguât le témoignage original de ces quelques hommes — l'aberration de Minas Velhas — du témoignage banal de la vie quotidienne de l'intérieur brésilien.

Mais, si je l'ai dit avec une certaine vigueur, c'est beaucoup moins contre un auteur dont la finesse, la sensibilité et la loyauté ne font aucun doute que contre une anthropologie qui se fie trop à la valeur de l'enquête directe et impose à toute étude de l'actuel un traitement uniforme, sans s'inquiéter des prolongements évidents et particuliers qui, en chaque cas, s'offrent et qu'il faudrait dégager. C'est seulement à propos de très bons livres, comme celui-ci, que l'on peut tenter de prouver l'insuffisance obligatoire de la méthode — car l'auteur n'est pas en cause — et signaler une fois de plus les dangers, comme le disait Lucien Febvre, des règles du « chef-d'œuvre », appliquées de confiance, quels que soient le sujet et la stratégie particulière qu'il réclamerait. Quel dommage [7] !

DEUXIÈME PARTIE

L'ENSEIGNEMENT DE L'HISTOIRE

 En 1985, parlant à Chateauvallon de son long combat pour une réforme de l'enseignement et de ses programmes (ceux de l'histoire en particulier, mais pas seulement), Fernand Braudel concluait que « ce fut le plus grand échec de [sa] vie ». Ce que l'on peut mieux comprendre si on est conscient de sa double personnalité.
 Braudel s'est toujours investi à fond dans la recherche. Il n'était jamais plus heureux que dans un dépôt d'archives, et pouvait y passer toutes ses journées trois mois de suite. Mais, face à une absurdité de notre système éducatif, il était prêt à réagir, à s'engager dans la mesure de ses moyens et à essayer de convaincre autrui. Or, étant par ailleurs un très bon professeur, ayant enseigné douze années dans le secondaire, il avait des idées très nettes sur la nécessité de le transformer en transformant ses programmes qui remontaient pour certains à 1880. Ses idées n'étaient pas moins nettes sur l'organisation incohérente de l'enseignement et de la recherche universitaires dans le domaine qui le touchait directement, celui des sciences sociales.
 Il a donc donné beaucoup de lui-même pour une réforme profonde qui lui paraissait nécessaire, disait-il, de l'enseignement primaire jusqu'à l'université. Mais il s'est heurté là à un barrage de conservatisme farouche qui pouvait unir un Premier ministre (Georges Pompidou en l'occurrence) à telle ou telle faculté, ou à tels groupes d'inspecteurs généraux, hostiles par principe à tout changement.
 D'où son attachement particulier à l'enseignement libre du Collège de France, et à de nouvelles institutions — telles que la VIe Section de l'École pratique des Hautes Études, ou l'université toute neuve de São Paulo où il a pu librement créer et s'investir.

CHAPITRE I

LA PÉDAGOGIE DE L'HISTOIRE*

En 1935, prenant son poste dans la toute nouvelle faculté des Lettres de São Paulo (fondée en 1934), Fernand Braudel avait été prié d'élaborer le programme, en trois années, des cours d'histoire de l'université (de l'Antiquité à l'époque contemporaine). Autour de quoi furent aussi discutés les programmes d'enseignement secondaire, très déficients à l'époque. D'où la demande de l'Instituto de Educação (traduisons Institut de Pédagogie), en 1936, d'une série de conférences assignant à chacun des professeurs de l'université (philosophie, littérature, histoire, géographie, etc.) de définir sa conception de l'enseignement secondaire, dans son domaine propre. Cette conférence, prononcée en septembre 1936, publiée à l'époque par l'Instituto, a été rééditée en 1955, toujours en portugais, par la Revista de historia, *de l'université de São Paulo.*

Je dois remercier l'Instituto de Educação de l'occasion qui m'est donnée ce soir de vous parler d'un sujet qui me tient à cœur, de vous entretenir en somme de ce qui, depuis près de quinze ans, absorbe le meilleur de mon existence : l'enseignement de l'histoire. J'ai enseigné en divers lieux et rencontré souvent le problème — ou plutôt l'obstacle pédagogique —, toujours différent et toujours le même, problème qui peut se résumer dans la nécessité, partant d'une pensée en son état originel, de la rendre intelligible à qui nous écoute avec plus ou moins d'attention. Le problème n'est pas particulier à l'histoire, mais peut-être se présente-t-il avec plus de force dans notre discipline.

---

* Cet article a été publié dans *Archivos do Instituto de Educação*, puis dans la *Revista de historia*, ano VI, n° 23, São Paulo, juillet-septembre 1955. Le texte français, n'ayant pas été conservé par l'auteur, a été retraduit par Paule Braudel.

I

Le cadre d'une conférence nous obligeant à presser le pas pour aller à l'essentiel, nous laisserons de côté certaines vieilles discussions, toujours ouvertes, où nous risquerions de nous perdre sans profit. Ainsi je ne tomberai pas dans le ridicule de défendre devant vous l'utilité de l'enseignement de l'histoire, ce qui serait aborder par des voies obliques le problème général de l'utilité de l'histoire elle-même. Bien sûr que l'histoire — et donc son enseignement — est utile, ne serait-ce que parce qu'elle se présente sous la forme d'une spéculation intellectuelle, licite et fructueuse. Je me garderai aussi de vous recommander cette impartialité dont on répète à satiété qu'elle est indispensable à notre métier. Le mot même me déplaît : être impartial, au sens strict, c'est ne pas prendre parti. Or il est nécessaire que vous preniez parti, que vous acceptiez vos responsabilités avec vigueur et même plaisir. Au vrai, ce qui vous est demandé, au nom de l'impartialité, c'est de ne pas prendre parti avant d'avoir examiné les faits et vous être décidé en toute honnêteté. Alors vous pourrez dire : « Cette conclusion est provisoire, fragile pour telle raison. » Ou bien : « Telle autre voie serait possible. Par exemple... » L'essentiel est de pénétrer dans le passé avec la sérénité, le scrupule, la sympathie pour les êtres et les choses, sans lesquels il n'est pas de professeur ou d'intellectuel digne de ce nom.

Autre idée à abandonner : l'enseignement, pour certains, devrait avoir pour finalité la formation du citoyen, d'un citoyen idéal, par surcroît. Mais l'histoire, science incertaine comme toutes les sciences qui travaillent dans le champ du social, reste et doit rester en dehors de la morale politique comme de la morale religieuse. Elle peut former à une certaine façon de voir et de juger, à une certaine manière d'être, purement intellectuelle. Et rien de plus. [...]

*

Si vous voulez saisir un des premiers aspects de la pédagogie de l'histoire, le plus important, imaginez-vous dans une salle de classe. Le professeur occupe sa chaire, disons son poste de commandement. Il commence une leçon qui sera un long voyage à travers le temps et l'espace. Pour les apprentis comme pour leur guide, soyons francs, un voyage difficile, qui exige attention, réflexion, effort, un voyage qui est et ne peut pas être autre chose qu'instructif. Impossible de s'instruire, dit à peu près Alain, sinon par l'effort. Nous devons répéter qu'un voyage historique est une contrainte, un peu comme ces promenades du roman pédagogique où le héros arrive à point nommé devant des scènes de moisson ou de vendange, toujours au moment où le forgeron bat le fer sur l'enclume, où le boulanger enfourne ses pains. Quoi de commun entre ce roman scolaire et le vrai roman d'aventures ?

Alors, que ce voyage instructif soit simple et réduit à l'essentiel. Tous les livres de pédagogie devraient consacrer leurs premières pages à la simplicité. Entendons-nous : il ne s'agit pas de cette simplicité qui mutile la vérité, qui sonne le vide et n'est qu'un nom d'emprunt pour la médiocrité — mais de la simplicité qui est clarté, lumière de l'intelligence et rend la vérité accessible au raisonnement. Pour simplifier, il importe de se borner aux grandes idées. Mais ces grandes idées, encore faut-il les reconnaître parmi les autres. C'est pourquoi il faut connaître admirablement, savoir pleinement, pour simplifier à bon escient.

Opération difficile, indispensable. Nos leçons d'ordinaire durent une cinquantaine de minutes. Est-il possible, dans ce laps de temps, avec la complicité du plus attentif des auditoires, de placer 200 faits chronologiques importants, 100 noms propres de personnes ou de lieux, une vingtaine de remarques et, par-dessus le marché, une douzaine d'idées générales avec leur cortège d'idées secondes ? Vous savez bien, l'expérience vous l'a sans doute prouvé, que présenter clairement une ou deux idées dans une conférence, c'est déjà beaucoup. Ne craignez pas d'avoir à répéter dix fois une idée importante. Pour commenter, pour digérer votre enseignement, ce qui exige du temps, votre auditoire a besoin de se familiariser avec vos idées, de les peser, de les transformer et même, au besoin, de les contredire. Entre nous, c'est une règle bien désuète que celle qui conseille au conférencier d'insérer dans son exposé des « pensées grises », neutres, qui soient comme un repos pour l'auditeur. Pour ménager ces pauses indispensables, mieux vaut, surtout dans l'enseignement secondaire, répéter le même thème, en variant la forme, l'ordre des arguments et le raisonnement. L'enseignement est répétition, idée qu'on cherche à implanter avec obstination et patience.

Supposons que j'aie à parler des débuts de la civilisation hellénique. Je pense, avec quelques auteurs, que la base de la civilisation grecque n'est pas la Grèce elle-même mais la mer Égée, ce secteur de la Méditerranée tout semé d'îles. Alors je dirai : « La Grèce, ce n'est pas la Grèce à proprement parler, mais la mer Égée : non pas la Grèce classique, cette péninsule de la péninsule balkanique, mais toute la mer qui s'étend des plages grecques à celles d'Asie Mineure, des côtes de la Thrace jusqu'à la grande île de Crète, au sud. » Puis je dessinerai un croquis de l'Égée où figurent les grandes îles, depuis les Sporades jetées au milieu de l'eau comme des graines au vent, jusqu'aux Cyclades, disposées en cercle. Avec l'aide des voyageurs d'hier et d'aujourd'hui, j'y montrerai les canaux d'eaux tranquilles, domestiquées entre les rives des îles et des golfes, les plages et les routes qui s'échappent vers les détroits et le Pont-Euxin, vers le golfe de Corinthe que l'on atteint au-delà de l'isthme, ce mur étroit que les barques traversaient parfois à sec, en glissant dans des ornières préétablies creusées dans le bois. Et pour que le tableau s'ajuste bien au cadre, je ferai, en temps utile, de longues parenthèses.

Je dirai par exemple : « Voyez la civilisation égyptienne, elle ne se comprend pas sans la conquête du Nil, sans sa domestication patiente, minutieuse qui a exigé beaucoup plus de temps qu'on ne le suppose d'ordinaire. » Je dirai encore : « Il en va de même pour la civilisation mésopotamienne, dont la base géographique n'a été acquise que le jour où l'homme, après des luttes séculaires, a pu vaincre les énormes marécages fluviaux... De même pour la civilisation grecque qui a fait de l'Égée sa base corporelle. Cela ne s'est pas accompli au moment des splendeurs de la civilisation crétoise, de ce premier âge d'or, mais en fait à leur déclin, au moment où le monde mycénien, certes de niveau inférieur, s'est emparé des îles et des golfes, clefs et vigies de l'Égée. Si le monde mycénien, on l'a remarqué sans trop l'expliquer, a une force d'expansion, de rayonnement que le monde crétois avait ignorée, c'est que la mer Égée, alors unifiée, a été conquise par l'homme de la civilisation grecque. »

Et je pourrai conclure, autre façon de dire la même chose : « Le pays grec, malgré toute sa beauté classique, malgré l'émotion pleine d'enseignements qu'il nous prodigue, est effroyablement pauvre. Qui y habite est condamné à en partir. La Grèce est une ruche en perpétuel essaimage. Mais cette diaspora n'a été possible que grâce à la mer, chemin de l'évasion, de l'aventure, de la richesse, porte de sortie obligatoire. Voir la mer, pour un Grec, c'est voir sa patrie. Bien sûr, vous savez bien que je pense avant tout à la mer Égée. » […]

Bref, la simplicité, pensez-y toujours, exige des sacrifices auxquels vous devrez consentir. Il est très important pour enseigner, de renoncer à une multitude de détails. Une leçon ne doit pas, ne peut pas tout dire. C'est une invitation à penser, à réfléchir, une impression à transmettre. Et, pour cela, le professeur a avantage à ne pas rester prisonnier de ses notes [...], à penser devant son auditoire par blocs, par masses ! S'il y a une pédagogie française, son originalité est que la leçon, dans notre enseignement, est tout autre chose qu'une lecture, c'est une pensée qui se cherche, dans une conversation familière, devant un auditoire qu'on ne perd jamais de vue. [...] Cette hésitation dans l'expression de ce qu'on a à construire devant son public, le retour à l'explication déjà donnée dans un travail interrompu et qui reprend dans une simplicité vivante, vous ne pouvez imaginer avec quel dynamisme cela peut toucher vos élèves.

*

Le voyage qu'est votre leçon ne devra pas conduire à des terres mortes. C'est une sorte d'incursion dans la vie passée dans toute son ébullition. L'adolescent qui nous écoute a tendance à préférer le présent à ce passé d'idées abstraites. Faites le vivre dans la réalité de l'histoire, parmi des choses concrètes. Quels que soient vos efforts pour bannir les termes abstraits, il y en aura toujours trop. Ne dites pas la démocratie, mais le peuple. Ne dites pas le Brésil, mais, suivant les cas, les Brésiliens, le gouvernement brésilien. Écartez sans pitié les mots érudits que les enfants aiment, mais qu'ils ne comprennent pas. Peut-être notre mission est-elle de faire entrer la vie dans le tumulte des idées qui provoquent la jeunesse. La vie des choses, la vie des êtres. J'insiste sur la vie des choses. Tout événement que vous aurez à raconter a une place dans l'espace et ne se comprend pas hors de son milieu. Ce sont les arbres, les rochers, les côtes, les fleuves d'un pays qui sont le plus riche témoignage sur son passé ! Et puisque, aujourd'hui, une géographie intelligente nous permet de nous renseigner sur tout cela, ne le négligez pas. Demandez-vous toujours où se sont passés les faits que vous avez à raconter, fixez-les sur le sol : ce ne sera une perte ni de temps ni de travail.

Imaginez qu'en Europe, notre vieille Europe, un historien, s'intéressant aux études pionnières du professeur Taunay, veuille présenter un schéma des *bandeiras*, ces expéditions de découverte qui ont fait le Brésil, lui ont donné tout le volume et l'épaisseur dont s'est construit le pays. Imaginez encore qu'il oublie la scène brésilienne, son immensité fantastique, son interminable rideau de forêts, ses fleuves abondants, ses marécages fiévreux. Aura-t-il présenté une image véridique de cette lutte grandiose contre la distance, contre l'espace, contre les forces hostiles de la nature sauvage ? Et aussi une image vivante des hommes, celle des êtres collectifs comme celle de ces individus d'une race spéciale qu'on appelle les grands hommes ?

Ici [au Brésil], le présent vous répète à chaque instant — vous dont les coordonnées sociales sont tellement différentes des nôtres — la même observation : rien de durable ne se fait sans la coopération d'un groupe social. Toujours il y a, responsable de tout, une impulsion particulière que l'historien doit rechercher pour comprendre. Si les jésuites ont pu tellement créer au Brésil, c'est qu'ils apportaient avec eux une discipline, les idées de base de l'ordre, toujours fécondes sur le plan de la vie. À ces groupes, à ces cellules, consacrez le meilleur de votre attention. Décrivez-les avec précision. Il vous arrivera fréquemment d'aborder des sujets comme les révolutions de 1848 en Europe, cette épidémie de révolutions qui ont proliféré en Allemagne, en Italie et en France, et qui n'ont épargné que les extrémités de l'Europe. La révolution allemande occupe une place importante dans ce groupe. Le premier rôle y revient aux cellules vivantes, curieuses, attractives, des universités, toutes livrées à l'allégresse du savoir. Décrivez les plaisirs, les distractions de ces étudiants romantiques, la magie des clairs de lune, les nuits dans les brasseries, les brimades des « bleus ». Imaginez, comme dans un rêve, ces minuscules mondes universitaires se rendant maîtres de l'Allemagne... Oui, comme si, demain, nous devenions, nous, les maîtres du Brésil. Pauvre Brésil, direz-vous. Mais alors, pauvre Allemagne ! Pendant que ses universitaires, ses rêveurs, ses idéalistes divaguent dans l'ivresse des discours, ou soutiennent des thèses de doctorat, la roue de la fortune tourne avec rapidité et brutalité au parlement de Francfort. Le pouvoir leur échappera. L'avenir répondra à leurs rêves au futur, en les transformant.

Présentez aussi les grands hommes du passé sans craindre de tomber dans l'image d'Épinal. C'est un problème difficile pour l'historien que celui des grands hommes. Ces dernières années, leur cote est à la baisse. Étant donné que c'est aux historiens, rarement des hommes éminents, qu'il appartient de les juger et même de les créer — et que l'on prête volontiers aux autres sa propre stature —, on assiste à une obscure mais constante érosion de l'image du grand homme.

On nous dit que, même dans les sociétés les plus étroites, un mécanisme existe qui fabrique le grand homme. Si le hasard vous jetait dans cet engrenage automatique, vous vous trouveriez, avant même d'y penser, propulsé en ce sommet de la société, d'où les hommes apparaissent tout petits et où vous auriez, vous, une stature colossale. Sacrifiant à l'idée bien française du juste milieu, acceptons que les grands hommes, les super-hommes sont des produits de la société, mais que fréquemment ils pèsent sur elle, la modèlent ou la déforment de leurs fortes mains qui parfois, pas toujours, sont des mains d'aveugles.

Il y a parmi les grands hommes ceux qui n'en ont que l'apparence, mais aussi, je crois, ceux qui le sont dans la réalité des faits. D'où toute une gamme de différences de stature. C'est à leurs œuvres qu'il faut les juger. Il me semblerait déplorable de bannir le grand homme de nos leçons scolaires. Ils offrent des enseignements d'une telle valeur ! À travers eux, l'intelligence en éveil prend conscience de ce qui dépasse le cas individuel, l'humain, le social. Aux côtés des grands hommes, que de magnifiques fenêtres ouvertes sur les profondeurs de la vie !

Mais ce n'est pas ce qui importe pour le moment. Le problème que je formulais, et dont je me suis écarté un instant, est de savoir comment il convient de faire revivre les grands personnages, ou au moins leur ombre. Là-dessus, chacun a sa manière particulière. [...]

Je suis assez satisfait de ma propre méthode, bien que je ne l'emploie que rarement depuis que mes recherches et mes goûts personnels m'éloignent de cette direction. Ma méthode fait une place importante à la collaboration de l'auditoire. De ce point de vue, il y a de bons et de mauvais publics, c'est-à-dire que, selon les circonstances, mon grand homme pourra être vainqueur ou perdant.

Je m'attends en effet, en présentant mon personnage, à ce que celui qui m'écoute cherche dans sa vie, dans ses souvenirs, les coïncidences, les échos qui sont un signe de réflexion, d'intelligence complice avec celui qui parle. Je compte sur cette accumulation d'images pour donner un souffle de vie au personnage que j'essaie de montrer et pouvoir l'abandonner à qui m'écoute comme un être qui ira vivre en dehors de moi, entre mon public et moi-même.

Peut-être me comprendrez-vous mieux dans un instant. En fait, je raconte aussi brièvement que possible la vie du grand homme : il est né en tel lieu, tel jour, a fait ses études, etc. Mais, de temps en temps, j'essaie de le saisir dans un bref moment de sa vie, important et, si possible, dramatique, émouvant. Je le lance alors comme une toupie. Certains signes vous diront si, dans votre auditoire, la toupie tourne ou non. Il y aura toujours sur les visages, en face de vous, quelque indice clair qui dira si votre manœuvre a eu ou non un résultat : un sourire, parfois un rire franc, montrent qu'un auditoire se livre au conférencier. Alors que je parlais un jour du général Lapperine, qui fit la conquête du Sahara et qui mourut en 1921 dans un accident d'aviation, en plein désert, un de mes élèves, de mes bons élèves, tout en m'écoutant, pilotait là, sur son banc, un avion imaginaire. Ma toupie tournait, elle ronflait. Parfois il vaut la peine de la lancer deux ou trois fois de suite, pour le plaisir de la voir tourner de plus en plus fort. [...]

Imaginez que je doive présenter Bismarck, cet authentique grand homme. Je le verrai dans un moment grave de sa vie (choisi intentionnellement parce qu'un de nos philosophes s'en est servi pour fonder son entreprise de démolition des grands hommes), cette journée du 3 juillet 1866, sur le champ de bataille de Sadowa — que les Allemands appellent Kœniggraetz. Bataille terrible, coup de hache décisif sur le chêne de la Maison d'Autriche. Bismarck a voulu cette guerre, il a même réussi à l'imposer, et l'homme n'est pas de ceux qui suivent la guerre, quand ils l'ont voulue, de leur cabinet de travail. Il va donc assister à la bataille à cheval. Or celle-ci commence par un désastre : une des deux armées prussiennes, retardée, n'est pas au rendez-vous. À ce que l'on raconte, Bismarck, désespéré, allume un cigare. Si ces hommes se battent et meurent, c'est par sa faute. Sa décision est prise, il ne survivra pas à la défaite. Quand son cigare s'éteindra, il rejoindra un peloton et trouvera la mort dans une dernière charge de cavalerie. Mais, au vrai, tout cela était-il de sa faute ? Essayons un instant de cerner le rôle de celui qui devait forger l'Allemagne moderne. S'il est là, dit le philosophe en question [Benda], c'est que depuis des siècles, des millions d'Allemands choquent leurs chopes de bière en rêvant à la patrie allemande unifiée. S'il est là, c'est parce que sur l'Allemagne flottent d'innombrables rêves d'unité. Et la remarque me paraît juste. Mais, parmi les rêves qui le poussent à l'action, Bismarck a choisi le sien, celui de sa race, de sa famille, et c'est celui-là qu'il a réalisé, un peu au détriment des autres. Il y a plusieurs Allemagne, comme il y a plusieurs Brésil, et plusieurs France aussi. Trois Allemagne, peut-être, ou au moins deux. L'Allemagne de la grande plaine du Nord, avec ses routes fluviales, ses côtes, ses immenses plages et marécages, là où s'est déroulée la croisade séculaire qui a établi les frontières allemandes aux dépens des terres slaves. À cette Allemagne, restée protestante, une autre s'oppose, qui s'appuie sur le Rhin et le Danube, et qui, imprégnée de latinité, est restée fidèle à Rome, l'Allemagne catholique. Bismarck ne s'est-il pas appuyé sur l'autre, donnant la primauté aux pays des sables et des sapins ? [...]

★

Un dernier conseil à vous donner, même s'il vous paraît plus que simple, ingénu, c'est que le professeur ne doit pas enlever à l'histoire qu'il raconte son intérêt dramatique. Il doit être toujours intéressant. [...] Il y a tant de professeurs d'histoire qui s'acharnent à priver leur enseignement de tout intérêt et qui y parviennent !

Il est clair que, de notre poste de commandement, nous aurons la tâche de présenter le spectacle du passé : comédie, farce ou tragédie. Il ne s'agit pas de monter la pièce en en laissant voir d'emblée tous les fils, comme le professeur qui dirait : « Mes enfants, je viens de vous présenter Cendrillon. N'ayez pas peur, elle se mariera, à cause des belles qualités qu'elle possède, et même avec un prince... » De grâce, ne tuez pas l'histoire, ne détruisez pas l'inquiétude, l'incertitude, l'intérêt de celui qui vous écoute.

Une remarque, peut-être banale, éclairera mon propos. Le professeur d'histoire « désactualise » l'histoire. Bien que le mot ne soit pas français, je crois qu'il traduit bien ma pensée. Vous savez que nous vivons dans une époque pleine d'inquiétude. Vos conversations comme les miennes ont la même résonance. Chaque matin, le journal glissé sous la porte fond sur nous comme une torpille. Autour de nous, le temps tourne avec un fracas qu'il n'eut jamais... Mais, au fond, ce qui nous angoisse — en dépit de la clarté aveuglante de certains problèmes et la justesse de nos calculs, en dépit des paroles historiques qui concluent nos remarques —, c'est que, malgré tout, l'avenir n'apparaît pas entièrement net et visible. Nous le voyons se projeter dans le présent, non en traits lumineux, mais en énormes taches d'ombre. Ombres de montagnes qui s'entrevoient et vers lesquelles nous sentons que nous nous acheminons.

Et dire que, dans cinquante ou cent ans, un historien s'aventurera à présenter l'année 1936 comme une image nette et claire. Je pense pour ma part qu'éliminer ces ombres d'incertitude et de doute du paysage historique, c'est le « désactualiser ».

Vous me comprendrez mieux avec un exemple classique, celui

de la campagne de Russie de 1812, événement qui a l'attrait d'un beau scénario, avec la steppe russe, la neige, le froid et les personnages : l'empereur, la Grande Armée. Bref un sujet fait pour les grandes émotions et qui semble à la portée de tout un chacun. Mais essayons de dire en commençant : « Je vais vous raconter aujourd'hui les péripéties de la campagne de Russie en 1812, la façon dont l'empereur a assisté à la chute de son étoile. Une folie de mégalomane le pousse vers l'immense théâtre russe qu'il ne connaît pas... » Comment voulez-vous que les écoliers s'intéressent à la suite de l'histoire ? [...]

Encore un conseil. Essayez de comprendre la mentalité d'un contemporain. Automatiquement, vous peuplerez le tableau d'ombres mouvantes en transformation, de signes qui matérialisent la marche du temps. Pour raconter 1812, j'essaierais de me mettre à la place de Davout, ou peut-être Murat. [...]

« En 1812, dirais-je pour commencer, Napoléon est sur le point de réaliser son grand rêve, cet idéal de l'Empire romain dont la mémoire le tourmente, ces États-Unis d'Europe dont il parlera plus tard à Las Casas, dans l'île de Sainte-Hélène. Repousser loin de l'Europe, loin de la Méditerranée, la barbarie russe, telle est la tâche qu'il se propose. Tâche immense puisque la Grande Armée est devenue l'Armée des Nations, de plus en plus lourde, et derrière laquelle les lignes de ravitaillement entremêlent des fils très fragiles. Cependant cette armée d'Europe s'organise et, sous la direction de Napoléon, se met en mouvement vers la Russie et l'Asie, en traversant le Niemen. L'empereur connaît bien l'immensité vers laquelle s'avance cette masse d'hommes, dans une invasion cohérente, au rythme des tambours et du clairon. N'oublions pas qu'il avait passé en Pologne l'hiver 1806-1807, de la bataille d'Eylau à Friedland [...]. La Pologne, au point de vue humain, n'est pas la Russie, mais physiquement ses forêts, ses plaines et ses marécages en donnent une idée approximative. Si l'on traverse le Rio Grande en face du triangle mineiro, a-t-on la sensation physique d'avoir abandonné la terre pauliste ? D'une certaine manière, l'élan napoléonien a rompu le mince rideau des troupes russes. Un recul stratégique, dira-t-on plus tard. Au vrai, les premiers craquements d'une défaite... » Mais vaut-il la peine de poursuivre ? Napoléon marche vers son destin comme nous au milieu de nos ombres : le destin, ce fut l'incendie de Moscou, alors que l'empereur avait l'intention d'y passer l'hiver « comme sur un bateau pris par les glaces ». Le destin, ce fut aussi un hiver précoce, beaucoup plus dur que de coutume, l'hiver qui, plus que les cosaques, contraint à la retraite la Grande Armée, la prive de ses chevaux... Mais je ne veux pas me laisser aller à vous raconter une histoire que vous connaissez aussi bien que moi.

II

Laissons cette salle de classe où nous avons passé tant de temps et suivons ce professeur brésilien imaginaire que nous avons pris comme exemple et comme guide. Suivons-le dans sa bibliothèque où il passe ses meilleurs moments intellectuels à apprendre pour son propre compte. C'est là qu'il goûte ce plaisir rare : couper les pages du dernier livre arrivé. Là qu'il lit des jours d'affilée. On lit comme on fume, par une sorte de besoin ou de vice... Et nous restons toujours un élève parmi nos élèves, le meilleur, le plus attentif.

Mais à ce jeu, indispensable d'ailleurs à la vie d'un professeur, notre collègue prend place parmi les historiens, qui sont autre chose que des professeurs d'histoire même si, aujourd'hui, la plupart appartiennent à notre corporation. Dans ce monde de la science comme au théâtre, il y a bien des genres selon les positions. Parce qu'enfin, pour modeste que soit notre goût, il nous classe, nous distingue, nous enrégimente. Je suppose donc chez notre collègue la gentillesse d'avoir les préférences qui sont les miennes, ce qui nous place dans le même groupe.

Pour lui, ce qui compte, ce sont les réalités économiques et sociales. S'il discute avec un ami dans sa bibliothèque, son plaisir est de lui expliquer le rôle de la monnaie divisionnaire dans la vie des pauvres gens dont elle a régi longtemps la situation économique. Il a des idées arrêtées sur le duel entre les Capétiens et les Plantagenêts au sujet de la Normandie. Le Capétien, pour arrondir sa trésorerie, a l'habitude de refondre, c'est-à-dire d'altérer la monnaie, ce qui perturbe grandement la vie quotidienne de ses vassaux. Le roi d'Angleterre — les Anglais du Moyen Âge ont les mêmes idées qu'aujourd'hui — maintient, lui, en circulation une monnaie forte, mais alors c'est à l'impôt qu'il recourt pour alimenter le Trésor public. Qui nous dit que le Normand ne préférait pas être volé sans s'en apercevoir par la dévalorisation monétaire, plutôt que d'être plumé par la voie de l'impôt ? C'est la politique monétaire du Plantagenêt qui lui a fait perdre la Normandie anglaise, conclura-t-il, un peu trop vite peut-être !

Quant à la sociologie, il en fait sans cesse bien qu'il n'aime pas beaucoup le mot et on ne saurait lui parler de sociétés sans qu'il se mette à discourir. Comme si l'on parlait de timbres à un collectionneur, ou de vins au propriétaire d'une cave bien fournie. Notre collègue a dans ses fiches des sociétés de tous les types et de toutes les époques. Voulez-vous une société dure, cohérente, rigidement charpentée ? Voyons sa fiche sur la société française, société de stabilité séculaire, de paysans producteurs de blé et de vins, de bourgeois prudents... Société qui se déplace d'un seul bloc mais qui, à chaque instant, corrige sa marche pour garder l'équilibre. Société enfin conservatrice, pleine de réserves et de prudence. La révolution de 1848 la surprend : une révolution politique de « gauche » et, plus encore, une révolution sociale. Par instinct de conservation, toute la société se jette à droite, mouvement qui, certainement, l'entraîne plus loin qu'elle ne le souhaitait car, une fois l'ordre rétabli, elle va rencontrer la dictature, l'Empire et ses aventures. Quelle personne raisonnable, au fond, cette société française ! Pour s'adapter aux circonstances, aux nécessités de l'heure, elle peut avancer d'un pas, mais attendez un peu, elle ne tardera pas à faire l'autre.

Notre collègue a dans ses fiches des sociétés de tous les types, tous les âges, sociétés en décomposition, sociétés réformées, sociétés explosées, encore que l'expression soit souvent anachronique. Exemple de société explosée, l'Angleterre de 1850. C'est la vieille Angleterre verte de la gentry, des fermiers au visage rubicond, des héritiers de familles opulentes depuis déjà des siècles, des gentlemen farmers qui ont leur banc au premier rang au temple, forment les Communes et les Lords et vendent leur blé aussi cher que possible, de cette noblesse si chère à Ruskin, socialiste féodal, unique en son genre. Cette vieille Angleterre n'est pas touchée par une révolution idéologique à la française, une de ces révolutions plus bruyantes que nocives, mais par une crise de prospérité qui submerge le pays sous le poids de ce luxe de l'ère victorienne, qui ne saurait trouver de défenseur.

Cet enrichissement profite à de nouvelles classes, à de nouvelles régions et une Angleterre noire commence à surgir, rêve cauchemardesque développant sa force d'efficacité, avec un terrible cortège de misère et de laideur, tel celui qui est né de l'impulsion américaine, ressentie dans le monde entier. La société anglaise a été secouée et déchirée jusqu'à ses racines les plus profondes.

Voyons aussi les fiches sociologiques et historiques de notre guide sur le Brésil. Une vieille société en 1880-1890, cohérente dans toute sa structure et d'un caractère très particulier mais sur le point de se dissoudre. Quand, sur l'Atlantique Sud, la voile est remplacée par la vapeur, l'émigration européenne bombarde la vieille société coloniale, comme ces atomes destructeurs dont les physiciens peuvent bombarder la matière et la désintégrer. Sous cette pression offensive, la vieille société cède, ouvre ses mailles, acquiert une fantastique fluidité, sauve l'essentiel : la langue, la religion, et accepte l'alternative de lutter contre la vaste et sauvage nature brésilienne qu'il s'agit de vaincre, contre la forêt, les marécages, la distance. Mais bientôt elle se solidifiera à nouveau, élargie, cohérente, laissant prévoir sa cristallisation par l'apparition, au milieu de la masse liquide, de cristaux déjà formés, chaque jour plus nombreux.

Vous me pardonnerez ce bavardage, cette longue parenthèse dont la responsabilité n'incombe pas vraiment à mon collègue imaginaire.

J'ai recouru aux exemples pour éclairer des explications que je crois importantes. De l'activité historique à l'activité didactique, on passe comme d'un cours d'eau à un autre, et c'est un bien, une nécessité, mais attention : votre tâche pédagogique ne doit pas être orientée par vos préférences scientifiques. J'insiste : notre collègue manquerait à tous ses devoirs s'il parlait à ses élèves de sociétés, de chèques, de prix du blé. L'historiographie a traversé lentement plusieurs phases : elle a été la chronique des princes, l'histoire des batailles, le miroir des faits politiques ; aujourd'hui, grâce à l'effort de pionniers audacieux, elle plonge dans les réalités économiques et sociales du passé. Ces étapes sont comme les marches d'une échelle qui conduit à la vérité. Ne sacrifiez aucune de ces marches quand vous serez en compagnie de vos élèves.

J'aimerais vous convaincre mieux encore. En France, l'historien, quand il enseigne, est aussi géographe. Il a dû ainsi expliquer maintes et maintes fois le mécanisme des marées, par les attractions conjuguées ou opposées du soleil et de la lune. Henri Poincaré appelait notre explication scolaire la « marée du baccalauréat » et il a démontré scientifiquement que cette marée-là serait incapable d'animer les mouvements de la marée réelle. Les savants aujourd'hui prennent en considération les attractions lunaire et solaire, mais ils expliquent le résultat par des phénomènes de résonance. Or j'affirme que ce n'est pas par cette ultime conclusion que doit commencer une explication pédagogique, mais bel et bien par la « marée du baccalauréat ». C'est une manière d'appréhender le problème, d'en aborder certains éléments. Après quoi on démontrera pourquoi l'explication donnée ne répond pas entièrement à la réalité et enfin on présentera la théorie des phénomènes de résonance. On ne détruira pas l'échelle. Ce qui s'établit facilement avec cet exemple océanographique, il ne serait pas difficile de le prouver à propos de l'histoire.

Pour chaque sujet, prenez toujours la longue échelle que la pensée historique a construite avec le temps.

Reprenons l'exemple de Napoléon Ier. Sous prétexte que je n'apprécie pas l'histoire des batailles, est-il possible de le séparer du bruit glorieux de ses campagnes ? C'est ce qui a été fait dans l'*Histoire de France* de Lavisse, avec l'argument superficiel que ses expéditions appartiennent davantage à l'histoire de l'Europe qu'à la nôtre. Imaginez la triste figure de ce Napoléon démoralisé par l'histoire ! Mais faites-lui monter, marche par marche, mon échelle. Histoire du prince : vous la ferez resurgir dans l'histoire des batailles, en lisant des bulletins de la Grande Armée. Histoire politique : vous montrerez comment il a étouffé la liberté de pensée, comment il a tenté de doter le pays d'une administration logique, trop dispendieuse pour ses ressources. Après quoi vous pourrez passer aux réalités économiques et sociales qui me sont chères. Un historien que je n'ai guère connu aimait dire : « Heureusement que Waterloo a été une victoire anglaise ! Le succès de Napoléon était le fruit d'une technique inférieure. Ses soldats étaient des campagnards, la France un pays presque entièrement absorbé par la vie rurale. L'Angleterre, elle, avait déjà commencé son essor industriel. Sachez que l'artillerie anglaise utilisait déjà des bombes explosives. »

De telles considérations, assez discutables, pourraient-elles suffire comme explication de ce chapitre d'histoire napoléonienne ? Dans notre enseignement, ne nous laissons pas entraîner par cet élan qui, dans le domaine de la recherche historique, nous pousse à aller jusqu'aux limites extrêmes de la discussion. En voulant enseigner selon les normes scientifiques les plus modernes, croyez que l'on arrive toujours à de médiocres résultats.

★

Il est possible que j'aie été, de bout en bout de cette laborieuse causerie, trop conservateur. [...]

Pourtant, il y a un domaine où je souhaiterais beaucoup de

démolitions, en tout cas de grandes transformations. Je m'étonne qu'on n'ait pas fait d'efforts, dans le domaine de l'histoire, afin que se forme une pédagogie vraiment brésilienne, au moins par certains de ses aspects, relevant aussi bien du détail que du général. Le détail a sûrement une grande importance puisqu'il touche à la réalité de tous les jours. Dans le voyage historique où vous conduisez vos élèves, n'oubliez pas qu'ils doivent emporter quelques bagages. Vous devez couper les racines qui les attachent à leur vie quotidienne, à leur patrie, à leurs terres rouges, à leurs rues, à leurs villes et aux mille détails de leur vie. Car il est nécessaire de les éloigner de cette réalité ambiante chaque fois qu'elle s'oppose à celle du passé que vous décrivez. Vous vous en servirez, au contraire, chaque fois qu'elle lui ressemble. Technique difficile et délicate, qui revient à regarder le passé du monde par les fenêtres que vous offrent le passé et le présent du Brésil. En fait, on ne peut juger l'histoire du monde qu'à travers l'histoire de son propre pays. Les élèves à qui vous décrivez le XIIIe siècle européen, pourquoi ne pas les conduire par l'imagination jusqu'à vos zones vierges où l'homme n'a pas encore terminé sa lutte contre la forêt, contre la terre hostile, et où surgissent des « villes neuves », géométriques ? Du spectacle de ce Moyen Âge moderne, peuplé d'automobiles, de routes et de rails, il n'est pas difficile de glisser vers le Moyen Âge classique, où l'homme a ouvert des clairières dans les forêts et asséché les marécages. Dans l'un et l'autre cas, n'y a-t-il pas la rencontre, comme à l'aube de l'histoire, de l'homme et de la nature qui lui est encore inconnue ? Même si dans ce long intervalle, l'homme est devenu plus fort, détail d'une importance indiscutable.

Je crois qu'il serait bon, dix fois pour une, parlant de la Grèce, d'introduire des réflexions de ce genre : l'Attique est si petite que vous ne pourriez placer dans l'une de ses plaines une ville comme São Paulo ; Mégare qui a les dimensions de l'Instituto de Educação… ; ou bien : la taille de notre salle est à peu près celle d'une place publique grecque, avec ses boutiques pittoresques installées souvent à l'air libre. Et encore : le pays grec, exactement à l'opposé de la terre brésilienne, est fait de la somme de trois éléments : la mer, la montagne et le ciel, la mer sombre, bleue, ou « noire comme le vin », le ciel limpide et sans nuages, la montagne chauve, nue, blanche, grise ou mauve. Ici, au contraire, la montagne a un manteau végétal opulent, le ciel est couvert de nuages où le soleil d'ordinaire met des reflets spectaculaires et l'océan est d'un vert clair ou d'un bleu pâle. Les eupatrides de la plaine attique, dirais-je dans hésitation, ressemblent à vos *fazendeiros*, mais ils sont les maîtres de familles nombreuses et de petits domaines, d'oliviers, de vignes et de quelques chevaux.

Sur le plan général, vos programmes d'histoire, qui sont aussi bons que d'autres, me paraissent peut-être un peu trop chargés d'Europe. Ne pourrait-on, qui sait, les ajuster un peu en fonction d'une grande idée à laquelle je donne de l'importance ? Il vaut toujours la peine de s'élever à une idée générale, disait un de mes amis, même s'il y faut dix heures de travail.

Le Brésil est une Europe, au sens qu'il importe de donner à ce vieux mot : car il y a dans le monde cinq ou six Europe. Si l'on écarte l'Europe australienne, la Nouvelle-Zélande, les Europe africaines, il y a au moins trois Europe : la vieille Europe dont les limites à l'est seraient à fixer ; l'Europe nord-américaine, anglo-saxonne, que j'estime et admire, et qui est en voie de cristallisation et enfin l'Europe sud-américaine, qui est plus et moins que l'Amérique latine, plus et moins que l'Amérique du Sud, plus et moins que le Brésil. Toute la sève pauliste vient de cette Europe-là, la plus jeune des trois, la plus riche d'avenir. Misez sur elle, vous n'aurez pas à vous en repentir.

Or, ces trois Europe, la vieille, la jeune, la juvénile, vous voyez qu'elles sont toutes sur les rives atlantiques. L'européanisation de l'Atlantique, c'est le grand fait de l'histoire moderne, devenu plus tangible avec les XIXe et XXe siècles. Dans un avenir très lointain encore, quand ce qui est aujourd'hui le futur sera révolu et aura produit ses fruits, ce que je viens de dire paraîtra vérité aussi évidente et simple que les affirmations habituelles sur la Méditerranée, ce « fleuve marin ». Alors pourquoi ne pas dire l'Atlantique, cette « mer océane », pour parler de cette Méditerranée moderne qui nous unit et où s'inscrit le destin de notre triple et une civilisation ?

L'enseignant ne doit pas hésiter devant des formules qui pêchent parfois par quelque grandiosité. Et donc, avec un peu d'humour, permettez-moi de vous demander de réserver dans vos programmes une place au *mare nostrum*, je veux dire l'Atlantique.

CHAPITRE II

LES SCIENCES SOCIALES EN FRANCE, UN BILAN, UN PROGRAMME*

Ce texte est extrait du rapport présenté au gouvernement en juin 1957, par M. Henri Longchambon, président du Conseil de la Recherche scientifique et du Progrès technique, qui avait confié à Fernand Braudel le soin de juger de l'état des sciences humaines en France, lui-même se réservant le secteur scientifique.

Nous englobons dans cette étude sous le vocable sciences humaines les disciplines traditionnelles : philosophie, philologie, langues classiques, langues étrangères, littérature, histoire, géographie — nous y sommes assez brillants — et les sciences sociales nouvelles : économie politique, sociologie, ethnographie, psychologie sociale, biométrie, démographie, etc., et là nous ne sommes pas aussi fiers de nous. Or, ces sciences neuves ou relativement neuves, vivent sans doute ; disons plutôt qu'elles subsistent, malgré les barrages et les asphyxies que signifie pour elles un enseignement qui les prévoit mal et les alimente plus mal encore, alors qu'elles répondent, comme les sciences exactes, à des besoins nationaux grandissants et exigeants. L'activité générale du pays, publique et privée, réclame, de plus en plus, des économistes mathématiciens, des statisticiens, des spécialistes de recherche opérationnelle, des techniciens de psychologie industrielle, voire de psychologie militaire, des cartographes (la carte est devenue un langage), des ethnographes. La prolifération de ces sciences nouvelles dans les facultés des Lettres et de Droit ressemble au bourgeonnement des spécialisations nouvelles dans les facultés des sciences, avec les mêmes inconvénients, erreurs et désordres, non du fait d'initiatives individuelles qui ont, au contraire, sauvé, plus d'une fois, ce qui pouvait être sauvé, mais en raison du manque total de planification à l'étage supérieur.

---

* *Annales E.S.C.*, 1958, n° 1, pp. 94-109. Texte publié sous la signature de H. Longchambon.

L'ampleur des mesures à prendre dans le domaine des sciences sociales n'est donc pas moindre que dans celui des sciences exactes, ni par ses répercussions sur des habitudes anciennes, ni par sa portée pour la vie intellectuelle et économique de la Nation : mais le problème est à reprendre à partir d'une réforme des structures. Le présent exposé fixera, dans une première partie, l'état actuel des sciences humaines, vu à l'échelon essentiel de la recherche ; dans une seconde partie, il indiquera les mesures, réformes et créations, raisonnables et urgentes.

I. Le bilan

Les sciences humaines, au sens large, disposent d'un nombreux personnel de professeurs, chercheurs et étudiants. Les professeurs des facultés de Droit et des Lettres sont au nombre de 403 pour le droit (dont 110 économistes) et 671 pour les lettres, soit 1 174 au total, contre 2 615 cadres scientifiques [1] (sciences, médecine, pharmacie). Entre lettres et sciences, le rapport est donc de 1 à 2,5, à l'étage des enseignants. Pour les chercheurs au C.N.R.S., contre 2 100 scientifiques, il faut compter 694 chercheurs en sciences humaines (soit un rapport de 1 à 3). Le rapport s'élève en faveur des lettres si l'on compare les populations d'étudiants universitaires : pour les littéraires [2], 81 818 (soit 53 % du total) contre 73 370 scientifiques.

Au chapitre des crédits, investissements, salaires, etc., le rapport pour l'enseignement supérieur n'est pas commandé par les seuls effectifs. En effet, les crédits sont bien supérieurs pour les scientifiques, en raison des frais beaucoup plus considérables qu'entraînent leurs laboratoires et leurs recherches. L'examen du budget du C.N.R.S. permet de constater que le rapport des crédits entre les deux catégories est de 1 à 4, les sciences humaines, avec 1,2 milliard, obtenant 25 % de l'ensemble des fonds distribués. Peut-être, à l'étage du présent rapport, pourrait-on considérer comme raisonnable cette proportion de 1 à 4. En tout cas, d'après un calcul rapide qui n'a que la prétention de fixer un ordre de grandeur, il semble que les ressources dont disposent les sciences humaines, au niveau de l'enseignement supérieur et de la recherche, se situent aux environs de 4 à 5 milliards, si l'on néglige les sommes, insignifiantes d'ailleurs, qu'elles peuvent recevoir en dehors du budget de l'Éducation nationale.

Gardons-nous de trouver ces dépenses excessives : même dans le cadre souhaitable et nécessaire d'un changement dans les proportions entre effectifs littéraires et effectifs scientifiques, l'augmentation générale, fort importante, des effectifs des étudiants, demandera une augmentation certaine, en chiffres absolus, du nombre des professeurs de lettres, et dans les secteurs les plus progressifs, une augmentation considérable si l'on veut compenser d'évidents retards. Ceci pour l'enseignement supérieur. Quant aux crédits de recherche, ils sont à augmenter, eux aussi, bien que cette augmentation, considérable dans ses effets, doive se situer à un niveau qui paraîtra très modeste, en face des demandes du secteur « scientifique ». Mais cet effort limité doit être fait : sacrifier purement et simplement la recherche des secteurs littéraires serait une énorme faute. Tout d'abord parce qu'il faut conserver à l'une des valeurs traditionnelles, originales, de notre civilisation, son sens et son poids : elle est un des gages de l'influence française dans le monde. Mais surtout, il n'y a pas entre lettres et sciences la démarcation si nette qu'on imagine parfois. Quand il s'agit de la vie réelle du pays, chaque problème se complique dans des directions les plus diverses, et sa solution pose des questions à la fois techniques, économiques, sociales, culturelles. Notre problème essentiel, aujourd'hui, est le problème technique. Mais si nous le développons aveuglément aux dépens des autres, nous nous apercevrons que l'édifice s'est mis à pencher d'un autre côté. La crise actuelle des sciences sociales, aux États-Unis (pour prendre ce seul exemple), les préoccupations qu'elle entraîne au niveau non seulement des recherches, mais à l'échelle gouvernementale, devraient suffire à nous rendre sages sur ce point : il y a un équilibre à sauvegarder.

Les problèmes qui se posent aux sciences humaines ne se comprennent qu'à condition de distinguer entre les différentes sciences. Certaines sont nées hier seulement, d'autres naîtront demain, tandis que quelques autres sont, par contre, très anciennes, l'ancienneté étant, ici, très payante.

Les sciences philologiques, approximativement depuis 1870 jusqu'à la première guerre mondiale, ont eu ainsi une chance et une vogue exceptionnelles dont les conséquences se font sentir aujourd'hui encore. L'histoire et la géographie n'auraient pas leur importance numérique sans des conquêtes anciennes et le débouché considérable que leur assurent les enseignements secondaire, technique et primaire qui ne favorisent pas au même degré la sociologie, de naissance récente, et laissent entièrement de côté l'ethnographie ou l'économie politique, celle-ci présente dans les seules facultés de Droit. « Ce qui nous manque, dit un économiste, c'est le recrutement de l'enseignement secondaire », énorme réserve, si l'on peut dire, de chercheurs qualifiés, pour le moins de chercheurs en puissance.

Mais, quel que soit leur âge (ou leur réussite), toutes les sciences humaines sont des « carrefours » ou, si l'on préfère, des points de vue divers sur le même ensemble de réalités sociales et humaines. Par suite, au gré de la conjoncture intellectuelle, il y a eu et il doit y avoir des phases de rapprochement et des phases de ségrégation des diverses sciences humaines. Les phases de ségrégation, où chacun, s'enfonçant dans son domaine particulier, le défend contre le voisin, correspondent à la naissance de nouvelles sciences, c'est-à-dire de nouvelles méthodes ou de nouveaux points de vue : la démographie, la sociologie, l'ethnographie, pour citer les exemples les plus récents. Les phases de rapprochement permettent aux sciences déjà en place de s'assimiler ces résultats nouveaux. Ainsi se sont développées l'histoire économique et sociale ou la psychologie sociale. Aujourd'hui, après le développement assez désordonné de plusieurs sciences nouvelles, un rapprochement global s'impose, entendez une mise en commun de tout l'acquis et un dépassement systématique des positions anciennes.

Pour la clarté de la discussion, essayons cependant de diviser les sciences humaines en différents secteurs, le problème étant de classer les disciplines en fonction d'une politique de modernisation scientifique, selon les possibilités, infériorités et supériorités françaises : personne ne nie qu'il y ait des sciences humaines « sous-développées » par rapport à des disciplines mieux pourvues, et aussi des activités plus urgentes et plus payantes que d'autres à l'échelle des besoins de la nation. Quatre catégories, ou plutôt quatre problèmes généraux, peuvent être distingués :

I. Les recherches traditionnelles (sciences philosophiques, linguistiques, études littéraires, sciences historiques et géographiques, juridiques). En bref, les activités essentielles des facultés de Droit et des Lettres. Sur le plan international, ces activités représentent, sans contestation possible, les réussites les plus évidentes de la pensée française.

En ce domaine brillant, le rapport n'a pas à prévoir de mesures d'urgence. Il suffira de maintenir, de laisser à sa pente un développement naturel et qui est excellent. Les demandes très sages des facultés des Lettres représenteraient une croissance de l'ordre de 12 %, d'après les vœux de la faculté des Lettres de Paris. Certains cas urgents devraient être traités de façon prioritaire, ainsi la création de centres sur le modèle de l'Institut des Textes Français. De même s'imposent la modernisation des moyens de travail, un outillage nouveau dans l'enseignement des langues vivantes. Mais, à l'échelle du plan, ce sont de petites et faciles réalisations.

II. Les sciences sociales. Encore en voie de formation, elles comprennent, dans l'ordre d'importance décroissante de leurs besoins immédiats : l'économie politique ; la psychologie sociale, au sens le plus large (psychologie industrielle, psycho-biométrie, démographie) ; l'ethnographie avec toutes ses subdivisions et applications ; la sociologie, en entendant par là, avant tout, l'enquête sociale sur le terrain ; la recherche opérationnelle enfin, c'est-à-dire l'entrée en scène, dans notre domaine « littéraire », des mathématiques — assurément le plus gros événement de ces vingt dernières années. Si ces tentatives des mathématiciens viennent en fin de liste, ce n'est pas en raison de leur faible intérêt, mais des crédits modestes qu'elles réclament. Sur le plan intellectuel, elles sont d'une importance capitale. Si l'économie est aujourd'hui la science sociale motrice, c'est que, plus qu'une autre, elle s'est prêtée à une mathématisation précoce de ses méthodes.

Toutes ces activités nouvelles sont à développer, et d'ensemble. Elles sont suscitées par les demandes et les nécessités de la vie présente, nécessités ressenties par toutes les grandes nations du monde. Un des retards essentiels de la France vient du sous-développement évident de ces activités clés. Tous les ans, 3 000 milliards sont investis dans notre pays par les différentes entreprises nationales et privées. Or, ces investissements ne sont pas faits à la suite d'études et de vigilances scientifiques suffisantes, de l'avis des responsables eux-mêmes. D'où des gaspillages, des erreurs d'aiguillage coûteuses. De telles études ne coûtent cher qu'à l'échelle de nos budgets de recherche. Mais, ici comme ailleurs, la parcimonie publique n'est pas payante. Tel centre d'études économiques (celui de la VIe Section des Hautes Études) a entrepris l'étude des régions françaises sous-développées. Coût de l'enquête : deux millions environ par département. Crédits : dix millions, soit cinq départements par an. À ce rythme, l'achèvement de l'enquête demandera une vingtaine d'années. À ce moment, la première partie en sera largement périmée : nous n'aurons donc jamais, à moins d'y mettre bon ordre, une vue complète de l'économie des régions françaises. Faut-il signaler l'intérêt et l'urgence des études de psychologie industrielle ? Ou encore l'urgence des réclamations de la Défense nationale, formulées tant de fois (sociologie et psychologie militaires) ?

III. Les études sur le monde actuel. Un des rôles essentiels des sciences humaines est la difficile prospection du monde actuel. Sa reconnaissance n'est possible que par la collaboration des différentes disciplines qui, à cet effet, doivent se soumettre à une orchestration entièrement nouvelle. Leur efficacité est au prix d'une collaboration aussi large que possible, entre les sciences politiques (insuffisamment développées chez nous), économiques, linguistiques, géographiques, historiques, sociologiques, ethnographiques. Ce n'est pas un spécialiste, mais un groupe de spécialistes qui est seul capable d'étudier tel ou tel des problèmes que pose la Russie ou la Chine actuelle.

Que la méthode soit bonne, on le voit assez bien avec la mise en place aux États-Unis de coûteuses opérations d'*area studies*. Cette méthode a été appliquée chez nous, il y a plus de vingt-cinq ans, par le Haut Comité Méditerranéen créé en 1935. Qui se rapportera aux papiers et études de ce centre, cependant peu fourni en moyens et en personnel, s'apercevra avec étonnement qu'ont été signalés alors inutilement, mais avec force, tous les problèmes africains qui ont surpris de nos jours la politique française.

En ce domaine, rien ne sera fait sans d'actives collaborations et d'assez grosses dépenses. Le directeur général de l'Enseignement supérieur a créé des études du type *area studies* sur les grands espaces politiques et culturels du monde, dans le cadre de la VIe Section. Ces entreprises sont à poursuivre, à reprendre, à étendre ensuite. Elles doivent s'assortir de mesures en chaîne : le recteur Sarrailh recommande ainsi la création d'une École française d'Amérique latine à Mexico (six pensionnaires). Cette médiocre dépense vaudrait plus pour notre influence réelle en Amérique et notre connaissance d'un continent en voie rapide d'expansion, que les voyages coûteux, inconsidérés, parfois malfaisants, de tant de conférenciers.

IV. Le regroupement des sciences humaines. Les études des espaces politiques obligent à un regroupement de différentes disciplines, regroupement pragmatique, incomplet, mais qui permet, mieux qu'un long raisonnement, de saisir la portée de l'enjeu central : le regroupement systématique des sciences sociales.

Ces différentes sciences sociales apparaissent à leurs usagers comme de simples instruments. Il faut les utiliser, certes, mais ensuite les dépasser, les soumettre à une problématique nouvelle, à une unité provisoire, d'où repartira la divergence de l'avenir. Le pays qui gagnera cette partie prendra la tête des recherches internationales.

Malgré les apparences et nos retards évidents, nous sommes, en France, aptes à prendre cette avance. Soutenus par une armée de sociologues, de spécialistes de *political science*, disposant de tous les moyens matériels et humains pour mener d'excellentes enquêtes, les chercheurs américains sont déçus par les résultats de cet effort qui, de l'extérieur, paraît magnifique. Ce qui a manqué et manquera longtemps à leurs expériences, centrées sur l'étude de l'instantané, c'est le concours de géographes, d'historiens, de philosophes valables. Il y a eu aux États-Unis négligence de trois points de vue essentiels : la philosophie apportant les conditions indispensables d'une construction logique : l'histoire (dans ses tendances nouvelles, peu goûtées aux États-Unis) introduisant la notion des mouvements profonds et de longue durée, éléments de toute explication sociale ; la géographie, substituant une notion vivante à celle, trop schématique, d'enveloppe écologique. Or, ces compléments chez nous sont à portée de main. Malheureusement, si nous avons tous les éléments, et notamment la qualité des esprits, nous nous heurtons à l'autoritarisme des institutions qui s'opposent à toute refonte, à tout regroupement réel.

Parmi les *institutions* existantes, distinguons sommairement :
a) *Les institutions traditionnelles d'enseignement.* Elles comportent les dix-sept facultés des Sciences, les dix-sept facultés des Lettres, les dix-sept facultés de Droit ; elles se partagent, en le morcelant, le domaine des sciences humaines[3].

Les facultés des Sciences comportent des enseignements de géographie physique ; elles offrent les multiples implications des sciences naturelles toujours précieuses pour les vrais problèmes de l'homme, et, dans le domaine des mathématiques, ces formes conquérantes, la recherche opérationnelle, la statistique, utilisée par tous les jeunes savants des sciences sociales, sans qu'on leur en ait enseigné les principes au cours de leurs études.

Quant aux facultés de Droit, une ancienne association y réunit les études juridiques et l'enseignement de l'économie politique. Un très gros effort a été fait en faveur des sciences économiques ; il s'est accentué lors de la dernière réforme des études, en 1954, œuvre des facultés elles-mêmes.

Les facultés des Lettres recueillent donc toutes les autres sciences humaines, anciennes et nouvelles. Leur diversité peut se juger d'après le projet de la faculté des Lettres de Paris, qui distinguait, pour le doctorat de recherches, une soixantaine de spécialités.

Dans le cadre des facultés, la recherche a sa large place. En ce qui concerne les thèses de doctorat, essentielles pour les lettres, une concentration s'opère en faveur de l'université de Paris. Mais la tâche la plus lourde des facultés reste la préparation aux examens et concours. La progression du nombre des étudiants, l'allongement des études, la multiplication des chaires, ont donné aux facultés une place considérablement accrue dans l'ensemble institutionnel, mais leurs tâches élémentaires se sont alourdies d'autant. Il est douteux que cette évolution se renverse. Aussi bien, à moins de créer un régime « d'année sabbatique », beaucoup de professeurs — et parmi les plus consciencieux — seront-ils soustraits à la recherche originale. La pensée française, à son plus haut niveau, n'y gagnera rien.

b) *Les institutions traditionnelles, en dehors des cadres réguliers d'enseignement.* Elles aussi ont eu, de tout temps, mission de compléter et suppléer l'enseignement des facultés. À ce rôle peuvent prétendre, à Paris, le Collège de France, le Conservatoire des Arts et Métiers, les IIIe, IVe, V^e, VIe, Sections de l'École des Hautes Études, l'École des Chartes, l'École des Langues Orientales. Ce fut, longtemps aussi, la mission de l'École libre des Sciences politiques. Cette dernière, « nationalisée » en 1945, a donné naissance à huit Instituts d'études politiques (Paris, Aix, Lyon, Bordeaux, Grenoble, Strasbourg, Toulouse, Alger) qui, en fait, assurent la préparation à l'École Nationale d'Administration. À Paris, la Fondation Nationale des Sciences Politiques consacre une partie de ses efforts à la recherche pure, surtout en matière de sciences politiques, où sa primauté est évidente.

Certaines de ces institutions se sont tournées vers la recherche et l'enseignement hautement spécialisé, notamment le Collège de France et l'École des Hautes Études. Toutes apportent, dans le domaine des sciences humaines, une contribution de qualité inappréciable pour la formation des chercheurs, et leur enseignement serait plus fructueux encore s'il était mieux adapté à l'ensemble des règles de la vie universitaire. De toute évidence, ces institutions ne sont pas employées à plein par la vie française : leur recrutement en étudiants nationaux souffre du fait qu'elles ne dispensent pas les grades universitaires normaux. La preuve de leur efficacité est leur immense succès auprès des étudiants étrangers.

c) *Les institutions neuves*. Sous cette rubrique, prennent place une cinquantaine d'institutions, entre Paris et la province. La grosse majorité en est constituée par des Instituts d'université ou de faculté, généralement dotés de faibles moyens. Ils sont rarement de vrais centres de recherche, malgré les exceptions qui confirment la règle. Il sera nécessaire pour les aider à vivre et les perfectionner, d'examiner de près chaque cas particulier, et, probablement, de procéder à des élagages et à des regroupements. Mais, pour plusieurs d'entre eux, il ne s'agit que d'institutions d'enseignement à l'arrière-plan des nécessités majeures de la recherche.

Par contre, la recherche est directement intéressée, dans le domaine des sciences sociales, par une douzaine d'organismes parisiens, de création et d'obédience très diverses. Nous retenons, sur cette liste étroite :

— 5 centres économiques : I.N.S.E.E. (Institut National de la Statistique et des Études Économiques), Service des enquêtes et études financières du ministère des Finances, I.S.E.A. (Institut de Science Économique Appliquée), Centre d'études économiques (de la VIe Section des Hautes Études), Service d'études de l'activité économique et de la situation sociale (Fondation Nationale des Sciences Politiques) ;

— 1 centre de recherches historiques (histoire nombrée économique et sociale) dépendant de la VIe Section des Hautes Études ;

— 3 centres s'occupant du monde actuel : Centre d'études de politique étrangère, Groupe d'études sur le monde actuel (Chine, Inde, Islam, Afrique Noire, Russie), dépendant de la VIe Section ; Centre d'études des relations internationales (Fondation des Sciences Politiques) ;

— 7 centres d'études sociales ou de recherches sur l'homme : Centre d'études sociologiques du C.N.R.S., Laboratoire de psychologie sociale de la faculté des Lettres, Institut des sciences sociales du travail, Institut national d'orientation professionnelle, Laboratoire de biométrie du C.N.R.S., Centre d'études scientifiques de l'homme, Laboratoire de psychologie expérimentale et de psychologie de l'enfant de la IIIe Section des Hautes Études ;

— 1 centre polyvalent et de synthèse : l'Institut national d'études démographiques ;
— 2 centres de documentation : celui de la Fondation Nationale des Sciences Politiques et celui de la Présidence du Conseil.

Cette situation présente de nombreux inconvénients :
1. *L'enseignement des facultés.* Dans les facultés, les sciences humaines classiques trouvent une large place : les déficiences, dans ce cas, proviennent surtout de l'augmentation trop rapide des effectifs des étudiants. Mais les sciences humaines nouvelles, que devrait favoriser leur évidente utilité, y occupent des places étroites, souvent inefficaces.

Cette insuffisance est d'abord quantitative. Ainsi, les dix-sept facultés des Lettres ne comportent que trois chaires d'histoire économique, dont deux à Paris ; trois chaires d'ethnologie (Paris, Lyon, Bordeaux) ; aucune ne possède de chaire de démographie. Le nombre des chaires de sociologie est déjà insuffisant (4 pour toute la France) si l'on considère la sociologie comme un complément de formation pour les philosophes, mais dérisoire si, à l'inverse, on pense à la seule formation de sociologues, intéressés à toutes les sciences sociales et pour qui, au contraire, la philosophie, la psychologie seraient un simple additif. Nous en dirons autant de la chaire de statistique de la faculté des Sciences. Bref, artificiellement attachées à des facultés qui n'ont pas été conçues pour elles, les sciences humaines nouvelles sont traitées en parent pauvre ; elles ne disposent ni d'un enseignement suffisant, ni de la dignité scolaire qui leur assurerait un plus large public (il n'y a pas de licences de sociologie [4], d'ethnographie). Elles n'ont même pas l'espace matériel nécessaire, n'ayant pu trouver, à l'intérieur de facultés qui éclatent elles-mêmes dans des locaux trop étroits, les laboratoires sans quoi leur mise en place est illusoire.

D'autre part, l'enseignement de ces sciences souffre qualitativement de ne pas être constitué et pensé comme un ensemble. Leur partage n'est pas le moins du monde logique : il s'explique seulement par les hasards de l'évolution institutionnelle qui ont raccroché les sciences sociales au fur et à mesure de leur formation, tantôt à une faculté, tantôt à une autre. Ces mariages ont peut-être été fructueux à l'origine, comme tous les rapprochements de disciplines, mais aujourd'hui l'ensemble des sciences sociales est devenu une réalité intellectuelle qui s'accommode mal de ces fragmentations. Leur enseignement en France en est frappé d'une certaine stérilité, même lorsqu'il est relativement large (c'est le cas de l'économie politique qui, dans les facultés de Droit, comporte 110 chaires sur un total de 478) : il est excellent que le juriste soit économiste et l'économiste juriste, mais non que l'étude de l'économie soit strictement séparée des études de statistique sociale, d'histoire économique, de géographie, de sociologie, de psychologie sociale, ou de la formation de nos ingénieurs. Autres exemples : est-il admissible qu'un historien qui se destine à l'histoire économique ne puisse, à la Sorbonne, prendre pour ainsi dire aucun contact avec les mathématiques économiques, la statistique, la démographie : que la sociologie soit prisonnière de la philosophie, mais ne soit associée à aucun cours de statistique (et de statistique repensée pour elle, comme un outil propre à la sociologie) ou à l'économie ?

Ce problème de structure est assurément très grave. Il est indispensable de le poser avec force si l'on veut éviter des solutions boiteuses qui risquent de l'aggraver encore et de le rendre impossible à résoudre : par exemple l'idée lancée d'une « licence des sciences sociales » qui associerait un certificat d'économie, obtenu à la faculté de Droit, à des certificats obtenus aux lettres. Il faudrait s'adresser aussi aux ressources, signalées ci-dessus, de la faculté des Sciences. Songeons à la difficulté pratique, pour un étudiant, de partager son temps entre trois facultés, à la difficulté de répartir les heures de cours, etc. Le système ne permettrait guère les multiples options que devrait comporter une vraie licence de sciences sociales, suivant les divers objectifs des étudiants et le rôle, intellectuel ou pratique, qu'ils seront appelés à jouer plus tard. En fait, la forme même des facultés de Droit et des Lettres ne correspond pas aux nécessités des sciences sociales, qui ont besoin d'une formation technique très précise, d'exercices pratiques nombreux, de laboratoires (cartographie, mécanographie, etc.) et de petit personnel semi-qualifié — toutes possibilités que fournit parcimonieusement, ou pas du tout, l'enseignement traditionnel. Elles ont besoin aussi, certainement, d'une organisation interne entièrement différente, beaucoup plus souple que le système actuel des licences et agrégations, si elles veulent répondre à tous les besoins du pays.

2. *L'utilisation insuffisante des institutions de complément.*
L'insuffisance de l'enseignement traditionnel des facultés en ce qui concerne les nouvelles sciences humaines a provoqué, nous l'avons dit, des efforts accrus des institutions « de complément ». Pour la recherche, il est évident que certaines de ces institutions sont puissantes, capables d'utiliser leurs crédits et de répondre à

des appels qui leur seraient adressés. Par la formation désintéressée qu'elles dispensent à des équipes de chercheurs, par leurs travaux de recherche et leurs publications, elles sont en train de prendre une place considérable dans la vie intellectuelle du pays.

Mais il est hors de doute que, dans l'enseignement, leur place se réduit à la formation d'un nombre trop restreint de chercheurs hautement qualifiés. La croissance considérable des facultés rend vain tout projet de rééquilibrer leur action par des solutions qui leur seraient extérieures. Les facultés ne s'y prêteraient pas de bonne grâce. Elles sont investies du monopole de la collation des grades et contrôlent en fait tous les recrutements normaux.

3. *L'insuffisance des effectifs de chercheurs et de techniciens.* Il nous manque d'abord les techniciens, adaptés aux diverses tâches sociales qu'exige la structure d'un État moderne : techniciens économiques pour les grandes tâches gouvernementales, pour les industries nationales et privées ; techniciens sociaux que réclament la Santé publique, la Sécurité sociale, l'organisation industrielle, la conduite même de l'Armée. Nous manquons de spécialistes les plus divers pour la conduite des enquêtes à buts multiples, aujourd'hui nécessaires, soit dans la métropole, soit dans les territoires d'outre-mer. Qui formera la quarantaine de spécialistes que réclame, dans des branches assez diverses, l'Office de Recherche Scientifique des Territoires d'Outre-Mer (O.R.S.T.O.M.) ? Qui donnera aux fonctionnaires destinés à l'étranger (demande du ministère des Affaires étrangères) les différentes formations techniques adaptées au lieu même de leur emploi ? Qui formera les « ingénieurs sociaux » réclamés de tous les côtés ?

Si les facultés, et plus généralement l'Université, ne font pas l'effort nécessaire, le résultat sera, pour de multiples secteurs, de dévaloriser les titres universitaires inadaptés. S'il n'y a pas assez de techniciens qualifiés pour assurer les tâches sociales essentielles, il y a aussi insuffisance des chercheurs, tant en qualité qu'en quantité. Il ne saurait être question d'attendre que la lente accumulation des acquisitions d'une ou deux générations nous apporte les chercheurs et professeurs qui nous manquent. Il est vrai qu'un enseignement est parfait seulement quand vingt années au moins se sont écoulées entre la découverte d'une vérité ou d'une méthode et son enseignement, mais le fait est exact seulement pour une vérité que doit s'assimiler la culture générale. C'est assurément plus discutable s'il s'agit de techniques à la base de certaines recherches, les techniques vieillissant vite de nos jours. En tout cas, nous ne pouvons, étant donné notre retard, nous offrir le luxe d'attendre encore...

II. *Le programme*

Les propositions et réformes, que nous allons mettre en avant, se justifient d'elles-mêmes, ou illustrent les critiques et remarques des pages précédentes.

Les sciences humaines ont un besoin urgent de locaux. Être logé ou ne pas être, dirons-nous, qu'il s'agisse de l'enseignement ou de la recherche. Tout programme raisonnable doit commencer par des constructions. Elles ont un besoin non moins urgent de personnel, directeurs et maîtres de recherche, aides techniques. Il importerait de payer convenablement ces intellectuels, de ne pas compter sur la polyvalence des enseignants qui ont déjà beaucoup à faire dans leur tâche particulière. Mieux payer les chercheurs n'aboutira pas à une augmentation proportionnelle des dépenses : le personnel recruté sera meilleur, son travail mieux et plus rapidement fait.

I. Développement de ce qui est en place. Toute une partie raisonnable du plan doit concerner le développement naturel des institutions existantes : créations de chaires, de directions, de postes d'assistants, de chefs de laboratoire (ces dernières, capitales). Peut-être faut-il insister sur ces créations de postes mineurs, en souhaitant qu'ils soient décents. Inscrivons aussi sous cette rubrique le troisième cycle, dont la création est envisagée pour les lettres et qui doit être réalisé de façon harmonieuse. Inscrivons également les Instituts et « Centres », dont les universités réclament la création ou le renforcement, ainsi que la consolidation des centres de recherche qui existent en dehors des facultés, ainsi à l'École des Hautes Études ou à la Fondation des Sciences Politiques.

En règle générale, il est plus « payant » de faire un gros centre de recherches que trois ou quatre petits. Les vingt ou trente instituts demandés par les universités, généralement conçus pour le service d'un seul professeur, présentent un danger : celui de la facilité et de l'inefficacité. Préférons-leur des équipes de plusieurs professeurs, qui se verraient attribuer l'ensemble des crédits qu'on aurait donnés à chacun d'entre eux, pour l'établissement de programmes communs et plus amples.

L'éparpillement de multiples petites entreprises dans chaque université apparaît moins souhaitable que la formation dans chacune d'elles d'une ou deux institutions puissantes, axées sur une particularité ou des traditions régionales. De ce point de vue, peu d'entreprises sont plus dignes d'intérêt que l'Institut de géographie de l'université de Bordeaux, qui a centré ses recherches sur les pays tropicaux d'Afrique et d'Amérique latine et groupe certains des meilleurs géographes de l'École française. De même le Centre de recherches historiques de Rennes, qui a entrepris le dépouillement et le regroupement de toutes les sources archivistiques concernant la Bretagne et dont l'activité exemplaire est un des éléments de la prospérité de l'université de Rennes ; ou encore le Centre économique et social de l'université d'Alger.

II. Formation accélérée. Un chapitre particulier doit être consacré à la formation accélérée des chercheurs. Elle s'affirme indispensable dans le secteur de grande consommation qu'est l'économie politique. Il serait d'un extrême intérêt d'organiser un « enseignement de luxe » pour la formation, chaque année, d'une cinquantaine de chercheurs qualifiés, la tâche étant à répartir entre l'I.N.S.E., l'I.N.E.D., l'I.S.E.A., le Centre d'études économiques, le Service d'études de l'activité économique et de la situation sociale. La formation empirique que ces centres distribuent pour le moment à leurs collaborateurs pourrait être systématisée dans des séances de séminaire ou des travaux pratiques. La liste de ces enseignements devrait être réunie sur une affiche commune, pour que ces apprentissages de haute spécialisation puissent atteindre un assez large public et se compléter réciproquement.

III. Fondation, à Paris, d'une Maison des Sciences Sociales. Ce projet, déjà largement discuté, est, en ce moment, sur le point d'aboutir : il correspond à un regroupement de la recherche. La Maison doit abriter une vingtaine de centres de recherches, qu'ils appartiennent à la faculté des Lettres, à la faculté des Sciences, à la faculté de Droit, à la VIe Section des Hautes Études ou à l'initiative privée, le critère pour les accepter ou les écarter ne concernant que la qualité de leur travail et de leurs publications.

La priorité sera donnée, dans cette Maison, à une bibliothèque scientifique, consacrée naturellement aux sciences sociales (1 million de volumes), construction coûteuse sans doute, mais nécessaire, puisqu'elle logerait la très belle bibliothèque de documentation contemporaine, dont les 300 000 volumes sont si difficiles à utiliser : la salle de lecture est à Paris, la presque totalité des livres... au château de Vincennes, un cycliste assurant le va-et-vient. Elle devrait être organisée comme une bibliothèque modèle et comporter, outre une collection des catalogues des bibliothèques de Paris et de province, un personnel qualifié de bibliothécaires et de spécialistes de la documentation. La Maison comprendrait aussi un certain nombre de services communs, notamment un centre de mécanographie et un laboratoire de cartographie.

IV. Construction d'un Centre Général de Biométrie. Un Institut central de biométrie humaine a été réclamé au cours d'une série de projets, depuis trente ans. Doté de vastes locaux et d'équipements variés, avec autonomie de gestion et direction pour un conseil de chefs de service, il comprendrait, avant tout, quatre départements : anthropométrie et physiologie générale, neurophysiologie et psychophysiologie, psychotechnique et statistique. On voit qu'il établirait une liaison entre sciences humaines et sciences biologiques.

Il serait utile de l'installer à proximité de la Maison des Sciences de l'Homme, pour que cette liaison fût parfaite. Le Conseil supérieur a pourtant envisagé, dans la discussion, d'installer le centre hors de Paris, à cause des difficultés d'achat pour des terrains suffisants au cœur de Paris.

V. Mise en place d'une École pour la formation de spécialistes diplômés en sciences sociales, d'« ingénieurs sociaux ». Elle pourrait être à Paris, ou, à la rigueur, hors de Paris. L'intérêt que les milieux industriels et administratifs ont commencé à prendre, depuis quelques années, aux sciences humaines appliquées semble avoir déjà créé des besoins. De là, une floraison de cabinets d'organisation, de conseillers psychologiques, de spécialistes de la formation ; les sessions et les stages de « relations humaines » se multiplient. En même temps, du côté universitaire, on a vu la naissance, entre autres, de plusieurs instituts d'administration des entreprises, de l'Institut des sciences humaines appliquées de Bordeaux, de l'Institut des sciences sociales du travail de Paris, de séminaires de recherches de la Fondation Nationale des Sciences Politiques. Toutes ces entreprises gardent un certain caractère d'improvisation, elles souffrent du manque de personnel qualifié.

VI. Constitution d'un organisme de coordination et de vigilance. Cet équipement ne servirait à rien sans cet organisme. Le mouvement qui entraîne les sciences de l'homme a la même vivacité que celui qui anime la science objective et expérimentale. La nouveauté d'aujourd'hui, sous peine de sclérose, ne doit pas fermer la route à la nouveauté de demain. Pour ces adaptations continuelles, il faut organiser une section étroite, mais active, des sciences sociales auprès du Conseil supérieur de la recherche scientifique. Ce « Comité d'orientation de la recherche en sciences humaines » s'appuierait sur la Maison des Sciences de l'Homme, sur le Centre de biométrie, etc. Il organiserait ces indispensables équipes dans lesquelles de bons esprits voient l'unité élémentaire de recherche en matière sociale, une unité moins lourde, moins coûteuse, moins durable, plus mobile que les centres dont il ne faut pas multiplier les implantations. Cette création, par elle-même d'un coût minime, et d'une très grande efficacité, s'impose comme une mesure de salut public.

Esquissons, pour finir, la possibilité d'une réforme à long terme. Tout l'exposé qui précède établit que la recherche et même l'enseignement français, dans les sciences humaines, ont contre eux, avant tout, une situation héritée, difficile à surmonter. Sans doute, expliquer que le grossissement des chaires et des crédits, certes indispensable, n'est pas, à lui seul, un facteur suffisant de développement, qu'il faut y ajouter une adaptation des structures, rencontre souvent des acquiescements, des enthousiasmes individuels, mais aussi l'apathie ou la résistance systématique, à base de crainte et de « bon sens », de toutes les institutions en place.

Nous plaçons donc, sans trop d'espoir, dans les « réformes à long terme » la création d'une faculté des Sciences économiques, sociales et politiques qui, il faut le dire, remplacerait avantageusement certains des projets que nous avons présentés, ou plutôt les engloberait dans un tout et leur donnerait leur pleine efficacité.

Cette création pose une série de problèmes actuellement, du fait que les différentes facultés intéressées ont l'impression que ce serait pour elles une perte de force, d'effectifs, de prestige. Pourtant, il faut signaler que la tâche qu'elles assument peut s'avérer d'ici peu d'années beaucoup plus lourde, pour ne pas dire insurmontable. Dans les années qui viennent, le nombre des étudiants qui est déjà, à Paris, de 60 000, ne cessera de croître. Il n'est pas utopique de parler, à assez brève échéance, de 100 000 étudiants, dit le directeur général de l'Enseignement supérieur. Il sera donc nécessaire de dédoubler les facultés existantes et de les extraire, pour les reconstruire à l'extérieur de Paris, du centre de la ville où elles étouffent : la faculté des Lettres, la faculté de Droit auront alors, particulièrement à Paris, des effectifs énormes, une masse d'étudiants très difficile à satisfaire.

Une faculté des Sciences économiques, sociales et politiques ayant à répondre à des besoins multiples et variables, devrait, avant tout, posséder une grande souplesse pour le recrutement de ses maîtres et l'orientation de ses étudiants. Elle peut être conçue comme l'association de trois étages d'enseignement :

Au départ, à la place de la « propédeutique », un enseignement (encore inexistant en France, très poussé, au contraire, aux États-Unis et en Russie) très précis, à base de « mathématiques sociales », enseignement qu'il faudrait maintenir à la pointe des dernières nouveautés techniques. Nous le verrions comme une série de cours de trois ou quatre mois, chaque étudiant devant, obligatoirement, en suivre un certain nombre, avec une assez grande latitude dans le choix, de façon à favoriser, dès le point de départ, la pratique des études interdisciplinaires (un orienteur spécialisé guiderait le choix des étudiants). Aussi bien qu'aux étudiants, ces cours seraient ouverts à des professeurs qui désireraient se mettre ou se remettre au point, dans telle ou telle branche particulière ; à des techniciens qui auraient à compléter leur formation ; à des chercheurs gênés par le maniement d'une méthode étrangère à leurs habitudes. Un étudiant de troisième année pourrait également suivre un de ces cours s'il en avait le désir. Bref, cet enseignement n'aurait d'autre prétention que d'apprendre, mais parfaitement, le maniement de divers outils, dans toutes les branches des sciences sociales. Y serait incluse l'étude des langues vivantes par la méthode directe et intensive.

Ensuite, un enseignement supérieur, orienté vers une spécialisation de plus en plus poussée, imaginé sous deux formes : les cours et les séminaires, ceux-ci à l'image des séminaires actuels de la VIe Section des Hautes Études.

Au dernier étage, les centres de recherche, ceux-là mêmes qui, en ce moment, sont en train de se grouper dans la Maison des Sciences de l'Homme et le Centre de biométrie. Ces institutions seraient pleinement efficaces si elles coiffaient une telle faculté, assurant la formation la plus spécialisée par l'association à ses recherches des meilleurs étudiants, assurant le contrôle et l'efficacité de l'enseignement technique de base (qui doit suivre l'évolution scientifique au fur et à mesure de ses modifications) ;

assurant, enfin, les contacts interdisciplinaires par des recherches groupées.

Seraient à prévoir des certificats multiples donnant lieu à la délivrance de licences ès sciences sociales, puis, au-delà, les habituels doctorats. À tous les croisements et carrefours, se proposerait un double « humanisme » si l'on peut dire, des sciences sociales : les mathématiques sociales et les langues étrangères. Resteraient à énumérer les multiples débouchés réservés à la nouvelle faculté : vers les secteurs actifs du pays, vers l'enseignement secondaire et vers le « technique », à promouvoir au même niveau que l'enseignement secondaire de nos collèges et lycées classiques.

Est-il possible d'imaginer, dans le cadre des facultés de Lettres et de Droit, tout différent parce qu'adapté à d'autres besoins, une organisation comme celle que nous venons de décrire et que réclament pourtant de nombreuses personnalités ? Cette nouvelle faculté n'entraînerait pas la disparition des enseignements « sociaux » du droit ou des lettres. Il n'est pas nécessaire de porter atteinte à ce qui existe, mais de regrouper ce qui, pour être fort et efficace, doit être obligatoirement rapproché.

CHAPITRE III

LE COLLÈGE DE FRANCE

En 1946, Fernand Braudel apprit que la Chaire d'Histoire moderne allait être libérée à la Sorbonne. Il voulut poser sa candidature comme le lui conseillaient plusieurs professeurs de cette université, dont André Aymard. Mais, sa thèse déposée n'ayant pas encore été soutenue (elle le sera le 1er mars 1947), cette démarche lui fut finalement interdite.

Trois ans plus tard, présenté le 5 mars 1950 par Marcel Bataillon à la succession de Lucien Febvre, Braudel fut nommé le 1er avril au Collège de France. Cette élection pour une Chaire d'Histoire de la Civilisation moderne fut d'ailleurs difficile, à la fois chaleureusement soutenue et férocement contestée, comme l'était à l'époque tout le groupe des Annales.

Paradoxalement, le fait de ne pas appartenir à l'Université (le Collège de France n'en fait pas partie) lui interdit longtemps (jusqu'au changement de cette règle au début des années soixante) de diriger des thèses universitaires et même de faire partie d'un jury de soutenance. C'est ainsi que plusieurs de ses collègues (et particulièrement Pierre Vilar et Ernest Labrousse) acceptèrent de diriger officiellement les thèses de plusieurs de ses élèves (Maurice Aymard, Emmanuel Le Roy Ladurie, ...).

Fernand Braudel a toujours refusé que soient publiés ses cours au Collège, demandant la destruction systématique des manuscrits établis à partir des enregistrements de chaque leçon. Seule demeure la « Leçon inaugurale », de décembre 1950, reproduite dans le deuxième volume des Écrits de Fernand Braudel, *intitulé* Les Ambitions de l'Histoire, *sous le titre « Les responsabilités de l'histoire ».*

De son activité au Collège, nous reproduisons ci-dessous les comptes rendus qu'il adressait chaque année, de 1950 à 1972, à l'Administration, ainsi que ses interventions pour la création ou le renouvellement de certaines chaires et l'élection de leurs titulaires.

I

RÉSUMÉS DES COURS AU COLLÈGE DE FRANCE, 1950-1972[*]

1950-1951

I. Le cours du *vendredi* a été consacré à l'histoire impériale du XVIe siècle. On a essayé, à propos de cette question aux vastes limites, de reprendre, puis de dépasser les exposés traditionnels, pour esquisser, avec toutes les précautions qu'implique pareille recherche, une étude des structures et formes politiques du XVIe siècle. Les Empires, au sens d'États de rang supérieur, sont alors des entreprises en apparence toujours favorisées. Qui s'oppose à leur croissance est rapidement brisé ; qui s'associe à leur fortune, vite, aisément et largement récompensé. Il y a ainsi, au-dessous, à côté de ces Empires, dans le courant ou à contre-courant de leur histoire, des destins d'États de moindre grandeur — États seigneuriaux, urbains, territoriaux de moyenne ampleur — dont les victoires et, plus encore, les défaites et les survies, sont la meilleure préface à l'étude des grands Empires. À la lumière d'exemples dispersés dans le temps et l'espace, de l'Égypte des Mamelouks du début du XVIe siècle, à la Venise du doge Contarini, au Portugal de Dom Sébastien, ou encore à ce royaume de Naples détruit de l'intérieur et de l'extérieur dès avant le XVIe siècle, ou à la seule lumière d'une aventure individuelle comme celle du connétable de Bourbon, on a posé, en termes vivants, et donc souvent contradictoires comme la réalité elle-même, le problème de physique politique qui était l'objet même de ce cours. Il ressort de cette première approche que les circonstances auront été favorables aux grands Empires pendant les quatre premières décennies du siècle, hostiles ensuite jusque

---

[*] Ces textes, rédigés chaque année par Fernand Braudel, ont été publiés, selon l'usage, dans l'*Annuaire du Collège de France*.

vers les années soixante — la vie des Empires et des États de moindre grandeur est alors sous le signe de difficultés croissantes —, favorables enfin, durant le règne de Philippe II, presque constamment sous le signe de grandes tentatives « impériales ». Les dernières années du siècle, les premières du siècle qui va suivre, marqueront avec la fortune, à titres divers, de l'Angleterre, de la France et des Provinces-Unies, un renversement de la « tendance ».

Ces vicissitudes doivent-elles s'expliquer uniquement par la trame des faits politiques, l'intervention de personnalités ou d'événements exceptionnels ? Ainsi le veulent la vulgate historique et même les récents travaux consacrés à Charles Quint ou à Philippe II, mis à part les livres essentiels de Ramón Carande qui représentent un effort capital pour incorporer à l'histoire traditionnelle de Charles Quint l'histoire mal connue, ou jusqu'à lui inconnue, de l'économie et des finances castillanes.

Assez logiquement, on a essayé de dégager les rapports entre ces évolutions politiques et ce que, pour abréger, on pourrait appeler l'histoire structurale et, plus encore, conjoncturale du XVIe siècle. La guerre prit alors des formes très particulières. Justement cette guerre « moderne », consommatrice de crédits, ne devait-elle pas favoriser les vastes États, riches par eux-mêmes ou à qui les financiers pouvaient ou même devaient prêter ? D'où l'examen nécessaire des techniques de l'art militaire, des dépenses belliqueuses et aussi des conditions humaines de la guerre, tant sur terre que sur mer, ce qui obligeait à reprendre des dossiers incomplets, plaidés avec brio, mais un peu vite, comme dans la classique *Geschichte der Kriegskunst* de Hans Delbrück.

Pour des raisons analogues ont été étudiés les mécanismes, le dynamisme de l'État moderne, l'efficacité de ses agents d'exécution. De même a été mise en cause l'évolution sociale étudiée spécialement d'après les exemples de l'Angleterre, de la France, de l'Italie et de l'Espagne... À propos de l'économie, de la conjoncture économique, de l'histoire des techniques, puis des débats religieux situés au cœur des grands problèmes de civilisation, l'analyse a été conduite avec un soin particulier. Y a-t-il eu, notamment, dominant, assujettissant tous les mouvements, une conjoncture économique décisive qui donnerait par suite un sens à l'histoire impériale du siècle entier, ainsi que nous le pensons profondément ? Ces problèmes et discussions ont été l'occasion de mettre à jour le fruit de recherches inédites sur l'époque des Rois Catholiques et de Charles Quint, que l'on a essayé de rattacher à l'interprétation de l'histoire générale de l'époque de Philippe II, précisée dans des ouvrages et articles antérieurs.

La brièveté relative du cours n'a pas permis l'étude systématique des étapes de cette longue et complexe histoire politique. On se réserve d'y revenir dans un cours ultérieur.

II. Le cours du *samedi* a été consacré aux rapports de l'histoire avec les diverses sciences sociales. On est parti de ces dernières, géographie, démographie, anthropologie, ethnologie, sociologie, économie politique... pour aboutir à l'étude de l'histoire elle-même, inconcevable aujourd'hui sans les multiples emprunts qu'elle a faits aux sciences sociales. Le programme de ce cours avait été dessiné par la leçon inaugurale du 1er décembre. Chaque fois, des exemples concrets ont permis d'esquisser des lignes de recherche ou d'explication. On a essayé de préciser, chemin faisant, les termes de plus en plus couramment admis par les historiens, d'histoire événementielle, d'histoire conjoncturale, d'histoire structurale, de « problématique » historique... Par quelles méthodes, par quels procédés peut-on dessiner la conjoncture puis, au-delà, atteindre les structures ? Ces questions abordées dans les dernières leçons seront reprises, soit dans un livre, soit dans une nouvelle série de conférences.

1951-1952

I. Le cours du *vendredi* a été consacré à *L'océan Atlantique au XVIe siècle*. Pour l'histoire si complexe de l'océan, lente à nouer et dénouer ses rapports, le XVIe siècle se révèle une mesure chronologique insuffisante : il commence tard et s'achève prématurément. Avant 1500, tous les jeux ne sont pas faits, comme on le dit couramment, mais de grandes dominations — portugaise et espagnole — se sont déjà mises en place, des mécanismes fonctionnent, établis à partir des îles — Açores et Canaries — et leur mouvement, dès lors, ne peut être que difficilement combattu. L'océan a ses propriétaires. L'année 1600 ne clôt pas non plus une phase de la vie atlantique, bien au contraire. Troublée par la rivalité hispano-anglaise, avant et après l'*Invincible Armada*, la prospérité atlantique se rétablit assez vite, impose ses contraintes et même ses bienfaits. Au XVIIe siècle, elle maintiendra son essor, au moins jusqu'à la date de 1620 qui semble bien marquer les débuts d'un retrait de l'économie internationale. Il est donc difficile de loger dans les limites chronologiques du siècle un examen systématique des grands problèmes dont on perçoit mal tantôt les origines, tantôt les conséquences.

Il est aisé, par contre, de marquer les permanences de la vie océanique, l'immutabilité, ou peu s'en faut, et la longueur des routes essentielles vers l'Amérique antillaise, Terre-Neuve, le golfe de Guinée, l'océan Indien, ou même de cette route capitale tendue de Gibraltar — ou plutôt de Séville — jusqu'à la Manche, la mer du Nord et la Baltique par les détroits danois. On reconnaît aussi, et sans peine, le rythme forcément lent de toute économie liée à ces longs voyages. Rien de plus symptomatique, à ce sujet, que le mouvement des affaires à Séville, révélé au jour le jour par des lettres marchandes, comme celles de la précieuse correspondance de Simon Ruiz, conservée aujourd'hui aux Archives provinciales de Valladolid. Il n'a pas été difficile, non plus, de faire leur place aux grands facteurs de la géographie océanique, courants, vents, saisons, pêcheries ; de montrer, à leur lumière, l'inanité de tant de projets belliqueux : blocus espagnol du sel ou du blé contre les révoltés des Pays-Bas ; destruction, par une seule escadre anglaise, de toutes les flottes de pêcheurs ou marins ibériques sur les bancs de Terre-Neuve, en Mauritanie, voire sur les côtes d'Irlande. Aucun de ces projets ne tenait compte de l'immensité de l'océan, des retards, des surprises, des impossibilités qu'elle impliquait forcément pour les mouvements des escadres. La très grande guerre elle-même n'y échappait point. Un autre aspect de cette immensité est sans doute le rôle des îles : l'histoire océanique est d'abord insulaire. C'est autour de leurs points fixes que tout s'organise, par eux que tout commence. Les îles ont été les premières expériences « américaines », si l'on veut, de l'Europe ; les Antilles la première Amérique espagnole, avec ses premières villes coloniales et ses fleurs précoces de civilisation européenne.

L'essentiel de nos conférences a été consacré ensuite, plus encore qu'aux transferts de civilisation d'est en ouest ou aux grandes luttes ou encore aux guerres de course et de piraterie — à l'étude des mécanismes et des phases de l'économie atlantique. Nous avons mis à profit, outre nos anciennes et récentes recherches en Espagne, les études encore inédites de MM. Frank Spooner, sur les frappes monétaires en France aux XVIe et XVIIe siècles, Delafosse et Trocmé sur l'activité de La Rochelle à la même époque, de Vitorino Magalhães Godinho sur les crises économiques portugaises du milieu du XVIe siècle, enfin nous avons largement utilisé l'énorme enquête quantitative de Huguette et Pierre Chaunu, en voie d'achèvement, sur les trafics entre Séville et l'Amérique, à partir de 1503, tous travaux dont nous avons eu la primeur et qui font partie de l'enquête collective que nous tentons de développer au Centre de recherches historiques de la VIe Section de l'École des Hautes Études. Ces témoignages et documents permettent de mettre l'accent sur la valeur de coupure des années 1560. Au lendemain du traité du Cateau-Cambrésis, borne d'histoire traditionnelle, tout semble avoir changé. L'économie océanique — et sans doute l'économie mondiale —, jusque-là sous la dépendance des arrivages d'or, est désormais dominée par l'argent du Nouveau Monde : changement considérable que fixera bientôt le travail de Frank Spooner d'après le cas français, moyenne à lui seul des diverses expériences européennes. De cette période de l'or à cette période de l'argent, l'activité générale de l'océan, mesurée à Séville, aura crû dans des proportions considérables. Les trafics sont trois et quatre fois plus importants dans la seconde moitié du siècle que durant ses cinquante ou soixante premières années. Resterait, évidemment, à mesurer de près les crises de courte durée, qui n'ont certes pas manqué, ni pendant les années de l'or, ni pendant celles de l'argent. Ainsi se révèlent, dans le cadre si sensible de l'économie portugaise, les crises du milieu du siècle. En l'absence de courbes décisives, on a multiplié les études descriptives de centres océaniques importants : Séville, Lisbonne, Anvers, Londres, ou de places marchandes indirectement en liaison avec la vie atlantique, comme Gênes, Lyon et surtout Medina del Campo.

II. Les cours du *samedi — Problèmes historiques et problèmes actuels de l'Amérique latine —* ont représenté, non pas une première prise de contact, comme le cours consacré à l'Atlantique, mais la conclusion de travaux et d'explications antérieurs, échelonnés sur une vingtaine d'années. Une intention de méthode nous a guidé. L'étude du temps présent est-elle valable sans éclairage historique ? Le cas de l'Amérique latine avait l'avantage de ne pas être *a priori* trop enfoncé dans l'histoire comme ceux des vieux pays européens. Il proposait des problèmes actuels dont on pouvait discuter et dont on a discuté sans soulever de passions excessives.

On a donc essayé de démontrer, à propos des problèmes spatiaux, culturels, sociaux, économiques et politiques de l'Amérique latine, l'impossibilité de négliger les perspectives du passé et la nécessité de considérer l'histoire comme l'une des sciences sociales attachées à l'étude du temps présent. Nous avons été beaucoup aidé dans cette tâche par notre élève le professeur G. Beyhaut, de Montevideo, qui a mis à notre disposition de très nombreux articles de presse, plus récents que ceux rapportés par nous d'un voyage au Brésil, en Argentine et au Chili, en 1947. Il nous a aidé aussi à réunir une bonne bibliothèque de romans et essais littéraires d'auteurs sud-américains dont il a été très largement fait usage au cours de nos explications. Peu de témoignages sont plus parlants sur la réalité humaine de l'Amérique latine que ces livres poétiques et réalistes, courageux et souvent lucides.

1952-1953

I. Le cours du *jeudi* a porté sur l'Allemagne du XVIe siècle. Le problème n'a pas été, simplement, d'incorporer à des explications forcément générales les résultats de nombreuses publications allemandes anciennes et récentes, celles-ci assez mal connues et peu utilisées par l'historiographie française. L'Allemagne du XVIe siècle nous offrait la possibilité d'une double expérience : reconstituer tout d'abord, avec les difficultés générales et particulières qu'implique une pareille entreprise, la vie entière d'un vaste ensemble humain nullement homogène — rattacher ensuite cette histoire de l'Allemagne à celle de l'Europe et voir si l'une et l'autre ont, ou non, accepté les mêmes rythmes.

L'accent a été mis, presque nécessairement, sur l'histoire des structures et conjonctures de la vie allemande, l'essentiel étant, pour nous, de dépasser les récits et explications de l'histoire traditionnelle. Nous ne nous sommes donc intéressé que de façon épisodique aux grands personnages et aux événements retentissants, à Maximilien ou à Charles Quint, à Dürer ou à Luther, à la diète de Worms ou à la bataille de Mühlberg... L'étude de la géographie et par suite de la diversité germanique, l'analyse des mécanismes des foires de Francfort-sur-le-Main et de Leipzig, l'exposé des réalités de la vie matérielle, le problème démographique n'avaient leur sens plein que rattachés aux images et explications classiques de la vie religieuse, intellectuelle et politique de l'Allemagne. L'étude de la conjoncture d'après les livres de Wilhelm Abel et d'Elsass — dont les résultats ne peuvent être acceptés, surtout en ce qui concerne les grandes publications du dernier de ces auteurs, que sous bénéfice d'inventaire — nous a conduit au cœur de cette reconstitution. Pour l'Allemagne, deux siècles se partagent, en fait, la durée du

XVIᵉ. Le premier commence vers 1450 et s'achève vers la troisième ou quatrième décennie de notre siècle. Le second irait jusqu'au début de la guerre de Trente Ans qui, selon les régions allemandes, aura été plus ou moins précoce, plus ou moins catastrophique aussi. Resterait à suivre le passage de l'une à l'autre de ces périodes, à analyser, au-delà des explications reçues, ces années charnières de 1530 à 1550, du *Reichstag* d'Augsbourg aux lendemains de Mühlberg. Est-il possible, notamment, de mettre en regard les crises et difficultés économiques d'une part, et, de l'autre, les tensions croissantes de la situation religieuse et politique ? Les plus récentes études des historiens allemands sont assez indifférentes à cette importante liaison et à des concordances, valables dans tous les domaines cependant, économie, pensée, art, vie religieuse, politique...

Il nous a semblé que l'Allemagne avait vécu alors selon le rythme même de l'Europe et du monde. Partout le XVIᵉ siècle n'a-t-il pas été pareillement double ? Assez faiblement animé jusqu'en son milieu, puis soulevé ensuite par une vague de prospérité qui n'a exclu ni les surprises, ni les misères liées à la surpopulation, à la montée des prix, à la crise continue des salaires ? Les historiens allemands, même un Jacob Strieder, n'ont-ils pas vu trop exclusivement la grande époque des Fugger et d'Augsbourg, et pas avec assez d'attention les cinquante dernières années du siècle, jugées sans indulgence et peut-être sans étude suffisante — ces années si curieuses cependant, avec leurs changements de structure, les invasions de marchands étrangers, les multiples déplacements des centres de la vie industrielle, routière ou marchande... L'Allemagne en apparence engourdie, privée de grands hommes et sans drames historiques, aura été, pensons-nous, le théâtre et la victime de multiples transformations. À ce destin, plus que des explications allemandes, ne faut-il pas chercher des raisons historiques d'ordre général ?

II. Le cours du *samedi* sur les résultats et méthodes de l'économie historique a été favorisé par toute une série de publications utiles qu'il nous a été possible d'incorporer, chemin faisant, à nos explications. Nous avons pu tirer parti, ainsi, des livres de Jean Lhomme, d'Albert Sauvy, d'articles de Johan Akerman, des actes du Congrès des économistes de langue française (1952), du colloque organisé, entre historiens et économistes, par la VIᵉ Section de l'École des Hautes Études, de la thèse dactylographiée soutenue par Frank Spooner, à Cambridge, sur les frappes monétaires en France de 1480 à 1640, des résultats de multiples travaux et enquêtes en cours. Est-il possible à l'historien, au nom d'une économie historique qui resterait à formuler, de se saisir des résultats, valables surtout dans l'actuel, de l'économie politique et de la démographie ? Que peuvent signifier, dans le cadre de nos recherches, les crises ou mutations structurelles, les recherches économiques sur les larges ensembles, si l'on s'éloigne autant que possible, pour en juger, du temps présent, qui est, de ce point de vue, privilégié ? Quelle valeur attribuer dans nos propres recherches à d'éventuels « modèles » ? Toutes ces questions, que nous n'avons pas la prétention d'avoir résolues, ont été l'occasion de multiples analyses concrètes. Ainsi avons-nous repris, pour les approfondir, des thèmes seulement esquissés dans notre cours de 1950-1951 et sur lesquels nous espérons pouvoir bientôt revenir.

1953-1954

I. Le cours du *mercredi* n'a été qu'une première prise de contact avec les vastes problèmes de l'histoire de la France au XVIe siècle.

On a plutôt reconnu que vraiment traité ces problèmes complexes qu'il y avait intérêt à replacer dans le cadre européen et mondial du XVIe siècle, car la France, alors, a été largement ouverte sur le monde extérieur. Il y avait avantage aussi, contrairement au point de vue des historiens nos prédécesseurs — un Lucien Romier, un Pierre Champion —, à expliquer la France, non pas sur une distance de quelques années, mais à travers toutes les étapes du XVIe siècle, à la saisir, ainsi, au-delà d'une histoire traditionnelle et épisodique, à reconnaître par suite les rythmes majeurs de sa conjoncture et les traits plus ou moins permanents de sa structure : toutes considérations qui, une fois de plus, nous auront amené à mettre en cause la crise profonde du milieu du siècle. Les oppositions, de part et d'autre de cette césure, éclairent le destin entier du siècle.

Plus précisément, nous avons essayé d'étudier, cette année, la disparité géographique de la France du XVIe siècle. Les nombreuses thèses de géographie régionale de l'école française ont été mises à contribution, ainsi celles de Jules Blache, de Roger Dion, ou de Max Derruau. Deux cas régionaux ont été mieux éclairés que les autres : la Bourgogne et le Poitou. Ensuite, il nous a paru utile de considérer des espaces et exemples urbains : Marseille, Lyon, Rouen et Paris. À propos de Lyon, il nous a été possible d'utiliser la thèse récente de M. Henri Lapeyre qui tend à établir, au bénéfice de la grande ville, une période de prospérité beaucoup plus longue qu'on ne l'accorde d'ordinaire (au moins jusqu'en 1589). Mais le meilleur de ces études de géographie historique nous a été fourni par les troubles sociaux de la dernière décennie du siècle, par la propagation de la Réforme (d'après les cartes inédites dressées par Lucien Febvre), enfin par la localisation des trois premières guerres de Religion. Cartographiquement, il nous a été possible de montrer l'importance de ce tournant décisif de 1568 dans l'histoire du protestantisme français.

Ce cours n'a été qu'une première prise de contact. Notre intention est de reprendre nos explications et recherches en 1954-1955.

II. Le cours du *samedi* — *Progrès technique et progrès scientifique, principalement au XVIe siècle* — a été une tentative de mise au clair de problèmes assez difficiles. Y a-t-il, comme l'ont pensé beaucoup d'historiens et de sociologues, une histoire des sciences très à part, avec ses rythmes, ses structures et ses styles propres, ou bien cette histoire s'intègre-t-elle dans les phases ordinaires de l'histoire générale ? Au-delà des cas particuliers qu'il nous a fallu aborder, ce problème d'ensemble n'a cessé de retenir notre attention. Nous n'avons pas la prétention, pour autant, de l'avoir résolu à notre satisfaction. Dans l'état actuel de nos connaissances, les difficultés majeures viennent de l'impossibilité de dégager, en face d'une histoire des sciences, assez claire dans son ensemble et ses détails, une histoire des techniques qui serait parfaitement datée et documentée. Celle-ci reste trop flottante et imparfaite pour que son déroulement permette d'intégrer, de façon valable, à l'histoire générale, le destin particulier de la vie scientifique du XVIe siècle.

1954-1955

I. Le cours du *mercredi* — *La France au XVIe siècle (problèmes économiques et sociaux)* — a été la continuation des conférences de l'année précédente, présentées sous le même titre d'ensemble. Il s'est composé de deux parties inégales et d'aspect différent.

La première, plus encore qu'à l'économie française, étudiée dans ses structures et ses permanences, a été consacrée aux rythmes de cette économie, d'après les recherches que nous avions soit dirigées, soit conduites nous-mêmes ces dernières années. Une histoire statistique du XVIe siècle français s'élabore présentement à la suite des travaux du Centre de recherches historiques de la VIe Section dont un des objets, l'économie générale du XVIe siècle, déborde d'ailleurs, et très largement, le cadre français. Il est évident que l'exemple français est à replacer dans son contexte européen et mondial avec lequel se marquent plus de similitudes et d'accords que de désaccords.

Nous avons donc utilisé, pendant la première partie du cours, outre nos propres recherches (principalement sur les paiements de la politique espagnole en France), l'enquête ancienne de Henri Hauser sur les prix, des graphiques de René Baehrel, l'étude en voie d'achèvement de Mme Baulant sur *Les Prix à Paris au XVIe siècle d'après les archives hospitalières*, le travail de Frank Spooner sur *L'Économie mondiale et les frappes monétaires en France de 1493 à 1680*, actuellement sous presse et qui, cette année, s'est enrichi de graphiques et d'une conclusion d'ensemble. Ont été mises aussi à contribution les enquêtes de Pierre Goubert sur *La Démographie française à partir du XVIe siècle* et la thèse, encore inédite, de Michel Devèze sur *Les Forêts en France au XVIe siècle* dont la grande carte nous a fourni un texte magnifique d'explication.

De toutes ces études sur la conjoncture, courte et surtout longue, il serait prématuré de dégager déjà un paysage historique aux lignes trop nettes. Je suis toujours enclin à voir, entre les deux montées du XVIe siècle — celle de ses débuts, puis celle qui s'amorce, au-delà de 1560 —, un palier assez long, allant en gros de 1530 à 1560 : période de stagnation économique mais aussi de large détérioration des structures anciennes. Cependant, au-delà d'une histoire conjoncturelle encore imparfaite, l'étude des structures et des croissances s'avère difficile. La théorie économique qui n'a pas été fabriquée par des historiens est incertaine, inachevée en ces domaines décisifs. Serait-elle accomplie, qu'il faudrait l'adapter à une économie très particulière et originale dont la simple description n'est pas encore arrivée à sa perfection. Trop de questions sur l'économie monétaire, sur la vie agricole ou artisanale, sur les trafics restent à préciser. Tout est à reprendre, au-delà des quelques travaux pionniers que l'on possède, notamment à partir de la masse des archives notariales encore si peu exploitées.

La seconde partie du cours, consacrée à la vie sociale, ne s'est guère appuyée que sur la littérature assez pauvre du sujet. Une histoire sociale resterait à définir en soi. Pour le XVIe siècle, elle est entièrement à construire, surtout si l'on veut substituer, à des tableaux littéraires et descriptifs, assez factices, des études allant jusqu'au dénombrement. Montée bourgeoise, détérioration de la situation paysanne et artisanale — du « peuple urbain et du peuple rural », comme l'écrivait le regretté Henri Drouot —, réactions seigneuriale et nobiliaire, « neutralité institutionnelle » du clergé, qui se présente comme un champ clos où la société entière poursuit son débat et où, au temps de la Ligue, se déchaîne une véritable révolution du bas-clergé, tous ces conflits, toutes ces tensions, ou « pré-luttes » de classes, ne sont pas aisés à mettre en place. D'une société ouverte où l'enrichissement et l'ascension sociale sont relativement faciles durant presque tout le XVIe siècle, on passe assez brusquement — Henri Drouot pour la Bourgogne dirait vers 1587 — à une société sclérosée, « fermée », si l'on songe à sa circulation interne, à ses étages supérieurs, à ses avenues, « fermée », dirons-nous aussi pour reprendre à notre compte l'une des notions les plus riches, au point de vue historique, de la sociologie de Georges Gurvitch.

II. Le cours du *samedi* matin a porté sur un vaste problème : *Le capitalisme moderne avant le XVIe siècle*. L'important a été de reconnaître, entre le XIIIe et le XVIe siècle, une histoire économique d'ensemble dont le mot « capitalisme », si commode et si embarrassant, met en jeu les performances, les exceptions brillantes, disons les « modernités ». Par rapport à ces nouveautés qu'on pourrait dire anciennes, le XVIe siècle a-t-il été aussi révolutionnaire qu'on l'a prétendu ? Assurément, il continue en l'affirmant et en la développant sans doute, mais il continue une évolution antérieure que les grandes découvertes accélèrent mais dont elles ne changent pas les bases, les structures et les conditions générales. Quelles ont été ces permanences, géographiques, urbaines, techniques (en entendant par ce dernier mot également les techniques de l'argent) ? Les réponses à ces questions nous ont amené souvent à mettre en cause, au-delà des réalités économiques du XVIe siècle, ce qui peut sembler être, aux yeux d'un historien seiziémiste, les novations et ruptures révolutionnaires du XVIIIe siècle. Ce dernier problème n'a pu être abordé que de biais, même quand nous avons essayé, en conclusion, de reprendre arguments, constatations et explications dans les cadres de la « croissance » de l'Europe et du monde et sous l'éclairage utile des successives économies mondiales, du XIIIe au XVIIIe siècle.

1955-1956

I. Le cours du *mercredi* — *La Méditerranée au XVIᵉ siècle, problèmes et points de vue nouveaux* — a été la reprise d'un livre achevé en 1947 et publié en 1949, sous le titre : *La Méditerranée et le monde méditerranéen à l'époque de Philippe II.* L'examen critique de l'ouvrage s'imposait, en raison du progrès des études qui touchent à son domaine et des recherches que nous avons poursuivies nous-même depuis dix ans dans les archives italiennes, espagnoles et françaises. La préparation d'une seconde édition, retardée depuis plusieurs années, nous y encourageait également.

Les trois grandes divisions de l'ouvrage — histoire géographique, histoire sociale, histoire événementielle — ont été successivement abordées.

L'étude du milieu géographique nous a retenu plus longuement qu'une autre, à cause de la multitude d'ouvrages et d'articles importants parus soit sur l'ensemble méditerranéen, soit sur telle série d'aspects généraux ou telle région particulière. Tour à tour ont été mis en cause des ouvrages de Jean Despois, de Jacques Berque, de Jacques Weulersse, des articles de Gustaf Utterström, de Hans Hochholzer... Des cartes, destinées à illustrer la future édition, ont été distribuées et étudiées de façon détaillée.

À propos des chapitres d'histoire sociale, ont été repris les gros problèmes des études démographiques, des structures et de la conjoncture économique. Des graphiques nouveaux ont été présentés et commentés et, une fois de plus, le problème général de la conjoncture en Méditerranée, au XVIᵉ siècle, a été posé et, je le crois, à moitié résolu.

Les dernières conférences, consacrées à l'histoire événementielle, ont été réservées à Philippe II, sur lequel j'ai, pour la première fois, essayé de porter un jugement d'ensemble, très difficile à formuler, en vérité, et qui ne peut être scientifiquement valable qu'à condition de rester inachevé. Le personnage nous échappe, ou plutôt, nous ne saisissons qu'un ou deux de ses multiples rôles... Nous avons trop à reconstruire, historiens, pour être sûrs d'avoir en face de nous un personnage exactement saisi et portraituré. Le Roi Prudent nous nargue.

II. Le cours du *samedi* — *L'économie du XVIIIe siècle* — a été la continuation de nos recherches sur l'histoire du capitalisme et de l'économie. L'année dernière, nous avions poussé notre reconnaissance en deçà d'un XVIe siècle qui, pour nous, ne trouve sa dignité et sa personnalité qu'à condition d'être replacé dans une large évolution. Nous avons voulu, cette année, voir, à la lumière de tant d'études publiées à propos de la « révolution industrielle », en quoi le XVIIIe siècle a innové sur le plan de la vie matérielle, en quoi sa modernité diffère de celle des deux siècles précédents. Cette étude de la « révolution industrielle », qui nous a tenté après quelques autres, nous a entraîné fort loin. Le mot « révolution » est sans doute mauvais, il abrège, il dramatise des processus extrêmement lents. La naissance d'une industrie nouvelle se situe, si l'on veut, au milieu d'autres révolutions et évolutions d'assez longue durée. C'est l'ordre de ces mouvements qu'il importerait de déceler, si ordre il y a. Mais les révolutions qui surgissent et s'affirment dans le domaine démographique, ou dans la réalité agricole et agraire, ou encore dans les trafics, dans l'organisation du crédit, dans les mouvements sociaux de la fortune, dans le jeu diversifié de capitalismes aux prises pour les postes de commande, forment un complexe de mouvements où la fausse facilité des séries statistiques du XVIIIe siècle donne l'illusion de tout connaître et de se reconnaître, sans qu'on soit jamais sûr, en vérité, d'avoir suivi la bonne route.

Au-delà de ces calculs, dont il faut vérifier les bases et reconsidérer, sans fin, l'interprétation, l'essentiel est d'étendre au monde entier notre observation, jusque-là trop concentrée sur l'Europe, ou même sur l'Angleterre. Cette extension de nos recherches aux dimensions du monde pose plus de problèmes évidemment qu'elle ne permet encore d'en résoudre.

1956-1957

I. Le cours du *mercredi* — *Venise à la fin du XVe siècle et au début du XVIe* — a été la mise en œuvre de nouvelles recherches portant essentiellement sur la dernière moitié du XVe siècle et conduites, au cours de l'automne 1956, dans les archives et bibliothèques de Venise.

Comme il s'agissait d'une prise de contact, c'est à l'histoire descriptive et traditionnelle qu'a été consacré l'essentiel de nos efforts : description minutieuse, par exemple, avec documents iconographiques et textes commentés à l'appui, de la topographie vénitienne, spécialement dans la région vitale des affaires, autour de Rialto ; description rapide, par contre, des institutions ; analyse ensuite de la vie économique ; esquisse des grandes lignes d'une politique qui n'est pas encore uniquement de défense face à l'énorme puissance turque ou au danger « barbare », dont les Français n'ont été qu'un élément épisodique ; étude enfin, faute de temps, dans le seul domaine de la peinture, des acceptations et refus de Venise vis-à-vis de l'art triomphant de Florence ou, pour parler comme tous les historiens, vis-à-vis de la Renaissance.

Ces « approches » successives ont tenté de dégager l'histoire collective d'une ville à partir de ses réalités matérielles. Sur ces dernières, il nous a été possible d'apporter, outre les résultats de nos propres recherches, les conclusions inédites des études en cours de notre collègue le professeur Ruggiero Romano et de MM. Frank Spooner et Ugo Tucci sur l'histoire des prix à Chioggia et à Udine, dont les chiffres encadrent l'histoire propre de Venise, du XVe au XVIIIe siècle. Il nous a été possible aussi de revenir sur les études classiques du professeur Carlo M. Cipolla, avec qui nous sommes d'accord en ce qui concerne la stagnation économique de 1450 au début du XVIe siècle. Ces années ont assurément été difficiles pour Venise.

Mais, au-delà de ces esquisses, il importe, croyons-nous, de reconsidérer les réalités du destin de Venise en élargissant le cadre chronologique d'observation, seul moyen de saisir une histoire de longue durée, essentielle en l'occurrence, car la vie d'une ville implique une respiration d'une extrême lenteur — de multiplier les mesures, les chiffres, les données statistiques, d'autant que l'histoire de Venise, en ces débuts de la modernité, est embarrassée d'explications traditionnelles, souvent peu valables, héritage des historiens d'hier qui ont, trop tôt, et de façon simpliste, parlé à son sujet de décadence. La difficulté, c'est qu'une histoire « nombrée » de Venise n'est possible qu'assez tard, après les années 1580-1590. Alors Venise, ou du moins quelques Vénitiens, ont eu une passion curieuse du chiffre, du calcul, des mesures. Dans les sciences encore inorganisées de l'homme, le XVIIe siècle s'annonce comme une révolution de l'esprit. Venise en est un bon exemple. Ce sont ces problèmes, plus ou moins faciles à cerner, que reprendra notre cours de l'année prochaine.

II. Le cours du *samedi* — *L'économie du XVIIIe siècle* — a été la continuation de nos conférences de l'année précédente. Voulant mettre en lumière un style général de la vie économique du XVIIIe siècle, nous avons abordé à loisir quelques problèmes de choix : les économies « marginales », le capitalisme hollandais, la naissance d'une pensée économique scientifique.

Les économies marginales, où le commerce mondial, centré sur l'Europe, pousse et force les portes, sont celles de vieux ou de jeunes pays. Ce sont les jeunes pays d'Amérique, de Moscovie, de Sibérie qui ont retenu notre attention. À l'aide de cartes, de graphiques, d'études nouvelles — ainsi sur les mines du Potosi — ou presque nouvelles sur les prix, d'après aussi des études anciennes du XVIIIe siècle et du début du XIXe, nous avons esquissé les grandes lignes de ces économies, qui d'un côté se dégagent mal de conditions primitives d'échanges et, de l'autre, sont saisies avec violence par les contraintes et exigences de la vie internationale.

Le cas classique de la Hollande se présente bien différemment sous le signe évident de grandes réussites mais également d'une sorte de maladie du capitalisme marchand, maladie de longue durée — celle de la prospérité trop facile, finalement meurtrière.

Notre dernière tentative, pour dégager une histoire de la pensée économique ouverte sur l'histoire générale, n'a pas été menée à bonne fin. Même le recours à une histoire un peu hérétique, en tout cas originale, celle du professeur A. Fanfani, si elle nous a donné le plaisir de trouver des explications neuves, ne permet pas de se dégager d'une histoire stricte des doctrines économiques. Un long travail serait nécessaire pour ouvrir cette histoire traditionnellement fermée sur elle-même et y faire pénétrer les lumières nécessaires de l'histoire générale.

1957-1958

I. Le cours du *mercredi* — *Venise du XIVe au XVIe siècle. Recherches statistiques* (suite) — a continué les explications et recherches de l'année précédente, mais en les orientant cette fois, exclusivement, vers une histoire statistique. Deux grandes questions ont été successivement abordées, celle des galères (ou galées) de commerce (XIVe-XVIe siècles), celle des dimensions de l'économie vénitienne à la fin du XVIe.

Les encans (*incanti*) des galères de commerce (dont la série est presque complète) permettent en effet une étude chiffrée de ces transports, assurés par des particuliers mais étroitement soumis au contrôle de l'État : c'est-à-dire de déterminer le nombre des galères pour les différents voyages (Flandres, Constantinople, Beyrouth, Alexandrie, galères dites de *trafego*, Aigues-Mortes, Barbarie), leur tonnage très approximatif, la liste de leurs cargaisons, la durée des traversées, enfin et surtout le montant des enchères et des primes accordées. Le dépouillement de cette masse de documents, leur réduction en tableaux, cartes et graphiques dont des reproductions ont été distribuées aux auditeurs, n'a été possible que grâce au concours d'une équipe de chercheurs, Mlle Kovatchevic, MM. Alberto Tenenti, Corrado Vivanti, Giuseppe Felloni, attachés au Centre de recherches de la VIe Section de l'École des Hautes Études, qui ont joint leurs efforts à ceux du professeur. Les cours du Collège qui ont résumé cette enquête difficile et coordonné ses résultats seront publiés, vraisemblablement en 1959, sous forme d'un gros fascicule.

La seconde partie du cours, consacrée aux dimensions de l'économie vénitienne à la fin du XVIe siècle, a été la mise en œuvre de recherches que le professeur a poursuivies l'été précédent dans les archives de Venise (Archivio di Stato, Marciana, Museo Correr). Le problème essentiel a été de rechercher des ordres de grandeur à partir de chiffres nombreux, mais dont la critique sévère s'impose. Tous les calculs ont été orientés dans le sens d'une étude de la croissance économique de Venise, dont on peut retrouver bon nombre d'éléments importants. Nous croyons en effet possible, à partir des documents fiscaux, de reconstituer un *modèle* assez vraisemblable de l'économie vénitienne aux environs de 1600, modèle qui indique notamment la masse des revenus, le revenu par tête d'habitant, le rapport entre budget et revenu national, qui met aussi en évidence le déséquilibre de la balance commerciale et donc le rôle nécessaire d'une exportation ininterrompue de monnaies d'or et d'argent (la Zecca frappe chaque année à la fin du siècle pour deux millions de ducats de ces monnaies, or et argent).

Les résultats acquis donnent une image assez neuve de ce que pouvait être une économie urbaine à la fin du XVIe siècle ; ils permettent des comparaisons — d'un côté Venise, de l'autre la Terre Ferme et l'Empire vénitien ; d'un côté Venise, de l'autre la France ou le royaume de Naples — entre économie urbaine où les tensions et les revenus sont élevés et le bas niveau du revenu par tête d'habitant des vastes économies territoriales. L'étude précise de l'Empire colonial de Venise, spécialement des cas de

Corfou, Chypre et Candie, n'a pu être qu'esquissée durant nos deux dernières leçons.

II. Le cours du *samedi* — *Charles Quint* — a été la présentation dans un cadre traditionnel de l'histoire de l'empereur. L'abondance de la matière, la richesse des études publiées, la masse des documents inédits que nous avons puisés, durant ces dernières années, dans les archives et bibliothèques de Genève, Venise, Mantoue et Modène, ont ralenti nos explications qui n'ont pu être poursuivies que jusqu'à la paix de Cambrai (1529). Ce cours sera repris l'année prochaine. Il correspond au dernier effort qu'exige, pour nous, la préparation du livre depuis longtemps promis à la Collection de l'Évolution de l'Humanité, sur *L'Europe de Charles Quint et de Philippe II*.

1958-1959

Par décision ministérielle le professeur a été autorisé à ne faire qu'un seul des deux cours inscrits à l'affiche.

Notre choix s'est porté, assez naturellement, sur le cours consacré à *Charles Quint* et dont nous avions, l'année précédente, présenté la première partie, jusqu'à la Paix des Dames, en 1529. L'abondance des études et recherches anciennes, la multiplicité des travaux récents publiés à l'occasion du IVe centenaire de la mort de l'empereur (1558) nous ont obligé, pour aller jusqu'au terme de notre étude, à ne pas suivre un plan chronologique qui eût exigé de nombreuses digressions.

Successivement, ont été étudiés dans leurs rapports avec la politique impériale, les Pays-Bas, l'Allemagne — avec un certain luxe de détails — puis, plus sommairement, la Méditerranée, l'Italie et l'Espagne. Ainsi ont été abordées, de 1529 à 1556-1558, les bases et les grandes conjonctures de l'histoire de Charles Quint. Au-delà du récit des événements politiques, il a été possible de mettre en cause les réalités économiques dont le règne de l'empereur a subi souvent les contrecoups, sans que les contemporains en aient eu nettement conscience.

Il a été possible de distribuer aux auditeurs des graphiques et des documents, certains inédits. Ainsi a été poursuivie et presque achevée la préparation du livre que nous avons en chantier sur l'*Europe de Charles Quint et de Philippe II*.

1959-1960

Les conférences du *mercredi* et du *samedi* et la séance de séminaire du 18 mai 1960 ont été consacrées à un même sujet : *L'histoire de la vie matérielle du XIVe au XVIIIe siècle*, mais il ne nous a pas été possible, cette année, de présenter l'ensemble de ce vaste panorama.

Au lieu de se simplifier, au gré de l'enseignement, comme il l'espérait, le volume que le professeur a esquissé sur ce thème s'est sans fin compliqué et enrichi à la faveur de commentaires, d'explications de documents (textes, graphiques et cartes qui ont été distribués aux auditeurs), de questions qui lui ont été posées après ses cours, de lectures nouvelles. Finalement n'a été mis en cause que le cinquième, au plus, des notes et des préparations rassemblées.

Le plan d'ensemble a été plutôt indiqué que justifié : première partie, les structures non économiques ; deuxième partie, les structures économiques ; troisième partie, les structures dynamiques. C'est miser exclusivement, pensera-t-on, sur la notion compliquée et trouble de *structure*, qui se place sans doute au cœur des discussions et des recherches actuelles de toutes les sciences sociales, mais c'est adopter un langage nouveau et qui ne sera pas immédiatement compris de tous les historiens.

En fait, pour parler simplement, nous avons, cette année, été attentif aux possibilités de la vie matérielle, aux chemins, *aux limites du possible*. La notion de limite, empruntée aux mathématiciens, est pour nous cette réalité abstraite, à créer, vers quoi tend la vie des hommes, mais que des siècles durant celle-ci n'atteint pas et ne met pas en cause. Cette limite (ou mieux cette série de limites) offre, du XIVe au début du XVIIIe siècle, une image de ce que sont les permanences, les recommencements, les essoufflements de l'histoire.

Pour nous, le problème était de saisir ces permanences, ces évolutions au ralenti, mais, précisons-le, dans l'ensemble du monde et non pas seulement dans cette Europe dont l'historiographie reste curieusement prisonnière, presque avec délices.

Successivement, ont été étudiés à l'échelle du monde les limites d'une lente poussée démographique, les répétitions de conflits multiformes entre cultures et civilisations (deux mots évidemment à définir), la fragilité d'une histoire universelle qui n'est pas toute l'histoire du monde, la modicité des niveaux de vie (que l'on s'est efforcé, chaque fois que la chose a été possible, de calculer), le manque d'ampleur des moyens techniques.

L'essentiel était d'évoquer ainsi une vie d'Ancien Régime, lente à se modifier. En fait, les infrastructures commandent tout, ou presque tout de cette vie matérielle dont les hommes ne prennent qu'à demi-conscience (et encore) et dont les civilisations subissent les contrecoups, sans jamais dominer et moins encore arrêter son évolution.

Le domaine de la vie matérielle dont l'homme prend la mesure consciente et sur laquelle il essaie d'agir est sans doute, au premier chef, ce que les historiens appellent la vie économique, ce domaine de prises de conscience, d'actions, de calculs, d'erreurs, de projets, d'aventures. C'est ce second étage de l'explication générale que nous aborderons lors de la prochaine année scolaire.

1960-1961

Tous les cours de la présente année ont été consacrés, comme ceux de l'année précédente qu'ils continuent, à l'*Histoire de la vie matérielle du XIVe au XVIIIe siècle*. Nous avons naturellement retrouvé les obstacles de la première mise en place et notamment cette difficulté qu'il y a toujours à parler de l'ensemble des économies et des civilisations du monde, au lieu de centrer les explications comme à l'ordinaire sur le seul destin de l'Occident. Ces obstacles n'ont pas tous été ou surmontés, ou tournés.

Il avait été question, en 1959-1960, des bases mêmes, des « structures » profondes de la vie matérielle. Cette année, d'autres structures ont été mises en course : celles de l'économie monétaire face au troc et aux monnaies primitives, face à ses propres problèmes ; celles des assises urbaines ; celles des États analysées dans leurs continuités et leurs changements.

Ces paliers d'histoire n'ont été dépassés qu'au cours des dernières conférences qui ont permis d'atteindre et d'étudier ce que l'on pourrait appeler les réalités économiques proprement dites et les prises de conscience qui les accompagnent.

Le problème était d'appréhender, cette fois, les possibilités d'un certain capitalisme aux visages multiples, de suivre les jeux capitalistes et d'en montrer les applications variées et simultanées, voire les règles tendancielles à travers les exemples étudiés de près quand il s'agit de l'Occident, mais de fort loin quand on quitte son cercle privilégié.

Esquisser ces problèmes, c'était retrouver une exubérante littérature de combat — une littérature qui date d'hier, aujourd'hui souvent inactuelle ou dépassée, mais que l'on aurait tort de croire hors d'usage. Le mot *capitalisme*, que beaucoup d'historiens excluent volontiers, lie en gerbe un grand nombre de problèmes économiques et sociaux. Renoncer au mot, c'est délier une certaine gerbe, non pas résoudre ou éliminer ces problèmes que l'on croyait bien saisir de la sorte avec force et efficacité.

Ces recherches difficiles et lentes sinon d'une méthode, au moins d'un vocabulaire et d'une problématique acceptables, nous ont conduit jusqu'au milieu du chemin que nous voulions parcourir et que nous reprendrons, l'année prochaine, avec l'espoir, cette fois, d'en atteindre le terme.

1961-1962

Les cours de la présente année ont été consacrés, en entier, à l'*Histoire de la vie matérielle du XIVe au XVIIIe siècle*. Durant cette troisième et dernière tentative, nous avons conduit nos explications, sinon nos recherches, à leur terme.

Il nous fallait reprendre le cours de l'année précédente en ce palier moyen de notre investigation, celui des formes diverses d'un capitalisme ou précapitalisme entre XVIe et XVIIIe siècle, en Europe et hors d'Europe, à la fois dans les cadres de la vie agricole et industrielle, des activités financières et bancaires, des interventions multiples de l'État. Toutes recherches aisées tant qu'il s'agit de l'Europe : les études sont nombreuses et de qualité, les sources inédites à portée de main. L'extension de l'analyse aux économies extra-européennes ne se fait pas sans difficulté et elle ne livre finalement que des résultats fragmentaires, souvent aléatoires.

La géographie des difficultés est la même quand on aborde l'histoire mouvementée de la conjoncture, c'est-à-dire la troisième et dernière étape que nous avions à franchir. En outre, s'il est possible de parler d'une économie et d'une conjoncture mondiales à partir du XVe siècle finissant, pour les siècles qui précèdent, cette commodité de langage et cette réalité nous sont refusées. Cependant, rien ne nous prouve, dans le cadre du Vieux Monde notamment, qui, à lui seul, est une planète dès avant le XVe siècle, qu'il n'y ait pas eu une histoire et une conjoncture d'ensemble, plus encore qu'il n'y ait pas eu un certain unisson, en dehors même des échanges à longue distance, du simple fait de pulsations climatiques que la recherche découvre aujourd'hui dans leurs analogies et leurs synchronismes. Nul doute qu'une certaine histoire d'ensemble n'ait été prise dans ces mailles générales.

Conjoncture ? Il ne pouvait être question de la décomposer en mouvements de différentes longueurs, faute de temps tout d'abord, et aussi parce que l'enjeu des vrais problèmes aurait risqué d'être aussitôt perdu de vue.

En fait, il s'agissait de savoir si, oui ou non, il existe une conjoncture *séculaire*, la plus longue des longues conjonctures, indépendante, à la limite, des mouvements particuliers qui s'insèrent dans son propre mouvement d'ensemble. C'était reprendre, au départ, l'important dossier qu'avait constitué et plaidé avec brio un jeune économiste, Gaston Imbert, disparu prématurément, dans son livre *Des mouvements de longue durée Kondratieff*, 1959, et en ce qui nous concerne, ajouter à une hypothèse — celle d'un synchronisme possible des mouvements de la vie économique et matérielle à l'échelle du monde — cette hypothèse supplémentaire qui propose, comme mesure d'histoire universelle, de lentes pulsations, ces flux et reflux de la conjoncture séculaire.

Que vaut cette double machine à explorer et à expliquer le temps révolu ?

Plus encore qu'à l'établir de façon péremptoire ou prudente, nous avons eu le souci de montrer les éléments du système explicatif, puis son fonctionnement *possible* du lointain XVe siècle aux premiers signes de la révolution industrielle.

Le système ne vaut que si l'on ajoute aux témoignages chiffrés de la conjoncture d'Occident — témoignages toujours à interpréter, à insérer dans un contexte d'histoire générale — la masse des renseignements surtout qualitatifs qui proviennent du reste du monde, ce monde « historiquement » sous-développé et qui mettra des années et des années à se définir, s'il se définit un jour, sur le plan scientifique de nos calculs et de nos hypothèses.

1962-1963

Les cours du *mercredi* et du *samedi* ont été, les uns et les autres, consacrés à l'*Histoire de la civilisation, méthodes et cas concrets*. Ce sujet anormalement étendu a été imposé au professeur, à vrai dire, par les controverses auxquelles donne lieu la récente réforme du programme d'histoire des classes terminales de l'enseignement secondaire. Il a lui-même pris position en publiant un manuel où sont présentées les grandes civilisations du monde actuel. Cette rédaction l'a obligé à aborder, souvent à trancher de façon autoritaire, les questions de méthode et d'orientation dont tout dépend en ces domaines, comme en tant d'autres. Il a donc tenu à revenir, cette fois à loisir, sur ces problèmes difficiles, de grande portée. Comme on pouvait aisément le prévoir, le temps lui a manqué pour aborder, en dehors de mises au point rapides sur le destin de la civilisation d'Occident, les cas concrets auxquels il avait songé à l'avance. La discussion théorique, appuyée évidemment sur des exemples, mais qui ont été abordés seulement de biais, a occupé la quasi-totalité de ses conférences.

Il fallait, en premier lieu, fixer la biographie des mots essentiels et, de façon provisoire mais nette, préciser le sens dans lequel nous les utiliserons, sans avoir l'illusion de créer, pour autant, un vocabulaire scientifiquement défini puisqu'il ne pourrait l'être de façon valable que si de telles définitions étaient acceptées par tous, sans réticence. Or, ici plus qu'ailleurs, nous sommes en présence d'un vocabulaire en mouvement qui, pour sauvegarder son efficacité, doit s'adapter aux changements qu'imposent à la fois les sciences de l'homme, à la recherche de leurs méthodes, et le style et la manière de chaque auteur. Les problèmes de base pas plus que le vocabulaire ne sont jamais fixés une fois pour toutes.

Définir ce vocabulaire, définir ensuite les tentatives des historiens ou pseudo-historiens des civilisations. Il ne pouvait être question d'écarter d'un mot tant de philosophies de l'histoire que l'obscurité et l'ambiguïté du mot de civilisation ont suscitées hier et susciteront forcément demain. À l'œuvre véhémente d'Oswald Spengler, ou aux synthèses d'Arnold Toynbee, ou à l'histoire sociologisante d'Alfred Weber (la sociologie se présentant de plus en plus aux fabricants de philosophies de l'histoire comme un alibi scientifique), à ces philosophies aussi larges que discutables, il faut opposer une définition serrée du concept de civilisation. Une telle entreprise requiert que les sciences de l'homme entrent en ligne successivement, puis toutes ensemble. Ces discussions nécessaires ont été au cœur d'une longue argumentation. Géographie, psychologie collective, anthropologie, économie politique, sociologie — ces trois dernières prises dans toute leur ampleur — nous ont permis d'aborder les problèmes essentiels, puis de les voir changer et se compliquer sous nos yeux. Le dernier effort a concerné l'histoire elle-même. Dans un tel débat, elle apporte ses mesures, ses possibilités, ses soucis d'une reconstitution « globale » du passé. Le plus intéressant, en l'occurrence, est évidemment cet élargissement à l'extrême des mesures chronologiques qu'elle nous offre ou nous impose. Sans renoncer à des mesures plus restreintes, c'est par siècles, par millénaires qu'elle nous permet de procéder ou nous y oblige. Cette *téléhistoire* se présente comme une nécessité révolutionnaire et fructueuse. Toute réalité sociale qui n'accepte pas les dimensions de la longue durée ne remplit qu'imparfaitement le domaine de l'histoire des civilisations.

Mais cette obligation, à partir du cadre des civilisations, de construire ou de reconstruire une histoire globale réintroduit, de toute évidence, la tentation et les dangers d'une philosophie, pour le moins d'une sociologie de l'histoire à très grande échelle. Une hiérarchie des valeurs se présente à nous, obstinément : tout procédé d'exposition valorise certaines perspectives, efface, pour le moins estompe les autres, même si l'on est conscient du danger, et si l'on s'efforce, en conséquence, de sauvegarder, entre la multiplicité des points de vue, la valeur d'observations qu'offre une étude attentive de la civilisation matérielle. Nul doute cependant que les valeurs spirituelles assaillent notre attention, se veulent privilégiées et qu'elles méritent d'être examinées en elles-mêmes. Tout art historiographique est la recherche d'un équilibre, d'un compromis jamais satisfaisants et qu'il importe de remettre sans fin en cause — pour donner satisfaction à notre conscience comme à nos soucis scientifiques.

1963-1964

I. Le cours du *mercredi* a permis d'achever les explications de l'année précédente sur l'histoire des civilisations. Tout appel à la notion de civilisation implique une confrontation entre réalités présente, antérieure et très lointaine. C'est la reconstitution au milieu d'un paysage, vu d'aussi près que l'on voudra, d'une perspective longue d'après laquelle tout peut s'organiser. Pour reprendre une expression de Lucien Febvre, l'Afrique du Nord a « trahi » l'Occident, mais tout d'abord cette trahison n'a pas été absolue, ni sans contrepartie, et surtout, si trahison il y a eu, celle-ci remonte fort loin, avant les invasions musulmanes, avant même l'expérience romaine dont la fragilité est notoire, peut-être dès le triomphe ancien de Carthage. Si cette longue perspective a sa valeur permanente, elle crée au milieu même des péripéties de la peu compréhensible actualité algérienne une ligne d'observation importante. Bien plus encore qu'une sociologie de la vie rurale et industrielle, une sociologie de la vie religieuse s'impose ici qui distinguerait les zones de ferveur islamique, des zones à demi saisies par la religion dominante. En fait, toute révolution actuelle, toute prise de conscience variera selon cette géographie sous-jacente. Prise en bloc, la civilisation de l'Afrique du Nord d'aujourd'hui est à peser dans ses secteurs divers, elle met en cause toutes les réalités présentes. Mais il s'agit d'en organiser la disposition, la mise en place par rapport à ces valeurs anciennes qui souvent restent décisives.

Au préalable, la même recherche avait été tentée à propos de l'Amérique latine, examinée dans le cadre privilégié de la révolution actuelle de Cuba. Ainsi, par deux fois, nous avons essayé de montrer la place éventuelle d'une histoire qui, pour la compréhension du présent, réclame sa place à côté des autres sciences sociales. Celles-ci travaillent sur le vif, mais ignorent pratiquement les données et méthodes historiques qui, pourtant, leur éviteraient d'innombrables erreurs de détail, parfois des erreurs d'ensemble.

II. Le cours du *samedi* a été une introduction difficile à une étude systématique de l'histoire économique. Cette étude sera reprise l'an prochain. À peine avons-nous atteint, cette année, les premières étapes d'une solution d'ensemble. L'histoire économique pose au moins deux séries de problèmes : ceux de son articulation par rapport aux secteurs non économiques (c'est en bref l'humanisme de l'histoire économique, son insertion dans un ensemble vivant) ; ceux de sa structure propre.

C'est à ces derniers problèmes que les quinze leçons de la présente année ont été consacrées. Le *Manuel d'économie politique* de l'Académie des Sciences de l'U.R.S.S. est la transformation autoritaire d'une *Économie* en une *Histoire*. Était-il possible, à l'inverse, de dégager une certaine Économie d'une Histoire économique, observée dans ses multiples réalités et au travers des explications successives que son déroulement a suggérées aux « économistes », au moins depuis le XVIIIe siècle, à partir du moment où une vue scientifique des phénomènes économiques se dégage, vaille que vaille ? Le problème serait, à peu près, celui d'une Géographie générale, au-delà des descriptions d'une Géographie régionale...

Pour cette recherche difficile et hasardeuse, la thèse de Gilles Granger nous a été d'un grand secours. Il est certain que l'idée fondamentale de l'interprétation économique reste celle d'un équilibre, sans fin rompu, puis sans fin rétabli à un nouveau niveau, et ainsi de suite. C'est cet équilibre que visent les descriptions classiques et toujours utiles des phénomènes économiques, les études de fluctuations ou les comptabilités nationales conduites sous le signe dominant de la croissance. Décrire, mesurer, calculer, en imaginant souvent, pour les époques révolues, les ordres de grandeur, les masses en présence, telles sont les attitudes possibles et qu'il faut accepter les unes et les autres. Ces attitudes commandent une division systématique d'une histoire économique réduite, de façon autoritaire, à ses règles et perspectives générales.

1964-1965

Les deux cours du *mercredi* et du *vendredi* ont été consacrés à un seul et même sujet : la recherche d'une histoire économique systématique dont nous avions amorcé l'étude l'année précédente. Trois types essentiels d'explication s'offrent à nous : la description des divers secteurs de l'activité économique (et la recherche de leur équilibre) ; la mise en observation privilégiée des fluctuations (avant tout celle des prix et des salaires) ; les procédés de la comptabilité nationale. Il ne s'agit pas là dans l'histoire de la pensée économique de trois stades rigoureusement successifs, mais on peut les considérer comme tels dans un schéma d'ensemble.

De ces trois parties de notre recherche, la première, consacrée aux modes descriptifs, avait été abordée en 1963-1964. Nous avions donc à traiter des comptabilités nationales et des fluctuations économiques.

Au sujet de celles-ci ont été mises en cause assez vite les œuvres pionnières de Jean Lescure, d'Albert Aftalion, d'Ernst Wagemann, de François Simiand, plus la récente synthèse de Gaston Imbert. Notre préoccupation a été de présenter, à ce propos, toute une série de cas concrets, de montrer comment ces fluctuations se décomposent en mouvements de durée diverse, depuis l'oscillation saisonnière jusqu'au mouvement séculaire. Finalement c'est à l'œuvre classique de Léon Dupriez que nous aurons fait les emprunts les plus larges.

Plus encore, il nous a semblé que le gros problème était de mettre en rapport les fluctuations et les diverses activités économiques entre elles, puis, au delà, avec l'histoire prise soit dans tel ou tel de ces secteurs, soit dans son ensemble. Cette réintroduction de l'histoire en soi peut se faire selon les procédés de Wilhelm Abel, de Phels Brown, de Pierre Chaunu, de Jean Fourastié et de ses élèves. Tous ces problèmes ont été successivement abordés, l'histoire économique n'étant en l'occurrence qu'une science auxiliaire au service de l'histoire générale.

Les éléments, puis les complications des comptabilités nationales, nous ont ensuite retenu. Il a fallu partir des notions élémentaires des manuels classiques d'économie politique d'aujourd'hui (André Piatier, Jean Marchal, Jean Marczewski, Edmond Malinvaud), d'exemples concrets relatifs à la comptabilité nationale française pour dégager les premières lignes de la discussion. Celle-ci a évidemment débouché sur les travaux en cours et les prises de position de Jean Marczewski, sur ses essais de définition d'une conjoncture nouvelle, sur les travaux de ses élèves, notamment de J.-C. Toutain que nous avions déjà eu l'occasion de signaler dans nos leçons de l'année précédente. Toute une discussion fructueuse doit et peut s'engager à ce propos entre historiens et économistes. C'est dans le sens d'une collaboration étroite que semble, à notre avis, se situer la bonne solution. Mais il y faudra beaucoup de patience et même de bonne volonté.

Un premier *séminaire* nous a permis de discuter avec Jean Fourastié, René Grandamy, Jean Meuvret, E. Le Roy Ladurie, Pierre Vilar sur les rapports entre fluctuations des prix et niveaux de vie. Deux séminaires (avec la participation de Frédéric Mauro, Gilles Caster, René Gascon, Pierre Chaunu, Alvaro Castillo, Denis Richet, E. Le Roy Ladurie, René Grandamy) ont été consacrés à la définition d'un travail en commun sur l'histoire économique et sociale de la France au XVIe siècle.

1965-1966

I. Le cours du *mercredi* — *Histoire et Sciences sociales* — n'a pu être mené à bonne fin. Je voulais démontrer, en effet, que l'histoire est aujourd'hui saisie par les contraintes des diverses sciences de l'homme et qu'elle risque de se perdre dans cet effort qui s'impose à elle d'accepter le dialogue forcément difficile, vrai combat inégal où elle risque de sombrer corps et biens.

Or je me suis trop attardé à définir le métier d'historien dans ses anciennes et nouvelles règles, puis dans les structures qui limitent son jeu et sa liberté. Au vrai, ce qui va de soi pour un historien qui veut saisir les normes et l'évolution de son métier pose souvent des problèmes insolubles, pour le moins difficiles, à un auditeur, même de très bonne volonté. J'ai donc été amené à reprendre mes premières explications, à les simplifier, puis tout naturellement à quitter le ton des entretiens philosophiques pour juger du métier d'historien d'après quelques exemples historiques.

C'est ainsi que j'ai parlé successivement de Voltaire, de Michelet, de Lucien Febvre. L'intérêt des discussions sur Michelet a été tel auprès de mes auditeurs que je leur ai consacré une dizaine de leçons. Cette passion subite m'a dérouté de façon décisive. Le cas de Michelet n'est-il pas privilégié : abondance des sources, éclat de la pensée, violente actualité des controverses, à quoi s'ajoute la lecture, qui risque de tout troubler, du *Journal* aujourd'hui accessible ?

Les deux dernières leçons ont été consacrées à mon prédécesseur Lucien Febvre qui, au Collège même, et si souvent ailleurs, par la plume et par la parole, aura tant fait pour une meilleure compréhension de Michelet.

Il me restera donc, un jour, à reprendre ce dossier mal plaidé cette fois et à mettre à nouveau en cause les sciences de l'homme, tellement promptes à venir en aide à l'histoire et à la « cacher », si l'on ne sait y prendre garde.

II. Les cours du *vendredi* ne devaient être, dans mon programme, que partiellement consacrés à *L'Histoire économique et sociale de la France au XVIe siècle* — sujet que j'avais déjà abordé en 1954. Mon propos était avant tout de tracer le cadre général d'un volume qui doit paraître sous ce même titre avec la collaboration de jeunes historiens, aux Presses Universitaires. Ce cadre tracé — en gros un retard économique et social et une évidente avance politique —, j'avais l'intention de montrer d'après des sources étrangères (espagnoles et italiennes), l'évolution générale de notre pays en procédant par coupes « synchroniques », 1562, 1572, 1588. Ce retour à une histoire événementielle m'a apporté une série de joies et de surprises, l'occasion de constater, en tout cas, qu'un public aussi distingué que celui du Collège ne résiste guère à l'attrait d'une histoire-récit, qu'il s'y abandonne volontiers, se laisse prendre au jeu ancien, et abandonne, pour en discuter, avec trop d'allégresse, les problèmes de la longue durée, du temps conjonctural, ou des structures. Autant dire que ce langage nouveau de l'histoire a besoin souvent, pour atteindre un auditoire, du support difficilement remplaçable d'un langage ancien.

1966-1967

I. Le cours du *mercredi* — *Pour une définition d'une histoire sociale* — et celui du *vendredi* — *Économie et capitalisme au XVIIIᵉ siècle* — n'ont été, ni l'un, ni l'autre, conduits à leur terme, en raison de leur ampleur, des obstacles rencontrés et de la brièveté des temps impartis.

Toute histoire est sociale, pensera-t-on, et il y a pléonasme à employer l'expression d'histoire sociale, d'un usage cependant si fréquent. Mais le plus grave c'est encore de ne pas définir l'expression, il suffit de parcourir les œuvres récentes pour s'en convaincre. Notre effort s'est donc voulu de clarification, tout en sachant que la problématique d'une histoire sociale aboutirait forcément à mettre en cause l'histoire elle-même, saisie dans sa généralité. Si nous ne nous trompons pas sur la conjoncture actuelle, notre métier se trouve confronté violemment aux différentes sciences de l'homme : ou il les intégrera toutes à ses méthodes et à ses problématiques, ou il risque, comme c'est le plus souvent son lot, d'être manœuvré du dehors et brisé en compartiments autonomes.

Notre plan était tracé d'avance : étudier successivement les affrontements de l'histoire et des sciences diverses de l'homme. D'où deux ou trois rencontres sans surprise, où il suffisait de constater et d'expliquer des accords anciens ou récents à propos de la géographie, de l'économie politique, de la démographie. Les difficultés ont été plus grandes quand ont été abordées la psychologie sociale, puis la psychanalyse. Sur ce dernier point les discussions ont été poursuivies à l'École des Hautes Études au cours de trois séminaires très animés. Sur ces discussions vives notre cours s'est interrompu à mi-course. Nous n'avons mis en cause ni la biologie, ni la sociologie. Enfin et surtout nous ne sommes pas parvenus encore, malgré quelques remarques ou prises de position, à une définition claire et utile d'une histoire sociale. Le débat est à reprendre.

II. Le cours du *vendredi* nous offrait la possibilité (pour la seconde fois) de revenir aux problèmes économiques du XVIIIᵉ siècle, de mettre en œuvre une documentation inédite et importante et d'essayer, non seulement de présenter un « modèle » de cette économie, mais d'atteindre les réalités de ce qu'a pu être un premier capitalisme. Il nous était donné aussi de rattacher ces réalités à une évolution antérieure qui s'amorce, sans doute, au voisinage des années 1450. Trop d'historiens, spécialistes du XVIIIe siècle, y sont venus à reculons à partir de l'époque contemporaine ; d'instinct ils auront signalé les vivacités, les réussites, les exploits d'une économie dont le cours se précipite mais dont l'outillage et les méthodes restent très souvent les mêmes qu'au cours des siècles précédents. Si notre point de vue est exact en ce qui concerne l'Europe, il le sera davantage encore à l'échelle du monde. Cette image inhabituelle du XVIIIe siècle n'a pas été reconstituée par nous en son entier. Le temps nous a fait défaut. Nous n'avons pas abordé les chapitres qui auraient dû être consacrés à l'État, à la banque et à la finance, au capitalisme marchand. Mais il nous sera donné d'aborder ces différents problèmes dans un livre de prochaine parution. Nous n'avons donc pas l'intention, pour le moment, de reprendre ces problèmes dont nous avons déjà esquissé l'ensemble, donc dit l'essentiel de notre point de vue.

1967-1968

Les cours du *mercredi* et du *vendredi* ont été consacrés à un seul sujet, l'histoire générale du monde de 1550 à 1650. Chargé dernièrement de la révision du livre de Henri Hauser, *La Prépondérance espagnole* (1re édition, 1934 ; 3e et dernière édition, 1948, publiée à vrai dire sans changements notables), j'ai constaté, avec un certain chagrin d'ailleurs — car j'ai été dans ma jeunesse l'élève attentif de l'auteur de ce beau livre —, que cet ouvrage ne pouvait être remis à jour sans être modifié de fond en comble. Le progrès des connaissances, plus encore le changement radical des points de vue de l'historiographie obligent à voir cette longue période autrement que l'un des plus brillants historiens de la génération qui nous a précédés. C'est cette constatation qui a commandé mes explications, au cours de la présente année.

Il ne pouvait être question, évidemment, de présenter une étude complète et exhaustive de cette vaste tranche d'histoire, mais bien d'en reconstituer les grandes lignes pour les soumettre à une problématique nouvelle. L'occasion était bonne, chemin faisant, de montrer les multiples transformations de notre métier en raison de ses progrès, des progrès des autres « sciences » de l'homme et des mises en demeure de l'actualité. L'histoire est aussi une réponse variable aux questions variables du temps présent.

Grandes lignes : il a fallu, au départ, essayer de définir une histoire aux dimensions réelles du monde, ce qui oblige à reléguer au deuxième ou au troisième plan des événements, des récits traditionnels dont les plus brillants n'ont encore qu'un volume dérisoire à l'échelle du globe. Il a fallu redéfinir ce qu'a pu être, de 1550 à 1650 et même en dehors de ces limites chronologiques, la prépondérance espagnole, une fois écartée la « légende noire », fabriquée par les ennemis jurés et naturels de cette prépondérance. Il a fallu marquer enfin, sans en exagérer le poids ou l'importance, la valeur des coupures représentées par les années 1550 et 1650 et la signification essentielle du siècle d'histoire qui se situe entre ces repères. Avant 1550, tous les grands jeux sont faits : les découvertes maritimes, la Réforme, la Renaissance, le premier capitalisme, la mise en place des États territoriaux d'Europe, puis des Empires (ceux des Osmanlis, des Habsbourg, du Grand Moghol, des rois de Portugal). Le feu d'artifice est bien terminé. Selon Lucien Febvre, c'est le début de l'histoire des « tristes hommes d'après 1560 ».

Et c'est vrai. Mais c'est inexact aussi. Cette période un peu grise, je le veux bien — mais quelle période n'a à la fois ses ombres et ses zones de soleil ? —, voit aussi la naissance de la science moderne, ce qui n'est pas un médiocre événement. Le livre de Pierre Chaunu, *La Civilisation de l'Europe classique* (Arthaud, 1966), vient de souligner ces lumières avec un enthousiasme de très bon aloi. Il est, en effet, de multiples splendeurs, des novations décisives de par le monde, entre 1550 et 1560. Et dans tous les domaines. L'univers issu des grandes découvertes s'est appuyé sur de nouveaux centres de gravité, on dirait, dans le sens de la pensée de François Perroux, sur des « pôles » nouveaux. Tandis que Séville et Lisbonne sont prises en main par les étrangers, Anvers et Lyon déclinent, Paris et plus encore Amsterdam surgissent dans leur force nouvelle. Des zones entières changent de physionomie, s'apprêtent pour le moins à en changer : Macao, fondé en 1557, ouvre l'exploitation directe de la Chine et, au-delà, du Japon ; l'Amérique des Ibériques se consolide, s'étend ; l'aventure russe commence en Sibérie ; sur le plan de l'art, le Baroque inaugure sa carrière bruyante...

Ces grandes lignes fixées, il a été possible de procéder à des examens serrés et de mettre en cause la démographie, l'économie du monde, chaque fois à partir de problèmes concrets, tel celui de la Bourse d'Amsterdam...

Faire entrer la sociologie dans ce concert, le problème était peut-être sans solution, surtout aux dimensions du monde ; je lui ai consacré une série d'efforts plus ou moins heureux, la discussion tournant, sans résultat décisif, autour des notions d'État et de *société globale*. Comme font les historiens en quête d'une explication générale qui se dérobe devant eux, j'ai multiplié les études de cas concrets : Naples avant la révolution de 1647, l'Espagne vue par le biais de la littérature du Siècle d'or, la France pendant la Fronde, exemple sur lequel je me suis particulièrement attardé. Le dernier voyage aura abouti aux Pays-Bas au lendemain de l'arrivée de Don Juan d'Autriche à Luxembourg, le 3 novembre 1576.

Il s'en faut donc que ce cours ait atteint ses limites logiques. Je compte le reprendre et l'achever durant la prochaine année scolaire. En 1967-1968, j'aurai eu l'occasion à la fois de dégager quelques très grandes lignes et de ne pas priver mon auditoire d'études précises, au cours desquelles j'ai souvent retrouvé les événements, les hommes et même cette histoire traditionnelle à laquelle Henri Hauser a, lui aussi, beaucoup sacrifié.

1968-1969

I. Le cours du *mercredi* — suite des leçons de l'année précédente — a porté sur un immense sujet — *Le Monde de 1550 à 1650*. J'ai essayé, comme l'année passée, de soumettre à une révision serrée le livre de mon maître, Henri Hauser, *La Prépondérance espagnole* (3e édition, 1948). J'ai consacré les neuf leçons de la présente année à l'histoire de l'Extrême-Orient, étudiant soit des événements précis, soit des textes choisis parmi les plus significatifs, soit des livres récents, publiés (Denys Lombard) ou encore inédits (Michel Cartier). Le problème essentiel demeure le rattachement à l'histoire générale des destins particuliers du Japon, de la Chine, de l'Insulinde et de l'Inde. Je m'y suis employé avec un bonheur variable. Le succès en ces domaines dépend très étroitement des travaux antérieurs d'histoire traditionnelle, parfois attentifs aux réalités sociales et économiques. Un long article de Mme Aziza Hazan sur les frappes monétaires dans l'Inde moghole (de prochaine parution dans les *Annales, Économies, Sociétés, Civilisations*) établit un décalage de dix à vingt ans entre l'inflation d'argent issue du Nouveau Monde et le mouvement des prix dans l'Inde. Nous sommes ainsi au début d'une révision décisive de l'histoire d'Extrême-Orient. J'avais l'intention de mettre également en cause l'histoire internationale de l'Islam, mais le temps m'a fait défaut.

II. Le cours du *vendredi* (10 leçons) — *L'Italie hors d'Italie, XVe-XVIIe siècle* — a porté sur un sujet assez particulier. Était-il possible entre XVe et XVIIe siècle, en gros de 1450 à 1650, de suivre l'histoire de l'Italie saisie dans ses composantes essentielles — sociale, économique et culturelle — en se plaçant hors de la Péninsule ? Ce parti pris nous a amené à faire un double voyage. Pour dégrossir les problèmes, il a été procédé tout d'abord à un triple tour d'horizon en 1450, 1550 et 1650, en essayant de marquer, pour chacune de ces dates, l'ampleur et la nature du rayonnement de l'Italie. Ensuite le même voyage a été repris par secteurs successifs — la société, l'économie, la civilisation dans le déroulement des trois siècles incriminés. La conclusion la plus sûre, c'est l'étrange persistance, au cours de ces siècles mouvementés pour l'Italie, de ses valeurs, de la puissance de sa vie si lente à manifester cette décadence que l'histoire, hier encore, signalait dès la fin du XVIe siècle.

Six séminaires, les *vendredis* à 17 heures, nous ont permis de reprendre un vieux thème de nos recherches, sur l'unité des sciences humaines et les conséquences que cette convergence entraîne pour l'histoire saisie, elle aussi, dans son ensemble, dans son unité. Ont participé à ces discussions, les professeurs Jacques Bertin et I. Sachs, MM. Chiva, Couturier, Fontana, S. Lwoff, Memmi, Rambaud... L'historien, dans ces débats, est terriblement seul, donc obligé seul de résoudre ses propres problèmes. Mais cette situation ne conduit pas forcément au découragement.

1969-1970

J'ai achevé, cette année, les leçons consacrées, depuis 1968-1969, à l'histoire du monde entre 1550 et 1650. Trois vastes sujets ont été abordés successivement, d'ordinaire négligés par l'histoire générale :

– l'Empire ottoman, de ses lointaines origines à la fin du XVIIIe siècle ;
– l'Amérique hispano-portugaise ;
– la révolution scientifique, dite du XVIIe siècle.

Sur ces différents sujets, il a été possible d'exposer l'état actuel des recherches, de recourir à des explications de textes et de graphiques, qui ont permis de mettre à la portée d'un auditoire attentif des problèmes difficiles.

En ce qui concerne l'Empire ottoman, le gros événement historiographique est représenté par la mise en circulation de documents inédits des archives ottomanes.

Pour l'Amérique hispano-portugaise, une immense littérature difficile à contrôler. Au moins en ce qui concerne le passé du

Brésil, j'ai pu tenir compte de la presque totalité des documents de première main.

En ce qui concerne l'histoire des sciences, j'ai eu l'occasion de reprendre des explications présentées, déjà, au Collège de France en 1953, et de constater l'immense chemin parcouru depuis lors. Les conceptions nouvelles des mathématiques, en se généralisant, obligent les historiens à réviser sérieusement leurs points de vue et leurs façons d'expliquer.

Par ces chapitres différents les uns des autres, a été complété un vaste tour d'horizon que m'imposait la révision méticuleuse du livre de mon maître, Henri Hauser, *La Prépondérance espagnole*.

1970-1971

J'ai l'intention de consacrer les dernières leçons que je dois professer au Collège à un examen général de l'histoire de France. Le problème qui me préoccupe est de savoir comment cette histoire, si souvent abordée par notre littérature, se présente aujourd'hui, dans l'éclairage des nouvelles méthodes et des nouvelles problématiques de notre métier — c'est-à-dire comment elle peut se concevoir, s'interpréter, peut-être même s'expliquer, dans des cadres inhabituels.

Un tel propos m'obligeait à des considérations très générales, à des prises de position forcément catégoriques et à des discussions larges qui se sont souvent prolongées au-delà des cours, avec les plus fidèles et les plus remarquables de mes auditeurs. D'autant que les recherches récentes que j'ai voulu résumer chemin faisant et rassembler ont déplacé, sous le seul poids des connaissances accumulées, de vastes pans de notre passé national. Au milieu de nouveautés indéniables, force est de constater que des questions anciennes, irritantes, se reposent et continuent à nous narguer. Les reposer en termes originaux ne signifie pas qu'on leur apporte, bien au contraire, des solutions catégoriques. C'est le sort de toute recherche historique que de poser ou reposer des questions dont la solution exacte ne s'appréhende pas aisément, dès que l'horizon mis en cause dépasse l'anecdotique ou le seul détail érudit.

Ce que j'ai fixé, au cours des leçons de la présente année, c'est plus encore une façon d'aborder les problèmes (ceux d'hier et ceux d'aujourd'hui) que de fixer le plan ordonné d'une histoire de France que j'écrirai après tant d'autres.

Quatre grands sujets nous auront successivement retenu :

– Il a été relativement facile de voir la France selon son *destin géographique*, car la géographie est une discipline claire, maniable, d'une grande force démonstrative. Le *Tableau géographique* de la France de Vidal de La Blache reste un guide prestigieux. Ce qui s'impose, c'est cette diversité de la France — « Que la France se nomme diversité », comme l'a souvent dit Lucien Febvre —, cette diversité par quoi elle se soude aux diversités voisines et envahissantes de l'Europe et mêle ainsi son histoire à celle de ses voisins, comme l'a remarqué avec force Marc Bloch lui-même. La France est impensable hors de ce contexte qui l'enveloppe et la contraint. Sans doute la politique a-t-elle réussi à réunir ensemble ces régions différentes, à atténuer divergences et originalités locales au cours d'un passé dont on connaît les étapes, parfois dramatiques. Le vrai problème, c'est encore de savoir quel serait, pour l'ensemble de ce passé, le clivage essentiel et qui serait le plus explicatif : Nord contre Sud, ou Est continental et terrien contre l'Ouest attiré par la vocation maritime et où les villes marchandes auront tant à souffrir d'un gouvernement central qui n'a jamais été franchement le leur ? Bref, en ces problèmes difficiles et passionnants, la géographie est une lumière : il suffisait très souvent de reprendre, en ce domaine, des œuvres décisives, de remettre ses pas dans les pas de prédécesseurs prestigieux.

– L'*histoire de la langue française*, qui nous a retenu ensuite, nous a remis en présence de l'histoire monumentale de Ferdinand Brunot. La résumer, la voir d'un peu haut, ce sont des tâches plus difficiles qu'il n'y paraît, d'autant que les recherches en ce domaine ont été nombreuses, souvent d'une grande finesse et que la nécessité se fait pressante de ramener cette histoire enfermée en elle-même à l'histoire générale qui est notre but. Or l'opération est loin d'être aisée.

– Il était bien plus risqué encore de se lancer dans deux directions franchement nouvelles.

Tout d'abord, peut-il y avoir une *histoire biologique* de notre pays ? Passer des techniques, ou des livres de large diffusion de nos collègues François Jacob, Jacques Monod, André Lwoff, Jean Bernard, Georges Ruffié, à pareille recherche, représente pour un historien un saut prodigieux dans un univers inhabituel, pour lui plein de pièges redoutables. S'y orienter ne suffit pas ; il importe d'imaginer un classement qui réponde aux normes et aux exigences de l'histoire, aux permanences et mutations de cette dernière, et de ramener ces connaissances de façon utile à la France puisque c'est elle qui se trouve en cause. Bien entendu, il ne s'agissait que d'aboutir à une première approche. C'est certainement en ce domaine que le cours a été à la fois le plus novateur, à ses risques et périls, et le plus imparfait. Impossible, en l'occurrence, de mettre ses pas dans les pas des autres. Or l'histoire, comme les autres sciences de l'homme, recherche une liaison valable avec les diverses branches de la biologie. De cette jonction nécessaire ne dépend pas seulement l'avenir de l'histoire, mais celui de toutes les sciences de l'homme.

— Après l'effort que m'ont demandé ces conférences, je n'aurais jamais abordé avec succès l'immense sujet de la *civilisation populaire* sans l'aide qu'ont bien voulu m'apporter, dans trois longues séances de séminaire, l'ancien et le nouveau directeurs du Musée national des Arts et Traditions populaires, MM. Georges Rivière et Jean Cuisenier. Films, enregistrements musicaux, conférences, exposés, discussions ont fourni des séances animées et fructueuses, grâce à la participation de Mlles C. Marcel-Dubois, S. Tardieu, de Mme L. Ténèze, de MM. O. Ducret, J.-D. Lajoux, et d'Isaac Chiva qui a été l'organisateur attentif de ces séances. Qu'ils en soient tous remerciés.

1971-1972

Les deux cours du *mercredi* et du *vendredi* ont été consacrés, comme l'année précédente, à une *relecture* d'ensemble de l'histoire de France : c'est ainsi qu'il convient de comprendre et d'interpréter le titre général, en apparence trop ambitieux, de ces entretiens : *Les grandes lignes de l'histoire de France*. J'ai supposé, en effet, cette année comme la précédente, que « l'ensemble » de cette immense histoire, connu, pesé, enregistré avec une certaine surabondance, était à la disposition des auditeurs, et naturellement du professeur, dont le but était de tracer à travers cet immense pays de la connaissance historique, des itinéraires privilégiés, occasions de reconnaissances, de constatations, de problématiques légitimes, de réponses provisoires, d'incitation à la recherche, de mises en cause équitables, scientifiquement parlant.

Évidemment, si ces itinéraires et les questions préalables, qui les tracent de façon autoritaire, sont mal choisis et se révèlent aberrants, nous risquons de nous perdre, c'est-à-dire dans le meilleur des cas, d'avoir à reprendre tout dès le point de départ, ou, ce qui est plus grave, de nous contenter en fin de course de fausses solutions, d'hypothèses gratuites, vides de sens. Au moins conviendrait-il de s'en apercevoir au terme du voyage. Le risque n'est évidemment pas illusoire : l'histoire entière de la France ne se traverse que par les routes de *la longue durée*. Ces routes-là peuvent s'ouvrir aussi sur de fausses perspectives. Je ne suis pas sûr, ainsi, l'année dernière, d'avoir dégagé avec sûreté les réalités d'une histoire biologique de la France. Mais l'entreprise en valait sans doute la peine.

Les routes choisies pour les entretiens de cette année ne présentaient ni la nouveauté, ni les risques d'une enquête centrée sur une biologie rétrospective. En effet, ont été mises en cause, au départ, les réalités économiques, les réalités politiques (au vrai le destin des États français successifs), les réalités sociales, les réalités culturelles. Ces deux dernières questions, faute de temps, n'ont pas été abordées, mais le seront éventuellement dans le livre que je prépare et dont les présentes leçons ont été la première ébauche.

Sans aucun doute c'est une tâche longue, difficile, que d'examiner dans son ensemble l'histoire de notre pays du point de vue exclusif du doit et avoir, ou de l'administration des biens rares, pour définir ainsi, sans la définir vraiment, l'économie politique, science de l'actuel dont nous avons, historiens, à déplacer le langage vers le temps passé, au risque de bien des confusions. Mais l'économie politique rétrospective, aménagée par le travail des historiens au cours de ces trente dernières années, est devenue une science auxiliaire de notre métier. Et c'est une tâche relativement sans surprise que de reprendre des explications, qui tendent à devenir classiques, sur l'impact des flux et reflux de population ou sur les montées et descentes des marées conjoncturelles. La difficulté, cette fois sans solution satisfaisante, c'est l'explication de ces mouvements alternatifs. Ils commandent sinon tout, du moins bien des choses. Mais par quoi sont-ils à leur tour commandés ? D'autres mouvements agitent aussi la masse passive et jamais immobile de l'histoire : il y a des conjonctures sociales, politiques, culturelles et même climatiques, il y a même des cycles aberrants décrits par les diverses maladies. C'est donc la conjoncture des conjonctures qui reste à imaginer, et si possible à cerner. Et surtout, au-delà de ces constatations, se pose le problème des invariants, de ces cadres qui ne bougent guère, ou semblent ne guère bouger. Si bien que croissance et progrès se situent souvent comme à l'intérieur de ces permanences ou de ces somnolences. Le *progrès non neutre* des économistes est toujours lent à montrer son visage et à imposer ses novations, entendez ses destructions structurelles. Le plus gros problème, dans le cadre de l'histoire de notre pays, n'est-ce pas la lente, l'imparfaite mise en place d'un capitalisme à part entière, Jean Lhomme dirait « le capitalisme sans adjectif », *système* qui, pour lui, prend dans ses contraintes une société entière, la soumet à ses exigences, à ses efficacités comme à ses injustices. Or je pense que la France accueille mal de telles exigences et de telles réalités. Elle est trop vaste, trop diverse, précocement trop achevée dans son ordre politique pour être saisie par cette modernité *non neutre*. Le capitalisme précoce aura saisi les villes d'Italie, en somme des corps menus, ou la Hollande, c'est-à-dire Amsterdam, ou l'Angleterre, c'est-à-dire Londres. Cette résistance de notre histoire, n'est-ce pas un grand problème ?

Second itinéraire : le destin politique de la France a été, hors de considérations générales, ramené à la succession de monarchies d'un côté, de républiques de l'autre, mais si celles-là ont été étudiées avec un certain détail, celles-ci au contraire, faute de temps une fois de plus, sont demeurées hors de nos interprétations attentives. En fait, nous avons concentré nos efforts sur les cas, à vrai dire magnifiques, de la monarchie de Louis XIV et de la Révolution française. Pour l'un et l'autre de ces vastes exemples, nous avons évidemment débordé les limites chronologiques traditionnelles : Louis XIV a été vu avant et après Louis XIV ; la Révolution avant et après la Révolution. Devant ces problèmes d'une taille inhabituelle, nous sommes restés fidèles à une dialectique propre à l'histoire qui oppose, sans fin, ce qui dure longtemps à ce qui s'avance vite et se brûle vite. Je crois, en effet, que l'histoire, dans ses explications généralisantes, ne peut progresser qu'en opposant les temporalités diverses entre quoi, à nos yeux, elle se divise sans cesse, tout en restant une dans la somme de ses mouvements. Toute révolution qui éclate relève ainsi de la courte durée. De toute évidence, elle est limitée dans le temps. Ce qui dure par contre, ce sont les tensions révolutionnaires, les contestations latentes de l'ordre établi et des règles contraignantes sans quoi ne peut vivre aucune société, l'existence d'hommes *fatalement* révolutionnaires, condamnés à l'être et qui, cependant, ne rencontrent pas forcément la conjoncture révolutionnaire qui achèverait ou scellerait leur destin.

Il me semble inutile d'ajouter que ces exposés théoriques ont été assortis des études particulières indispensables. L'histoire vécue n'a jamais été perdue de vue. Elle a conservé la vedette dans toutes nos explications.

La dernière leçon de cette année — qui clôt un long enseignement commencé en décembre 1950 au Collège — sera publiée. Il est donc inutile d'en présenter un résumé*.

---

* Cette leçon, dont la bande d'enregistrement par les services du Collège de France a été malencontreusement effacée, n'a pas été publiée.

II

PROPOSITIONS DE CRÉATION DE DEUX CHAIRES AU COLLÈGE DE FRANCE

Le système d'élection au Collège de France est très particulier. La chaire d'un professeur, lorsqu'il prend sa retraite, disparaît avec lui. Il s'ensuivra la création d'une chaire nouvelle dont tout membre du Collège peut proposer le libellé, dans n'importe quel domaine de la recherche. C'est aussi le cas à l'École pratique des Hautes Études. La particularité du Collège est que, au nom du principe que son rôle est d'assurer un renouvellement de la recherche au plus haut niveau, un premier vote se fera uniquement sur le choix d'une chaire. Le présentateur ne devra donc mentionner aucun nom de candidat, bien que son exposé corresponde évidemment au profil d'un chercheur particulier et que tout le monde connaît, ne serait-ce que parce qu'il a fait les visites rituelles en annonçant sa « possible candidature ». Il est vrai toutefois qu'à la limite, en principe, plusieurs candidats autres que celui-là pourraient se présenter, lors du deuxième vote, à la chaire qui vient d'être créée.

PROPOSITION DE CRÉATION D'UNE CHAIRE D'ANALYSE DES FAITS ÉCONOMIQUES ET SOCIAUX[*], PRÉSENTÉE PAR M. FERNAND BRAUDEL, 28 NOVEMBRE 1954

Mes chers Collègues,

J'ai l'honneur de vous proposer la transformation de la chaire d'*Histoire de la littérature latine du Moyen Âge*, devenue vacante, en une chaire d'*Analyse des faits économiques et sociaux*. Cet intitulé évite, à dessein, les mots habituels, et si commodes, d'*Économie politique* qui figurèrent sur l'affiche du Collège de 1832 à 1916. Mais cette querelle de mots ne nous retiendra pas outre

---

[*] Texte inédit. Archives de Fernand Braudel. Le candidat proposé pour cette chaire était François Perroux.

mesure. Signalons, en faveur de notre solution, qu'Émile Levasseur, professeur au Collège de France de 1871 à 1911, avait lui-même fait transformer la chaire d'*Histoire des doctrines économiques* qu'il occupait déjà, en une chaire des *Faits économiques et sociaux*. Il nous a ainsi approuvé longtemps à l'avance. Par un intitulé presque identique, je voudrais donner toute sa clarté nécessaire au projet que j'ai l'honneur de défendre devant vous.

Sous le nom d'*Économie politique*, en effet, on entend trop souvent une recherche et un enseignement traditionnels, centrés sur la théorie et l'explication attentive des doctrines. Je pense qu'un tel enseignement ne répondrait aujourd'hui ni à la vocation du Collège, ni aux exigences clairement comprises des sciences économiques ni, enfin au intentions de nos collègues favorables au projet que je vous soumets.

Les sciences économiques, durant ces vingt dernières années, ont accompli des progrès immenses grâce à des méthodes nouvelles, à de vraies révolutions et, non moins, grâce à la faveur de circonstances et d'expériences récentes. Le travail des économistes s'est poursuivi souvent dans la ligne des anciennes conceptions, mais à d'immenses distances de ces indispensables points de départ. Un tel travail implique, présentement, de longues opérations préalables d'information, de recensement, de mesure ; il se place sous le signe triomphant du nombre, exige de vastes enquêtes et réclame, forcément, de très importants crédits... Cette multiplication des mesures et des prises sur le réel a entraîné, à elle seule, une modification complète des fondements de la science économique : on ne saurait plus penser, à l'heure actuelle, que l'économique constitue un secteur à part, autonome, dans la vie des hommes. La réalité économique se diffuse à travers la masse entière de la vie sociale. Elle n'acquiert sa vraie et vivante signification que prise dans ce cadre essentiel : par suite, il ne peut y avoir d'analyse des faits économiques sans une analyse serrée des faits sociaux. La multiplication des données numériques, l'étude renouvelée des co-variations, l'étendue volontaire des recherches tendent, même sans en connaître toujours la nature ou la portée exacte, à tenir compte de ces réalités sociales d'encadrement.

Il est possible, pour prendre un exemple, de fixer la situation exacte, en 1947, de l'économie américaine, divisée, sans trop d'arbitraire, en une centaine de secteurs particuliers, puis, à cette occasion, de marquer les diverses liaisons par entrées et sorties, entre ces secteurs différents ; il y faut, malgré la merveille des machines, des calculs poursuivis pendant deux ou trois années.

Si la situation est pareillement fixée, cette fois en 1950, pour les mêmes secteurs de cette même économie, aux points du premier recensement, on pourra faire correspondre les points du second, pour les joindre par des lignes droites. Il sera licite de lire, sur ces faisceaux de droites prolongées, la situation probable de l'économie américaine, en 1955 ou en 1956, à condition de ne pas pousser trop en avant une prévision qui reste strictement à court terme. De tels calculs ne donnent une image valable qu'à brève échéance ; ils éclairent, à l'usage des gouvernements et de la recherche, une sorte d'économie instantanée — celle dans laquelle nous vivons. Si de tels sondages étaient renouvelés sur un laps de temps suffisamment long, nul doute qu'il ne fût possible de passer, ainsi, du court terme au long terme, de rattacher à notre explication les mouvements lents, de longue durée, auxquels François Simiand, ici même, au Collège de France, aura consacré les derniers grands efforts de sa vie.

Mais le problème est malheureusement difficile à résoudre dans l'état actuel de nos connaissances : on ne passe pas aisément de l'onde courte aux ondes sous-jacentes, du cycle à l'intercycle, ou au mouvement séculaire : la vie économique a ses vagues et ses marées.

★

En partant d'une somme étonnante de mesures numériques, Colin Clark nous a présenté, hier, entièrement faite de chiffres, une extraordinaire *Imago Mundi* valable pour les années révolues du XXe siècle. Il y a ajouté une série de pronostics, plus encore crayonnés que solidement établis, afin de déterminer, à l'avance, l'économie de demain, de 1960 ou 1980. Il aura poussé ainsi ses images, ses « blocs » et ses raisonnements très au-delà de l'actuel, dans le temps prophétique de l'avenir, un temps qui a le tort de ne guère résister, ou de ne pas résister *utilement* à nos besoins d'explication et de construction claires. Tout ce qu'il indique et prévoit reste possible, nullement certain : la vie matérielle des hommes, à si long terme, demeure hors de nos prévisions, à la merci d'une innovation, d'une discontinuité efficace, d'un scandale ou d'un changement d'artifices qui décevraient nos calculs les plus raisonnables.

Pour ressaisir l'ensemble d'une économie sociale en mouvement, le mieux, le plus sage, le moins commode aussi, n'est-ce pas de se retourner encore vers le temps révolu et ses certitudes étiquetées, reconnues, mesurées ou mesurables, donc vers ce que nous avons vécu du XXe siècle, ou vers ce XIXe siècle déjà assez épris de mesures personnelles pour que l'on puisse en retrouver les cotes et les indices ? Ce retournement d'une économie neuve vers le passé ne peut mettre en cause, à son tour, qu'une histoire neuve, elle aussi, infléchie et très différente de l'histoire des historiens traditionnels. Qui veut, en économiste, retracer les étapes et les modalités de la *croissance* française, de la fin du XVIIIe siècle à nos jours, devra tout d'abord en recréer l'histoire, valable dans un esprit très particulier, avec des exigences nouvelles, et, certes, il ne pourra pas, à lui seul, mener la lourde entreprise à bonne fin. Qui oserait soulever avec ses propres forces, la masse écrasante des documents de la seule Banque de France ? Un travail d'équipe s'impose, difficile, souvent décevant, toujours à orienter ou à réorienter, à compléter ou même à reprendre au fur ou à mesure qu'il se poursuit... Une enquête de cette sorte ne peut se limiter à un secteur, à la question passionnante, mais relativement simple des prix et des salaires, aux problèmes des investissements et de l'épargne, ou au faisceau d'indices du revenu national... Ou l'on multipliera les prises en étendue et en profondeur, ou le travail sera aussi vain que fastidieux. Encore faut-il interpréter ce travail, distinguer les permanences d'un côté, et de l'autre les réalités circonstancielles, simplement *historiques*, dirions-nous... Il faudra distinguer aussi les expériences, choisir entre elles, limiter leur témoignage, puis mettre le tout en œuvre. Cet effort historique, qui n'est pas simple histoire, doit prendre place dans une science exigeante, mêlée à l'actualité et de large portée, désireuse de tenir compte du temps pour finalement s'en mieux dégager et en être victorieuse. Il ne faut pas seulement songer à une histoire neuve, à une économie neuve, mais tout autant à une sociologie neuve, attentive au réel, à une géographie particulière, qui rompe avec les habitudes les plus sûres. Je ne parle que pour mémoire des appels nécessaires aux services de la statistique et des mathématiques...

En fait, ni la réalité d'aujourd'hui, ni celle d'hier ne se transposent d'elles-mêmes sur le plan mal défini encore, mais d'autant plus exigeant des sciences sociales. Il y faut une problématique, des explications, des hypothèses, des théories d'ensemble, un arsenal de modèles... Je songe à la théorie à peine formulée des économies dominantes, avec leurs structures asymétriques, véritables structures du monde actuel et du monde d'hier — je songe à une géographie économique, renonçant à l'espace physique, à l'espace « banal », comme on a presque raison de le dire — je songe aussi aux cadres flexibles et utiles jusqu'à plus ample information, des théories sur la *croissance* qui permettent de dépasser ou de renouveler les explications formelles et trop simples des mouvements cycliques... — je pense aussi aux ruptures structurelles qui, hier, ont passionné, après tel économiste suédois, un congrès récent des économistes de langue française...

Mais je ne pose ainsi que quelques jalons, insuffisants, pour signaler le travail novateur d'économistes, en lutte avec le temps actuel, l'avenir immédiat ou lointain et, pour comble de difficulté, avec le passé utilisable. Si je précisais davantage ma pensée, j'en arriverais malheureusement à abuser de vos instants et, surtout, à mettre en pleine lumière l'action et les efforts d'un candidat auquel je pense... Le procédé, vous le savez, n'est pas dans les usages du Collège.

Mais le projet dépasse, en fait, toute candidature particulière, si brillante soit-elle, il pose à votre attention d'assez larges et graves problèmes qui n'ont rien à voir avec ceux qu'a connus le Collège, quand y enseignèrent, hier, tant d'illustres économistes : Jean-Baptiste Say, de 1831 à 1832, Rossi, de 1833 à 1840, Michel Chevalier, de 1840 à 1879, Leroy-Beaulieu, de 1880 à 1916, Levasseur, dans une chaire d'*Histoire des doctrines économiques*, puis des *Faits économiques et sociaux*, de 1871 à 1911. La longueur de ces enseignements — et de ces règnes — évitait les trop fréquents problèmes de recrutement. Il n'était pas question, non plus, de faire face, alors, à une situation difficile, presque désespérée, comme celle d'aujourd'hui. La France avait, en ces années-là, les premiers économistes du monde. Elle vivait sur son acquis et de son éclat. Tous réclamaient ses leçons, ses conseils et ses directives. Une pareille situation n'était ni illusoire, ni abusive. Aujourd'hui encore, les grandes idées dont se nourrit la science économique viennent souvent de chez nous. Songez que Quesnay a formulé, il y a presque deux siècles, la théorie des circuits, voire des réseaux, que la pensée de Cournot et celle de Léon Walras restent vivantes et efficaces.

Mille raisons ont contribué à inférioriser, les héritiers et continuateurs de l'École française. Son succès, tout d'abord. Ensuite la nature même de la vie française, trop diverse, trop nuancée, pour se prêter aux calculs simplificateurs et aux systèmes trop rigides. Il a manqué aussi, à nos économistes, un contact direct avec la vie. La politique leur a trop souvent fermé ses portes utiles. Enfin et surtout, il ne peut y avoir, aujourd'hui, d'économie et de sciences sociales valables, sans outils de travail, sans laboratoires, sans organismes puissants de recherches. Je suis sûr que ce grave problème d'équipement, à ne pas être résolu au moment voulu, compromet à l'avance tous les efforts valables de la recherche française. Je suis donc sûr qu'en donnant à un économiste français de qualité, de pair avec la science internationale, disposant de puissants moyens de recherche — en lui donnant l'appui immense que lui conférera le prestige du Collège de France, vous aiderez à un rétablissement nécessaire, vous prendrez parti en faveur d'une science dynamique, neuve et nécessaire. Votre geste aura valeur d'exemple.

C'est à peu près en ces termes qu'aurait parlé notre collègue André Siegfried, s'il n'avait été retenu aujourd'hui, loin de nous, par une mission à l'étranger. Depuis longtemps, il avait songé au projet même que j'ai défendu devant vous. Il est convaincu, comme certains d'entre nous, de l'intérêt qu'il y aurait à ouvrir le Collège à un économiste « créateur » selon la tradition de l'École française, mais, en même temps, *je cite ses propres mots* « ouvert aux conceptions nouvelles, en contact avec la pensée économique internationale », capable « d'utiliser les méthodes de l'histoire, de la géographie, de l'analyse, en établissant des échanges permanents entre ces divers points de vue... également préoccupé de retrouver dans notre tradition française, chez un Cournot par exemple, des idées et des hypothèses largement utilisées depuis à l'étranger... [en un mot, sachant] ouvrir ses fenêtres de tous côtés... » Excusez-moi de vous donner lecture d'extraits, et non pas de la lettre entière et si chaleureuse que notre collègue m'a adressée à votre intention. Elle a le tort ou l'avantage, de soutenir, à visage découvert, le présent projet, mais aussi le candidat qui est à l'origine de notre effort. Il me semble inutile, au moins aujourd'hui, de le suivre sur cette voie. Les règles de notre maison me paraissent très sages de ne pas faire porter le premier débat doctrinal sur des personnes, mais sur des programmes. Je soumets donc, sans plus, notre seul projet théorique à votre bienveillant examen.

PROPOSITION DE CRÉATION D'UNE CHAIRE
D'HISTOIRE SOCIALE DE L'ISLAM CONTEMPORAIN*,
PRÉSENTÉE PAR M. FERNAND BRAUDEL, 26 JUIN 1955

Mes chers Collègues,

Les partisans du projet que j'ai l'honneur de vous présenter avaient pensé, tout d'abord, et assez naturellement, à vous demander le maintien pur et simple de la chaire de Robert Montagne, consacrée à *L'Histoire de l'expansion de l'Occident*. Ils y étaient conduits par les ressemblances aisément visibles au premier examen, entre Robert Montagne et Jacques Berque, le candidat auquel nous songeons.

Tous deux ont eu le privilège assez rare d'associer l'action et la connaissance scientifique désintéressée. Tous deux sont partis de l'observation directe, sur le vif, et ont fait confiance à l'enquête sociologique, assortie de multiples et indispensables précautions, conçue sous le signe de l'histoire. Aux mêmes pays, aux mêmes groupes et sociétés, étudiées avec amour et dilection, à ces humanités des hautes montagnes, des plaines, des cités traditionnelles, des villes neuves ou rajeunies d'Afrique du Nord, tous deux ont consacré le meilleur de leur vie et de leur travail. Leurs thèses se répondent et se complètent. Tous deux, enfin, ont été tentés par l'Orient islamique d'aujourd'hui, sans la connaissance duquel, à vrai dire, toute observation ou méditation sur la seule Afrique Mineure risque d'être incomplète, limitée, grosse d'erreurs, car retirée du contexte de l'Islam où elle s'intègre... Il était donc naturel, pour souligner cette continuité, de vous proposer le maintien de la chaire de Robert Montagne.

À la réflexion cependant, l'intitulé de la chaire de notre collègue nous a paru discutable, inexact, un peu hors de saison... Cette banderole, *L'Expansion de l'Occident*, vieille de quelques années seulement, convenait-elle d'ailleurs à l'activité de Robert Montagne lui-même ? Il nous a semblé logique, tout en préservant les avantages que représente notre projet du point de vue de la continuité d'un enseignement et d'une œuvre exceptionnels, de le placer délibérément sous un titre nouveau, qui l'éclaire mieux et en fixe sans contestation possible les ambitions, les tâches et les frontières. C'est pourquoi nous vous proposons la

---

* Texte inédit. Archives de Fernand Braudel.

création d'une chaire d'*Histoire sociale de l'Islam contemporain*. Elle signifierait, pour son titulaire, une série d'engagements, de tâches très précises, de possibilités...

Il est bien entendu qu'il n'est pas question, ainsi, de reprendre à l'Occident, si vous voulez, à l'histoire traditionnelle de la colonisation, ce qui lui est dû et lui revient de droit. Le mot même de colonisation, pourquoi le proscrire ? Le rôle, la part de l'Occident restent considérables. Ce qu'il a pensé, ou fait, ou, mieux encore, ce qu'il a essayé de concevoir ou de réaliser, même ce qu'il a imposé inconsciemment, en raison même de son avance technique, en vertu, a-t-on dit, d'une sorte de loi de physique, tous ses actes, en vérité, auront été décisifs, je veux dire lourds de conséquences. L'histoire de l'Islam, dans le temps présent, aura été et reste, pour une large part, une adaptation à des chocs venus du dehors.

Mais il importe, aujourd'hui, de ne pas éclairer ces seuls processus qui viennent d'Occident et y font retour. Il importe de faire leur juste place aux mouvements propres de l'Islam, à ses visages, à ce que Jacques Berque appelle, au gré de ses explications, les originalités, les mélanges inédits, ou, mieux encore, les spontanéités des milieux islamiques... Il s'agit de vivre de leur vie même...

Vous devinez combien ces études centrées sur l'actuel, le vivant, le spontané, impliquent de difficultés. Il y a les difficultés linguistiques, les premières auxquelles on songe, et qui sont essentielles. Méfions-nous de l'enquêteur, si fin et si délié soit-il, qui s'informe par le truchement de comparses. Voir ne suffit pas : il faut entendre. Une observations valable de l'actualité implique nécessairement, ici, de la part de l'enquêteur, la connaissance d'un certain nombre des dialectes et parlers employés de nos jours dans les pays musulmans. Or une série de hasards, hasard de vie et même, pourrait-on dire, de naissance, ont donné à notre candidat une maîtrise exceptionnelle dans ces domaines difficiles. Il parle depuis l'enfance les dialectes maghrébins ; six ans en pays berbère lui ont permis d'apprendre le parler chleuh ; il manie l'arabe littéral et ce langage classico-moderne qu'est la *koinè* de l'Orient actuel, au point de professer en arabe, hier au Caire, demain à Beyrouth...

Mais les difficultés linguistiques ne sont pas les seules. L'actualité ne livre pas ses secrets dès la première enquête, même conduite sous le signe de la bonne volonté et de la sympathie. L'Islam est assez secret et, en vérité, ne peut se comprendre ou s'apercevoir que saisi dans sa totalité, et donc dans les diversités de son étendue et de ses destins, dans les accords et les désaccords de ses différentes actualités. La comparaison est ici la clef indispensable. C'est pourquoi nous vous demandons de créer une chaire, dont le domaine s'étende à tout l'Islam actuel, de l'Atlantique à l'Insulinde.

Ce n'est pas hasard, non plus, si nous parlons, dans l'intitulé même, d'étude *sociale*. Nous entendons par là une étude sociologique, cela va de soi. La sociologie est à la mode. Mais il s'agit, dans notre esprit, d'une sociologie qui, en réalité, se nourrisse, selon l'effort original et novateur des sciences sociales en France, de toutes les disciplines et techniques qui ont pour objet la société, où que celle-ci se présente à notre examen. Par une suite de paradoxes, très explicables au demeurant, la sociologie aura bien plus réussi, chez nous, dans le domaine des sciences sociales que dans la zone étroite de la sociologie théorique, quel que soit le bien que l'on puisse penser de cette dernière. En fait, histoire, géographie, démographie, économie, folklore, dialectologie, enquête directe, statistique, études juridiques, tels seront les chemins de l'éventuelle enquête sociale qui doit prendre pour objet les divers pays, groupes et hommes de l'Islam contemporain. Aujourd'hui, une science sociale isolée n'est plus valable.

Mais le mot histoire qui introduit et commande l'ensemble du projet, ce mot important, ce mot trop clair, appelle lui aussi quelques précisions. Par histoire, entendez tout d'abord une histoire traditionnelle à court terme qui permette de situer les événements, les hommes marquants, les ultimes solutions, « les explosions récentes », dit Jacques Berque. Entendez aussi une histoire à long terme qui s'intéresse à de larges espaces du temps écoulé, donc aux structures, parfois très anciennes. Son objet est de mettre en lumière la disposition, le poids relatif, des diverses réalités sociales les unes par rapport aux autres : elle est attentive à leurs constellations si lentes à se déformer.

Que l'on considère l'Islam en Afrique du Nord ou ailleurs, il ne se présente lui-même, dans sa réalité sociale vivante, que sous un amoncellement d'expériences, d'héritages vétustes, sous une prolifération de cadres sociaux qui persistent et rarement éclatent, sous les débris de civilisations successives donc, au milieu de cendres accumulées, très anciennes parfois et qui brûlent souvent encore. Par son attirail désuet, par ses passions d'autrefois, par ses modes attardés de sentir et même par ses nouveautés brutales, l'Islam vivant relève de l'histoire. Il est impensable en dehors de son mouvement même.

Quelques mots encore... Il y a un instant, nous avons voté en faveur d'une chaire de sociologie de l'Islam qui vise, malgré son titre à dessein très large, l'islamologie, l'histoire lente des comportements religieux et intellectuels, qui se tourne, avant tout, vers les assises d'un passé ancien ou, du moins, largement révolu. Ce sont là des perspectives classiques. Nous vous proposons, maintenant, de voter en faveur d'une chaire d'histoire actuelle, orientée dans le sens d'une sociologie neuve et multiple et qui impliquera forcément de très larges et puissants retours en arrière : présent et passé ne peuvent guère être dissociés. Nous vous demandons de vous prononcer en faveur d'un programme de recherches neuves. Le candidat auquel nous pensons est certainement à la hauteur de cette tâche diverse que l'on essaie de définir à l'avance, selon l'image même de son œuvre, de sa personnalité, de son expérience vécue, de ses promesses sûres, de ses hardiesses nécessaires...

Toutefois, vous penserez que c'est beaucoup demander, un même jour, en faveur de l'Islam. Mais n'est-ce pas le hasard qui nous oblige à cette insistance ? Un départ normal, un départ inattendu viennent de laisser vacantes deux chaires consacrées en fait, l'une et l'autre, au-delà de l'Afrique du Nord, au domaine immense de l'Islam. Nous avons perdu deux maîtres incontestés, de très large, d'immense réputation. Serait-il raisonnable de continuer l'enseignement de l'un, mais de suspendre l'enseignement du second dont l'œuvre, par surcroît, est irrémédiablement interrompue ? Il a toujours été dans la tradition du Collège de faire place aux *meilleurs* arabisants de notre pays, qui sont souvent les meilleurs arabisants du monde. Il est aussi dans la tradition du Collège d'ouvrir ses portes aux hommes d'action, en même temps hommes de pensée rigoureuse. La race en est rare et d'autant plus précieuse...

Je ne voudrais pas trop ajouter à ces arguments qui nous ont, pour notre part, déterminé. Je dirai seulement, mais très vite, que notre pays a, vis-à-vis des États et des peuples musulmans, ses très lourdes responsabilités. L'Islam peut, aujourd'hui, s'opposer à nous ; il n'en reste pas moins lié à notre pays, et de très près, pour les nourritures de l'esprit plus encore peut-être que pour les biens terrestres. La France n'a pas cessé de rayonner vers lui, de former ses chefs, ses politiques, ses savants, ses lettrés. Sa civilisation dans ce qu'elle a de plus neuf et de plus humain. Le moment serait mal choisi de diminuer ces lumières vives. Qu'elles partent du Collège de France nous paraît un bienfait supplémentaire. Lumière oblige.

TROISIÈME PARTIE

LE TEMPS DES *ANNALES*

Appelé par Lucien Febvre aux Annales, *créées en 1929 par Marc Bloch et Lucien Febvre, dès 1937, Fernand Braudel en devient un des directeurs en 1946 à son retour de captivité. Il y travaillera inlassablement jusqu'en 1956 auprès de Lucien Febvre et à partir de 1956 entouré d'une équipe de jeunes historiens qu'il y appellera. Les textes que nous reproduisons, souvent courts, ont pour but de donner vie à l'atmosphère bien particulière que connurent les* Annales *et leur équipe rédactionnelle de 1947 à 1972, date à laquelle Fernand Braudel s'en éloignera. Nouveaux projets, mises en cause des méthodes, définition des priorités, ligne de la revue sont tour à tour éclairés par ces textes méthodologiques, parfois polémiques.*

I

LES *ANNALES* EN 1947*

La première année de reprise pacifique des *Annales* se termine. Et nous aurions le droit de chanter victoire, si nous ne craignions d'irriter les dieux. 1946 nous a comblés. Nous avons regroupé nos collaborateurs et nos amis échappés à la tourmente. Nous avons attiré à nous de nouveaux amis et de nouveaux collaborateurs. Nous avons entièrement épuisé notre tirage, au point d'en être gênés pour servir nos nouveaux abonnements. Nous sommes contraints de le doubler désormais. Et ce succès nous est d'autant plus cher que nous savons à qui il est dû : à nos lecteurs, qui sont nos amis.

Grâce à eux, nous pouvons aborder avec un ferme espoir les nouvelles difficultés que la dureté des temps dresse, inexorablement, devant toutes les revues savantes françaises. Grâce à eux, nous sommes rassurés sur la direction qu'il convient d'imprimer à la revue — celle que, dès 1929, Lucien Febvre et Marc Bloch nous ont montrée du doigt, celle qu'ils ont servie en bataillant sans cesse pour une histoire neuve, s'appuyant fraternellement sur toutes les sciences de l'homme, ses compagnes ; grâce à eux, surtout, grâce à leur approbation non point seulement tacite, mais effective, nous savons que nous ne nous trompions pas en donnant, dans nos fascicules, une place plus grande encore qu'autrefois à cette histoire qui se fait sous nos yeux, et que nous pouvons, que nous devons expliquer, nous historiens, que nous devons faire comprendre en l'éclairant des feux d'une histoire qui n'entend « obliger » personne, qui ne prétend pas dicter à nos contemporains ces fameuses « leçons du passé » en qui seuls, dirions-nous, les apprentis stratèges ont eu foi (et pour quels résultats !). Mais elle sait, cette histoire, qu'en leur

---

* « Au bout d'un an », *Annales E.S.C.*, 1947, pp. 1-2.

permettant de mieux saisir les origines historiques des événements présents elle dote nos contemporains d'armes précieuses pour ces luttes d'influence, à propos desquelles les *Annales* ont leur mot à dire. Et le diront. À la fin de sa vie, Marc Bloch — le Marc Bloch de *L'Étrange Défaite* — avait conclu : « C'est un devoir. »

Certes, tout n'est point parfait dans notre entreprise. Loin de là. Nous avons fait effort, un patient et volontaire effort pour reprendre contact avec le monde. Mais, hélas ! plus que jamais d'épouvantables frontières cloisonnent la terre des hommes. Les avions ont beau la parcourir en quelques jours, nous n'en restons pas moins parqués dans nos enclos. Nous ne parvenons pas à faire dans nos *Annales*, comme en 1939, écho à la pensée, aux publications de l'étranger. Les livres, quand ils paraissent, nous échappent souvent. Petits tirages, petite propagande. On apprend qu'ils existent quand ils sont épuisés. Même d'Amérique, même de la proche Angleterre et de leur effort historique, nous ne savons que bien peu. La grosse différence entre les *Annales* d'aujourd'hui et celles d'hier vient de là, de cet inquiétant silence de l'étranger, de ces liaisons fragmentaires et hasardeuses. Faut-il se résigner à ce que les *Annales*, pendant des années encore, tirent tout d'elles-mêmes, ou presque tout ? En fait, dans nos fascicules, l'article, le petit mémoire original occupent, proportionnellement, plus de place que nous ne voudrions. Les comptes rendus restent rares et sporadiques. Nous le savons. Nous travaillons à changer tout cela. C'est dur.

Notons, cependant, que déjà des relations suivies ont été reprises avec certains pays. Avec les États-Unis, et nous payons ici notre dette de gratitude à l'égard de nos amis les professeurs A. P. Usher, Earl J. Hamilton, F. C. Lane, J. U. Nef. Avec l'Angleterre, grâce à l'obligeance des professeurs Postan et Tawney. Avec la Belgique, où Lucien Febvre a résidé une partie de l'hiver et a pu constater combien, chez nos collègues et chez les jeunes historiens qui se forment pour continuer leur effort, nos *Annales* avaient d'audience. Avec la Suisse, plus difficile à gagner, et qui n'est pas toujours bien convaincue, semble-t-il, que l'histoire économique et sociale soit aussi une discipline française. Avec la Pologne. Avec la Tchécoslovaquie. Avec la Roumanie. Avec l'Italie, d'où nous sont venus des appels et des encouragements qui nous ont fait un particulier plaisir. Dans l'Amérique latine, avec le Brésil de nos amis Caio Prado et Gilberto Freyre. Avec le Mexique aussi. Demain, espérons-le, avec la Turquie, où se forme une école d'historiens qui a tout à nous apprendre sur le passé de son pays. Ainsi notre carte du monde s'est déjà repeuplée d'amitiés utiles et réconfortantes.

Est-ce tout ? Non. Le grand effort de la direction des *Annales* a été, cette année, la mise sur pied d'un vieux projet, cher à Marc Bloch et à Lucien Febvre, et dont ils achevaient la préparation quand sonna l'heure tragique. *Association pour l'histoire de la Civilisation*, la *Société Marc Bloch* pour le progrès des études historiques aidera du dehors ses dirigeants à publier leur revue. Mais, surtout, elle travaillera à constituer de valables équipes de travailleurs, aptes à défricher l'immense domaine des sciences sociales. *Terra incognita*. Elle essaiera de munir notre pays, non seulement d'instruments de travail, mais de méthodes nouvelles et originales, qui lui conservent sa place dans le monde déchiré, dans le monde si peu fraternel d'aujourd'hui, où il faut lutter pour ne pas périr. Du soin de maintenir et de propager la pensée française, ne nous remettons pas aux seuls écrivains, à nos poètes, à nos romanciers, aux animateurs de notre théâtre, aux essayistes et aux critiques de nos revues, quel que soit leur talent, quelle que soit leur audience dans le monde. Travaillons dans notre domaine — rien de moins que le domaine des jeunes sciences sociales, à la fois balbutiantes et conquérantes —, travaillons avec notre esprit de mesure et de patience, à substituer valablement aux vieilles méthodes artisanales d'autrefois de nouvelles méthodes de prospection et d'invention. C'est l'esprit des *Annales*. C'est l'intérêt de notre pays. C'est le profit de l'intelligence.

II

PROBLÈMES ET DOCUMENTS*

Nous aurions aimé intituler cette rubrique que nous ouvrons aujourd'hui : *Nouveaux Documents, Nouveaux Problèmes.* Presque toujours elle méritera ce beau titre... Mais l'expérience montre aussi que beaucoup de documents anciens, dûment publiés, méritent d'être repris en considération, qu'ils ont à porter témoignage, parfois même pour la première fois... Le paradoxe est plus apparent que réel. Quant aux problèmes, jamais tout à fait nouveaux, comme chacun sait, ils reprennent toujours tel détail ou telle ligne de la pensée historique d'hier... Rien n'est entièrement neuf. D'où notre titre moins brillant, mais plus juste.

Soucis pour le titre, petits soucis. Nous voudrions avant tout que le lecteur ne se méprenne pas sur nos intentions. Si nous pensons que le progrès d'une histoire digne de ce nom n'est plus possible aujourd'hui sans l'acquisition d'innombrables matériaux nouveaux, si nous pensons que la tâche des historiens est de mener, plus encore qu'hier, ces larges enquêtes documentaires à la mesure des ambitions et de la dignité de l'histoire ; si nous pensons que comme toujours, mais plus que toujours, l'érudition est à l'ordre du jour, entendez une érudition dirigée, accordée à des entreprises d'envergure qui en vaillent la peine, nous ne pensons pas pour autant que le document seul, à l'état brut, soit une nourriture suffisante pour nos appétits. Nous n'aimons pas le fait pour le fait. *Problème et documents,* avons-nous dit : le document ne nous intéresse que repensé par l'historien, replacé par lui sur son plan d'importance et d'explication, comme support à des recherches et interprétations nouvelles. L'érudition

---

* *Annales E.S.C.*, 1952, p. 503.

n'est pas une fin en soi. Elle est engagée dans une expérience, l'histoire, qui la commande et la dépasse. Cette rubrique se justifie à nos yeux dans la mesure même où, ouvrant les portes aux commentaires et hypothèses en marge de documents importants, elle fait sa place à l'histoire en train de se faire, plus aventurée et risquée que nulle autre, plus passionnante et plus féconde aussi car elle est à la pointe fragile, mais projetée très en avant, de la recherche.

III

LES *ANNALES* CONTINUENT...*

En moins de trente ans de leur propre histoire, les *Annales* de Marc Bloch et de Lucien Febvre ont connu un essor et un rayonnement exceptionnels. Elles ont aussi connu d'exceptionnelles difficultés. La mort tragique de Marc Bloch en 1944 ; il y a quelques mois à peine, la mort brusque de Lucien Febvre. Mais les *Annales* se doivent de continuer.

La très vieille aventure de l'esprit qu'est l'histoire doit poursuivre sa marche qui n'est jamais sans surprise. Elle est trop liée à toutes les aventures de l'esprit et de l'homme pour s'arrêter à un stade donné de la technique, de la problématique ou de l'habitude. Ni Marc Bloch ni Lucien Febvre n'ont eu la volonté ou l'illusion d'avoir fondé une École, avec ses formules et ses solutions.

Ils ont cherché toute leur vie. Ils ont sans fin accueilli toutes les idées neuves, toutes les méthodes ou techniques efficaces, tout ce qui a fait glisser peu à peu notre métier vers des formules de plus en plus précises — pourquoi ne dirions-nous pas de plus en plus scientifiques ? Mais ce bien nouveau, ces curiosités, doivent être ramenés à l'histoire, à l'acquis, aux exigences reconnues, aux cadres anciens s'ils restent encore valables. Le redire et l'affirmer ce sera, chaque fois, se situer dans la ligne même de notre revue fondée sous le signe de la recherche et de la passion de l'histoire, de la fidélité et du risque, sous le signe d'une confiance exigeante en un métier fragile, difficile, mais dans lequel nous voyons bien autre chose qu'un jeu, une distraction ou une carrière. L'histoire poussée jusqu'à ses limites extrêmes, jusqu'au cœur de toutes les sciences qui ont l'homme pour

---

* *Annales E.S.C.*, 1957, pp. 1-2.

objet ; jusqu'à l'actualité, pleine des flammes dangereuses de l'événement. Car l'histoire est explication, mesure de l'homme, au travers du passé, mais aussi, nous essaierons de le montrer avec ténacité, au travers du temps présent lui-même...

Ainsi nous sera-t-il plus facile — du moins je le pense — de maintenir l'histoire à sa place nécessaire aux rencontres évidentes de toutes les sciences sociales, dans un courant qui, sans elle, serait terriblement incomplet.

IV

MARC BLOCH À L'HONNEUR[*]

Je ne voudrais pas ouvrir à propos du livre de Marc Bloch : *Les Caractères originaux de l'Histoire rurale française,* une querelle stérile, sous prétexte de l'honorer à l'occasion de la traduction en russe de son beau livre. Je considère cette traduction comme un grand et heureux événement. Dans la ligne même de Marc Bloch et de Lucien Febvre, j'accepte comme licites tous les points de vue sur l'histoire et le métier d'historien, à condition qu'ils soient fructueux. Le point de vue marxiste commande la critique de nos collègues soviétiques : si nous voulons discuter avec eux, acceptons leur position, et qu'ils ne soient pas d'accord avec nous, ni même avec Marc Bloch dont ils traduisent cependant le livre. Mme A. D. Ljublinskaja, professeur à l'université de Leningrad, excellente spécialiste d'histoire de France, qui connaît et utilise les précieuses richesses du fonds Dubrowski sur nos XVIe et XVIIe siècles, a écrit la méticuleuse préface dont nous donnons ici la traduction. Cette préface ne s'adresse pas au lecteur français, mais au lecteur soviétique ; elle n'en est que plus caractéristique. Nous avons laissé dans son texte ces expressions — que je n'aime guère — d'« historien bourgeois », d'« historien bourgeois progressiste ». Un de nos collègues russes nous conseillait de traduire par « historien non marxiste » : cette expression ne serait pas plus juste que les autres. En effet, ni Lucien Febvre, ni Marc Bloch, ni moi-même, ni tant de nos collègues, nous ne sommes, sans plus, des « historiens bourgeois », ou des « historiens non marxistes ». Le marxisme a profondément imprégné la pensée d'Occident ; les adhésions des uns, les violentes oppositions des autres n'y ont

---

[*] *Annales E.S.C.*, 1959, pp. 91-92.

pas peu contribué. Seule une indifférence totalement imperméable — mais ce ne fut pas le cas — aurait permis de justifier la qualification d'historiens non marxistes.

Mais laissons ces querelles des mots. L'intention des *Annales* n'est pas de reprendre un à un les arguments de la préface de Mme Ljublinskaja pour les discuter, comme ils mériteraient de l'être...

Marc Bloch n'a pas à être défendu contre elle. Le ferait-il, lui-même, s'il était encore des nôtres ? Ne se contenterait-il pas de sourire de la longue évocation de « ses limitations méthodologiques » ? Pour nous qui connaissons sa pensée hardie et prudente, quoi de plus naturel que ses hésitations, si souvent les nôtres : ne pas aller trop de l'avant, quand on n'est pas sûr de son bon droit, de l'accord des sources, hésiter longuement devant l'explication trop simple... Mais, comme je le disais moi-même, à l'université de Leningrad, si l'histoire est une science, ou pour le moins une enquête scientifiquement conduite, il faut, quel que soit notre point de départ, que nos chemins se croisent. Il n'y a pas, que je sache, une physique « bourgeoise » et une physique « marxiste ».

V

RETOUR AUX ENQUÊTES*

Après avoir longuement réfléchi et non moins longuement hésité, les *Annales* font retour aux enquêtes. Non pas celles qu'avaient entreprises Marc Bloch et Lucien Febvre voilà vingt ans déjà, sur les *Noblesses* d'une part et sur les *Techniques* de l'autre, bien qu'aucune de ces deux enquêtes, révolutionnaires en leur temps, ne soit vraiment close. D'ailleurs y a-t-il une seule enquête, une seule vraie recherche, un seul livre d'histoire qui puisse aboutir à un bilan définitif, dressé une fois pour toutes ? Nul ne le pensera sérieusement.

L'histoire est avant tout la réponse à des questions, souvent les mêmes, mais jamais exactement les mêmes, que nous pose chaque génération nouvelle, au sujet d'un immense passé dont nous avons la garde. Ce simple, ce nécessaire dialogue, à lui seul, nous oblige à varier nos points de vue et nos réponses. D'ailleurs, la recherche historique a son propre mouvement ; et, de tous côtés, les sciences objectives et les sciences humaines nous pressent, déplacent sans fin le centre même de nos préoccupations. Il y a une actualité de toutes les sciences. Il y a une actualité de l'histoire, elle aussi vive, elle aussi changeante.

Répétons-le, non pour en triompher, mais parce que la vérité est là devant nous : l'histoire ne cesse de se modifier et à vive allure, sous nos yeux, que le veuillent ou non nos plus glorieux collègues. L'histoire change à la vitesse même du monde des hommes, du monde des idées qui nous entourent, et aussi vite que les sciences objectives et les sciences humaines, nos compagnes directes.

---

* *Annales E.S.C.*, 1961, pp. 421-424.

Plus que le livre ou l'article ordinaire d'érudition, ou la mise au point, tributaire du travail élaboré par autrui (une bonne mise au point présuppose un bon livre), l'enquête a le très gros avantage de saisir l'histoire sur le point de se faire, en train de progresser, d'établir des correspondances inédites avec les sciences voisines. C'est son avantage et son mérite : cette vivacité naturelle, cette rapidité à signaler, à peine esquissées, les lignes d'intérêt et les possibilités de discussion fructueuse.

Ceci posé, nos enquêtes ne seront donc pas poussées pendant des années et des années sous un seul et même pavillon. Il ne s'agit pas, si utiles soient-elles, d'élaborer des encyclopédies. L'avantage des enquêtes de Marc Bloch et de Lucien Febvre a même résidé, pensons-nous, dans leur brièveté : elles ont, à un moment donné, signalé des intérêts, des recherches possibles et ainsi atteint leurs buts exacts. L'histoire des techniques est aujourd'hui en bonne voie, si l'histoire *sociale* des techniques tarde à prendre le départ. L'histoire sociale, elle aussi, est en bonne voie : sous l'impérieuse et magnifique direction d'Ernest Labrousse, elle s'engage dans d'immenses recherches et calculs, ayant à son service une mécanographie qui ne pense pas pour nous, mais, demain, nous obligera à penser et repenser ces problèmes décisifs. Car disons-le à voix haute : il n'y a pas encore d'histoire sociale digne de ce beau nom. Nous aurions été, nous restons désireux de promouvoir en ce domaine où se situent nos plus difficiles conquêtes, une problématique préalable indispensable à partir des travaux sociologiques et des habituelles et insuffisantes descriptions sociales des histoires. Gros problème : il nous est plus difficile, à nous historiens, de passer du langage de Georges Gurvitch ou de Claude Lévi-Strauss ou de Georges Friedmann à notre propre langage d'historien que d'assimiler, ce qui est chose faite aujourd'hui, les méthodes simples de l'économie politique ou de la démographie militante. En ces domaines, c'est le travail routinier qui nous menace et déjà s'installe et pérore, naïvement prétentieux.

Donc, si tentés que nous soyons aux *Annales* d'aborder ce débat majeur, nous avons préféré attendre les premiers résultats des recherches en cours dans les cadres relativement faciles des XVIIIe et XIXe siècles. Mais nous y reviendrons dès que possible.

Nos premiers choix se sont portés sur deux thèmes : *L'histoire, science sociale actuelle* ; *L'histoire de la vie matérielle et des comportements biologiques*. Ce sont évidemment des thèmes compliqués.

Le lecteur ne s'étonnera pas de nos efforts persévérants en

faveur d'une histoire considérée, en plus de ses tâches ordinaires, comme une science de l'actuel, je dirais même volontiers comme une science des sciences de l'homme, car se mêlant à elles, leur apportant sa propre force et sa dialectique, elle se nourrit, en même temps, de leur multiple et irremplaçable mouvement. Mais est-il besoin de revenir à nouveau, et longuement, sur ce point de vue que j'ai souvent défendu et qui d'ailleurs n'est pas seulement le mien, mais celui de tous nos collaborateurs et l'on peut dire, sans risquer de grosses erreurs, de tous les jeunes historiens français, soucieux de maintenir leur métier à la jointure de toutes les sciences de l'homme ?...

Cette confiance en une histoire qui est intelligence de l'actuel mérite d'être discutée, pesée, vérifiée à partir d'exemples précis, et pour le sociologue qui ne croit guère à une histoire vivante ou en méconnaît les règles, et pour l'économiste qui, en nous ignorant, se ferme les portes de la longue durée, pour l'homme d'action, enfin, qui croit seulement à ce qu'il voit ou touche du doigt, ou du moins croit voir ou toucher du doigt. Bref, ce n'est pas seulement entre historiens que le débat doit s'engager, si les historiens y ont leur place essentielle.

Ainsi en va-t-il également de notre enquête sur la vie matérielle, celle même dont le présent numéro amorce la mise en place.

Écrivant, remettant, en fait, depuis des années sur le métier, un livre consacré à l'histoire de la vie matérielle — en fait infra et extra-économique —, j'ai été amené à en étendre l'acception et les limites. La vie matérielle désigne assez bien, pour moi, cette zone de conscience imparfaite qui déborde les actes de la vie économique, sous le signe de prises de conscience assez vives, si elles ne sont pas toujours d'une lucidité sans défaillance. Au-delà de toute définition, d'ailleurs, impossible de ne pas apercevoir à la fois l'énorme masse des matériaux à notre disposition en ces terres mal prospectées, et la difficulté que nous éprouvons à les rassembler correctement, plus encore à les organiser. Donc, comme toujours, érudition d'une part, méthode, mise en œuvre de l'autre.

Que cette déjà vaste enquête ait été étendue jusqu'au biologique ne veut pas dire que nous voulions, sans plus, rejoindre les seuls domaines de la démographie rétrospective. Simplement nous avons cédé au désir de ne pas entourer ce vaste champ de prospection de barrières fragiles, inutiles, voire dangereuses. Nous sentir à l'aise et libres, premier souci. Mais laissons l'enquête courir et se défendre d'elle-même. Le coup d'envoi est donné. Chacun nous jugera au gré de la partie qui commence — ou mieux recommence.

VI

VIE MATÉRIELLE
ET COMPORTEMENTS BIOLOGIQUES *

Nous avons annoncé, au début même de ce numéro, nos projets d'enquêtes. Ce bulletin n° 1 n'a d'autre prétention que d'ouvrir effectivement le débat et de le proposer à la curiosité et à la collaboration de tous nos lecteurs. Naturellement, je n'ai pas l'intention de fixer, d'entrée de jeu, un programme et surtout de le fixer, dès maintenant, de façon autoritaire. Une enquête commence, elle ira où elle pourra, en raison de son mouvement et des obstacles qu'elle rencontrera, surmontant ceux-ci, contournant peut-être ceux-là. L'important est qu'elle acquière sa liberté, trouve ses propres chemins et prenne ainsi d'elle-même ses véritables dimensions.

Il n'était pas question, évidemment, pour lui assurer cette liberté, de ne pas organiser son départ. En vérité, je m'y suis d'autant plus et sérieusement occupé que l'idée d'une pareille enquête s'est peu à peu imposée à moi, au cours de ces dernières années, en raison de mes propres recherches. Initialement, c'est donc d'une expérience, de difficultés personnelles que l'enquête est partie. Mais j'espère que, rapidement, la ligne de départ sera oubliée, si cette enquête se développe comme je le souhaite, c'est-à-dire selon ses multiples et possibles prolongements, tous fort mal prospectés. Nous ne possédons, en effet, sur ce vaste domaine de la vie matérielle, que des descriptions plus ou moins sûres d'elles-mêmes et des chronologies très incertaines, ou des lieux communs répétés, il faut le croire, à la satisfaction d'un public peu difficile, puisque les *Vies quotidiennes*, certaines fort brillantes, restent à la mode.

Pour annexer à notre métier, dans ce qu'il a de sérieux, c'est-

---

* *Annales E.S.C.*, 1961, pp. 545-549.

à-dire de scientifique, ces terres mal prospectées encore, bien des tâches s'imposent : inventorier les sources et les données existantes (elles surabondent) ; détecter les sources et données inédites en recherchant si possible les séries (celles-ci existent, nombreuses également) ; mettre au point des méthodes d'analyse ; tenter des interprétations aussi concrètes, aussi particulières que possible, avec l'espoir que généralisations et abstractions seront peut-être permises au stade ultime de l'enquête. Mais nous ne nous proposons pas, dès maintenant, de sauter à pieds joints jusqu'à l'extrémité de la piste.

D'autant que rien n'est plus divers que le domaine abordé sous ce titre commode, mais vague, de *vie matérielle*. Rien de plus divers non plus, que les points de vue possibles : ceux de l'histoire qui représentent à eux seuls, nous le verrons, un éventail assez large, mais aussi ceux de la géographie, de l'anthropologie, de la sociologie, de l'économie, de la démographie, du folklore, de la Préhistoire, de la linguistique, de la médecine, de la statistique... Quelle attitude adopter, en face d'une telle complexité ?

Dans deux ou trois réunions préalables, où avaient accès historiens et non-historiens, il en a été utilement discuté. Plutôt que de limiter les points de vue par un choix, même provisoire, plutôt que de chercher à les ordonner (au nom de quels critères, de quelles hypothèses préalables ?), nous avons pensé qu'il serait préférable, dans un stade initial au moins, de laisser chacun poser le problème dans ses propres termes, en allant chaque fois jusqu'au bout de sa pensée.

Un large appel a été fait et est renouvelé, ici, à tous nos lecteurs de Paris, de province, de l'étranger, historiens et non-historiens. Tous sont invités : cette enquête, dite *ouverte*, est une tribune libre, comme nos *Débats et Combats*. Ce qui revient à admettre, et même à promouvoir aussitôt une certaine dispersion de nos articles ou bilans. Ainsi le veut la logique d'une enquête conçue, à dessein, comme l'occupation rapide d'un vaste terrain, qu'il s'agit de découvrir, de mesurer, de révéler dans son ampleur, avant d'avoir la prétention d'en exploiter ou d'en dominer l'espace.

J'espère que le lecteur n'éprouvera aucune gêne, nous lisant, à passer d'une étude sur les ravitaillements de Paris au temps de Lavoisier à tel article sur le rôle révolutionnaire du thé au XVIIIe siècle, ou à des remarques soit d'un géographe, soit d'un sociologue, tel Roland Barthes, à qui je pense en écrivant ces lignes, si attentif aux incidences des préjugés sociaux sur la nourriture des hommes, ou aux variations cycliques de la mode, soit d'historiens qui essaient de suivre les épidémies du Moyen Âge, tels Jean Glénisson et Mme Élisabeth Carpentier, ou aux tenants de l'anthropologie physique, que l'on aurait tort de croire hors de la zone de nos curiosités.

Est-ce à dire que nous nous contenterons de mettre, l'une à côté de l'autre, dans leur bigarrure, ces réalités multiples de la vie matérielle ? Assurément non. Nous sommes persuadés que des liens inattendus, d'étranges filiations rapprochent plus d'une fois les aspects apparemment hétéroclites des besoins et des désirs des hommes. Et de la convergence des efforts, de l'examen réciproque des points de vue et de la pénétration, l'une par l'autre, de pensées en général très étrangères, nous espérons que se dégageront peu à peu des trames profondes, beaucoup mieux que si, d'emblée, nous cherchions à les définir et à les proposer à l'attention concertée des chercheurs.

À ceux-ci, donc, pour le moment, nous demanderons, sans plus, de nous livrer, en toute liberté, soit leurs réflexions, quant aux méthodes qui leur sont propres, soit les résultats de recherches très précises. Puis, de considérer que tout ce qui sera jeté dans les pages de nos bulletins successifs est proposé comme une base de discussion et que nous aurions atteint exactement notre but si chaque article appelait des rectificatifs, des commentaires ou l'amorce d'une autre intervention. Nous serions particulièrement heureux si nos nombreux abonnés d'Extrême-Orient, du Japon, d'U.R.S.S., d'Afrique, d'Amérique du Sud ou du Nord acceptaient de reposer pour nous, et dans leurs termes, des questions que, malgré tous nos efforts, nous apercevons surtout sous l'aspect unilatéral de nos expériences d'Occident.

Peut-on définir la vie matérielle ?

N'ayant parlé que de diversités et de libertés, encore me faut-il, plus ou moins, définir le champ que nous proposons à cette enquête. Non que je veuille à tout prix donner un sens précis à ce mot de vie matérielle dont j'ai beaucoup usé, et même abusé, durant ces dernières années, en raison même de sa commode imprécision. L'idéal serait, dans les sciences multiples de l'homme, d'avoir un vocabulaire précis, je veux bien le concéder rétrospectivement à Henri Berr. Mais est-ce possible ? Les vocabulaires vivent et se déforment, n'en déplaise aux défenseurs (qui d'ailleurs me sont sympathiques) de la langue française, et doivent se déformer. Même le sacro-saint vocabulaire des sciences dites objectives, même la langue, hermétique pour le non-initié, des ouvrages philosophiques... Je conseille donc aux sciences humaines de se tourner, sans fin, vers la langue vivante, celle qui est en train de se faire. Voilà qui ne nous empêchera pas de définir, au passage, les expressions ou les mots dont on est sûr qu'ils vivront pareils à eux-mêmes, au moins jusqu'à ce que s'épuise le temps bref d'une enquête.

Par vie matérielle, j'entendrai, et sans doute plus d'un de nos collaborateurs ou interlocuteurs entendra, cinq secteurs assez proches : l'alimentation ; le logement et le vêtement ; les niveaux de vie ; les techniques ; les données biologiques. La vie matérielle va ainsi, pour moi, des choses au corps. Le squelette, le corps, n'est-il pas logement, n'est-il pas outil ? Voilà une façon de trancher, d'aborder le débat. Il en est d'autres.

Mais le problème, si je ne me trompe, est moins de définir la vie matérielle en elle-même que de la définir dans son articulation avec la vie proprement économique ou sociale. Je reconnaîtrais là volontiers, dans le sens même de la sociologie de Georges Gurvitch, un double « palier » qui, sûrement, se retrouve ailleurs. Au palier inférieur, se situerait la vie matérielle : ici, peu ou pas de prise de conscience de la part des acteurs, ou alors cette part de lucidité se réduit considérablement dès que l'on fait, dans le temps, un bond en arrière assez sérieux. Les nourritures, les vêtements, les maisons relèvent d'habitudes, d'héritages, de choix, certains fort lointains.

La vie économique, les institutions, la société, les croyances, les idées, la politique, tout au contraire, relèvent d'attentions, de vigilances individuelles ou collectives. Les aborder, c'est gagner des étages où s'accumulent les documents, les clairvoyances, les souvenirs et les preuves, où tout peut se voir, se calculer, se mesurer, un peu plus tôt, un peu plus tard.

L'histoire de la vie matérielle, c'est donc une infra-histoire, sous le signe d'une imparfaite prise de conscience, c'est une infra-infrastructure, si l'on pouvait se permettre cet affreux langage. Ce qui ne veut pas dire, un seul instant, qu'enfermée en elle-même, elle se sépare du reste de la vie des hommes comme, dans un même récipient, l'eau de l'huile. En vérité, elle se prolonge bien au-dessus, bien au-delà d'elle-même, par les contraintes et les exigences de sa propre densité et, en outre, elle s'ouvre sans fin aux remous et au poids des couches supérieures. Nous aurons l'occasion d'y revenir. Cette enquête, malgré le jeu de mots auquel elle prêterait, n'est pas sous le signe d'un matérialisme, posé *a priori* et qui serait simple. Est-il besoin de le dire ?

Avantages et nécessité de la méthode régressive

Il va de soi, puisque nous avons dit accepter provisoirement toutes les démarches, que nous ne saurions proposer ici, des « méthodes ». Toutefois, il semble utile de s'expliquer sur un point : le recours à la méthode régressive qui nous paraît indispensable, ici comme ailleurs, plus qu'ailleurs peut-être.

D'abord parce que c'est seulement à partir de l'observation actuelle qu'il est possible de se familiariser avec les problématiques, procédés et méthodes scientifiques des hygiénistes, diététiciens, statisticiens, géographes, et économistes, familiarisation indispensable à tout historien ou enquêteur soucieux de voyager à contretemps dans ces domaines, tellement étrangers parfois aux préoccupations de nos ancêtres que la documentation historique ne permet presque jamais de les aborder franchement.

Mais surtout, il me paraît nécessaire, à partir des chiffres précis et précisément localisés que donne la documentation moderne, de rassembler ce que j'appellerai des grilles de références. Une table des valeurs nous est nécessaire à partir de quoi nous orienter, sans trop d'erreurs. En fait, c'est par rapport à des niveaux de vie actuels, soigneusement mesurés et localisés, que nous organiserons nos premiers examens et nos meilleures comparaisons. Si je puis dire, avec toutes chances d'être dans le vrai, que le Paris de Lavoisier consomme, entre 1786 et 1789, bon an, mal an, 63,350 kilos de viande par tête d'habitant, alors que ce chiffre, pour les autres villes est alors de 19 kilos, qu'aurai-je dit, si aussitôt, à la fois pour la France entière, et pour Paris en particulier, je ne sortais de ma poche les chiffres actuels (Paris : 62 kg ; France entière : 53 kg 800), leur écart précisant aussitôt, comme chacun le savait, l'énorme différence qui se maintient entre le régime alimentaire d'une capitale et celui d'un vaste territoire.

Les chiffres ainsi précisés jalonnent un chemin qui n'a pas été rectiligne. Entre l'époque de Lavoisier, relativement bien servie de ce point de vue, et la nôtre, la consommation de la viande a connu en France et en Europe des niveaux beaucoup plus bas. Autant redécouvrir l'a.b.c. du métier d'historien séduit par la statistique. Il nous faut toujours une file, une famille de chiffres pour juger exactement, ou du moins pas trop inexactement, de la valeur de l'un d'entre eux. Les chiffres isolés sont bien plus qu'haïssables, inutilisables. Donc reconstituer des populations de chiffres, à la fois dans le temps et dans l'espace, ce double mouvement monotone, nous ne nous y déroberons pas malgré sa monotonie et sa difficulté. Il est la condition de tout succès, même de toute ébauche d'une première problématique qui soit acceptable.

VII

HISTOIRE DE LA VIE MATÉRIELLE*

Nous n'en avons pas terminé, bien sûr, et dès notre premier *Bulletin*, avec l'histoire multiple de l'alimentation. D'ailleurs nous n'avions pas l'intention d'en finir aussi vite, mais bien de traverser ce vaste domaine d'un pas rapide, quitte ensuite à y revenir fréquemment, autant que le nécessitera la présente enquête.

D'entrée de jeu, il y a tout avantage à s'en persuader : le secteur de l'histoire alimentaire est l'un quelconque des domaines de la recherche et de l'interprétation historiques, il se présente donc avec les mêmes monotones régularités que les autres. Et il est justifiable très souvent, sinon toujours, des mêmes hypothèses, des mêmes interprétations, des mêmes présentations que les plus classiques et les plus prospectés de nos habituels domaines. Ses éléments sont emportés par les mêmes courants que les éléments les plus nobles de l'histoire.

Plantes, animaux, recettes de cuisine sont tous des biens culturels. Les anthropologues nous l'ont appris depuis longtemps, et les historiens le savent et le répètent avec plus ou moins de conviction. Entre civilisations bien assises, ou à demi assises, un échange continu de biens culturels est la règle. D'où des voyages, des mouvements : tout est emporté à la fois, aussi bien les hommes, eux surtout, que les animaux ou les plantes domestiques, que les techniques, les façons de penser, de voir et d'agir, que les détails des costumes ou des logis, ou que les plus modestes recettes de cuisine. Nous nous proposons, dans un prochain bulletin, d'ouvrir l'énorme dossier des plantes nourri-

---

* *Annales E.S.C.*, 1961, pp 723-728.

cières et voyageuses. Entre ces multiples voyages nous n'avons, bien entendu, que l'embarras du choix. Ou parler du lent voyage de la canne à sucre et du sucre autour du monde, ce périple s'accomplissant en vingt-cinq siècles au moins, ou du voyage, celui-ci précipité par comparaison, du caféier et du café à travers le monde et dont nous donnerons, dans un prochain numéro, la carte d'après un croquis déjà ancien. Mais pour ces mouvements d'hommes, de plantes, de nourritures, rien ne vaut, pour l'argumentateur ou l'historien pressé, le vaste destin du Nouveau Monde accédant à une européanité sans cesse améliorée après les voyages de Colomb. Si l'on veut s'en convaincre, le livre de Mariano de Carcer y Disdier[1] sur les problèmes de « trasculturación indo-española » dont Pierre Chaunu a signalé l'existence dans les *Annales*, serait le plus riche, le plus vivant, sinon le plus clair des guides. Mais faut-il plaider cette cause gagnée d'avance ?

Événement et conjoncture. En fait, l'histoire de l'alimentation se décompose régulièrement, comme une histoire quelconque, en tranches chronologiques de plus ou moins grande épaisseur. Les festins princiers ou publics, si souvent retenus par les chroniqueurs, ne sont après tout que des événements avec leur signification peut-être intéressante, sûrement limitée. Gino Luzzatto hier, m'opposait, les fastes alimentaires de la cour des ducs d'Urbino par exemple, alors que je soutenais la médiocrité régulière, en Méditerranée et même en Italie, des nourritures des hommes du XVIe siècle. Un peu de vin, mais pas toujours, du pain, du cervelas de Bologne, n'est-ce pas le repas d'un pauvre, si l'on en croit tel ou tel détail des *Novelle* de Bandello, bon témoin ? Dans cette direction, il est sage après tout de rechercher une histoire *majoritaire*. Les tables des riches et même de leurs serviteurs, on le sait à l'avance, portent témoignage sur des vérités exceptionnelles à courte portée. Voici, relevés par Mme Gloria Lolivier qui me les a communiqués, les comptes de table du duc de Duras, ambassadeur du Roi Très Chrétien, à Madrid (1753) dont Frank Spooner tirera dans un prochain numéro le difficile calcul correspondant en calories. N'en déduisons pas de trop larges conséquences !

Il y a bien sûr des conjonctures courtes et longues. Courtes, si sont valables ainsi ces réflexions des contemporains sur l'abondance du vivre et de la boisson pendant les deux ou trois premières décennies du XVIe siècle, en France notamment. Si l'on ajoute foi, comme je le conseille à mes risques et périls, à telle remarque bien connue du sieur de Gouberville (1560) : « Du temps de mon père, écrivait-il, on avait tous les jours de la viande, les mets étaient abondants, on engouffrait le vin comme si c'eût été de l'eau. Mais aujourd'hui tout a bien changé ; tout est coûteux... la nourriture des paysans les plus à leur aise est bien inférieure à celle des serviteurs d'autrefois... »

Il y a, non moins, des conjonctures longues. Ainsi, à l'occasion de substitutions de nourritures, Henri Hauser avait l'habitude de répéter (il a même écrit) que le sucre de betterave avait réclamé plus de cent ans pour s'acclimater en Europe et dans le monde. La fortune, en Europe, du maïs ou de la pomme de terre — nous y reviendrons dans un prochain bulletin — n'a certes pas été plus rapide. De même, dans le Japon du XVIIIe siècle, avec la montée démographique que tout signale, il a été nécessaire de mettre en culture de hauts terrains, très au-dessus des rizières des plaines, celles-ci, les rizières, taxées en nature, ceux-là, les nouveaux champs, taxés en argent, chaque fois au profit du seigneur. Terres nouvelles, cultures nouvelles : c'est ainsi que s'introduisent, durant la période dite du Kyoho (1716-1735), les patates douces, qui deviennent une des nourritures de base de la paysannerie misérable, le riz étant, de plus en plus, réservé aux riches et aux villes [2].

Un très bon exemple de conjoncture longue, voire très longue, nous est fourni, sans surprise, par les produits de l'Inde et de l'Insulinde, qui, des siècles durant, auront animé le commerce lointain de l'Europe. On sait que le luxe du poivre et des épices a dominé la Méditerranée et l'Occident (et pareillement la Chine d'ailleurs) des siècles durant. En Occident, ce luxe explique les fortunes et les gloires de Venise, de Gênes et plus tard les gloires portugaises...

Or, avec le XVIIIe siècle, plus ou moins tôt, plus ou moins tard, un immense changement de goût s'opère. Il s'affirme même dans les bilans de la Compagnie hollandaise des Indes orientales. Les observateurs du XVIIIe siècle l'auront signalé, l'expliquant à leur manière. Les historiens n'ont donc que l'embarras du choix pour l'interpréter à leur tour.

Faut-il en croire une page du livre classique de W.H. Moreland [3] ? Poivre et épices servaient aussi à conserver les viandes durant la période de l'hiver ; aussi bien l'apport régulier de viande fraîche, durant l'hiver, au XVIIIe siècle, fit reculer leur emploi ; et y contribua aussi, plus encore, l'avènement des plats sucrés, conséquence de la très grande diffusion du sucre. Franco Borlandi, qui l'a souvent dit sans l'écrire, à ma connaissance du moins, prétend que poivre et épices masquaient aussi le goût des viandes jadis mal conservées. Il est licite enfin d'imaginer que poivre et épices ont été relayés au bénéfice d'autres goûts exotiques, non seulement le sucre, mais le thé, le café, le tabac... En vérité, chaque siècle, jadis chaque millénaire, a eu ses drogues, ses moyens d'évasion, voire ses « tranquillisants ».

En tout cas, le poivre et la constellation classique des épices nous offrent un indéniable exemple de longue durée, de fidélité des goûts, de fixité des habitudes et des échanges exotiques. Nul étonnement, certes, à retrouver aussi, dans l'histoire de toute vie matérielle, des flux et reflux, caractéristiques, au vrai, de toute vie sociale, dans toute histoire...

Les aliments entre eux, les boissons entre elles, tous, liquides et solides, se querellent, s'opposent, s'ajoutent, se substituent les uns aux autres. Que ne parlons-nous, à l'image de nos collègues géographes ou botanistes, d'associations alimentaires, comme ils parlent d'associations végétales ! Celles-ci, comme celles-là, varient avec les lieux, avec les époques. Mais qui écrira cette histoire complexe avec la précision qui conviendrait : non pas seulement l'histoire du pain (sur laquelle nous avons toute une littérature) ou du vin (sur laquelle nous possédons au moins un très grand livre) [4], mais l'histoire simultanée de ces associations alimentaires, lentes à se nouer puis à se dénouer, mais qui se dénouent au cours des siècles, ou même tel ou tel jour. *Associations*, le mot vaut-il mieux que régimes alimentaires ? Quel que soit le mot, il s'agit bien d'un assemblage à saisir dans ses éléments et dans sa durée, comme dans ses rapports avec d'autres assemblages — ce qui semble, après tout, aller de soi.

La vraie longue durée. Mais si l'on veut atteindre la vraie longue durée et s'y plonger, il faut peut-être quelque patience encore et s'avancer d'un ou deux pas — mieux se mêler aux conversations et recherches des géographes, des anthropologues, des préhistoriens. Ou parcourir les livres denses de Maximilien Sorre[5] à qui manque, hélas ! un index complet, qui faciliterait l'utilisation de ses immenses richesses. Ou bien relire, une fois de plus, ces incomparables *Principes de géographie humaine*[6] de Vidal de La Blache. Ou, de Vidal de La Blache encore, cet article clé[7] sur les *Genres de vie*, dont Lucien Febvre n'a cessé, sa vie durant, de faire sa lecture. Ou encore, se reporter à cet étonnant testament, si l'on peut dire, d'Emil Werth, *Grabstock, Hacke und Pflug*[8], bilan discutable, mais exaltant par la masse des connaissances mises en œuvre, et qui d'un seul coup, sans arrêt, va, court du temps présent au Néolithique et même en deçà, qui, par surcroît, nous replonge dans l'immense littérature allemande. Un tel livre nous libère presque de la pesanteur précise du temps. Car c'est se libérer du temps court et même long, à l'image de tant d'anthropologues et de notre ami et collègue Claude Lévi-Strauss, que de parler de la révolution agricole des Néolithiques comme d'une réalité toujours vivante, sur le même ton que, historiens prisonniers de la tradition et des leçons apprises, nous parlons de la Révolution française ou de la Révolution russe comme de réalités vivantes, mêlées à notre vie présente. Oui, s'abandonner au plaisir de sortir du temps étroit, aux mailles serrées, par quoi l'historien saisit plus encore les apparences que les réalités du passé ; autrement dit, quel plaisir de changer notre filet, pour peut-être changer notre pêche !

Alors rien de plus fructueux que d'ouvrir à nouveau le livre d'A. Maurizio, ce chef-d'œuvre, paru en polonais en 1926, et que nous consultons dans sa traduction française de 1932[9]. Livre ancien, classique, dont la leçon, pour nous historiens, reste valable, utile, indispensable. Son propos ? Étaler sous nos yeux l'immense, la multiple, l'effroyablement lente évolution de la nourriture des hommes, depuis la Préhistoire la plus lointaine jusqu'à nos jours. Voilà une étude sous le signe constant du temps le plus lointain et le plus lent à s'écouler : en ces âges reculés, l'homme, du monde végétal qui l'entoure, ne retire une nourriture que par le *ramassage*. Le premier but d'A. Maurizio, sera donc de retrouver les plantes que l'homme a utilisées alors, d'en dresser le tableau aussi complet que possible, en partant tout à la fois de l'observation des peuples primitifs, des renseignements que fournit la Préhistoire, des survivances des pratiques anciennes, des retours caractéristiques en temps de famines (y compris les famines de l'Europe centrale, lors de la première guerre mondiale).

Cette étude minutieuse, sans fin reprise, sans fin réajustée, n'est pas la seule préoccupation de ce livre, qui suivra aussi pas à pas les progrès d'une agriculture pratiquée tout d'abord à la houe, puis favorisée par la charrue, de ce livre qui précisera les passages des soupes douces ou aigres, aux bouillies, aux galettes, puis aux pains — toutes questions qui font partie aujourd'hui de la vulgate de nos connaissances.

Mais notre intention n'est pas de résumer ce livre, tout au plus de fixer, grâce à lui, une fois de plus, le visage peut-être trop rassurant de la longue durée.

Alors revenons au ramassage, déjà mentionné, à la liste fort longue de plantes utiles qui termine d'ailleurs ce livre.

À propos de chacune de ces plantes on se demandera : 1° si elles sont encore de nos jours (en 1926-1933) en usage chez certains peuples primitifs ; 2° si elles survivent dans nos champs : beaucoup des mauvaises herbes des labours ou des jardins sont d'anciennes servantes d'hier, aujourd'hui négligées ; 3° si la Préhistoire les signale ; enfin 4° si les famines récurrentes amènent, à nouveau, les hommes vers elles, et leurs aliments dits de famine. En 1781, Parmentier signale encore 90 plantes « incultes » mais utiles, en même temps qu'il recommande, comme l'on sait, l'utilisation de la pomme de terre.

Ainsi chaque famine, celle de 1709 dans toute l'Europe, celle de 1770 spécialement en Franche-Comté, plus tard ces famines générales, en Europe, de 1816 et 1817, ou ces crises répétées d'une Europe de l'Est qui souffre plus que notre Occident, tous ces accidents offrent à notre guide des arguments multiples à l'appui de ses thèses ; ils lui permettent de retrouver des fleuves d'histoire séculaire, millénaire, fleuves familiers, discrets, parfois souterrains, mais toujours en mouvement.

Ainsi, à côté de nous, hier et presque aujourd'hui, le temps en vérité s'abolit et la vue replonge, un instant, à des profondeurs inouïes. Le mot de la fin n'est-il pas cette incidente d'A. Maurizio (p. 168) : « Dans l'histoire de l'alimentation... mille années n'apportent guère de changement. » Ne disons pas pour conclure : ce qu'il fallait démontrer. Nos recherches ne sont pas sous le signe des certitudes faciles des démonstrations de la géométrie scolaire, ou du moins, elles n'y sont pas encore. Et puis ces mille années : vérité de jadis, d'hier — mais d'aujourd'hui ?

VIII

PRÉFACE AU PARADIGME DES *ANNALES**

J'ai failli, en lisant l'ouvrage de Traian Stoianovich, pour moi si plein d'intérêt, renoncer cependant à écrire les quelques lignes de présentation que j'avais promises. Il est trop parlé de moi dans ce livre chaleureux, de mes prises de position, de mes responsabilités dans la conduite des *Annales* et dans la construction de la VIe Section de l'École pratique des Hautes Études, pour que je puisse éviter, en le commentant, une certaine gêne. Sans sacrifier à une modestie militante, qui a tout de même ses vertus, j'ai peur que Traian Stoianovich, qui fut à Paris l'un des élèves de ma dernière jeunesse alors qu'il en était, lui, à sa première et éclatante jeunesse, ait été porté par la connaissance directe qu'il avait de mon enseignement, de mes actions et de mon œuvre, qu'il n'ait donc pas suffisamment vu la part des autres et ait grossi, la sympathie aidant, mon rôle. Et c'est, sans doute, ce qui déforme un peu cette mise au point si bien informée, ce bilan objectif du « modèle » des *Annales*, y compris de ses contradictions internes et externes.

Un souci de vérité historique m'a donc finalement décidé à écrire cette courte préface. Étant donné l'intérêt actuel du public anglo-saxon pour l'historiographie française du dernier demi-siècle, ce livre attirera, et à juste titre, beaucoup de lecteurs. Ils y trouveront l'histoire du mouvement rapportée avec précision par quelqu'un qui en fut assez longtemps le témoin, des analyses exactes des différentes attitudes et prises de position (car le groupe des *Annales* n'a jamais été monolithique et il l'est de moins en moins), enfin un découpage chronologique en phases successives auquel je souscris entièrement. Et pourtant, pour

---

* Préface à l'édition anglaise de Traian Stoianovich, *French historical methods : the Annales Paradigm,* Londres, Cornell University Press, 1976.

quelqu'un qui a vécu le mouvement de l'intérieur, qui a connu le dessous des cartes, quelques corrections et suggestions s'imposent. Au vrai des nuances, mais elles comptent.

En bref, je ne crois pas que « the period during which a full-blown *Annales* paradigm emerged » se place entre 1946-1949 et 1968-1972, que ce soit là la grande période de construction théorique du modèle. Je situe pour ma part cette étape décisive entre 1929 et 1940.

Cette divergence de point de vue entre l'auteur et moi-même s'explique sans doute si l'on songe au moment où Traian Stoianovich a pris contact avec les milieux historiques parisiens : au lendemain de la seconde guerre mondiale, au moment de la poussée première de la VIe Section de l'École des Hautes Études. Il est logique qu'il ait grossi la signification de ce qui a joué un rôle dans sa propre expérience intellectuelle ; il est logique aussi qu'il soit plus attentif aux divergences et contradictions *actuelles* d'historiens qui sont ses contemporains qu'à ce qui se passait, il y a une cinquantaine d'années, à Strasbourg. Mais pour moi, la grande date reste la naissance des *Annales*, en 1929. La période de création du « paradigme », répétons-le, c'est 1929-1940.

Qu'est-ce au juste que la formation d'un paradigme ? Si l'on se reporte, par exemple, au livre de Thomas S. Kuhn sur la *Structure des révolutions scientifiques*, c'est d'abord le doute, des années durant. Ce que l'on tenait pour vrai, ou tolérablement vrai jusque-là « ne colle plus » avec la réalité. Un physicien, ou un chimiste, par exemple, constate qu'une masse de problèmes sont insolubles s'il s'en tient au cadre théorique qu'on lui a enseigné. C'est ce qui peut se passer tout pareillement pour un historien aux prises avec les difficultés de son métier. Traian Stoianovich a raison de situer cette période préalable, sous le signe du doute et de la critique, antérieurement à la création des *Annales*. Elle correspond à l'agonie, en France, du positivisme avec la fin du XIXe siècle ; elle s'affirme avec ces pré-*Annales* que sont les *Annales de géographie* fondées, en 1891, par Vidal de La Blache et Lucien Gallois (le maître prestigieux de Lucien Febvre à l'École normale) ; avec *L'Année sociologique* (1898), créée par Émile Durkheim ; avec la *Revue de synthèse* de Henri Berr (1900) où Lucien Febvre et Marc Bloch ont fait leurs premières armes. Tous les deux ont ainsi assisté et collaboré à une lutte menée avant tout par des philosophes, des sociologues et des géographes. Pour eux, historiens, cette œuvre lente de destruction jetait à bas ce qu'avait fondé la grande historiographie allemande du XIXe siècle, ce que Traian Stoianovich appelle « the developmental type of history ». Toutefois, marquons bien, au passage, que ni Lucien Febvre, ni Marc Bloch, l'un et l'autre *parfaitement* au courant de la littérature historique allemande de leur temps, ne réagissent alors contre elle au nom d'un nationalisme stupide qui n'a jamais été le leur. Le *Vierteljahrsschrift für Sozial-und Wirtschaftsgeschichte*, justement admiré par eux, leur a même fourni le titre des *Annales d'histoire économique et sociale*. En fait, c'est contre l'histoire purement politique, le récit événementiel (le mot n'a pas encore cours) de la Sorbonne qu'ils réagissent. Leur attaque contre l'école allemande est au plus indirecte et nullement éclairante de leur action.

Ont-ils eu d'entrée de jeu, en 1929, l'impression d'avoir fabriqué ou le désir de fabriquer, un paradigme inédit ? Sans doute pas, si l'on songe à un système de pensée strictement articulé et fermé sur lui-même — ce que n'ont d'ailleurs jamais été les *Annales*. Le mot *paradigme* les aurait surpris sans leur plaire, ceux de *modèle* ou d'*école* — ce dernier si souvent employé à leur endroit — les auraient l'un et l'autre importunés. Mais qu'ils aient eu conscience d'œuvrer pour une histoire absolument neuve et même révolutionnaire, c'est certain. Et par des moyens assez simples : l'histoire était pour eux une science humaine au milieu des autres ; sans même s'élever sur la pointe des pieds, l'historien apercevait les champs et les jardins de ses voisins. Alors était-ce si compliqué, si extraordinaire que d'aller voir ce qui s'y passait, de plaider en faveur d'une communauté de ces sciences malgré les murs qui les entouraient et de penser que *toutes* étaient des auxiliaires nécessaires de l'histoire, que l'histoire pouvait même à son tour leur rendre les services qu'elle en recevait ? Échange de bons procédés : je pense que c'est là aujourd'hui encore le dernier mot, le mot le plus profond, le seul mot de ralliement des *Annales*. Mais en 1929, le mot est neuf, le programme qu'il définit aberrant ou absurde aux yeux des historiens traditionnels, trop ambitieux peut-être aux yeux mêmes des partisans du nouveau courant d'idées. Henri Berr n'avait rêvé que d'unir l'histoire à la sociologie. L'unir à l'économie — qu'il ignorait en fait — lui paraissait une opération dangereuse. Marx sentait le fagot en ces époques lointaines.

La tâche des deux professeurs de Strasbourg est donc aussi claire que possible : aller chez les autres, revenir chez soi avec son butin, repartir à la découverte, abattre les cloisons gênantes. Et foncer sur les opposants : c'est la meilleure façon de se défendre. La polémique est d'ailleurs le signe de leur bonne humeur, de leur plaisir intellectuel, la continuation, plume en main, de leurs discussions personnelles qui ne cessaient de rebondir : leurs bureaux à l'université sont contigus, en ville leurs maisons proches. Rien ne serait plus facile, rétrospectivement, que de montrer comment ils parlent alors des autres sciences de l'homme, comment ils en maîtrisent les concepts et le langage. Ce faisant, ils donnent à l'histoire ses dimensions nouvelles qui sont encore ses *dimensions d'aujourd'hui.* Un monde des merveilles est ouvert, y voyager devient un délice. Le talent d'écriture des deux directeurs est sensationnel. Or, en France la littérature commande. Qui écrit mieux que Lucien Febvre, qui polémique de façon plus féroce, plus joyeuse, plus rabelaisienne que lui ? Il imagine, sent, comprend, devine tout. Comparez-le à Diderot, ou (tout près de lui) à l'un de ses amis les plus chers, Paul Langevin, le grand physicien qui fut le « caissier » des physiciens de son temps en mal d'idées. Lucien Febvre est le caissier des historiens, il distribue les idées à pleines mains. Son talent ? Mettre les autres au-dessus d'eux-mêmes. Ainsi a-t-il formé, « fait » Marc Bloch, son cadet de six ans ; plus tard il m'aidera, me permettra de m'élever au-dessus de moi-même. Sans lui, Marc Bloch n'aurait pas été un second Fustel de Coulanges ; sans lui, *La Méditerranée* n'aurait sans doute pas vu le jour. En plus, il a le sens de l'équipe, de la tâche collective. Marc Bloch s'intéresse tardivement à l'histoire des campagnes ; Lucien Febvre qui était, en prenant le mot dans toute sa noblesse, un « paysan » de France, comme disait de lui son ami, le romancier Léon Werth, s'efface sans regret, lui laisse les champs, les labours, les arbres, les prés, les villages et court vers d'autres tâches. Elles ne manquent pas dans une revue où, finalement, il n'y a que deux personnes à l'ouvrage, plus cinq ou six amis. Les *Annales*, en 1937, quand je prends place dans leur Comité, c'est un tout petit groupe qui tient à l'aise — malgré l'arrivée des « nouveaux » : Henri Brunschwig, Ernest Labrousse, Jacques Soustelle et moi-même — dans le salon de Lucien Febvre, son bureau en réalité, rue du Val-de-Grâce, « au Val » comme nous disions. Mais n'est-ce pas toujours par un groupe minuscule que l'innovation est possible, que se construit tout nouveau paradigme, pour reprendre le langage de Traian Stoianovich ? Douces fertiles années lointaines de la France d'entre les deux guerres ! Malgré ses inquiétudes, une des France les plus intelligentes d'un long destin.

La seconde guerre mondiale a été l'atroce coupure que l'on sait. Les *Annales,* en 1945, ont pourtant réussi à rassembler leurs forces, à reconstituer une équipe. Traian Stoianovich pense qu'alors commence la période décisive, celle où le modèle historiographique va vraiment se dessiner et se définir, cependant que les oppositions traditionnelles tombent une à une et que l'Université s'ouvre largement aux tenants de la nouvelle histoire — bref une « expansive establishment phase ». Je vois les choses un peu différemment.

Une nouvelle période, certes. Mais rien d'essentiel n'a été ajouté par les *Annales* de la deuxième génération au lot d'idées mises en circulation par les premières *Annales*. Aucun de nous, les nouveaux venus, Charles Morazé, Georges Friedmann et moi-même, n'a ajouté vraiment une idée neuve, un concept inconnu à l'arsenal théorique déjà constitué. Des formules oui, des exemples oui, des confirmations oui ; des novations, non et non. En revanche, il est évident que, de 1945 à 1968, le *programme* devient réalité. Toute une nouvelle génération d'historiens choisissent les « sujets de thèse », c'est-à-dire leurs lignes de travail et d'action, dans le cadre de la pensée des *Annales*, c'est un fait. Je verrais donc plutôt cette période-là comme une sorte de passage à la pratique de confrontation du modèle des *Annales* à la réalité immense de l'histoire, grâce à une série de travaux qui s'apparentent les uns aux autres, bien que dispersés dans l'espace et le temps vécu. D'admirables, de nombreux travaux. Toute une floraison. Mais la théorie avait précédé ces réalisations qui n'ont fait que la mettre à l'épreuve.

D'autre part il faut comprendre que cet élan productif (dont on ne prendra conscience d'ailleurs que plus tard, quand commenceront à paraître en rangs serrés les collections de la VIe Section, dans les années cinquante et soixante), c'est le ralliement de jeunes historiens — ceux de l'Université *future*, certes pas de l'Université en place. Durant ces années-là, nous restons en effet des *hérétiques*, des marginaux très loin encore de l'*establishment*.

Avant la guerre, Lucien Febvre et Marc Bloch avaient été en butte à la hargne vigilante de la Sorbonne. Marc Bloch, battu à une élection scandaleuse à la IVe Section de l'École des Hautes Études, écarté du Collège de France, comme jadis Henri Berr, réussissait, en 1937, à entrer à la Sorbonne par un coup de chance : en dehors de lui, personne ne pouvait solliciter la succession de Henri Hauser à la chaire d'histoire économique, l'unique chaire d'histoire économique de l'Université française ! Lucien Febvre avait, lui aussi, été écarté de la Sorbonne, il n'entrait au Collège de France, en 1934, qu'après un premier échec.

Ne dites pas, cher Traian Stoianovich, que c'étaient là, en 1945, de vieilles histoires, de vieilles querelles. Car moi aussi, sans tambour ni trompette, je suis, en 1947, écarté de la Sorbonne avec mille bonnes paroles, mais écarté. Quand je soutiens ma thèse, cette année-là, un de mes juges me dit suavement : « Vous êtes géographe, permettez-moi d'être historien. » Sans doute, j'entrerai au Collège de France en 1949, mais le Collège est en marge, a toujours été en marge de l'Université. Sans doute, je suis nommé, la même année, président du jury d'agrégation d'histoire, mais par la volonté individuelle de Gustave Monod, directeur général de l'enseignement secondaire, désireux de bousculer la maison et de réformer ce vénérable concours. Je ne m'en fis pas faute, mais... dès 1954, j'étais évincé et la Sorbonne reprenait les choses en main. Sans doute Lucien Febvre et moi-même faisions partie, en ces années-là, des commissions de la Recherche scientifique élues par l'*ensemble* des historiens, mais nous y étions minoritaires : en tête de liste venaient les bien-pensants, et une année, je fus bel et bien blackboulé par les électeurs.

Et la VIe Section de l'École des Hautes Études, direz-vous, et la Maison des Sciences de l'Homme ? La VIe Section, pour le mouvement des *Annales*, ç'a été assurément le miracle. Mais sa création, en 1947, n'a tenu qu'à un fil, à une sorte de complot mené avec adresse par Lucien Febvre et Charles Morazé. Si on l'a laissé naître, c'est que, tel le Collège de France, l'École des Hautes Études n'avait pas droit à la collation des titres universitaire (licence et doctorat). La VIe Section s'est développée, lentement et difficilement d'ailleurs, comme une institution marginale, armée seulement dans le domaine de la recherche. Qu'elle ait su faire de cette limitation sa force, qu'elle y ait trouvé la condition de sa liberté et le moteur de son expansion, c'est une autre affaire. En tout cas, plus son succès a grandi, plus elle a rencontré de difficultés, d'hostilités dans l'Université traditionnelle — à côté, il est vrai, d'éclatantes amitiés. De même, nous avons pu faire œuvre utile à la Maison des Sciences de l'Homme, créée sur l'initiative d'un grand directeur de l'enseignement supérieur, Gaston Berger, comme une institution de coordination de la recherche en sciences humaines, cette fois encore, notez-le, hors de l'Université. Mais enfin, cette création fut, à l'origine, un pis-aller, après que l'Université eut empêché la naissance d'une faculté expérimentale de sciences économiques et sociales que nous réclamions. Oui, jusqu'en 1968 ou presque, nous sommes restés des hérétiques, de plus en plus nombreux, de plus en plus forts peut-être, mais contraints sans cesse à nous battre, bon gré mal gré.

Ce sont les troubles de mai et de juin 1968 qui ont tout changé. Traian Stoianovich a bien raison de dater de là les débuts d'une nouvelle période. Pour moi, par une ironie du sort, c'est de celle de l'*establishment*. En 1968, la citadelle de la Sorbonne s'est effondrée d'un coup, elle s'est partagée entre une dizaine d'institutions d'enseignement supérieur. Des réformes, de nombreuses réformes ont suivi, une vie nouvelle s'est mise progressivement en place et plus d'une novation a été heureuse. En conclusion de ces réformes, la VIe Section vient, en 1975, de perdre son numéro d'ordre et son titre même, pour devenir l'École des Hautes Études en Sciences sociales, avec le droit à la collation des titres. Elle continue d'être une institution de recherche, mais devient en même temps une université. Les *Annales* dont j'ai, depuis des années, abandonné la direction au bénéfice d'historiens plus jeunes, connaissent un immense succès. Y publier un article est le premier pas d'un *cursus honorum* normal. Ne nous y trompons pas : nous sommes devenus orthodoxes.

Est-ce un bien ? Avoir des ennemis vigilants, prompts à l'attaque et qui n'ont pas forcément tort contre vous à chaque coup, c'est la garantie de ne pas s'endormir sur de soi-disant lauriers. Une garantie peut-être aussi contre le désir périlleux de vouloir être neuf à tout prix : lorsqu'on est en butte aux attaques de la tradition, on se sait, ou du moins on se croit au nombre des novateurs. Inutile donc de courir après la mode.

Dans les dernières pages de son livre, T. Stoianovich décrit en détail la conjoncture historiographique telle qu'elle se dessine à Paris, en 1975. Une situation trouble assurément, une mer qui s'agite et ne promet pas des voyages faciles. Sur l'histoire, ce sont les non-historiens, les philosophes, qui parlent avec le plus de véhémence et, au premier rang de ceux-ci, le plus brillant et le plus sympathique, Michel Foucault. Mais face aux philosophes, seuls capables de parler haut, peut-être même trop haut, il me semble que les historiens d'aujourd'hui ont peur de parler leur propre langage, celui d'un vieux métier qui se fabrique au ras du sol, avec de vieux outils que des moyens nouveaux permettent de mieux employer, mais de vieux outils. L'avenir de l'histoire est cependant aux mains des historiens. À eux de rompre avec les paradigmes d'hier s'ils en ont la force, le courage, l'intelligence.

Je crois qu'ils y seront aidés par un fait nouveau d'une

immense portée : ce n'est plus en France seulement que se joue aujourd'hui le sort du « paradigme » des *Annales*, mais sur le plan mondial de la pensée. Il me semble impossible que de cette confrontation élargie ne jaillisse pas un nouveau débat. C'est au moins la conclusion optimiste que je tire du livre réfléchi, attentif et fructueux de Traian Stoianovich. Je le remercie du fond du cœur de l'avoir écrit.

IX

EN GUISE DE CONCLUSION*

Organisé par Immanuel Wallerstein, un colloque s'était tenu du 15 au 17 mai 1977 pour l'inauguration à Binghamton (U.S.A.) de son nouveau Centre de Sciences sociales, baptisé « Fernand Braudel Center ». Le thème choisi était « Impact of the Annals *School on the Social Sciences ». Parmi les invités à ces journées, des représentants de deux générations : les amis et collaborateurs des* Annales *traditionnelles, celles de Febvre et Bloch, puis de Braudel, et le groupe des jeunes héritiers auxquels ce dernier avait, en 1968, décidé d'abandonner la revue. Le débat tourna assez rapidement à l'affrontement entre « vieilles » et « nouvelles »* Annales. *Braudel, comme il l'avait annoncé d'entrée de jeu, resta silencieux pendant ces discussions, réservant son intervention, que l'on trouvera ci-dessous, à la fin du colloque.*

Mesdames, Messieurs, mes Chers Amis,

Je vous parlerai d'abord un peu de Fernand Braudel, bien qu'on en ait trop parlé, mais je n'ai pas trouvé d'autre moyen pour aborder un certain nombre de grandes questions qui ont traversé les discussions de ce colloque. Je vous parlerai ensuite beaucoup des *Annales*, dont on a également trop parlé. Mais j'essaierai avant tout de vous montrer en quoi les *Annales* ont servi de modèle, de paradigme, comme le dit mon collègue et ami, le professeur Traian Stoianovich, et comment ce modèle s'est constitué. Enfin et surtout, avec passion, je parlerai du nouveau Centre, de la revue qu'il publie et qui s'appelle *Review*, sans autre indication, ce qui est éminemment orgueilleux ! Je parlerai aussi longuement de la personne et de l'œuvre du professeur Immanuel Wallerstein dont le colloque est justement venu pour soutenir l'action. Et je crois que nous n'avons pas suffisamment parlé de ce qu'il fait, de sa revue et de son œuvre. J'essaierai d'y remédier. En somme, dans

---

* *Review*, I, 1978, pp. 243-253.

une Université neuve qui est en train de se créer, une institution vient de venir au monde, ou, si vous préférez, nous avons planté un arbre ; il faut que cet arbre pousse.

Mesdames, Messieurs, je me demande avec un peu d'inquiétude quelle image se feront quelques-uns d'entre vous, après ce colloque, d'un certain Fernand Braudel. On n'a parlé de lui que pour faire son éloge ; on n'a parlé de lui que pour indiquer ses responsabilités les plus heureuses. On a parlé de lui comme s'il n'avait que des qualités. Je sais bien que l'amitié est responsable de l'épreuve à laquelle j'ai été soumis. Cette épreuve, ça s'appelle la « glorification » ! Disons-le franchement, les honneurs, ce n'est pas ce que souhaite un historien qui adore son travail, ses intérêts ne vont pas dans cette direction-là. Ne croyez pas que le but de ma vie ait été de collectionner les honneurs : je les ai fuis autant que possible, mais ils m'ont quelquefois rattrapé sans que je l'aie voulu.

Chers Amis, ma vie a été celle d'un historien préoccupé avant tout de son travail personnel, ce qui définit une vie sous le signe d'un égoïsme intellectuel parfait. Quand j'étais en train de fabriquer ou d'imaginer le livre que j'ai publié sur la Méditerranée, j'aurais pu continuer pendant des années et des années à vivre pleinement satisfait dans les différents dépôts d'archives et les différents paysages de la Méditerranée, si je n'avais pas rencontré, en 1937, Lucien Febvre qui m'a obligé à conclure. Et songez que, ayant accepté cette obligation, j'ai encore mis dix ans, jusqu'en 1947, pour achever ma tâche. Je suis pourtant de ceux qui travaillent très vite, qui écrivent à toute vitesse. J'ai quelquefois dit, et c'est vrai, que je réussis à écrire 30, 40, 50 pages dans une seule journée. Lucien Febvre aussi écrivait à toute vitesse. Il appelait cela « descendre sa page ». Il « descendait » sa page avec une rapidité étonnante, mais, à la différence de moi, il ne recommençait jamais. Or, j'ai recommencé la *Méditerranée* je ne sais combien de fois. Et même, en 1947, au moment d'achever, j'ai jugé bon de m'accorder un délai supplémentaire de six mois et j'ai refait sérieusement la deuxième partie au grand scandale de mes amis. Ils disaient : « Oh, Fernand Braudel est sympathique, mais il n'achèvera jamais son livre ! »

J'ai fini par l'achever, à ma propre surprise, mais je ne l'ai pas achevé dans la certitude. Si je remets si souvent le travail sur le métier, c'est que je ne suis pas du tout, dirai-je, en tranquillité avec moi-même. Pour moi les problèmes ne sont jamais résolus une fois pour toutes. Aussi bien les idées par lesquelles on me définit, ce sont des idées qu'il m'a fallu lentement conquérir. Un de mes plus grands amis, Georges Gurvitch, un sociologue avec lequel je me suis disputé, il n'y a pas d'autre mot, pendant une vingtaine d'années, prétendait que j'étais philosophe et, comme il voyait que cela ne me faisait pas un plaisir sans mélange, il insistait. Il prétendait même que j'étais un théoricien, et il ajoutait un mot perfide : un théoricien « impérialiste ». Il voulait dire par là quelqu'un qui s'occupe trop des affaires des autres ; il me reprochait d'être un historien qui pénétrait dans le domaine des sciences humaines pour y faire la loi, y crier très fort, pour présenter et imposer ses exigences.

En réalité, je ne me suis jamais élevé au plan de la théorie, au plan de la « philosophie » comme disait Gurvitch, sans y avoir été forcé. Si, sur un sujet quelconque, que ce soit la Méditerranée ou un sujet plus étroit ou plus vaste, vous accumulez les connaissances et les témoignages, à un moment donné, vous serez bien obligé de les organiser. L'histoire, c'est une reconstruction. Alors, au moment de reconstruire la maison, il vous faut bien avoir un plan d'ensemble, quelques concepts et quelques hypothèses. C'est ainsi que, construisant mon livre sur la Méditerranée, j'ai été conduit à diviser le temps de l'histoire selon ses différentes vitesses, selon ses différentes *temporalités*. Je crois qu'il y a effectivement des temps rapides, des temps plus longs, des temps presque immobiles. Mais c'est en fin de course, non par une opération préalable, que je suis arrivé à cette conception du temps de l'histoire. De même, la *longue durée* dont je me suis fait l'avocat, ce fut d'abord un artifice par lequel je suis sorti de certaines difficultés tangibles. Je n'ai pas pensé à la longue durée *avant* d'avoir à écrire mon livre sur la Méditerranée.

De même, la *globalité*, l'histoire globale que je défends, s'est imposée à moi peu à peu. C'est quelque chose d'extrêmement simple, de tellement simple que la plupart de mes collègues en histoire ne me comprennent pas. Ce qui ne les empêche pas, au contraire, de m'attaquer avec frénésie. Alors, voulez-vous que j'essaie de m'expliquer clairement, puisque ce problème, qui semble toucher à ma personne, est en réalité au cœur des discussions de ce colloque ? La globalité, ce n'est pas la prétention d'écrire une histoire totale du monde. Ce n'est pas cette prétention puérile, sympathique et folle. C'est simplement le désir, quand on a abordé un problème, d'en dépasser systématiquement les limites. Il n'y a pas de problème d'histoire, à mes yeux, qui soit entouré de murs, qui soit indépendant. Permettez-moi de vous le montrer à propos de deux exemples. Ce qui prouve que je ne suis pas un philosophe, puisque, lorsque j'essaie d'expliquer un problème, je me hâte de recourir aux exemples !

J'ai dirigé, dans ma vie, un certain nombre de thèses, généralement bonnes, parfois très bonnes, parfois exceptionnelles. J'ai dirigé la thèse de doctorat d'un des historiens français les plus brillants d'aujourd'hui, je veux dire celle d'Emmanuel Le Roy Ladurie, qui s'intitule *Les Paysans de Languedoc*. Or, lorsque je n'étais pas d'accord avec lui, dans les discussions que nous avons eues, c'était précisément dans la mesure où je suis en faveur de la *globalité*. Pour moi, les paysans de Languedoc, ce n'est pas un sujet autonome, ce n'est pas un sujet en soi. Les paysans, cela n'existe pas sans la terre, sans les rivières, sans le sol, sans la végétation, sans les cultures, sans les montagnes, sans les garrigues, sans la pierre, sans les chemins... Si bien que j'ai lutté contre Emmanuel Le Roy Ladurie en lui demandant une sorte d'étude géographique préalable. Pour moi, elle s'imposait. Il a fini par me faire cette concession, mais à regret. Il ne voulait pas sortir de son sujet.

Seconde discussion entre lui et moi, au sujet des seigneurs dont il était décidé à ne pas s'occuper. Dans la France d'Ancien Régime, disais-je, pas de paysans sans seigneurs. Ce n'est pas vrai pour le Languedoc, répondait-il, où il n'y avait pas de *vrais* seigneurs. Peut-être, mais dans ce cas, il y en avait de *faux*, et j'aurais voulu savoir qui étaient ces faux seigneurs. Vous n'ignorez pas que le propriétaire de la terre vit de la rente foncière et de la rente féodale et que, vivant de la rente, il habite d'ordinaire les villes. Et puis la ville, c'est le marché ! Si bien que je soutiens aussi qu'il n'y a pas d'histoire paysanne sans histoire des villes, et là, il est bien difficile de me dire le contraire. Mais Emmanuel Le Roy Ladurie s'est exclamé : « Non, j'ai trop travaillé, je ne veux pas étudier les villes », et il n'a pas étudié les villes !

Il a été plus conciliant en ce qui concerne ma dernière exigence : il avait devant lui les paysans depuis la fin du XVe siècle jusqu'au milieu ou à la fin du XVIIe, soit un cycle long de vie agricole. Ce cycle, commencé avec la remise en service des campagnes du Languedoc, si désolées vers 1450, culminait, après un long essor, vers 1650 ; alors commençait une longue détérioration. Tout cela admirablement présenté dans sa réalité concrète. Mais je prétends que, lorsqu'on est en face d'une réalité aussi importante, non pas une conjoncture banale, mais une conjoncture multiséculaire, il faut de toute évidence l'étudier en soi et de près, que c'était une façon nécessaire de dépasser l'histoire paysanne. Les deux ou trois dernières pages du livre de Le Roy Ladurie posent le problème, le posent seulement. Cela n'empêche pas son livre d'être un livre magnifique. Mais, personnellement, il me laisse sur ma faim.

Vous voyez donc ce qu'est pour moi la globalité en histoire ; un dépassement de la connaissance, un désir d'aller jusqu'au bout des problèmes.

Acceptez-vous un autre exemple ? Il va paraître en France un livre tout à fait remarquable, signé par François Furet et Jacques Ozouf. Ce livre, qui a repris des enquêtes massives et importantes, porte sur l'alphabétisation de la France au XVIIIe siècle. François Furet et Jacques Ozouf distinguent l'alphabétisation traditionnelle, élémentaire, « apprendre à lire », et une alphabétisation de second degré, « apprendre à lire et à écrire ». Or, si vous regardez la France du XVIIIe siècle sous l'angle de « apprendre à lire », vous vous apercevez que la France importante, c'est la France de l'Ouest, la France catholique ; le christianisme, c'est une religion du livre ; il faut savoir lire pour apprendre ses prières. Si vous regardez, au contraire, la révolution beaucoup plus importante de l'alphabétisation du second degré, « lire et écrire », vous vous apercevez que la France en avance, c'est la France du Nord. Il y a contraste entre une France plus vive, plus cultivée, plus riche, la France du Nord, et la France du Sud et de l'Ouest. Vous penserez qu'un sujet comme celui-là est merveilleux, dans la mesure où « lire et écrire », c'est le début d'une révolution assez profonde, c'est sortir d'une civilisation orale, d'une civilisation sacrale. En quelque sorte, c'est une désacralisation avec les conséquences que vous devinez. Or, quant à moi, je ne suis pas pleinement satisfait. Je l'ai dit à François Furet qui a accepté mes arguments.

Tout d'abord, l'alphabétisation n° 1 et n° 2, existe bien avant le XVIIIe siècle. S'il y a désacralisation chaque fois que l'on apprend à lire et à écrire, on a appris à lire et à écrire dans les villes d'Italie et dans les villes d'Europe dès les XIIe et XIIIe siècles. Ensuite, il y a eu une petite révolution qui s'appelle l'imprimerie. Alors, tout de même, je voudrais bien voir ce qu'a signifié l'imprimerie. A-t-elle été uniquement à l'usage des gens cultivés, sans toucher aux gens, je dirais, d'un degré élémentaire de culture ? Et surtout, vous devinez bien qu'il n'y a pas seulement *deux* alphabétisations. Si j'entends par alphabétisation l'entrée des masses dans une forme de culture, il y a, non pas une marche, non pas deux marches, mais tout un escalier. Bref, je veux la suite, savoir comment ce que je ne peux appeler l'alphabétisation, la culture élémentaire, s'est répandue au XIXe siècle et jusqu'à nos jours.

Enfin, l'étude de l'alphabétisation montre que la France

d'Ancien Régime est diverse. On le savait d'avance. Elle est composée d'espaces différents, et qui jouent les uns par rapport aux autres, sur un plan culturel et social, sur un plan économique, sur un plan politique. Le problème de la division de la France est à voir au-delà des problèmes de l'alphabétisation, comme tout à l'heure le problème des grands cycles d'évolution au-delà de l'histoire paysanne du Languedoc. Vous voyez que la globalité est sous le signe du bon sens, et même de la nécessité.

On m'a accusé souvent d'impérialisme. Or, je ne suis pas impérialiste. Un impérialiste occupe certaines zones du monde et les colonise. Pas de colonisation, pas d'impérialisme. Or, les sciences de l'homme, en France comme ailleurs, ne se sont pas laissé subjuguer par l'histoire. Elles continuent à l'ignorer. On a beau crier, on a beau le leur reprocher, elles restent aveugles et sourdes à la leçon de l'histoire.

Je pourrais prendre bien des exemples. Ainsi, je me suis lié d'amitié depuis très longtemps avec Claude Lévi-Strauss. Je l'admire et je l'estime beaucoup. Mais Claude Lévi-Strauss, dès le moment où je l'ai connu — je l'ai connu quand il avait vingt-cinq ans, voilà une quarantaine d'années —, Lévi-Strauss était fermé entièrement à l'histoire. Il ne sait pas ce qu'elle est et ne veut pas le savoir. Il a découvert une sorte de jeu d'esprit en distinguant les sociétés froides, qui n'ont pas d'histoire, et les sociétés chaudes qui en possèdent une, comme si l'histoire avait besoin de la chaleur pour se développer. Or, de toute évidence, c'est inexact. Qu'on ne nous dise pas que les sociétés froides ont comme histoire « le mythe », et que les sociétés chaudes, n'ayant plus de mythes, ont trouvé un substitut dans l'histoire, ce sont là des jeux de philosophes. Je ne suis pas philosophe, et Claude Lévi-Strauss l'est beaucoup trop à mon goût ! En fait, il n'y a pas de société, primitive ou non, qui ne connaisse une évolution et une histoire.

Ne croyez donc pas que les *Annales* (avec Lucien Febvre, Marc Bloch, et moi-même) aient pu martyriser les sciences de l'homme ! Les sciences de l'homme nous sont restées fermées. Nous y entrons, mais nous restons seuls dans la maison, et vous savez qu'à soi seul, on ne crée pas de colonie !

Mesdames, Messieurs, je vous ai trop parlé de moi-même et de certaines de mes idées. Je voudrais maintenant vous entretenir des *Annales*, dont j'ai vécu l'expérience du dedans. C'est vous dire qu'elle me paraît beaucoup plus simple qu'à ceux qui la voient du dehors. Je suis toutefois sensible au destin étrange d'une telle revue.

La revue des *Annales* a été fondée à Strasbourg, en 1929, par deux professeurs, alors peu connus, Marc Bloch et Lucien Febvre : ils sont étroitement liés, constamment l'un chez l'autre, et leurs bureaux à l'université sont contigus. Les premières *Annales*, de 1929 à 1939, ce sont les *Annales* les plus brillantes, les plus intelligentes, les mieux conduites et les plus novatrices, de toute leur longue série. Or, elles ont au plus 300 ou 400 lecteurs. Je ne dis pas que cela ne soit rien, mais ce n'est tout de même pas grand-chose ! Alors, si les *Annales* sont devenues, malgré des débuts aussi modestes, une sorte d'épidémie intellectuelle, vous pensez bien qu'il a fallu un certain nombre de circonstances exceptionnelles. Il n'a pas suffi à Lucien Febvre et à Marc Bloch d'être très intelligents, d'être très combatifs, ce qu'ils furent. Au vrai, ils n'ont cessé de se disputer et de discuter entre eux. « Les frères ennemis », c'est ainsi que les appelaient les gens qui ne les aimaient pas — et ils étaient nombreux heureusement, je dis cela sans plaisanterie, car on ne joue un rôle que lorsqu'on a suffisamment d'adversaires. Il est vrai qu'ils se disputaient constamment, Lucien Febvre capable d'écouter pendant des heures et de ne rien dire, mais écrivant le lendemain des lettres épouvantables, Marc Bloch, quant à lui, capable de tout supporter. C'est lui qui a le bon caractère et Lucien Febvre, d'après leurs correspondances, presque toujours a tort de façon magnifique. Mais il ne suffit pas d'être des frères ennemis, d'être des hommes extrêmement intelligents pour réussir. Il a donc dû se passer quelque chose d'autre.

Les *Annales*, en fait, ont été pendant longtemps un petit groupe révolutionnaire en esprit, mieux encore un groupe hérétique. Les *Annales* ont eu contre elles presque toute l'Université française en place. Vous n'imaginez pas ce que pouvait signifier, pour Marc Bloch et Lucien Febvre, qui se trouvaient à la marge de l'hexagone français, à Strasbourg, l'hostilité de cette Université, c'est-à-dire avant tout l'hostilité de Paris. Peut-être peut-on vivre, universitairement, aux États-Unis, avec l'hostilité de New York, mais en France, avec la centralisation, l'hostilité de Paris, c'est une condamnation en bonne et due forme.

Les choses n'ont changé qu'au lendemain de la seconde guerre mondiale, après 1945. Elles ont changé dramatiquement puisque Marc Bloch est mort dans des conditions héroïques et atroces. Lucien Febvre ne s'en est jamais consolé et il n'a jamais retrouvé de frère près de lui. Il a trouvé des fils. Mais, intellectuellement, vivent les frères. Je ne dirai pas « à bas les fils », mais avec les fils, c'est un tout autre dialogue. Lucien Febvre a été jusqu'à la fin de sa vie terriblement seul.

Et c'est au moment où il est réduit à lui-même que la situation change, de façon curieuse. En 1947, nous avons eu — j'étais un des jeunes directeurs des *Annales* — la chance de fabriquer l'École des Hautes Études, ou, comme l'on dit plus exactement car c'était son titre, la VIe Section de l'École pratique des Hautes Études. Une aventure fantastique. Je ne sais pas où se trouve Éric Hobsbawm dans cette salle, mais c'est un peu pour lui que je parle. Suppose, Éric, qu'on t'ait donné la possibilité, quand tu avais quarante ans, de fonder la *London School of Economics* à ton gré. Avoue que cela aurait signifié quelque chose de terriblement intéressant pour toi. Supposez, Immanuel Wallerstein, que votre *Review*, votre prétentieuse *Review*, réussisse à fonder à Binghamton une École des Hautes Études avec une centaine de professeurs spécialistes de sciences humaines. Cela vous aiderait drôlement pour la rédaction de votre revue.

Or, ne croyez pas que nous ayons fondé l'École des Hautes Études, la VIe Section, parce que nous étions intelligents. Nous l'avons fondée parce que nous avions mauvais caractère. L'Université voulait nous mettre de côté. La Sorbonne nous était fermée. Si bien que Lucien Febvre, comme moi, avons été expédiés vers les honneurs du Collège de France, le Collège de France où il n'y a pas d'étudiants. Donc nous n'y étions pas nocifs. Quant à l'École des Hautes Études, ce n'était pas une École ayant le droit de conférer des titres, comme les facultés. On y était en situation inférieure. Si bien que nous nous trouvions là sur une voie de garage et nous nous sommes engagés sur cette voie de garage avec l'hilarité des gens en place. La fondation de l'École des Hautes Études n'a pas inquiété une seconde l'Université traditionnelle, elle la mettait en joie, parce qu'elle la trouvait profondément ridicule.

N'avons-nous pas admis à l'École des Hautes Études des gens sans titres, des gens parfois étrangers à la France, recrutés uniquement d'après le talent qu'on leur prêtait ? Nous avons eu un système de recrutement d'un libéralisme extraordinaire, un recrutement, je dois le dire, qui a puisé dans ce prolétariat intellectuel sympathique qui existe dans toutes les grandes capitales. C'est avec ces éléments disparates que nous avons fait l'École des Hautes Études et on s'est aperçu cinq, six ou sept ans plus tard que nous étions la seule institution vivante. Et nous sommes devenus, sans qu'on s'en aperçoive nettement, l'organisation maîtresse des sciences humaines en France, avec un rayonnement considérable à l'étranger.

Mon collègue et ami, K. Pomian, nous a parlé de l'influence

des *Annales* en Pologne. Mais ce ne sont pas les *Annales* seulement qui ont rayonné en Pologne, c'est aussi l'École des Hautes Études. Songez que nous y avons reçu un millier de boursiers polonais, ce n'est tout de même pas si mal. Nous avons réussi dans un certain nombre de directions autant par l'École que par les *Annales*. L'École, en effet, accueillait de nombreux professeurs étrangers, ce qui, à l'époque, était rarissime en France, Lucien Goldmann était né en Roumanie ; Julien Greimas, un des grands linguistes de l'époque, dans les pays Baltes ; le meilleur spécialiste de l'histoire de la Chine, Étienne Balasz, était né à Budapest ; le plus grand de nos psychanalystes s'appelle Devereux et, malgré ce nom à consonance française, il est né lui aussi en Hongrie. Ruggiero Romano et Alberto Tenenti sont l'un et l'autre italiens. Notre meilleur spécialiste de l'Inde, Daniel Thorner, nous l'avons trouvé aux États-Unis, mais nous l'avons perdu prématurément. Et dans le staff administratif de l'École, mon plus intime collaborateur, depuis une trentaine d'années, Clemens Heller, est né à Vienne. Il est aujourd'hui l'animateur efficace de la Maison des Sciences de l'Homme. Nous avons ainsi ouvert l'École des Hautes Études à des recrutements « anormaux ». On n'entre dans l'Université française qu'avec les galons réglementaires. Or, les gens sans galons, et sans étoiles, que nous avons reçus à l'École des Hautes Études ont fait la grandeur et le rayonnement de l'École.

Mais le libéralisme, ce n'est pas seulement une politique vis-à-vis des personnes, c'est une politique vis-à-vis des idées et ici j'insiste beaucoup : les *Annales* n'ont jamais été fermées aux idéologies qui ne nous plaisaient pas. C'est Eric Hobsbawm qui, avec raison, a posé dix fois pour une le problème des rapports des *Annales* et de la pensée marxiste. En fait, nous acceptons la pensée de Marx, la problématique marxiste un peu comme si Marx avait soutenu sa thèse d'université en 1867 avec *Le Capital*. Cette idée ne vous fait pas sourire et vous avez tort, parce que, s'il avait jamais soutenu sa thèse devant la Sorbonne ou devant une université anglaise, ç'aurait été un beau scandale ! Donc, nous avons accepté la pensée marxiste parmi d'autres. Elle ne nous a pas servi de credo, elle ne nous a pas servi de cadre, mais nous ne l'avons pas tenue à l'écart. Plus que vous ne le pensez, dans un pays comme le nôtre et peut-être dans tous les pays du monde occidental, les idées de Marx ont pénétré en profondeur. Il n'y a pas un intellectuel, aux États-Unis comme en France, en Italie comme en Allemagne, en Angleterre comme en Espagne, qui ne soit pénétré par le vocabulaire de Marx et, comme les mots n'arrivent jamais seuls, par la pensée de Marx. Cela ne vous étonnera donc pas que nous nous soyons bien entendus avec quelques marxistes anglais, que nous ayons fait très bon ménage avec des marxistes polonais, que nous ayons fait meilleur ménage qu'on ne le dit avec les marxistes italiens, que nous avons beaucoup appris des uns et des autres. Et qu'aucune barrière ne nous ait séparés des marxistes français.

Mesdames, Messieurs, avant de quitter les *Annales*, je voudrais signaler un dernier fait important. Ce qui les a servies à travers le monde, c'est aussi la culture française. Si le monde accepte certains points dominants sur le plan économique, les points dominants de l'économie ne sont jamais, par une sorte de règle bien assise, les points du rayonnement culturel. Quand Venise domine la Méditerranée, l'Europe et l'Italie, quand elle se gorge de richesses, si intéressante que soit Venise, elle n'est pas le centre de la civilisation. Le centre de la civilisation, c'est Florence, et c'est Florence qui donne à l'Italie sa langue, le dialecte florentin, devenu en quelque sorte l'italien. Quand le centre économique du monde est en Hollande, malgré la poussée merveilleuse de la peinture hollandaise, le centre de la culture européenne n'est pas à Amsterdam. Quand le centre du monde arrive à Londres, malgré la qualité culturelle éblouissante de l'Angleterre du XVIIIe siècle, Londres n'a pas la suprématie intellectuelle. Celle-ci appartient à Paris. En fait, et ceci est très important, la France a toujours raté sa candidature à la domination économique et politique. Ce n'est pourtant pas faute de s'y être efforcée ! Nous avons eu Louis XIV, et Louis XIV ne réussit pas à entrer en Hollande ! Nous avons eu la Révolution française et Napoléon ! Nous avons été jusqu'à Moscou et finalement, il y a eu Trafalgar et Waterloo ! Nous n'avons jamais gagné la compétition économique et politique et nous avons gagné parfois la compétition culturelle sans l'avoir cherchée ! Mais ne croyez pas que l'on obtienne la position de « haut-parleur » culturel parce qu'on est plus intelligent que les autres. Je crois que, des pays européens après 1945, le plus intelligent a été l'Italie, et de loin. L'Italie avec sa littérature, son cinéma, son art. J'ai parlé quelquefois du siècle de Dino Buzzati. On pourrait parler du siècle d'Italo Calvino. Mais être le centre culturel du monde, cela ne correspond pas à un mérite, cela correspond à une situation de fait. La France n'est plus le centre culturel qu'elle était avant 1939, mais elle est encore un « haut-parleur » et le haut-parleur, la diffusion française, ont servi énormément les *Annales*. Vous me comprendrez mieux si j'ouvre une parenthèse. On a parlé incidemment du très grand historien polonais, le plus grand historien vivant, malheureusement malade, qui s'appelle Witold Kula. Ses livres ont été traduits en français et en italien. Witold Kula est, très franchement, beaucoup plus intelligent que moi, mais quand il parle, il n'a pas de haut-parleur. Quand je parle, il y a le haut-parleur français, un petit peu détraqué, ce haut-parleur, mais il existe tout de même. Il donne à la pensée française une dimension supplémentaire, même lorsqu'elle ne le mérite pas. Witold Kula serait né à Paris et moi à Cracovie, les situations seraient renversées et les rôles beaucoup plus justes.

Mesdames, Messieurs, je n'ai parlé de moi que pour mieux parler des *Annales*, et je n'ai parlé des *Annales* que pour mieux parler de la revue, de la pensée de Wallerstein et de l'avenir de son activité et du centre qu'il dirige. Parlant des conditions du succès des *Annales*, j'ai constamment pensé aux conditions du succès de la *Review* d'Immanuel Wallerstein. Alors, je crois que je peux lui donner les conseils précis. Tout d'abord, c'est un fait, il n'a pas de frère ennemi ! Il faut qu'il se choisisse le plus rapidement possible un frère de cinq ou six ans plus jeune que lui, et qui soit contestataire, s'il veut réussir comme les premières *Annales*. Quand Lucien Febvre a disparu, en 1956, j'ai été aussi seul que lui-même, et je n'ai pas trouvé de frère ennemi. J'avais un frère aîné dans la personne délicieuse d'Ernest Labrousse. Mais Ernest Labrousse est un homme avec lequel il est impossible de se disputer ou de discuter. On ne se dispute pas avec lui parce qu'il vous aime trop, et on ne discute pas avec lui parce qu'il ne vous écoute guère ! Vous parlez, vous parlez, mais il pense à autre chose ! Si bien que je n'ai pas eu le frère que j'aurais dû avoir. Donc, je conseille vivement à Immanuel de chercher, peut-être par des annonces appropriées dans les journaux, un frère ennemi qui pourrait l'aider dans la direction de la *Review* !

Ce qu'il est inutile de lui conseiller, c'est de faire une revue ouverte sur le monde, c'est-à-dire pas seulement sur les États-Unis, mais sur le monde international de l'histoire et des sciences humaines. Cela il le fera sûrement. Sans doute sait-il aussi, mais il faut qu'il en ait la conviction, qu'il n'y a pas de revue sans une ligne ferme de direction, sans un dessein préalable, et je me permets d'insister sur ce gros problème.

Que les *Annales* aient changé de Marc Bloch à Lucien Febvre, de Lucien Febvre à Fernand Braudel, de Fernand Braudel à ses successeurs, je trouve que c'est parfait. Là où je ne suis pas d'accord avec mes successeurs, c'est qu'ils n'ont choisi aucune ligne directrice. Je veux bien que tout le monde vienne vers moi, je suis personnellement en faveur d'une définition de l'histoire qui reprendrait à la fois toutes les définitions de l'histoire. Je n'ai jamais dit un mot méchant à l'égard de l'histoire traditionnelle. J'aime tel livre américain sur Jefferson, qui m'a passionné. L'histoire anecdotique n'est même pas pour me déplaire. Bref, j'admire toutes les formes d'histoire, mais... je préfère la mienne. Je ne dis pas que je l'imposerais à ma revue, mais je choisirais en fonction de mes préférences. Lucien Febvre aimait l'histoire-problème ; moi, j'aimais la longue durée et quand j'ai pris la direction des *Annales*, j'ai fixé la ligne selon la longue durée. Mes successeurs ont, il est vrai, une tâche difficile. Les *Annales* hérétiques, les *Annales* avec des ennemis, c'était merveilleux. Merveilleux parce que les ennemis vous aident. Jamais je n'aurais fait l'École des Hautes Études sans les ennemis des *Annales* qui ont été les *trade winds* qui ont gonflé nos voiles. C'est eux qui ont créé et les *Annales*, et le succès des *Annales*, et l'École des Hautes Études. Or, depuis 1965 ou 1966, une chose affreuse s'est passée pour les *Annales* : nous n'avons plus eu d'ennemis ! Et ne pas avoir d'ennemi, c'est un peu être orphelin. Je parlais de Georges Gurvitch. Permettez-moi une anecdote à son sujet. Il était tendre et combatif, il disait d'un air féroce de tel ou tel de ses adversaires : « Je lui trancherai la gorge ! », et naturellement, il n'en faisait rien. Longtemps, il a eu une chance exceptionnelle : il détestait son doyen. Il le détestait à mort. Et puis, malheur effroyable, le doyen a pris sa retraite ! J'ai vu mon pauvre Georges Gurvitch plus malheureux que les pierres, il n'avait plus d'ennemi ! Et il a cherché, dans le monde universitaire, un ennemi de remplacement. Vous n'imaginez pas combien cela pouvait être à la fois comique et émouvant.

Donc, je dis que mes successeurs ont eu une tâche plus difficile que la mienne car les *Annales*, le voulant ou non, sont entrées dans l'*establishment*, elles sont devenues un pouvoir, elles sont tranquilles, elles n'ont plus d'ennemis. Et cela pose bien des problèmes. Je ne dis pas qu'il faudrait acheter des ennemis pour simplifier la tâche des *Annales*, mais il est difficile d'être hérétique et d'être novateur quand, brusquement, on est devenu en quelque sorte orthodoxe.

Je conseille donc à Immanuel Wallerstein de s'en tenir à sa ligne de conduite. Il a le gros avantage d'avoir publié un livre qui est en train de faire le tour du monde, *The Modern World-System*. C'est certainement un livre aussi beau que *La Méditerranée*, et plus neuf. *La Méditerranée* a tout de même une trentaine d'années. C'est beaucoup pour un livre, c'est même beaucoup trop.

Le livre d'I. Wallerstein en est à sa troisième édition anglaise, il est traduit en italien, il sera traduit en hollandais, il va être traduit, dès le mois d'octobre ou de novembre, en français. Mon vieil ami, Frédéric Lane, a écrit sur lui un article merveilleux. Enfin, ce livre vaut déjà à son auteur une bénédiction précieuse, quelques ennemis !

Et ce livre extraordinaire est aussi un programme de recherche. Wallerstein n'a pas voulu faire ce programme. Il a bâti son livre en fonction des difficultés qu'il avait à régler. Il le dit lui-même, il avait besoin de trouver une unité de référence, de chercher quelle pouvait être l'enveloppe, la limite extérieure de l'ensemble cohérent le plus large qui fût au monde. Or, pour lui, cet ensemble cohérent le plus large, c'est l'ensemble donné par l'économie. Dans le monde d'aujourd'hui, vous êtes en présence de trois systèmes économiques de ce type, en lutte l'un avec l'autre : le système occidental, le système soviétique, et le système chinois. Naturellement, c'est le système occidental, celui qui s'appelle le « monde libre » avec orgueil, qui se trouve le plus doué, le plus doué parce que le plus riche. Chaque système est toujours centré sur une ville, mais pas toujours sur la même. Le système occidental est centré sur New York depuis 1929, c'est-à-dire qu'au beau moment de la crise de 1929, l'Europe a perdu la suprématie et New York l'a reçue presque sans s'en apercevoir. Remarquez que, dans l'histoire de l'Europe et du monde occidental, les centrages et recentrages se sont toujours faits au bénéfice des ports. Quels sont les centres successifs des économies qui ont rayonné autour de l'Europe ? Venise, Gênes, Séville, Lisbonne, Anvers, Amsterdam, Londres, et enfin New York. Je sais bien que ces exemples ne sont pas suffisants pour créer une loi. Mais, en gros, il semble qu'une zone économique bien centrée aboutisse à un port. Or, les deux autres systèmes sont centrés sur des villes intérieures, l'un sur Pékin, l'autre sur Moscou. Croyez-moi, c'est une infériorité.

Mais ce qu'a montré surtout Immanuel Wallerstein, c'est que, autour d'un centre, d'une zone économique privilégiée, se constituent des auréoles successives, c'est-à-dire des zones moyennement dotées, puis à la marge des zones particulièrement pauvres. Si je pouvais dessiner sur un tableau, je tracerais un premier cercle autour de la ville centrale, puis un second cercle, un troisième, un quatrième ou un cinquième. Et croyez-moi, c'est très important parce que la vie économique n'a pas les mêmes caractéristiques, la même chaleur, la même tension dans la région du cœur, celle du centre ou dans les régions marginales. Si vous vous placez assez loin dans le passé, au XVIᵉ siècle par exemple, vous allez en direction de l'Europe de l'Est, vous êtes en présence du servage ; vous allez en direction de l'Amérique, vous êtes en présence de l'esclavage ; vous allez soit à Venise, soit à Anvers, soit à Amsterdam, vous êtes en présence du capitalisme ; et c'est l'une des affirmations qui traversent le livre d'Immanuel Wallerstein comme un trait de feu : il y a coexistence entre les différentes formes économiques, le capitalisme, le servage et l'esclavage.

Mais vous pensez bien que le schéma ne vaut pas seulement pour la vie économique. C'est une machine à expliquer l'histoire entière des hommes, les sociétés, les cultures, les États, toutes les formes de la vie. Même la guerre. Au XVIᵉ siècle, la guerre vraiment moderne, c'est la guerre autour des Pays-Bas, celle que mènent les Espagnols, qui ont l'armée la plus perfectionnée qui soit au monde, contre ceux qui vont former les Provinces-Unies. Ça, c'est la guerre savante du temps, la guerre des sièges, du matériel coûteux, de la poudre, des boulets de canon ; on tire sur une ville jusqu'à 30 000, 40 000, 50 000 boulets. Mais cette guerre savante, elle existe seulement au centre du monde. Ce n'est pas celle des guerres coloniales. Un livre récent raconte la guerre que les Hollandais ont soutenue au XVIIᵉ siècle, autour de Recife, une guerre qui s'est d'entrée de jeu voulue savante entre soldats de Hollande et régiments espagnols (jusqu'en 1640 le Portugal est uni à l'Espagne). Mais d'entrée de jeu, les Portugais du Brésil et leurs auxiliaires indiens jouent les trouble-fête : ils fuient les batailles rangées, pratiquent la guerre d'embuscade, vrais singes perdus dans les forêts... Et finalement, ce sont les singes, les pauvres, qui gagnent.

Mesdames, Messieurs, j'ai terminé. J'ai dessiné un croquis du monde à la Wallerstein. Je souhaite qu'il s'obstine dans cet ample schéma, qu'il maintienne la *Review* dans cette entreprise d'explication du passé et du temps présent. Je pense, en effet, que l'histoire n'est pas seulement une « science » du passé, mais une « science » de l'actuel. J'ai terminé, ou du moins je vais terminer, car il me reste à vous présenter mes remerciements personnels. À vous dire combien il a été délicieux pour moi de vivre huit jours dans une ville américaine tranquille, dans une université toute neuve, et au milieu d'amis aussi agréables à voir et à fréquenter que le soleil et les arbres du printemps.

QUATRIÈME PARTIE

LES « OUVRIERS EN HISTOIRE »

> *Personne, il est vrai, parmi les ouvriers en histoire, possédés de la passion de leur métier, n'a jamais pu échapper à cette loi exigeante, à ce labeur acharné, à ce stoïcisme nécessaire, sans quoi, disait Marc Bloch, il n'y a pas de vie d'historien possible.*
>
> F. B.

Comme directeur des Annales, *comme historien reconnu, Fernand Braudel a été bien souvent sollicité pour évoquer tel ou tel historien, français ou étranger, dont les* Mélanges *allaient être publiés, ou qui venait de disparaître. Il ne s'y est jamais dérobé. Sa bibliographie ne compte pas moins de six articles sur Lucien Febvre, trois sur Federico Melis, et autant sur Marc Bloch, sans parler des autres.... Nous avons choisi de ne reproduire que les textes qui montrent à la fois un éclairage original sur l'historien évoqué et précisent la qualité de ses rapports avec Fernand Braudel. Pour Lucien Febvre, dont il fut si proche, nous avons choisi deux textes bien différents : l'un d'hommage à l'historien vivant, et l'autre de souvenir à un ami disparu.*

I
PRÉSENCE DE LUCIEN FEBVRE*

Depuis la disparition, en 1934, de Henri Pirenne, ressentie avec un chagrin si aigu par tous ceux qui l'avaient connu, écouté, lu, admiré (et donc aimé) ; depuis cette grande disparition, Lucien Febvre est le seul historien de langue française qui se soit élevé à une hauteur et à une primauté comparables. Son rayonnement, de nature différente, au service d'une pensée ouverte, s'est puissamment fait sentir, hors de France, par les chemins du monde, et en France, où son œuvre de combat a retenti comme une révolution de l'esprit. Situation singulière, en vérité, enviée et dangereuse. Je dis dangereuse, en songeant, un instant, à tant de combats contre les « *hommes obscurs* » ; j'écrirais aussi volontiers héroïque, en ne songeant qu'à lui-même. La passion de l'histoire est un feu qu'il faut nourrir sans arrêt. Lucien Febvre lui aura sacrifié, sans rechigner, une vie déjà longue de labeurs et d'efforts, qui aurait pu s'affirmer, tout aussi éclatante, dans d'autres domaines. En tout cas, il a payé, il paie encore le prix de la lumière qui l'entoure. « J'aime l'histoire », écrivait-il un jour, comme si on ne le savait pas suffisamment, et il ajoutait : « De sa vie faire deux parts ; donner l'une au métier, expédié sans amour ; réserver l'autre à la satisfaction de ses besoins profonds : voilà qui est abominable... quand on a choisi un métier d'intelligence. » Rassurons-nous ; de sa vie, il n'a pas fait deux parts ; il l'a jetée dans le feu, tout entière.

Donc une vie sans partage, laborieuse, extrêmement laborieuse. Travailler, pour lui, c'est vraiment abattre une besogne énorme, lire, écrire, écouter, longuement écouter, ne pas quitter sa table de travail avant que l'article ou le chapitre ne soit

---

* Introduction à *Éventail de l'histoire vivante. Mélanges offerts à Lucien Febvre*, 1953.

achevé, au galop de cette écriture sans rature, si rapide et simplifiée qu'elle en devient parfois peu lisible malgré sa clarté ; ne pas quitter non plus sa table sans avoir expédié à ses amis ses innombrables lettres, où le mot travail revient, presque à chaque ligne, comme un refrain. « J'ai des masses de choses à faire... » ; ou : « Je suis très seul ; je travaille » ; ou : « Ici, rien de neuf, je travaille » ; quand ce n'est pas, au milieu de quelques lignes en style télégraphique : « travaille comme nègre... ». Labeur forcené, joyeux, très joyeux ; facile aussi, très facile, mais sans fin. Qui connaît comme moi, pour les avoir vus, soupesés ou lus en grande partie, dans les papiers toujours en ordre de Lucien Febvre, les cinq ou six volumes inédits qui n'attendent qu'une dernière mise au point ou une simple inspection de pure forme pour prendre le chemin de l'éditeur, celui-là sait que cette réputation unique n'est pas sans contrepartie. Elle a été payée travail comptant.

Est-il besoin d'ajouter que ce travail lui a souvent été un refuge dans tant de circonstances hostiles, d'épreuves, de tristesses, de chagrins — publics ou privés ? Sa génération, certes, n'a pas été épargnée. « S'entretenir le cerveau, c'est le salut, écrivait-il familièrement... Moi-même je l'ai éprouvé à Lyon (en ce tragique mois de juillet 1940). Il m'a fallu un gros effort pour pouvoir travailler un peu, mais quand j'ai réussi à m'y remettre, j'ai connu le bienfait de ce grand calmant, de ce puissant dérivatif qu'est le travail intellectuel. » Il est arrivé, bien sûr, que ce refuge, comme tous les refuges, lui ait paru dérision : « Je rentre, écrivait-il un jour du triste hiver 1941, ayant beaucoup travaillé, ce qui est une façon de ne pas penser. Mais que de fois je me sens tenté de rire devant ce travail. À quoi bon ? » Ces moments de découragement et de rire amer, où ce qui, hier, était raison de vivre et d'être apparaît brusquement privé de valeur et de sens, ces moments, qui ne les a connus ? Et d'ailleurs, chacun, dans ces heures de détresse, quoi qu'il dise, préserve inconsciemment ce qui lui est essentiel. Pour Lucien Febvre et quelques autres, ce fut le travail, toujours lui, encore lui.

Personne, il est vrai, parmi les ouvriers en histoire possédés de la passion de leur métier, n'a jamais pu échapper à cette loi exigeante, à ce labeur acharné, à ce stoïcisme nécessaire, sans quoi, disait Marc Bloch, il n'y a pas de vie d'historien possible. Mais aux grands ouvriers, il faut d'autres dons encore et assez contradictoires, poésie et rigueur d'esprit tout à la fois, de très vives passions intellectuelles et une immense patience, enfin et surtout d'intarissables curiosités. Et si c'est une chance que d'avoir, devant soi, une longue vie de labeur où à peu près caser lectures, recherches, séances d'archives et d'écriture — le cas de Marc Bloch est là pour nous le rappeler — encore faut-il rester, tout au long de la route, dans la jeunesse et la ferveur de son métier, garder le goût du vin nouveau, être, non pas sur la brèche (ce qui est facile), mais à la pointe du combat, de la recherche qui s'annonce, se rêve encore. Malheur à qui devient trop sage en vieillissant ! Lucien Febvre s'est employé avec frénésie et imprudence à cette recherche des avant-postes... Aujourd'hui encore, toute nouveauté, à première vue, retient son attention, charme, entraîne son esprit, provoque sa confiance, quitte, ensuite, à l'entraîner exclusivement dans ses propres démarches et sur ses seuls chemins. En tout cas, nul plus que lui n'aura tenu à renouveler notre métier, n'aura réussi à l'ouvrir sur les sciences sociales voisines ! Son œuvre a été celle d'un pionnier, d'un inventeur... Ce qui paraît naturel à des centaines, à des milliers d'historiens de chez nous, aujourd'hui, il fallait le dire, le répéter, le crier très fort, hier. Et bien des hauts dignitaires de la science historique ne l'ont pas encore entendu. Il ne se fait pas faute, on le sait, de le leur répéter.

En même temps que ce goût de la nouveauté, il y a chez Lucien Febvre pour le plaisir des uns et le déplaisir des autres, le goût vif du combat d'idées, du combat mené avec de bons compagnons de lutte : sa vie, son action, son œuvre ne se comprennent pas en dehors de ces compagnonnages et des amitiés qu'ils ont entraînées pour lui et auxquelles il est resté romantiquement fidèle. Voici au début même de sa vie intellectuelle, ses amis de Louis-le-Grand et de l'École Normale, ses aînés, ses conscrits ou ses cadets, Charles Blondel et Maurice Halbwachs qu'il retrouvera en 1919 à l'université de Strasbourg, Henri Wallon qui le rejoindra au Collège de France, ainsi que Jules Bloch et Albert Grenier ; Jules Sion, Marcel Ray, le germaniste que tentera puis prendra la diplomatie, Augustin Renaudet qui ne le quitta jamais, puisque, comme lui, le XVIe siècle devait le prendre tout entier... De ces premiers amis, certains disparaîtront trop vite, après avoir brillamment réussi comme l'historien Albert Thomas, comme l'admirable Eugène Albertini, venu des lettres à l'épigraphie romaine et à l'histoire ; d'autres resteront un peu en marge de sa vie combative, tels ces compagnons discrets que furent le philosophe Daudin et cet ancien Athénien, spécialiste de l'histoire de l'art et en son jeune temps du Père Ubu, Marcel Bulard qui vient de s'éteindre à Toulouse.

Au-delà de cette troupe essentielle, bien des amis l'abordèrent ensuite et le conquirent au gré de sa vie et de sa carrière : ainsi tout d'abord Henri Berr et la *Revue de synthèse* où, dès 1907, il fit ses premières armes aux côtés d'Abel Rey, de Georges Bourgin, de Pierre Caron ; au même instant Paul Montel, rencontré à la Fondation Thiers. Lors de cette première période parisienne de sa vie, il connut aussi, et pour de longues années, Léon Werth, le peintre Marquet, le sympathique Groethuysen, vrai citoyen de l'Europe avant la lettre, Jean-Richard Bloch... À l'université de Dijon où il était nommé bientôt professeur, il se liait d'amitié avec Henri Hauser, Gaston Roupnel, Édouard Dolléans. Il eut le temps d'y former un jeune historien d'avenir, Robert Schnerb. À Strasbourg où il enseigna de 1919 à 1933 et où en 1929 naquirent les *Annales*, outre Marc Bloch, alors si jeune, qu'il y rencontra et les amis anciens qu'il retrouvait, il renoua avec son vieux maître, le doyen puis recteur Christian Pfister, se lia d'amitié avec André Piganiol, Albert Gabriel, Henri Baulig, Ch.-Ed. Perrin, Georges Lefebvre, René Leriche, Ernest Champeaux, Gabriel Le Bras, A. Pose, Jean Gagé, Gaston Zeller... Si l'on songe à l'éclat unique de l'université de Strasbourg redevenue française, on sera tenté d'expliquer, par cet éclat même, une partie des lumières et richesses de la jeune revue des *Annales*. Ailleurs eût-elle été possible ? Après Strasbourg, le plus gros lot d'amis et de compagnons de travail et de combat, c'est à l'*Encyclopédie française*, sous le sourire d'Anatole de Monzie, qu'il les recruta : Gustave Monod, Julien Cain, Pierre Abraham, Marcel Abraham, André Varagnac... Les hasards universitaires lui firent connaître presque en même temps, peu avant la guerre, Georges Friedmann, Ernest Labrousse et moi-même. Il retrouvait au même instant Marcel Bataillon, qu'il avait à peine vu tout jeune à Dijon, son ancien élève — élève aussi de Marc Bloch et de Georges Lefebvre —, Henri Brunschwig, nommé dans un lycée de Paris ainsi que cet autre ancien disciple, Paul Leuilliot, bon ouvrier des *Annales* depuis la première heure... D'autres anciens étudiants ou disciples de Strasbourg : Lionel Bataillon, Jean Despois, Schneider, Deléage, Dollinger, Folz, Ponteil... allaient témoigner, dans toutes nos universités, ou par de remarquables travaux, de la fécondité d'un enseignement exceptionnel.

Ainsi Lucien Febvre n'a cessé d'attirer à lui, dans sa confiance, son amitié, et son sillage, une série d'esprits risqueurs et originaux. Charles Morazé a été, avec le merveilleux P. Vicaire, et les abbés Berthet, un des derniers conquis.

Mais que les amis de Lucien Febvre dont je viens de citer les noms — et les autres — se rassurent : je ne veux pas, sous prétexte d'ouvrir ce livre d'hommages, dresser un portrait académique de l'homme que nous aimons, le moins académique des hommes. Dire ses vertus, ses primautés, expliquer les couleurs de son feu d'artifice, ce serait une belle tâche, mais à quoi bon ! Ce feu d'artifice, il l'a organisé lui-même et continue à s'en occuper fort bien... Plus que l'homme public, c'est l'homme familier qui a sa place au seuil de ces pages d'affection et de reconnaissance. Quitte à parler un peu de moi — on verra que je ne pouvais guère agir autrement —, c'est sa présence quotidienne que je voudrais évoquer, en puisant dans la volumineuse correspondance où, plus encore que dans ses articles et même ses livres, s'est exprimé le meilleur, le plus vif de sa pensée généreuse. De toutes ses œuvres passées, présentes et à venir, cette correspondance, dispersée entre beaucoup de mains amies, pas forcément conservatrices malheureusement, me paraît la plus précieuse. Je souhaite qu'un jour de larges fragments en soient publiés. Ils ne sont pas indignes de l'Histoire.

I

J'ai aperçu Lucien Febvre, pour la première fois, en 1934 au Centre de synthèse historique, à une séance où, sous la présidence de Henri Berr, il était question, une fois de plus, de l'humanisme et des humanistes. Puis, un matin, chez lui, en novembre 1936. Mais je ne l'ai rencontré vraiment, ce qui s'appelle rencontrer et connaître, que plus tard ; dans les premiers jours de novembre 1937, à bord du *Campana* où il se trouvait et où je montais moi-même, en rade de Santos. Je rentrais d'un long séjour à l'université de São Paulo ; il revenait d'Argentine, de Buenos Aires, où il avait fait une série de conférences, sur *La Méditerranée et l'Europe* notamment, dont existe, introuvable d'ailleurs en librairie, un bon résumé en espagnol. La rencontre me fit plaisir, elle m'inquiéta aussi. L'épreuve d'un voyage de retour, sur un navire à peu près vide, un tête-à-tête d'une vingtaine de jours avaient de quoi effrayer les moins lucides. D'autant qu'en cette année, si proche et si lointaine, Lucien Febvre avait déjà, bien plus qu'aujourd'hui peut-être, sa fausse réputation d'homme dur, intransigeant, aux propos cruels. Ceux qui ont du caractère, on prétend toujours qu'ils l'ont mauvais. Allais-je le connaître pour ne plus l'aimer, alors que depuis des années j'étais attiré par tout ce qu'il écrivait, que je lisais depuis toujours, avec ferveur, les *Annales,* les trouvant non pas méchantes, comme tant de mes vieux maîtres (« aigres », disait Charles Seignobos), mais vivantes, belles, excitantes pour l'esprit. Dès l'escale suivante, à Rio de Janeiro, qui nous valut l'arrivée de Philippe Arbos, le sort en était jeté de notre amitié naissante. Figurez-vous qu'on ne peut pas résister à Lucien Febvre tel qu'il est, féroce, oui, bien sûr, mais vraiment sans méchanceté, je veux dire féroce intellectuellement, au vrai exigeant, pour lui-même comme pour les autres, mais ce mépris de la médiocrité, qui est une vertu, mis à part, le meilleur compagnon du monde. « Le vent n'a pas affolé ma girouette, a-t-il écrit un jour dans une lettre dont le ton familier m'enchante. Hélas non ! Je reste toujours le même oiseau singulier, assez porté à prendre le contre-pied de ce qui doit se dire, ou se faire, assez grognasson et, cependant, je m'en flatte, le meilleur fils du monde — avant toute chose historien, et ravi quand il découvre une idée ingénieuse dans sa tête ou dans la tête des autres ; ajoutons déplorablement fidèle à ses amitiés, même quand il n'y paraît guère dans sa correspondance. » « Le meilleur fils du monde » se révéla tel qu'il est, attentif, charmant, passionné, discret, éblouissant, prodiguant idées et souvenirs, heureux de tout voir, de tout discuter... En vacances sur ce bateau lent, il travaillait, vous le pensez bien. C'est à bord que furent achevés non seulement des articles, des comptes rendus, mais un volume de l'*Encyclopédie française* qui allait paraître, peu après, sous la signature du regretté Célestin Bouglé et dont Lucien Febvre contrôlait et corrigeait les bonnes feuilles.

À peine arrivé à Paris, ses premières affaires expédiées (« la rentrée, m'écrivait-il, a été plus que dure, presque cruelle »), j'étais convoqué et notre dialogue, commencé à Santos par une soirée noire de l'été tropical, ne s'est plus jamais interrompu. Entré dans la vie de Lucien Febvre, j'y ai pris une place peu à peu grandissante, celle d'un enfant de la maison. L'enfant depuis a vieilli. Aujourd'hui, de tous ces souvenirs, il se sert, un instant, pour évoquer l'homme aimable et vif qu'il découvrit à cette époque, et que, depuis, il n'a plus jamais perdu de vue.

On ne connaissait bien Lucien Febvre, en ce temps-là, qu'à trois conditions : aller au « Val » ; puis au « Souget », sa maison du Jura ; ensuite l'accompagner à l'occasion d'un voyage, ou bref ou long, à travers la France, de préférence dans la Bugatti que pilotait Léon Werth, avec beaucoup de précautions je dois le dire, car la voiture, jadis somptueuse, avait mal vieilli entre des mains inexpertes avant de tomber dans celles de Léon Werth et de son ami Saint-Exupéry qui, seuls, savaient la rajeunir et la conduire, quand elle le voulait bien, à toute allure. Autant que de l'*Introduction à l'Histoire de France* de Vidal de La Blache, dont il s'est nourri, ou du *Tableau de la France* de Michelet dont il s'est réjoui à longueur d'année, Lucien Febvre avait alors, il a encore besoin de la France elle-même, de la voir, de s'en repaître, de s'en emplir les yeux. Tout prétexte lui est bon, même une sinusite qu'il allait soigner à Cauterets, durant l'été de 1938. « Je suis arrivé ici, m'annonçait-il, par le chemin des écoliers : Limoges-Périgueux-Moissac-Auch-Lourdes. Une belle coupe de France. Mais faut-il dire de France ? Pour nous, gens du Nord et de l'Est, que ces pays sont donc exotiques et lointains !... Cette Sainte-Sophie qui brusquement s'étale à Périgueux, au milieu du plus charmant et du plus fin des paysages français, cette résurrection du Jura de Courbet aux environs des Eyzies, cette banalité désespérante de Moissac, la bourgade qui a vendu son âme pour un panier de raisin et au milieu de quoi Saint-Pierre, ses sculptures et son cloître sont totalement désemparés et désaffectés, cette âme étrange que l'on devine à une ville comme Auch, acropole pierreuse, guerrière, évidemment dévorée de passions profondes et sectaires, muette aujourd'hui — tout cela vous dépayse étrangement et vous met si loin, si loin... Et puis, pour l'historien : Limoges, Périgueux, deux étranges villes où le bourg est resté, pendant des siècles, distinct de la cité : le rapprochement est à peine fait... Enfin, bien que j'aie dû changer vingt-cinq fois de train, subir les arrêts et les horaires les plus invraisemblables, je ne me suis pas ennuyé pendant ces trois jours de roulotte... » Quelques semaines plus tard, de Cauterets : « Me voilà en ce lieu de désolation, ayant redécouvert au passage la singularité de Bordeaux, cette ville sud-américaine de maisons sans étages et de rues sans boutiques... »

Entre ces randonnées, les points fixes de Lucien Febvre sont le Val et le Souget. Le Val, c'est le cinquième étage du n° 1 de la rue du Val-de-Grâce, le domicile parisien ; c'est le bureau et sa bibliothèque, celle des belles reliures, des livres choisis, des usuels et des grandes collections (il y a deux ou trois autres bibliothèques en dehors de celle-ci). Dans ses fenêtres s'encadre, étonnante de douceur, bleue, grise ou dorée, la coupole du Val de Grâce. On s'étonne de l'aimer, à cette hauteur, et de la trouver belle, si paisible, peuplée de pigeons... Le Val, c'était aussi, en ces années d'avant-guerre, une famille nombreuse et étroitement unie, Mme Febvre, préoccupée surtout d'accueillir et de secourir, mais aussi, à l'occasion, prête à contredire, avec bonté et malice, les disputeurs — et enfin, trio inséparable, unanimiste, les enfants de la maison, des enfants attentifs, avec leurs engouements précis, observateurs, silencieux, mais amusés par tous les spectacles, écrivant bien, tous, comme père et mère. « Devant une si bonne nouvelle, nous nous sommes tous (c'est-à-dire tous les trois) abattus comme un château de cartes », écrivait l'une, à l'âge du certificat d'études. « La terre est si belle que l'on voudrait pousser dedans », écrivait-elle une autre fois. Mais les enfants ont grandi, ce qui est le tort universel des enfants. Ils firent ma joie ; je fis un peu la leur, à cette époque où l'on ne pouvait être dans la famille et l'amitié de Lucien Febvre qu'adopté par ce petit monde.

L'adoption définitive, c'était celle du Souget, planté à Saint-Amour, en bordure de la Bresse, mais en Franche-Comté, comme il se doit pour un Franc-Comtois, hors des terres du roi de France. Tout près, Coligny relevait du roi : un rien, et l'honneur était perdu ! Saint-Amour est tout juste une ville, petite, charmante. Le Souget est plus charmant encore, près du gros bourg et pourtant parfaitement isolé, tapi dans un creux qui le rend invisible sans l'empêcher de dominer lui-même une pente herbue, mais qui est sienne, le vallon où coule le « Souget », la source vive qu'atteignent parfois quelques truites imprudentes. Trois cèdres magnifiques dominent la maison. Dans ce domaine minuscule de cinq hectares, on peut cependant se promener une journée entière, à la verticale, à l'horizontale, en gagnant les prés du haut ou le champ de blé, ou le bois des pentes, ou la fontaine, aux heures trop chaudes de l'été. Le maître de la maison, vous pouvez le surprendre — comme tel ministre de passage — en train de brûler les mauvaises herbes de son jardin ; le plus souvent, attendez-vous à le voir en sabots, en gros chandail gris, armé d'un sécateur qui tranche, au passage, les ronces perpétuellement envahissantes ou les rejets printaniers des jeunes hêtres.

La maison, très simple, est vaste, la bibliothèque au premier étage, avec sa moquette bleue, son poêle à bois, ses étagères chargées de livres et de dossiers, ses deux bureaux, dont une longue table bressane, si commode pour les classements... Une vraie position de repli, et préparée à l'avance. Durant les années de guerre, que de fois Lucien Febvre ne m'aura-t-il pas écrit, songeant à l'oasis qu'il regagnait régulièrement, passant la ligne en fraude, comme tant d'autres : « besoin de Souget », des « quinze jours d'herbe verte et de prés fleuris » qu'il dispense par un beau printemps, ou de son calme propice au travail. « Vais retrouver le *Rabelais* au Souget... » « Ici rien de neuf, je travaille. Le mauvais temps ne rend pas le travail amer. » Car par beau temps, au Souget, le devoir est de sortir, de marcher au long des pentes fleuries d'œillets de montagne. Trente, quarante kilomètres ne faisaient pas peur au maître de céans. Il le fallait parfois, même de nuit, pour passer la ligne. On ne s'étonnera donc pas que, du pays qui l'entoure, il sache tout, connaisse tout, pierre ou plante, chemin ou ruisseau, église ou maison et prenne toujours un égal plaisir à vous le faire connaître.

II

C'est au Souget que juin 1940 avait trouvé Lucien Febvre. « Le lundi 17 juin [les Allemands] étaient à Lons[-le-Saunier]. Nous n'eûmes que le temps de sauter dans un camion militaire, tous les cinq, tels que nous étions. Ce fut affreux. Un flot ininterrompu de fuyards, une déroute, l'armée de Bourbaki, tous corps confondus, civils pêle-mêle avec les soldats, pas un officier et, d'ici Lyon, sur la route, pas un préparatif de défense. Au bout d'une heure, j'étais fixé, c'était la fin, il n'y avait rien à faire, rien n'était prêt, ni moralement, ni matériellement. À Lyon, impossible de continuer. » Puis les vainqueurs « dans un ordre admirable et achevant de nous donner l'impression du verdict irrévocable ». Dès ce premier mot, il ajoutait pourtant : « Attendons que les jeux soient abattus, nous verrons... » Mais je ne veux pas, dans une correspondance d'une rare lucidité, choisir après coup et sans risque de me tromper, tant de mots justes, de pronostics exacts. Je n'ai pas l'intention davantage de raconter cette marée de l'histoire dont c'était la première grande révélation. C'est à un homme que je m'intéresse aujourd'hui, tel qu'il vécut ces jours mauvais, brusquement venus et qui, hélas, allaient sans fin, d'année en année, s'ajouter les uns aux autres.

Lucien Febvre, en ces années-là, n'eût pas été un historien s'il n'avait essayé de penser au-delà de l'éphémère, de la nouvelle « sonnante », comme l'on disait au XVIe siècle. Il n'eût pas été Français s'il n'avait prêché la patience et l'espérance, ces deux sœurs des pauvres, discrètes, fidèles et laborieuses amies des misérables, de ceux qui souffrent et donc des vaincus. Il n'aurait pas été lui-même si, dans son cœur, tant de catastrophes accumulées ne l'avaient profondément bouleversé. Cette guerre dont il avait tout de suite deviné la future et inévitable longueur, il l'avait pressentie, comme des millions d'autres hommes, avec désespoir. Au lendemain de Munich qui nous avait jetés, l'un et l'autre, dans la consternation et la colère, il m'écrivait (24 septembre 1938) : « Pour les gens de ma génération, ce serait affreux de voir ceux de la vôtre [les hommes de 35 ans alors] recommencer la tragédie qu'ils ont vécue en 14. Encore ce ne sont pas les hommes faits, les plus de trente-cinq ans, qui seraient surtout à plaindre. Ce sont les tout jeunes, ceux qui sont encore en bourgeon, en pousse tendre et chez qui le bois n'est pas formé. Pour eux, quelle horreur !... »

Ainsi, l'horreur s'était faite réalité et bien au-delà de nos craintes, sur nous la défaite, « l'étrange défaite » s'était abattue. Il fallut, pour chacun d'entre nous, où que le sort alors nous eut placés, le temps, un dur instant, de reprendre souffle. Puis la patience et l'espérance nous vinrent en aide. Miracle silencieux pour des millions d'hommes ! Très vite, Lucien Febvre prôna la nécessité de cette longue patience. « Vous connaissez, écrivait-il, le 21 septembre 1940, la devise de mon vieil ami Granvelle : *Durate*. Beau thème à développer en ce moment. À mon sens, le seul. Comme cela sert d'avoir fait de l'histoire !... Patience ! »

Le 2 octobre 1940, il rentrait à Paris : « Je pars dans les sentiments que vous devinez. Être là [à Paris] après tout c'est la seule façon que nous ayons de faire front. Et il faut être là, tant que ce sera possible, humainement possible. Attendons ! Attendons ! La roue tourne toujours. Personne ne sait encore sur quel numéro elle s'arrêtera finalement. Attendons ! Espérons ! Et refusons de désespérer... La grosse inconnue est au-delà de l'océan... Je crois que ce sera long et je redis mon mot : maintenir et se maintenir. Durer. Je ne puis que recopier, à votre intention, la fin de la lettre de Marc Bloch (à tout hasard, notez son adresse, 103, boulevard de Gergovie, Clermont-Ferrand) : "Ne croyez pas que j'aie perdu tout espoir. La guerre de Cent Ans ne s'est pas terminée à Crécy, ni même à Poitiers. Seulement, voilà ! Les pauvres bougres qui avaient vu Crécy ne virent pas la fin de la guerre..." Oui, maintenir et durer. S'en aller ? Je vous dirai simplement non. Le beau-frère de Halbwachs, le fils de Basch, s'est tué le jour de l'armistice. Et notre voisine de palier, au Val-de-Grâce, Mme Lisbonne, la fille du vieux Netter, a fait la même chose. Le départ, c'est une façon de suicide. Si on nous met dehors, oui. Sinon, non. Je suis là-dessus très ferme. Élevons nos enfants pour qu'ils revoient ce dont, par faiblesse, par erreur, par maladresse, nous avons contribué à faire qu'ils soient privés. »

J'aimerais citer chacune des lettres de cette période confuse. Sans passion fausse et sans hargne, par l'extraordinaire justesse de leurs notations, elles recréent l'atmosphère de ces années si lentes à s'user. Tout s'y trouve du monde extérieur. Les mille détails de la vie matérielle comme les autres.

1er février 1941, du Souget : « Nous formions ici, écrit Lucien Febvre, durant les mois d'été (1940) une étrange société, Werth, Marcel Ray et moi. Nos entretiens sur la terrasse du Souget ne seront jamais publiés, même pas sous le titre de *Nostalgies* qui leur conviendrait si bien. J'imagine qu'aux environs de 1793, il devait y avoir pas mal de petites sociétés de ce genre, en province. Et qui devaient tenir des propos du même ordre. Mais la différence, c'est qu'un esprit nouveau se déployait alors librement, un esprit créateur. Et qu'on pouvait lui résister : mais on savait alors qu'on résistait à un esprit au nom d'un esprit. Maintenant, hélas, pommes de terre, lard, haricots, sucre et orge. Après quoi, orge, sucre, haricots, lard, pommes de terre. Quand un homme grince des dents, et rage, c'est qu'il s'agit de son droit imprescriptible à la pomme de terre, au lard, aux haricots. J'allais, juste ciel, oublier le pinard... Évanoui, le pinard. Disparu, volatilisé... Ici, passivité apparente. On essaie de s'accommoder. On n'a plus de sucre, on prend de la saccharine. On n'a plus de café, on boit de l'orge. On n'a plus d'orge, on boit du gland doux ; légèrement moisi, c'est parfait. Le malheur, c'est que tous les actes, tous les gestes du pouvoir sont pour troubler cette quiétude et, sitôt qu'une accommodation semble réussir, pan ! oukase, édit, interdiction, contrôleurs, gendarmes, policiers et contrôleurs de contrôleurs, et dénonciations (par kilos) : les dénonciations, nos journaux, m'a-t-on dit (car je ne les lis point), ont trouvé un charmant euphémisme pour les désigner : ce sont des " indiscrétions ". Alors, n'est-ce pas, on a beau être Bressan, fort peu nerveux, ultra paisible et dépourvu de toute résistance native : on est bien forcé de serrer le poing dans sa poche. Et de maudire. Et d'attendre que la roue tourne. Ça ne va pas plus loin pour l'instant. Mais si jamais, un jour... Jusqu'où cela irait-il ? On a bien le sentiment que cela pourrait aller fort loin. »

15 août 1941 : « Comme, à tort ou à raison, je ne lis pas un journal depuis novembre 40 — et que je n'ai pas de radio ici [au Souget] —, je vis dans une sorte d'isolement qui n'exclut pas les sentiments, mais qui les laisse provisoirement endormis. Tout prêts à se réveiller, comme vous le pensez. Le sommeil n'est pas profond... Il est presque obligé. Et les pauvres gens comme moi, privés de toute espèce d'excitants — pas de tabac, ce qui ne me prive pas (les fumeurs en sont réduits à fumer de la camomille, des « pas d'âne » et autres succédanés !), pas de café surtout, ce

qui est la grosse privation, ni de thé dont on n'a plus que des débris. Cela compose une humanité douceâtre, bâillante, toujours prête à glisser dans le sommeil. Mais les soupes au lait, cependant, ont réputation de monter vite. Je crois que l'image, pour une fois, est assez juste. »

Avec l'année 1942, les souffrances matérielles, les tracasseries des contrôles, les colères vis-à-vis d'une politique asservie, tout ce poids triste, étouffant s'est encore aggravé. Mais l'espérance est là et, déjà, la certitude, rachetant tout. « J'ai toujours pensé que les derniers mois seraient atroces... » Ce ne furent pas des mois, mais des années. Décembre 1942 : « Sommes au plus noir du tunnel. » On devait y rester en longue attente.

À classer, lire et relire ces lettres, toute l'intolérable longueur de ces années 1942, 1943, 1944 redevient présente, avec ses sourdes angoisses, ses déceptions qui crevaient les cœurs... Les saisons se succédaient, puis revenaient. Ce temps, chacun a dû l'user d'abord en soi. Heureux ceux, très rares, qui, pour l'user, eurent la consolation d'agir ! Que faire, quand les circonstances vous immobilisaient, qu'on était désespérément dispos ? Attendre, toujours attendre, se réfugier dans le travail, en maugréant, en travaillant d'autant plus, en se désespérant aussi de ce rôle de spectateur, en rêvant à cette première guerre mondiale où chaque minute de votre temps avait été utile. Tel fut le sort de Lucien Febvre en 1942, 1943, 1944. Il se rua au travail [1]. Son *Rabelais*, son admirable *Rabelais* paraissait en 1943, puis son *Origène et Des Périers*, puis *Marguerite de Navarre*. « Beaucoup d'idées, m'écrivait-il en février 1944, dans ce style télégraphique qui nous était imposé. Celle, ces jours-ci, d'un livre d'explication du temps présent. Le grand conflit historique, en France, du patriotisme terrien, tardif et populaire, et de la vieille notion de l'honneur militaire ou autre et de la fidélité au souverain, toutes choses venues du fond des âges... » Travail dérivatif, plus que jamais en ces mois difficiles.

Mais laissons ces jours lents à couler, que même une activité intellectuelle sans merci n'arrivait pas à combler : leur gouffre médiocre était sans fond. Dix fois, cent fois, ces lettres résignées et fermes diraient la même histoire, monotone et toujours tendue. Allons vite vers la lumière, vers les derniers maillons de cette chaîne, si longue à se rompre. Saint-Amour ne fut libéré qu'en juillet 1944. Le hasard, au moins, fit bien une chose : parents et enfants étaient tous réunis depuis juin. « À la date de cette carte [21 juillet 1944], sommes tous intacts audit Souget, pourvu que cela dure, et j'ai personnellement soixante-six ans, ce qui ne m'enthousiasme pas ! Impossible vous dire étrange succession d'émotions que vivons ici ; elles ne sont pas toutes lénifiantes. Enfin si notre trajectoire ne rencontre pas bêtement celle d'une auto blindée, tout ira... Très fier comportement et attitude des enfants, ce sont de braves enfants... » Le communiqué était plus long que l'on envoyait aux miens deux mois plus tard : Fin juin, « Henri est monté dans la montagne, pour y relire *Colomba* avec les gars du pays et y soigner les blessés ou les malades [Henri Febvre terminait alors sa troisième année de médecine]. Notre maquis et les maquis voisins du Jura et de l'Ain ont si bien fait que la voie ferrée Lyon-Belfort, par Bourg, Saint-Amour et Besançon a été coupée deux ou trois fois la semaine, régulièrement, en cinq ou six endroits, pendant deux mois... Nous y avons gagné de ne pas être brûlés globalement ; nous ne l'avons été qu'en détail, au gré des expéditions punitives et des incidents de la déroute. Des villages rasés, des fermes incendiées après pillage, des passants abattus sans motif, pour le plaisir ; à Nantua, à l'hôpital en particulier, des scènes de bestialité qui dépassent l'imagination... Mais le Souget est resté en marge de ces horreurs, bien qu'un jour, Henri l'ait échappé belle, et un autre jour Paulette. Pratiquement, nous étions du reste libérés par nos propres moyens dès le 7 juin : toutes routes coupées, les arbres abattus en travers des chemins, la voie ferrée détruite — nous avons réinstallé la République, tout naturellement, tout simplement... pendant que les braves Pandore, avec armes et bagages, montaient dans la montagne... Et puis, un beau jour, après des heures de canonnade dans le lointain, quatre ou cinq autos américaines sont arrivées. Puis toute une armée. Un flot ininterrompu depuis dix jours. Tout le Souget attend le moment (et les moyens) de regagner Paris. Voilà notre histoire, qui est banale. Autour de nous, rien de tragique jusqu'ici, sauf que Marc Bloch a été assassiné à Lyon avec les cent cinquante prisonniers politiques que la Gestapo a exécutés, après tortures, avant de prendre la fuite. Perte irréparable pour la science et pour le pays : il s'était donné à la résistance corps et âme et les hommes comme lui n'abondent pas... »

Deux lettres suffiront pour achever ce portrait trop bref. Je les cite, cette fois, dans toute leur ampleur, ou presque.

15 mars 1945 : « Chère Madame et amie, voilà bien longtemps que je ne vous ai pas écrit, ce qui s'appelle écrit. Et j'en aurais du remords si je n'avais pas moi-même à le regretter. Car il n'est pas drôle de se sentir harassé, harcelé, lanciné de travail — si

harcelé qu'on en est réduit à se nourrir soi-même de velléités et de vœux. Que voulez-vous, c'est le sort de ma génération. Décimés une première fois de 14 à 18, mes contemporains ont dû faire, sans tergiverser, la tâche de deux ou trois, plus la leur propre. Décimés à nouveau de 40 à 45, ils doivent faire, sans hésiter, et dans une France saignée à blanc, plus vide d'hommes qu'à aucune époque de son histoire, leur tâche déjà si lourde et celle des quatre ou cinq qui manquent à leurs côtés. La tragique disparition de Marc Bloch, ce n'est pas seulement pour moi la perte d'un appui, d'un étai, d'un soutien de tous les jours et dont je perçois à chaque instant l'efficacité passée depuis que j'en suis privé ; c'est la nécessité pour moi de faire, seul, ce que nous faisions à deux... Alors, c'est l'écrasement. Les besognes pleuvent sur mes pauvres épaules. Chaque jour, elles s'abattent plus nombreuses sur un homme moins jeune. J'ai beau me tenir à l'écart des fonctions officielles, je ne puis refuser de participer, par exemple, à la réforme de l'enseignement, en m'associant aux travaux de la commission Langevin. Et je porte seul le fardeau des *Annales*... Et j'ai à résoudre le problème de l'*Encyclopédie*... à m'occuper des papiers de Marc Bloch. À faire mon cours au Collège, mes leçons aux Hautes Études. Sans négliger livres et publications personnelles : après le *Rabelais*, un *Autour de l'Heptaméron* qui vient de paraître chez Gallimard et que vous trouverez ici, en arrivant ; un petit *Michelet et la Liberté* que j'attends et qui doit s'imprimer en Suisse, d'autres projets... Il y aurait là de quoi faire peur à une jeunesse de trente ans. Le vieil homme que je suis, je ne sais pas s'il a peur : il n'a pas le temps de se le demander ; mais le fait est qu'il porte un fardeau peu ordinaire...

« Et dans un climat singulier. Évidemment, on est libéré. Et si vous saviez ce qu'on peut savourer la joie d'être débarrassé de ces "hôtes" qui, pendant si longtemps, nous ont imposé leur présence, leurs drapeaux, leurs barricades en travers des rues, leurs sentinelles, leurs "Verboten", etc., etc. Je ne passe pas devant le Sénat, encore maintenant, sans dire : "Ouf ! quel bonheur... ! Ils ne sont plus là." Et, après tout, c'est l'essentiel. Seulement dans la marche quotidienne des événements intérieurs, que d'à-coups, que de déboires, que de soucis ! Cette lourde, cette écrasante bureaucratie qui a plié un court instant, mais qui revient aussi implacable, aussi imperméable, aussi nocive qu'avant. Cette armée de métier qui écrase de plus en plus l'essai d'armée libre et volontaire et disciplinée dans l'enthousiasme qui s'annonçait si bien. Ces inspecteurs qui continuent leur politique à courte vue ; ces polytechniciens qui font des plans admirables pour des dix ans, cependant que le pays perd son sang goutte à goutte ; bref, toutes ces vieilles puissances d'hier qui retrouvent leur puissance aujourd'hui : tout cela est navrant. Et politiquement, que d'incertitudes, que d'énigmes, que de soucis... ! Je sais bien, il est toujours absurde de s'accrocher à des détails. À chaque instant, un grand courant peut se former qui emporte tout. Mais le mal est profond. Le pays — ou du moins ce qui reste du pays quand on a défalqué les soldats qui se battent, les F.F.I. qu'on annihile, les prisonniers... et les déportés —, le pays est inerte. Pesant, égoïste, sans élan, sans vouloir de sacrifices, sans générosité. Et sans moralité. Profondément énervé, malheureusement. On attend tous les jours qu'un vent se lève, un grand vent du large qui balaie les miasmes. Mais hélas ! on attend. Politique de grandeur, oui, je veux bien. La grandeur fixée des yeux, obstinément, comme on fixe des yeux le sommet du Mont-Blanc quand on a dit : je monterai jusqu'à son sommet... Et cette grandeur voulue, idéale, créant la grandeur chez ceux qui la désirent ; oui, je veux bien encore. C'est beau. Mais cet idéal, les Français de 1945 sont-ils capables de faire quoi que ce soit pour l'atteindre ? J'en doute. J'en doute de plus en plus. Et je me demande si la sagesse ne serait pas, dès lors, renonçant à la grandeur pour l'instant, de viser à la rééducation, patiente et sage. Et à la "remoralisation", si je puis dire... Bref à des besognes patientes, limitées, obscures — mais avec, chaque jour, la satisfaction d'avoir gagné un peu de terrain sur la veille. Le chef ? Il est incontestablement séduisant. Très peu général. Très "homme de pensée". Je dirais pour un peu, très poète, tant son rythme est fort, tant il est dominé par ce rythme, tant il porte en lui un rythme qui n'est qu'à lui. Mais se rend-il compte, exactement, de ce qu'est le pays ? Et comme il est mal entouré, par de petites gens, honnêtes pour la plupart, et sympathiques en tant qu'hommes, mais si peu ministres et si dénués d'envergure. Des hommes, des hommes... ? On fait l'appel et personne ne répond, hélas ! Tout cela, on se le dit souvent avec amertume. Et puis on se dit aussi : sait-on ? Et la vie n'est-elle pas plus forte, finalement, que la mort ? Alors, attendons, défendons-nous de désespérer, luttons. Et on lutte. Et cela n'est pas gai, car parfois on lutte sans espoir. Mais quoi ? Il faut lutter. C'est la santé. C'est la vie... »

Au début de mai 1945, je rentrai à Paris, après une longue captivité. Près de Lübeck, je venais de voir se décomposer, comme l'armée française de juin 40, l'armée allemande épuisée.

Étranges convois de civils, de militaires, de soldats sans chefs, immenses files des nouveaux prisonniers. Dirai-je ? (non) l'armée de Bourbaki... Ce spectacle, s'il m'est resté dans la mémoire, n'éveilla pas en moi, je le confesse sans le regretter, de joie sauvage. Certes non. Tous les misérables sont frères, quoi qu'ils en aient. Mais je signale cette image à nos historiens : qu'ils ne soient pas hypnotisés, à leur tour, demain, par les vainqueurs successifs. Qu'ils croient à leur force, mais ne concluent pas à leur valeur. Il y a une sociologie de la débâcle.

On ne revenait pas d'Allemagne en France, en mai 1945, sans illusions, sans attentes joyeuses. La France qui vivait en nous était celle d'avant 1940. Un Ancien Régime. Le contact fut dur, souvent amer.

Avais-je été injuste dans cette longue conversation, au Val ? Peut-être. Mais l'essentiel, c'est que la lettre que je reçus peigne, plus encore que mon attitude, ses sentiments à lui, sincères, violents aussi.

28 mai 1945 : « Mon cher ami, encore moi. J'ai beaucoup réfléchi, cette nuit, à nos conversations d'hier. Sur l'une d'entre elles au moins, je voudrais revenir. Le grand danger pour les Français, en 1941-42, danger que vous n'avez pu ni connaître, ni mesurer, — ce fut le danger des deux zones. Vous savez, abstraitement, que la France était coupée en deux, d'ouest en est, par une " ligne de démarcation " qui marquait la limite des prétentions germaniques et qui, au bout de quelques mois, devint de plus en plus difficile à franchir. Mais vous ne savez pas, *expérimentalement*, que cette ligne, assez vite, s'inscrivit non pas seulement sur le sol du pays, par des barbelés, des *Verboten* et des postes de surveillance, mais dans la chair même, dans le cœur, dans le cerveau des Français. Au nord de cette ligne, l'Occupation ; au sud, Vichy. Deux presses d'esprit différent. Deux littératures qui ne se pénétraient pas, même quand elles étaient résistantes, chacune à leur façon. Et naturellement, un effort soutenu des occupants et de Vichy pour accentuer ces premières différences, élargir ces premières fissures, tuer la France dans sa vitalité et dans son unité.

« Dès ce moment, j'ai su, j'ai dit que, quand nos prisonniers, nos déportés reviendraient d'Allemagne, après une séparation de trois, quatre, cinq ans, il y aurait un autre danger. Celui d'une autre coupure. Toute spirituelle, il est vrai. Ici, le bloc de ceux qui, pendant des mois et des années, coupés de la France totalement, ne vivaient que de son souvenir. Là, le bloc de ceux qui, coupés du monde entier, et même des régions de la France qu'ils n'habitaient point, et même de la ville voisine de celle où ils vivaient, et même du quartier voisin de leur quartier (on pouvait se tuer au Luxembourg, la rue du Val-de-Grâce l'ignorait complètement) ; là donc, le bloc paradoxal de ceux qui — alors que les avions dévoraient, chaque jour un peu plus, la distance, télescopaient les continents et rayaient l'océan de la carte des obstacles — retrouvaient à leur usage quotidien le monde du XVe siècle : trente kilomètres en faisaient trois mille et chaque homme redevenait une oasis au milieu d'un désert.

« Qu'entre ces deux blocs, il dût exister des désaccords (de sentiment, de manières d'être, de conceptions) ; que ces désaccords pussent risquer d'opposer les plus intelligents des habitants de ces deux mondes (ceux qui, réfléchissant, ont besoin de se référer, dans leur conduite quotidienne, à de certaines notions générales), il ne fallait pas être grand prophète pour le prédire. Qu'il fût nécessaire de faire tout pour empêcher ces oppositions de persister, il fallait, pour n'en point avoir le sentiment profond, être un mauvais Français. Que faire donc, maintenant que l'heure est venue ?

« Comprendre. Être historien. Je veux dire : se constituer, non pas l'archiviste, mais l'historien de soi-même. Se mettre devant ces oppositions d'aujourd'hui comme devant les oppositions d'autrefois... Se dire avec force que nos sentiments se sont développés dans un certain milieu. Que ce milieu les a colorés, naturellement, de ses couleurs propres. Mais surtout, et du même coup, reconstituer le monde d'en face. Expliquer par lui les sentiments qui, chez des êtres tout proches de vous cependant, semblent s'opposer aux vôtres, si fortement. Ne pas mettre d'ailleurs l'accent sur ce *fortement*. C'est de mauvaise méthode, tant qu'on n'a pas fait son travail d'analyse. Consacrer tout son effort, non point à exprimer ses sentiments à soi, dans toute leur vigueur, en se référant à des soucis d'un autre monde, à des scènes qui se seraient déroulées sur un autre théâtre, sur "l'autre" théâtre — mais bien à concevoir que les opposants, s'ils avaient, pendant trois, quatre, cinq ans, fréquenté ce même théâtre, eussent sans doute renforcé en eux des sentiments proches de ceux qu'on porte en soi : seulement, voilà, ils ont eu leur fauteuil, pendant ces trois, ces quatre, ces cinq ans, dans un tout autre théâtre ; on leur a joué de tout autres pièces, dans des décors absolument différents... Essayer d'imaginer ce que furent ce théâtre et ce décor et ce spectacle, en déduire les sentiments qui, naturellement, en sont nés : tâche plus commode à définir sur le papier qu'à accomplir en réalité. Mais c'est déjà beaucoup, sans doute, que de la définir. C'est remonter à la source du mal.

« Deux conceptions. Deux mondes de sentiments. Quel est le bon ? Il n'y en a pas de mauvais. Il était nécessaire, étant donné les milieux, que l'un comme l'autre fussent ce qu'ils furent... Le problème c'est d'intégrer ces sentiments dans le cadre nouveau. De les adapter. De ne pas les dresser contre les sentiments d'en face, considérés comme absurdes, ou inférieurs, ou illogiques. Alors qu'ils sont ce qu'ils devaient être, compte tenu des circonstances et du milieu... En d'autres termes : réfléchir, bien ; juger, non. Il ne s'agit pas de juger. Il s'agit de comprendre... J'écris ceci pour vous comme pour moi. Pour clarifier ma pensée comme pour tirer au clair la vôtre... »

À cette lecture, chacun aura reconnu Lucien Febvre, tel qu'il s'affirme dans ses articles et ses livres, combatif et véhément, allant toujours droit au but, « exprimant fortement ce qui est fort », comme il disait lui-même de Henri Pirenne. Ses vrais compagnons auront reconnu aussi un Lucien Febvre qu'ils n'ignorent certes pas. L'amitié qu'il pratique est traversée d'orages, de pluies drues, de tornades. Ensuite, régulièrement, le soleil réapparaît. Je ne les crois, ces tornades, ni méchantes, certes pas, ni injustes, pourvu que l'on comprenne et adopte son point de vue, que l'on reconstitue son état d'esprit, l'inquiétude de son cœur toujours trop attentif, le désir qu'il a sans cesse de marcher à vos côtés, de votre pas, de vous rappeler à l'ordre et à lui, dès qu'il sent qu'il y a bifurcation, confusion possible de route, ou simplement silence — ce silence qu'il ne peut supporter, dont s'inquiète sa vigilance, dont il s'étonne patiemment, durant deux ou trois courriers, avant d'éclater. Pensait-on tenir une telle place dans ses préoccupations, dans sa vie sans halte et sans détente ? La lettre qui vous arrive vous surprend toujours ; on proteste, puis on s'émeut et l'on s'inquiète à son tour devant tant d'attention amicale, de volonté de convaincre...

Un jour Eugène Albertini, s'amusait, devant moi, à dresser le palmarès des grands esprits parmi ceux qui avaient été ses maîtres. La liste étonnera, à la première lecture seulement : Paul Monceaux, Stéphane Gsell, le philosophe Rauh, Lucien Herr, Joseph Bédier, Maurice Holleaux... À propos de l'un d'entre eux, il hésita, puis, comme devant un défaut irrémédiable : « Non, dit-il, celui-là avait trop de cœur. » Je protestai, croyant peu, pour ma part, à ce qui fut vérité banale pour la plupart de nos aînés, à cette valeur de la seule intelligence, froide, désincarnée, volontiers cruelle (mais avec détachement), en tout cas dépouillée des inutiles couleurs de la vie sentimentale. Je ne crois ni aux tours d'ivoire, ni à l'intelligence sans passion. Je crois, au contraire — dût-on m'accuser de romantisme, mais, de ce point de vue, Lucien Febvre est bien plus coupable que moi —, à la valeur intellectuelle des passions. À celle aussi de l'amitié. « L'enseignement, c'est l'amitié », disait Michelet. Mais l'apprentissage est si long, dans ce curieux et difficile et passionnant métier qu'est le nôtre, que l'amitié peut y jouer longtemps ce rôle éducateur de l'intelligence. Aucun de nous ne s'est formé seul, n'a puisé dans son seul trésor, si trésor il possède. Nos connaissances, nos techniques, nos goûts même, que seraient-ils sans ce que les autres nous ont apporté, donné ou redonné ? Celui-ci la découverte précise de Lorenzo Lotto ou de Sébastien Franck, cet autre, le courage, à nouveau, de suivre la littérature allemande, un troisième le dangereux besoin des précisions de l'histoire statistique. Nous sommes faits de ces héritages et de ces emprunts accumulés. Qui prodigue ses richesses à son tour, comme Lucien Febvre, à pleines mains, a reçu, lui aussi, à pleines mains et continue de recevoir... De tel grand esprit, je dirais volontiers, à l'inverse d'Albertini : quel malheur qu'il n'ait pas été plus cordial, plus généreux ! Sans ce large ravitaillement en idées que provoque une vie ouverte sur l'extérieur, accessible aux autres, peut-on mener à bien notre tâche difficile et décevante, à la recherche des hommes ? À ce propos, Marc Bloch a comparé l'historien à l'ogre de la fable, en quête de chair humaine. Façon de parler, car c'est souvent par l'amitié, le pouvoir de sentir avec d'autres et à travers d'autres, qu'il se nourrit d'humanité.

Accueillir, mais aussi provoquer l'amitié et la confiance des autres, Lucien Febvre y a excellé. « Acclamé par le bon peuple à son entrée dans je ne sais plus quelle ville comtoise, Dole ou Salins, ou Gray, Philippe le Bon s'écriait : " S'ils m'aiment, c'est bien de leur bon cœur et pas pour mes mérites." » Lucien Febvre rappelait un jour ce détail dans une lettre charmante et amusée, sans l'appliquer à lui-même ou à ses amis, mais pour illustrer ce qu'a le plus souvent d'irraisonné et de gratuit l'amitié. Il est vrai. Mais aujourd'hui, massés dans la bonne ville où régnerait sa pensée, ses amis l'acclament de bon cœur, à cause d'eux-mêmes — oui, sans doute, et avec quelle joie ! — mais plus encore, et quoi qu'il en puisse dire, à cause de lui-même, avant tout à cause de lui.

II

LUCIEN FEBVRE ET L'HISTOIRE*

La vie ardente de Lucien Febvre a été tout entière consacrée à la passion de l'histoire. Mais l'histoire, c'est le passé aboutissant au présent. D'où l'éternel balancement de sa pensée historique, telle qu'elle s'est affirmée dans ses œuvres, au cours de ses innombrables prises de position, au fil même de sa plume rapide, dans le feu de la polémique où il s'est souvent complu. Maintenant qu'il n'est plus là pour défendre cette pensée nuancée, il sera possible, aux uns et aux autres, voire sans vraie malice et assurément sans peine, de lui prêter — et, par surcroît, de prêter aux disciples qu'on lui choisira sans vergogne — telle simplification qui n'eût jamais été la sienne. On voudra nous prouver que l'histoire de Lucien Febvre n'a été que ceci, ou que cela... Ainsi, « l'histoire des hommes sans les hommes », comme vient de l'écrire un académicien dont l'article nous a fait sourire. Car où trouve-t-on les hommes ? Dans l'anecdote des mille et une histoires des Français contées aux Français, ou au cœur de quelques très profondes expériences, comme celles de Luther, de Rabelais et de toute cette magnifique famille de grands esprits du XVIe siècle dont Lucien Febvre avait fait ses amis de prédilection ? Lucien Febvre aurait répondu sans hésiter : « Mais partout. » L'homme est partout, à tous les rangs, à tous les étages du récit historique. En tout cas, l'histoire que nous prône l'Académie par la voix de Pierre Gaxotte, ce conte éternellement ressassé, de plus en plus décoloré à mesure que le retouchent de prudentes mains érudites, cette histoire m'ennuie, je l'avoue, mortellement. Vive le conteur... mais quand le conteur est Michelet !

* *Cahiers internationaux de sociologie*, 1956, pp. 15-20.

Or, depuis Michelet, Lucien Febvre a été le plus grand, peut-être le seul grand historien d'expression française. Plus grand que Fustel de Coulanges, plus grand que Pirenne, à mon sens. Serait-on en mesure, ce dont je doute, de prouver que fut inutile son « combat » pour une certaine forme d'histoire, il n'en resterait pas moins que, presque à chaque page de son œuvre, éclatent le don, le tempérament du grand historien. Osons poser le problème de cette grandeur.

La formation d'un esprit supérieur réclame des circonstances favorables, voire exceptionnelles et qui mettent en jeu la longue durée elle-même. La grandeur de Dante, la grandeur de Goethe viennent, entre autres choses, du fait qu'ils résument en eux des siècles antérieurs de civilisation. Sans vouloir écraser Lucien Febvre sous le poids de ces comparaisons, marquons bien que cet esprit révolutionnaire, passionné de nouveautés, est, en même temps l'héritier de milliers d'historiens, qui, hier, ont établi lentement les bases de notre métier et étendu patiemment son domaine. Lucien Febvre est leur continuateur. Par ses maîtres, un Gabriel Monod, un Gustave Bloch, il se rattache à ce que la tradition historique a eu, chez nous, de meilleur, de plus désintéressé, de plus scientifique. La première chance de Lucien Febvre a été d'arriver après cet immense labeur. Sa fougue aurait pu être, mais elle ne sera pas celle de Michelet ; entre Michelet et lui s'interposent toutes les accumulations érudites de l'histoire, toutes ces connaissances, ce souci du document qui conseillent à l'historien patience et sagesse.

Puis, il a été donné au très jeune élève du lycée de Nancy, au jeune normalien enthousiaste de 1898 d'avoir, d'entrée de jeu, une culture humaniste dont la perfection et la profondeur s'imaginent mal à la mesure du temps actuel. De cet humanisme, Lucien Febvre a connu, enfant, tous les trésors, grâce à un père attentif et séducteur, normalien lui aussi et agrégé de grammaire. Il ne s'est pas agi pour lui de ce bagage acquis au moment des concours, puis perdu dès l'âge d'homme, mais, en vérité, d'un art de penser et même de vivre. Cet humanisme, pour parler un instant son langage, lui « a été nourriture ». Il aura vécu, plus d'un demi-siècle, auprès des grands esprits de notre passé occidental, dans une familiarité naturelle, d'égal à égal. Je garde le souvenir d'une brusque querelle, entre nous, au sujet de Montaigne, le Montaigne du *Voyage d'Italie* : il en parlait comme il eût parlé d'un de nos amis communs...

Oui, en vérité, l'étrange chef d'école révolutionnaire, que ce révolutionnaire de cœur et d'esprit certes, mais si étroitement fidèle à ses multiples attaches traditionnelles. Sa pensée, par suite, a été l'accord nécessaire, recherché ou inconscient, affirmé tantôt dans un sens, tantôt dans un autre et même dans tous les sens à la fois, entre cet héritage et les novations tentatrices qui, toutes, l'auront séduit. Ainsi sa curiosité, son goût, ses risques ont couvert le cadran entier de l'histoire, mis en cause toutes les possibilités de notre métier, celles d'hier, celles de demain. Il a pu, d'une main ferme, retenir, ce qui, assurément, est la fleur de la tradition, à l'incomparable hauteur de Léonard de Vinci, de la Marguerite des Marguerite, de Luther, Descartes, Pascal, Proudhon ou Stendhal... En même temps, il a vécu dans le printemps ininterrompu de la recherche, entendez, car c'est la troisième chance de Lucien Febvre, au carrefour de toutes les sciences sociales dont beaucoup ont grandi presque en même temps que lui.

Élève authentique de Vidal de La Blache, il est resté, sa vie durant, géographe autant qu'historien. Lecteur enthousiaste de *L'Année sociologique,* comme Marc Bloch, il s'est assimilé très tôt la pensée conquérante de Durkheim et de Lévy-Bruhl, plus encore les pensées fraternelles de Halbwachs, de Marcel Mauss et de François Simiand. Rassurez-vous, il a été un lecteur fervent de Marx, de Max Weber et de Sombart, surtout de Marx. Tout le monde ne le lui pardonnera pas aisément. Attentif aux études, enquêtes et missions des ethnographes, il a salué avec enthousiasme, avant-hier les thèses de Leenhardt, hier les livres magnifiques de Lévi-Strauss. Membre du Comité de direction des *Cahiers internationaux de sociologie* dès leur fondation, il a accordé à cette revue le patronage de la VIe Section de l'École pratique. Passionné d'histoire de l'art, il aura goûté à la fois les audaces d'un Francastel et la souveraineté classique d'un Émile Mâle. Ici, plus encore, c'est aux sources qu'il s'est adressé. Je l'ai vu courir au Louvre, entre deux rendez-vous, pour y voir ou revoir un tableau. Historien électif de la vie religieuse, il l'a été aussi de la vie scientifique, des techniques...

Encore fallait-il, de temps à autre, refermer cet éventail largement ouvert et le bien tenir en main. C'est alors que s'affirmaient sa dialectique, sa prudence, que se révélait le cœur même de son œuvre : pour lui, selon sa formule familière, « l'histoire c'est l'homme », un cortège de personnages, mais aussi une unité, un rapprochement nécessaire des contraires... Le rapprochement le portait presque toujours en avant quand, à une histoire trop étroite, trop prudente, trop soigneusement entourée de murs, il proposait d'ajouter une histoire fondée en droit sur l'acquis des sciences sociales, ces sciences sociales annexées par son impérialisme impénitent. Mais sa pensée n'excluait pas de brusques retours en arrière, cette fois devant l'histoire nouvelle qui, à ses yeux, rompait, ou risquait de rompre avec l'humanisme sans quoi, pour lui, l'histoire restait incomplète. Vous ne le surprendrez que rarement opérant ainsi retraite, sur des positions préparées à l'avance. Mais une fois n'est pas coutume et le détail n'en a que plus de valeur. Écoutez ce passage significatif de l'introduction qu'il a écrite en 1955, pour la grosse enquête de Huguette et Pierre Chaunu, *Séville et l'Atlantique* : « Les statistiques, pour nos auteurs, écrit-il, sont le point de départ. Ils préfèrent dire le fondement — voire l'infrastructure ? Mot que je n'aime guère, on me le pardonnera. Métaphore statique de maître maçon, de cimentier prudent. Vocable qui perpétue les sempiternels débats des théologiens "byzantins" de l'histoire contre ses théologiens "romains" — la grande querelle des *infras* et des *supras*, des rouges et des bleus. Authentiques vieilleries. Et puis, "structures" ? Mot à la mode, je le sais ; il s'étale même parfois dans les *Annales*, un peu trop à mon goût. Car, en vérité, qu'y a-t-il de "structuré" réellement, dans tant de structures dont, si j'ose dire, on nous emplit la vue ? Jargon qu'il ne faut pas ignorer : pour tant de gens sans idées, tant de perroquets de la renommée, cette ignorance serait crime impardonnable. Mais après tout, pourquoi structures, plutôt que rythmes, pulsations, courants et contre-courants ? Le soubassement de l'histoire, ce n'est pas une nappe de granit, profonde, sans fissure, tout d'une coulée. Je l'imagine assez semblable au sous-sol d'une de nos capitales modernes, inextricables lacis de conduites d'eau et de gaz, d'électricité, de chaleur, de tunnels par quoi circulent les hommes et leurs voitures, de câbles par quoi se propagent leur voix, leurs messages, leur esprit... des déversoirs enfin, et des égouts : il en faut. » Il n'ajoute pas, ici, son habituel rappel à l'ordre : « L'histoire, c'est l'homme », mais nous l'entendons sans peine. Le mot structure l'effraie comme l'annonce d'un programme. En fait il ne veut pas d'une histoire qui serait strictement économique ou structurelle, ou strictement idéologique, ou strictement « sociale », ou strictement politique. Par la persuasion ou par la violence, il entendait tout ramener au cœur sans partage de l'histoire. Toute recherche non ouverte sur l'ensemble de la vie est pour lui frappée d'un péché contre l'esprit.

Qui voudra démonter le mécanisme de sa pensée libérale s'apercevra vite qu'elle ne se prête guère à l'attaque facile ; pour la saisir, il faudrait l'encercler tout entière. Sinon, sur tel point, l'attaque enfoncera une porte généralement ouverte à l'avance. Que l'histoire pour l'histoire, érudite, minutieuse, s'en prenne à lui tant qu'elle voudra, fort bien. Mais jamais elle ne l'a pris en faute. Il a été chartiste à sa façon et a voulu sciemment le démontrer dans *Origène et Des Perriers*. Que l'histoire qui se veut marxiste et ne réussit guère à l'être, l'attaque, si elle le veut : en dernière analyse, elle s'attaquera à elle-même, car la pensée de Febvre ne lui est pas contradictoire ; elle se développe même très à l'aise sous le signe d'un marxisme vivant, c'est-à-dire souple, comme le disaient récemment et si justement nos collègues polonais au dernier colloque qui nous permit, en octobre, d'entendre à la Sorbonne leurs voix amicales et leur éloge magnifique de Lucien Febvre. Je soutiens même que *La Religion de Rabelais*, dans l'admirable troisième partie qui l'achève, consacrée à cet outillage mental qu'il montre arrêté à un certain niveau, assez peu variable — je soutiens que cette vue brillante est un bel exemple de structure commandée, coincée du dehors et du dedans, même si le mot de structure peut déplaire à la pensée, ou plutôt aux goûts littéraires de Lucien Febvre. Je soutiens pareillement que la théorie de Dilthey et de toute la famille trouble de ses fils spirituels ne reçoit aucun démenti de l'œuvre entière de Febvre. Pour lui, bien sûr, il y a l'Historien, avec un H majuscule, ce créateur, ce déformateur de l'histoire... Que de fois ne l'a-t-il pas soutenu ?

« Une hérésie, disait un de mes amis très chers de captivité, le Père Congar, une hérésie est une vérité regardée de trop près » : admirable définition. La Vérité, avec un V majuscule, est peut-être la somme, pour parler comme les algébristes, de toutes les hérésies, l'enveloppe de vérités particulières. En tout cas, la pensée, la « vérité », de Febvre est une somme, un concert, un accord vivant ; elle assemble avec plaisir les idées semblables, dissemblables ou contraires. Elle les met en présence, elle les affronte, sans réduire celles-ci à celles-là. En d'autres termes, il est à la fois toutes nos écoles ou pseudo-écoles, toutes nos réussites, toutes nos explications. Il appartient à tous, il est, qu'on le veuille ou non, notre totalité. Il est, par excellence, l'éveilleur d'idées.

Je voudrais toutefois marquer ce qu'a d'accidentel en quelque sorte, et de précaire dans sa beauté, cet étrange et difficile assemblage. Tout ce qui entraînait Lucien Febvre durant ses dernières années nous entraîne et, en fait, entraîne plus encore la génération qui nous suit, vers un humanisme nouveau. Ou plutôt, vers un bouleversement profond des bases mêmes de la science et de la culture dont il nous appartient de faire un humanisme nouveau, au lieu d'une simple et inéluctable destruction des valeurs anciennes. Dans cette élaboration de l'avenir, je pense que l'histoire peut et doit jouer un grand rôle, si elle daigne se pencher sur ce problème : à savoir comprendre, et faire comprendre, à travers l'étude de la réalité et de la continuité historiques, le sens même de notre époque ; percevoir le présent comme un maillon de la chaîne, comme un moment dans une évolution de longue durée. Ou bien l'histoire aboutit à cet élargissement de la vision de l'historien — et, par lui, de celle de ses contemporains —, ou bien elle n'est que jeu stérile, jeu de patience pour érudits. Je crois à cette mission de l'histoire. La tâche qu'elle nous assigne est, avant tout, pour des années, de parfaire nos outils, nos techniques, notre matériel documentaire. Il faut que nos connaissances soient à la hauteur de nos prétentions et de nos responsabilités. Or l'érudition, un siècle durant, n'a exploré qu'une partie des archives et des témoignages, songeons à ce qui nous reste à découvrir ! L'histoire ne demeurera vivante qu'à ce prix, qui implique l'abandon de certaines de nos facilités et de nos plus chères croyances, au profit parfois de véritables hérésies, provisoires je l'espère, je veux dire de tâches et de vérités particulières...

C'est pourquoi Lucien Febvre, en un sens homme de tradition, franc buveur des vieux vins spirituels de l'Occident, du vin d'Érasme, mais aussi « homme de la Renaissance, capable de tout comprendre »[1], Lucien Febvre n'a pas cherché à faire de ses disciples ce qu'il fut lui-même : le sens même de sa quête les poussait loin de lui. Sa puissante séduction a marqué toute notre génération, mais elle l'a marquée du goût de la liberté. De lui-même, il aurait pu dire ce que disait Michelet à la veille de quitter le Collège de France : « Je n'ai point de parti... Pourquoi ? Parce que dans l'histoire, j'ai vu l'histoire, rien de plus. Je n'ai point d'école... Pourquoi ? Parce que je n'ai pas exagéré l'importance des formules, parce que je n'ai voulu asservir aucun esprit : au contraire, les affranchir, leur donner la force vivante qui fait juger et trouver. »

Je ne vois pas en Lucien Febvre l'autoritaire chef de file, le chef d'école ou de chapelle qu'on a si souvent décrit. Intellectuellement, malgré son ardeur amicale, il me semble avoir été très seul. Très supérieur. Un prince de l'esprit. Au-delà de l'homme débonnaire que seuls quelques rares amis auront connu, exquis, discret, d'un courage sans jactance, c'est à ce prince de l'histoire que nous rendons hommage aujourd'hui.

III

GASTON BERGER (1896-1960)*

Gaston Berger devait prendre place aujourd'hui parmi nous : il s'en réjouissait à l'avance, heureux de ne plus être dorénavant qu'un professeur parmi quelques autres. Il s'amusait aussi, sans excès, du renversement de nos situations respectives et me traitait avec déférence (une déférence amusée) comme il est raisonnable, ou non, de traiter un supérieur administratif, se prouvant ainsi, au passage, qu'il était redevenu un homme libre.

Nous ne saurons jamais dans quelles circonstances, ce dimanche 18 novembre 1960, vers cinq heures du soir, à la tombée de la nuit, il aura perdu le contrôle de sa voiture. La mort, par une ironie supplémentaire, lui aura ainsi donné rendez-vous au long de l'autoroute du Sud, dans un paysage ultramoderne, pareil à ceux dont il s'acharnait à découvrir le visage. Fatigué sans doute de voyages incessants à travers le monde, notre collègue se plaisait à voyager en esprit à dix, vingt ou trente ans en avant de notre vie présente, et toujours à haute altitude. Cette prospective, science fragile, qu'il avait créée et portée sur les fonts baptismaux, il entendait, ici, dans notre École, en consolider et en améliorer l'ébauche. À l'évocation de ce travail proche, son bonheur, je dis bien son bonheur, était sans mesure. Il voyait dans cette tâche une compensation aux années qu'il venait de vivre à la très difficile direction de l'enseignement supérieur.

Administrer, c'est, sans fin, être raisonnable — ce que les administrés, parfois non sans motif, se refusent à croire. Ils nous rendent visite avec leurs passions. Être raisonnable, distinguer le possible de l'impossible, marquer les dangers de cette frontière

---

* « Gaston Berger, 1896-1960 », note lue à l'École pratique des Hautes Études, le 27 novembre 1960 et publiée dans les *Annales*, 1961, pp. 210-211.

imperceptible, mais que l'on ne franchit jamais sans scandale — à ce métier monotone, qui n'implique aucun répit, Gaston Berger aura excellé, et en se jouant, admirable à calmer et à convaincre les autres. Il les connaissait trop bien et trop vite pour perdre sa peine et sa bienveillance à les heurter de front. Il écoutait, laissait courir la conversation et protestait rarement, mais avec gentillesse et courtoisie. Il m'a souvent, ainsi, mis en garde contre moi-même...

Vous devinez combien ce jeu, à la longue, peut manquer d'imprévu pour un homme intelligent, sensible, sensible à toutes les poésies du cœur et de l'esprit. Et encore, s'il n'y avait eu que ces interlocuteurs ; il y avait les institutions, ces vieilles et vénérables personnes, ces cours souveraines auxquelles nul ne doit toucher — toutes ces entités, tous ces personnages, tous ces nids de guêpes vigoureuses. Gaston Berger ne les aimait pas toujours d'un cœur égal. Il a rêvé de les modifier, de les améliorer : là a été le côté poétique, risqué et merveilleux de son action administrative. Dans le demi-désert des institutions des sciences sociales, créer la VIe Section ou du moins lui permettre de se créer dans sa force et sa vigueur ; créer la Maison des Sciences de l'Homme, cela n'a été une tâche ni simple, ni facile, et certainement pas illusoire.

Mais enfin, entre ce qu'il a rêvé, entre ce qu'il jugeait nécessaire de faire et ce qu'il a fait, le fossé, comme pour nous tous, a été immense, difficile à combler.

Alors, quoi de plus consolant quand sa santé l'obligea à quitter la rue de Grenelle, que de se réfugier dans la prospective — ce rêve d'homme d'action. Dans dix ans, dans vingt ans, l'avenir lui donnant raison, Paris aura plus de 100 000 étudiants, Paris aura organisé sa banlieue en une réalité urbaine qui continuera la ville sans faille, au-delà de ses limites actuelles — alors s'affirmera la justesse de ses pronostics, de ses recommandations, de ses multiples tentatives pour déplacer de Paris nos institutions enracinées par l'histoire...

Que ce philosophe, disciple ébloui, hier, de Maurice Blondel et de Le Senne, que ce passionné de Husserl, que ce créateur de la caractérologie, ait, au cours de ses dernières années, changé ses orientations et ses passions d'esprit, et tout jeté dans la naissante et fragile prospective, ce retournement voulu ne doit pas nous surprendre, ni nous paraître fortuit... Gaston Berger, durant ses dernières années, ne désirait pour lui-même aucun avantage social — il les avait tous à portée de main — aucune fructueuse position. Il voulait consacrer toutes ses forces à une œuvre de valeur.

Et il en trépignait d'aise. Je le répète : il était vraiment au seuil d'une vie nouvelle, à dessein choisie, au seuil d'un bonheur dont il avait la certitude. Il était à la recherche tranquille et méthodique du meilleur de son intelligence brillante.

Il nous était d'autant plus reconnaissant de lui avoir ouvert les portes d'une École pour laquelle il avait beaucoup fait déjà. Est-il besoin de vous le dire ? Est-il besoin de vous dire, aussi, qu'ayant souvent discuté avec lui, franchement, longuement, pied à pied, j'avais pour lui une très grande amitié. En le perdant, je m'aperçois que je l'aimais plus encore que je ne l'avais jamais pensé. Avocat des fragiles sciences humaines, en France et hors de France, il a été magnifique dans ses combats et interventions. Nul ne prendra aisément sa relève.

IV

GEORGES YVER (1870-1961)*

Les jeunes historiens qui travaillent autour de moi et m'écoutent à l'occasion, au Collège de France ou à l'École des Hautes Études, auront bien connu Georges Yver durant ces quinze dernières années. Il était leur ami. Plus encore, nous étions ses amis ; nous lui donnions la seule raison qu'il avait encore de sortir d'une vie austère et d'échapper à des ennuis et à des tourments sans nombre. Après un long enseignement à la faculté des lettres d'Alger, puis une halte à Nice pendant la seconde guerre mondiale, il avait dû tout vendre ou mettre au garde-meuble, se séparer d'une magnifique installation, puis faire hospitaliser sa femme dans une maison de santé ; et il était venu vivre seul à Paris, à soixante-quinze ans passés, dans une simple chambre d'hôtel du quartier de la gare Saint-Lazare, au milieu du bruit et du mouvement qu'il aimait et qui lui permettaient, sans doute, d'oublier sa solitude. Une vie difficile. Il l'accepta avec ce courage discret qui fut toujours le sien.

Dix années durant, l'amitié l'amena, chaque mercredi et chaque samedi, à mes cours du Collège : ils étaient sa sortie, sa prise de contact avec le monde des vivants. Ensuite, nous retournions à pied jusqu'à la Cité universitaire, d'où il regagnait alors en métro son lointain hôtel.

L'amitié, aussi, l'avait entraîné, en 1958, à faire en ma compagnie ce voyage jusqu'à Venise qui fut peut-être sa dernière grande joie.

Nos amis communs peuvent en témoigner : il avait non seulement conservé une vigueur corporelle miraculeuse, mais trouvé une seconde jeunesse de l'esprit ; il avait cet élan, cette intelli-

---

* *Annales*, 1963, pp. 407-408.

gence hors de pair qui avaient fait de lui, en 1902, avec sa thèse sur *Le Commerce et les marchands dans l'Italie méridionale au XIIIe et au XIVe siècle*, sans qu'il le sût, ou que la Sorbonne d'alors le reconnût comme tel, le premier des historiens économistes de son temps, peut-être le seul.

Sa nomination à Alger, en 1904, l'avait amené dans un pays qu'il allait passionnément aimer, mais elle l'avait aussi détourné de sa vraie vocation et jeté en pleine histoire corrosive, celle de la conquête de l'Algérie par les Français, où tout était à élaborer et d'abord la trame des événements, le rôle des individus, la place des institutions. Il fut soumis à de petites tâches ingrates, qu'il fit trop bien, avec une conscience méticuleuse.

Jusqu'au dernier jour, il aura travaillé, publié, lu avec passion ; il aura raconté d'exquis souvenirs sur le Paris de sa jeunesse, sur l'École Normale où il avait été l'ami et le compagnon de Georges Fedel, de Zimmerman, de René Lespès, d'Édouard Herriot, sur l'Algérie si proche et si lointaine... Nul, par contre, ne l'entendit parler de ses propres succès, jadis, au Concours général, à l'entrée à l'École, à l'agrégation d'histoire. Pour y penser, il était bien trop préoccupé de faire l'éloge des autres et surtout de ses maîtres : Vidal de La Blache, G. Monod, plus encore Émile Bourgeois, à l'égard de qui, comme l'auteur de ces lignes, il avait conservé un attachement indéfectible.

Comment dire la dévotion que je lui portais, que nous lui portions ? Il m'avait accueilli, il y a plus de quarante ans, à Alger, avec tant de chaleur et d'amitié ! Avant que Lucien Febvre n'intervienne dans ma vie, il a été le meilleur de mes conseillers et de mes maîtres. C'est grâce à lui, en premier lieu, qu'un beau jour je me suis décidé à saisir pour elle-même, et non de biais, la vie entière de la Méditerranée. J'hésitais devant son immensité. Il eut l'audace qui me manquait.

Avec Georges Yver se clôt pour la faculté des Lettres d'Alger, que j'ai admirée au temps de ma jeunesse, aussi belle, sinon aussi vantée, que celle de Strasbourg, le cortège de tous ceux que nous y avons connus ou aimés : Eugène Albertini, Émile-Félix Gautier, Louis Leschi, Louis Gernet, Jean Alazard, Pierre Martino...

V

GABRIEL ESQUER (1876-1961)*

Gabriel Esquer est mort en avril 1961 à Alger, dans la ville qu'il aimait, où il avait passé le meilleur de sa vie (cinquante-deux années) et où il entendait bien, quoi qu'il arrivât, terminer ses jours : « Je me suis débarrassé, m'écrivait-il le 10 décembre 1960, de la maison que je possédais en France et je suis certain que l'on m'enterrera à Alger... »

Le long chemin de son existence ne peut se résumer en quelques mots ou alors ce serait mal le comprendre. Intellectuel (et jusqu'à l'abnégation de lui-même), Gabriel Esquer a été aussi, selon le précepte même de Henri Pirenne que nous avions connu et aimé, l'un et l'autre, à Alger en 1931, un témoin actif de son temps. L'actualité se précipitait-elle, le témoin désirait y participer. Sa collaboration au *Gil Blas*, au *Voltaire*, à *L'Aurore*, alors qu'il suit les cours de l'École des Chartes (où il est entré en 1895), c'est sa révolte personnelle, juvénile, au temps de l'Affaire Dreyfus ; sa collaboration à partir de 1943 à l'hebdomadaire algérien qu'est alors *Combat*, c'est l'explosion d'un patriotisme jacobin, dur à lui-même et aux autres, la revanche d'années d'humiliation. Ainsi, sa vie aura-t-elle volontiers accepté d'être survoltée, avec de brusques échappées vers l'action.

Mais son vrai but restait le travail accompli avec soin et ferveur. Écoutez-le lors de l'hiver 1959-1960, condamné par son médecin à ne plus « monter les escaliers et les rues en pente » : « Vous savez, m'écrivait-il, la quantité qu'il y en a à Alger... Aussi ai-je arrêté mes sorties, moi qui étais si bon marcheur ! et mon cerveau étant resté le même, je puis travailler comme par le passé. J'ai réussi à rédiger un projet que j'avais formé il y a

---

* *Annales*, 1963, pp. 605-608.

soixante-cinq ans, lorsque j'étais à l'École des Chartes : la traduction de la chronique de Jean de Venette au XIVe siècle, non pour une édition, mais pour mon plaisir, c'est fait maintenant. Je me suis plongé dans la guerre de Cent Ans vue par un témoin : Crécy, Poitiers, Étienne Marcel, la jacquerie, le grand Ferré, toutes les souffrances du peuple de France... »

Il ajoute dans cette même lettre : « Tout en préparant le tome II de la *Correspondance* de Bugeaud, dont le tome I est chez l'imprimeur depuis août — mais il ne faut pas être pressé — je me suis mis à rédiger mes souvenirs. Ma mémoire est restée fidèle et étendue... J'en suis arrivé à ma vingt-deuxième année, l'Affaire Dreyfus, et je suis bien parti pour le reste. L'Algérie formant [...] un gros paquet. Je ne crois pas que sous la forme spontanée avec laquelle ils se présentent, mes souvenirs soient publiables. Je ne veux pas finir mes jours sur la paille humide des cachots ; il est vrai que le privilège de l'âge jouerait avec presque mes quatre-vingt-cinq ans. Enfin on verra. Je vous écris au bruit des grenades lacrymogènes et des bazookas qui retentissent sous nos fenêtres (du 120 de la rue Michelet), quoique la maison que j'habite soit éloignée du lieu ordinaire des échauffourées. » La mort, en fait, l'attendait juste pour son anniversaire, au moment même où sa mémoire revivait ses lointaines années de jeunesse.

Gabriel Esquer était né le 12 avril 1876, à Cannes, Minervois, à une vingtaine de kilomètres de Carcassonne. Ses études l'avaient conduit à Paris où, hésitant entre le Conservatoire et l'École des Chartes, il se décida pour celle-ci, ce qui ne l'empêcha pas de s'occuper de théâtre, d'être secrétaire général des Mathurins et des Bouffes-Parisiens, d'écrire pièces et revues, puis de soutenir (en 1903) sa thèse de l'École : *Le Dernier des Valois, François duc d'Alençon et d'Anjou (1554-1584)*. Archiviste en chef du Cantal, en 1903, il rédigea alors une étude qui sera publiée en 1911, *La Haute-Auvergne à la fin de l'Ancien Régime*, tout en faisant jouer une pièce au théâtre en plein air de Vic-sur-Cère.

Le 8 février 1909, il débarquait à Alger, où il allait jusqu'en 1948 remplir les doubles fonctions d'administrateur de la Bibliothèque nationale (alors 12, rue Émile-Maupas, au bas de la Casba), et d'archiviste-bibliothécaire du Gouvernement général : il était au « Gouvernement » le matin et le soir à la Bibliothèque nationale, magnifique palais de l'Alger turc, où il occupait un bureau si étroit et si bas, que l'on avait toujours peur, avec sa haute taille, qu'il ne heurtât le plafond quand il se levait. Dans cet étroit espace, j'ai passé des heures et des heures avec lui, étant son adjoint au secrétariat de la *Revue africaine*, allant très souvent à la Bibliothèque, à deux pas du lycée, m'attardant volontiers dans sa compagnie... Dur avec lui, et avec autrui, seuls ses amis savaient qu'il était cependant l'amitié, le dévouement, la fidélité même. Et l'on s'en apercevait au fil des jours, les bons et les mauvais...

Dire son activité, alors, l'alacrité avec laquelle il portait toutes les tâches utiles, entre autres la *Collection des Documents inédits de l'histoire de l'Algérie* à partir de 1910, la *Revue africaine* qui lui doit de s'épanouir à partir de 1927, un enseignement sur les sciences auxiliaires de l'histoire à la faculté d'Alger où ses exigences méticuleuses de chartiste firent la terreur des candidats historiens. Puis il avait toujours deux ou trois articles en chantier...

Ses deux plus beaux livres, sur la bonne douzaine d'ouvrages qu'il a publiés, sont assurément : *Les Commencements d'un Empire, La prise d'Alger* (première édition 1923, seconde édition 1929) et sa merveilleuse *Iconographie de l'Algérie, du XVIe siècle à 1871* (8 volumes in-folio, 1929) qu'il y a toujours intérêt à feuilleter. Cette collection d'images choisies, admirablement commentées, c'était la forme particulière d'histoire où il se complaisait : voir, bien voir, ensuite discuter de faits précis, en sachant ce dont on parlait...

Sa retraite, en 1948, l'avait condamné à une situation matérielle difficile. Raison de plus pour travailler. Certains de ses articles et de ses petits livres, de ses activités ont trouvé là un excellent prétexte, celui de « l'indispensable littérature alimentaire ». En fait, aurait-il résisté au plaisir d'écrire dans la collection « Que sais-je ? » une *Histoire de l'Algérie* bien dans sa manière (« je ne pouvais que donner une suite de faits précis ») et qui en est aujourd'hui au moins à sa quatrième édition ? N'aurait-il pas payé de ses deniers, pour que la troupe théâtrale d'Alger interprétât comme elle le fit, en 1951, son évocation du coup d'État du 2 décembre ?

Mais plus encore que l'historien, c'est l'homme que j'ai plaisir à évoquer, spirituel à froid, courageux, toujours lucide, prêt à regarder gens et événements bien en face.

D'un œil averti, d'un cœur inquiet, il aura suivi jour après jour les événements d'Algérie : il vivait au milieu d'eux. Je possède ainsi le compte rendu qu'il avait adressé, en tant que témoin oculaire des événements du 13 juin 1958, au président de l'Académie des sciences de la France d'outre-mer dont il était correspondant et j'ai l'intention de le déposer avec les autres lettres de notre ami à la Bibliothèque nationale de Paris. « Le tout, disait-il à propos de son témoignage, n'a d'autre mérite que d'être conforme à la vérité... »

À ce moment-là, Gabriel Esquer a eu l'illusion, de bonne foi, que la fraternité franco-musulmane des manifestations publiques allait tout emporter... « Je n'ai jamais été pessimiste sur l'avenir, ajoutait-il. Est-ce le fond de mon caractère ou mon esprit de contradiction ? Le fait est que, quelles que fussent les circonstances, j'ai eu comme l'on dit "bon moral". Je n'ai rien changé à mes habitudes et j'ai conservé mon équilibre... »

Équilibre, bon moral, non pas illusion. « Pour moi par malheur, déclarait-il, je dois dire qu'après la guerre de 45..., voyant le recul de l'Europe en Asie et en Afrique, j'en conclus que l'Algérie serait un jour emportée par la vague qui des pays colonisés faisait des pays libres et qu'il était impossible à l'Algérie au milieu du changement général de rester immuable. J'en conclus que si elle devait arriver à l'indépendance, il fallait qu'elle y arrivât avec nous et non contre nous. Je gardai soigneusement mon opinion pour moi, mais je n'ai pas changé. La politique musulmane de la France en Algérie étant faite de carences et de retards, nous en sommes arrivés où nous en sommes. Mais il ne sert à rien de récriminer sur le passé ! ... » Paroles sages et non pas d'une sagesse venue après coup... Leur date : 10 décembre 1960.

Vivre son époque, la vivre avec ardeur, Gabriel Esquer aura donné ce conseil aux historiens, ses frères et fils en esprit, eux que le passé sollicite et qui souvent, reconnaissons-le, y cherchent refuge ou alibi. Mais pour vivre ainsi il faut bien du courage, Gabriel Esquer en aura été abondamment pourvu jusqu'au dernier moment.

VI

HOMMAGE À HENRI BERR
POUR LE CENTENAIRE DE SA NAISSANCE*

I

On ne peut rendre à Henri Berr l'hommage qui lui est dû et qu'il mérite tout particulièrement en ce centième anniversaire de sa naissance, sans saisir la masse entière de son œuvre. Aussi bien ai-je lu ou relu attentivement ses écrits, ses articles, ses livres, ses discours, ses multiples introductions aux plus grands ouvrages de « L'Évolution de l'humanité ». Je sors de ce voyage enrichi, ravi et inquiet.

Ravi, il n'est pas besoin de dire pourquoi devant ses amis, ses collègues et ses admirateurs, et dans la Maison qui a été et reste la sienne. Mais aussi inquiet. Dire, en effet, ce qu'il a apporté à l'histoire, à l'historiographie, à la vie intellectuelle de son temps, c'est aussitôt mettre en question un siècle entier de pensée française que son existence et son action traversent par les plus hauts chemins, ceux qui touchent aux principes, aux méthodes, aux généralités, aux finalités de notre métier. D'ailleurs, dans le seul roman qu'il ait écrit — mais qu'il aura publié en 1942, à la différence de tant d'historiens sages qui n'osent avouer pareil péché —, dans ce roman, seules vivent les idées et, bien plus que le héros qui est Henri Berr lui-même, le grand personnage du livre est-il René Descartes... En vérité, Henri Berr, dans son œuvre multiple, nous aura présenté inlassablement un *Discours de la Méthode*, son *Discours de la Méthode*.

Parler de son œuvre, c'est donc aller vers ces sommets, ces observations, ces hauts lieux qu'il aimait. Dans son roman même — *L'Hymne à la vie* — où s'évoque son séjour au lycée de Tours en 1885, c'est à la colline, au Campo Santo de Saint-Symphorien que va sa prédilection réfléchie. « Au penchant du coteau,

---

* *Revue de synthèse*, juillet-septembre 1964, pp. 17-26.

écrit-il, sous un vaste espace de ciel, le cimetière monte dans la verdure ; il atteint une terrasse où l'horizon s'élargit, d'où l'on domine des champs, des maisons, la Loire, la ville et ses clochers, dans le fond les collines qui bordent le Cher... » D'un côté, ainsi, le monde des vivants, vu de haut, de loin ; de l'autre, le peuple immense et proche des morts, ces vivants d'hier et qui revivent pour penser et souffrir, grâce à l'historien. Car notre métier implique ce devoir, ce pouvoir merveilleux.

Ainsi, première difficulté ou, si vous le voulez, première inquiétude. Dans ce haut dialogue, si nous interprétons mal un mot, une phrase, un argument, l'erreur d'appréciation risque d'être grande. Henri Berr l'a presque toujours craint qui s'est plu à répéter ses leçons et ses points de vue, particulièrement dans la seconde édition de sa *Synthèse en histoire*, parue en 1953, et qu'il a, d'un jet, prolongée jusqu'à nous.

Mais il est d'autres erreurs, d'autres inquiétudes encore. Parlant de Henri Berr, ceux qui l'ont connu et forcément aimé, s'abandonnent au plaisir de le voir en face d'eux, de retrouver son regard vif, étonnamment jeune, d'entendre sa voix qui était fort belle, d'évoquer son visage... Mais être près de lui en pensée, c'est retrouver sa courtoisie extrême, sa discrétion sans égale, son besoin d'écouter (il écoutait merveilleusement), sa bonté attentive. « Si petit jeune homme, si mince débutant que l'on fût, on connaissait votre accueil, une parfaite bonne grâce, certes, une parfaite cordialité ; bien plus un élan... » lui rappelait Lucien Febvre, le 31 janvier 1943, à l'occasion de son 80e anniversaire, en l'appelant : « Heureux homme qui n'avez pas d'ennemis »... Sans doute, parce qu'il méritait de ne pas en avoir ; sans doute, parce qu'il ne voulait pas en avoir. Critiquait-il, ses mots justes étaient souvent sous le signe du sourire. Plus souvent encore, il aura préféré le silence. Et si les petites et dures querelles ne lui ont pas manqué, soyez-en sûrs, il les a soumises toutes à sa discrétion. Et sa générosité a toujours eu le dernier mot. Il a non moins esquivé les honneurs, préférant l'œuvre à la carrière. Les Académies ne l'ont jamais vu en solliciteur et, quand ses amis voulurent lui offrir des *Mélanges*, il préféra que l'hommage fût rendu à son cher Gassendi, non à lui-même.

Ce portrait que j'esquisse ne vous surprend guère. Mais si nous essayons de le parfaire, nous serons par la force des choses beaucoup plus ramenés vers nous-mêmes que vers lui. Nous serons victimes de son obstination à s'effacer devant autrui. Nous nous écouterons et nous l'entendrons mal.

J'ai rencontré Henri Berr en 1930, au printemps, dans Alger

en fête qui célébrait d'un cœur tranquille le centenaire, ou plutôt le centième anniversaire de sa vie française, au milieu des fastes d'un congrès d'historiens, très réussi d'ailleurs, où j'avais le rôle très modeste de secrétaire du secrétaire... C'est là que je l'ai vu pour la première fois et que j'ai commencé à l'aimer. Cette affection, je l'ai toujours conservée à son endroit et, si je vous parlais plus longtemps de lui, comme Suzanne Delorme ou comme Paul Chalus, j'arriverais sans peine au bord des larmes. Mais ce n'est pas de nous, de notre affection ou de notre tendresse qu'il faut parler. C'est lui, lui seul, sa pensée, son rôle, dans l'interminable itinéraire de l'historiographie et de la pensée françaises qui nous importent aujourd'hui.

II

Il y a peut-être une certaine punition, croyez-moi, à réussir tout ce que l'on entreprend. Cette punition, cette perte de soi-même dans le succès, Henri Berr l'aura connue plus qu'un autre. Il lui fallut une dispense d'âge, en 1881, pour entrer à l'École normale ; agrégé des lettres, en 1884, il a vingt et un ans ; docteur ès lettres en 1899, il a trente-six ans. L'année suivante, il fonde l'admirable, je dis bien l'admirable *Revue de synthèse historique* ; en 1911, paraît son plus grand livre, *La Synthèse en histoire* ; en 1913, il fonde « L'Évolution de l'humanité », la *Collection Berr*, comme chacun dira quelques années plus tard ; en 1925, avec le président Paul Doumer, son ami, il crée le Centre de synthèse ; il lance la *Revue de synthèse* (générale) en 1931, et anime en même temps les *Semaines de synthèse*.

C'est une certaine punition que d'avoir régulièrement réussi. Entendez-moi. En tout cas, il nous est difficile, aujourd'hui, de choisir au milieu de tant de succès le plus caractéristique de tous, alors qu'ils sont pris dans une série logique et cependant différents les uns des autres. Lucien Febvre hésitait entre les *Semaines de synthèse* et « L'Évolution de l'humanité ».

Catégoriquement, je mettrais au-dessus de tout la première *Revue de synthèse*, l'historique. Je l'ai lue attentivement, avec enthousiasme et reconnaissance, il y a seulement cinq ou six ans, et alors de bout en bout. Je crois qu'elle est la première gloire de Henri Berr, que toutes ses autres gloires découleront d'elle. Alors la voie a été ouverte à une histoire scientifique, ambitieuse, impérialiste déjà, sous le signe, comme l'on disait à l'époque, de la « synthèse » — mot à la mode et qui n'a pas trop vieilli depuis lors. 1900 : Paul Lacombe, qui sera l'habitué des habitués du n° 12 de la rue Sainte-Anne où siège la revue, a cinquante-deux ans. C'est un peu son doyen d'âge. Charles Seignobos en a quarante-six ; il enseigne à la Sorbonne depuis dix ans déjà avec un exceptionnel brio ; il vient, trois années plus tôt, en 1897, de publier sa monumentale *Histoire politique de l'Europe contemporaine* ; Ferdinand Lot a trente-trois ans et vient de succéder à Arthur Giry à l'École des Hautes Études ; Lucien Febvre, qui a vingt-deux ans, est à l'École normale ; Marc Bloch n'est encore qu'un des plus brillants élèves du lycée Louis-le-Grand ; Émile Durkheim a quarante-deux ans... Mais je ne vais pas dresser la liste des collaborateurs ou des contemporains de la première année, puis des années à venir.

À cette époque, Henri Berr les domine tous. Il est l'égal des plus grands, et, selon le mot que je reprends à Louis-Philippe May, il est le maître de « tous les maîtres » qui vont grandir à ses côtés. Peut-être la meilleure image de lui est-elle celle qu'utilisait dernièrement un de nos grands physiciens, Halban, collaborateur hier de Joliot-Curie, et qui définissait Paul Langevin comme le « caissier » de sa génération, ou si vous préférez le titulaire d'une banque d'idées, chaque physicien allant, un jour ou l'autre, à cette caisse providentielle, y revenant à l'occasion. Diderot a été le caissier de notre XVIIIe siècle, son donneur d'idées. Henri Berr mérite cette haute comparaison : il a été le directeur de conscience des historiens de son temps, prodigue d'idées, de conseils, mieux encore d'encouragements... Il avait, en ce XXe siècle à peine débutant, l'avantage de dominer les controverses majeures du moment, celles que suscitait, devant l'histoire et ses prétentions, la réflexion des philosophes, ou des historiens philosophants, ou des sociologues philosophes... Car le siècle, en 1900, semble promis aux philosophes.

Ce n'est donc pas un hasard si Henri Berr, qui n'est pas historien de formation scolaire, prend la tête du mouvement. Sa culture encyclopédique, son goût de l'histoire le désignent à l'avance, l'imposent. Il est alors unique. C'est d'ailleurs dans le sens d'une histoire des sciences, ou mieux de la science, de la rationalité qu'il écrira sa *Synthèse en histoire*, livre qui a été parlé, conçu, discuté, pensé, mis en œuvre, bien avant d'être publié, en 1911. « Ce bréviaire, dira plus tard Lucien Febvre, qui fut longtemps le nôtre au temps des grandes batailles entre historiens et sociologues. »

En 1900 et jusqu'en 1914, l'enjeu est clair : dépasser une histoire anecdotique, noyée dans le détail de l'érudition, *histori-*

sante disait Berr, *événementielle* affirmait Paul Lacombe. L'élargir, l'approfondir, l'ouvrir sur les sciences de l'homme qui, l'une après l'autre, prenaient leur essor, la sociologie surtout, avec Émile Durkheim et l'active *Année sociologique*, fondée en 1898. « Si la revue réalise ses fins, écrivait Henri Berr dès son premier numéro, on y verra l'histoire se compléter, s'organiser, se rattacher peu à peu à l'ensemble des sciences. » Plus ambitieux que nous ne le serions aujourd'hui, Henri Berr parle, notez-le, de l'ensemble des sciences, sans préciser qu'il s'agit, ou non, des seules sciences de l'homme. Et comme son attention va, dès les premiers pas, à la biologie, à la géologie, aux mathématiques, à la physique, aucune erreur n'est possible : dans son ambition calculée, Henri Berr entend lier l'histoire à toutes les sciences, celles de la nature comme celles de l'homme.

Sur le plan pratique, il veut précisément rapprocher les unes des autres ce qu'il appelle les « divisions » de l'histoire, ces compartiments étanches : histoire générale, histoire des institutions, histoire économique, histoire sociale, histoire de la philosophie et des sciences, histoire littéraire, histoire de l'art, et même anthropogéographie de Vidal de La Blache... Lier ensemble non pas les sciences, mais ce qu'elles projettent, ce qu'elles découpent de leur ombre portée dans le vaste domaine mal reconnu encore de l'histoire. L'opération sera conduite au nom d'un certain humanisme, plus encore, d'un esprit scientifique résolument lucide.

Ce colloque avec toutes les histoires s'engage, évidemment, selon les moyens du bord, au milieu de controverses, d'hésitations, de querelles. La revue évite pourtant les chicanes médiocres. Au vrai, une seule discussion la fascine, avec et contre les sociologues, dont Henri Berr devait suivre les progrès sa vie durant, avec passion et vigilance, avec une pointe de soupçon aussi.

Pour le directeur de la *Revue de synthèse*, pour ses amis, l'histoire est à dégager des sciences qui l'enserrent, l'étouffent, la soutiennent aussi. Aujourd'hui, la recherche d'une ligne de partage des eaux peut sembler assez vaine. Pour quelques historiens, au moins, histoire et sociologie, histoire et sciences de l'homme sont une seule et même aventure. Toutefois, une telle discrimination obligeait alors à définir, à reconnaître, à étendre le domaine de l'histoire, à dégager sa signification profonde. Cette histoire, c'est pour Henri Berr celle de l'humanité prise dans sa masse entière, sous tous ses aspects vivants. Mais de ces aspects, la religion, la science restent pour lui l'essentiel. C'est ce qu'affirme le beau diptyque de son dernier livre : *La Montée de l'esprit* (1954), dont il rédigea la préface, deux jours avant de mourir. Science, religion, ce sont là les deux sources de l'histoire, de la vie pérenne des hommes.

À coup sûr, Henri Berr fut, dès cette époque lointaine, le chef d'orchestre, l'orienteur. De cette réussite de la première *Revue de synthèse*, le mérite essentiel lui revient, et il n'est pas question de le lui mesurer chichement. Mais le mérite est aussi celui d'une certaine France intellectuelle, celle de 1900 à 1914, aussi belle que la France d'aujourd'hui, rayonnante, avec sa jeunesse encore préservée. À travers le monde, en Allemagne comme en Italie, comme en Amérique, la *Revue de synthèse* éveilla, dès son départ, de très vifs enthousiasmes. Oui, cette France-là a collaboré à la première gloire de Henri Berr. Ensuite viendront les sacrifices inhumains de 1914. Nul ne peut calculer ce que l'esprit y a perdu.

III

Il serait très arbitraire de limiter à 1914 l'éclat et le rayonnement de la pensée de Henri Berr. J'ai cru bon, y cédant en apparence, de marquer fortement sa priorité, fait essentiel. Il a été le premier à lancer ou des entreprises dont nous vivons aujourd'hui encore, ou des formules que nous répétons. Pour être juste à son endroit, il faut inlassablement revenir à l'étroit escalier du 12 de la rue Sainte-Anne. La *Revue de synthèse* pèse aussi lourd dans les balances de la pensée française que *L'Année sociologique* de Durkheim, que les *Annales de géographie* fondées en 1891, ou les *Cahiers de la Quinzaine* de Péguy — autant ou plus, peut-être.

En tout cas, éclairer avec prédilection ces grandes années qui furent pour Henri Berr sa quarantaine éclatante, c'est s'expliquer à l'avance l'œuvre, les œuvres qui vont suivre et où il dépensera son talent, sa vie, toute sa longue vie ; le Centre international de synthèse, les *Semaines de synthèse*, les volumes de « L'Évolution de l'Humanité ». Alors, supposez que j'aie étudié comme il conviendrait ces longues, ces riches étapes que vous connaissez tous. La question essentielle serait alors celle que je me propose maintenant d'aborder. Peut-on parler, aujourd'hui, en 1963, de l'actualité, de la présence de Henri Berr dans la vie intellectuelle de notre pays, de notre époque ? La question comporte plusieurs réponses.

La première est la plus nette. Toutes les maisons que Henri

Berr a fondées restent vivantes. Grâces en soient rendues à Suzanne Delorme, au président Julien Cain, à Paul Chalus, à leurs amis. La lampe est toujours allumée.

La seconde réponse est non moins nette. Je suis seulement obligé de la présenter assez longuement. La pensée de Henri Berr ressemble à ces arbres généalogiques vigoureux qui ne cessent de diviser leurs branches et de porter des fruits nouveaux. Les *Annales*, que fondent en 1929 Marc Bloch et Lucien Febvre, sont les filles authentiques de la *Revue de synthèse*. Lucien Febvre entré à la *Revue de synthèse* en 1905, Marc Bloch, en 1912, y ont fait leurs premières armes. Ils ont pris l'esprit de la maison. Que leur entreprise complète et élargisse le plan de Henri Berr et s'enfoncent dans une histoire résolument concrète, ce fait, qui me semble indéniable, ne change rien au problème de la filiation. La *Revue de synthèse* a été trop attentive à la sociologie. Je l'ai dit très vite, mais je l'ai dit. Les magnifiques *Annales* des dix premières années, 1929-1939, ont été particulièrement attentives à l'économie.

Voyez comment Henri Berr a su le dire à mi-mot dans la seconde édition de la *Synthèse en histoire* parue en 1953 : « Quand la *Revue de synthèse historique*, écrit-il, devenait la *Revue de synthèse (générale)* [c'est-à-dire en 1931], Lucien Febvre a créé, avec Marc Bloch, les *Annales d'histoire économique et sociale* ; c'était particulièrement pour éclairer un aspect de la vie des sociétés, resté trop longtemps dans l'ombre et sur lequel le marxisme avait appelé l'attention. » Alors, dira-t-on, selon une formule sûrement trop rapide, est-ce parce que la *Revue de synthèse*, dans la France « idéaliste » d'avant 1914, aura, pour sa part, ignoré Karl Marx, ou peu s'en faut ? D'ailleurs, comme si cet élargissement vers la vie économique et matérielle gênait notre ami, il a eu soin d'ajouter, dans une note, que « la société *embrasse* l'économie », qu'il est par suite abusif, un peu hérétique de dégager celle-ci de celle-là. Remarquons aussi que ce n'est pas en 1931, comme le dit Henri Berr, mais en 1929, que les *Annales* ont été fondées. La question de date a son importance. C'est deux ans après la naissance des *Annales* que la *Revue de synthèse* a changé de titre, continuant sa route, mais virant de bord, ou, si vous voulez, gagnant le large. Ce sont là de minuscules querelles. De petits signes. Parlant, en 1954, de Henri Berr qu'il vient de perdre, Lucien Febvre écrivait, dans un souci de sincérité : « Les *Annales* qu'il [Henri Berr] suivit toujours personnellement d'assez loin. » Je cite ces mots discrets, rapides, peu connus, que je pourrais assortir de confidences brèves, entendues d'un côté et de l'autre. Mais à quoi bon ? Ils signalent la sempiternelle opposition du Père et du Fils... Cette querelle intellectuelle reste essentielle, mais elle ne les empêcha ni de s'estimer, ni de s'aimer, ni de collaborer franchement, s'ils souffrirent un peu l'un par l'autre. Marc Bloch et Lucien Febvre furent parmi les meilleurs ouvriers de « L'Évolution de l'humanité » et Lucien Febvre le plus grand animateur des magnifiques *Semaines de synthèse*.

L'important, au-delà de ces cassures légères, c'est que les *Annales* soient bel et bien issues de la *Revue de synthèse*. Dans leur programme initial, les *Annales* projettent sans doute des entreprises et des plans nouveaux, elles ne négligent pas, pour autant, la tâche dessinée en 1900. En effet, l'impérialisme de Marc Bloch et de Lucien Febvre, cette conquête voulue des sciences de l'homme par une histoire privilégiée, c'est, plus large, plus tumultueux, ce même effort, ce même combat contre les « divisions » de l'histoire. Les temps ont changé toutefois. De 1929 à 1939, avouons que la France, le monde, posent d'autres problèmes, éveillent d'autres inquiétudes que celles du début du siècle. Et bien entendu, on en pourrait dire autant entre 1939 et 1963. Pourtant, je sais trop ce que je dois à Lucien Febvre et à Marc Bloch pour ne pas reconnaître aussi ce qu'à travers eux, je dois, nous devons tous, à Henri Berr. Leur œuvre de fondateurs des *Annales*, leurs disciples, la VIe Section des Hautes Études, la toute jeune Maison des Sciences de l'Homme, ce que nous pourrons faire encore les uns et les autres — tout cela s'inscrit un peu, sans trop d'effort, à l'actif de Henri Berr.

Mais il est encore une autre réponse à propos de l'actualité de la pensée de Henri Berr et qu'il eût écoutée avec un bien plus grand plaisir. Ses mots, ses arguments nous frappent encore souvent directement ; ils ne ricochent pas seulement vers nous, ils se glissent d'eux-mêmes dans notre raisonnement. Et ici, nous n'avons que l'embarras du choix. « Est donc essentiellement historique, écrivait-il, non le pur changement, qui ne fait qu'apparaître dans le temps, mais le développement qui est le changement dans la durée. » Ou encore, en cette même page de la *Synthèse en histoire*, la phrase suivante : « L'histoire ne consiste pas exclusivement en similitudes, en répétitions, mais elle n'est pas étrangère aux similitudes, aux répétitions, elle en a besoin, au contraire, comme d'une base. » Ou encore, un peu plus loin dans ce livre si lucide : « Généralités, similitudes, uniformités, ce sont des synonymes du mot loi, mais de sens plus lâche. » Prenons-lui encore une citation : « L'élimination des idées *a priori*, affirmait-il, n'implique pas le moins du monde le rejet des hypothèses. » Autrement dit, ne tenons pas rigueur aux hâtes, aux précipitations, à l'esprit scientifique. Et l'occasion lui est bonne de citer aussitôt Henri Poincaré : « On dit souvent, écrivait ce dernier, qu'il faut expérimenter sans idée préconçue. Cela n'est pas possible ; non seulement ce serait rendre toute expérience stérile, mais on le voudrait qu'on ne le pourrait pas. » Citer à bon escient, Henri Berr a toujours su pratiquer cet art simple et efficace. En 1901, il réussissait « ce tour fort licite » de dégager d'une leçon inédite de Fustel de Coulanges des formules que l'on a plaisir à lui reprendre : « L'histoire se compose d'une multitude de petits faits, mais le petit fait n'est pas l'histoire » ; ou : « L'histoire procède par le détail, mais elle ne se borne pas au détail » ; enfin : « Ériger en règle absolue qu'elle s'interdise la recherche des lois générales, c'est aller contre le vrai but de la Science. »

Oui, peu d'œuvres autant que celle de Henri Berr valent comme exercice actuel de lucidité pour l'apprentissage et la pratique du difficile métier d'historien. Elle nous aide à écarter des difficultés insistantes, à reconnaître nos libertés, à alerter nos vigilances. On ne le dépasse vraiment, ensuite, que selon le sens même de son effort.

Nous tous qui sentons, aujourd'hui, l'unité prestigieuse des sciences de l'homme et, au-delà, de l'humanité entière, et, plus encore, cette nécessité de prendre scientifiquement celle-ci comme objet d'études, nous restons fidèles à la leçon répétée de Henri Berr, nous sommes ses élèves, ses fils, ses petits-fils... Ses idées sont restées jeunes comme l'était resté son regard, étonnamment vif sous le verre du lorgnon.

À coup sûr, il a gagné, il gagnera l'épreuve de longue durée à laquelle aucun grand esprit n'échappe. Et nos cœurs s'en réjouissent. Puissions-nous aider au rayonnement de cette lumière où s'est brûlée la richesse entière d'une vie courageuse, privilégiée, d'une générosité sans rivages !

VII

ANDRÉ AYMARD*

La mort d'André Aymard, survenue le 11 août 1964, dans sa maison de vacances du Limousin, a bouleversé ses amis et ses collègues. Elle leur a paru irréelle. Sans doute, au cours de ces dernières années son visage, obstinément jeune, portait-il les marques d'une fatigue évidente. André Aymard s'acharnait à accomplir avec minutie et exactitude toutes ses tâches de doyen. Mais nous le savions, je le savais depuis toujours, d'une santé solide et à la hauteur des tâches les plus difficiles : sa mémoire, son exactitude, son ordre méticuleux, son extraordinaire facilité d'écriture, la clarté de ses exposés, tout lui permettait ces efforts répétés, acceptés avec une certaine joie. Il aura été un admirable doyen de la faculté des Lettres et Sciences humaines de Paris.

Il avait été, il était resté l'un des plus brillants professeurs de notre génération, déjà un maître alors que nous demeurions pour des années encore des étudiants, hésitants, incertains sur les voies à suivre. Il avait été reçu premier à l'agrégation d'histoire, en 1923, détaché très largement, triomphalement, du peloton des suivants. Dès avant ce succès, Maurice Holleaux l'avait gagné pour toujours à l'histoire grecque, en ces cours du samedi soir dont je garde moi aussi un souvenir ébloui. À peine hésita-t-il, un bref instant, en 1924, lors de son séjour à Alger, tant le tentait alors l'histoire récente qu'il avait sous les yeux. Mais, avant d'arriver à la Fondation Thiers, en 1924, son choix était définitif...

Je ne raconterai pas sa carrière que j'ai suivie de près, son passage à Strasbourg, à Paris, puis à Toulouse, sa soutenance de thèse en 1937 (*Les Assemblées de la Confédération achaienne*),

---

* *Annales*, 1965, pp. 641-642.

son entrée à la Sorbonne, en 1942, où il aura enseigné plus de vingt ans avec une rare perfection... Ceux qui n'ont pas suivi ses cours auront une idée de la clarté et de l'élégance de ses exposés en lisant les deux volumes qu'il a publiés dans l'*Histoire générale des civilisations* de Maurice Crouzet, aux Presses Universitaires, et qui en sont aujourd'hui à leur quatrième édition.

Entré à l'École des Hautes Études, en 1955, il y avait inauguré ses recherches sous le signe de la sociologie et ce n'était pas de sa part une simple formule. Le malheur c'est que ses notes, fort rares quand il avait des notes, ne nous permettent pas de reconstituer ce nouvel itinéraire. Reconnaissons qu'il a payé, que nous avons payé de la perte de ses travaux, l'activité de ses dernières années. Mais elles lui avaient apporté une satisfaction certaine. D'ailleurs ses amis et ses élèves vont s'efforcer de rassembler son œuvre érudite, dispersée entre diverses revues.

Nul ne pensera à sa brusque disparition sans un serrement de cœur. Tant de qualités rares, de droiture, de dévouement, d'intelligence... Pour moi, le chagrin est d'autant plus vif qu'a disparu, avec lui, la plus longue amitié de ma vie, c'est-à-dire beaucoup de discussions, d'oppositions, d'ententes, de franches controverses, de souvenirs, de voyages... Des réalités qui n'existaient plus guère que pour nous seuls. Et ne serait-ce que le souvenir de son admirable père que j'ai, lui aussi, beaucoup aimé.

VIII

HOMMAGE À ANDRÉ PIGANIOL*

Mesdames, Messieurs, mes chers Collègues, mes chers Amis,
Mon cher Maître,

Vous habitez en esprit à une dizaine à une vingtaine, voire à une cinquantaine de siècles de l'époque de Charles Quint ou de Philippe II au milieu et dans laquelle j'essaie de vivre familièrement vaille que vaille. Ce sont là d'énormes distances.

Je n'étais donc pas tout à fait désigné à l'avance pour avoir l'honneur, aujourd'hui, je veux dire le privilège et le plaisir de vous offrir, presque le premier de tous, les magnifiques *Mélanges* écrits à votre intention par vos élèves, vos collègues et vos amis de la France entière, du monde entier.

Cependant je crois avoir quelques bonnes raisons, malgré les apparences, de prendre la parole dès maintenant.

M. Christian Fouchet, ministre de l'Éducation nationale, m'a chargé de vous dire son estime et son admiration. Il a vu avec le plus grand plaisir les volumes qui vous sont offerts. La Direction générale de l'Enseignement supérieur m'a demandé également de l'associer à l'hommage qui vous est rendu. Je suis sûr que vous serez sensible à ces marques d'estime et d'admiration.

Mais je souhaite par contre que vous ne soyez pas trop ému par ce que je veux vous dire maintenant, aussi vite que possible. Le doyen André Aymard avait pris l'initiative de ces *Mélanges*. Il est juste que sa voix aussi se fasse entendre. Vous savez quelle était sa dévotion à votre endroit. Vous l'aviez tout jeune homme orienté définitivement vers l'histoire ancienne. Une conversation

---

* Discours à l'occasion de la remise à André Piganiol de ses *Mélanges*, 1966. Inédit. Archives Fernand Braudel.

vous avait suffi, mais cœur à cœur, pour accomplir cette conquête discrète et définitive. Or je suis l'ami le plus cher, depuis toujours, d'André Aymard. Il aurait eu un plaisir très vif à vous offrir ces livres, à vous exprimer sa reconnaissance. Je puis ajouter un mot en son nom : il vous plaçait au niveau de ses maîtres illustres et même naturellement au-dessus d'eux tous (les bonnes raisons s'appellent les unes les autres).

Vos *Mélanges* paraissent sous le signe de la VIe Section de l'École des Hautes Études. J'en suis le responsable ou plutôt l'héritier. La VIe Section, les *Annales*, c'est l'œuvre, c'est l'héritage de Marc Bloch, de Lucien Febvre, de Maurice Halbwachs, de Charles-Edmond Perrin, de Georges Lefebvre, d'André Piganiol — de cette admirable faculté des Lettres de Strasbourg dont tant de choses sont issues qui sont à la gloire de la pensée et de l'Université française.

Dans cette admirable équipe vous avez eu, dès le début, votre part entière. Lucien Febvre vous dira, par mon intermédiaire, dans cette maison qui a été la vôtre — la nôtre —, à quel rang exceptionnel il vous a toujours placé — le premier de tous dans les rangs de nos spécialistes d'histoire en cause, à cause disait-il volontiers, de l'universalité de vos curiosités — et bien sûr à cause de multiples autres raisons.

Mon cher Maître, je voudrais aussi vous parler en mon nom personnel. Puis-je vous certifier tout d'abord que j'ai lu de près votre thèse, qui m'a enchanté, toutes vos œuvres maîtresses, vos articles essentiels, même vos manuels. Car vous avez parlé avec bonheur tous les langages. Je vous ai lu, ce qui s'appelle lire attentivement, plume en main, ayant des années durant été professeur de rhétorique supérieure et enseignant l'histoire ancienne à nos risques et disons plaisirs. Vous étiez pour ces exercices un guide excellent, un compagnon parfait. On ne vous lisait jamais sans profit. L'histoire ancienne est d'ailleurs merveilleuse ; exagérons un peu ; toutes les sources sont là à portée de notre main. Mais interrogez-les : elles ne répondent jamais qu'à leur guise. Vous voulez vous représenter un bateau de l'époque d'Auguste, peut-être voyez-vous la voile, le ou mieux les gouvernails, mais ni la coque, ni le pont si pont il y a, ni les marchandises à bord, ni la route exacte, ni le patron, ni les marins. Alors il faut toujours compléter le vaisseau, interroger sans arrêt, passer tout au crible, courir vers l'information nouvelle, si menue soit-elle. Dans cette course sans relâche, vous êtes admirable naturellement, aux aguets et toujours de bonne humeur. Mais, et c'est ce qui vous grandi à nos yeux, dès que la chose est possible, vous tendez le fil de l'explication. L'érudition vous enchante, l'histoire vous passionne. Mais je ne veux pas me donner le ridicule de faire votre portrait d'historien de l'Antiquité. D'autres mieux que moi s'acquitteront de cette tâche *agréable*.

Je voudrais seulement vous dire, avec un peu d'indiscrétion, et de tendresse, les deux qualités essentielles que votre œuvre révèle, à coup sûr. Tout part de là, tout y revient pour en repartir. La première de ces qualités, une surprise, qui est bonne conseillère j'en suis sûr, nous la révèle assez vite. L'histoire ancienne est un domaine nécessaire de polémique. Les lecteurs, les interprétateurs, se disputent, doivent se disputer, les fils tendus sont à rompre, à retendre. Or la polémique tient dans votre œuvre écrite une place modeste, anormalement discrète. Vous sauriez à l'occasion attaquer, ou mieux vous défendre. Mais de toute évidence, ce jeu n'est pas au cœur de vos plaisirs. Au cœur, j'y vois le jeu inattendu, mais persistant d'une critique attentive mais de vous-même. Vous polémiquez de préférence avec ce que vous avez expliqué, établi, pensé hier... Vous êtes l'homme des joyeuses remises en cause de vous-même. Vous me disiez un jour, vous m'écriviez même que vous alliez refaire votre *Conquête romaine* et que vous n'en laisseriez pas pierre sur pierre. Vous le disiez avec un évident plaisir. Cette qualité c'est la jeunesse de l'esprit pour qui tout recommence, doit recommencer au jour que l'on est en train de vivre. Mais vous avez une autre qualité plus secrète. Il suffit pour la bien saisir de lire votre article — « Qu'est-ce que l'histoire ? » — que vous avez publié en 1955 dans la *Revue de métaphysique et de morale*. C'est un disque de musique parfait. Je ne sais si vous avez tort ou raison, mais c'est une musique extraordinaire, la musique n'a jamais tort, elle est la musique. Pouvait-on vous soupçonner d'être si tendu vers l'image et la poésie ? Vous vous permettez tout dans cet article sans pareil. « *Qu'est-ce que l'histoire, c'est aussi une rêverie ?* » avez-vous le courage et la gentillesse d'écrire, vous dites mieux encore : [...]. Un instant d'inattention et vous écrivez comme Michelet... Jeunesse de l'esprit, jeunesse du cœur. Mon diagnostic vous fera plaisir, nous fera plaisir. Aux flammes familières de votre pensée, nous nous chauffons avec délices et les mains et le cœur.

IX

MAURICE LOMBARD*

Maurice Lombard, que vient d'enlever une longue et cruelle maladie, aura été le plus doué, le plus brillant historien de notre génération, le seul qui fût incontestablement de la classe d'un Marc Bloch. Il avait tout pour réussir : un goût éperdu de vivre — et de bien vivre —, une intelligence toute de finesse, une érudition sans faille, une écriture de très haute qualité, plus le don de la parole et une vaste connaissance des langues classiques et étrangères. Né à Jemmapes (département de Constantine), le 15 octobre 1904, il avait très tôt appris et pratiqué la langue arabe, ce qui l'avait armé à l'avance pour être l'historien sans égal de la Méditerranée sarrasine. À ce vaste sujet, il avait consacré un ouvrage depuis longtemps achevé, quant à l'essentiel, mais que son souci de la perfection l'empêchait encore de publier. Ce souci de la perfection, sa sensibilité à l'égard de critiques intempestives, ont jeté une ombre permanente sur sa vie laborieuse. Maurice Lombard a, de ce fait, peu publié. Encore ai-je dû littéralement lui arracher ses publications, une à une. Aujourd'hui, c'est à ses élèves, à ses amis, à son admirable femme que la tâche incombe de sauver une œuvre exceptionnelle. Mais je suis sûr de leur succès.

L'ampleur, la qualité de son travail se devinent à la lecture de ses quelques articles, ou devant l'énorme travail cartographique accompli par lui avec une exactitude scrupuleuse qui faisait l'admiration des hommes du métier. Nos lecteurs connaissent sa carte des ressources en bois de la Méditerranée durant les siècles de l'hégémonie musulmane. D'autres cartes existent, ainsi celle.

---

* *Annales*, 1966, p. 713.

admirable, des esclaves que l'Islam a trouvée de gré ou de force en Europe, en Afrique, et en Asie.

Mais l'homme valait plus encore que l'historien : bienveillant, courtois, fraternel, chaleureux, d'une fidélité sans faille dans ses amitiés. Comment dire son charme, son élégance... ? Qui de ses amis ou de ses élèves pourrait l'oublier ?

X

HOMMAGE À FERDINAND LOT
À L'OCCASION DU 100ᵉ ANNIVERSAIRE
DE SA NAISSANCE*

À l'occasion du centième anniversaire de sa naissance (20 septembre 1866), les *Annales* tiennent à rendre hommage à la mémoire de Ferdinand Lot. Sans doute, comme le dit dans les pages qui suivent Jacques Le Goff, n'a-t-il pas été de la première équipe des *Annales*, groupée autour de Lucien Febvre et de Marc Bloch, mais il leur a toujours témoigné sympathie et amitié. D'ailleurs, n'était-il pas fait pour tout comprendre, même les pensées qui ne ressemblaient pas à la sienne ? Et, en 1929 (il a soixante-trois ans alors), d'autres tâches, d'autres entreprises le sollicitent, de quoi occuper toute son activité qui était grande et toute sa joie au travail qui, cependant, n'avait pas de bornes.

Savait-il même, en ces années-là, si parfaite était sa modestie, qu'il était, et de loin, le plus grand historien de son pays, le plus original, le plus accompli ? Cette grandeur n'était même pas perceptible au premier abord, surtout pour qui le rencontrait d'entrée de jeu à la Sorbonne, où il faisait son métier sans joie excessive, devant les larges auditoires de la salle C, déjà trop étroite. On l'écoutait, oh ! avec le même plaisir que nous apportaient les cours élégants de Charles Diehl, ou ceux précipités d'Édouard Jordan, qui se hâtait sans fin, n'arrivant jamais à dire tout ce qu'il savait de l'histoire prodigieuse de l'Église.

Mais pour comprendre vraiment la grandeur de Ferdinand Lot, il fallait le rencontrer à l'École des Hautes Études : là était son royaume, le paradis de l'esprit où il accueillait chacun d'entre nous avec bienveillance, même avec humour. Il y était détendu, à l'aise, d'une alacrité juvénile : les explications de texte le déchaînaient, l'entraînaient dans des navigations répétées vers

---

* *Annales*, 1966, pp. 1177-1178.

le grand large... Je le revois avec le même entrain, discourant, un jour où il interrogeait à la licence, oubliant la tâche du moment. Heureux temps d'ailleurs où il suffisait, pour franchir l'obstacle de l'examen, d'écouter le bon maître (lui, comme les autres) et de faire ensuite confiance à son indulgence. Je l'entends donc, en cet après-midi de juillet 1922, parlant des Croisades et faisant, pour le plaisir, et hors de saison, un cours éblouissant... Je le revois aussi continuant une discussion jusqu'au tramway qui, du Luxembourg, allait l'emporter vers les arbres et les pelouses de Fontenay-aux-Roses, le visage rayonnant, comme empourpré de bonne colère intellectuelle... Je le revois aussi, mais dix fois pour une, dans ce couloir étroit et sombre des Hautes Études à la Bibliothèque de la Sorbonne, voie privilégiée s'il en fut vers les livres et les fichiers... Ou encore tenant tête avec une obstination tranquille, sans élever la voix, à Mario Roques qui voulait le convaincre au sujet de la phonologie, ceci en novembre 1937, dans la salle Gaston-Paris, où se réunissait la IVe Section de l'École des Hautes Études. « Non je ne vous comprends pas », répétait-il avec une apparente gentillesse à toutes les tentatives renouvelées pour le séduire.

Bien sûr, aujourd'hui, avec tant d'années de recul, on peut discuter, épiloguer sur sa pensée, voir en quoi elle se rapprochait, ou non, de l'intelligence aiguë et combative de Charles Seignobos, ou de la ligne, à peine tracée alors, des *Annales,* ou de la *Revue de synthèse.* Là n'est peut-être pas le problème essentiel au sujet d'une pensée que j'ai toujours sentie en mouvement, curieuse de découverte et qui, partant de l'histoire elle-même, y revenait sans cesse, obstinément, avec bonheur, comme pour reprendre force, puis continuer sa course.

Si sa pensée nous apparaît toujours jeune aujourd'hui, et au fond proche de nous, c'est que, jamais systématique, elle ne quitte pas l'univers particulier du travail historique, qu'elle est exclusivement déterminée par les gênes, les facilités, les obstacles que l'auteur trouve à chaque moment de sa tâche. Il a su tout ramener à ce travail privilégié. Alors, qui ne se reconnaîtrait à ses côtés, dans le droit fil de notre singulier métier ? Nul ne l'a aimé plus que lui, ne l'a pratiqué avec une joie plus vive. Par cette joie, toujours évidente, il conserve sa place à côté de tous les vrais historiens du monde, hier comme aujourd'hui.

XI

MARC BLOCH*

Marc Bloch, l'historien français du Moyen Âge et de l'économie, né à Lyon, le 16 juin 1886, était le fils de Gustave Bloch et de Sara Ebstein, dont le mariage avait été célébré à Lyon même, le 26 mars 1878. Par une coïncidence du sort, c'est près de Lyon, à Trévoux, qu'il fut abattu par la Gestapo, le 16 juin 1944, avec quelques-uns de ses compagnons de la Résistance, peu de jours avant la débâcle allemande.

Son père, Gustave Bloch (1848-1923), né à Feyersheim, d'une famille alsacienne profondément, exclusivement attachée à la France, ancien élève de l'École normale et des Écoles françaises d'Athènes et de Rome, était, au moment de sa naissance, professeur à la faculté des Lettres de Lyon. Il sera l'année suivante nommé maître de conférences à l'École normale supérieure (1887), puis professeur d'histoire romaine à la Sorbonne (1904). Il est l'auteur de nombreux articles et livres (les plus lus : *La République romaine*, 1927, et *L'Empire romain*, 1932, publiés après sa mort). Magnifique professeur, l'un des plus brillants historiens de son temps, il a été le premier, le plus efficace des maîtres de son fils. C'est donc à Paris, dans un milieu très intellectuel, très cultivé que celui-ci a grandi. Son frère aîné, médecin de grande valeur, musicien de talent et que la mort emportera prématurément au lendemain de la première guerre mondiale, a eu sur lui une influence certaine. Je tiens de Lucien Febvre que ce frère aîné a donné à Marc Bloch la première idée de son livre sur *Les Rois thaumaturges*.

Plus grande encore sera sur lui l'influence de sa femme, Simone Vidal, qu'il épouse le 21 juillet 1919. Elle l'aura entouré

---

* Contribution publiée dans *International Encyclopedia of the Social Sciences*, éd. par David Sills, New York, 1968 (pp. 92-95).

d'un dévouement exemplaire, le déchargeant de tous les soins et soucis matériels et domestiques pour lesquels, au dire de ses amis, Marc Bloch avait vraiment peu d'aptitude. Elle lui a permis de se consacrer entièrement à ses tâches intellectuelles, lui servant de secrétaire, de collaboratrice assidue. C'est pour elle et ses six enfants qu'il aura vraiment vécu. Mme Bloch est morte de chagrin peu de temps après son mari.

Les études secondaires de Marc Bloch se sont poursuivies et achevées au lycée Louis-le-Grand, à Paris, au milieu de succès ininterrompus. Il entre à l'École normale, en 1904 ; il en sortira agrégé d'histoire et de géographie, en 1908. Entre 1904 et 1908, il a suivi à la Sorbonne, à l'École des Hautes Études, au Collège de France et à l'École normale même, les cours de Christian Pfister, Gabriel Monod, Lucien Gallois, Gustave Lanson, Antoine Meillet, Charles V. Langlois, Charles Seignobos, Alfred Croiset. À l'École normale, il a été l'ami du mathématicien Paul Lévy, du futur diplomate Louis Massigli, du grammairien philosophe Paul Étard, du sociologue Georges Davy, appelé à devenir plus tard doyen de la faculté des Lettres et Sciences humaines de Paris. Ce dernier a, sans doute, été le plus proche alors de ses camarades. Aucun doute : ces années d'apprentissage ont été d'une rare, d'une exceptionnelle perfection, tant dans le domaine d'une solide culture classique que dans celui de l'histoire proprement dite. De 1909 à 1912, il est pensionnaire de la Fondation Thiers à Paris, c'est-à-dire libre de commencer ses premières recherches personnelles, et les papiers qu'il a rédigés alors et qui nous ont été conservés, les jugements portés sur lui par Christian Pfister, Émile Boutroux, lui font le plus grand honneur.

C'est durant ces années-là qu'il est sans doute entré en contact avec Henri Berr et la *Revue de synthèse historique* qui exerceront sur lui un très vif attrait, qu'il a fait un assez long séjour (en compagnie de G. Davy et P. Étard) à l'université de Berlin, où il suivit, tout en s'amusant volontiers de leur forme théâtrale, les cours magnifiques de Willamovitz (1848-1931).

Selon les règles habituelles de l'Université, Marc Bloch est ensuite professeur au lycée de Montpellier en 1912, au lycée d'Amiens, en 1913. Mais sa carrière ne commence vraiment qu'après la première guerre mondiale où il a été un combattant magnifique. Il a d'ailleurs gardé de ces dures années un goût évident du risque et un besoin sans limites de servir.

En 1919, il est nommé chargé de cours d'histoire du Moyen Âge à la faculté des Lettres de Strasbourg, puis professeur en 1921. Il y restera jusqu'à sa nomination, en 1936, comme maître de conférences d'histoire économique à la Sorbonne, puis professeur titulaire en 1937. En 1940, obligé de renoncer à Paris à la suite des mesures antisémites allemandes, il est professeur à Clermont-Ferrand (où l'université de Strasbourg a été repliée), puis à Montpellier, en 1941-1942. Enfin, suspendu de ses fonctions par ordre du gouvernement de Vichy, il décline la possibilité qui lui est alors donnée officieusement de partir à l'étranger, passe à la clandestinité, à la Résistance. Il y trouvera la mort.

Sa grande période universitaire et intellectuelle se situe de 1919 à 1939 ; elle couvre vingt années heureuses et fécondes. Médiéviste, admirablement maître des techniques de sa spécialité (il est alors, techniquement, le premier médiéviste du monde), il doit à sa rencontre avec Lucien Febvre, son aîné (1878-1956), professeur comme lui à Strasbourg, de s'être tourné vers l'histoire générale et les sciences économiques et sociales. 1929 a été le grand tournant de sa vie. Cette année-là, il fonde, avec Lucien Febvre, les *Annales d'histoire économique et sociale* qui vont, durant les dix années qui suivent, transformer l'historiographie française de fond en comble. Dans cette œuvre commune, il est difficile de distinguer la part de chacun et il ne faut pas dire que le plus grand historien d'expression française ait été alors Marc Bloch ou Lucien Febvre, mais bien l'un et l'autre. Leur double combat s'inscrit dans un schéma assez clair : pour se rénover, l'histoire doit s'annexer, et comme se soumettre, les autres sciences de l'homme : géographie, économie politique, démographie, sciences politiques, sociologie, ethnographie, anthropologie, psychologie collective... Une aide décisive leur est apportée par des géographes comme André Siegfried, Albert Demangeon, des économistes comme François Simiand, un sociologue comme Maurice Halbwachs, des historiens comme Georges Lefebvre, André Piganiol, Ch.-E. Perrin.

L'histoire de Marc Bloch, comme celle de Lucien Febvre, est née à la *Revue de synthèse*. Henri Berr a été le premier à soutenir que l'histoire était la somme entière des diverses histoires spécialisées, du secteur politique, du secteur économique et social... Les *Annales* voulurent, elles aussi, regrouper ces chantiers et s'imposer aux sciences humaines voisines, d'un mot en faire des sciences auxiliaires de l'histoire. C'est l'auteur de cette notice qui force ainsi les termes de l'analyse. Marc Bloch aura été plus prudent que lui (plus positif et moins romantique aussi que Lucien Febvre), il parlera ainsi de la collaboration avec « les observateurs du présent » et, patiemment, se fera économiste, comparatiste, sociologue, psychologue à la Huizinga, mais son but est clair : « L'histoire n'est pas l'accumulation des événements de toute nature qui se sont produits dans le passé. Elle est la science des sociétés humaines. » Ces deux phrases qu'il a prises à Fustel de Coulanges pour conclure une de ses conférences, plus qu'une méthode, définissent un programme, un métier ouvert.

De 1929 à 1939, les *Annales d'histoire économique et sociale* ont été au centre de toutes les activités, de toutes les passions de Marc Bloch. Le meilleur de sa pensée passe dans la masse de ses articles dont l'École des Hautes Études vient d'assumer la publication. Ils illuminent, complètent de leurs feux croisés les ouvrages classiques de Marc Bloch : *Les Rois thaumaturges* (1924), étude à la fois d'histoire, de sociologie, de psychologie collective à propos des pouvoirs surnaturels attribués aux rois de France, guérisseurs des écrouelles, sont une œuvre très originale, admirablement conduite. Mais le plus grand livre de Marc Bloch est sans doute celui qu'il consacra aux *Caractères originaux de l'histoire rurale française* (1931), à partir des dessins des champs, de l'interprétation des paysages ruraux. Il se situe à l'origine de toute une série d'études poursuivies dans son sillage par les géographes et les historiens des paysanneries de l'Europe. Il a été dernièrement traduit en russe. Le dernier volume que Marc Bloch ait publié, lui-même, *La Société féodale* (1939-1940), est une mise au point de centaines, de milliers d'études, reprises, replacées dans les perspectives d'une histoire nouvelle ; elle s'efforce de distinguer concordances, diversités et évolution d'ensemble de la société du Moyen Âge européen. Deux livres posthumes, retrouvés dans ses papiers, ont été publiés par ses amis : *L'Étrange Défaite* (1946), et *Métier d'historien* (1952). Le premier est un plaidoyer véhément et amer sur les conditions de la défaite française, d'autant plus amer que Marc Bloch se sent responsable, pour sa part, de la catastrophe de 1940, le second, rapide, fut écrit au cours de loisirs forcés ; il faut le considérer comme la première esquisse d'un ouvrage plus vaste qu'il n'eut pas le temps de rédiger.

Aujourd'hui Marc Bloch est sans doute le plus lu des historiens français, en France comme à l'étranger. Son œuvre a été largement traduite et diffusée et, sauf sur des points de détail, n'a pas été contestée. À cela bien des raisons : la perfection du savoir, la prudence de l'explication, l'aversion qu'il a toujours éprouvée pour les explications grandioses. Bien qu'il ait été l'ami et l'admirateur de Henri Pirenne, rien de comparable, chez lui, aux théories brillantes (aujourd'hui si contestées) sur l'ouverture et la fermeture de la Méditerranée à l'Occident latin. Peut-être parce que, à la différence de Henri Pirenne ou de Lucien Febvre, Marc Bloch n'a pas eu le privilège de vivre les dernières années de sa plénitude intellectuelle (il aurait aujourd'hui soixante-dix-neuf ans, l'âge ou peu s'en faut, de Lucien Febvre en 1956, l'année de sa mort). Peut-être aussi parce que sa curiosité s'accompagnait d'un goût strict de l'érudition. Je note chez ses élèves (Robert Boutruche, Michel Mollat, Pierre Goubert, Paul Leuillot, Henri Brunschwig) la même prudence ou la même sagesse.

Sa position politique donne de lui une idée analogue. Il a toujours refusé de s'engager profondément. La guerre est déjà là quand il écrit à Lucien Febvre, le 17 septembre 1939 : « Comme vous, j'aurais horreur d'une besogne de propagande. Il faut que les historiens gardent les mains propres. » Et pourtant il a profondément, sérieusement vécu la défaite, « l'étrange défaite » de la France. Ayant échappé miraculeusement, en 1940, au sort des prisonniers, il se trouve à Dunkerque, gagne l'Angleterre, arrive en Bretagne, puis reprend sa vie de professeur. Bien que d'ascendance juive, mais en fait étranger à toute pratique religieuse, il aurait pu traverser la tourmente sans dommage. Après 1940, le gouvernement de Vichy l'avait ménagé, comme il ménageait Bergson, et pour les mêmes raisons. En même temps qu'il le suspendait, il lui offrait de partir à l'étranger. Marc Bloch aurait pu gagner une université d'Amérique, ou cette faculté d'Alger qui essaya de l'appeler auprès d'elle. Il préféra rester sur place, à sa place. « Le peuple français est notre peuple et nous n'en connaissons pas d'autre », écrivait-il. Dans la Résistance, il joua un rôle exemplaire. Arrêté par la Gestapo le 8 mars 1944, malmené, torturé, il fut fusillé avec ses codétenus quelques mois plus tard.

XII

ERNEST LABROUSSE*

Je ressens tout l'honneur qui m'échoit d'avoir à écrire ces quelques mots sur les premières pages du livre offert à Ernest Labrousse par ses amis, ses collègues et ses innombrables admirateurs. Puissent ces lignes où je voudrais évoquer l'ami, l'homme, l'historien, l'incomparable professeur, être à la hauteur de l'hommage qui lui est rendu aujourd'hui.

À ma décharge, disons que la tâche n'est pas facile.

Chacun pensera pourtant, et c'est vrai, qu'il n'y a pas visage plus ouvert, pensée plus claire, accueil plus courtois, caractère plus aimable que les siens. Comme aux aguets de la pensée d'autrui, il est prêt, au premier prétexte valable, à livrer son opinion, voire sa propre pensée, et sans la moindre réticence. Vous parlez ; il suffit de le regarder pour savoir si, dans l'instant qui suivra, il interviendra, ou restera silencieux. Inutile d'ailleurs de le provoquer. Non, certes, ce n'est pas lui qui récuse le dialogue ; il l'accueille avec joie et, aussi joyeusement, il le monopolise.

On pourrait donc croire qu'il est facile de lire en lui comme en un livre ouvert. D'autant que son habitude et peut-être sa passion sont d'exposer clairement, voire plus que clairement ses positions. Et sa coquetterie l'entraîne à rechercher et à trouver, presque d'emblée, la formule qui éclate, clôt la péroraison, enfonce l'idée comme une flèche qui se ficherait en plein bois.

Je l'écoutais récemment, au colloque de Lyon (octobre 1970), en m'amusant à noter ses dires, ses reparties, ses formules heureuses. Et je m'émerveillais, une fois de plus, à l'entendre parler avec cette sûreté extraordinaire que d'autres ne trouvent guère que dans la langue écrite, sans un accroc sans un repentir

---

* Préface à *Conjoncture économique, structures sociales : hommage à Ernest Labrousse*, Paris, E.P.H.E., 1974 (pp. 9-11).

— de cette voix claire, comme à une octave au-dessus des autres et qui ne se confond avec aucune d'entre elles.

Et cependant cette facilité, ce bonheur d'expression, cette clarté du discours ne doivent pas nous tromper sur la complication évidente de la pensée d'Ernest Labrousse. Si l'on veut bien y être attentif, relire ses ouvrages, c'est en découvrir les multiples directions. Ce créateur à part entière d'une histoire nouvelle, ne comptez pas sur lui pour en donner une image où tout serait bien en ordre, à la place qui conviendrait une fois pour toutes. Il ne croit ni à la perfection de notre métier, ni à sa propre perfection. « L'histoire reste à faire, répète-t-il volontiers, ce qui est à la fois tonique et intimidant », notait récemment Pierre Vilar. « Ce qui compte, enchaîne Labrousse, ce sont les voies neuves, celles qui seront parcourues demain. » J'avoue que j'aime cette ouverture, ce goût de la recherche à faire, sur un chemin qu'il faudra inventer, cette attention à nos élèves, aux historiens plus jeunes que nous, en qui nos idées, si elles fleurissent un jour, ne peuvent que donner d'autres fruits. Ernest Labrousse, par l'enseignement de qui est passée toute la génération des jeunes historiens de ces vingt ou trente dernières années — ce qui a été son œuvre majeure —, ne cesse ainsi de miser sur le neuf, sur le pas encore vu. Il est là dans le sillon même de la pensée de Marc Bloch et de Lucien Febvre, de l'« École des *Annales* » qui n'est pas une école puisque toutes les portes en sont ouvertes à tous les historiens de bonne volonté.

Aller de l'avant, certes, mais ne pas abandonner aussitôt le terrain conquis, au contraire, s'y maintenir fermement, et même ne pas renoncer, écrit-il, à l'histoire événementielle, aux biographies décisives. En ce colloque de Lyon qu'il a dominé sans le vouloir, la discussion vient de s'engager sur la « croissance » — ce nouveau monstre au jeune et rude appétit, capable de tout engloutir si chacun le laisse faire, mais qu'il faut bien accueillir avec honneur : nous ne vivons, en vérité, historiens, que de ces rencontres dangereuses et profitables entre notre métier et les engouements de notre époque. Est-ce une raison, toutefois, pour délaisser le monstre d'hier, déjà apprivoisé celui-là et bien à notre service : la conjoncture, ou mieux les conjonctures ? Conjonctures et croissances s'accordent, doivent s'accorder. Impossible de voir l'une sans l'autre ou les autres. « Que la conjoncture garde son royaume ! » tranche Labrousse, et c'est une bonne mise en garde.

Et quand, dans la discussion, la Révolution française prend, une fois de plus, figure d'accusée, au nom, il est vrai, d'un grief nouveau — elle aurait cassé la croissance de notre pays —, Labrousse s'efforce aussitôt de remettre les problèmes en perspective. « Au vrai, dit-il, les temps révolutionnaires s'insèrent dans une croissance longue. Il n'y a pas eu, au cours de ces temps-là, de régression, mais des perturbations. Les perturbations ne sont pas une régression. »

Ce souci de l'équilibre et de la note juste, nous le retrouvons constamment chez lui. Ainsi, toujours à Lyon, à propos du capitalisme du XIXe siècle : « Nous pouvons considérer qu'en France il n'y a pas eu, explique-t-il, avec la société industrielle, de paupérisation absolue, qu'il n'y a pas eu non plus de paupérisation relative, mais quel mouvement vers l'inégalité ! » C'est beaucoup et bien dire en peu de mots.

Sur l'essentiel de notre métier, Ernest Labrousse ne nous laisse aucun doute. Les sciences de l'homme cernent, envahissent l'histoire, la transforment sans arrêt. Aussi bien faut-il les apprivoiser, voire les désarmer pour les mettre à notre service, les *humaniser*, eût dit volontiers Lucien Febvre. À ce combat, à cette vigilance, Ernest Labrousse n'a cessé d'apporter sa quote-part. Vis-à-vis d'une sociologie qui reste non structurée, au vrai invertébrée, il a essayé de généraliser les recherches sur les structures socioprofessionnelles, qui ne nous ont pas encore apporté tout ce qu'elles peuvent donner. Plus encore, au prix d'un effort qu'il était seul capable de mener à bien, car il est autant économiste qu'historien, il a annexé à notre métier tout l'appareil de l'économie politique. L'économie, cher Ernest Labrousse, qui chez la plupart des historiens est un métier appris après coup, a été pour vous une formation naturelle, poussée à ses extrêmes conséquences. Nous y sommes élèves et apprentis, vous y êtes un maître.

Dominer un métier, c'est l'avoir dépassé, le voir de haut, loin derrière soi. Ernest Labrousse a eu cette chance, ce privilège, cette supériorité décisive. Les économistes ont découvert la *conjoncture* au lendemain de la première guerre mondiale. Les découvreurs ont été de Lescure, Aftalion, Wagemann, François Simiand. Ernest Labrousse qui, malgré ce que l'on a dit souvent à son propos, n'a pas été l'élève de Simiand, a assimilé très tôt, dès son premier grand ouvrage (*Esquisse du mouvement des prix et des revenus en France au XVIIIe siècle*, 1933), les méthodes nouvelles, pour aussitôt les dépasser. Il a, en effet, replacé la conjoncture dans le vaste contexte de l'histoire. Il lui a donné des dimensions nouvelles ; et d'ailleurs n'a-t-il pas, pour signaler liaisons, corrélations, conséquences, créé tout un vocabulaire direct, poétique, que tous ses élèves — c'est-à-dire tous les historiens français d'aujourd'hui — ont repris à leur compte. Les entendre, c'est réentendre Ernest Labrousse, c'est remonter à l'éclatante *Crise de l'économie française à la fin de l'Ancien Régime et au début de la Révolution* (1944), qui reste, à mon avis, le plus grand ouvrage historique de notre temps — le plus grand car le plus assorti de conséquences vivantes ; le plus beau aussi, en raison de son écriture élégante et juvénile.

Mais ne reportons pas sur l'homme les clartés de sa pensée, cette simplicité affichée, poussée en avant avec insistance et coquetterie. Méfions-nous, parlant de lui, des chemins faciles, des transparences qu'il nous offre d'un geste aimable.

Peut-être, pensant à lui, ai-je trop pensé en même temps à Lucien Febvre comme lui un prince de l'histoire de son temps ? Pour bien comprendre Lucien Febvre, il fallait des années avoir voyagé, vécu avec lui, avoir « mangé son pain », au « Val » et dans son inoubliable maison du Jura et, avec lui, un printemps avoir vu refleurir les premiers œillets sauvages de la montagne. L'homme se livrait peu à peu, mais totalement à la fin, comme les gens de l'Est habitués se défendre et à être vigilants — puis à tout donner. Un homme de l'Ouest, c'est bien autre chose. Faut-il, pour ne pas se tromper sur Ernest Labrousse, rappeler qu'il est né à Barbezieux, à 33 kilomètres de Cognac ? Il est de ces hommes de l'Ouest si calmes, si mesurés, si cartésiens, pour nous gens de l'Est, mais dont la gentillesse sociale est la façon — leur façon — d'échapper à autrui, de sauvegarder leur vie profonde. J'ai connu, en captivité, un admirable homme de l'Ouest, délicieux, aimable et secret, caché parfaitement derrière la fumée de sa cigarette. Avez-vous remarqué avec quelle prestesse Ernest Labrousse sait rompre une conversation et, d'un pas vif, regagner la rue Claude-Bernard et ses pensées ? Un peu comme si, hors de la Sorbonne, il avait à regagner un autre univers. La politique, penserez-vous ? Je n'en suis pas tout à fait sûr, malgré la place qu'elle semble tenir dans sa vie. Labrousse n'a jamais renié son appartenance au socialisme de Jean Jaurès ; il aura été rédacteur à *L'Humanité* jusqu'en 1924. Et depuis lors, il a été fidèle en actes et en pensée à une France de l'égalité dont nous rêvons encore, une France, à son image, élégante et princière. Mais enfin l'Université a gagné, elle a emprisonné une voix qui était faite pour parler aux foules des réunions électorales. Quelle chance et quel malheur ! Des grands historiens de chez nous, Marc Bloch est le seul à avoir senti profondément, avec souffrance, les responsabilités des intellectuels vis-à-vis du destin de notre pays et de ses « étranges défaites ». Je le disais un jour à Lucien Febvre, l'accusant carrément. Je pourrais me le dire aujourd'hui à moi-même. J'ai préféré l'histoire à toute autre occupation. Je puis le dire à Ernest Labrousse. Il nous a privés d'un second Jean Jaurès. L'histoire seule y a gagné.

XIII

ERICH HASSINGER*

C'est un plaisir, un honneur, pour moi, que d'écrire ces quelques lignes en tête des *Mélanges* offerts au professeur Erich Hassinger par ses amis qui, comme lui, j'en suis sûr, sont conscients de la crise que traverse aujourd'hui notre vieux métier d'historien. Cette crise étant plus grave que les précédentes, le présent *Festschrift* se place de lui-même sous le signe combatif d'une *historia integra*, programme et bannière du ralliement qui définit à l'avance l'œuvre de notre collègue et le recueil qui lui est offert.

Integra : le mot a deux sens. Que l'histoire soit *intègre*, *honnête*, c'est-à-dire qu'elle n'ait de comptes à rendre en somme qu'à elle-même, à ses règles et à ses exigences, c'est une excellente profession de foi, la condition *sine qua non* pour qu'elle acquière une qualité scientifique qui la définisse et la fonde. Mais *integra* veut dire aussi et surtout *intégrale*, *entière*. La dispersion des études qui composent ce livre le dit clairement à l'avance, tout le territoire de l'historien est symboliquement investi, reconnu, occupé par ces études. Dans ce sens second, *historia integra* rejoint ce que j'appelle souvent l'*histoire globale*, mais à cette formule, la mienne, je préférerais volontiers celle de ces *Mélanges*, moins prétentieuse, elle fait moins de bruit et dit la même chose. Et le problème, en fait, est le même. Une histoire générale ne peut être qu'un aboutissement, la suite de travaux préalables, la construction qui reprend une masse d'éléments apportés à pied d'œuvre. L'historiographie allemande qui a toujours eu le goût des synthèses grandioses a, en même temps, plus qu'une autre, le souci du détail, du détail en soi,

---

* Préface aux *Mélanges offerts à Erich Hassinger*, 1977.

pour soi, saisi dans sa complexité, loupe, microscope en main. Quel que soit le sujet que vous abordez, elle apporte ainsi sa contribution, même souvent sa précieuse mise en garde. Erich Hassinger n'échappe ni à cette tentation ni à cette obligation quand il s'attache, en 1932, au milieu des forêts épaisses de la Réforme, au personnage, mineur après tout, que fut Jacobus Acontius, né dans le Trentin, et qui, converti au protestantisme, ira mourir en Angleterre. Jamais Michelet, jamais Marcel Bataillon, jamais Lucien Febvre n'auraient fait un choix aussi modeste, à celui-ci il fallait au moins Luther, au moins Rabelais ; à Marcel Bataillon, Érasme. Pour Michelet, l'essentiel était de trouver le personnage, le héros avec qui s'identifier et autour duquel l'histoire du monde tourne, ou semble tourner. Choisir l'amiral de Coligny et en faire le centre des guerres de Religion qui déchirent la France et, en même temps, l'Europe. À ce jeu, du détail ou du particulier au général, le chemin est plus vite parcouru, n'est-ce pas brûler les étapes ?

Erich Hassinger, et je l'approuve des deux mains, n'a ni cette hâte, ni cette présomption : il conserve même, où que son discours se situe, le goût du détail bien mis en place, on dirait aujourd'hui du « sondage » conduit très méticuleusement. Et même quand les vastes horizons l'attirent — comme ils ont attiré tous les grands historiens de son pays. En 1953, il lui faut l'Allemagne, ou presque toute l'Allemagne, plus la Suède et la Russie au début du XVIIIe siècle ; en 1959, il s'annexe l'Europe entière en proie à la lente élaboration de sa modernité ; actuellement, dans un livre de prochaine parution, il est aux prises avec le long et large fleuve de l'historicisme, le fleuve de Friedrich Meinecke, dont il remonte le cours à travers le triple passé de l'Italie, de l'Angleterre et de la France. Ainsi, par le mouvement même de son œuvre, Erich Hassinger atteint le plan des généralisations, des comparaisons nécessaires. Si vous croyez qu'il n'y a d'histoire « scientifique » que comparative, que franchement comparative, vous serez à ses côtés.

Toutefois, ne vous y trompez pas, généraliser bien sûr, mais aussi détailler (si l'on peut dire) restent le double registre de notre auteur : il joue l'histoire à deux mains. Ainsi, dans le livre qu'il va nous donner à la fin de cette année sur l'historicisme, vous verrez avec quelle obstination, pris de passion, il s'est mis à la poursuite de Lancelot Voisin de La Popelinière (1541-1608), historien et géographe français et très curieux esprit, j'en conviens, et avec quelle patience il a recherché les documents, papiers et écrits perdus de son personnage. Si vous vous passionnez pour un tel jeu, méfiez-vous, vous vous retrouverez, un jour, à la Bibliothèque nationale de Paris, pour n'y pas découvrir finalement les trésors perdus. Mais, comme tout se mêle, n'est-il pas curieux, symptomatique, qu'Erich Hassinger, dans sa quête du général et du vaste monde, ait une fois, privilégié un pseudo-Anglais, Jacobus Acontius, puis un Français, La Popelinière ?

Une *histoire intégrale*, en fait, c'est un perpétuel dépassement de tout problème une fois posé devant nous ; autrement dit, il n'y a pas de problème, il n'y a pas de sujets d'histoire bien délimités, clos de murs. C'est une des leçons de Marc Bloch et de Lucien Febvre et de l'École dite des *Annales* qu'Erich Hassinger a mieux comprises et interprétées qu'un autre. Mais tout dépassement, tout voyage hors des frontières dépend d'un point de départ et ce point de départ trahit nos passions les plus vives, parfois les plus secrètes. Erich Hassinger est avant tout, en profondeur, un spécialiste des problèmes religieux, un peseur d'âmes et de consciences. Beaucoup mieux que moi, Lucien Febvre ou Delio Cantimori auraient pu décrire cette œuvre sous le signe d'une prédilection qui était également la leur. Aussi bien, le beau livre général d'Erich Hassinger, *Das Werden des neuzeitlichen Europas* (1959), commence son déroulement par notre sainte mère l'Église l'automne du Moyen Âge, ensuite sont introduits la culture, l'État (cette passion des philosophes et historiens allemands), les guerres, la Réforme, et dans ce défilé, le pauvre personnage réduit à la portion congrue, c'est la vie économique et sociale. Vais-je, sur ce point, lui chercher une bonne querelle ?

Personnellement, l'histoire intégrale, comme je la pratique, commence par la vie économique et sociale et au dernier stade, la culture se présente qui est *ma* parente pauvre. Ce qui prouve qu'il y aura autant d'*historiae integrae* que d'historiens et que ceux-ci se révéleront autant par ce qu'ils abrégeront que par ce qu'ils « majoreront »...

Vis-à-vis d'Erich Hassinger (bien que, comme lui, homme avant tout du XVIe siècle), ou vis-à-vis de Benedetto Croce ou de Lucien Febvre, je me suis toujours senti, un peu, comme un prolétaire à la cour d'un prince : le prince s'entretient de musique, de peinture, de philosophie, de croyances compliquées et exquises, il vit en compagnie des esprits les plus brillants, dans le feu de leur vie unique, il fréquente les maîtres de ce monde. Alors, que peut lui dire un visiteur qui parle de gros sous, de marchands ou de colporteurs, de balles de coton, du marché vénitien du Rialto, ou des docks de Londres ? Heureusement qu'il y a des princes indulgents, curieux, attentifs à tout ce qui se passe dans le vaste monde, celui des États dominants, comme celui des mondes encore sauvages. Erich Hassinger a la grâce d'un prince patient, curieux, protecteur des lettres et des arts, ayant placé sa résidence en cette université de Fribourg qui est selon mon cœur, et digne successeur de Gerhardt... il reste fidèle à une tradition humaniste qui traverse toute reconstruction valable du passé : l'histoire — pour lui — ce sont des hommes. Il les cherche, il les trouve.

XIV

FRANCO BORLANDI*

C'est pour moi un grand honneur, une très grande joie, une lourde responsabilité, de faire l'éloge de Franco Borlandi ici, dans la ville qu'il a aimée, dans la faculté où il a vécu comme dans sa maison d'élection. Mais tous ceux qui l'ont connu et aimé, qui ont suivi attentivement sa pensée alerte, savent que c'est une tâche malaisée, à peu près impossible, que de définir sa trop riche personnalité. L'évoquer, un mot suffit : il est tout de suite présent. Mais le comprendre, le comprendre sérieusement, c'est une tout autre entreprise.

Or, ce que je désire, c'est le comprendre, retrouver si possible, non pas sa vie brillante, mais son esprit, plus brillant encore, comme s'il était devenu, comme s'il pouvait devenir, un instant, maintenant qu'il nous a quittés, un sujet d'histoire, le but d'une enquête réfléchie, méticuleuse, obstinée à s'approcher du but. Et c'est justement ce que je me propose.

Mais il faut le répéter : l'historien face à un tel problème ne trouve pas facilement le fil de son discours. Et pour bien des raisons à la fois. Tout d'abord, nous ne réussissons pas, dans l'état de nos connaissances, à éclairer l'enfance et la jeunesse de notre personnage. Franco Borlandi, non seulement n'a pas écrit ses *Mémoires*, mais il n'a fait que de très rares confidences sur son passé, comme s'il l'ignorait, comme s'il ne lui attribuait aucune valeur, comme s'il avait été, ainsi que j'en suis à peu près sûr, attaché, avant tout, à sa vie présente, *plus encore* à celle qu'il voyait venir vers lui. Chez lui, la joie de vivre l'emportait sur la joie du souvenir. Un jour, il me signala que, jeune historien, il avait séjourné à Vienne, mais il ne m'en parla jamais davantage.

---

* *The Journal of European Economic History*, 1977, pp.737-744.

Ajoutez que, parmi tous les dons qu'il possédait, une fée bienfaisante lui avait retiré la passion d'écrire des lettres, même de répondre à celles qu'on lui envoyait, pas même aux télégrammes qu'on lui expédiait en désespoir de cause. Et quel malheur en ce qui touche à notre souci de le rejoindre ! Car il écrivait des lettres admirables. Celle en date du 23 février 1974, qu'a publiée le professeur Roberto Lucifredi est, à mon avis, le document le plus éclairant pour qui voudra comprendre Franco Borlandi, sa délicatesse, son intelligence, sa subtilité, ses dérobades s'il le fallait derrière un sourire, un mot d'esprit.

Donc, sur sa vie, aucun bavardage, aucune indiscrétion utile. De temps à autre, un détail, Franco Borlandi, enfant à Pavie, cherche et trouve dans le sable du Tessin des restes de céramique romaine. Voilà le début d'un film, mais la suite aussitôt nous manque... On le voit fort bien, vers 1944, *partigiano* à longue barbe rousse, caché derrière sa barbe. Mais le film, une fois de plus, s'interrompt. De même, vous connaissez, j'en suis sûr, la scène en 1945 : Franco Borlandi est préfet de Pavie. Des partisans apportent une valise allemande bourrée de billets de banque : un trésor de guerre. Le préfet, historien, fait appeler un notaire, lui donne l'ordre de dresser l'inventaire des billets saisis et dépose le tout, les billets et l'inventaire, à la Banca d'Italia. Voilà encore une très bonne image. Mais une fois de plus, le film s'interrompt. Bref, les documents nous manquent qui permettraient d'étudier à loisir son personnage : quant à lui, il ne se dérobe pas, simplement on ne le voit pas.

Certes, il y a eu le cours brillant de ses études et de ses succès universitaires. Mais il faudrait connaître ses maîtres, peser l'influence qu'ils ont eue ou n'ont pas eue sur lui, élève exceptionnel. Et surtout, il arrive à Franco Borlandi une aventure singulière : celle d'être très rapidement lui-même, comme s'il avait, sans s'y brûler, traversé indemne ses années d'apprentissage. Tel Lucien Febvre à qui, sauf pour l'intelligence, il ne ressemble guère, il a eu l'avantage, le très lourd avantage d'arriver vite à sa maturité, à sa perfection intellectuelle. Il a 24 ans, quand il publie, en 1932, sa thèse, *Il Problema delle comunicazioni nel secolo XVIII nei suoi rapporti col Risorgimento*. Je démontrerai, dans un instant, qu'il est déjà lui-même, avec son style particulier, au cours de ce premier livre. Je l'y retrouve entier. Comme je retrouve Le Titien, déjà lui-même, dans le plus ancien de ses tableaux parvenus jusqu'à nous, *La Pala di San Pietro*, peinte en 1502, conservée au Musée d'Anvers. Je pense que les comparaisons les plus brillantes sont licites quand il s'agit de Franco Borlandi, ainsi condamné à être lui-même, dès le début de sa vie, dans sa propre perfection précoce. J'y reviendrai, car c'est l'essentiel de ce que j'ai à dire à son sujet. Et c'est aussi la raison majeure des difficultés qu'un historien éprouve, voulant le saisir dans son intelligence même. Il irait vers cette intelligence par étapes successives qu'on le comprendrait mieux en suivant son propre chemin. Une intelligence exceptionnelle, l'une des plus belles que j'aie rencontrées au cours de ma vie. Une intelligence sortie tout armée d'une jeunesse éblouissante et qu'il nous faut, avec le plus grand des plaisirs, décrypter. Une intelligence compliquée, multiple. Je veux bien que l'on parle de la simplicité de Franco Borlandi, de sa simplicité seigneuriale. C'est le visage aimable qu'il tournait vers les autres. Mais son intelligence est un éventail ouvert de toutes les couleurs. Dix, cent possibilités de vivre, d'écrire, de penser, s'offraient à lui. Il les a rencontrées toutes, il en a suivi quelques-unes : préfet à Pavie, diplomate à Bruxelles, diplomate à Paris, responsable à Rome de la Recherche scientifique, recueillant un à un tous les honneurs de l'Université. Mais il aurait pu tout aussi bien s'occuper d'histoire de l'art que d'histoire économique, écrire des vers ou des chansons, être peintre, écrivain, architecte, homme d'État, que d'écrire sur l'industrie des futaines dans l'Italie du Nord, aux derniers siècles du Moyen Âge. Et il a toujours su qu'il portait en lui ces vocations diverses. Il lui a fallu choisir l'histoire, s'y attacher, revenir à Gênes, ne plus entendre le chant des sirènes qui, d'ailleurs, ne chantaient qu'en lui et que pour lui seul.

*

De 1945 à 1974, Franco Borlandi a vécu ses années les plus actives dans une Italie très particulière, et qu'il a passionnément aimée. J'imagine que cela a compté dans sa vie et dans son œuvre. Cette Italie particulière aide à le comprendre, à le situer. Une Italie douloureuse en 1945, brisée ; une Italie inquiète avec les années 1970, qui a su guérir ses plaies, reconstruire les bases de sa vie matérielle, progressant dans tous les secteurs. Et au-dessus de cette Italie-là s'est édifiée une superstructure neuve, une enveloppe, celle de sa culture — la plus brillante de toute l'Europe. Songez à ses peintres, à ses cinéastes, à ses romanciers. C'est le siècle, dirait un Français, de Dino Buzzati. Des Italiens à qui l'on présente ces remarques répondent volontiers que ce siècle étincelant est déjà terminé. Que la grande littérature est morte. Est-ce vrai ? Alors, tant pis pour l'Europe, car il n'y a pas, à ma connaissance, où que l'on jette les regards, de valeurs et de possibilités de remplacement. Franco Borlandi, en tout cas, aura, de bout en bout, traversé cette Italie des beaux jours revenus. Les sciences humaines, toutes les sciences humaines ont alors eu leur part, l'histoire autant, si ce n'est plus, que toutes les autres. L'histoire, vers 1945, c'était quatre très grandes puissances, Gino Luzzatto à Venise, Armando Sapori à Florence, Delio Cantimori à Pise, Federico Chabod à Rome en attendant d'être à Naples à l'Instituto Croce. De très grandes puissances, de très honorables personnes, des ouvriers d'une extrême qualité. Je les ai tous connus et bien connus. Je les aime encore. Gino Luzzato, doge de Venise, un doge qui n'aurait régné que sur l'Archivio dei Frari. Armando Sapori, le dernier des grands marchands de l'Italie médiévale qui, pour lui, était déjà l'Italie de la Renaissance. Delio Cantimori qui cherchait et trouvait des hérétiques italiens du XVIe siècle, pour les prendre dans ses bras. Et Federico Chabod, à qui ne suffisaient ni Machiavel, ni Botero, ni le Milanais, ni Rome, ni Naples qu'il sentait si différente de lui et qui, au loin, allait retrouver l'empereur à la triste figure, Charles Quint, ce qui était une façon pour lui de retrouver l'Europe entière et presque le monde entier.

Franco Borlandi soutient la comparaison avec ces seigneurs de l'histoire. Il leur ressemble. Gino Luzzatto est attaché à Venise, Franco Borlandi est attaché à Gênes. C'est toujours vers elle qu'il revient. Gênes est un monstre sacré, vous le savez, un gouffre historique. Un univers pas comme les autres. C'est la ville la plus curieuse et énigmatique qui soit au monde, dans la ligne du destin des affaires. Roberto Lopez, lui aussi fasciné par le passé de Gênes, avait l'habitude de dire que c'était la seule ville au monde où l'*inertie* était inconnue, où le poids des corps n'existe pas quand il est question d'agir, d'aller de l'avant. Un soir, il y a dix ou quinze ans, par un jour de pluie torrentielle, je parlais sous la présidence de Franco Borlandi, dans cette faculté ou ailleurs, je parlais de l'Amérique latine. J'y ai séjourné longtemps. J'en parlais avec passion. Les auditeurs qui la connaissaient aussi bien, si ce n'est mieux que moi, se soulevaient de leurs sièges, l'un après l'autre, s'appuyaient, à moitié debout, aux dossiers des rangs antérieurs. La conférence terminée, ils se précipitèrent sur nous, nous encerclèrent. Gênes — et Franco Borlandi s'en réjouissait — est une ville de l'apesanteur, de l'absence de pesanteur. Ainsi, Venise à Gino Luzzatto, Gênes à Franco Borlandi, ils sont donc à égalité. À Delio Cantimori, les hérétiques à travers toute l'Italie, Franco Borlandi les avait trouvés à Pavie. À Armando Sapori les gros livres de comptabilité marchande. Or, dès 1936 — il a 28 ans —, Franco Borlandi a publié un livre marchand, *El Libro di mercatantie et usanze de'paesi*, un modèle au travers duquel pensent, agissent et même écrivent les marchands. Un *modèle* est une structure, un dépassement de l'histoire ordinaire. Franco Borlandi et Armando Sapori sont donc à égalité. Federico Chabod s'évade d'Italie, c'est bien, il rencontre Charles Quint... Le mort illustre l'emprisonne. Or, dès 1942 — Borlandi a trente-quatre ans —, il écrit un essai, *L'Età delle scoperte e la rivoluzione economica dell'Europa del sec. XVI*. Il a rencontré l'univers, les réalités économiques et sociales de l'Europe en profonde mutation. D'ailleurs, la chanson qu'il chante pour faire sourire ses filles, porte sur Magellano... Il me l'a chantée deux fois. Pas d'erreur à ce sujet. Donc, nous pouvons conclure qu'il ressemble à ces hautes puissances de l'histoire, qu'il se situe à leur niveau. Mais un tout autre esprit l'anima et cet esprit, à mes yeux, constitue son originalité majeure et son indiscutable supériorité.

*

Si j'ai raison dans mon analyse, l'œuvre historique de Franco Borlandi devient d'une cohérence parfaite. Si j'ai raison, mais je crois sincèrement avoir raison, le modèle de sa pensée se définit comme un éventail ouvert et un mouvement. Comme un éventail largement ouvert. Sans l'avoir formulé, Borlandi est en faveur d'une histoire globale qui touche à tous les secteurs de la vie. L'éventail de ses curiosités et de ses connaissances fait le tour complet de l'horizon. Cette totalité, il faudrait relire ses œuvres de près, c'est sans doute la préoccupation qu'il a toujours eue à l'égard du social. Social, société, autant dire *globalité*. S'il étudie la population de la Corse en 1942, c'est pour marquer les conséquences du nombre sur le social. S'il étudie les Grandes Découvertes, c'est avec l'idée bien arrêtée de montrer leur incidence sur les mutations *sociales* de l'Europe. Normalement, il n'utilisait pas, chaque fois, l'éventail ouvert de ses connaissances, il ne réduisait pas tout au social, il ne venait pas s'y jeter nécessairement comme un fleuve doit aller à la mer. Mais cette globalité, cet horizon complet soutiennent son œuvre, lui sont inhérents. Appelez cette globalité une plénitude de culture, peu importe : le résultat est le même. Je m'en suis aperçu, il y a une vingtaine d'années, invité par lui à Pavie où il habitait encore, sur les rives du Tessin, alors que ses filles, Antonia et Roberta, étaient l'une et l'autre des fillettes. Toute la matinée nous vîmes lui, ma femme et moi, Pavie l'inoubliable. Il se révéla un guide fantastique. Érudit bien sûr, mais l'érudition est à la portée d'un chacun, par contre le goût, la passion de l'art ne s'inventent pas, on possède ou l'on ne possède pas ces qualités rares. Borlandi les avait à un point exquis. Il a toujours eu faim de ce qui est beau. Donc, une des plus belles journées que nous ayons vécue ensemble. Il me suffit de me répéter ces mots magiques, *San Pietro in caelo aureo*, pour que tout le charme me revienne avec le soleil.

Donc, pour lui, l'histoire, c'est *toute* la vie des hommes. Mais ce premier trait ne suffit pas à saisir sa pensée. Il importe de ne pas oublier un mouvement continuel, une habitude de marcher, d'aller et de venir *qui est la sienne*. Il veut bien voir tout le champ opérationnel de l'histoire, mais c'est aussitôt pour le traverser de part en part, et le plus vite possible, pour se situer sur la frontière, à la pointe de la recherche, en situation idéale de découverte. En ce commentaire, où nous sommes tous au bord du chagrin, permettez-moi un mot inadéquat, mais pour sourire. N'est-ce pas la méthode de Magellan, de Magellano ? Non, pas celui de la chanson, mais l'homme de la réalité vécue, qui contourne l'Amérique pour déboucher sur le Pacifique, sur la mer du Sud ?

Découvrir, marquer un point, faire un pas en avant. J'ajoute aussitôt découvrir pour découvrir, non pas pour coloniser, non pas pour occuper le terrain conquis. Que d'autres s'en soucient ! Ce n'est pas sa vocation. Découvrir, enfoncer une porte fermée, repérer une île, un passage, résoudre un problème, nous sommes au cœur de la pensée et des habitudes de Franco Borlandi. En 1932, quand il écrit son ouvrage sur les communications dans l'Italie du XVIIIe siècle, il montre que les trafics se précipitent à travers la péninsule, qu'elle s'unifie matériellement avant que sonne l'heure du Risorgimento, qu'elle constitue avant son unité politique, une unité économique, celle d'un *marché national*. Nul ne l'avait dit avant lui. Mais par la suite, il ne s'intéressera plus de façon suivie au Risorgimento. Il a découvert, cela lui suffit. En 1936, *El Libro di mercatantie...* est un coup de maître, un travail *structurel*. Le résultat acquis, il délaisse la recherche. Et c'est sa fille, Antonia, qui le reprend en charge trente ans plus tard. En 1942, étudier la population de la Corse est une recherche pionnière, la démographie historique n'est pas encore devenue, comme de nos jours, une science ou, pour médire, une carrière. Borlandi s'y engage seul. Puis il l'abandonne. C'est sa règle du jeu. Il découvre les Grandes Découvertes en 1942, à l'avance vous pouvez le dire : il les découvre pour la première et pour la dernière fois.

La règle sans exception joue pareillement dans ses articles, ceux que lui dicte ainsi son amitié pour les historiens plus âgés que lui, auxquels il apporte sa contribution dans les *Mélanges* qui leur sont dédiés. À Gino Luzzatto, il fait cadeau du *guado*, du *pastel* au Moyen Âge ; à Lucien Febvre, est dédié son admirable article sur « Les futainiers et les futaines dans l'Italie du Moyen Âge » ; à Amintore Fanfani, peut-être parce qu'il l'aime plus que les autres, il fait un cadeau royal, le plus beau, le meilleur de ses articles, « Alle origini del libro di Marco Polo »... J'ai déjà, chemin faisant, emprunté beaucoup à l'admirable *Ricordo di Franco Borlandi*, du professeur Roberto Lucifredi. Il pense, et je pense comme lui, que cet article sur Marco Polo est un joyau — le joyau sans doute de toute son œuvre. Alors offrons-nous le plaisir de nous arrêter à ces pages brillantes, révélatrices. Vous me direz que, dans la thèse que je soutiens, l'exemple ne vient pas sagement se soumettre à la règle. C'est vrai, mais en apparence seulement. Marco Polo disparaît sous les études érudites, bonnes et moins bonnes. Tout a été dit à son sujet, tout semble avoir été dit. Mais Marco Polo, c'est un des événements majeurs de l'histoire entière du monde et la merveilleuse édition de Luigi Foscolo Benedetto (1928) « a fini par susciter de nouvelles curiosités et de nouveaux problèmes ». Ce sont ces nouvelles curiosités et ces nouveaux problèmes qui attirent l'attention de Borlandi, qui le mettent littéralement en appétit. Trouver du neuf dans un champ trop labouré, trop controversé, sur une route creusée d'ornières, quelle aubaine ! 40 pages lui suffisent qui sont d'une densité voulue, sans un mot inutile. Pas du tout le style du roman noir, d'*un giallo* ; je doute qu'il ait été un fervent de cette littérature qui tente si souvent les historiens.

Son article, c'est plutôt une démonstration mathématique. Pour être bref, il faut renverser l'ordre de sa démonstration. Marco Polo est un marchand *quoi qu'on ait dit*. En 1296, il accompagne une expédition vénitienne de 25 galères qui a pris le chemin de l'Orient. Une nouvelle expédition vers l'Asie, Marco a dépassé la quarantaine. Or, en 1296, devant Laiazzo, en Petite-Arménie, la flotte vénitienne est bousculée par les navires de Gênes, Marco est fait prisonnier en Orient, non pas en 1298 à Curzola comme l'on dit souvent. Il a avec lui ses papiers, ses documents et sans doute un *Manuel marchand* qu'il a probablement composé et écrit de sa main. C'est sur ce *Manuel marchand* qu'aurait en partie brodé dans les prisons de Gênes Rustichello, de Pise. Cette grille du manuel, Franco Borlandi la dégage, la met en lumière, la ressort du texte du *Milione*. Même s'il n'avait pas raison, mais je suis convaincu qu'il a raison, cette grille marchande, analogue à celle de Pegolotti, laisse rêveur : cette vie marchande de l'Inde et de la Chine, en cette fin du XIIIe siècle, paraît proche jusqu'à l'invraisemblable des rythmes et des règles de l'économie européenne. Je ne connais pas, sur ces similitudes qui intéressent la grande histoire, d'ouverture plus intelligente que les quelques pages de cet article. Inutile de vous dire que Franco Borlandi ne s'est pas attardé à cette rencontre prestigieuse. Le Vénitien ne l'a retenu qu'un instant. C'est la règle de sa vie intellectuelle, aller aussi loin que possible, dépasser les lignes occupées, mais aussitôt abandonner le poste conquis. Que d'autres y reviennent, s'y installent, s'ils le désirent. Il a, pour son compte, agi comme d'habitude. Dans ces conditions, une brève image, la dernière que j'évoquerai, prend toute sa valeur. Franco Borlandi, en 1957, est à Paris. Il travaille aux Archives nationales avec deux jeunes historiens italiens qui lui tiennent compagnie, Alberto Tenenti et Ruggiero Romano. Franco Borlandi n'a pas encore cinquante ans. Il feuillette les documents, appelle ses voisins, m'appelle par surcroît : il vient de trouver un texte formidable, il le lit, le savoure, nous le communique. On le lui restitue : alors il tourne la page, il n'a pas pris de notes. Il a souvent tourné la page.

Pour achever son portrait, je voudrais mieux connaître son enseignement, savoir s'il a répondu à ce besoin de voir, de faire voir, puis de se désintéresser des besognes mineures, pour à nouveau découvrir et faire voir... Beaucoup de ses élèves ont été appelés à ses côtés et la place conquise leur a été abandonnée, donnée avec un sourire. Je sais que ses élèves — et je salue ceux que je connais, le professeur Cipolla, le professeur Felloni, le professeur Giorgio Doria — continueront cet enseignement éblouissant, cette œuvre vouée à la seule qualité de la découverte. Je sais qu'ils pensent comme moi que Franco Borlandi a été le plus grand historien italien de son temps. Que nous le crierons si nécessaire. Franco Borlandi vit, continue à vivre. Mais non moins, avec son sourire « triangulaire », il vit dans nos cœurs. Je suis sûr que, s'il avait entendu mon discours, il aurait levé les deux bras en l'air, et souri.

XV

FEDERIGO MELIS[*]

C'est pour moi une très grande joie et une immense tristesse que de faire ce soir l'éloge de Federigo Melis, au cœur de cette ville de Florence qu'il a tant aimée, pour laquelle il a tant travaillé, où il est né le 31 août 1914, en un mois terrible, où il est mort il y a quatre années déjà, le 26 décembre 1973, tandis que sonnaient encore les cloches de Noël.

J'ai eu la chance, au cours d'une vie déjà longue, de connaître tous les grands noms de l'historiographie italienne, et je les ai connus sur un plan d'amitié. J'ai connu Gino Luzzato à Venise, Armando Sapori à Florence et à Milan, Federico Chabod à Rome et à Naples, j'ai connu Delio Cantimori ici à Florence, j'ai fraternellement aimé Franco Borlandi à Gênes, à Bruxelles, à Paris, et j'ai particulièrement aimé Federigo Melis.

Si j'ai énuméré ces grands noms les uns après les autres, c'est que je considère que Federigo Melis rejoint leur troupe, qu'il est à égalité avec eux, aussi grand historien qu'ils sont grands historiens eux-mêmes. D'ailleurs, ces merveilleux historiens appartiennent à une époque de l'histoire d'Italie, que les Italiens ne jugent pas encore à sa valeur. De 1945 à nos jours, l'Italie n'a pas vécu que des journées et des années heureuses, elle a beaucoup souffert. Mais il y a eu une sorte de revanche de l'esprit, une explosion extraordinaire dans le domaine de l'art, de la littérature, du cinéma, et ce qui me fait plaisir, c'est de constater que les historiens italiens ont fait partie de ce brillant renouveau.

Je ne ferai pas l'éloge de l'œuvre de Federigo Melis, dont on a parlé de façon éminente : il n'y a rien à ajouter à ce qu'ont dit ceux qui ont parlé avant moi. J'aurais peut-être le désir — mais

---

[*] Éloge prononcé à Florence en 1977.

est-ce le moment ? — de retracer sa vie traversée d'épreuves fabuleuses. Pour un homme comme lui, connaître les périls et les épreuves de la guerre et de la captivité, que j'ai connus moi-même, a représenté une période douloureuse de son existence. Mais quelle expérience !

J'aurais dû aussi parler de ses succès — de ce dernier triomphe, le doctorat *honoris causa* devant l'université de Paris, quelques semaines seulement avant sa mort.

Mais, comme j'ai eu le privilège de connaître de fort près Federigo Melis, j'ai le désir, que vous me pardonnerez, de parler surtout de l'homme et de l'ami.

J'ai rencontré Federigo Melis il y a plus de vingt ans, à Venise. Mais j'ai surtout appris à le connaître après 1968 quand il inventa l'Instituto Francesco di Marco Datini, à Prato. Il l'a non seulement inventé, mais construit de ses propres mains. Imaginez-vous l'effort d'un homme qui, seul, réussit à créer en Toscane une institution internationale, alors que Florence n'avait pas encore son Université européenne — que je salue d'ailleurs au passage de tout mon cœur.

J'ai donc connu Federigo Melis à partir de 1968 de façon plus serrée et fréquente qu'autrefois, soit à Prato, plus encore à Florence et à Paris. Et je l'ai accompagné souvent au long des routes de Toscane. Sa voiture nous a transportés dix fois pour une.

Federigo Melis, comme historien, possédait une série de qualités exceptionnelles. Tout d'abord, il n'avait pas une bonne, une excellente, mais une fabuleuse mémoire : il savait tout et même plus que tout. Il devait même se défendre contre les connaissances dont il n'avait pas besoin et qui envahissaient sa trop large mémoire. Que de fois, visitant telle église, ou devant une toile peu connue, on se retournait vers Federigo Melis, qui connaissait aussitôt le nom du peintre, la date de sa naissance, la date de sa mort, et tout ce qu'il fallait savoir de sa vie. Et ne croyez pas qu'il avait préparé cette réponse à l'avance.

Sa seconde qualité étonnante, c'était la possibilité de lire à livre ouvert les écritures les plus difficiles. Historiens, nous sommes tous paléographes. Mais il n'était pas un très bon, il était un exceptionnel paléographe. Les lettres les plus difficiles, les registres de comptabilité les plus compliqués, il les ouvrait, les parcourait à l'aise. Or, savez-vous que, dans le monde, il y a peut-être un ou deux historiens, et aujourd'hui peut-être aucun historien, capables de faire ces lectures avec une telle rapidité. Les 100 000 et quelques lettres qu'a laissées derrière lui Francesco Datini — je soupçonne que Federigo les avait toutes lues. Ayant eu besoin d'un tout petit détail, je lui écrivis et reçus immédiatement la réponse — cela vous amusera peut-être : le mot capital, en italien *capitale*, est un mot que la société marchande d'Italie a inventé au XIIIe siècle ; le mot *capitaliste* a été inventé par les Hollandais au XVIIe siècle et les Français ont inventé au XIXe le mot le plus terrible de tous celui de *capitalisme*. Or, j'étais préoccupé d'avoir des textes nouveaux sur l'origine du mot *capitale*. Je reçus cinq ou six jours après, l'indication d'une lettre de Francesco Datini, où le mot de *capitale* se trouvait employé dans son sens nouveau. C'est là, sans doute, un petit exploit. Le très grand exploit dont j'ai été le témoin est le suivant : Federigo Melis a organisé — à ma connaissance — au moins trois expositions de documents sur la vie marchande. La dernière au Monte dei Paschi. Et dans cette exposition, il avait réussi un vrai tour de force : ayant trouvé dans un registre comptable le début d'une affaire, puis dans le registre d'une autre maison la suite de l'affaire, il avait cheminé à travers trois ou quatre registres successifs. Essayez d'en faire autant, vous verrez que c'est presque impossible.

Mais ce qui frappait chez Federigo — et vous l'avez tous dit d'une façon admirable —, c'était la qualité de son amitié. Pas une amitié comme les autres, pas une bonne amitié, pas une très bonne amitié, une sorte d'explosion d'amitié et d'affection. Il était surchargé, survolté, victime d'un besoin d'aimer, plus encore que d'être aimé. Il avait un besoin de donner, non pas pour recevoir, mais pour avoir le plaisir de donner. Vous n'imaginez pas combien cet homme pouvait être généreux. S'il avait été un prince de la Renaissance, il se serait ruiné en trois ou quatre mois. Il n'était pas un prince de la Renaissance, mais était capable de se ruiner, même sans avoir d'argent.

Éperdu d'amitié, d'affection, Federigo Melis ne rencontrait pas toujours dans le monde universitaire l'écho qu'il attendait. Mais il ne se fâchait pas, ne perdait pas pour autant son sourire d'enfant — car il avait un sourire d'enfant, signe de sa discrétion, de sa timidité, de ses joies profondes.

Federigo Melis n'a pas seulement aimé les hommes, ses élèves, ses amis, ses collègues, les riches et les pauvres, les puissants et les faibles. Il a aimé Florence et la Toscane, comme il n'était pas permis de les aimer. Il eût été capable d'aller n'importe où pour trouver un document sur Florence, ou sur une ville de Toscane.

Il a réussi, dans son œuvre, à mettre une telle puissance de vie, que l'histoire de la Toscane qu'il a écrite est sans commune mesure avec les histoires antérieures. Voulez-vous que nous nous permettions une réflexion au bord du sourire ? Christophe Colomb a découvert l'Amérique. Federigo Melis a redécouvert une histoire profonde, multiple de la Toscane. D'ailleurs, il aimait trop la Toscane, il aimait trop Florence. Et si l'on avait une critique à lui adresser (mais je l'adresse avec amitié), il aurait voulu que Florence, la ville intelligente par excellence, qui, ne maîtrisant pas la mer, a été obligée d'être plus intelligente que les autres pour surmonter ce handicap, cette Florence, objet pour lui d'une telle affection, il aurait voulu la voir toujours première. Il le voulait, il le désirait. Vers 1530-1532, quand toute la prospérité de l'Italie est en train de basculer, il pensait qu'un instant, un bref instant le centre de l'Italie et du monde s'était arrêté à Florence.

Mesdames, Messieurs, la vie de Federigo Melis s'est également déroulée sous le signe de l'enseignement. Une vieille parole de Michelet lui convient : « L'enseignement, c'est l'amitié. » Et si vous connaissez ses anciens élèves, ses disciples, vous savez qu'ils sont aujourd'hui, non pas désemparés, mais désespérés, ils ont perdu, avec lui, une lumière difficile à remplacer. Et voilà pourquoi, je me permets en accord avec le professeur Mori et le professeur de Rosa d'insister sur une œuvre importante qui reste à faire. Vous aimez Federigo Melis, vous croyez à sa grandeur intellectuelle. Or il a laissé dans les bibliothèques de la faculté de l'université de Florence les thèses de ses élèves : 50, 60 ou 100 thèses. Federigo Melis n'était pas un maître facile, il aimait ses élèves, ses disciples, mais il aimait tout autant l'histoire. Si bien que cette centaine de thèses, dactylographiées, inédites, représentent un trésor extraordinaire... Le dernier trésor que nous ait laissé, sous le signe de l'amitié, Federigo Melis.

XVI

LA VIE EXEMPLAIRE DE MARCEL BATAILLON*

Il est très difficile de faire sérieusement l'éloge de Marcel Bataillon, si l'on veut que le discours arrive à sa hauteur, prenne une signification digne de lui. Ainsi, de tous les commentaires consacrés à son livre magnifique sur *Érasme et l'Espagne,* un seul, aujourd'hui, trouve grâce à mes yeux, le compte rendu de Lucien Febvre (*Annales d'histoire sociale,* 1939, pp. 28-42). Il est vrai que Lucien Febvre pouvait parler d'égal à égal avec Marcel Bataillon. L'exception prouve simplement la règle, mais la règle existe. Marcel Bataillon se présente à nous sous le signe d'une exceptionnelle réussite. Nous disions de lui : « C'est un prince », et il fut un prince.

Certes, me direz-vous, sa pensée est merveilleusement claire : il est aisé, passionnant de se laisser porter par elle. Claire, elle chante juste... Mais les clartés s'ajoutant les unes aux autres, l'explication et le paysage se compliquent, nous enveloppent. Et l'on perd ce que l'on cherche d'instinct, le cheminement de sa pensée : car on voudrait la voir en elle-même, en écartant tout à la fois l'Espagne éclatante qui emplit son œuvre, et Érasme lui-même. Grâce à cette double condition, nous serions en face de Marcel Bataillon, mais c'est une tâche difficile. Il excellait à de telles recherches. Mais vous n'êtes pas, nous ne sommes pas Marcel Bataillon. Et le problème des problèmes, qui est de dépasser une œuvre prise dans sa masse entière — plus de 500 titres —, d'en saisir le sens profond et de retrouver une vie, un homme exemplaire, ce problème des problèmes nous échappera. Nous ne disposons pas, sur lui, d'assez d'indiscrétions, ou de

---

* Texte français inédit de « La vida ejemplar de Marcel Bataillon », *Cuadernos de investigacion historica,* n° 5, 1979.

confidences, ou de certitudes pour être confirmé dans la validité de notre route. En tout cas, je n'y réussirai pas à ma convenance.

 Notre premier soin, situer Marcel Bataillon. Le voilà devant un historien qui l'a bien connu puisque notre première rencontre remonte à 1929, un historien qui a vécu très près de lui en esprit, qui a été son collègue durant ces trente dernières années, et qui a toujours eu, pour lui, une amitié sans restriction. C'était les seules amitiés qu'il acceptait et que, pour sa part, il pratiquait. Un jour, me parlant de Jean Pommier, notre collègue au Collège de France, où il enseignait la littérature française, homme généreux et sensible s'il en fut, Marcel Bataillon me disait : « Jean Pommier et moi, nous sommes les deux doigts d'une seule main ! » Donc, voilà Marcel Bataillon devant un historien, son historien d'un instant, comme s'il s'agissait d'un personnage déjà séparé de nous par une épaisseur notable de temps vécu. Comme s'il s'agissait d'Ernest Renan, de Lucien Febvre ou de Miguel de Unamuno. Tout historien, sans doute, est un portraitiste rusé. Il a ses repères, ses prudences, ses habitudes. Or, tous ces moyens usés l'un après l'autre ne lui serviront guère en ce qui concerne Marcel Bataillon. C'est seulement si l'on essaie de peser les raisons d'un tel échec que l'on s'approchera, curieusement, à la dérobée, de lui. La première raison, sa discrétion. Comme chacun le sait, il était la discrétion même. Bien que couvert d'honneurs, il n'a jamais voulu jouer un personnage, encore moins un grand personnage. Il n'a jamais tenu le journal de ses actes et pensées, il n'a jamais multiplié à dessein les confidences. Cependant, si la conversation le mettait en face d'une question quelconque sur lui-même, il y répondait sans hésiter, avec franchise. J'ai gardé le souvenir de quelques-unes de ces réponses brèves. Ainsi, au sujet de son frère aîné, Lionel Bataillon, qu'il admirait, sans doute un esprit aussi doué et brillant, aussi dévoué que lui-même, qui, un instant, à Strasbourg, avait été le collaborateur direct de Lucien Febvre. Mais la vie ne l'avait pas favorisé, et il termina sa carrière comme professeur de rhétorique supérieure à Montpellier, un professeur d'ailleurs exceptionnel et heureux par son métier. Sa mort avait percé le cœur de Marcel Bataillon. J'ai gardé aussi le souvenir d'une courte confidence au sujet d'Alfonso Reyes, que j'avais rencontré, quelques années plus tôt, à Cuernavaca, en contrebas de Mexico. Vers 1915, si je ne m'abuse, Marcel Bataillon, atteint d'une crise pulmonaire, se reposait dans la sierra de Guadarrama. Il a vingt ans, personne ne le connaît, il est terriblement seul, or Alfonso Reyes, déjà célèbre, vient lui rendre visite. Marcel Bataillon en gardera, à son endroit, une reconnaissance et une amitié sans égal.

Sa vie durant, naturellement, Marcel Bataillon ne s'est jamais signalé par des méchancetés ou de bons mots sur le caractère et les œuvres des autres. Il me montrait, un jour, une lettre de Ramón Carande, s'amusant de méchancetés érudites et lui confiant : « Soy malo », alors qu'il n'était pas, lui-même, méchant, mais juste. Marcel Bataillon n'aura pas eu besoin de faire une confidence de ce genre. Je ne puis inscrire à son actif qu'une réflexion, mais courroucée : recevant la visite d'un de nos collègues, demandeur et insistant, il me confiait : « Avec lui, je ne me suis pas gêné ! » Ici aussi, l'exception confirme la règle.

Mais s'il échappe à la prise ordinaire de l'historien, c'est pour des raisons beaucoup plus subtiles encore. L'historien ne peut saisir un problème, une évolution, une existence que s'il y a, devant lui, des changements, des repérages. La vie de Renan est coupée par l'abandon dramatique de sa foi au séminaire, et cette blessure reste vivante au long de son existence. La vie de Miguel de Unamuno est coupée par des crises violentes ou, si vous voulez un exemple beaucoup plus simple, il y a Lénine avant et après la révolution d'Octobre. Or, Marcel Bataillon, au long de son existence, semble avoir été toujours le même. Les années passent, il ne change guère, il est précocement lui-même, c'est-à-dire merveilleusement intelligent, et il le reste jusqu'à ses dernières journées où la lucidité lui a tenu compagnie.

Où que nous le surprenions, au long de sa vie, il tourne vers nous un même visage calme. À dix-huit ans, en 1913, il entre à l'École normale supérieure. Un de ses camarades de khâgne, Achille Laherre, me parlant un jour de lui, me le décrivait comme un esprit éblouissant, un spécialiste de réussites naturelles et régulières, comme si l'effort ne lui était pas nécessaire. Mais j'en ai une bien meilleure preuve dans le rapport que Marcel Bataillon, le 10 décembre 1916, adresse au directeur de l'École des Hautes Études Hispaniques. Il a vingt ans et, au début de l'année, il a gagné l'Espagne avec le dessein d'y étudier le mouvement humaniste à l'époque de la Renaissance, plus spécialement la contribution des humanistes espagnols au mouvement européen par lequel se fonda la philologie classique. Le voilà au tout début de sa carrière, or il a déjà rencontré le sujet qui l'occupera sa vie durant et c'est sans surprise que l'on s'aperçoit qu'il a déjà le même talent d'écriture. Il écrit ainsi (p. 89) : « ... Chemin faisant, j'ai été sollicité par une foule de sujets intéressants, tenant par des liens divers à ma recherche principale. Peut-être raconterai-je un jour les pérégrinations du grammairien belge Nicolas Cleynaerts, latiniste, helléniste, hébraïsant, que le désir d'apprendre l'arabe entraîna si loin de sa chère université de Louvain. Ce fut Fernand Colomb qui l'entraîna en Espagne. Il y fut un temps professeur à Salamanque, passa en Portugal comme précepteur d'un prince, revint en Espagne, cherchant un professeur d'arabe à travers toute l'Andalousie, puis au Maroc : il devait mourir à Grenade sans avoir revu les Flandres, dont la nostalgie l'accompagnait dans ses courses errantes. Il a raconté ses tribulations dans des lettres latines, spirituelles et colorées, à ses collègues de Louvain... » Marcel Bataillon écrit, parle admirablement. Nos collègues d'Espagne disaient même, en s'amusant un peu : « Il parle trop bien notre langue. » On pourrait dire aussi qu'il parlait trop bien le français. En tout cas, il a été, entre 1945 et 1975, au milieu des discussions diverses qui voyaient le réveil de la vie française, l'orateur le plus brillant de l'Université française.

Mais cette réussite, cette classe étaient déjà les siennes quand il fit, en 1929, sa Leçon inaugurale à l'université d'Alger, qui était, dans la France d'alors, avec Strasbourg, la plus brillante de nos universités françaises. J'ai gardé le souvenir précis de cette Leçon explosive où Marcel Bataillon, pendant plus d'une heure, aura chanté les gloires de l'Espagne. On pouvait dire presque de l'Espagne d'un autre Siècle d'or qui fut sa consolation après les catastrophes de 1898, l'Espagne de Miguel de Unamuno, de Angel Ganivel et d'Ortega y Gasset — dont il faut redire : « L'Espagne est un buisson de roses... »

Nous ne dégagerons pas facilement la méthode de travail de Marcel Bataillon, la façon dont il conduisait sa pensée et sa recherche, son style profond. Il reste bien entendu qu'il n'est pas toujours fidèle à une seule façon de conduire sa recherche, mais son style est une manière d'être à laquelle il revient naturellement. Son originalité se comprendra mieux si l'on compare sa façon de procéder à celle des spécialistes de l'histoire religieuse et de l'histoire culturelle qui sont alors, avec lui, en ces domaines, les maîtres de la recherche française. Quand, en 1937, paraît la thèse de Marcel Bataillon, *Érasme et l'Espagne* — je laisse de côté parmi ses aînés l'abbé Brémond et Jean Baruzi (l'auteur passionné de saint Jean de la Croix) —, c'est à Augustin Renaudet et à Lucien Febvre qu'il importe de comparer le style de Bataillon.

Augustin Renaudet, c'est l'érudition attentive, scrupuleuse et qui se voudrait autosuffisante. Lucien Febvre est lui aussi érudit, infatigable lecteur, mais il ne cesse d'échapper à l'appareil d'érudition comme un diable qui sortirait de sa boîte. Il a le désir des grands spectacles et des grands problèmes d'histoire. En 1928, il a publié son *Luther*. Il voit l'Allemagne tournant autour du réformateur, et il a la certitude que cette Allemagne tourne ainsi parce que Martin Luther l'y oblige. Alors que les historiens d'aujourd'hui penseraient plus volontiers que l'Allemagne tourne autour de lui, mais selon son mouvement propre et que, tout en tournant, elle le broie impitoyablement.

Marcel Bataillon, comme ses deux aînés, est à la poursuite de personnages exceptionnels, Érasme, Luis Vives, Bartolomé de Las Casas, et ce docteur Laguna qu'il a tiré de l'ombre, et pour lequel il avait une secrète préférence, dont il rechercha les actes, les déplacements, les pensées, comme le policier le plus avisé sur la piste d'un secret à décrypter.

À la différence de beaucoup d'autres, le scrupule majeur de Marcel Bataillon est de ne pas se confondre avec le personnage qu'il en face de lui, de se maintenir à une distance respectueuse de lui. La confusion a été le fait de ses amis qui, plus malicieusement que sérieusement, l'identifiaient à Érasme — beau compliment en vérité. Il y a toujours eu, chez lui, une prudence méticuleuse, scientifique, toujours en alerte, d'ailleurs il a eu plus d'une fois l'impression désagréable qu'il s'avançait trop près des personnes et des pensées qu'il ramenait ainsi à la vie. Ses scrupules l'arrêtèrent aussitôt.

Mais où sa méthode, sa primauté éclatent avec force, c'est dans la lecture attentive des textes. Il les lit, les relit mieux que quiconque. Il les pèse dans leurs moindres articulations. Si un mot détonne dans le vocabulaire, il le traque, le toise, le rattrape, le cerne peu à peu : ainsi dépasse-t-il les témoignages à sa disposition, lentement, précautionneusement, comme si, après cette préparation laborieuse où il prend sans doute un plaisir immense, il débouchait sur la réalité, sur la vie, sur le grand large. Il y a ainsi, à la limite de sa recherche, une phosphorescence, un éclairage d'ensemble. L'imagination, chez lui, ne se trouve libre qu'au terme du voyage. Ainsi éclaire-t-il, en 1937, toute l'Espagne de Cisneros et de Charles Quint. Il y a introduit la pensée d'Érasme, mais cette pensée, il l'a dépassée, elle lui sert de lumière. Il ne faut pas dire *Érasme et l'Espagne*, il serait plus juste de dire *L'Espagne et Érasme*. Cette Espagne multicolore de la fin du XVe siècle, formée de matériaux si différents accumulés par une histoire disparate et violente, une Espagne traditionnelle que hante l'idée de la croisade en direction de l'Afrique du Nord. Si l'Espagne n'avait pas été détournée de la Méditerranée par la découverte et la colonisation de l'Amérique, elle aurait probablement conquis l'Afrique du Nord et, en somme, poussé loin vers le sud la reprise de Grenade. À côté de cette Espagne traditionnelle, l'Espagne judaïsante apporte ses secrets les plus vifs et les plus originaux. Les juifs, convertis, font partie du monde espagnol. Ils y sont depuis des siècles. Il se produit, à leur propos, ce qui se produit dans la population juive des États-Unis d'aujourd'hui, qui bascule dans le creuset du peuple américain. Il y a aussi une Espagne musulmane que l'on connaît mieux aujourd'hui, depuis la parution, en 1977, du livre éclatant de Louis Cardaillac, *Morisques et chrétiens*. Or, toutes les Espagne sont prises dans cette montée d'eaux religieuses si caractéristique de l'ensemble de l'Europe chrétienne. D'ailleurs ces eaux, en Espagne, ne cessent de s'agiter, comme une mer sans cesse travaillée par les vents et les tempêtes. L'Espagne d'Érasme meurt vers 1530. En Amérique, une autre Espagne religieuse s'improvise, se constitue, vit, progresse, dont le spectacle est souvent admirable. Marcel Bataillon a autant consacré de son temps à vivre en esprit auprès de Las Casas qu'auprès d'Érasme.

Mesdames, Messieurs, Marcel Bataillon vient de passer trop vite devant vous, allongeant le pas, trop discret à son habitude. Oui, un homme singulier, secret, qui dut résoudre, cependant, bien des contradictions personnelles. Homme d'études, mais aussi homme de devoir, et à un point invraisemblable. Il acceptait, ainsi, de 1955 à 1965, l'administration du Collège de France, sans plaisir particulier, mais comme une tâche qu'il ne pouvait refuser, et il l'accomplira avec ténacité et élégance, comme s'il s'était agi d'une œuvre personnelle d'érudition. Nous l'avons vu débattre, pendant des séances entières, du budget si compliqué du Collège qui, sur ce point, ne le cède en rien à aucune institution de notre pays et sans doute des pays étrangers. Il avait réussi à se donner une compétence indéniable de comptable. Qu'il ait eu un goût fabuleux pour le travail, que le travail ait été pour lui la joie de chaque jour, ne nous surprendra pas outre mesure et si, en 1965, un an avant les délais voulus, il quitta le Collège, ce fut pour regagner aussitôt, avec une satisfaction qu'il ne cacha pas, sa table de travail et l'Espagne du XVIe siècle !

On s'étonnera plus encore d'un contraste accusé entre cette passion pour l'histoire religieuse et l'incroyance qui a été le signe indéniable de sa vie. Son rationalisme a été tranquille, confiant, sans la moindre animosité, certes, contre ceux qui ne pensaient pas comme lui. Il avait seulement, vis-à-vis de l'Église, curiosité et sympathie.

Pour mieux le comprendre, il faut sans doute remonter vers son enfance, vers ses années dijonnaises et mettre en cause une famille particulière. Son père, Eugène Bataillon, a été l'un des plus grands biologistes de son temps, je suis sûr qu'il était, lui aussi, rationaliste, et que Marcel Bataillon l'a été, en somme, par héritage, à la seconde génération, celle des apaisements. Ce qui donne à son attitude cette tranquillité et cette absence d'agressivité vis-à-vis d'autrui. Le rationalisme de Marcel Bataillon a été discret comme sa personne, mais ferme comme son esprit lui-même.

N'y aurait-il pas, dans toute vie, une compensation absolument nécessaire, dans la mesure où l'on ferme la porte aux croyances religieuses ? N'est-elle pas ouverte forcément en un autre point aux croyances sociales et idéologiques du temps qu'on est en train de vivre ? Je verrais une compensation dans la vie de Marcel Bataillon entre son incroyance, comparable à la mienne, et l'engagement qui a toujours été le sien vis-à-vis des idées libérales et des progrès pour lesquels il a combattu avec ténacité, courage et élégance.

Mais laissons ces interrogations sans réponse valable. Penser à Marcel Bataillon, c'est revoir avant tout la beauté exceptionnelle de son visage. Sa grandeur, et comme son âme. Dites-le-moi, en vérité, n'aurait-il pas eu sa place, parmi les beaux et admirables personnages de *L'Enterrement du comte d'Orgaz*, au cœur vivant de l'Espagne ?

XVII

DANIEL THORNER*

Qui pourra un jour comptabiliser tout ce que Daniel Thorner, sans aucun doute l'un des meilleurs connaisseurs de l'Inde de notre temps, avait dû réunir en lui pour arriver à pareille hauteur et affirmer sa maîtrise ? L'ampleur de ses connaissances ; la multiplicité d'apprentissages parfaits (notamment celui d'une habileté exceptionnelle dans le vaste champ de l'économie politique) ; et surtout l'intelligence que rien ne remplace ; et surtout la passion sans quoi rien ne peut s'accomplir de grand.

Mais d'autres ont signalé et signaleront encore la réussite de sa carrière et l'importance de son œuvre. Ce n'est pas le sujet que j'aborderai, n'ayant pas, pour ce faire, la compétence qui conviendrait. C'est de l'homme, de Daniel Thorner lui-même que je parlerai, tel que je puis le retrouver à travers les souvenirs d'une longue pratique amicale.

Dès notre rencontre, en 1960, quand a commencé sa brillante carrière à l'École des Hautes Études de Paris, il était entré de plain-pied dans mon amitié, sans perdre de temps, souriant, riant plus encore (d'un rire gigantesque), direct, intelligent, passionné, toujours maître de lui. Il lui fallait dire, essayer sur un interlocuteur ce qu'il pensait au plus profond de ses réflexions et qui se traduisait, souvent, en un discours vif sur le monde qui ne cessait de le préoccuper. Car jamais, dans sa conversation, il ne s'agissait de sa propre personne, de ses difficultés de l'heure, ni de ce qu'il avait été, ni même de ce qui, dans son passé, lui faisait à nos yeux le plus d'honneur. La vanité n'était pas son fort.

Tous ceux qui, comme moi, l'ont aimé, ont eu l'impression de

---

* Préface à *Peasants in History : Essays in Honour of Daniel Thorner*, Calcutta, Oxford U.P., 1980 (pp. IX-XIII).

l'avoir connu avant même de l'avoir rencontré : il n'avait pu qu'être pareil toujours à lui-même. Pour moi, l'illusion est complète lorsque je lis la magnifique notice biographique qu'Alice Thorner a rédigée sur lui, en préface de ses écrits réunis en hommage, *The Shaping of Modern India*. J'ai l'illusion d'être à ses côtés à Columbia où il fait ses études ; je rencontre en même temps que lui le grand Simon Kusnetz dont il m'a souvent parlé, dont il a été l'élève et le collaborateur et qui a parachevé sa formation d'économiste ; je rencontre en même temps que lui W. Norman Brown à qui il a toujours conservé une affection aussi fidèle que tendre puisqu'il avait contribué à lui donner l'Inde qui fut le talisman, la source de jouvence et la joie de sa vie. Et ainsi des autres rencontres au fil de sa vie, soit une série d'amitiés, et toujours le besoin de s'appuyer sur la joie et la confiance d'autrui. Alors, rien que des amis ? Quelle chance, direz-vous ! Oui, quelle chance et quel exemple ! Les ennemis, il les exorcisait en se taisant sur eux, en n'y pensant guère, et si les circonstances l'obligeaient à se rappeler ces mauvaises rencontres, une grimace comique, presque enfantine, lui suffisait pour échapper aux souvenirs hostiles. Il n'aura pas perdu son temps et son bonheur avec eux.

Cherchant le fil de ses propos, une image m'obsède, qui revient avec une telle insistance, une telle précision qu'elle risque de le définir dans ses rapports avec quelques autres comme avec moi-même. Une porte s'ouvre, vite, sans hésitation. À peine le seuil franchi, il rit, il parle ; il pénètre vraiment en musique, entre tout de suite dans le vif du sujet, tout entier à ce qu'il veut dire, qu'il est venu dire. A-t-il préparé son discours ? Certainement pas. Simplement il éprouve le besoin de penser à voix haute, d'expliquer pour lui-même et son interlocuteur ce qui le tourmente et, en ce moment précis, oriente la bourrasque de sa pensée. Une fois, c'est le monde entier qui l'assaille ; une autre fois, la masse entière des sciences de l'homme qu'il serait nécessaire d'organiser ; ou telle nouvelle cruelle qui vient de lui percer le cœur, au cours de la guerre du Vietnam qui lui fit horreur, ou au cours de la guerre du Bangladesh qui ne lui laissa pas un instant de quiétude.

Alors il faut qu'il parle, qu'il alerte ses amis, qu'il cherche leur appui. Car il est, en même temps qu'un étonnant animal de science, un vrai citoyen du monde, un avocat des causes justes, même et surtout si elles semblent perdues. Daniel est bien cet homme-là qui ne s'arrête jamais au seuil de la porte, au début de ce qu'il a à dire. Aussi bien, ne lui demande-t-on pas d'abord une discussion pas à pas, prudemment, avec les circonlocution, d'usage. Il ne sait que courir. Au congrès d'Aix-en-Provence, en août 1962 un illustre historien s'avise de porter sur l'Inde une main téméraire : Daniel explose et la salle se réveille d'un coup ; la tempête s'est levée dans l'attention un peu somnolente d'un après-midi chaud de Provence.

Bien sûr, ces occasions de surprendre, s'il ne les cherche pas, le ravissent quand il les trouve. En septembre 1967, il apprend que ma femme et moi sommes à Moscou où son avion venant des Indes a atterri, où il doit attendre un jour ou deux le départ vers Paris. Le hasard l'a placé dans notre hôtel, sur la Gorskaia. Le téléphone lui sert à faire une entrée impromptue, en fanfare. Il arrive bientôt, chargé de messages, de cadeaux — pouvait-il revenir impunément des Indes ?

La dernière fois que je l'ai vu, il arriva chez moi de très bonne heure, au haut de la tour que j'habite, chargé de toutes les provisions nécessaires pour le petit déjeuner de la maison entière. Atteint déjà par son mal, ne pouvant dormir, Daniel marchait à travers les rues de Paris dès les premières heures du jour. Ce matin-là, il m'apportait aussi des livres que je n'ai pas encore rendus à Alice : ils sont là, visibles de loin dans ma bibliothèque, ils me parlent de lui.

Ces cadeaux avaient une raison. Il savait que je travaillais lentement, avec de perpétuels retours en arrière, sur le capitalisme de la première modernité. Alors il venait spontanément à mon aide : à son avis, je devais lire tel livre, tel chapitre. J'hésitais, alors il expliquait. Je ne le suivais pas aussitôt ; il expliquait à nouveau. Il était une exceptionnelle machine à enseigner, un de ces maîtres toujours prêts à offrir leur concours, à partager leur savoir. En 1960, pour tenter de sauver une réforme des programmes d'histoire, j'avais écrit un manuel sur *Le Monde actuel*. J'y parlais de l'Inde, Daniel me guida, me reguida, entra dans mon texte comme chez lui pour s'apercevoir qu'il était chez un autre et qu'il fallait organiser la maison à sa convenance. Ce qu'il fit avec délices. Il le fit aussi pour quelques autres.

Cependant, peu à peu, le centre de ses préoccupations s'était porté dans une autre direction. Était-ce l'influence de la France et de Paris, le résultat d'une adaptation, achevée avec brio, à la culture française dans laquelle il baignait ? J'ai pensé parfois qu'il tombait, en effet, dans le travers le plus cher à l'esprit français en s'en prenant au général, en commençant à philosopher sur nos métiers. Mais peut-être n'était-ce que le besoin de reprendre les grandes discussions de sa jeunesse qu'il avait laissées derrière lui, blessures ouvertes qui, si elles ne le faisaient plus souffrir, réclamaient ses soins, son attention et surtout une solution. Il n'avait jamais cessé de dialoguer avec Marx, avec Max Weber qu'il aimait modérément, avec Veblen, non moins avec Chayanov, ce grand homme qu'il avait sorti de l'oubli, imposé à ses collègues français et dont il s'était fait un maître à penser pour lui seul. Le temps était venu de prendre position, de savoir exactement où il en était vis-à-vis d'eux.

En fait, aucun « modèle » théorique ne le satisfaisait pleinement ; tous (y compris les systèmes définis par les « moyens de production ») lui paraissaient, sur un point ou un autre, en désaccord avec la réalité observable. C'est alors qu'il exposa pour les *Annales* le premier de ses modèles qui se voulait opérationnel, dans un article qui, à lui seul, aurait pu établir sa réputation et que je considère comme un chef-d'œuvre : « L'économie paysanne, concept pour l'histoire économique. » Un article d'une clarté exemplaire et qui commence par une définition précise : le concept d'économie paysanne, appliqué à l'économie entière d'un pays donné, doit répondre à une série de critères objectifs : la moitié au moins de la production est agricole ; la moitié au moins de la population active est engagée dans l'économie rurale ; un État organisé est en place ; il existe un réseau urbain et une opposition ville-campagne ; la moitié au moins de la production agricole relève de l'exploitation familiale. Le but évident : rapprocher, en leur donnant un contenu à la fois plus concret et plus général, les concepts d'« économie de subsistance », d'économie « féodale », d'économie « orientale » (entendez le mode de production asiatique) ; ramener le tout à un modèle qui s'applique à la fois aux sociétés préindustrielles du passé et aux sociétés « sous-développées » d'aujourd'hui et qui, « sous une diversité apparente », leur trouve « un dénominateur commun » — face à d'autres « structures historiques, telles que l'esclavagisme, le capitalisme, le socialisme ». Suivent des exemples : la Russie tsariste, l'Indonésie, le Mexique, l'Inde, la Chine, le Japon — autant d'économies qui, quelles que soient les différences, « sont en passe de sortir de l'économie paysanne ou qui en sont déjà sorties ».

Cette façon d'argumenter, de comparer à travers le temps et l'espace, rapprochait étonnamment Daniel Thorner des historiens qui, comme moi, sont restés fidèles à la pensée de Marc Bloch et qui sont d'avis que tout modèle valable doit s'extraire de l'observation empirique, se compléter sur le plan de la théorie, puis être relancé et vérifié dans le réel, comme un bateau construit à terre doit être jeté à la mer et capable de naviguer, ou ne pas être.

Durant les dernières années de sa vie, c'est dans cette direction que s'est approfondie sa pensée. Lors de notre ultime rencontre, il m'a longuement parlé de la critique qu'il préparait du critère des « moyens de production », valables ici mais non pas là, valables dans telles circonstances historiques, inexacts ou plutôt inadéquats dans telles autres. En ce point clé de la théorie marxiste, il entendait faire sa lumière, et toujours au prix de comparaisons méticuleusement construites, appuyées sur son expérience d'historien, de sociologue, d'économiste.

Il riait d'aise, une fois de plus, ce jour-là, en avançant ses arguments. Et pourtant, la vie s'abrégeait en lui, à son insu, à notre insu. Mais comment s'en rendre compte ? Il avait tant de pensées, tant de projets — des voyages pour une centaine d'années !

Ainsi a-t-il vécu, agi, aimé. Ainsi était-il chez lui, dans sa calme maison de la rue Guy-de-la-Brosse, au centre de son existence, près d'Alice qui, elle aussi, avait épousé l'Inde, près de Nicolas, le fils aîné, qui avait en esprit épousé l'immense Russie, avec Phoebé et Joël qui, plus jeunes, avaient adopté la France avec facilité. Le revoir au milieu des siens, c'est pour ses amis le revoir au cœur de sa joie. N'est-il pas vrai, Witold Kula ? N'est-il pas vrai, Clemens Heller ? N'est-il pas vrai, Eric Hobsbawm ? N'est-il pas vrai, Moses Finley ? Et dans le cadre même, y maintenant la joie, Daniel et Alice n'ont-ils pas réussi à garantir les dernières années de Susan, leur fille aînée, frappée elle aussi du mal inexorable qui devait emporter son père ? Je ne connais pas de plus merveilleuse et émouvante réussite morale.

XVIII

HENRI BRUNSCHWIG*

Henri Brunschwig, à qui ici rendent hommage ses élèves, ses amis, ses collègues, est un de nos plus solides historiens. Élève direct de Marc Bloch et de Lucien Febvre, à Strasbourg, l'un des premiers il aura pris place dans l'École dite des *Annales*, école à laquelle il a largement collaboré et à laquelle, sous sa forme première, il reste fidèle. Un très grand historien, mais discret, ennemi des déclarations tapageuses, ou des professions de foi claironnantes. Discret, réfléchi, obstinément préoccupé de se prononcer seulement en connaissance de cause, d'être équitable à l'égard des autres, exigeant pour lui-même et aussi pour autrui, qu'il s'agisse de ses élèves ou de ses amis. Si l'expression n'était pas galvaudée, je dirais qu'il est le dernier des justes.

Je l'ai connu des années durant, à Lübeck, dans un camp de prisonniers célèbre dont nous sommes, finalement, l'un et l'autre, sortis. La meilleure plaisanterie à son sujet, marquée d'amitié et d'affection, voulait qu'il fumât toujours la même cigarette, une cigarette éteinte dont il ne se séparait que rarement. Avait-il besoin, tout pareillement, de garder longuement dans l'esprit ou la même idée, ou la même interrogation ? Peu bavard, en tout cas, il sortait brusquement, quand il le fallait, de sa discrétion et de son silence pensif et il était alors précis comme pas un, mettant les points sur les *i* avec entrain et, à l'occasion, une joie communicative. Avec cela, serviable, très bon camarade, ami sûr et délicat.

J'ai gardé le souvenir de nos lentes promenades au long du chemin sablonneux qui entourait notre camp. En ces années lointaines, il n'était ni optimiste ni pessimiste, seulement lucide.

---

* Introduction aux *Études africaines offertes à Henri Brunschwig*, 1981 (pp. IX-XI).

Nous parlions des heures durant, le plus souvent d'histoire, comme si nous n'avions rien de mieux à faire que de nous réfugier dans l'autrefois, pour fuir le présent. Comme j'avais, et comme j'ai l'habitude de noter ce qui m'étonne ou éveille ma curiosité, je retrouve, de temps à autre, dans mes fiches : « Br[unschwig] m'a dit... », « Br. prétend que... » Quelques-unes de ces notes m'ont rappelé une longue conversation sur l'histoire de l'Algérie, sur les difficultés, après 1830, de la conquête d'un espace immense qu'il fallait vaincre, dominer avec des moyens précaires, des chevaux, des mulets, des voitures, des magasins et des ravitaillements préparés à l'avance pour les soldats condamnés à marcher sans arrêt...

Plus souvent, nous parlions de Marc Bloch et de Lucien Febvre, de leurs enseignements, de leur rayonnement. Il connaissait surtout Marc Bloch, je connaissais surtout Lucien Febvre, et nous échangions nos souvenirs, nos sentiments. Ce qui nous rapprochait aussi, c'est que tous deux, nous sommes des hommes de l'Est, lui d'Alsace, moi de Lorraine, nés l'un et l'autre, comme Marc Bloch et Lucien Febvre, adossés à la France, habitués à suivre tout ce qui se passe au-delà des frontières de l'Est. Comment se fait-il que nous ayons, l'un puis l'autre, tourné le dos à l'histoire allemande dans laquelle, pour sa part, il s'était franchement engagé ?

Ce retournement a été décisif dans sa carrière. Né à Mulhouse, en 1904, il était, en effet, par ses origines, ouvert sur la proche civilisation allemande. Il en connaissait, en maîtrisait la langue, il en subissait l'attrait. Agrégé d'histoire en 1930, il avait été attaché, en 1931, à l'Institut français de Berlin, où il resta jusqu'en 1935, vivant au cœur de l'Allemagne durant ces années tumultueuses. Il était donc, avant la guerre, un germaniste, avec, en chantier, une thèse, dont Marc Bloch a dirigé l'orientation et qui, achevée en 1946, sera publiée l'année suivante sous le titre : *La Crise de l'État prussien à la fin du XVIIIe siècle et la genèse du romantisme allemand*. Politique, économie, culture se croisent dans ce très bel ouvrage qui, réédité en 1973 sous le titre plus vivant de *Société et romantisme en Prusse*, connaîtra un franc succès.

Mais il y a longtemps, à cette date, que Henri Brunschwig a abandonné, sinon la curiosité qu'il manifestera toujours — et notamment à la Radio française — à l'égard de l'Allemagne, du moins l'étude passionnée du monde germanique pour laquelle il avait, à mon avis, des dons incomparables. Mais je ne crois pas que la passion, les désillusions tragiques qu'a apportées la guerre à tous ceux qui, en France, avaient un certain goût pour l'histoire allemande portent la responsabilité de ce retournement qui jette Henri Brunschwig au loin, vers le continent noir.

Ces sentiments ont pu jouer leur rôle, certes, mais un petit accident, dès 1938, a été, me semble-t-il, décisif. En 1935, au retour de Berlin, Henri Brunschwig avait été nommé professeur au lycée Henri IV, au cœur d'un Quartier latin qui lui a toujours été et lui reste, comme à tant d'autres, très cher. Il est alors un professeur exemplaire, attentif, méthodique, chaleureux. La classe de préparation à l'École coloniale lui est confiée en 1938. C'est une lourde tâche et qu'il prend tout à fait au sérieux. Il la retrouve en 1945, à son retour de Lübeck et la remplit avec un tel éclat, qu'en 1948, l'École nationale de la France d'outre-mer lui confie sa chaire d'histoire de la colonisation. Nomination oblige, Henri Brunschwig se soumet à la règle avec satisfaction et enthousiasme. Et sa fidélité à l'Afrique Noire, dès lors sans faille, le conduira, en 1964, à l'École des Hautes Études où il enseignera l'histoire africaine jusqu'à sa retraite, en 1975, et même au-delà, y formant tous nos jeunes historiens de l'Afrique.

Donc, depuis plus de quarante années — et des années laborieuses —, Henri Brunschwig enseigne l'histoire d'Afrique. Pas seulement en France, mais aussi en Hollande, en Angleterre, en Allemagne, en Suisse, en Belgique et naturellement en Afrique. Voilà plus de quarante années qu'il médite, reprend les problèmes de ce dernier siècle dramatique que l'Afrique Noire vient de traverser, et dont elle émerge non sans difficulté. De ses livres et articles dont la liste figure en tête de ce recueil, d'autres plus qualifiés que moi diront l'importance et l'enchaînement. Je dis bien l'enchaînement, car ces livres, ces articles se joignent, ne s'expliquent que confrontés les uns aux autres. Si je ne me trompe, Henri Brunschwig, fidèle à lui-même, n'a cessé de reprendre son travail, de le modifier, de le compléter, de le mettre à jour d'une bibliographie ultra foisonnante dont il est (voyez ses bulletins critiques dans la *Revue historique*) le meilleur connaisseur que nous possédions en France. D'ailleurs, la phrase qui ouvre son premier et beau livre sur l'histoire coloniale, *Mythes et réalités de l'impérialisme colonial français, 1871-1914*, annonce ce que sera la suite de ses essais, de ses inquiétudes intellectuelles. « La publication de ce livre est prématurée », confie-t-il, ni plus ni moins. Peut-être. Mais, depuis, ce livre qui prenait le contre-pied des idées reçues et des idéologies réductrices n'a cessé de démontrer sa jeunesse et sa fécondité. La confidence est en fait révélatrice de l'historien *scrupuleux et exigeant* qu'il a toujours été et qu'il sera encore, j'en suis sûr, dans le livre qu'il écrit présentement, *Noirs et Blancs dans l'Afrique française, 1880-1914*.

Toutefois, cette modestie ne doit pas tromper sur l'importance et l'originalité de l'œuvre de Brunschwig. Dans l'espace opérationnel de l'Afrique Noire, il avait à construire une histoire digne de ce nom, pratiquement *ex nihilo*. C'est cet enjeu qui donne à son œuvre une direction d'ensemble, à mon avis curieuse et exemplaire. Car cet historien de l'Afrique, mieux que tout autre formé à l'École des *Annales*, est, comme le montre sa thèse, soucieux d'histoire globale, c'est-à-dire du mélange des points de vue. Il se veut autant sociologue qu'économiste, intéressé à la genèse et aux oscillations des cultures autant qu'aux trames serrées de la vie politique. Pourtant, sur son nouveau terrain, il a le sentiment que, tout étant à faire, il faut édifier patiemment ; commencer, donc, par l'histoire presque traditionnelle qu'offrent les archives françaises ; situer les événements, replacer les hommes, constituer la documentation solide que nous possédons, pour l'histoire de l'Europe, depuis plusieurs générations déjà. Ensuite, ensuite seulement, on pourra construire le reste de la maison. C'est, à mon avis, le langage de la sagesse. Et c'est à cette préoccupation saine que répond la publication des documents rassemblés sous le titre *Brazza explorateur* (1972). Non pas au désir d'exalter un homme extraordinaire s'il en fut, et au travers de l'homme excuser notre action colonisatrice. Henri Brunschwig est au-dessus de ces vues médiocres. L'histoire est pour lui vérité, rien de plus, rien de moins.

Si l'on essaie, pour finir, de dresser le bilan de cette œuvre patiente et généreuse, se félicitera-t-on ou non qu'il ait cédé au mouvement qui l'a conduit, sans trop l'avoir médité et voulu, de la Prusse des Lumières au siècle de la colonisation française en Afrique Noire ? Je répondrai oui sans hésiter, des deux mains, si l'expression pouvait s'employer comme superlatif. L'histoire n'est pas seulement une recherche de vérité, elle est une tentative scientifiquement conduite pour donner aux sciences de l'homme le soutien d'une indispensable exploration du passé. De *tous* les passés. Car il n'y aura pas d'histoire du monde fiable tant que l'exploration historique n'aura pas porté partout ses lumières, même s'il s'agit de lumières fragiles ; tant que les continents hors de l'Europe ne nous auront pas livré ce que j'appelle, en toute sincérité, leurs trésors et les enseignements de leur passé. Henri Brunschwig a été l'un des ouvriers, à la main sûre, de cette lente, difficile et exaltante découverte. C'est l'honneur de sa vie laborieuse.

XIX

FEDERICO CHABOD*

Je dois à la longue amitié qui nous a liés dès notre première et lointaine rencontre en Espagne, à Simancas (1927), de présenter les études en l'honneur de Federico Chabod, réunies par ses amis, ses collègues, ses élèves et ses admirateurs, à l'occasion du vingtième anniversaire de sa mort. Vingt ans déjà. Comme le temps passe vite !

Il me semble l'avoir quitté hier, à Cologne, où nous avait réunis le quatre centième anniversaire de la mort de Charles Quint (1558). Comme toujours, dans la discussion et les échanges de vues, il avait été magnifique, au mieux de sa forme, exceptionnel. Il me souvient aussi, en marge du colloque, des quelques heures passées avec lui dans une brasserie de la ville, en compagnie de Carande, Truyol, Vicens Vivès, Kellenbenz. Tout en buvant nos bières, nous nous étions mis à parler en allemand. J'admirais l'aisance de Chabod qui dominait tout aussi bien le français (natif du Val d'Aoste, il le parlait comme un Français du Val de Loire), l'allemand, l'espagnol, l'anglais... Ses connaissances, ses dons, ses goûts l'ouvraient sur l'Europe entière. Mon Dieu, quel merveilleux conseiller de l'Europe il eût été à Strasbourg !

Mais comment le situer avec exactitude ? Je le revois dans les dépôts d'archives, acharné à sa tâche, mais attentif toujours à dépasser les premières explications. Conscient certes de sa valeur, toutefois sans la moindre vanité et avec le besoin constant de sourire. Je le revois à Paris, dans les grandes réunions qui, longtemps à l'avance, présidèrent à la formation de l'Europe des Six. Il y était à son aise, fait pour toutes les tâches qui réclament tact, diplomatie, hauteur de vues.

---

* Préface aux *Mélanges en hommage à Federico Chabod*, 1981.

Je le revois aussi à Rome devant un immense amphithéâtre de l'université ; à Naples, aux côtés de Benedetto Croce que nous considérions, si loin fût-il de notre conception de l'histoire, comme l'un des plus grands penseurs de notre siècle. D'ailleurs, à l'Instituto Italiano per gli Studi Storici, fondé par Benedetto Croce, au 12 de la Via Trinità Maggiore, dont il assuma longtemps la direction, il devait dans la paix et la satisfaction rassembler autour de lui de nombreux jeunes historiens, italiens et étrangers. Les uns et les autres auront trouvé auprès de lui conseil et réconfort. Il était, aussi dans ce métier, sans pareil, patient, équitable, intelligent.

Ce talent d'administrateur qu'il possédait à un haut degré, je ne suis pas sûr qu'il fût selon son goût. Mais il avait, chevillé au cœur, le sens du devoir, des responsabilités. Il l'avait montré au Comité international des Sciences historiques, lors du magnifique congrès de Rome (1956) dont il avait assuré la réussite. Ses talents d'organisateur et l'étendue de son dévouement et de sa réputation le faisaient désigner, en 1956, comme président du Comité international. « Il allait désormais, comme l'a écrit son plus proche collaborateur, Michel François, donner à cette organisation le meilleur de lui-même. » Plus que quiconque, n'aura-t-il pas voulu l'ouverture de l'univers des historiens italiens sur le vaste monde ? Qu'il y ait réussi pleinement, la preuve en est donnée par le recueil même où tant d'historiens non italiens ont apporté leur collaboration.

Il faudra qu'un jour toute cette œuvre de Chabod prodiguée au cours d'une carrière éclatante (Milan, Rome) soit examinée de près, que sa bibliographie soit classée, dégagée des innombrables traductions qui en brouillent les dates, que sa conception de l'histoire soit analysée de près comme il convient.

En outre, rien ne sera clair tant que l'historiographie italienne, de ce point de vue plus douée qu'une autre, n'aura pas dressé le bilan explicatif de l'étonnante réussite des historiens italiens, de 1945 à nos jours : Gino Luzzatto, Armando Sapori, Delio Cantimori, Franco Borlandi, Federigo Melis... Et, parmi eux, Federico Chabod. Ces historiens (mais qui le dit assez haut en Italie ?) ont été à la hauteur des romanciers, des cinéastes, des artistes de la péninsule de cette merveilleuse époque, célèbres quant à eux comme ils le méritent. Pour les historiens, il y a là une injustice, un oubli. J'ai essayé de le dire, de le proclamer. Mais c'est aux historiens italiens d'en prendre connaissance et de le proclamer à leur tour. Federico Chabod gagnerait encore à cette remise en ordre.

Le fait essentiel, en ce qui le concerne, c'est qu'au voisinage des années 1940, son œuvre devienne double. Avant la seconde guerre mondiale, Federico Chabod est un seiziémiste, attentif presque exclusivement aux premières lumières du siècle, les plus belles, comme le prouvent ses études sur Machiavel (1926), Botero (1934), sur Charles Quint, et ses admirables volumes sur l'histoire du Milanais dans la première moitié du XVIe siècle — sans doute son chef-d'œuvre (1934-1938). Notez qu'il restera fidèle au siècle de ses premières études. Ainsi, en août 1957, nous eûmes la surprise de nous rencontrer à nouveau à Simancas ; il y travaillait d'arrache-pied à la politique de l'empereur pour lequel il avait, en vérité, une affection particulière.

Mais en même temps, le spectacle du monde contemporain l'attirait, le monde dans lequel il vivait inquiet, angoissé, attentif. Comment expliquer ce virage à angle droit ? Oui, comment a-t-il pu être, en somme, infidèle à Machiavel, à Giovanni Botero, à Mercurio Gattinara, à Francisco de Los Cobos, pour gagner le XIXe siècle, avec l'intention, évidente à mes yeux, de rejoindre le temps présent ? J'essaierai de le dire, dans un instant, bien que je ne sois pas sûr de l'explication que je fournirai. Que ne lui ai-je posé quelques questions ! Certes il ne parlait pas trop volontiers de lui-même, mais j'aurais pu franchir les frontières de sa réserve. Toutefois, pouvais-je penser qu'il me serait réservé d'expliquer, vingt ans plus tard, son itinéraire ? Nous croyions avoir encore bien des années devant nous. Mais que ma réponse soit bonne, ou insuffisante, elle pose le problème central de sa pensée.

En tout cas, Sergio Bertelli, promoteur infatigable et admirable de cet hommage, a bien calculé sa démarche : le livre offert se divise en deux, la première partie consacrée à l'humanisme et à la politique du « long » XVIe siècle (1450-1650), la seconde à l'Europe, entre 1870 et 1914. Les deux espaces chronologiques sont comme des miroirs face à la pensée de Federico Chabod. Leur premier mérite est de rendre au maître disparu un hommage qui corresponde aux divergences de sa pensée ; un hommage à l'érudit, à l'historien de la Renaissance, à l'historien de Milan, mais tout autant à un homme qu'ont constamment préoccupé les problèmes de l'État et de la politique au sens large, de Machiavel jusqu'à nos jours.

La première série d'études est enclose dans le long XVIe siècle. Qui ne s'intéressera à cette recherche du sens et de la réalité du mot *stato* dans la Florence du XVe siècle, en compagnie de Nicolaï Rubinstein ? Ou de voir naître, sous la conduite autorisée de Sergio Bertelli, les « embryons » des partis politiques au seuil de la « modernité » ? Ou de lire et relire le texte de Denys Hay sur l'éducation au temps de la Renaissance, fait majeur d'une époque exceptionnelle, et, qui plus est, destinée à se perpétuer ? « Les nations européennes, écrit-il, ont gouverné les empires coloniaux qu'elles ont conquis au XVIIIe et au XIXe siècle avec des hommes formés, avant tout, par l'enseignement des humanités. » À cette affirmation qui va loin, on aurait envie d'ajouter que ces « humanistes », héritiers d'un legs merveilleux, ont aussi gouverné les nations européennes elles-mêmes. Voilà qui relancerait, si nécessaire, l'étude des origines et conséquences d'un « système » intellectuel appelé à durer... Avec les « Riflessioni sugli umanisti e il principe : il modello platonico dell'ottimo governo », que nous présente Cesare Vasoli, nous restons au cœur du même problème. Et nous ne le quittons pas avec l'étude dense d'Achille Olivieri, « Il "principe" e la formazione del consenso sociale : intelletttuali ed archittetti alla "corte" di Andrea Gritti ». Aller rendre visite à Andrea Gritti, doge de Venise, c'est rester dans le périmètre essentiel des curiosités relatives au rôle des intellectuels humanistes, face à l'État. Même remarque pour le voyage où nous convient Marco Cattini et Marzio A. Romani, dans les cours des petits États en bordure du Pô. La très belle communication d'Alberto Grohmann quitte ces hauteurs mais pour nous présenter les pauvres, les misérables, les marginaux, à Pérouse, à la fin du Moyen Âge. Pour son compte, Alberto Tenenti étudie les principes moraux et le pouvoir souverain en France au temps de Philippe de Commynes, et Vittor Ivo Comparato remet en cause la *Methodus* de Jean Bodin. Toutes ces études suivent le chemin même de la pensée de Federico Chabod et, à son image, avancent pied à pied, à force de clarifications et de déductions comme dans une démarche mathématisante : cela étant, ceci s'impose ; puis un nouveau bond ; et la pensée passe ainsi d'une certitude à une autre certitude, d'une probabilité à une autre probabilité. Le lecteur est contraint de suivre, prisonnier du raisonnement. C'est ce qu'il éprouve aussi avec Kenneth Fowler, préoccupé de voir le pouvoir royal dans la France du Moyen Âge finissant à travers les précieux témoignages d'André Bonet (alias Bouvet), 1387, de Philippe de Mézières (1389), de Thomas Basin (1412-1491) et Philippe de Commynes, pour rejoindre le texte d'Alberto Tenenti. Ettore Passerin d'Entraves, au beau nom à consonance française, nous conduit dans le Val d'Aoste dont il a étudié l'autonomie, au XVIe siècle.

S'il fallait terminer cette énumération par un feu d'artifice, aucun doute : il conviendrait de s'arrêter à la très brillante allocution de Dante della Terza, « Il potere alieno e gli emergenti affetti del mondo contadino, osservazioni sull'experiencia " comica " di Ruzante ». Il est important de rejoindre le monde des paysans, au XVIe siècle, c'est le niveau de la mer, et de s'attacher au théâtre de Ruzante, car c'est sortir de la primauté du toscan et écouter le dialecte de Padoue. Quelle grande question, à laquelle on pense forcément, que le triomphe du toscan, alors que d'autres dialectes, dont le très vivant dialecte vénitien, auraient pu rechercher cette primauté pour eux-mêmes ! Le problème est analogue à celui qui s'est ouvert devant le « français », la langue de l'Île-de-France, que la fortune de la monarchie, dès les Capétiens, pousse à la conquête de l'hexagone...

Mais ce n'est pas sur ce rare plaisir qu'il faut arrêter notre énumération. À toutes ces contributions, s'ajoutent, en effet, deux perles inattendues, offertes par l'amitié et qui, l'une et l'autre, nous transportent dans l'Empire turc, et c'est sur la note qu'elles apportent qu'il convient de conclure : la belle étude de Nicoara Beldiceanu porte sur « Les populations chrétiennes et les franchises dans l'État ottoman », celle d'Irène Beldiceanu Steinherr sur le *timar* (le « bénéfice »), soutien et limitation du pouvoir turc. Irène Beldiceanu Steinherr a bien soin de se rattacher, dès sa première ligne, à Federico Chabod et au thème de ce colloque, puisqu'elle écrit : « Dans *Le Prince*, Machiavel fait, à plusieurs reprises, allusion à l'Empire ottoman, et, chaque fois, avec un soupçon d'admiration. » L'équilibre européen n'a-t-il pas pris l'Empire du Grand Seigneur dans ses mailles ? Cet Empire borne, contrebalance la Chrétienté, vérité qui, sans fin, est présente au XVIe siècle, aussi bien à Venise qu'à Madrid ou à Vienne.

Le second volet du colloque accompagne Federico Chabod dans sa traversée de la « contemporanéité », de 1870 à 1914. Roberto Vivarelli — « Il 1870 nella storia d'Europa e nella storiografia » — essaie, à la suite d'une remarque du maître lui-même, de montrer combien la guerre franco-allemande (1870-1871), qui stupéfia l'Europe, marque un tournant décisif de son destin. Je ne crois pas que son argumentation serrée puisse, un seul instant, être mise en doute et le ton, la démarche de la pensée sont si proches du style, de la façon de penser et d'écrire de Chabod que j'ai eu, lisant ce très bel article, l'impression d'entendre la voix chaleureuse de notre ami. Brunello Vigezzi adopte le même ton, ou peu s'en faut, pour situer la cassure explosive de juillet 1914 — « Luglio 1914 : una storia di breve et di longo periodo ». Le débat en profondeur (temps long contre temps bref) est d'une immense portée pour notre métier, il donnerait envie d'en discuter avec une pointe de passion, mais peut-être un jour ou l'autre en aurai-je la possibilité ? En dehors de l'essentiel, j'aimerais dire que toutes les nations d'Europe, dans ce drame suicidaire, ont été coupables, coupables d'être, de persister à être : pour ce faire, elles abolissent la violence intérieure (selon Max Weber), tandis que la violence entre les nations est comme libre de s'épandre, d'exploser, de prendre sa revanche... Toutes les nations ont donc à rendre des comptes, aussi bien la France que l'Allemagne, dont Wolfgang J. Mommsen montre les courants impérialistes, ou que les pays de l'Europe centrale pris en charge, cette fois, par Arduino Agnelli. Vis-à-vis de la paix et de la guerre, entre quoi oscille lentement le destin lourd de l'Europe, peut-on dégager le rôle d'un impérialisme en soi et qui prendrait, au-delà des années 1980, un nouveau visage (D.F. Fieldhouse) ? Ou d'un socialisme mis en perspective avec la guerre et la paix et non moins, comme de juste, avec la révolution (James Joll) ? Cette fois, en conclusion, il convient de s'arrêter à D.S. Landes qui propose un « modèle » de l'impérialisme. Ce modèle peut-il absorber, mettre en forme les communications présentes ? Même si cette expérience n'est pas absolument concluante, elle méritait d'être proposée — et elle l'est avec brio.

Revenons, au-delà de cette double série d'hommages, à la personne, au destin intellectuel de Federico Chabod. Comment ce seiziémiste passionné est-il devenu un observateur, non moins passionné, du monde dans lequel il vivait ? Je sais, par expérience, qu'un historien doit « épouser son époque », que c'est une condition impérieuse pour accomplir son métier ; qu'il faut à une époque lointaine opposer le contraste de l'époque où l'on vit, où l'on voit les réalités de ses yeux, où on les touche de ses doigts. La vie d'hier n'en finit pas de se comparer à la vie d'aujourd'hui, de s'éclairer à ce rapprochement dangereux, mais nécessaire. Visitant ensemble je ne sais plus quelle ville, Henri Pirenne ne disait-il pas le plus naturellement du monde à Lucien Febvre : « Allons voir maintenant les quartiers neufs. » Federico Chabod a donc épousé son époque. Par ses actes, ses paroles, ses écrits, il aura défendu avant tout l'idée de la liberté, flamme fragile qu'il faut protéger contre les bourrasques et les méfaits de l'histoire. L'idée d'Europe, n'est-ce pas, en vérité, la recherche de l'idée de liberté qui, seule, malgré toute une série d'actes hautement répréhensibles, justifie l'Europe, nous conseille de l'aimer dans son entièreté ? Je n'évoque pas seulement en cet instant

Chabod parlant — car ce fut d'abord un cours à Milan, ensuite à Rome —, puis écrivant *L'Idée de l'Europe*, ce livre dense que je viens de relire avec un plaisir extrême. Je le vois, plus volontiers encore, faisant passer à travers les Alpes qu'il connaissait si bien, en montagnard éprouvé, Gaetano Salvemini, contraint à prendre le chemin de l'exil et assurant, du coup, la liberté d'un homme estimable entre tous.

Je comprends bien que Federico Chabod, pour toutes ces raisons et par son désir de comprendre et d'agir, soit tombé (en quelque sorte) dans l'historiographie du monde actuel. Mais Federico Chabod n'a-t-il pas été porté aussi comme au-delà de lui-même, par ses étonnantes connaissances linguistiques ? Ces clefs qui lui ouvraient le monde.

J'ai souvent pensé — notamment à la lecture de ses gros volumes sur la politique extérieure de l'Italie (*Storia della politica estera italiana, del 1870 al 1896*, 1951), son second chef-d'œuvre, et plus encore, au hasard de nos rencontres et conversations — que Federico Chabod, autant que pour l'histoire, était fait pour le gouvernement des hommes. Il avait eu la possibilité de le montrer dans le cadre étroit du Val d'Aoste, son pays natal, au lendemain de la guerre. Je l'imaginais dans un cadre plus vaste. Quel ambassadeur, quel ministre, quel admirable député au Conseil de l'Europe n'aurait-il pas été, capable d'écouter, préoccupé de comprendre, élégant par nature, humaniste, européen de naissance. Chabod, dans son second métier d'historien, abordant l'époque contemporaine, n'allait-il pas vers une autre vie possible que les circonstances n'ont pas entièrement ouverte devant lui, ou dont, sans le dire, car il n'était pas l'homme des confidences, il n'aura finalement pas voulu.

Cette évolution, cette ouverture restent le problème des problèmes que Federico Chabod nous a laissé à résoudre sans nous avoir, au préalable, fourni sa réponse. Y a-t-il seulement réfléchi, ou s'est-il seulement laissé porter par ses tentations intellectuelles, au jour le jour ? En tout cas, il aura apporté avec lui, dans le vaste domaine si difficile de la contemporanéité, ce souci d'exactitude qui l'aura tourmenté dans l'étude des problèmes du XVIe siècle. Il reste, dans le XIXe siècle, le même observateur qu'il était pour l'époque de Machiavel ou de Giovanni Botero. Avec le souci constant, exclusif des hauteurs, le besoin de s'adresser aux grands témoins, à la politique, mais au sens large du terme. Cette histoire de haute altitude a été son souci constant, exclusif. Sa façon à lui de réfléchir aux grands problèmes de son temps — du nôtre.

CINQUIÈME PARTIE

L'HISTOIRE QUI S'ÉCRIT

Après les hommes, leurs œuvres. On ne compte plus les travaux que Braudel a encouragés, suivis, dirigés et publiés durant les années passées à l'École pratique des Hautes Études dont il était aussi le président. Les meilleurs historiens français du second XXe siècle y ont fait leurs recherches et publié leurs travaux. L'œil du maître, souvent attendri mais toujours critique, s'est exprimé sur leurs œuvres et celles des autres par de longs articles, le plus souvent publiés par les Annales. Au détour d'une curiosité ou d'une commande, on trouvera aussi ci-dessous des textes consacrés à Tocqueville, Michelet ou Marx...

I

Y A-T-IL UNE GÉOGRAPHIE DE L'INDIVIDU BIOLOGIQUE ?*

Le beau livre de Maximilien Sorre, *Les Bases biologiques de la géographie humaine, essai d'une écologie de l'homme*[1] — sur lequel, dans un volume précédent des *Mélanges*, Lucien Febvre a déjà attiré l'attention de nos lecteurs — n'est pas, comme son titre l'indique à l'avance, un ouvrage de conclusion ou d'ensemble sur la géographie humaine. L'œuvre est capitale, d'un intérêt puissant, elle pose beaucoup de problèmes, mais non pas tous les problèmes à la fois. Elle est une découverte, une recherche limitée, exposée dans tous ses détails, une série de prises de contact. D'où ses prudences, ses procédés et ses solutions. Plus qu'une introduction originale et solide, aussi concrète et terre à terre que possible, à un traité de géographie humaine générale, qui reste à décrire, disons, une première opération, le développement d'un thème préalable.

L'originalité de cette introduction provient d'une réduction systématique des problèmes de l'homme au plan de sa biologie. L'homme, ici, n'est pas étudié dans toute sa réalité, mais seulement sous un de ses aspects, en tant que machine vivante, en tant que plante et animal. L'homme est saisi, pour parler comme Maximilien Sorre, dans ses réalités d'« homéotherme à peau nue ». Il n'y aura donc pas, au centre de ce livre, l'homme tout court, l'homme vivant, c'est-à-dire une collection d'êtres, de l'homme social à l'*homo faber* ou à l'*homo sapiens* — sans oublier l'homme réalité, ou soi-disant réalité ethnique. Un seul des côtés (une seule des zones) de l'homme est considéré : son élémentaire côté d'être biologique, sensible au chaud, au froid, au vent, à la sécheresse, à l'insolation, à la pression insuffisante des altitudes,

---

* *Mélanges d'histoire sociale VI. Annales d'histoire sociale*, 1944. Publié dans *Écrits sur l'histoire*, I, 1969.

occupé sans cesse à chercher et à assurer sa nourriture, obligé de se défendre enfin, surtout aujourd'hui où il est devenu conscient du péril, contre les maladies qui lui font partout, et depuis toujours, un impressionnant cortège... L'homme que l'on étudie est ainsi ramené aux bases, aux conditions premières de sa vie et replacé, en tant que tel, dans les conditions géographiques du vaste monde.

On voit le dessein de l'auteur : son propos est de resserrer son étude pour la rendre plus profonde et plus efficace. Avant d'aborder les complexes problèmes de la géographie humaine, qu'il a toujours devant l'esprit et qui sont un de ses buts lointains, il a voulu pour les mieux saisir, peut-être pour tourner leurs obstacles, éclaircir ce qui, touchant aux réalités biologiques de l'homme, le lie à l'espace et explique, par avance, une part considérable de sa géographie. Gros problème, en vérité ! N'est-ce pas là, avec les prudences que l'on devine (particulièrement chez un géographe de l'école française), la recherche d'un déterminisme biologique — au moins des limites et des contraintes indéniables de ce déterminisme ?

On ne peut pas dire que cette recherche soit entièrement neuve. Et pourtant, elle l'est tout de même, d'une certaine façon — puisqu'elle n'avait jamais, avant Maximilien Sorre, été aussi systématiquement entreprise. L'homme biologique n'est pas un inconnu, nous le savons. Il n'est pas un nouveau venu, non plus, dans le champ de la géographie, mais on ne l'y avait jamais introduit avec cette minutie, ce goût de l'exactitude scientifique, ce souci des problèmes bien posés et des enquêtes clairement conçues, conduites comme des expériences où tout est longuement, objectivement décrit, noté et expliqué. C'est là non seulement l'originalité, mais le grand mérite de ce livre.

L'objet, les problèmes de l'enquête, au départ, ont été empruntés aux livres et aux recherches des naturalistes, des biologistes et des médecins. Mais il n'a pas suffi à Maximilien Sorre de résumer les travaux d'autrui. Il lui a fallu encore les transposer et, de façon continue, les *traduire en termes géographiques* ; entendez que, chaque fois que la chose a été possible, les problèmes ont été reportés sur la carte pour être ainsi formulés et étudiés, de façon neuve, selon les perspectives et les lois de la géographie, qui sont celles de l'espace des hommes. « Notre enquête, écrit Maximilien Sorre, se ramène au fond à la délimitation et à l'explication d'une aire de dispersion. » Je crois que cette petite phrase lumineuse et simple, que l'on croirait prise à un livre de naturaliste, nous conduit au cœur de l'entreprise. C'est bien cela, en somme, que l'auteur se propose : nous parler de l'écologie de l'homme, comme s'il s'agissait de l'écologie de l'olivier ou de la vigne. Mais, voilà, il s'agit de l'homme et ceci complique tout.

Y a-t-il, en effet, peut-il même y avoir une écologie de l'homme, individu biologique, une géographie humaine qui irait de soi, élémentaire, et qui nous donnerait la clef de beaucoup de problèmes compliqués — à la manière dont les physiologistes d'hier et d'avant-hier essayaient de prendre à revers, et de résoudre, les problèmes de la psychologie classique ? Bien plus, cette géographie de base peut-elle être isolée, détachée du contexte de la vie ? Ajoutons enfin que, pour être vraiment utile, il faudra non seulement qu'elle puisse être distinguée et définie, premier stade, mais encore qu'elle permette, en conclusion, d'éclairer l'ensemble des problèmes de la géographie humaine. À quoi bon morceler la réalité, en effet, si l'on doit, à l'arrivée, avoir toujours devant soi les mêmes obstacles qu'au départ ? Tel est le programme — je dirais plus volontiers encore : tel est le très gros enjeu de ce livre.

L'ouvrage est divisé en trois parties. L'homme biologique est étudié successivement dans les cadres de la géographie physique (livre I), dans les cadres de la biogéographie (livre II), dans les cadres d'une géographie des maladies infectieuses (livre III).

Ces trois livres sont assez indépendants les uns des autres et, à eux tous, ils ne recouvrent pas, notons-le bien, l'ensemble du sujet posé. Maximilien Sorre, en effet, n'a pas voulu nous offrir une étude exhaustive ou un manuel scolaire, quelles que soient par ailleurs la clarté ou la qualité didactique de ses explications. Il a voulu atteindre par trois routes différentes les réalités de base d'une géographie biologique. Rien de plus, et c'est beaucoup. Si je ne me trompe, ce désir d'ouvrir quelques routes et non toutes les routes possibles, l'a entraîné à simplifier souvent son enquête, sinon de façon toujours très explicite.

Assurément, sa méthode n'est pas une reconnaissance détaillée des limites, des possibilités, des richesses de tous les problèmes de son vaste sujet, élément après élément. Délibérément, il s'arrête à l'étude de zones privilégiées, distinguées des régions voisines dont il parle vite, très vite, ou pas du tout. Ajoutons qu'avant d'entreprendre ces voyages de reconnaissance, Maximilien Sorre explique chaque fois à ses lecteurs — et c'est le dernier trait de son livre — ce qu'il lui faut connaître des conditions scientifiques de l'itinéraire à suivre. D'où de longues introductions, de minutieux rappels de notions utiles, géographiques ou non géographiques, qui laissent parfois l'impression, si nécessaires qu'elles soient, d'être un peu en marge de l'enquête proprement dite. Ainsi, voyons-nous dans les procédés de l'auteur trois opérations assez régulières et qui donnent au livre, par leur juxtaposition, son allure particulière : premier temps, simplification (disons choix de l'itinéraire) ; deuxième temps, rappel des notions essentielles ; troisième temps, étude de la zone privilégiée... Ces remarques nous aideront à mieux résumer un ouvrage qui résiste assez bien, de lui-même, à un inventaire un peu simplifié.

Voici le livre I. Il ne sera pas consacré aux rapports de l'homme et du milieu physique en général, mais aux seuls rapports de l'homme et du climat. La simplification est donc considérable (premier temps), bien que le climat soit, de toute évidence, le facteur essentiel d'une écologie de l'homme. Second temps : le sujet biologique ainsi annoncé ne sera pas immédiatement abordé. Ne faut-il pas s'expliquer tout d'abord sur le climat lui-même ?

Depuis une vingtaine d'années, climatologues et géographes se sont efforcés de renouveler cette étude du climat, d'en saisir les réalités en dehors des valeurs moyennes théoriques qui les déforment souvent. Les méthodes graphiques de représentation et de synthèse se sont perfectionnées. Maximilien Sorre a donc jugé prudent de résumer ces travaux importants dans une préface bourrée de faits et d'aperçus utiles. On lira avec profit ce qu'il dit des *climographes* ou *climogrammes*, des *microclimats* et des types de temps, le but poursuivi étant de saisir le climat réel, à l'état brut en quelque sorte, d'une part en se limitant à un espace aussi étroit que possible, pour ne pas avoir à tenir compte des diversités locales, de l'autre en ne retenant qu'un instant ou que des instants — chacun étudié en lui-même — d'une histoire climatique en perpétuel mouvement. C'est seulement après avoir fait le point en ces problèmes de géographie physique que Maximilien Sorre étudiera l'influence de ce climat *réel* sur l'homme biologique.

Ici, le point le plus important a été de déterminer l'influence thermique du climat — en fait de préciser quelles sont les températures les plus significatives pour l'organisme humain —, cette machine homéothermique, créatrice ou destructrice de chaleur interne selon les conditions du milieu extérieur : créatrice jusqu'aux environs de 16°, destructrice au-delà de 23°, indifféremment sollicitée dans l'un ou l'autre sens entre ces deux températures que l'auteur considère, après discussion, comme les plus intéressantes du point de vue physiologique. Nous aurons donc une zone du froid au-dessous de 16°, une zone du chaud au-dessus de 23°, avec toutes les possibilités désirables de report cartographique... À leur tour, les autres influences climatiques sont étudiées : action de la pression atmosphérique (cas particulier de l'altitude), de la lumière (gros problème de la pigmentation cutanée), de l'humidité de l'air, du vent, de l'électricité atmosphérique et même des complexes météoropathologiques plus ou moins expliqués dans l'état actuel de nos connaissances.

L'aboutissement du premier livre est le gros problème, éminemment géographique, de la formation et des limites de l'*œkoumène*[2]. C'est l'occasion de mettre en lumière les deux grandes barrières qui s'opposent au « cosmopolitisme naturel » des hommes, les limites polaires d'une part, les limites altitudinales, d'autre part. À l'intérieur de cet *œkoumène* les adaptations humaines du climat ont été et sont très variées, les plus intéressantes à suivre étant peut-être, aujourd'hui, les adaptations de l'homme blanc, puisqu'il est présent sur le globe entier, du fait de sa puissance et des triomphes de la colonisation — présent partout, mais à ses risques et périls physiologiques, sans compter les autres. Les historiens feront bien de se reporter à l'excellent paragraphe (pp. 94-106) consacré à l'acclimatation des Blancs dans les pays tropicaux. Les ouvrages cités dans la bibliographie permettent d'accéder utilement à l'abondante littérature du sujet.

Même méthode avec le livre II, où sont abordés les problèmes complexes d'une biogéographie directement et indirectement mise en cause. Voici, en face de l'homme, et plus ou moins à sa disposition, le monde des végétaux et des animaux : quels rapports de force, de lutte ou d'entraide vont s'établir, quels liens vont se nouer, de caractère géographique, entre ce monde des êtres vivants et la biologie de l'homme ? Ainsi se formule le problème de ce second livre, mais vu en général — et non pas tel qu'il sera traité par l'auteur, lequel ne s'intéresse, en effet, à l'exclusion des autres, qu'aux végétaux cultivés et aux animaux domestiqués par l'homme (43 espèces animales, d'après Geoffroy Saint-Hilaire ; 600 espèces végétales, d'après Vavilof, sur un total de 2 millions d'espèces animales connues et de 600 000 espèces végétales). Cette orientation de l'enquête nous vaut, sous forme d'une introduction détaillée et souvent très neuve, une longue étude sur ces compagnons vivants de l'homme. Où et quand l'homme s'est-il associé tant de vies parallèles à la sienne, et nous dirions même, si la question n'était pas sans réponse valable, comment y est-il parvenu ? Dans quelle mesure la domestication a-t-elle agi sur des êtres arrachés à la vie libre ? Comment l'homme a-t-il propagé ses « associés », car, à la différence des associations naturelles, douées d'un dynamisme progressif, ces associations de l'homme ont besoin que celui-ci fasse pour elles la conquête de l'« espace »[3] ? Enfin, et c'est un très gros problème encore, par quoi sera menacé et par quoi sauvegardé cet « ordre humain », cet ensemble des associations de l'homme aux prises avec les innombrables forces de la vie et, de ce fait, en état de modification constante ? Voilà quelques-uns des problèmes que Maximilien Sorre a su présenter avec une clarté et une compétence que garantissaient ses travaux antérieurs.

Pareilles explications ont forcément entraîné l'auteur très loin dans l'étude de milieux de vie aux luttes incessantes, souvent imbriquées les unes dans les autres, jusqu'au cœur de la géographie de ce vaste combat mené pour certaines vies (celles du cotonnier, de la vigne, etc.), contre certaines autres vies — en l'occurrence celles de parasites, aussi nombreux que tenaces. Admirables problèmes. Mais on ne saurait résumer pied à pied le texte, ici trop dense, du livre. Le parasitisme des associations de l'homme peut-il être en cause et expliqué en quelques lignes, et l'histoire des grandes luttes contre les fléaux des cultures et les épizooties (songeons au drame qu'a été, pour la vie française, la crise du phylloxéra) ? Et tout le problème enfin de cet « ordre humain » (voyez la conclusion des pages 214-215), problème biologique quand on considère plantes et animaux, mais aussi *social* dès que l'homme est en jeu, qu'il s'agisse de l'évolution ou de l'état présent de cet ordre ? Car, à ce jeu, on retrouve *l'homme social*, pouvait-on l'écarter toujours ? l'homme social, c'est-à-dire les vieilles communautés agraires, si souvent invoquées à l'aube des domestications et des réussites agricoles, c'est-à-dire, actuellement, à l'échelle des vitesses et des fléaux terribles à combattre, les vastes États modernes et même le monde entier. Une solidarité mondiale veille, ou s'efforce de veiller, sur les richesses biologiques de l'humanité, et Maximilien Sorre a su en montrer l'énorme importance.

Durant ces longues explications préalables, l'homme biologique a été perdu de vue ; il reprend brusquement ses droits dans la deuxième partie de ce livre, que je considérerais volontiers comme le passage le plus important, je ne dis pas le plus brillant, mais, assurément, le plus riche en aperçus et en enseignements nouveaux de l'ouvrage entier.

L'homme doit se nourrir au détriment du monde vivant associé à son existence. Que demandera-t-il, en effet, au monde libre des plantes et des animaux et au monde minéral, en comparaison de ce que lui fournissent ses cultures et ses animaux domestiques ? L'étude de ces besoins alimentaires pose de multiples questions. M. Sorre y répond en dressant d'abord la liste des besoins. Après quoi, il énumère les moyens par lesquels l'homme peut y satisfaire : d'où un long passage sur les préparations alimentaires les plus communes (car il n'y a pas de géographie de la bombance, cette exception). D'où encore tout un paragraphe sur l'histoire même de l'alimentation. Ces jalons posés, on aborde l'essentiel de l'enquête, l'essai d'une géographie des régimes alimentaires (pp. 264-290) qui, parce qu'il est très fouillé, très riche de faits précis, plonge, lui aussi, jusqu'aux problèmes de l'homme réel, et pas seulement de l'homme biologique. C'est l'homme dans sa complexité — dans toute l'épaisseur de son histoire, dans toute sa cohésion sociale et avec les contraintes de ses usages et de ses préjugés — que doit retrouver et que retrouve une géographie de l'alimentation. Peut-il en être autrement ? Par exemple, qu'est-ce si ce n'est un fait social, que ces régimes alimentaires urbains évoqués pp. 273 *sq.* ? Qu'est-ce, si ce n'est un grand fait d'histoire culturelle, que cette propagation, à partir de l'Orient ancien, dans toute la Méditerranée, de l'association du blé, de la vigne et de l'olivier (pp. 267 *sq.*) ? Est-il besoin de dire combien ces pages, sur une géographie alimentaire, sont originales et neuves ? D'habitude, hélas ! les géographes ne sont guère attentifs, convenons-en, à ce que peuvent manger les hommes... Et sur ce point, les historiens d'aujourd'hui, en France, n'ont pas grand-chose à leur envier. Est-ce pour cette raison que Maximilien Sorre multiplie les recommandations à l'égard de ceux-là, recommandations qui valent aussi pour ceux-ci ?

Troisième et dernier livre, le plus brillant de l'ouvrage. Le milieu vivant aide l'homme à vivre, mais il lutte aussi contre lui, il le met sans cesse en péril. Ici encore attendons-nous aux mêmes simplifications, aux mêmes approches et précautions que précédemment. L'auteur va choisir parmi les *antagonistes* de l'homme ; négligeant les plus gros et tous ceux qui sont visibles à l'œil nu, il va réserver son attention aux plus petits, qui sont les plus dangereux d'ailleurs : des ultravirus, ces infra-microbes, jusqu'aux diverses bactéries, et, au-delà des douteuses frontières entre les règnes animal et végétal, jusqu'à certains champignons microscopiques, comme cette tribu des *mycobactériacies* (au nom si révélateur de nos ambiguïtés scientifiques) qui compte, entre autres, les agents de la tuberculose, de la lèpre et de la morve.

C'est donc à ces infiniment petits qu'est réservée la lumière de ce dernier livre. On va, comme de juste, nous les présenter, puis choisir entre eux de véritables privilégiés. En effet, les maladies infectieuses se propagent de différentes façons. Ainsi, la tuberculose se transmet directement d'individu à individu. Mais pour d'autres maladies, très nombreuses, l'agent pathogène, protozoaire ou champignon, par son propre cycle de vie associe l'homme à d'autres êtres vivants qui sont les *vecteurs* de la maladie. Agent pathogène, vecteurs, hommes s'associent dans ces *complexes pathogènes* que Maximilien Sorre a placés au centre de son étude, car ce sont ces maladies, disons à *vecteurs*, qu'il analysera de préférence aux autres [4].

Complexe pathogène ? À titre d'exemple, le lecteur pourra se reporter au cas de la maladie du sommeil (pp. 298 *sq.*) : elle associe un hématozoaire, *Trypanosoma gambiense*, qui est l'infiniment petit de base, à la mouche tsé-tsé *(Glossina papalis)* et, enfin, à l'homme. Aux spécialistes de savoir comment se comporte, à quelle étape de son développement se trouve l'hématozoaire — et quels sont ses aspects caractéristiques à chacun de ses séjours et changements d'hôte. Au géographe de reporter l'aire de la maladie sur la carte. Un exemple aussi explicatif serait le cas, plus classique encore, du complexe malarien (pp. 301 *sq.*). Ici, les agents infectieux sont également des hématozoaires, mais du genre *Plasmodium* et le vecteur est fourni par les anophèles, dont 70 espèces peuvent véhiculer le paludisme. Mêmes remarques et mêmes mécanismes au sujet de la peste, des spirochétoses récurrentes, des leishmanioses ou des rickettsioses, des typhus, de la fièvre pourprée des Indes, du trachome et de quantité d'autres maladies qui relèvent du rayon, si bien fourni, du parasitologue. Mais il est inutile, dans ce compte rendu déjà long, d'apporter d'autres exemples et de montrer, preuves à l'appui et toujours à la suite de l'auteur, comment les complexes pathogènes se croisent, se superposent ou s'imbriquent les uns dans les autres, ni comment ils évoluent. On trouvera, en annexe à cette étude (p. 231), un utile tableau de quelques groupes nosologiques importants et (fig. 22), un planisphère indiquant la localisation de quelques grandes endémies : fièvre jaune, peste, maladie du sommeil, maladie de Chagas, tularémie, etc., avec leurs aires d'extension respectives et les grands centres de leur dispersion. Tableau et carte souligneraient, si besoin en était, la nature exacte des recherches dans lesquelles l'auteur s'est cantonné.

Quelles sont les conditions de vie de ces complexes pathogènes — quelle leur écologie, celle de l'agent et celle du vecteur — quelle aussi l'action de l'homme sur eux : telles sont encore quelques-unes des grandes questions que Maximilien Sorre expose avec son exactitude habituelle. Ensuite, dans le dernier chapitre (une fois encore le plus important), il esquisse la géographie de ces maladies infectieuses, avec des exemples parfois poussés — notamment en ce qui concerne la nosologie, admirablement étudiée, de la Méditerranée (pp. 381 sq.).

L'analyse qui précède n'a pas été complète. Pouvait-elle l'être avec un livre aussi neuf, aussi divers (triple pour le moins), et aussi dense ? Pas plus que nous n'avons réussi à le bien analyser et à le suivre pas à pas, nous ne pouvons maintenant le critiquer exactement dans le détail. Indiquons seulement que nous regrettons les restrictions voulues de l'enquête, tout en comprenant certaines nécessités de mise en place. Si Maximilien Sorre voulait nous donner satisfaction, il lui faudrait, en effet, doubler, au bas mot, le gros volume qu'il a écrit.

Y songera-t-il pour une seconde édition ?

Je regrette aussi que l'étude du cadre physique, dans le livre I, ait été restreinte à la mise en cause du climat ; à côté du « complexe climatique », n'y a-t-il pas un complexe tellurique (sol, sous-sol, relief) et un complexe de l'eau, surtout si l'on ne s'en tient pas aux seules actions *directes* des facteurs physiques sur l'écologie de l'homme ? La géographie n'est-elle pas, d'ailleurs, très souvent, l'étude d'influences relayées ? Le climat n'agit-il pas, par exemple, sur les problèmes de l'alimentation et des maladies ? Et à suivre ces influences indirectes, répercutées, l'ouvrage n'aurait-il pas été plus lié qu'il ne l'est, car il se partage un peu trop, à mon gré, entre les trois enquêtes successives que nous avons signalées.

Mêmes regrets à propos du livre II. Ici auraient été les bienvenus quelques paragraphes sur les plantes et sur les animaux libres, sur le pullulement des animaux sauvages dans les vides ou les régions de l'*œkoumène*, insuffisamment occupées par l'homme — pullulement dont É.-F. Gautier aimait à parler — ou sur les forêts, ces associations à demi libres, à demi serves, mais incorporées, elles aussi, à l'« ordre humain », dont parle Maximilien Sorre, les arbres (même dans les pays tropicaux) étant, beaucoup plus qu'on ne le pense, sous la dépendance et sous le contrôle de l'homme... En ce qui concerne les chapitres consacrés à l'alimentation, l'auteur nous dit l'essentiel, mais n'y avait-il pas là matière à un vrai livre autonome où il eût été possible, au-delà des remarques générales qu'impose l'échelle du monde, de multiplier les cas particuliers étudiés de près et de reproduire un document aussi intéressant, par exemple, que la carte des fonds de cuisine [5], donnée, pour la France, par le premier congrès du folklore français ?

Pour le dernier livre, enfin, n'avons-nous pas été frustrés d'une partie du sujet ? N'a-t-on pas trop insisté sur les maladies parasitaires et, parmi elles, sur les maladies à *vecteurs* ; n'a-t-on pas trop vu les problèmes à travers le manuel de Brumpt ? N'a-t-on pas trop réduit, en somme, la matière médicale à étudier ? Rien n'est dit ou presque de la tuberculose [6], du cancer ou de la syphilis. Le tréponème pâle n'est signalé qu'incidemment (pp. 194 et 308), lui dont la carrière a été si brillante depuis son arrivée en Europe, en provenance d'Amérique [7], avec les dernières années du XVe siècle. Je ne crois pas non plus que l'on ait fait place à toutes les remarques utiles de la géographie médicale (et notamment de la *Geomedizin* allemande). Toutes les maladies (ou pour le moins beaucoup de maladies) varient avec l'espace. Certaines occupent des aires si précisément délimitées que ces aires les expliquent, c'est le cas du goitre. Le cancer, dans les Indes, présente des formes particulières ; en Afrique Équatoriale Française, dans les régions riches en sel de magnésium, il n'y aurait pas de cas de cancer (théorie de Delbet) [8]. Il y a en Angleterre et, sans doute, aux États-Unis, des formes de scarlatine et de grippe très dangereuses dont nous ne connaissons pas l'équivalent en France ; de même y rencontre-t-on des formes particulières de pneumonies, si graves d'ailleurs que les travaux sur les pneumocoques ont été très souvent le fait des Anglo-Saxons. Maximilien Sorre s'est efforcé de distinguer son enquête d'un simple ouvrage médical. Mais je ne vois pas bien comment on pourrait exclure d'un livre de géographie les questions que je viens d'indiquer.

C'est aussi en s'établissant sur le terrain de l'histoire que l'on se plaindrait volontiers. L'éclairage historique des problèmes aurait gagné à être moins sommaire et plus systématique. Nous le regrettons tout particulièrement de notre point de vue égoïste. C'est ainsi que, dans le premier livre, le problème n'est pas posé des variations de climat à l'époque historique, que tant d'études posent à nouveau, et il est même un peu vite, ce problème, résolu par la négative dans les dernières pages du livre [9].

Les remarques historiques ne manquent pas dans les chapitres relatifs à l'alimentation [10], mais nous ne les trouvons pas encore assez nombreuses, ici non plus — pas assez poussées, en tout cas. Tant d'exemples historiques nous semblent, en ces domaines, si révélateurs des réalités mêmes des régimes alimentaires [11] ! Pour les maladies infectieuses, nous ferons la même critique, d'autant que, sur un exemple (Paludisme et histoire, pp. 392-400), Maximilien Sorre nous a montré l'intérêt de ces retours au passé. En ce domaine, on pourrait citer des centaines d'exemples historiques qui auraient trouvé sans difficulté leur place dans l'exposé du livre III et qui, le cas échéant, se seraient prêtés à des interprétations cartographiques utiles : ainsi, pour les épidémies de peste hors de la Méditerranée et en Méditerranée, je pense notamment à la peste de Palerme, pendant les années 1590-1600, sur laquelle nous avons un lot d'observations médicales ; je songe aussi à cette épidémie de grippe « anglaise », au XVe et au XVIe siècle, curieusement arrêtée aux pays baltiques dans son expansion vers l'est, ou bien aux poussées du choléra asiatique à travers l'Europe orientale et centrale où, régulièrement, les hauts pays allemands restent indemnes. Des historiens, aujourd'hui surtout, attribuent aux ravages du typhus, endémique en Russie, autant qu'à l'hiver, le grand désastre de 1812... Ces problèmes n'ont-ils pas, eux et bien d'autres, leur intérêt géographique ?

Mais ce beau livre ne pose pas que des problèmes intérieurs ou des questions de détail. Il vaut par son ensemble. Il nous oblige, après l'avoir lu et relu, à reconsidérer l'ensemble même de la science géographique. Ce sont là ses problèmes extérieurs.

Les géographes le savent : la géographie (comme l'histoire) est une science très inachevée, bien plus inachevée que ne le sont les autres sciences du social. Peut-être aussi inachevée que l'histoire elle-même, cette autre vieille aventure intellectuelle. Elle non plus, elle n'est ni pleinement assurée de ses méthodes ni, moins encore, en possession d'un domaine parfaitement reconnu. La géographie scientifique ne s'est-elle pas constituée, comme le livre même de Maximilien Sorre, par des conquêtes latérales (par juxtaposition), par des expéditions, non pas dans une sorte de *no man's land*, mais sur des terres voisines et déjà occupées ? L'ouvrage de Maximilien Sorre ressemble à cette large conquête des richesses, des sciences de la nature, faite hier par la géographie et réussie par elle. Mais précisément, combien de conquêtes latérales ne sont-elles pas encore à faire aujourd'hui, si l'on veut enrichir au maximum, c'est-à-dire « achever » la géographie ou, pour le moins, préciser son objet ? Conquêtes à terminer, celle de l'Histoire et de la Préhistoire — pas encore réalisée, malgré tout ce qui a été fait dans ce sens (et il a été fait beaucoup), dans certaines thèses et études de géographie régionale. Conquêtes à parfaire aussi, indiscutablement, celles qui réduiraient à l'ordre géographique les acquisitions des économistes [12], des folkloristes, des ethnographes, des ethnologues, et, d'une façon générale, des sociologues.

Tant que ces réductions ne seront pas faites, je doute qu'une géographie humaine viable, sûre de ses méthodes, soit vraiment possible. Inutile, avant ce terme, de reprendre l'entreprise, contestable aujourd'hui, bien que si utile en son temps, de Jean Brunhes. Et ces réductions ne seront possibles et fructueuses — ce qui complique encore le problème — que du jour où seront fixées les lignes maîtresses de la géographie elle-même, ses axes de coordonnées, lignes et axes par rapport auxquels la réduction doit se faire. Prendre son bien chez autrui, oui, bien — mais pour le transformer en richesses nouvelles.

Où je me sépare de Maximilien Sorre, c'est quand il se considère, après tant d'autres, comme rassuré sur le caractère géographique de son entreprise dès lors qu'il aboutit à l'espace — disons à une carte, ou, comme il le dit, à une aire d'extension. Je ne nie certes pas que la géographie ne soit, avant tout, une description de la terre [13] et qu'elle ne soit, à sa façon, une science de l'espace. Qui le nierait d'ailleurs ? Mais cette tâche est-elle la seule ? La géographie trouve peut-être dans l'espace un but et un moyen, j'entends un système d'analyse et de contrôle. Au vrai, elle a peut-être un second but, une seconde coordonnée — qui est d'aboutir, non pas à l'homme, mais aux hommes, à la société.

La géographie me semble, dans sa plénitude, l'étude spatiale de la société ou, pour aller jusqu'au bout de ma pensée, *l'étude de la société par l'espace*.

On trouve, dans le dernier livre d'Albert Demangeon, cette exhortation : « Renonçons à considérer les hommes comme des individus » [14]. Même conseil, et plus amplement motivé, on le sait, dans *La Terre et l'évolution humaine*, de Lucien Febvre ; mais ce livre n'est-il pas venu trop tôt (en 1922) ? Tout autant que dans les liens de l'espace, l'homme est pris dans les mailles du milieu social — et il n'y aura pas de géographie si elle ne saisit à pleines mains cette réalité sociale, multiple comme l'on sait, à la fois matière d'histoire, d'économie politique, de sociologie, si elle ne recherche pas les grandes lignes de l'effort « des hommes sur les choses »[15] et les contraintes et les créations de la vie collective, souvent visibles sur le sol...

Par suite, toute réduction de faits humains à l'ordre géographique me semble devoir être double pour le moins : réduction à l'espace, oui, bien sûr, mais aussi réduction au social — ce social que le livre de Maximilien Sorre évite, qu'il côtoie, et où il ne s'enfonce que quand il est contraint de le faire par l'unité vivante, infrangible de son sujet. On dirait même que la préoccupation de Maximilien Sorre, en fait, a été de s'arrêter sur cette mauvaise route : ainsi, en ce qui concerne les microclimats artificiels, qui posent les gros problèmes de la géographie du vêtement et de l'abri[16]. Ou encore, s'agissant de l'étude de certaines maladies infectieuses, à peine signalées par son exposé. Son désir a été de s'en tenir, si possible, à une écologie de l'homme en tant qu'individu biologique ; mais que peut être souvent cette écologie de l'individu, sinon une abstraction, un chemin trop étroit, impraticable ou, du moins, très difficile ?

Cependant, ai-je besoin de le dire, Maximilien Sorre a été parfaitement attentif aux restrictions qu'il s'imposait, et il s'en explique à demi-mot dans sa préface et dans sa conclusion où l'on retrouverait sans peine les termes mêmes dont nous nous servons pour faire la critique de son dessein. N'est-ce pas lui qui écrit (p. 10) : « Encore est-il trop simple de parler de l'homme. C'est les hommes qu'il faut dire — ceux du présent... ceux du passé... » C'est lui encore qui écrit, en cette même page de préface : « L'interaction du milieu social et du milieu naturel sera donc *évoquée*... Il y a des influences que l'on ne peut dissocier. » *Évoquée*, le mot que nous avons souligné, est bien révélateur, *évoquée* et non pas étudiée délibérément, il s'en faut. Certes, il est toujours injuste de ne pas se contenter des richesses qu'un ouvrage vous apporte à profusion, comme celui-ci ; disons, cependant, qu'il est un peu regrettable que ce beau livre n'ait pas été conçu de façon plus large encore et expliqué avec plus d'insistance et de clarté dans son architecture d'ensemble — que l'on aurait souhaité plus nette, plus unitaire surtout, mieux organisée du dedans, peut-être plus ambitieuse, tout simplement.

Mais ce livre aura sa pleine efficacité, tel qu'il est — si mal choisie, hélas, que soit l'heure de sa parution. Un riche avenir l'attend. Les sciences géographiques — et toutes les sciences sociales — auront à le mettre à profit, et les historiens ne seront pas les derniers à le consulter. Par la qualité de son écriture, qui fait songer à Jules Sion, par son talent à évoquer en une série de touches brèves des paysages éparpillés à travers le monde entier ou à rendre sensible le climat d'une époque révolue, par la richesse de son expérience directe et de son acquit scientifique, par son habileté à sérier les faits et à lier les développements, à situer un exemple ou un détail d'histoire ou de légende, par ses retours insistants aux rivages classiques de la Méditerranée, l'ouvrage, en son esprit et par son humanisme, est bien dans la tradition brillante de l'école française de géographie. La vie intellectuelle est un combat : ce livre nous apporte l'exemple d'une belle, d'une magnifique entreprise. En ces domaines si difficiles et si passionnants de la géographie humaine, aucune œuvre de cette qualité ne nous avait été offerte depuis longtemps, depuis les *Principes de géographie humaine* de Vidal de La Blache ; depuis *La Terre et l'évolution humaine* de Lucien Febvre.

II

FAILLITE DE L'HISTOIRE, TRIOMPHE DU DESTIN[*]

L'heure présente, cruelle, éclairante, explique le livre passionné de Gaston Roupnel, *Histoire et Destin*[1]. Nous dirons, il faudra toujours dire demain : *Histoire et Destin 1943*. C'est à l'occasion des événements actuels, sous leur choc, que Gaston Roupnel a cédé au besoin de s'expliquer à lui-même et de nous expliquer son métier, celui d'historien. Un métier, c'est-à-dire des cadres, des techniques, des habitudes de chantier, des modes d'écriture. Que valent ces outils et ces moyens de connaître, au regard de la vie, qu'il s'agit de mesurer et d'expliquer, voilà ce que se demande Gaston Roupnel en cette froide année 1943. Son dessein est de s'en expliquer directement, en dehors des querelles et des formules d'école. Au-delà d'une histoire ordinaire, si souvent indifférente à l'égard de son objet, son mérite constant est de saisir la vie, « la longue misère des humains », avec une sorte de violence sentimentale. Car Gaston Roupnel n'est pas un observateur à l'œil glacé, mais un homme passionné et tendre, l'auteur de cette vigoureuse et émouvante *Histoire de la campagne française*, si peu classique, l'excellent écrivain de *Nonot*[2] ou de ce beau livre d'histoire, au sens plein du mot, qu'est le roman du *Vieux Garain*[3] : ajoutons, philosophe à ses heures[4]... Pour nous, historiens, ce nouveau livre chargé d'humanité aura sa singulière résonance. Aujourd'hui surtout, où, comme l'écrit Gaston Roupnel, « nous avons repris le sens du tragique historique » (p. 170).

Un livre ? Nous dirions plus volontiers une conférence de compagnon à compagnon, une longue et grande conversation amicale, pleine de souvenirs, d'images, d'exemples démonstratifs, de conseils, de mises en garde, voire, ici et là, de thèses un peu trop poussées, un peu en l'air, comme il est permis d'en avancer

---

[*] *Mélanges d'histoire sociale VI. Annales d'histoire sociale*, 1944, pp. 71-77.

dans une conversation où l'on *essaie* ses idées plus encore qu'on n'en démontre l'exactitude ? Cette conversation enveloppe le lecteur, elle le sollicite de tous les côtés à la fois, riche d'images et d'intérêt, toujours brillante, jamais indifférente. C'est une joie d'entendre Gaston Roupnel nous parler de chez nous, des hommes, des choses du passé de France, du petit vin d'Orléans, que buvaient les premiers Capétiens (p. 264), ou de l'admirable côte bourguignonne (p. 199) et de ses vignerons, ou de nos cadres et de nos racines rustiques : chaque fois qu'il parle de notre terre il sait la voir si exactement et de si près, avec un tel amour, qu'à le lire on en sent l'odeur. C'est une joie aussi de l'entendre parler, quand il y consent, de la poésie de notre métier. Mais la plus grande satisfaction que m'apporte ce livre, ce sont encore les pages denses, intelligentes, qui mettent en cause une histoire de profondeur et de masse : il l'intitule assez heureusement *Histoire structurale*. « L'histoire d'un peuple, écrit-il, se détermine non par des actes politiques ou militaires, mais au ras du sol, dans la vie terre à terre. La figure publique et sociale d'un pays dessine ses traits sur l'image matérielle des champs et de la terre » (p. 205). Et encore : « — En général, déclare-t-il, les grands faits qui construisent l'histoire se démontrent moins par un exemple que par un ensemble » (p. 176). On peut dire ces vérités d'autre façon, sans doute, mais peut-on mieux les dire ? En ces pages, riches d'exemples, qui sont, à mon avis, les meilleures de son livre, Gaston Roupnel rejoint un large mouvement de la pensée historique française, de la *Revue de synthèse* à nos *Annales* ; il le rejoint d'ailleurs à sa façon, qui est originale, ne serait-ce que parce qu'il ne cherche ni à classer, ni à distinguer les plans de cette histoire profonde, mais, bien au-delà des exemples qu'il prodigue, à poursuivre et à atteindre la vie, selon son habitude.

Bien sûr, nous ne sommes pas toujours d'accord avec ce livre direct. L'ampleur de son sujet, la multiplicité et la dispersion de ses exemples, abordés un peu vite, son originalité si vive, le ton parlé du livre, lui surtout, ne nous incitent que trop souvent à le contredire au passage, à l'interrompre, avec plus ou moins d'à propos, mais cette conversation appelle et provoque nos interruptions ; elle semble, ici ou là, attendre nos réponses. Et qui n'aimerait, au passage, se faire le défenseur des idées trop vivement combattues ou des points de vue — y compris celui d'une sociologie scolaire — que l'auteur écarte sans presque les signaler ? On n'acceptera pas non plus, les yeux fermés, ses beaux portraits, ses images rutilantes, ses paysages admirablement dessinés et coloriés ou ses grandes explications. Ainsi, je n'aime guère la série des images de Méditerranée (sauf un portrait d'Alexandre le Grand) ; Dieu me pardonne, elles me semblent trop Académie française, trop livresques et en marge de la vraie vie. Je n'aime pas davantage les rares images d'histoire allemande, ni les jugements de l'auteur sur les problèmes politiques de la France contemporaine, encore moins telle remarque injuste et déplaisante sur Michelet [5]. Je n'accepte pas, sans plus, dans les pages les plus profondes du livre, et dont la ligne me semble juste, telles ou telles explications subsidiaires invoquées à l'appui de la thèse générale.

Ainsi, au XVIIe siècle, durant l'épidémie de peste de 1628 à 1637, qui fit périr les deux tiers de la population bourguignonne, durant la période française de la guerre de Trente Ans qui commença par de si graves revers et d'affreux ravages de notre sol, durant les famines qui s'étendirent de 1659 à 1662, à tout l'Est français, la Bourgogne, la Lorraine, la Comté et même l'Alsace ont beaucoup souffert (pp. 177 *sq.*). Elles ont été, parfois ensemble et parfois à des moments et à des titres différents, ravagées par les gens de guerre, les épidémies et les famines ; elles ont, sur de larges cantons, été vidées de leurs habitants... L'histoire générale, la « grande » histoire, peu attentive à ces réalités profondes, à ces vérités de base, a oublié, ou plutôt n'a jamais signalé ce drame de l'Est. Mais faut-il en conclure que la France, carrefour de l'Europe, se trouve, par la ruine de nos marches de l'Est, coupée de l'Allemagne pour tout le reste du XVIIe siècle, et rejetée vers d'autres voisinages, Italie, Espagne, Pays-Bas, Angleterre ? Si la liaison est perdue avec l'Allemagne — et elle l'est alors indéniablement —, n'est-ce pas parce qu'il n'y a plus d'Allemagne, tout simplement, mais à sa place un pays appauvri, vidé de ses paysans, ensauvagé par la guerre, meurtri, divisé contre lui-même ? Le résultat est bien celui que nous dit l'auteur, mais non pas pour les seules causes qu'il nous indique [6].

Autre thèse d'un matérialisme qui étonnera un peu (pp. 192 *sq.*) : croirons-nous, sans plus, que la charrue, la vieille araire, « cet instrument routinier..., ce bois malhabile », qui creuse et aère insuffisamment les sols, qui n'utilise pas leurs pleines possibilités, crée les communautés villageoises, prisonnières des traditions et à demi asservies ? La bêche, au contraire, outil des jardins, permet de travailler le sol plus en profondeur et d'en améliorer le rendement ; elle serait, quant à elle, « un instrument de libération », elle ferait tout simplement les hommes libres... L'historien doit chercher ses vérités et ses explications « au ras du sol » : d'accord ; n'empêche que cette explication de la bêche, qu'eût aimée le commandant Lefebvre des Noëttes, appelle quelques réserves. Il y a bien, à l'appui, l'admirable exemple des Pays-Bas, esquissé en quelques lignes. Mais cet exemple est-il tout à fait convaincant, ne déborde-t-il pas l'explication qu'il doit illustrer ?

C'est le carrefour des Pays-Bas, créateur de négoce et de transit, qui a fait surgir les villes populeuses et libres. On nous dit que ces dernières n'auraient pu subsister sans leurs banlieues retournées à la bêche ? Or, le carrefour lui-même n'est-il pas nourricier ? Très tôt, pour ne prendre que cette direction, par-delà nos villes de la Somme, villes de transit autant que places fortes, le blé français, le vin français n'ont-ils pas pris le chemin des grandes villes du Nord ?... Contre les Pays-Bas révoltés au XVIe siècle, que de fois le gouvernement espagnol n'a-t-il pas rêvé d'un blocus du blé ? Ces faits ne sont peut-être pas sans importance. Le commandant Lefebvre des Noëttes n'expliquait-il pas trop de choses, lui aussi, avec ses remarques sur le collier d'attelage ou le gouvernail d'étambot ? Voilà quelques-unes des nombreuses interruptions que m'inspire la lecture du livre de Gaston Roupnel. Je ne veux pas dire, je ne pense pas qu'elles soient tout à fait pertinentes. Comment se donner raison à soi-même ? D'ailleurs, après avoir fait telle ou telle réserve, si l'on se reporte au texte que l'on a critiqué, on le retrouve, à la seconde lecture, plus nuancé qu'on ne l'avait pensé au premier abord, vivant, glissant entre vos doigts, échappant aux critiques trop simples. Est-on sûr de l'avoir bien jugé du premier coup ? Gaston Roupnel éparpille, il sème les problèmes et les idées, à la volée, par poignées très irrégulières. Ce n'est qu'à la dernière page, et vu dans son ensemble, que le livre apparaît d'une seule coulée.

Deux, ou trois fois, cependant, j'aurais aimé marquer mon franc désaccord ou demander des explications supplémentaires. La façon dont débute ce livre ne me donne pas satisfaction. La façon dont il s'achève et s'explique alors dans ses réalités maîtresses me déroute, ou, pour le moins, pose trop de problèmes difficiles et mal éclairés...

Durant les cent premières pages, on est gêné par le ton de polémique à peu près constant de l'auteur — qui semble d'autant plus forcé qu'on ne sait plus au juste quelle histoire il veut mettre en cause pour la démolir. Il nous dit qu'elle est mauvaise, dangereuse, inutile, mais il ne la définit pas pour autant. Est-ce l'Histoire avec un H majuscule qu'il veut humilier, alors que le reste de son livre la reconstruit avec une ardeur juvénile et comme s'il n'avait rien dit contre elle auparavant ?

De plus, certains de ses arguments *contre* paraîtront un peu gros, pas convaincants et plutôt démodés. On a trop souvent l'impression, à les entendre, d'être transporté en ces années 1890-1900, à la bonne époque d'Anatole France, dans la librairie de M. Roman, où Gaston Roupnel, juché sur l'échelle de Jérôme Coignard, reprend, à sa façon, les propos du Maître de la Villa Saïd. Pendant qu'il évoque les gigantesques efforts de l'érudition et les résultats décevants de l'histoire, ou qu'il nous confie son propre désir de se réveiller, un beau matin, ne sachant plus rien de cette histoire apprise, on songe, malgré soi, à Fulgence Tapir, l'historien de l'*Île des Pingouins*, noyé un beau jour sous le déluge de ses fiches, ou à l'anecdote charmante de ce petit roi de Perse qui voulut connaître l'histoire des hommes pour les mieux gouverner ! Mais tous les lecteurs ne se reconnaîtraient peut-être pas au milieu de ces débats surannés, qu'une pensée aiguë de Valéry, ici ou là, ne réussit pas toujours à rajeunir.

Et puis, est-il vraiment utile de pester contre l'histoire, passe-temps de bourgeois, âgés ou non, loin encore ou tout proches déjà de l'extrême-onction ? ou contre l'érudition sèche, stérile parce qu'elle se limite à elle-même ? ou contre l'histoire prisonnière de notre faiblesse logicienne (mais avec quoi travailler) ? ou contre les déformations passionnelles que doit subir l'histoire, comme si ces passions, en l'attachant à la vie, ne l'enrichissaient pas de toute façon ? L'Histoire est un « poison social », je le veux bien, mais elle est autre chose encore.

« Peut-être serait-il sage, en arrive à écrire Gaston Roupnel, probablement serait-il prudent, certainement serait-il doux [d']... ignorer [le passé] tout entier... Ah ! n'en rien savoir ! Oublier que nous sommes chez les hommes... Ah ! quel soulagement ce serait que de pouvoir échapper à la science scolaire dont on nous accabla ! » Gaston Roupnel joue ici à fermer les yeux. Son souhait est peu raisonnable parce que l'histoire — notre histoire, celle des érudits et celle des historiens — ne porte pas sur ses frêles épaules toutes les responsabilités et toutes les grandeurs de la mémoire des hommes. Supprimez cette histoire, une autre la remplacerait, parente de la fable ou de la légende... Car, l'homme est un animal qui se souvient. C'est même là le point de départ des considérations de Nietzsche sur l'histoire... Ne pas se souvenir, c'est ne pas être, pour une société comme pour un individu. À quoi bon fermer les yeux, dans ces conditions ? Le souvenir est une matière indispensable à la vie, et pas toujours une matière inerte, comme le dit notre guide. Et l'avantage de *notre* histoire, après tout, c'est qu'elle insère d'une façon qui n'est pas sans grandeur (une des grandeurs particulières à la civilisation européenne) un élément rationnel dans le mécanisme et le contrôle des souvenirs collectifs. Une douane et une « police », en somme, tels sont ses premiers et non pas ses seuls services... Est-ce si peu ? Non, décidément, malgré tant de pages brillantes et d'idées saines, je n'aime pas ce long début, pessimiste, destructeur et souvent inutile...

La façon dont il s'achève ne me déplaît pas, elle me déroute, et c'est bien différent. Au-delà d'une histoire de surface, événementielle, disait François Simiand, *historisante*, écrit Gaston Roupnel, le livre nous a appris à distinguer une histoire profonde (une histoire structurale), celle-ci portant celle-là sur son large mouvement. Cette distinction est même admirablement faite. Mais ces deux masses, ces deux étages d'histoire n'acceptent-ils pas une réduction d'ensemble à la ligne rouge du Destin ? De là le beau titre du livre *Histoire et Destin*, le Destin contrebalançant, déterminant l'Histoire, c'est-à-dire notre vie étalée dans le temps. Ce Destin, « cette respiration du monde », Gaston Roupnel se plaît, à la fin de son enquête, à en dire l'importance et les triomphes. Or, qu'est-il, ce Destin impitoyable, qui donne un sens à la vie « des humains », des sociétés et des peuples, qui est le plus lourd, le plus profond, le plus original de millions de péripéties et d'existences ?

La conclusion nous dit : « C'est Dieu lui-même. » C'est l'Esprit. Et c'est Jésus, dont le nom et l'histoire nous sont rapportés en quelques mots d'une exquise tendresse. Ainsi se révèle, en s'achevant, le grand thème mélodique de ce livre vibrant, et plus orienté qu'on ne le pensait tout d'abord... Reprenons son plan : nous sommes, en le suivant, passés de l'histoire, observation froide de la vie, de l'histoire incapable de saisir cette vie à pleines mains dans ses réalités de chair, de sang et d'âme, à la vie elle-même. Première évasion romantique hors de notre métier. L'histoire, c'est la vie, nous dit ensuite et souvent notre guide (p. 169), *toute la vie*. Un pas de plus, et l'on glisse de l'histoire-vie à une interprétation de la vie, à sa poésie tout d'abord, puis à la découverte de son sens profond, et cela nous conduit au Destin, par les chemins de la foi, de l'amour, de l'évocation et de la prière... Tel est l'aboutissement de la conversation prolongée de Gaston Roupnel et, pour lui, arrêtée au moment où l'essentiel se trouve à peine abordé. Tel est, si je ne me trompe, le dessein d'ensemble, assez ferme, de ce livre flexueux... Au début, bien sûr, il ne pouvait y avoir que critiques et moqueries à l'égard d'une histoire débordée par des tâches beaucoup trop lourdes et trop ardues pour elle. Mais, peu à peu, nous avons marché vers la lumière et, à la fin du livre, tout le paysage de l'histoire s'illumine et se justifie... Peut-être trop, à notre gré... Tout s'enchaîne ici-bas (mais en est-on sûr ?), tout ou presque tout a été écrit par avance (le croirons-nous ?). Pour Gaston Roupnel, ce qui est arrivé devait arriver à l'heure marquée ; pour lui, tous les malheurs sont compensés : ainsi, les malheurs d'un pays comme le nôtre n'ont-ils pas eu leurs raisons d'être, puis leurs vertus, leur efficience salvatrice, un peu plus tôt, un peu plus tard ? — Mais, accepterons-nous ces fins dernières de l'histoire ? et de la vie ?

Le problème n'est pas de ceux que l'on peut trancher d'un mot. En ces matières, rien ne se démontre. Nous nous trouvons là hors de notre domaine et de nos prudences. L'histoire est une spéculation sur le bon sens — notre seule valeur sûre. Elle est une enquête *scientifiquement* menée sur ce qui se touche ou se voit. Elle exclut donc le rêve et les autres moyens extra-rationnels de connaissance, lesquels, d'ailleurs, prennent sans fin leur revanche.

Cette conclusion du livre me surprend, je l'ai déjà dit. Mais, à la relire attentivement, elle apparaît beaucoup moins fermée ou étroite qu'on ne pouvait le craindre. Tout se passe comme si le besoin d'expliquer, de reconstruire, avait entraîné trop loin notre guide. Expliquer, en histoire, comme ailleurs, c'est rechercher les cohérences, les répétitions, *l'unité*. C'est toujours, hélas ! simplifier. — « Mais qu'est-ce qui me prouve qu'il y a de l'unité dans la nature ? » demande, dans *L'Idée fixe*, l'interlocuteur de Paul Valéry, lequel réplique : « C'est précisément la question que j'ai posée à Einstein. Il m'a répondu : c'est un acte de foi. » Qu'on me permette de rapprocher ces quelques mots de la conclusion d'*Histoire et Destin*. J'ajouterai que, par son acte de foi, Gaston Roupnel ne tient ni à nous égarer — nous qui ne pensons pas comme lui — ni surtout, j'y insiste, à se séparer de nous. Retenez son mot décisif, sa grande concession : « Le maître du mystère et du temps, appelez-le comme il vous convient, déclare-t-il. Suivant ce que vous êtes vous-même, il sera telle ou telle vérité. Pour beaucoup, il sera l'abstraite indifférence de ces lois de la nature... » (p. 399). Donc, ne reprenons pas, sans plus, au sujet de la pensée roupnélienne, ce que l'on aura dit de la Providence de Bossuet ou de la géométrie historique de Joseph de Maistre... Gaston Roupnel veut nous persuader, malgré tout, que nous pensons à peu près comme lui, nous qui cherchons des *lois*, des explications, des philosophies de l'histoire du monde ou qui croyons à un Progrès de l'humanité, ou à un idéal dominateur, nous tous qui, à des titres divers, n'acceptons pas, dans le domaine de l'humain, le règne sans partage du Hasard... (qu'en eût dit, hélas, notre bon maître Maurice Holleaux !). C'est un danger de concilier les inconciliables. Mais Gaston Roupnel n'a pas voulu l'esquiver. Nous a-t-il convaincu ? C'est une autre question.

On veut bien croire, avec lui, que les événements et les grands hommes déplacent à peine le Destin — ceux-ci, dans l'étroite mesure où joue leur libre arbitre (car cette question, on le pense bien, est posée)... Je suis assez porté, je l'avoue, à ne pas surestimer l'histoire événementielle. Mais qui de nous peut accepter le chapitre entier de Gaston Roupnel sur la finalité en histoire et admettre que tout a été à peu près écrit par avance, que l'ensemble des événements, bons ou mauvais, s'équilibre et se compense sur un plan qui nous échappe... Je n'irais guère au-delà, en ces terrains difficiles, de la loi des compensations formulée par le Jakob Burckhardt des *Geschichtliche Betrachtungen* ; pour lui, chaque catastrophe doit avoir, d'une façon ou d'une autre, à côté de conséquences désastreuses qu'il ne nie point, des conséquences heureuses : ainsi, la poussée de Tamerlan sauve l'Europe, au XVe siècle, d'une dangereuse invasion turque. Malheur des uns, bonheur des autres !

Mais Gaston Roupnel va beaucoup plus loin que cette sagesse des nations... Tout ne doit-il pas céder à son besoin de voir et d'expliquer, à son ardeur intelligente, à sa joie tourmentée d'aimer ?... Et rien ne l'empêchera, en ce livre de méditation, d'aller toujours de l'avant. Il brûle nos gares scolaires, le déterminisme, le fatalisme, le libre arbitre et quelques autres... Eh oui ! Mais perdrons-nous notre temps et notre peine à l'y ramener de force ? Nous demanderons-nous — autre et même question, au fond — si cet essai ne nous annoncerait pas un retour à un romantisme, à une « grande » histoire, consolation à prévoir, dès maintenant, pour les lendemains pacifiques des dures années que nous traversons ? Nous demanderons-nous, dans un tout autre sens, cette fois, de quelles pensées antérieures dérivent ou semblent dériver ces pages ? Mais à quoi bon discuter davantage : nous relirons ce livre ; d'autres que nous le liront plus tard, et chaque fois son visage et son sens apparaîtront différents, chaque fois les interruptions et les critiques changeront, elles aussi. Or, qu'importent les critiques, les réserves et de pénibles efforts pour mieux et plus loyalement comprendre, à côté du plaisir de lire un livre riche d'expérience, d'humanité et de vie, d'une si émouvante jeunesse d'esprit... Aujourd'hui, j'ajoute, d'un si puissant réconfort, en cette année 1944, encore cruelle.

III

EN MARGE OU AU CŒUR DE L'HISTOIRE ?*

Charles Morazé adore s'aventurer très en avant des lignes sagement, voire trop sagement tenues par ses confrères en histoire et en sciences sociales. Il lui faut l'ivresse des coups de main, des raids et de la solitude, car il a besoin de nous quitter pour nous surprendre ou nous irriter au retour — plus encore, pour se justifier à ses yeux de sa passion dévorante pour l'Histoire. Pour elle, n'a-t-il pas successivement trahi, hier, les mathématiques et la philosophie — qui d'ailleurs, rassurons-nous, en tireront vengeance tout au long de sa vie ?

Dans ses livres, on suit donc facilement Charles Morazé au départ, le long de la route par laquelle il quitte nos terres familières et nos compagnies. Mais le chemin devient brusquement sinueux, le voyage difficile. L'occasion est bonne de pester contre notre guide (il s'en réjouit), de le tancer, de lui faire jurer de ne plus recommencer et, la conscience désormais en repos, de profiter du voyage lointain que l'on vient de faire — je veux dire d'y prendre goût, et même de le recommencer seul, à pas prudents, une fois, deux fois, trois fois... Car on ne comprend ni à la première, ni à la seconde ou à la troisième lecture, ce que veut toujours nous dire notre guide impétueux. Ainsi ai-je fait avec ses *Trois Essais sur Histoire et Culture*, qui constituent le très discutable et très brillant numéro de nos *Cahiers des Annales*.

I

Trois voyages au lieu d'un. Qui s'en plaindra ? D'autant qu'au départ les quelques mots d'introduction de Lucien Febvre indiquent jusqu'où le fondateur des *Annales* veut bien accompagner

---

* *Annales E.S.C.*, 1949, pp. 311-319.

le plus jeune des historiens qu'il a associés à son œuvre. Il est d'accord sur tel, tel et tel points... Au-delà ? Au-delà, Charles Morazé s'ébroue, s'échappe, se compromet. Ne nous fatiguons pas trop à le poursuivre, d'entrée de jeu, jusqu'au bout de la course. Chaque chose en son temps ! Retenons tout d'abord, un peu comme Lucien Febvre, ce qu'il y a de classique, de solide (de classique et de solide pour les historiens des *Annales*) dans les *Trois Essais sur Histoire et Culture*.

Premier voyage, Charles Morazé veut escalader les barrières habituelles du fait historique. « Soit, écrit-il, l'avènement de Jules Ferry à la tête du gouvernement français... », langage qui nous remet en mémoire les discours lointains de nos maîtres au collège : « Soit un point, soit un triangle. » Un point quelconque, un triangle quelconque, un événement quelconque. Car je ne crois pas que notre auteur ait beaucoup médité sur ce fait quelconque, j'entends qu'il ait été vraiment anxieux, un jour, de savoir les conditions d'accession de Jules Ferry à la présidence du Conseil[1]. Ce qu'il veut nous montrer, sur cet exemple quelconque, c'est la complexité du fait historique, ou plus exactement, des explications qu'il appelle. Suit donc un discours pascalien où nous nous trouvons à l'intérieur du fait, puis au-dehors. Minuscule instant, on y découvre au microscope des millions, je ne dis pas d'instants ou de faits, mais de problèmes, de liaisons, d'incertitudes. Et ce fait minuscule baigne dans l'histoire du vaste monde...

Amusées et amusantes, ces premières pages de l'Essai n° 1, si brillantes qu'elles soient, ne nous surprennent guère. Tout est lié — eh bien ! tout est lié, nous le savions si nous l'oublions, comme on oublie ses malheurs — dans l'histoire terriblement complexe du monde. « Pauvre fait... Le veut-on élargir, il envahit l'universelle éternité... » Les faits se soudent entre eux, à travers le temps comme à travers l'espace ; sans fin, historiens, nous avons à faire le tour complet de l'horizon.

Deuxième Essai, *Du nombre à l'homme*, le meilleur, et de loin, à mon avis. Au moins la moitié du parcours, là encore, sans incident. Voilà comment le nombre envahit la vie des hommes. L'homme veut être compté politiquement, le fisc tient à le compter avec les arrière-pensées qu'il est inutile de préciser, l'entrepreneur de modernes entreprises cesse, à partir d'un certain ordre de grandeur, de travailler sur l'homme pour travailler sur le chiffre. Le nombre nous saisit, nous capte... Et, dans le domaine du social où nous baignons, voici les mathématiques sur la piste du nombre. Or ces nombres s'accordent entre eux, se lient entre eux. « On sait que Buffon jetait au hasard son aiguille sur une surface théoriquement infinie et réglée de traits distants de deux fois la longueur de l'aiguille. Si l'opération est faite *en totale indifférence* un nombre infini de fois, le rapport entre le nombre de fois que l'aiguille tombe *entre* ou bien *sur* les lignes donne justement π. » Vous sentez bien que cette histoire risque d'être effrayante et que, si les nombres se commandent, ils peuvent nous commander dans leur mouvement même... Nous serons aussi peu libres que l'aiguille jetée *en totale indifférence*... Mais notre guide nous rassure : les hommes ne sont pas jetés les uns vers les autres en totale indifférence ; il y a des liaisons, des contraintes sociales ; l'expérience de Buffon ne vaut pas entièrement pour eux. Et les mathématiques modernes font elles-mêmes place à l'irrationnel. Si jamais l'homme est pris dans leur engrenage, il lui restera encore cette chance des zones d'irrationalité. Cette fois encore nous ne sommes ni surpris, ni désorientés...

Le dernier essai, *Ordre et méthode*, nous réserve pareillement des débuts tranquilles. Qui ne rêve d'une unité des sciences sociales, d'une totale expérience intellectuelle, pour le moment en dehors de nos possibilités, mais non pas hors de ce que l'on est en droit d'imaginer ? Et qui n'imagine rien, n'a rien. Que d'obstacles à cette unité, à cette formule universelle ! Deux au moins, dit Charles Morazé : tous les faits sociaux sont réductibles à l'espace et au temps, ils sont d'abord de l'espace et du temps. « C'est le génie de Kant d'avoir compris que le temps et l'espace étaient des indications de la sensibilité humaine auxquelles rien ne peut échapper de ce qui est *humain*. »

II

Il n'y aurait que cela dans les soixante pages alertes de Charles Morazé qu'il n'eût pas été besoin d'engager pour leur publication tout un cahier des *Annales*. Mais il y a bien autre chose. Une sorte de violence contre les explications admises, d'ardent désir de découvreur, autant d'imprudences, sans doute, aux yeux des gens qui n'aiment que l'acquis, le sûr, le déjà vu. Ce n'est pas *pour* eux que Charles Morazé écrit, mais *contre* eux, et ils le savent bien.

Pour voir ce qu'il y a de neuf, de risqué, et, somme toute, de salutaire, dans les *Essais*, il faut cette fois ne pas les prendre dans leurs premières lignes, benoîtes, tranquilles et sages, mais dans leurs dernières conclusions, où, de fatigue souvent, mais par là même abandonné à la pente de sa pensée, Charles Morazé laisse courir ses idées droit devant lui... Alors, pour essayer de dire rapidement ce qu'il en est, en laissant au lecteur le soin d'aller voir lui-même si le croquis est suffisamment fidèle, changeons les titres des *Essais*. — Essai n° 1, nous ne dirons pas *Des faits à l'homme*, mais *Crise économique ou crise psychologique et morale* ; — Essai n° 2, non pas *Du nombre à l'homme*, mais *L'Homme asservi à l'esprit* ; — Essai n° 3, non pas *Ordre et méthode*, mais *Plaidoirie en faveur de la Culture*, ou mieux encore, *De la synthèse*. Je me hâterai sans, je l'espère, trop trahir cette pensée de pointe, brillante mais fragile comme toutes les pensées qu'on veut lancer loin, hors de nos habitudes et de nos respects traditionnels.

Il y a des crises économiques. Simiand les a expliquées et mieux encore, après lui, Ernest Labrousse. Mais l'économie politique n'existe pas en soi. C'est un éclairage et que nous créons. Écoutez Morazé, il hésite entre dix ou vingt formules successives, mais il exprime finalement sa pensée avec un rare bonheur : « Ces courbes de prix sont, tout autant que la mesure des influences de la circulation métallique, la mesure des solutions morales auxquelles se rallient la moyenne des hommes. » Et il ajoute : « Voici le pont jeté entre les études psychologiques et les études économiques. La mesure des crises est tout autant valable pour les unes que pour les autres. Elle doit offrir le moyen de passer de l'étude du bien-être matériel à l'étude du bonheur, moyen de prolonger l'histoire dans la morale, de passer de l'histoire économique à la phénoménologie de l'esprit. L'histoire d'abord est psychologie » (p. 23). Vous voyez combien ce raisonnement est discutable, n'étant pas aligné prudemment, mais tracé trop vite. À chaque instant, pris par l'habitude de cet esprit interrogateur, nous lui poserions volontiers des questions. Qu'est-ce que votre psychologie, vos crises morales, vos conceptions du bonheur, du bien-être ? Quel lien voyez-vous ?... Mais l'auteur n'est pas l'homme des dialogues. Il n'a pas le temps de parler à son lecteur. Il va son chemin.

Pour Morazé, c'est un axiome que la liberté de l'homme. L'homme n'est pas contraint par les chiffres, nous le disions il y a un instant, puisque son expérience n'est pas sous le signe de cette indifférence totale qui seule permet, par les portes du calcul des probabilités, de gagner le domaine contraignant du nombre. Et, d'ailleurs, « nous ne faisons qu'entrer dans le champ des mathématiques », « l'homme n'est qu'au tout petit début de

son évolution » ; malgré une illusion constante, il n'est pas à
« l'époque la plus importante de l'histoire, à celle du Tournant ».
Hier, à « l'époque préstatistique » — l'expression n'est-elle pas
heureuse ? —, l'homme « était victime de la nature ». Aujourd'hui, ne pourrait-on hasarder qu'il est la victime de son esprit,
limité par lui, contraint par lui ? « L'esprit, encore l'esprit.
Toujours lui. L'esprit de l'homme cette [...] phénoménologie de
l'esprit. » Formules entre lesquelles hésite la pensée de notre
ami. Mais cherchons, la formule heureuse sera offerte à notre
patience. Quelques lignes plus loin nous lisons (p. 32) : « Développant ses connaissances scientifiques pour maîtriser la Nature,
l'homme, victime de sa propre technique, devient prisonnier de
sa nature spirituelle. » L'homme prisonnier de ce qu'il fait, de ce
qu'il crée, l'homme qui est justement « ce qu'il fait » : un pas, et
de la pensée marchante de Morazé nous passons sans difficulté
aux précisions coupantes d'Ignace Meyerson.

Pourquoi classer, mettre au point un ordre — ou plutôt de
grands ordres ? Distinguer de la Géographie la Géographie
humaine, de l'Histoire-Chronologie l'Histoire-Culture ? Montrer
qu'il n'y a de scientifique dans nos métiers que nos techniques (la
Géographie-Science n'est et ne peut être qu'une cartographie).
Pourquoi reprendre à ma suite ce mot affreux de *géohistoire* et le
programme non de fusion, mais de rencontre, qu'il implique, ce
terrible « entrecroisement du temps et de l'espace... » ? Simplement pour s'abandonner, dans la ligne de notre effort commun,
au plus ambitieux impérialisme, pour ressaisir dans sa masse
vivante, glissante sur les pentes du temps, renouvelée sans fin
comme d'éternelles moissons — ressaisir le monde entier des
hommes... Tâche de synthèse, sans quoi il n'y a pas de culture.
Sans quoi tous nos outils sont jouets inutiles. Synthèse, chef-d'œuvre des chefs-d'œuvre. Justification... Faire sa place à
l'homme, comme nous le disons si souvent ici, aux *Annales*, c'est
tout reprendre, tout saisir, tout mêler pour recréer la vie.

III

Voilà quelques-uns des voyages de Morazé. Je les ai mal racontés. La place me manquait. Et puis à quoi bon recommencer un
livre aussi vif que celui-là ? Tout compte rendu n'est que l'exposé
indirect de nos propres défauts et de nos partis pris, alors que
l'on est censé parler des défauts, des qualités ou des partis pris

des autres. Je suis plus prudent que Charles Morazé. Plus sage ? Je n'en sais rien. Question d'âge, de génération, de tempérament. Si les philosophes nous accompagnaient au lieu de nous suivre à cinquante ans de distance, point ne serait besoin de philosopher sur notre métier. Leur carence nous oblige à parler, à les suppléer et j'ai peur qu'il n'en soit longtemps ainsi. Alors, puisqu'il nous faut voyager, éclairer des routes nouvelles, Charles Morazé est un bon ouvrier de cette tâche nécessaire, mais cette tâche est si vaste, si difficile, elle met tant de problèmes en cause que l'on ne saurait accepter sans critiques et sans réserves les formules, les points de vue, les projets ou les rêveries de notre guide... Le livre achevé on continuerait volontiers le dialogue imparfait que l'auteur nous accorde, par un aussi mauvais dialogue où ne prendraient place, cette fois, que nos idées, nos réserves, nos griefs et nos reproches. Il est bien, dirions-nous, de faire sa place à l'homme, et de mêler tout ce qui fait l'homme vivant et complexe, mais prépare-t-on ainsi notre travail d'analyse, de prospection sans quoi la synthèse ne se conçoit pas ? Parmi tous les faits historiques liés, agglutinés comme à plaisir, où sont les failles, les discordances par où pénétrer, pousser nos galeries et nos recherches ? À vrai dire, Charles Morazé, malgré ses efforts, ne crée pas une méthode. Il m'invite à voyager, à me dépayser, à oser, à risquer. Non pas à mordre sur le réel. C'est la méthode qu'il oublie de nous rapporter de ses fugues précipitées. De la conception volontaire de l'histoire qui est celle de Lucien Febvre, je dégage l'histoire-problème, et l'histoire-problème est une arme. Les *Annales* le disent et le répètent depuis plus de vingt ans. Mais que Morazé parle des faits, des nombres, de la synthèse, il ne me dit pas comment distinguer entre les faits pour pousser en avant mon travail d'historien ; si, au-delà des nombres, il m'abandonne sous le signe de la phénoménologie de l'esprit, je n'irai au-delà que par mes propres moyens ; s'il me chante les vertus de la synthèse, il oublie de me dire comment s'y risquer. En d'autres termes, j'aimerais qu'au-delà de l'histoire il pense davantage au « métier d'historien » (ainsi s'intitulent les dernières notes de Marc Bloch), ce métier qui a besoin surtout de renouveler, autant que son esprit, ses techniques les plus élémentaires. Il faut aussi travailler au ras du sol.

IV

LA DOUBLE FAILLITE « COLONIALE » DE LA FRANCE AUX XVe ET XVIe SIÈCLES*

Un livre de Charles-André Julien est toujours un beau spectacle : scènes bien construites, dialogue rapide, intrigue vivante, langue nerveuse. Que demander de plus ? *Les Voyages de découverte et les premiers établissements, XVe et XVIe siècles,* qui s'attaquent au gros sujet de l'expansion française au seuil de l'époque moderne, ont le même accent que cette *Histoire de l'Afrique du Nord* dont j'ai eu plaisir à dire, voilà bientôt vingt ans, les très rares mérites... Même souci de l'histoire vivante, de l'explication à peine appuyée, du récit concis qui dit juste ce qu'il faut dire comme s'il importait de ne gaspiller ni le papier — il est si cher — ni le temps du lecteur — serait-il si précieux ? Même lutte désintéressée, aussi, contre les passions qui troublent sans fin l'histoire et particulièrement les passions nationales, pour tout subordonner finalement à la seule passion de comprendre et d'expliquer. Même ampleur de lecture, même sûreté d'information. Et, pourquoi ne pas le dire, même et constant souci de redresseur de torts, de révisionniste obstiné, enchanté de peindre et ranimer à sa guise les grands personnages de l'histoire sous un éclairage nouveau et qu'il veut de stricte vérité... Voici, aux incertaines frontières de la Réforme et du catholicisme, un Villegaignon, ce « roi d'Amérique » aperçu dans la ligne même des explications générales de Lucien Febvre, ici fort habilement reprises, et le portrait me semble une conquête solide. Voici encore un Coligny grandi, ou rendu à sa véritable grandeur, politique avisé, obsédé par le désir de sortir la France de ses querelles passionnées et mesquines, en ces années où triomphent les aveugles et les myopes, les tristes hommes d'après 1560, comme aime à le dire Lucien Febvre. Je croyais Coligny, pour

---

* *Annales,* 1949, pp. 451-456.

mon compte, durant les culminantes années de 1571, 1572, « perdu en plein rêve ». Charles-André Julien proteste dans une note, dresse son explication contre moi et contre tous ceux qui ne partageraient pas sa façon de voir. Coligny ? « ... le seul Français du siècle qui ait pleinement compris l'importance de la politique d'expansion et de la lutte contre les Empires espagnols et portugais. »

Voir les hommes avec des yeux nouveaux — premier soin — mais c'est aussi avec des yeux nouveaux que Ch.-A. Julien voit les événements auxquels, historien traditionaliste, il prête une attention soutenue. Il les raconte sobrement, à sa façon toujours originale, qu'il s'agisse des destins de la France antarctique, de cette « Malte » de Villegaignon, plantée dans la baie de Rio de Janeiro, des expéditions françaises en Floride ou des premiers établissements sur les rives du Saint-Laurent. Peut-être, en ces récits menés un peu au pas de charge, ne sera-t-on pas toujours d'accord avec le narrateur péremptoire. Mais n'anticipons pas sur nos critiques. N'allons pas dire trop vite, non plus, que notre guide tombe dans le péché de l'histoire historisante, biographique et événementielle ! L'histoire-récit est un vieux genre, avec ses vertus et ses défauts. Elle dérobe trop souvent l'arrière-plan des faits économiques, sociaux et culturels. Mais Ch.-A. Julien a trop de curiosité, dans son voyage, pour ne pas s'égarer hors de la route tracée à l'avance, ou pour ne pas rêver à d'autres itinéraires. Il s'ensuit d'étranges conséquences. En fait, l'ouvrage pourrait s'arrêter à la page 304 où se termine le récit des événements déroulé dès la première page du livre. Mais il rebondit, recommence au-delà de cette page 304, pour presque 150 pages nouvelles et, cette fois, sur un ton et selon des procédés nouveaux. Cette seconde partie du livre — ainsi appellerions-nous volontiers les chapitres VI et VII — nous semble la meilleure de l'ouvrage, bien qu'elle en désaxe l'architecture et soit difficile à saisir. Elle est tout à la fois une reprise des travaux d'Atkinson, de Chinard, une fine utilisation du *Rabelais* de Lucien Febvre et en même temps, consciente ou non, une réminiscence ou une transposition des ouvrages de Paul Hazard sur le complexe idéologique européen. Nous ayant montré des Français de par le monde, l'auteur se plaît, en un discours qui se veut une conclusion (mais la conclusion voudrait être un livre), à nous montrer comment les images du monde abordent, submergent notre pays, y déchaînent des révolutions d'idées, s'y développent, s'y amalgament avec des thèmes anciens, y fleurissent parfois en légendes. Le chapitre VI étudie le legs du passé et l'initiation au Nouveau Monde. Le chapitre VII nous conte l'avènement du Bon Sauvage, de façon un peu rapide, hélas ! Ces deux chapitres sont pleins de choses, de citations, de lectures ; ils font penser, même s'ils ne convainquent pas toujours. En fait, ils nous laissent sur notre faim et, en les lisant, on perd le souvenir des récits alertes qui précédaient. Ajoutons, pour être sincère, que la conclusion, « Un siècle de transition », ne rétablit ni l'ordre ni l'unité du livre. Qu'est-ce qu'un siècle, cher ami, qui ne serait pas de transition ?

N'empêche que cette seconde partie, trop étroite à notre gré, se lit avec plaisir et qu'elle nous donne ce regret : pourquoi Charles-André Julien, avant de prendre sa plume rapide, n'a-t-il pas essayé de réviser les normes habituelles de son métier ? Il leur est infidèle, sans doute, mais très insuffisamment encore à notre gré.

Aux XVe et XVIe siècles, la France a échoué par deux fois, sur les sept mers du monde. Une première fois lors de la vaste aventure des Grandes Découvertes, déclare Ch.-A. Julien qui fait justice, un peu brutalement mais justement, de beaucoup de prétendues découvertes françaises. Après cette première compétition irrémédiablement perdue, au XVe siècle, au temps de Colomb et de Vasco de Gama, une seconde n'est-elle pas également perdue au siècle suivant — non moins gravement ? Français des ports et des provinces maritimes, aventuriers, gens du roi, corsaires et négociants ont, à l'époque de Louis XII, de François Ier et de Henri II — puis, au-delà du bref règne de François II et des Guise, durant la tumultueuse époque de Charles IX —, essayé de regagner la partie perdue, de s'associer, de gré ou de force, à la richesse des Ibériques et à toutes les richesses du vaste monde. Courageusement, souvent avec éclat, la France de François Ier, de Henri II et de Coligny s'est voulue planteuse d'hommes au-delà des mers. Mais cette politique, plus ou moins cohérente, ne dépassa guère les années 1566-1568 que marquèrent tout à la fois le massacre des Français en Floride, le sac de Madère par le fils de Montluc, l'expédition de représailles de Dominique de Gourgues contre les Espagnols de Floride. Alors, comme le dit notre guide, c'est la fin de la politique d'expansion. L'échec retentissant de Strozzi en juillet 1582 aux Açores n'est qu'un événement d'arrière-saison ou hors de saison. Les jeux étaient faits depuis longtemps. Cette vérité, solidement établie, est le gros apport du livre de notre ami.

Donc, échec au XVe siècle quand les grandes découvertes se

font sans nos marins — ou presque. Échec encore au XVIᵉ siècle quand la France — entendez les diverses forces qui l'animent — renonce au grand combat pour les routes, les îles, les côtes et les profits de l'Atlantique, de l'Afrique et de l'Amérique. Deux échecs, double problème, ou un seul grand problème du destin français ? Il est bien certain que toute l'enquête de Charles-André Julien, qu'on la prenne comme on voudra, est dominée par ces grandes questions.

Mais justement, quelles explications, quelles réponses fournit-il à notre curiosité ? Puis-je dire, sur ce plan, que le livre étonne un peu ? On le lit d'un trait. Achevé, on est bien obligé de voir quelle place étroite est faite à ce grand débat. Charles-André Julien a-t-il seulement le goût de cette histoire-problème qui plonge plus loin que les événements et les hommes, une histoire saisie dans le cadre d'un problème vivant, ou d'une série de problèmes vivants clairement posés et à quoi tout ensuite est subordonné, joie de raconter ou de retrouver la vie, délices d'animer de grandes ombres ? Au lecteur, pensera Ch.-A. Julien, de se faire une opinion, d'interroger l'ouvrage à sa guise. Mais justement l'ouvrage ne nous offre positivement que des réponses rapides et évasives.

Premier échec, celui du XVᵉ siècle. La faute en est à nos rois, dit-il en bref, à nos rois à qui ne manquèrent pourtant « ni les moyens », ni les raisons d'agir [...], mais bien la volonté d'expansion qui animait les souverains de Lisbonne et de Valladolid » (p. 2). Autant dire : « Nous avons eu de mauvais rois. » Mais qu'est-ce que cela signifie ? Que l'expansion ibérique, elle, a dépendu de « bons » rois, que ces « bons » rois ont tout fait, tout réussi d'une aventure qui relevait d'eux seuls ? Voilà qui ramène le débat à des dimensions très humaines. Alors, de petites entreprises que ces voyages et ces vocations ?... « La vocation de la Castille ne naquit pas d'une méditation mais d'une aventure, la découverte inopinée des Indes occidentales par Christophe Colomb. » Sur cette pente facile notre collègue ne s'arrêtera plus. Il sera attentif aux événements et aux individus, à la petitesse des moyens des découvreurs et des colonisateurs, mais ces petits moyens ce sont les moyens du temps. Dans ces expansions européennes, il verra, par excellence, une poussière d'aventures individuelles. Du coup, « individualisant » l'histoire, il la minimise à l'excès ; il la décroche d'une histoire de fond, économique, sociale ou culturelle, pour laquelle il n'a pas eu assez d'attention. Et pourtant celle-ci n'a-t-elle pas joué son rôle ?

Au XVᵉ siècle, à la veille des grandes découvertes, l'économie internationale c'est à la fois le commerce du Levant (entendez, par la mer Noire, la Syrie ou l'Égypte, le commerce du poivre et des épices) et le commerce du Nord sur les places de Londres et de Bruges (bientôt d'Anvers), plus exactement encore c'est la liaison maritime tendue de la Méditerranée à la mer du Nord depuis la fin du XIIIe siècle, à large distance de la plaque tournante du carrefour français, le tout aboutissant aux villes décisives et privilégiées d'Italie, dont Venise et Gênes sont les reines. Cette liaison Méditerranée - mer du Nord a éveillé, longtemps à l'avance, la grande vie de l'Andalousie et de Lisbonne, déterminé la préface de leur brusque *mais* explicable montée. C'est ce qu'ont dit à leur façon des historiens avertis, aussi bien Peragallo que Gonzalo de Reparaz ou Vitorino Magalhães Godinho... Non, la politique d'expansion des Ibériques ne vient pas seulement d'un hasard ou d'une heureuse initiative individuelle. Voyez, à ce sujet, le dernier livre méticuleux de Konetzke, la vocation maritime des Ibériques n'est pas un accident tardif, gratuit pour tout dire.

En vérité, tout — ou pour le moins beaucoup de choses — a été commandé par l'économie internationale du XVe siècle, principalement l'économie atlantique dont l'étude éclairerait les vraies raisons de notre carence et de notre échec, à nous Français, durant la compétition des Grandes Découvertes. Au départ, nous ne sommes pas bien engagés dans le jeu gagnant. Ne faut-il pas, à l'origine de ces grandes découvertes, indiquer, en dehors des causes habituellement rapportées, l'expansion de la culture de la canne à sucre, la recherche des indispensables esclaves noirs, comme aime à le soutenir et comme le soutiendra un jour proche Vitorino Magalhães Godinho ?

Le grand fait, avant même la guerre de Cent Ans, a été, à la suite de la victorieuse liaison opérée par les galées génoises de la Méditerranée à la mer du Nord, cette mise hors des grands circuits des routes continentales et de l'économie françaises. Les foires de Champagne n'ont duré qu'un temps. Or, sans cette collaboration de l'économie générale, je veux dire au XVe siècle sans la volonté de Venise ou de Gênes, sans la complicité des capitalistes internationaux, italiens ou nordiques, peut-on expliquer Lisbonne ou la prise de Ceuta, ou ces longues racines que vont plonger les Génois en Andalousie, ou plus tard même le périple de Magellan ? Derrière la fortune ibérique il y a eu cet élan des XIVe et XVe siècles, cette complicité du capitalisme international, et ces moteurs, Séville, Lisbonne puis Anvers, villes aux destins liés, dont la vie de relais tournait autour de la France.

Par surcroît, Charles-André Julien a raison de le dire, les drames de la guerre de Cent Ans viennent tout aggraver. Aggraver, mais non pas créer une crise déclenchée déjà par les révolutions routières.

Second échec au-delà de 1566-1568 : notre repli de l'Atlantique. Échec essentiel à l'heure où sur l'océan commencent les grandes heures des corsaires anglais. Mais notre carence politique n'est-elle pas alors éclatante ? La France va s'abîmer dans ses guerres intestines. Les vrais troubles ne se déclenchent peut-être qu'avec la troisième de nos guerres de Religion, à la faveur de cette paix allemande face aux Turcs (de 1568 à 1593) qui rejettera vers nos campagnes l'incessante aventure des lansquenets allemands. Politique d'abord ! Sommes-nous convaincus ? Tout est clair, et, cependant, si l'aventure anglaise qui se met en place au-delà de 1568 peut, à la rigueur, s'expliquer politiquement (vingt ans plus tard c'est l'*Invincible Armada*), que dire de cette fin de siècle où ce n'est pas l'Anglais qui triomphe, mais bien le Hollandais ? Le Hollandais, lié à l'argent espagnol, au grand commerce international. En vérité, l'Atlantique et ses terres neuves ou anciennes n'est-il pas le prix d'une vaste économie d'échanges, d'une économie mondiale que l'île anglaise n'a pas encore su, ou pu, créer et dont la France du XVIe siècle n'aurait pu fournir les éléments ? Question essentielle ! Lyon, capitale de l'argent français (jusque vers les années 1570), est un outil continental tourné vers l'aventure italienne. Paris, capitale de l'argent, au milieu des terres, ne vaut que dans les dernières décennies du siècle. Or, qui dit commerce colonial dit argent, crédit, métropoles financières et maritimes : qui peut l'ignorer ?

L'expansion — pour ne pas reprendre ce mot « colonisation » que nous n'aimons guère employer —, l'expansion naît d'échanges fructueux et de possibilités d'échanges, du crédit des marchands. Notre guide nous le dit lui-même — et fort bien — à propos du commerce des fourrures au Canada. Petit exemple, mais la règle est évidente. Si la France du XVIe siècle (surtout de la seconde moitié du XVIe) fait grande figure en Méditerranée et sur les rives et dans les terres qu'elle baigne, n'est-ce pas que le Sud languedocien et provençal, vieille terre urbaine, a ses fortes colonies de capitalistes, de marchands, de négociants et de marins ? Donc des outils efficaces. Comme Venise, la France reste engagée dans l'économie méditerranéenne, y emploie ses forces vives, y marque des points, y conserve des positions anciennes, en développe de nouvelles. Charles-André Julien marque bien ces succès méditerranéens. Encore faudrait-il, à mon avis, mieux souligner l'extraordinaire fortune de Marseille dans le dernier quart du XVIe siècle, et dire les limites de cette demi-victoire. Cette demi-victoire au sud, sur la mer familière, qui a peut-être nui aux fortunes atlantiques, Ch.-A. Julien le suggère presque : encore faudrait-il le démontrer...

Ces problèmes que j'indique, que je ne prétends pas résoudre ; ces problèmes passionnants, le livre de Ch.-A. Julien trop souvent les laisse à l'écart. Il dit pourtant à plusieurs reprises et dans sa conclusion que l'expansion française, plus que des rois, est le fait des villes, des provinces, d'individus... Alors que l'on nous parle de ces provinces, de ces villes-clés, trop étroites, trop pauvres, à mon sens, qui n'ont pu assurer le rôle de métropoles d'outre-mer. Plus que le Bon Sauvage, elles sont les personnages essentiels de cette histoire. En vérité, comment analyser de façon fructueuse l'expansion française en ne mettant pas en cause la France réelle du XVIe siècle ? Dernier reproche, enfin, et que j'ai peine à faire — mais autrement ce serait manquer à la vocation critique de cette revue —, comment traiter cet immense sujet sans avoir eu recours réellement une seule fois aux documents d'archives ? Travailler de seconde main, même à la perfection, c'est travailler sur des matériaux vieillis. On les rajeunit quand on a le talent critique de Ch.-A. Julien, mais ce ne sont toujours que de *vieux* matériaux. Des études d'archives auraient révélé à notre auteur l'action réelle de ces personnages qu'il néglige, Rouen, Nantes ou Marseille, et l'Atlantique lui-même. Elles lui auraient enseigné à être beaucoup moins catégorique : l'histoire n'est jamais aussi claire... Elles lui auraient enseigné aussi à ne pas s'en tenir à des vues anciennes, ainsi sur les Capitulations de 1535. À reconnaître enfin que l'argent, que le sucre, sont de grands personnages en ce XVIe siècle qui ne fut pas immatériel. Ainsi au Brésil, dont il parle avec tant d'intelligence, c'est le sucre plus peut-être que les admirables jésuites qui a fait la fortune portugaise. Peut-être les Français auraient-ils conservé une grande place au Brésil si ce dernier était resté, comme au début du siècle, le pays du bois de teinture, du bois rouge, du *pau brasil*. Mais, avec la seconde moitié du siècle, il est devenu le pays du sucre, des *engenhos*, des maisons de maîtres — les *casas grandes* — des *senzalas*, ces cases réservées aux Noirs importés d'Afrique... Si l'on ne devient pas un pays colonial du jour au lendemain, ce peut être parfois, simplement, parce que, du jour au lendemain, on ne devient pas un pays sucrier. La vocation coloniale met en cause toute la vie, toute la structure d'un pays, jusqu'à ses entrailles. La France du XVIe siècle que nous montre Charles-André Julien n'est pas ouverte aussi profondément. Elle est sœur de la Venise de Charles Diehl. On ne saurait mieux — ni plus mal —dire...

V

L'ÉCONOMIE FRANÇAISE AU XVIIᵉ SIÈCLE*

Notre collaborateur Jean Meuvret, à l'heure actuelle l'un des rares connaisseurs de la France économique du XVIIᵉ siècle, n'a pas une propension naturelle à se lancer dans des synthèses péremptoires. Il aime cheminer à pas lents, examinant, réexaminant les problèmes, pour lui jamais simples, et dont les solutions, aurait dit François Simiand, « ne sautent pas aux yeux ». On lira donc avec attention les quatre études serrées qu'il vient de donner au cours de ces dernières années et qui s'éclairent d'être ainsi rapprochées.

Le premier mérite de Jean Meuvret est de savoir observer, démonter avec minutie les techniques de l'histoire économique, mesurer leur rendement, leurs qualités et leurs défauts — et, par suite, de rendre aux problèmes leur complexité et leur incertitude vraie. Jean Meuvret voudrait, à l'égard des prix, clefs de tant de problèmes, mais aussi à l'égard de tous les aspects du passé économique, être aussi prudent que le plus zélé de nos collègues chartistes aux prises avec un texte dont il épelle lentement les lettres... Qui l'en dissuadera et ne pensera que ces prudences et réflexions s'imposent à la jeune science de l'histoire économique pour que soient évitées des erreurs assez grossières et plus encore des hâtes et des conclusions excessives ! Je ne connais guère, en tout cas, mis à part les travaux classiques de C.-Ernest Labrousse, de lecture plus utile pour un historien, débutant ou formé, que ces patientes recommandations de notre guide. Elles conduisent, sans erreur, au cœur des vrais problèmes.

---

* « L'économie française au XVIIᵉ siècle », compte rendu de plusieurs contributions de Jean Meuvret et d'un texte d'Henri Enjalbert (*Annales*, 1951, pp. 65-71).

I

Rien ne montre mieux cet esprit d'analyse et de critique que les pages publiées par Jean Meuvret ici même, aux *Annales*, en 1944, sur l'« Histoire des prix des céréales en France dans la seconde moitié du XVIIe siècle » (pp. 27-45). Où trouver les comptabilités ou les mercuriales valables et, hors de ces sources, les indications non négligeables, par exemple, des « délibérations » communales ? Grâce à celles-ci, « nous avons pu reconstituer, écrit Jean Meuvret, pendant toute l'époque de Louis XIV, les mercuriales d'assemblées de Bordeaux, de Lyon et de Dijon qu'on chercherait vainement ailleurs ». Collecter des chiffres, ensuite les utiliser après les avoir réduits en courbes : la précaution la plus importante sera sans doute, alors, pour cette France campagnarde de Louis XIV, de prendre comme unité de mesure, non pas l'année civile, du 1er janvier au 31 décembre, mais l'année agricole — la vivante année agricole, des semailles à la récolte. Encore faudrait-il s'accorder à peu près sur les limites de cette année agricole ; on ne sème pas, on ne récolte pas partout en France à la même date... Petit problème supplémentaire mais dont la valeur est grande pour l'historien aux prises avec la matière brute de ces chiffres qui appelle les traitements constants du calcul mais aussi et surtout une incessante vigilance. Car enfin, de quelle qualité de blé s'agit-il ? De quelles mesures est-il question ? Poids, volumes, monnaies ne cessent de varier ; ces variations nous échappent parfois dans leur précision rigoureuse ; plus encore, quand on les connaît, on ignore leur incidence réelle sur les prix. C'est ce qu'essaie de fixer notre collaborateur à propos de la réforme des mesures parisiennes de 1670-1671 et de la mutation monétaire de 1665. Ces deux brèves critiques, les considérations qui suivent sur les changes, sont des chefs-d'œuvre d'ingéniosité.

On lira avec profit, également, les autres études de Jean Meuvret, « Les mouvements des prix de 1661 à 1715 et leurs répercussions »[1], « Les crises de subsistances et la démographie de la France d'Ancien Régime »[2], « Circulation monétaire et utilisation de la monnaie dans la France du XVIe et du XVIIe siècle »[3], d'autant qu'il y a toujours, dans ces brèves études, une place réservée aux problèmes de méthode. Ainsi de 1661 à 1715 dans une période en grande partie sous le signe de la contraction des échanges, une phase B selon la terminologie de

Simiand, y a-t-il intérêt, pour dégager la tendance générale des prix — et donc pour débarrasser les courbes de prix des divers accidents annuels ou des brouillages de courte durée qui rendraient, si l'on n'y prenait garde, tous les graphiques peu lisibles — y a-t-il intérêt à utiliser, ou non, la méthode des moyennes mobiles, en l'occurrence pas assez sensible ? Une phase B c'est « une sorte de palier », un type de « topographie peu accusée ». La méthode si simple des médianes mobiles sera plus efficace à condition d'être maniée avec précaution, sur tranches de six à dix ans, en éliminant les années excessives. Et Jean Meuvret de donner aussitôt d'excellents exemples de la méthode.

Rien de plus caractéristique, on le voit, d'un état d'esprit, d'une mentalité d'historien que ces précautions multipliées, exposées toujours en détail. Jean Meuvret, à chaque instant, vérifie ses outils, les change à l'occasion pour les avoir mieux en main, n'abdiquant jamais son besoin de critiquer et de comprendre, revenant à l'occasion sur des affirmations connues, mais dont le bien-fondé lui semble digne d'une nouvelle remarque. Ainsi dans son article de *Population* qui met en cause la démographie française de la fin du XVIIe siècle (au-delà de 1667) et du XVIIIe siècle, force lui est de revenir sur la valeur de l'année agricole, pour mieux éclairer le tracé des courbes et montrer à quel point sont frappées de caducité les études anciennes, sur ces mêmes problèmes démographiques, d'Oursel, pour Dijon, de Brossard pour Bourg-en-Bresse, ou de Faidherbe pour Roubaix. « Un piège nous guette, écrit Jean Meuvret, assez grossier pour que tant d'érudits excellents s'y soient laissé prendre, assez grave pour qu'on le signale avec une insistance particulière. On croit savoir ce qu'on dit lorsqu'on a parlé d'année de crise. Mais quelle réalité concrète recouvre le mot d'année ?... » Pour une étude simultanée de la population et des crises de subsistance (pour aboutir aux courbes si saisissantes des pourcentages des décès par rapport aux conceptions mises en regard des courbes du prix du blé) n'est-il pas nécessaire, en effet, de compter par années agricoles ? L'année civile n'est pas à la rigueur une mauvaise mesure pour l'étude des mouvements de longue durée, mais ici, il s'agit d'études forcément brèves, avec les disettes, les chertés, les famines, les crises brusques de mortalité, à restituer dans le cadre même de la vie, selon le rythme des récoltes.

Les lignes qui précèdent suivent mal une pensée à dessein compliquée et prudente. Mais ce que j'en ai dit suffit à définir un tempérament d'historien. Trop de connaisseurs superficiels de nos *Annales*, sans d'ailleurs y voir malice, nous disent occupés uniquement de synthèses... Il est vrai, mais de synthèses appuyées sur de lentes reconnaissances, des défrichements patients, et l'examen minutieux de nos outils. Les sciences physiques ou biologiques sont toujours à la merci d'un grossissement plus fort des microscopes ou d'un nouveau réactif colorant... Petits détails, immenses conséquences. Ainsi pour les sciences de l'homme et pour l'histoire.

II

Mais l'érudition, l'habileté technique, la nouveauté des procédés ne valent que par leurs résultats. Au-delà de l'érudition, l'histoire est reconstruction ; elle risque l'explication.

Précisément, que nous offre Jean Meuvret au-delà de ses recherches précautionneuses ? Tout d'abord un bon croquis économique de la période 1661-1715. Pour lui, la France est prise alors, successivement, dans deux vagues de prix internationaux, vague de baisse de 1660 à 1684, vague de hausse de 1692 à 1715. Entre les deux, les années 1685-1692 sont des années étales : « Est-ce simple hasard si ces périodes coïncident avec des périodes politiques de type classique ? Qu'il y ait deux parties dans le règne personnel de Louis XIV, c'est là une banalité qu'on s'excuse de rappeler. » Ici la modestie de notre auteur est-elle bonne conseillère ? Ne faut-il pas rappeler au contraire, et fortement, ce rythme contraignant des économies, toutes ces vérités mal perçues encore par trop de nos confrères en histoire, et replacer sans discrétion, à la suite de tel article ancien[4] de Lucien Febvre, Colbert dans le climat économique de son temps, sous le signe de cette lente contraction des prix qui a tout commandé ? Et de même, voit-on toujours ce qu'il y a eu, à la fin du règne de Louis XIV, de force, de sève montante, de réveil économique ? J'ai le souvenir d'avoir écouté, un matin, Marc Bloch sur ce passionnant problème. Toutes vérités qui ne sont pas encore aujourd'hui, en 1951, vérités courantes. Et il reste important, capital, de noter avec Jean Meuvret, après lui, que le rythme de la vie internationale, sous le règne du Grand Roi, est celui même de la grande économie française. « Comment n'être pas frappé de la coïncidence des dates ? 1685, c'est l'année où le montant des dépôts de la Banque d'Amsterdam fait un bond subit, annonciateur de la conjoncture nouvelle, mais c'est aussi l'année de la révocation de l'édit de Nantes avec tous les exodes de capitaux qu'elle implique. » N'est-il pas curieux aussi de noter que Paul Hazard, dont les mesures n'étaient pas celles de notre guide, a fait remonter à 1680 l'origine de cette crise d'inquiétude européenne à laquelle il a consacré son livre éblouissant ? On imagine combien il serait facile de multiplier ces connexions éclairantes, et l'intérêt qu'il y aurait de donner aux courbes de Jean Meuvret (dépôts bancaires à Amsterdam, seigle à Amsterdam, froment sur le marché de Rozoy-en-Brie près de Paris, goudrons, poix, huile de baleine des stocks de l'Amirauté anglaise, poivre à Wurzbourg) les longs commentaires qu'elles méritent.

Mais Jean Meuvret offre bien plus que des vérités de détail, ni plus ni moins qu'une image de la France entière du XVIIe siècle avant le printemps et l'essor du siècle suivant. Tout un vaste tableau d'histoire. Voilà pourquoi il tient à regarder en aval et en amont de son siècle, vers le XVIe et vers le XVIIIe, dans la mesure où il recherche concordances et discordances entre ce qu'il veut saisir et rendre à la vie d'une part, et, de l'autre, les périodes qui encadrent « son » siècle. Prudence nouvelle, penserez-vous. Elle est plus récompensée en suivant qu'en remontant la pente de l'histoire. Le XVIe siècle avec sa puissance limitée et, j'ajoute, ses réalités fuyantes devant l'historien reste une mauvaise table de comparaison. Le XVIIe siècle, au contraire, affirme son originalité face aux éclatantes couleurs du XVIIIe. Le contraste éclairant est de ce côté.

En fait, la France de Louis XIV est une France campagnarde, un pays du blé, du seigle, du vin, et tout autant un pays d'artisans ruraux, la France des « manouvriers », « brassiers », « ferteurs » de chanvre, « filassiers », tixiers en toile, cordiers, cardeurs de laine, « scieurs de long », tireurs de mines, potiers, taillandiers, corroyeurs... Tous ces artisans, paysans à leurs heures, produisaient à bon compte des marchandises frustes ; « Les canevas qui firent la fortune d'une partie de la Bretagne n'étaient que des toiles d'emballage, et, plus nobles d'emploi, les toiles à voiles étaient plus robustes qu'élégantes. Beaucoup comme celles de Vitré étaient de grosses toiles de chanvre qui demeuraient écrues. »

Ainsi, à l'arrière-plan de l'économie française, une foule de « gagne-deniers » d'une part, de l'autre une masse de marchandises de faible prix « dont la garde, dit un mémoire de 1636, est toujours accompagnée de beaucoup plus de peine et de hasards que de profits ». Encore ces marchandises pondéreuses ne circulent-elles que là où la géographie (la mer ou les fleuves) s'en charge presque naturellement. Partout des installations, des moyens rudimentaires, même à Brouage, le port du sel d'une importance mondiale, où tout se fait par la grâce du soleil... Là comme ailleurs, aucune installation coûteuse, aucune technique dispendieuse, on pourrait ajouter aucune tentative de rationalisation. Paysans, manouvriers sont à la fois producteurs et consommateurs de blé, de seigle, de châtaignes, tous vivent à peu près en marge de l'économie monétaire. Ni l'or ni l'argent ne les intéressent beaucoup et ils ne sont touchés, quand ils le sont, que par la petite monnaie, la monnaie noire, qui d'ailleurs n'a qu'un rôle d'appoint. Dans ces conditions, inutile bien souvent de calculer les salaires, alors que l'on ne sait pas combien il y a de jours de travail dans l'année et que nous échappent les avantages en nature des salariés. Dans cette France archaïque du XVIIe siècle, les crises de subsistances déchaînent régulièrement, brusquement, de terribles crises démographiques, ainsi en 1693, et encore en 1709. Elles frappent tout spécialement la masse des pauvres itinérants, des « errants » comme dit Georges Lefebvre. « On serait presque tenté de dire qu'il y avait deux peuples, celui des sédentaires et celui des nomades. » La situation ne changera — et encore — qu'avec la première moitié du XVIIIe siècle, à la suite de révolutions profondes de structure.

On voit le souci de ce tableau d'ensemble : ramener l'attention sur des vérités de base, oublier la grande économie qui suit le rythme du monde, négliger Paris et les grandes villes du royaume, Rouen, Nantes, Bordeaux ou Marseille, n'être attentif qu'au « dedans du royaume », à ses « provinces », à ses zones d'économie à court rayon, songer au troc, aux salaires en nature, non plus en espèces sonnantes et trébuchantes qui vont vers les villes ou vers l'étranger. Inutile de dire combien cette étude d'infrastructure est difficile à mener. Son intérêt, chacun le devine aisément. C'est à partir de ce niveau de base que tout a été construit. Resterait, évidemment, à montrer comment l'on passe de ce niveau de base à l'économie des villes marchandes. À la suite de Raveau, Jean Meuvret, qui ne nous a pas dit tout ce qu'il savait ou voulait dire, signale le rôle des marchands ruraux. Mais ce sont personnages malaisés à saisir, comme sont malaisés à reconnaître, de la petite à la grande histoire économique, tous ces liens que l'on devine, que l'on suppose, mais que l'on aperçoit si rarement.

III

L'excellent article de M. Henri Enjalbert, « Le commerce de Bordeaux et la vie économique dans le bassin d'Aquitaine au XVIIe siècle »[5], va nous permettre de poursuivre un instant notre voyage à travers la France de Louis XIV. Mais, cette fois, c'est de grande histoire qu'il sera question. Au XVIIe siècle, la vie économique de l'Aquitaine est marquée de crises brusques, d'origines diverses, politiques ou économiques, nationales ou étrangères, sociales ou géographiques. On discernerait, en gros, une crise « hollandaise » assez longue, en place dès 1640 et qui va se résoudre, à notre désavantage, après la guerre de la Ligue d'Augsbourg, donc à la fin du siècle ; une crise « espagnole » aiguë que notre guide situe entre 1690 et 1696 ; enfin une crise, géographique celle-là, consécutive au terrible hiver de 1709.

Les marchands et transporteurs hollandais auront dominé l'activité de Bordeaux et de son arrière-pays durant la première moitié du XVIIe siècle. Ils achetaient des vins légers de Bordeaux, vendus l'année même de la récolte, recherchant en outre « les vins doux, vins blancs en particulier, très sucrés, préparés avec des raisins très mûrs et *pourris* ou encore des vins muscats qu'ils corsaient avec de l'eau-de-vie. Tous ces vins spéciaux très appréciés en Hollande et réexportés un peu partout dans le monde annonçaient une véritable révolution en viticulture : la substitution, à l'exportation, des vins de cru aux vins ordinaires ». Les marchands hollandais avaient vite dépassé Bordeaux. Ils allaient directement acheter, sur place, vins et eaux-de-vie, celles-ci en Charente dès le début du XVIIe siècle. Plus tard « la vallée de la Dordogne, celles du Drot, de la Baïse et de l'Adour devinrent des régions productrices d'eau-de-vie, grâce aux achats des marchands flamands ». Ainsi « la culture de la vigne a pu se développer dans toutes les régions de terres incultes et faciles à défricher, en Bas-Armagnac en particulier où les landes étaient très développées ». Une étude entière serait à écrire, d'ailleurs, sur cet usage grandissant de l'eau-de-vie, d'un transport plus facile que le vin. L'intéressant, pour nous, est de marquer le lien entre le commerce hollandais et cette révolution viticole.

Les marchands du Nord s'intéressaient, en outre, aux Landes, productrices, dès cette époque, de bois, de résine, de colophane, exportatrices aussi de tonneaux de miel. Citons enfin, pour que le tableau soit complet, les exportations périgourdines de noix et de châtaignes et celles de prunes sèches en provenance non d'Agen (sa fortune ne commence qu'avec le début du XVIIIe siècle) mais de Saint-Antonin-de-Rouergue qui les fournissait alors par milliers de tonneaux [6].

La crise hollandaise, ce sera, au cours de cette guerre de blocus que fut, pour la France, la guerre de la Ligue d'Augsbourg, 1688-1697, l'abandon par les Hollandais des marchés aquitains qui payèrent cher cette brusque mutation de l'économie mondiale. Les Hollandais allèrent, en effet, au Portugal (et ce fut le début de la fortune du vin de Porto) et en Espagne chercher les vins que Bordeaux ne leur envoyait plus ; à Sétubal, au Portugal ils trouvèrent le liège qu'ils n'achetèrent plus dans les Landes ; la Virginie, de l'autre côté de l'Atlantique, leur fournit la « munition navale », enfin Grèce et îles de l'archipel, les prunes séchées — d'où la ruine de Saint-Antonin-de-Rouergue. À la suite de ces déplacements sévira la grande crise des vins et eaux-de-vie de Bordeaux et de sa région.

C'est d'un abandon analogue, d'un décrochage, si l'on veut, qu'il faut encore parler à propos de l'Espagne autour des années 1690-1696. Ces années marqueront pour l'Espagne et la France une période de misère aiguë. Or l'Espagne, pour le Sud-Ouest, était la source de nombreux profits. En provenaient d'indispensables retours en argent, y étaient expédiés des chevaux, des mules, du bétail de boucherie, « l'Espagne ruinée et hostile chassa les marchands français d'Aragon et dès lors il fut beaucoup plus difficile de vendre du bétail en Espagne ». Ce que fut cette fermeture ou demi-fermeture de l'Espagne à la fin du XVIIe siècle, pour l'ensemble de l'économie française, d'autres sources et d'autres études pourraient nous le préciser. Ses conséquences furent d'autant plus vives dans cette Aquitaine (et jusqu'en Auvergne où fut suspendue l'émigration en direction de la péninsule) qu'elle était proche de l'Espagne et liée à son économie, et qu'elle connut, à partir de 1690 et jusqu'en 1696, de grandes disettes. En conséquence se produisirent une diminution de l'élevage, une généralisation de la culture du maïs, un retour à la culture et à l'exportation du blé et des céréales secondaires. Entre 1672 et 1713, le Bas-Quercy se spécialisa dans l'exportation des blés et des farines. Cette révolution agraire (ce retour au blé) fut générale, nous dit M. Enjalbert, dans les pays aquitains.

Dans ces pays en pleine conversion, diraient les économistes, l'hiver de 1709 eut les allures d'une catastrophe. La presque

totalité des arbres gèlent par suite des froids excessifs et la
« Lande » est mise hors service pour une cinquantaine d'années.
Du coup tout le pays des bois, facile à déboiser, est ouvert à la
charrue des laboureurs. Un instant encore et l'essor du
XVIIIe siècle, sous le contrôle des marchands et hommes d'affaires
bordelais, va déterminer la vogue des produits de qualité, vins du
Médoc, confits d'oie destinés à Paris, prunes séchées d'Agen,
ainsi qu'une première poussée de l'industrie métallurgique en
Périgord...

Les lignes qui précèdent indiquent mal les richesses de cet
excellent article. Dirons-nous que ses conclusions contredisent le
tableau d'ensemble de Jean Meuvret que nous avons esquissé
plus haut ? Certes l'Aquitaine, au débouché de l'argent et des
pistoles d'Espagne, au contact du commerce atlantique, n'est pas
une région ankylosée, fermée sur elle-même. Son cas est assez
particulier. Plus qu'une autre région française elle subit les
contrecoups de l'économie internationale. Mais, au rez-de-
chaussée de sa vie, n'y a-t-il pas ces réalités modestes que Jean
Meuvret a essayé de signaler à l'attention des historiens ?

VI

LA GÉOGRAPHIE FACE AUX SCIENCES HUMAINES*

Les livres importants sont rares — et plus encore les livres courageux. On accueillera donc avec gratitude l'essai, vivant et risqué, que Maurice Le Lannou vient de publier sur *La Géographie humaine*, dans la Bibliothèque de philosophie scientifique, à la familière couverture rouge, de la Librairie Flammarion (Paris, 1949) ! Voilà qui engage à nouveau un grand débat et, certainement, à une heure opportune.

Nul ne contestera qu'il n'y ait actuellement (en France spécialement, mais ailleurs aussi) une crise grave de la géographie dite « humaine ». De petites raisons s'en devinent à l'échelle française : relève des géographes disciples de Vidal de La Blache par une nouvelle génération, provisoirement, moins illustre ; faillite de méthodes et de points de vue, hier encore valables ; montée rapide des connaissances ; alourdissement d'une géographie physique qui ne cesse de trouver son butin dans le progrès même des sciences voisines... Raisons plus petites encore : la constitution de la géographie, dotée d'une agrégation spéciale, en petit monde universitaire trop fermé. Ajoutons l'habitude d'exiger que le géographe, « ce touche-à-tout », se révèle « physique » autant qu'« humain » ! Mais le physique n'est pas l'humain... « Trop de jeunes géographes, nous confie l'un de nos collègues (et il s'agit d'un maître illustre), sont systématiques. » Tant pis pour la géographie humaine, et pour l'homme réel, ce complexe toujours frappé de contingences, cet homme qu'il faut observer avec tant de précautions et que Maurice Le Lannou nous restitue souvent avec talent, l'homme tel qu'il est dans la merveilleuse pensée vidalienne, à l'aube de la géographie française...

---

* *Annales*, 1951, pp. 485-492.

Raisons françaises de la crise, petites raisons, disions-nous, prétextes à menues querelles et à mesquines injustices de langage pour lesquelles je n'ai, personnellement, aucun goût. Mais la crise n'est pas seulement française... Plus encore, elle n'est pas le seul lot d'une géographie humaine désespérément jeune, balbutiante, et qui pousserait mal... N'y a-t-il pas, tout autant, une crise de l'histoire, une crise de la sociologie ou de l'économie politique ? La vie actuelle remet en cause toutes les sciences humaines à la fois, solidaires les unes des autres, inextricablement mêlées. Les géographes sont attentifs à ce qu'ils prennent à pleines mains, obstinément, aux sciences de la nature et aux sciences de l'homme (à celles-là plus qu'à celles-ci, d'ailleurs), mais cependant, la géographie est elle-même pillée, assimilée à son tour par les sciences conquérantes de l'homme... Songez à l'*histoire géographique* que nous avons essayé de promouvoir et de baptiser *géohistoire* ; songez à la *démogéographie* d'Abel Chatelain, pour ne pas parler de la *géopolitique* qu'il est trop simple de juger sur les déformations de l'école de Munich ; ou à l'*économie géographique* en voie de formation ou à cette *sociologie géographique*, qui se crée sans dire son nom ne serait-ce que dans les admirables enquêtes de Gabriel Le Bras, sur la pratique religieuse en France ; songez à cette *géonomie* que, sans assez d'obstination, s'efforce de créer Maurice Rouge...

Toute la puissance novatrice de la géographie s'est diffusée. Je ne veux pas dire qu'elle en soit elle-même appauvrie, vidée de substance. Mais toutes ses frontières, si frontières il y a, sont démantelées, transgressées... Alors, est-ce le moment de revenir en arrière, de parler avec Maurice Le Lannou de l'autonomie de la géographie, de son objet propre, de sa vocation distincte ? Car tel est bien le but de ce livre combatif, sans qu'il s'en rende ou veuille s'en rendre compte, sans qu'il replace le débat au sein de la crise générale des sciences humaines et se préoccupe de repenser tout d'abord ces cadres nouveaux du général, en se libérant ainsi des héritages particuliers les plus chers et des formations professionnelles si dangereuses... Comment accueillir ce retour à l'ordre, aux définitions claires et péremptoires, ce désir de s'entourer à nouveau de barreaux et de rebâtir des cloisons ?

I

L'essai se lit vite, simple à dessein et direct et imagé, s'adressant aux spécialistes autant qu'au grand public pour qui, la géographie, ce sont des voyages avec des escales, des paysages en couleurs et des itinéraires pas trop déconcertants. Comme la polémique n'est pas son fort, l'auteur fait leur large place aux idées les plus diverses. Il met en valeur, il fait rayonner avec générosité les pensées des autres, celles de Vidal de La Blache, de Lucien Febvre, de Maximilien Sorre, d'André Cholley ; pour ce dernier, il a multiplié les citations judicieuses aux articulations importantes de son raisonnement. Plus qu'un essai philosophique ou, comme le dit l'auteur, un essai de méthode, l'ouvrage est bien souvent une confession : je veux dire la réflexion attentive d'un travailleur sur son propre métier, dans le cadre de ses propres expériences. C'est de chez lui (et il s'en explique avec gentillesse) que Maurice Le Lannou imagine l'univers et voit l'homme de la géographie universelle, à travers son Armorique natale, la Vénétie julienne où il eut « naguère la charge d'aider les constructeurs du monde à éclairer leur lanterne », cette Sardaigne sur laquelle il écrivit une thèse concise et précieuse dont Marc Bloch a dit, ici même, les mérites, le Brésil enfin où un récent voyage lui permit de se dépayser, puis de se familiariser.

Autant d'occasions pour que l'exemple vienne au secours de l'argumentation et la cache un peu. D'autant que notre guide, selon l'incomparable tradition de l'École géographique française, sait décrire et suggérer. Des exemples éblouissants enluminent le texte. À ce jeu, s'étonnera-t-on que manquent à ce livre le souffle, l'ampleur, la complexité du langage philosophique ? Géographes ou historiens, dès que nous philosophons sur notre métier, notre style concret et trop clair nous trahit. Règle inéluctable : ce livre rapide dérobe sa pensée ou, ce qui revient au même, la clarifie avec trop d'habileté. D'où la nécessité d'un effort pour le bien saisir. On le lit une, deux, trois fois si l'on est scrupuleux, avant de prendre son exacte et rapide mesure.

Tout, malheureusement et heureusement, n'est pas clair, et les définitions péremptoires — pour lesquelles, l'expérience aidant, nous avons, aux *Annales*, si peu de goût — n'y changent rien. On lira donc, au début du livre, avec un peu de crainte : « Une définition claire de la géographie humaine n'est pas particulièrement difficile à établir : la géographie humaine est la science de l'homme habitant. » Un esprit, même peu critique et sans goût de la chicane, s'arrêterait à chacun de ces mots simples : science, homme, habitant... Science ? Mais qu'est-ce, cher ami, qu'une science incapable de s'élever au général, aux lois, aux règles tendancielles, à l'expérimentation, à la précision ? Voyez ce que vous dites vous-même au sujet d'une géographie humaine générale, même quand, par repentir, vous écrivez (p. 152) : « Je ne pense pas néanmoins qu'il faille supprimer la géographie humaine générale, mais je voudrais qu'on la remît à sa place. » Soit. Il n'y a pas plus de géographie humaine générale que de philosophie de l'histoire. Alors tant pis pour une science géographique. — Vous dites ensuite « l'homme », au lieu de « les hommes », j'imagine : mais par là faut-il vraiment entendre les collectivités, les sociétés, les économies, les civilisations — et quelle différence faire, au juste, entre géographie humaine et géographie sociale ? — Quant à *l'habitant* ? Substantif ou participe présent, le mot nous laisse indécis. S'agit-il de l'homme qui habite aujourd'hui, ou qui a habité hier ? Question sans méchanceté, mais d'un historien un peu inquiet. Et puis, habiter, qu'est-ce au juste ? « C'est, dites-vous, vivre sur un morceau de la planète, en tirer de quoi satisfaire les besoins alimentaires de l'existence et, dans une mesure variable, un certain nombre de besoins acquis ou de commodités superflues. » Rassurons-nous, et ne critiquons pas sans équité ; Maurice Le Lannou dépensera bien des pages de son livre à clarifier sa définition, ou plutôt à l'enrichir et, ce faisant, à l'obscurcir d'autant, à défendre son « homme habitant ». J'ai gardé le souvenir d'un économiste de renom, qui définissait l'économie politique comme « l'étude des échanges à titre onéreux ». Tout était défini. Restait seulement à préciser l'onéreux : le mot avait concentré, en lui, toute l'obscurité du débat. Ainsi « l'homme habitant »...

II

Trois parties dans ce livre, inégalement développées, mais fortement liées. La première, écourtée, un peu traditionnelle (*Personnalité de la géographie humaine*), pourrait s'intituler : *Aux frontières de la géographie humaine*. La deuxième, sous le titre de *Complexité de la géographie humaine*, montre les contradictions et les difficultés, voire les impossibilités internes de la discipline mise en cause. La troisième, *Vocation de la géographie humaine*, de loin la meilleure, retient, dans l'ensemble des tâches, celles qui conviennent le mieux à la vocation, à l'efficacité de la géographie.

Inutile de le dire longuement : la première de ces trois parties est celle qui nous a le moins convaincu. Acceptons, pour suivre notre guide, que la géographie soit, sans discussion possible, l'étude de l'homme habitant et qu'elle ait ses frontières. S'en tenant à l'essentiel, Maurice Le Lannou précise ses confins avec l'ethnologie, la sociologie et la géographie physique. Chaque fois, ce qu'il dérobe à ces sciences de l'homme, c'est bien, si je ne me trompe, l'habitat humain — ce que, dans le reste du livre, il appellera plus fréquemment le milieu géographique ; non pas le milieu naturel, mais à partir du milieu naturel, ce milieu humain que l'homme a créé vaille que vaille et qu'il continue à créer ou à maintenir. Que cet environnement de l'homme soit la zone par excellence des recherches de la géographie humaine, que l'homme ne soit pas pris dans ce qu'hier on appelait le milieu naturel — voilà sans doute l'une des grandes affirmations de ce livre et de son programme. Mais ce milieu de l'homme, ne serait-il pas aussi l'objet de l'ethnologie (ou alors, à quoi correspondraient les zones culturelles ?), voire de la sociologie (sinon, que faire de cette morphologie sociale qui, sous le nom d'enveloppe matérielle du social, s'intéresse, elle aussi, au milieu vivant dans lequel l'homme s'insère ?). Je ne crois pas que l'on puisse dire, sans plus, que l'ethnologie a des préoccupations historiques — « hormis cette bande étroite de la civilisation moderne » — et ajouter à cette remarque, si discutable, de Leroi-Gourhan : « Cette bande étroite, c'est le domaine du géographe. » Ces cloisonnements désuets et ces coups de chapeaux, de spécialiste à spécialiste, ne font qu'obscurcir le débat.

Mais passons. Supposons que Maurice Le Lannou ait raison dans ses trois essais de bornage, face à l'ethnologie, à la sociologie et à la géographie physique... La clôture pour autant est-elle achevée ? Rien n'est dit des confins avec l'économie politique, avec l'écologie dont rêve la sociologie américaine, avec la statistique, avec la démographie — avec l'histoire. Ces problèmes seront parfois évoqués, mais non traités dans le courant du livre. Pour l'histoire, à l'égard de qui l'auteur manifeste une vive sympathie, le débat restera mal engagé. J'avoue que je reste perplexe quand je lis (p. 244) que l'histoire a le même objet que la géographie (à nous « l'homme habitant » !), mais que nous travaillons, nous sur le passé, et les géographes sur le présent... Fallacieuse distinction ! Nous nous efforçons, historiens, de protester contre cette vue de l'histoire. Le présent aussi nous intéresse, le présent est histoire. Mais surtout, que dire de la géographie placée ainsi dans l'instable actualité, dans sa fausse durée, dans sa fausse leçon des faits ? *La Picardie* d'Albert Demangeon, 1905 : qu'on la change de rayon ! En vérité, Maurice Le Lannou ne peut adhérer à cette déclaration déconcertante. Mais son désir de borner la géographie humaine le pousse à trouver des solutions vaille que vaille.

Comme il est mieux inspiré quand il montre les rapports serrés des deux géographies, physique et humaine (sauf que je n'aime pas outre mesure ses rappels constants de l'unité de la géographie). Mais tout le chapitre est excellent : Maurice Le Lannou dit fortement ce qu'il y a de nécessaire (et aussi d'abusif et de dangereux) dans l'union du physique et de l'humain : autant par ce qu'il suggère, d'ailleurs, que par ce qu'il affirme. Après l'avoir lu, on se surprendrait à aimer Jean Brunhes, qui, géographe humain, allait au moins de l'homme aux choses et non pas, comme les « physiciens », des choses à l'homme, en s'embourbant dans les réalités de la géographie physique... Un tel chapitre, à lui seul, justifierait tout un livre et en assure la grande qualité. Mais, remarquez-le, cette fois, Maurice Le Lannou ne barricade pas. C'est l'union douanière qu'il propose — et c'est mieux...

Deuxième partie, nous voilà chez nous, dans notre géographie humaine. Qu'allons-nous trouver sur ces terres ? Notre guide, à propos de cette « complexité » qui lui sert de titre général, va nous indiquer ce qu'elle n'est pas et ne peut pas être — puis, pas encore clairement, ce qu'elle peut être. Certes, ni ce fatalisme ou ce déterminisme à la Ratzel qui lierait fortement et simplement le physique à l'humain, ni ce déterminisme global que Lucien Febvre a mis définitivement à mal dans sa *Terre et l'évolution humaine*. Elle n'est pas davantage recherche de lois ou de règles : Maurice Le Lannou se plaît trop à critiquer les pseudo-lois géographiques (sur les îles qui font les marins, ou sur les terrains qui, perméables ou non, entraînent ou non la dispersion ou la concentration de l'habitat) pour croire à une possible « géographie humaine générale », qui serait le pendant du classique *Traité de géographie générale* d'Emmanuel de Martonne. Au moins elle ne serait pour lui que la mise en ordre d'un vocabulaire. Définir les mots, y voir clair, toujours les mêmes chimères ou les mêmes pièges ! Sans doute, mais comment dire la sympathie que l'on éprouve pour l'auteur en ce passage-clé, difficile, où son attaque piétine, reflue, répare, où il se veut objectif, honnête, prudent... Non, il n'y a pas de géographie humaine générale, à peine des cadres de classification et de recherches : ceux de Jean Brunhes, pionnier de la première heure, inutilisables aujourd'hui — ou ceux que traça Albert Demangeon : rien ne dit que le classement de nos connaissances s'y ferait à l'aise...

Alors, que reste-t-il ? L'étude du milieu géographique : entendez du milieu de l'homme vivant, sans cesse modifié, aménagé par lui — et non pas du milieu naturel. La nature est quasiment mise à la porte de ce livre consacré à l'homme. Mais ce milieu géographique dont on nous dit la complexité, les fantaisies, les aberrances, l'inertie (ces remarques, rattachées à la pensée de Maximilien Sorre, sont remarquables), ce milieu dont on se plaît à nous montrer qu'il déborde, recouvre mal et trompe les impératifs naturels — ce milieu, comment l'étudier ?... Est-il, d'ailleurs, le problème majeur de la géographie humaine, voire le seul dont les autres ne seraient que des cas particuliers ?

Tel est l'enjeu de la troisième partie. Son texte dense, médité, réclame toute notre attention. Là est le cœur de l'entreprise.

Pas de géographie humaine générale, disait en substance notre auteur, au moins dans l'immédiat. Alors, si la géographie veut être indépendante et active, force lui est de se retourner vers des tâches moins ambitieuses, mieux à sa portée. L'homme ne sera atteint que de façon particulière par la géographie de Maurice Le Lannou. Encore faut-il, à cette ambition mesurée, des cadres de recherche et de mesure ? La région « naturelle » : l'adjectif fait sourire notre guide. La région « humaine », préfère-t-il. Car Maurice Le Lannou, comme Jean Brunhes, entend partir de l'homme, de ses collectivités, pour aboutir aux régions modelées par lui, urbaines les unes, rurales les autres, économiques celles-ci, politiques celles-là. — Ensuite, voir de quelle façon ces régions humaines se projettent dans l'espace, s'y étalent, s'y collent, donnant ce substrat humain dont parle André Cholley... Ce n'est guère qu'au-delà de cet inventaire méticuleux que l'on verra les lois de l'humain et du physique où Maurice Le Lannou replace d'instinct, et par nostalgie, les constances, les liaisons d'un déterminisme qu'il combat et regrette tout à la fois.

Nous voici donc, comme diraient les militaires malchanceux, sur une position de repli préparée à l'avance : la multiforme « région humaine », dont on peut dire, comme l'abbé Chaume de la Bourgogne, qu'on en saisit le centre, sinon les limites. Position dont on voit la richesse, et l'incertain, plus encore que la solidité.

La Sardaigne de Maurice Le Lannou, celle de ses pâtres et de ses paysans, serait-ce une région « humaine » et non pas « naturelle » ? Je vois bien ce que peut être une zone urbaine, mieux encore une zone politique — Maurice Le Lannou a écrit des pages excellentes sur l'état d'aujourd'hui, facteur du modelé géographique du monde. Mais la région humaine dite rurale ? Et ce silence au sujet de ce que j'appellerais, sans trop fixer mes termes, soit civilisation agraire, soit géographie des civilisations rurales ? Qu'est-ce encore qu'une région économico-géographique ? Je crains que l'on n'avance dans le brouillard...

Région humaine, vieux rêve ; la recherche d'un abri commode, peut-être une faiblesse, celle de l'habitude ? — À la région « historique », Vidal de La Blache et ses disciples ont substitué la région « naturelle ». Nous voilà à la région « humaine ». J'ai bien peur encore que ce ne soit là un cadre faussement commode, un problème faussement vivant.

III

Ai-je résumé comme je le voulais, et avec équité, le livre que je viens de combattre pied à pied ? Non spécialiste, j'avoue ne pas voir la géographie humaine avec les mêmes yeux que notre collègue lyonnais — ce qui ne veut pas dire que j'aie raison contre lui. Je lui sais même gré de m'avoir donné, aussi vivement, le sentiment d'une différence. Mais il faut que je m'en explique à mon tour.

Pour nous, il n'y a pas de sciences humaines limitées. Chacune d'elles est une porte ouverte sur l'ensemble du social et qui conduit dans toutes les pièces et à tous les étages de la maison, à condition que l'investigateur ne s'arrête point dans sa marche, par révérence à l'égard des spécialistes ses voisins : utilisons, s'il le faut, leurs portes à eux et leurs escaliers. Ce que chaque « science » sociale possède en propre, ce sont ses points de vue et ses méthodes. Ce sont, pour reprendre à Ch. Morazé une de ses idées favorites, les méthodes, les techniques de l'histoire ou de la géographie, ou de l'économie politique, qui sont « scientifiques ». Mais, points de vue et techniques sont des armes limitées. À sa base, la géographie est cartographie, étude sur le terrain, réflexion face aux paysages. Un de nos collègues géographes me disait : « Un géographe, c'est un œil », une façon de voir et de comprendre le monde, les hommes, les sociétés, leurs multiples problèmes. Non pas de tout voir et de tout comprendre : sur ce point nous sommes tous d'accord. Seulement, nous ajoutons, nous : mais pas non plus de voir tel secteur et non tel autre ! L'explication géographique, pour nous, ne concerne pas cette tranche si mince du temps actuel, mais tout le temps des hommes. Elle ne concerne pas davantage le seul problème du substrat ou de l'habitat humain. Il n'y a pas une écorce géographique des problèmes humains, pour parler dans le style d'une certaine morphologie sociale, écorce dont on pourrait, sans trop de mal, éplucher la matière sociale elle-même. L'enquête de la géographie doit traverser de ses rayons particuliers l'épaisseur entière des questions sociales. — Ceci dit, on comprendra notre malaise devant cet « homme habitant », sorte d'*homo geographicus*, parent de l'*homo oeconomicus*. Non, de grâce, l'homme vivant, complexe, déroutant, tel qu'il est... L'homme, que la géographie, comme toutes les sciences du social, doit se garder de découper en tranches, si habile ou artistique que soit le découpage.

Nous nous plaisons donc à voir la géographie à l'œuvre, là où les plus impérialistes de nos collègues ne la voient pas toujours — disons au cœur de toutes les recherches sur la vie des hommes passés, présents ou futurs. Si j'essaie, à la suite d'auteurs peut-être mal informés, de mettre en liaison les peuplements d'okoumés en Afrique atlantique avec les vieux chemins de la traite négrière, historien je dois faire une enquête géographique. De même, la démarche géographique s'impose à tous les détours de la recherche sociale — ou devrait s'imposer. Je dirais volontiers que les ethnologues, les anthropologues culturels, les érudits passionnés d'histoire des civilisations qui, aboutissant à une aire culturelle, ne la considèrent pas comme un espace naturel et humain qu'il faut étudier coûte que coûte — commettent un péché contre l'esprit. Bien d'autres aussi, et dans mille autres tâches. Henri Pirenne, si l'on veut, aboutissant à la Méditerranée, la voyant s'ouvrir et se fermer au trafic des navires, mais ne l'étudiant pas dans sa réalité, dans sa physiologie si l'on peut dire — Henri Pirenne lui aussi commettait un péché contre l'esprit...

Comment voulez-vous constituer la géographie en patrie scientifique, alors que toutes les sciences de l'homme, empiétant les unes sur les autres, convergent vers une tâche commune ? Nous ne croyons pas qu'il y ait d'histoire « autonome ». L'unité de la géographie, cette science (si science il y a) poussée en biais, est plus discutable encore. — Qu'elle cherche, en elle-même, ses méthodes et ses tâches, qu'elle précise celles-là, qu'elle étende celles-ci, rien de mieux. Mais ce n'est pas au nom de ses tâches qu'elle se justifiera et s'épanouira ; c'est en travaillant sur tous les chantiers de la recherche sociale. Qu'elle articule son enseignement et sa propre recherche par rapport à l'unité de cette recherche supérieure. Le grand problème n'est pas « la région humaine », mais la participation de la géographie humaine aux recherches collectives du social. C'est à ces recherches d'ensemble qu'il faut rattacher nos triangulations particulières. C'est en elles qu'il faut chercher les problèmes vivants de nos études. Toute problématique détachée de l'ensemble est, pour le moment, condamnée à être infructueuse ou peu fructueuse.

Je le sais : pour la géographie, cette liaison est difficile — plus difficile que pour d'autres. L'histoire est assez naturellement, comme la sociologie, une vue globale du social. Mais toutes les autres sciences du social sont également condamnées à être globales, ou à ne pas être. L'économique, l'historique, le géographique se diffusent dans *tout* le social... Je le dis en tout cas, sans crainte d'être ici, aux *Annales*, l'interprète de mon seul point de vue : tout cloisonnement des sciences sociales est une régression. Il n'y a pas d'histoire une, de géographie une, d'économie politique une ; il y a un groupe de recherches liées et dont il ne faut pas desserrer le faisceau.

VII

GEORGES GURVITCH
OU LA DISCONTINUITÉ DU SOCIAL*

L'amitié ne saurait m'empêcher, au contraire, de parler avec équité et impartialité — j'aurais dit hier, avec objectivité — de la pensée compliquée, théorique mais riche de contenu concret, révolutionnaire mais en même temps constructive, catégorique et cependant nuancée de Georges Gurvitch.

J'ai l'avantage, depuis des années, de vivre de plain-pied dans ce monde de pensées hérissées de difficultés, ouvert sur des spéculations étrangères souvent, sinon toujours, à l'historien — dans cet univers que Georges Gurvitch a fabriqué à l'image de son esprit vif, batailleur, volontiers algébriste, ennemi jusqu'aux dernières conséquences de la formule poétique ou de l'image qui peut cacher souvent d'insuffisantes exigences ou des erreurs de raisonnement. Systématique aussi (quoiqu'il s'affirme hostile à tout système), peut-être dans la mesure où le goût du système reste la marque indélébile du philosophe? Il est inutile de dire qu'un historien est invinciblement tenté, dans un tel univers, de bousculer ces trop claires déductions, toutes ces verreries et ces cristaux, tant d'affirmations successives et de trop longs enchaînements. Que dire, au premier abord, de ces onze formules ramassées en quelques lignes, par quoi Georges Gurvitch précise un instant les caractéristiques de ce groupement à part qu'est une classe sociale? Onze remarques reprises d'ailleurs de quinze critères généraux exposés préalablement. Une colère vengeresse nous saisit... Surtout ne nous gênons pas! L'hôte de la maison est de ces esprits très rares, qui, de façon presque perverse, aiment la discussion, l'échange des idées, les chocs brutaux; il en vit, il les provoque et ne garde jamais mauvais souvenir des coups qu'il reçoit, pas plus, soyons juste, que de ceux qu'il porte.

---

* *Annales*, 1953, pp. 126-151.

C'est bien entendu parce que, à ce jeu, verrerie et cristaux s'avèrent plus solides qu'on ne le craignait ou qu'on ne le souhaitait *a priori*, qu'il en sera longuement question dans les lignes qui vont suivre. Elles ne prétendent d'ailleurs saisir et discuter qu'un seul aspect de la pensée de Georges Gurvitch. Je ne veux mettre en cause que son excellente *Vocation actuelle de la sociologie* (Paris, Presses Universitaires de France, 1950) et encore considérée exclusivement dans sa première partie, jusqu'à sa page 348. Je laisserai de côté la seconde partie, elle reprend des études anciennes sous un titre un peu trop commode, « Antécédents et perspectives »[1] ; mieux eût valu, à mon avis, ne pas les accoler à ce livre neuf et dynamique qui en eût été allégé. Quoi qu'il en soit, aujourd'hui, pour un historien, la littérature actuelle n'offre rien d'aussi ferme, d'aussi nourrissant que ces quatre cents pages tendues, bourrées d'idées et d'intelligence... Même si, finalement, nous ne voulons pas en suivre toujours les leçons péremptoires, le dialogue s'engage fructueux, comme hier avec François Simiand, Maurice Halbwachs ou Marcel Mauss.

I

Georges Gurvitch adore détruire. Il le fait avec une sorte d'enthousiasme. Trop vite, sans doute. Tels ces professeurs de philosophie dont le jeu est de passer en revue la longue théorie des prédécesseurs, heurtés aux mêmes éternels problèmes. Exécuter ces philosophes les uns par les autres, puis achever les survivants...

Le livre de Georges Gurvitch commence donc par une série de meurtres que nous considérerons comme bénéfiques, même s'ils ont déjà été perpétrés par d'autres que notre auteur. Il y a des morts qu'il faut tuer deux fois. Ces morts, en l'occurrence, ce sont tous les faux problèmes de la sociologie du XIXe siècle. Il fallait, sans doute, mettre en lumière ces perspectives d'hier pour que puisse se créer une sociologie neuve, libérée de discussions aujourd'hui stériles.

Georges Gurvitch, pas plus que nous, ne croit à la valeur d'une philosophie de l'histoire qui serait l'essence d'une sociologie appliquée à dégager et à fixer, au-delà de l'accidentel, l'évolution de l'humanité, et donc science au sens habituel du mot, puisqu'elle prévoirait l'essentiel, sinon le détail de cet avenir. À condition, évidemment, que l'on accepte comme postulat le développement unilinéaire de la société, que demain soit, fonctionnellement, une conséquence d'aujourd'hui, un devenir prémédité, comme biologique, qu'il n'y ait donc ni rupture, ni discontinuité, ni innovation, ni « scandale » comme s'amuse à l'écrire Claude Lévi-Strauss..., à condition de croire « au principe sacro-saint de la continuité ». Pour ne pas y avoir cru hier, en 1938, Marc Bloch, à la Société d'Histoire moderne, reçut un accueil dont il vaut mieux (pour la Société) ne pas parler. Libre aux partisans du continu — il en reste (récit continu ou évolution continue) — de ne pas parler de *Downfall of Evolutionism* avec A. Goldenweiser, et de continuer à expliquer la Révolution par la Pré-Révolution, la Réforme par la Pré-Réforme, le Capitalisme par le Pré-Capitalisme... Libre à des sociologues attardés d'expliquer les sociétés évoluées par les sociétés archaïques comme si elles étaient des points, éloignés certes, mais rigoureusement situés sur une même courbe... Libre enfin, aux journalistes, de discourir sur le retour éternel de l'histoire — oui, mais quelle histoire ? Nous n'épuiserons pas le débat en ces quelques lignes... Il y aurait beaucoup à dire, à la suite de Georges Gurvitch, sur le « monisme » social qu'implique cette « philosophie de l'histoire »... Mais au-delà de cette vigoureuse critique, dégageons bien cette idée de discontinuité à laquelle Georges Gurvitch adhère si fortement, sur quoi il bâtira presque toute sa maison. Pour lui, le social, aux réalités diverses, multiples, disjointes, accepte, dans le temps, des coupures multiples, légères celle-ci, profondes, presque totales, celles-là... Or, si l'histoire est ainsi discontinue, fragmentée, toutes les sciences sociales préoccupées de saisir l'actuel sentent, derrière cet instant présent qu'elles observent, tant de ruptures et de failles précédentes qu'elles sont comme isolées dans la brève réalité vivante... Cloîtrées en elle. Prisonnières. Le présent est une réalité presque autonome. Tout un anti-historicisme guette et frappe les sciences sociales. Les voilà dans l'impossibilité d'utiliser le passé, de s'en nourrir. Nous retrouverons cette idée, qui certes ne peut nous laisser insensible. Chez Georges Gurvitch, elle commande une série de démarches, d'engagements, de conclusions.

Philosophie de l'histoire, première victime. Celles qui suivent ont moins de poids, sinon en elles-mêmes, du moins pour le croquis que nous crayonnons de la pensée de Georges Gurvitch. Il s'agit, en fait, d'assassinats encore plus rapides, et certes peu dramatiques. Du travail vite expédié. Nous voulons bien, nous aussi, qu'il n'y ait, en vérité, ni sociologies du progrès, ni sociologies de l'ordre (selon les classifications de Léon Brunschvicg), qu'il n'y ait pas, en somme, un mouvant social ininterrompu qui emporterait tout vers un idéal unique ou, à l'inverse, une structure sociale ou plutôt une « cristallisation » définitive que rien n'userait au cours des âges de l'histoire. Nous acceptons plus aisément encore, malgré quelques affirmations ou illusions d'Auguste Comte, qu'il n'y ait pas de conciliation possible entre cet ordre et ce progrès...

Même problème ou presque : il n'y a pas dans la vie sociale, si complexe, de facteur dominant ; sa quête s'avère un leurre. Ici, à nouveau, nous nous réjouissons en connaissance de cause. Non, pas de force prépotente par définition, et à longueur de siècles — que ce soit le jeu puissant et mêlé des facteurs économiques, ou plus étroitement la circulation des hommes et de leurs biens matériels et non matériels, voire les grands impératifs de la production, les contraintes de la technique, ou les discordances si essentielles soient-elles du social et de la vie économique, ou les réalités démographiques...

Et nous ne chercherons pas davantage à défendre les lois sociologiques. Georges Gurvitch n'y veut pas croire, mais ne les abandonne qu'à moitié pour se retirer sur des positions préparées minutieusement à l'avance, celles des « régularités tendancielles » : à l'avance, puisque l'expression est de Gaston Richard, et minutieusement puisque, ici, une fois de plus, la casuistique de Georges Gurvitch multiplie les précautions. « En bref, écrit-il, le centre d'intérêt de la sociologie du XIXe siècle, c'est-à-dire la recherche des *lois sociologiques* régissant le fonctionnement et la marche générale de la société, n'est plus celui de la sociologie d'aujourd'hui. Les recherches *détaillées* [c'est moi qui souligne] auxquelles elle se consacre n'aboutissent point et ne se proposent pas d'aboutir à des *lois causales* ou à *des lois de développement*. Le concept de *type social qualitatif et discontinu a éliminé le concept de loi* » (p. 48). Cette dernière phrase, à elle seule, mériterait bien des discussions. L'accent mis sur le qualitatif, le discontinu et aussi le détail (par détail entendez, en particulier, la « microréalité » sociale) n'ira pas sans inquiéter les hommes de notre génération, habitués à rechercher avant tout le général et, le disant ou non, à construire leurs enquêtes en fonction d'un déterminisme assez rigoureux, même s'il s'agit d'en retrouver les failles. C'est dire que j'hésite et ne suis pas sûr de bien comprendre notre guide en ce point de son discours... « En bref », dit-il. Et c'est justement là que l'on voudrait s'arrêter pour l'interroger et s'interroger...

Sur la dernière démolition — la fausse opposition entre individu et société — pas d'hésitation au contraire. Nous portons la société en nous, elle est notre substance et nous sommes sa substance. L'individu ne s'oppose pas à la société. Rien de plus juste, en ce débat, que la réciprocité des perspectives, ce mélange du *Moi*, du *Nous* et de l'*Autrui*... pour parler, un instant, le langage des sociologues. Disons cependant qu'historiens nous le savions depuis longtemps déjà. Les biographies elles-mêmes nous l'ont appris dès nos premiers pas. Il n'y a pas un personnage qui ne soit à saisir dans son temps et son milieu, à restituer dans l'éclairage des douze ou quinze livres-maîtres qui, Lucien Febvre aime à le dire, représentent et forment, assez régulièrement, la mentalité d'une époque dans ce qu'elle a d'essentiel — enfin et surtout comment le camper hors de son entourage, hors de l'*Autrui* et du *Nous* ?

Mais, résumons. La sociologie sort d'une crise — elle aussi. Il faut, déclare Georges Gurvitch, qu'elle en profite pour « s'épurer », réviser ses méthodes et ses concepts. Sinon, « doit-elle céder la place à quelque autre science humaine plus féconde et qui réussirait à présider avec plus d'efficacité à la coopération des sciences sociales et à leur intégration dans un ensemble cohérent » (p. 48) ?

Avant d'aller plus loin, qu'on me permette quelques réflexions, voire quelques critiques. En fait, ces démolitions à quoi, d'entrée de jeu, nous sommes conviés, sont-elles complètes ? Nous les donne-t-on à titre d'exemples, en nous laissant le soin de les étendre ? Pourquoi, de cette vieille controverse déterminisme-liberté, n'est-il pas largement question alors que Georges Gurvitch a écrit sur ce thème majeur la première ébauche d'un livre serré, alors qu'il pense, si je ne fausse pas trop son explication, que chaque science, chaque tentative scientifique découpe dans le réel un monde particulier — celui de la physique ne rejoignant pas celui de l'astronomie, ni celui de la chimie, ainsi de suite ; alors qu'il pense qu'il n'y a pas un monde scientifique déterminé, *un* mais bien *des* mondes entre quoi s'étendent nos ignorances et s'installent nos rares libertés ?

Pourquoi rien, aussi, ou presque rien, sur les sciences humaines rénovées du XXe siècle (géographie, ethnologie, économie politique) ? Rien non plus sur l'histoire, ou si peu... Or, la sociologie ne peut être construite et enfermée en elle-même. Elle n'est pas autarcique. De même, pourquoi rien, ou presque rien, en dehors de tant de pensées sous-jacentes, sur les sciences exactes et expérimentales, dont l'idéal, les méthodes nous tourmenteront toujours, même lorsque nous devinons que nos regrets ou nos imitations s'adressent à la science d'hier, beaucoup plus encore qu'à celle d'aujourd'hui ? Georges Gurvitch, lors de ses très rares comparaisons, puise volontiers dans les exemples de la microphysique, pour opposer ses équations d'incertitude aux lois, ou soi-disant lois, de la physique macroscopique. La pensée qui s'exprime dans le livre de Pierre Auger, *L'Homme microscopique*[2], est présente ici, comme elle l'était dans tant de remarques et d'écrits de ces vingt dernières années. Alors, n'était-il pas nécessaire de la dire avec netteté au seuil de ce livre révolutionnaire, de rattacher ou d'opposer la neuve sociologie aux neuves sciences expérimentales ? Gros problème que discutait tout dernièrement encore, avec beaucoup d'intelligence, Francesco Vito[3], à propos de l'économie politique et de ses méthodes.

N'y aurait-il pas lieu aussi de tenir compte tout pareillement, en ces domaines méthodologiques, du livre si novateur de Johan von Neumann et Oskar Morgenstern, cette *Theory of Games and Economic Behavior*[4] parue en 1944 et sur quoi Jean Fourastié[5] vient de publier un article enthousiaste ? Leurs remarques sur le prévisible, l'imprévisible et le conditionné en matière sociale, méritent attention. Elles rompent le cercle ensorcelé du déterminisme social.

Plus encore, le vieux débat du subjectivisme et de l'objectivité en sciences sociales, ce boulet, n'avions-nous pas le droit d'en être délivrés enfin, nous spécialement, les historiens — que certains philosophes à peu près au courant de l'histoire telle qu'elle se pensait il y a soixante-quinze ans enferment toujours dans ce dilemme stérilisant ? Il n'y a pas plus d'histoire ou de sociologie objective, entièrement objective, dirait Georges Gurvitch, qu'il n'y a, même à la limite, de physique objective. Le physicien ou le sociologue, l'historien, les observateurs du social, tous travaillent en eux-mêmes, et hors d'eux-mêmes, ils créent autant qu'ils recueillent ou enregistrent. Lucien Febvre a su dire, mieux qu'un autre, combien l'historien ajoutait et devait ajouter à la matière brute de l'histoire, aux documents et aux faits. « Il n'y a pas d'histoire objective », au sens courant de l'expression[6]. Ce qui ne veut pas dire que l'historien ait le droit de s'abandonner sans plus, à ses passions, à ses simplifications ou, qui pis est, à ses prudences. Il fera bien, au contraire, de s'astreindre à une problématique décidée, de formuler nettement ses desseins, ses questions, puis vigoureusement d'attaquer le réel. L'histoire-problème : un beau programme...

Oui, pourquoi en ce débat préliminaire, Georges Gurvitch n'a-t-il pas signalé et reconnu qu'il ne peut pas y avoir de sociologie neuve tant que persiste une histoire pareille à celle qui continue de s'enseigner imperturbablement dans tant de facultés, en France comme à l'étranger ; et pas non plus, tant que tâtonne une géographie qui serait géologie déguisée, ou tourisme naïf, éternelle et puérile découverte de l'Amérique ou compendium rival du *Petit Larousse illustré* ; ajoutons encore : tant que survit une économie qui serait toujours, par inadvertance, celle de Robinson Crusoé dans son île, voire de cet écureuil prévoyant de Charles Gide, amassant des réserves alimentaires pour l'hiver ?... Tout se tient dans l'étude du social, et d'abord les sciences sociales elles-mêmes.

Dernière remarque, non la moindre. Cette opposition constante d'un XIXe siècle qui penserait mal et d'un XXe assagi qui penserait mieux, n'est-elle pas souvent assez factice ? S'il y a discontinuité d'une époque à l'autre, ne venons-nous pas seulement de la traverser, il y a quelques instants, de la vivre tant bien que mal, sans avoir la certitude que la houle soit derrière nous ? L'opposition n'est pas tant de part et d'autre de l'année 1900, que de part et d'autre des années 1920-1930. Alors un nouveau siècle aura commencé. C'est le sentiment que laisse deviner notre guide lui-même, par instants, quand nous sentons, sans qu'il l'indique clairement, au hasard des mots et des images, combien il a, lui-même, rompu avec Bergson, Scheler, ou Durkheim... Dire *sociabilité*, là où Durkheim disait *solidarité*, n'est pas simple fantaisie de vocabulaire. Alors ne serait-il pas juste de nous en prévenir — d'entrée de jeu ?

II

Détruire, puis reconstruire. La partie positive s'affirme, chez Georges Gurvitch, plus large, plus complexe que son préambule destructeur. Mais ici, historiens de bonne volonté, nous risquons de perdre pied assez souvent. Certes tout est clair, ordonné, précisé — et pourtant la topographie générale du livre se saisit mal, au premier abord, et l'artifice géométrique de la présentation « pluridimensionnelle » (plans verticaux et plans horizontaux, nous dit-on) finit par être peu rassurant. S'il faut, pour comprendre, s'y reprendre à cinq ou six fois, c'est peut-être que toute initiation se paie ? C'est peut-être aussi que Georges Gurvitch s'est engagé dans une tâche surhumaine. Il aura tenté une sorte de reconstitution d'ensemble à l'image de celles que tente et réussit la chimie organique : recréer une substance à formule complexe, à partir d'éléments assez simples, avec l'espoir secret, au terme de l'expérience, de retrouver la vie — ou du moins, avec le ferme propos de pousser cette reconstruction jusqu'aux abords mêmes de la réalité vivante. Ainsi procède, notons-le, une économie politique préoccupée, elle aussi, de façonner des « modèles » déduits de l'expérience, puis replacés dans la réalité. Tout navire ne doit-il pas être lancé dans son élément ? Le « modèle » de Georges Gurvitch est-il vivant, flotte-t-il ? Seul le recours au concret, à l'expérience, à la chaleur de la vie peut justifier son entreprise obstinée. Ou plutôt ses entreprises, car il s'y reprend à plusieurs fois pour construire son « modèle ». Deux fois au moins, à la verticale tout d'abord, ensuite à l'horizontale. Mais ces images sont plus simples, *a priori*, qu'après expérience.

Premier chemin : la sociologie en profondeur. Pour un philosophe d'origine, comme notre guide, la formule n'est pas, j'en suis sûr, sans se ressentir des résonances du « Moi profond » chez Bergson, voire de « l'inversion ou de la réduction » des phénoménologues dont il se reconnaît coupable, une fois au moins, d'avoir abusé (p. 51, note 1). Mais qui, aujourd'hui, dans les sciences de l'homme, ne se tourne pas vers les profondeurs, vers « le plus caché » ? Question de mode, ou nécessité ? « Il n'y a de science que de ce qui est caché », selon le mot de Gaston Bachelard... Le caché, le profond, ce n'est pas, dit notre guide précautionneux, désireux d'échapper à tout dogmatisme et à toute échelle illégale des valeurs — ce n'est pas le plus important. C'est, sans préjuger de son importance réelle, le plus difficile à atteindre pour l'enquêteur. Car c'est de lui qu'il faut partir. Ainsi se présentent au sociologue qui les observe, des nappes de réalité sociale de plus en plus malaisées à prospecter et à reconnaître, des « sphères », des franges, des cercles, des « paliers » successifs. Le plus simple à saisir est encore la surface écologique et morphologique de cette société — nous dirions, un peu vite, le géographique, en entendant par là, à la fois, la scène géographique, le jeu que les hommes y mènent, leur nombre aussi, ce qui est plus large et plus net (au moins pour nous) que cette surface dite écologique et morphologique dont trop de sociologues ou ethnographes pensent que l'on pourrait ensuite éplucher le social comme, de son écorce, un fruit... Mais passons et, non sans sourire, signalons à nos amis géographes ou démographes la facilité qu'il y aurait à appréhender cette simple écorce. Autre écorce, ou autre sphère, celle des superstructures organisées, des architectures sociales, avec leurs lourdes contraintes. Pourrait-on dire, au sens que leur donnent les historiens, les institutions ? Ce serait infléchir et dévier l'observation du sociologue qui, plus qu'aux institutions, songe, ici, aux consentements, aux obligations, aux habitudes collectives qui les sous-tendent et les nourrissent de réalité sociale... Ce sont les manuels d'institutions des historiens et des juristes qui réduisent et simplifient le réel, le vident de son contenu humain. Autre sphère, les modèles sociaux — les *patterns* : tous les gestes préfabriqués par la société, proposés aux individus, les plats régionaux, les politesses, les fêtes nationales, les formes de l'éducation, de la vie politique, tous gestes qui modèlent « non seulement les comportements mais encore la vie mentale... collective ou individuelle ». Un peu plus loin, voici ces régularités des conduites, hors des institutions, entendez aussi les genres de vie, les mœurs, les routines, les modes, même les engouements... Au-delà se saisiraient les rôles sociaux dont la première idée est à chercher chez G. H. Mead, enfin les attitudes collectives, les symboles sociaux. Sur cette dernière « sphère » symbolique (mystique, mythologique et parfois rationnelle), Georges Gurvitch insiste beaucoup, chemin faisant. Enfin voici les « conduites collectives effervescentes, novatrices ou créatrices ». Le lecteur, historien comme moi-même, ne comprendra pas toujours cet itinéraire sous le signe du pragmatisme (mais un pragmatisme qui n'est pas le nôtre) : sphères, franges, paliers, profondeurs ne se présentent pas nettement à nos yeux. Je laisse de côté les dernières stations du voyage (les idées et valeurs collectives, les états mentaux, les actes psychiques collectifs)...

J'avoue avoir repris souvent les marches de cet escalier (mais Georges Gurvitch n'a-t-il pas agi de même ?) sans bien saisir les raisons du classement. J'aurais compris plus aisément un ordre où l'on serait parti de l'enveloppe morphologique pour aboutir à ce palier des « conduites effervescentes » qui m'aurait semblé un terme excellent pour clore la série. On serait passé, selon un processus qui, cette fois, nous est familier et compréhensible, de réalités lentes à s'écouler à d'autres réalités, comportements, actes ou gestes de plus en plus brefs, de la société en somme plus ou moins immuable, ou « structurée », des premiers gradins, à la société effervescente en train de se désagréger et de se recréer, qui est un des sujets essentiels de la sociologie nouvelle, cette société au-delà ou en deçà des institutions, si peu aimées de Georges Gurvitch, pour qui le stabilisé, le cristallisé en matière sociale, ne sont que des objets trop tentants d'études faciles et donc peu fructueuses. « Le concept néfaste de l'institution, écrit-il, a joué ici son rôle en servant de justification à toutes les paresses et à toutes les carences intellectuelles. » Jugement trop catégorique, assurément, pour que l'on s'y trompe un seul instant ; mais nous voilà sur une des lignes de prédilection de la pensée de Georges Gurvitch. Cette société effervescente, novatrice, révolutionnaire est bien celle qu'il recherche comme la plus révélatrice, la plus riche de conséquences et donc d'avenir, à supposer, pour lui retourner un instant ses arguments, qu'entre cette société en préparation et l'avenir, une discontinuité ne tende pas brusquement ses barrages.

Puis-je dire, pour égayer un instant ce compte rendu, que la « sociologie en profondeur » me fait penser à la sociologie des voyageurs, à leurs descriptions qui vont du paysage aux institutions et aux mœurs curieuses ? À condition, penserez-vous, que le voyageur soit lucide, ce qui n'est pas souvent le cas, mais il y a toujours des exceptions. Ainsi Michel de Montaigne gagnant l'Italie du Nord par la Haute-Allemagne en 1580. Alors ne faudrait-il pas, plus que de « nappes » ou de sphères, parler d'« horizons » sociaux ? Mais cette querelle de mots ou d'images ne changerait rien au vrai débat. Au risque de le déformer plus encore, je voudrais essayer, un instant, de revenir au cadre et au vocabulaire de notre métier.

Au vrai, ce qu'affirme Georges Gurvitch, après quelques autres — disons après Marx comme après Proudhon ou Bergson, ou Hauriou —, c'est que la société n'est pas unilinéaire, d'une seule et simple coulée, qu'elle admet des étages, des *infra* et des *supra*structures. De même, pensons-nous, l'histoire n'est pas unilinéaire. C'est ce que j'ai essayé, pour mon compte, de dire et d'appréhender en parlant d'histoire semi-immobile, d'histoire lente, d'histoire événementielle, ou mieux, de surface. Ce qui traduit, moins que de géométrie dans l'espace, le souci de mouvements de durée différente. De même, les économistes parlent des mouvements saisonniers, du court terme et du long terme. Mais, une fois de plus, peu importent ces images qui traduisent avant tout nos difficultés à philosopher ! Donc l'histoire, elle non plus, ne nous apparaît pas unidimensionnelle. Il y a aussi, plus ou moins rapides dans leur mouvement, des nappes d'histoire. Entre ces nappes je vois, comme Georges Gurvitch, des tensions, des antinomies, des contradictions, et sinon tout le drame, le plus aigu du drame de la vie des hommes.

Notez que Georges Gurvitch, en fait, renverse l'ordre qui est le mien et que ses préférences vont à la surface, à la société en train de se faire, à ce qui bout, à ce qui change, innove ou essaie d'innover, en forçant le sens du mot, il va à l'événementiel, à ses hautes températures, non pas aux larges mouvements, aux institutions, pour lui sclérosées, ou à la lourde enveloppe de plomb ou de fonte qu'est l'écorce morphologique et écologique, « la croûte extérieure » (p. 7). Cette contradiction ne m'échappe pas et j'y reviendrai.

Premier effort, la sociologie en profondeur, « à la verticale ». Second effort, la sociologie différentielle, cette fois à l'horizontale. Par sociologie différentielle, entendez une recherche *typologique*, à égale distance de la méthode généralisante des sciences naturelles et de la vocation individualisante de l'histoire *traditionnelle* (je souligne, car j'ajoute ce mot *traditionnelle* ; est-il besoin de dire que je n'accepte pas sans récriminer pour l'histoire cette seule fonction individualisante ?). Entreprise moyenne, la *typologie* consiste à définir un cas non pas général, mais destiné cependant à se reproduire, plus ou moins fréquemment selon sa nature — très souvent s'il s'agit des groupes ténus et étroits de la « microsociologie », rarement par contre quand on sera en face de groupements larges, très rarement, pour ne pas dire jamais, quand seront en cause des sociétés globales. Ainsi, plus le type social est complexe, plus il s'affirme original et particulier. Les sociétés globales ne se répètent qu'exceptionnellement. (Oui, sans doute, mais à nous de philosopher : qu'est-ce, au juste, que se répéter ou ne pas se répéter — n'y a-t-il pas, tout à la fois, répétitions et novations ?) Nous trouvons donc, à l'horizontale, trois groupements : les infiniment petits, les corps moyens, les sociétés globales. À chacun correspond une étude particulière. En tout cas, cette triple échelle — microsociologie, typologie différentielle des groupes, études des sociétés globales — ne prétend pas, pour autant, disloquer l'ensemble social qu'il faut toujours considérer comme un tout. Ces réalités diverses coexistent, s'imbriquent l'une dans l'autre, « leur rapport effectif est dialectique, chacune des trois présuppose les autres » (p. 99). Elles ne sont que trois vues d'un même objet.

Ces définitions et affirmations acceptées, on s'étonnera un peu, au premier abord, qu'à l'opposé de nos réactions spontanées Georges Gurvitch mette l'accent sur la réalité microsociologique, en somme sur l'infiniment petit. Question de méthode : d'après lui, sur ce plan les faits sociaux présentent un maximum de généralisation, voire de plus grande abstraction. Là est la mine des plus riches et plus faciles observations. Que l'on songe, par exemple, aux méthodes qualitatives et quantitatives de la sociométrie du docteur Moreno dont je reparlerai dans un instant. Ajoutons aussi qu'en l'occurrence, à propos de ces éléments sociaux très ténus, aucune structure encombrante ne vient gêner l'observation comme dans le cas des groupes ou des sociétés globales. Enfin, les formes de sociabilité, reconnues à l'étage microsociologique, se retrouvent aux étages supérieurs. Ainsi tous les avantages nous conduisent en ce rez-de-chaussée, en raison non d'une préférence *a priori*, mais d'une évidente commodité. Il reste hors de doute, pour nous comme pour notre guide, que si l'on s'intéresse à l'être, à l'existence, au devenir (donc à l'histoire) de la société, c'est vers les grandes architectures qu'il faudrait aussitôt se tourner. « Ontologiquement, déclare notre guide, la primauté devrait être reconnue à la typologie des sociétés globales. »

N'empêche, malgré ces déclarations, que nous voilà engagés sur une route différente. C'est au microscope que l'on commencera à travailler. Si l'on veut saisir l'homme-société et l'homme nouveau qu'appréhende la sociologie nouvelle, ce complexe de liens, de réalités enchevêtrées ou réfléchies, c'est par l'échelle microsociologique que l'on commencera, par ce domaine des identités et des répétitions, sans quoi il n'y aurait ni classification, ni ébauche de science. Classifier, sans trop détériorer le réel, tels sont le mot d'ordre et la précaution essentielle.

À ce propos, un exemple vaudra mieux qu'un long discours. Voici donc, d'après G. Gurvitch, à cet étage des groupes élémentaires, sous le signe de la fusion, les divers degrés du *Nous*. — Dans ce cas du *Nous*, l'échelle microsociologique comportera trois degrés, la *masse*, la *communauté*, la *communion*, qui se différencient par des fusions d'intensité variable, faible quand il s'agit de la *masse*, forte pour la *communauté*, portée à son maximum de chaleur quand se trouve en cause la *communion*. « Bref, s'il y a un *Nous*, il s'affirme toujours comme un foyer d'intimité, de chaleur, mais ses degrés sont extrêmement variables et peuvent tomber très bas au point de réduire le *Nous* à l'état de pure virtualité et la participation des membres à la passivité quasi complète » (p. 113). Une autre question serait de savoir quelle pression un *Nous* exerce sur ses participants... Toute une discussion serait à engager aussi pour préciser le sens de ces degrés et surtout cerner d'un trait scientifiquement valable la notion de *masse*. Georges Gurvitch doit s'y employer assez longuement (pp. 129 et *sq.*). La *masse*, ce ne sont pas, sans plus, les publics et particulièrement les publics des enquêtes type Gallup ; elle n'est pas non plus à mettre en rapport, sans plus, avec l'anonymat des grands nombres ; *masse* et *foule* ne sont pas synonymes ; elle ne s'oppose pas au groupe, comme le voudrait von Wiese... On devine à la suite de ces affirmations et négations combien d'efforts il faut faire pour que le mot *masse*, qui n'a pas été fabriqué ni par, ni pour les sociologues, entre enfin dans leur vocabulaire à une place réglementaire...

La chaîne des *Nous* nous introduit dans la classification pluraliste des formes élémentaires de sociabilité que Georges Gurvitch construit avec méthode et précaution sur le plan de la microsociologie. Mais à nos yeux, historiens, à nos pauvres yeux, que voilà donc une algèbre difficile, avec ses multiples critères ! Le tableau proposé sur deux grandes pages (120-121) évoque un arbre renversé ou une texture d'algue... Ici ont leur valeur chaque détail, chaque ligne, chaque remarque, chaque aiguillage (intérêt particulier, intérêt général, collaboration, domination, stabilité, instabilité ; organisations multifonctionnelles ou unifonctionnelles...) Tout cela aboutissant à une pensée et à un vocabulaire particuliers, compliqués, sans doute très discutables. Nécessaires aussi. Mais seule, l'expérience, je le répète, l'expérience à laquelle si largement il est fait appel, permettra d'établir la valeur de cet immense et minutieux effort...

On ne m'en voudra pas trop, je pense, de presser le pas et de ne guère m'arrêter au-delà de la microsociologie, aux étages de la sociologie différentielle des groupements, puis à la typologie des sociétés globales. Cette dernière analyse serait, pour nous, historiens, un grand spectacle. Voir travailler les autres au même ouvrage que nous, quelle satisfaction ! Mais ici, Georges Gurvitch nous fausse un peu compagnie. Il ne nous apporte, en vérité, aucune étude systématique de la société globale et par suite rien non plus sur la civilisation qui, à mon avis, ne se conçoit qu'à cet étage-là. Ces lacunes étonnent... Manque-t-il un toit à cette maison ? Non, mais c'est à un autre ouvrage de Georges Gurvitch qu'il faudrait demander une typologie de la société globale. Rien ne nous dit cependant que cette image puisse s'incorporer sans plus à son nouvel édifice, laissé, pour le moment, curieusement inachevé. Alors contentons-nous, entre microsociologie et sociétés globales, de nous arrêter un instant à l'étage intermédiaire, celui de la typologie différentielle des groupements, chapitre excellent d'ailleurs, d'une rare vigueur, bien que théorique à l'extrême. Pour l'historien pressé et qui ne voudrait pas s'égarer en ce livre dense qui, certes, n'a pas été écrit pour lui seul, là est peut-être le cœur de tout l'ouvrage.

Un article entier ne suffirait pas pour résumer et critiquer, si l'on en était capable, la classification des groupements sociaux qui nous est proposée. Je la trouve longue, pas directement accessible. Mais, ici, une bonne occasion nous est offerte d'engager le dialogue. Georges Gurvitch a eu l'excellente idée, en effet, de terminer sur un exemple, banc d'épreuve pour tout son travail antérieur : la *classe sociale*. Suivons-le un instant. Parmi les quinze critères sur lesquels nous avons articulé notre classification des groupements, écrit-il, onze peuvent être utilisés pour définir le concept de classe[7] (p. 345). Je crois préférable de rejeter en note cette énumération. Elle donne l'idée de la difficulté où l'on est, lecteur de bonne volonté, de se reconnaître aisément dans cette écriture trop rapide. Même pour un philosophe, je doute que ce texte soit compréhensible immédiatement et pense qu'il serait bon, pour le rayonnement même d'une pensée d'une telle qualité, que des concessions fussent faites, de temps à autre, par notre ami, à l'art d'écrire humainement, pour des lecteurs qui ne sauraient tout savoir et ont besoin souvent de mots fort simples pour s'élever progressivement jusqu'aux pensées compliquées. Mais peu importent ces critiques mineures. Ici, comme ailleurs, c'est la pensée seule qui compte, même si l'on nous laisse le soin de l'exprimer à nouveau pour la rendre mieux saisissable.

En ce débat compliqué, je ne voudrais que signaler deux points. Pour Georges Gurvitch, les classes, ainsi que les définit son esprit autoritaire, ne se décèlent pas avant le XVIe siècle. Elles ont eu alors, et alors seulement, la possibilité de se développer. « Cette possibilité est d'assez fraîche date et ne remonte pas au-delà du XVIe siècle, et de la naissance de l'industrialisme » (p. 345). Ceci péremptoire. Mais passons... Second point, il porte dans la liste des critères de Georges Gurvitch le n° 9. Je le crois d'importance pour nos recherches. Il consiste à replacer la *classe*, si classe il y a, dans le contexte de la société globale. Pour Georges Gurvitch (p. 347) : « Les classes sociales évincées du pouvoir et les classes sociales ascendantes sont les plus récalcitrantes à la pénétration par la société globale. En revanche, la classe sociale au pouvoir accepte plus aisément cette pénétration tout en croyant la dominer. Si elle ne parvient pas à le faire, c'est le début de sa déchéance. » Ce schéma, sans doute, est discutable, mais très utile : il n'y aura d'étude valable des classes sociales, sur le plan de l'histoire, que quand on essaiera de dénombrer leurs effectifs, de mesurer leurs pouvoirs matériels, de fixer leurs idéologies — toutes choses que font bien et même très bien quelques jeunes historiens élèves d'Ernest Labrousse, attachés à l'étude de l'opinion publique et des structures sociales du XIXe siècle. Encore faudra-t-il toujours tenir compte de ces fermetures ou ouvertures des classes sur l'ensemble de la société globale.

III

Après ces parcours et détours, où sont nos idées familières, celles que nous avions tant bien que mal saisies dans ces fleuves de la pensée sociologique d'hier — ces fleuves si nourrissants pour tant d'historiens — un Durkheim, un Halbwachs, un Mauss (surtout un Mauss) ? Le présent livre nous réveille et nous surprend, il annonce un soudain et terrible changement de temps. J'ai essayé, à mon corps défendant, de le traduire, quand j'ai pu, en termes d'histoire, de ramener à notre langue cette pensée ardue. Il s'en faut que la correspondance ait été parfaitement établie. La science d'aujourd'hui tourne le dos au simple... Il s'en faut aussi, bien sûr, que j'adhère sans plus aux idées de Georges Gurvitch.

Sans difficulté, certes, je suis d'accord avec ses grilles explicatives, superposées les unes aux autres, à l'horizontale celles-ci, à la verticale celles-là. En brisant les pensées et le vocabulaire d'hier, il a voulu reprendre et, en fait, a repris contact avec le complexe et le multiple, sources de toute observation valable. Et c'est bien ainsi. Je suis aussi d'accord, je l'ai dit, avec ses destructions initiales nécessaires. Avec lui (et Ignace Meyerson) je crois à la discontinuité historique de la pensée. La pensée procède « par bonds », par ruptures, par changements brusques de front. Je crois aussi, après avoir lu et suivi attentivement Georges Gurvitch, que le social est traversé, hors de ses multiples liaisons, par des crevasses, des rides, des zones de silence, des *no man's lands*. Je crois, sans hésitation, qu'historiens nous avons le plus grand intérêt à rajeunir notre problématique, au feu de cette tentative puissante pour recréer, synthétiquement, la vie sociale. Je pense aussi que Georges Gurvitch nous enseigne, par surcroît, sans trop le chercher, la valeur de l'histoire globale, la nécessité de replacer chaque observation, chaque mesure, dans l'ensemble du champ de force social... De la sociologie, dirons-nous, ou *des multiples manières d'être lié dans le tout ou par le tout*. Nous le savions déjà, nous le savons mieux après l'avoir lu. Il nous enseigne aussi, si nous acceptons de le suivre, que tout est, scientifiquement, *a priori* de même valeur, ce qui dure, ce qui s'écroule, ce qui brûle dans un étroit creuset, ce qui embrase les vastes architectures sociales... En tout cas, contre le choix précipité, la théorie théorisante, le dogmatisme inconscient, la généralisation hâtive, la simplification dangereuse, son livre vif et dru ne cesse de protester avec véhémence. À nous de l'entendre si nous sommes sages et voulons vivre au rythme intellectuel de notre époque.

Mais aussi que de réflexions à contre-courant ! Nous pourrions, des heures durant, protester, regimber, démolir à notre tour. Comment est-il possible que la sociologie veuille se construire à elle seule ? Que Georges Gurvitch néglige à ce point l'histoire, cette multiple poussée, cette incessante pesée du temps ? Je l'ai déjà dit : puis-je y revenir ? il néglige trop l'histoire, cet incessant écoulement des réalités sociales, l'histoire science du temps, je veux dire du temps qui coule sous nos yeux comme du temps en mouvement d'hier. L'histoire, vaste expérience, à demi expérimentation, à condition de connaître ses multiples recours. Le goût intellectuel de Georges Gurvitch pour le discontinu, n'est-ce pas aussi, à sa manière, un désir de rompre avec l'histoire, de couper les ponts, de cacher, mais aussi d'installer, au cœur même de son système, une énorme blessure ? Le temps d'aujourd'hui n'est pas celui d'hier. Sans doute, mais de là à se réfugier dans l'instant présent, la distance est grande ! Dans ce temps actuel qu'il ne peut méconnaître, voyez avec quel soin notre collègue rejette ce qui dure, le cristallisé, le fossilisé, le permanent, pour aller à ce qui change ou veut changer, à ce qui innove. Il lui faut du pain frais, des pousses printanières... D'où sa prédilection pour l'événementiel, en somme, dont je ne nie pas les valeurs, ni les hautes températures humaines, ce que j'ai déjà dit et écrit bien des fois. Dans l'actualité y a-t-il un péril des technocrates, et Georges Gurvitch d'organiser aussitôt puis de publier la passionnante *Première Semaine du Centre d'études sociologiques*[8] qui a été un notoire succès de librairie. Mais aller vers ce qui brille, ce qui éclate, est-ce toujours sage, ou mieux, suffisant ? Ce peu de souci pour les vastes architectures sociales s'allie, chez Gurvitch, à une complaisance prudente, mais à une complaisance à l'égard de la sociométrie du docteur Moreno. Sur cette grande expérience un article — même signé de Moreno lui-même[9] — ne saurait faire la lumière. En tout cas, on sait que l'une des techniques, assez prompte à se détacher de l'ensemble de la sociométrie de Moreno, est le sociodrame, la reconstruction sous forme théâtrale, dramatisée, rapide, saisie dans l'instant même par l'organisateur à la fois participant et observateur, d'une expérience sociale avec possibilité d'en mesurer les effets, puis, si nécessaire, de la recommencer. C'est là encore une méthode de travail sur l'infiniment petit — sur l'atome, dit le docteur Moreno — justement dans un champ social, les États-Unis, de texture plus souple, moins structuré que les vieilles sociétés d'Europe. Mais la parenté, quoi qu'on en dise, est grande de la sociométrie à la microsociologie.

En outre, malgré ses masques et son équipement moderne, qui ne verra dans le sociodrame de Moreno, l'événement, lui encore, l'historico-drame sur quoi, hier, a été construite toute la maison de l'histoire ? De l'événement, remonter à l'histoire globale, est-ce si facile ? Est-ce dans la chaleur de l'instant, dans le feu du drame, même théâtral, que la substance des hommes se fond pour prendre et révéler sa vraie forme sociale ? Que de sociodrames, alors, n'aurions-nous pas à fournir à nos collègues : à Dresde le 26 juin 1814, Napoléon reçoit Metternich, le baron Fain entend et note l'entretien dans la pièce voisine... ; le 5 juillet 1866, au lendemain de Sadowa, Conseil des ministres à Saint-Cloud ; 15 juillet 1870, au Corps législatif... Que cette histoire soit de l'histoire, nul ici, aux *Annales*, n'a jamais dit le contraire, mais elle n'est pas toute l'histoire. L'événement est le matériau d'une histoire particulière, comme le sociodrame ne peut être que celui d'une sociologie particulière, partielle et pas forcément privilégiée...

Il est vrai que tout ceci passe à côté ou en dessous de la pensée prudente et souple de Georges Gurvitch qui, certes, n'est pas le père de la sociométrie. Mais s'il veut nous permettre de clore ce trop long entretien par des questions qui le concernent personnellement, demandons-lui, à son choix, ou de s'expliquer sur la géographie, pour nous diffusée à travers toute la masse, toute l'épaisseur du social, ou de se prononcer sur les fondements économiques dont les réalités n'apparaissent guère dans son livre qu'ici ou là, en filigranes... Demandons-lui aussi, surtout, de se prononcer clairement sur la discontinuité du social, cette discontinuité qui, selon lui, n'exclut pas son contraire, le continu... Car enfin, si le destin social se brise sans cesse tout en se poursuivant et se continuant sans cesse, les discontinuités sont des catastrophes qui se répètent, non pas des exceptions survenues à point nommé pour dispenser la sociologie du recours à l'histoire. Sur le plan du psychologique, rien de plus simple à comprendre et à accepter que la discontinuité partielle d'Ignace Meyerson... Sur le plan social (et ses multiples paliers et secteurs), je vois moins bien, si je la devine, la discontinuité historique de Georges Gurvitch, cette discontinuité qui, dans le monde social qu'il a recréé, ne cesse d'agir telle une puissance diabolique, tel le Destin... Vous me direz qu'on ne définit pas le Destin. Mais la sociologie ne relève pas de l'art tragique. Elle se veut au contact des « choses », disait Maurice Halbwachs, et des réalités humaines. Cette discontinuité qui ne s'attarde pas à trancher nos destins particuliers et dérisoires, mais qui s'attaque aux grands corps, aux symboliques sociales, aux idéologies, aux civilisations qui, d'un seul coup, sous l'effet d'un choc trop violent, se videraient de leur contenu — cette discontinuité s'affirme du fait même de ses répétitions, réalité d'histoire. Elle n'est pas sans évoquer pour nous les grandes ruptures structurelles qu'à notre connaissance seuls les économistes, durant ces dernières années, ont essayé de définir à leurs risques et périls. La sociologie de Georges Gurvitch ne trouve sa justification provisoire que dans les mutations structurelles de l'économiste-sociologue, René Clémens [10] ou dans les révolutions profondes de cet autre économiste de grande classe qu'est Johan Ackerman [11]. Y a-t-il eu, tout dernièrement, pour suivre ce dernier auteur, deux de ces révolutions en profondeur, l'une au voisinage de l'année 1872, l'autre, sans conteste, en 1929 ? D'énormes cassures ont alors coupé nos destins, ceux de l'Europe et du monde. Ainsi, sans doute, à des dates antérieures. Mais pour cette prospection des cassures structurelles, qui refuserait le recours à l'histoire ? Qui ne mesure aussi, pour notre discipline, l'ampleur d'un pareil enjeu, si l'on veut que l'histoire cesse d'être un art pour l'art et qu'elle s'insère dans le jeu puissant et vivement mené des autres sciences sociales ? Je ne pense pas que le monde, si ces diagnostics sont exacts, se soit, en 1872 ou en 1929, totalement renouvelé. Mais qu'il y ait eu alors des morts multiples et de puissantes naissances, qu'ait levé toute une moisson de nouveautés heureuses ou amères, voilà ce qui justifierait bien des enquêtes et des recherches historiques. Ainsi serons-nous renseignés sur les grandes lignes de l'histoire, si grandes lignes il y a. Grâces, en tout cas, soient rendues au livre dynamique et jaillissant de Georges Gurvitch. Sa première édition est déjà à peu près épuisée et ce compte rendu arrive après les premières batailles. Puisse-t-il servir au moins à celles qui vont suivre et à mieux orienter la seconde édition prochaine !

VIII

LA DÉMOGRAPHIE ET LES DIMENSIONS DES SCIENCES DE L'HOMME*

L'histoire que nous défendons, dans cette revue, se veut ouverte sur les différentes sciences de l'homme ; et, plus que l'histoire elle-même, aujourd'hui c'est l'ensemble de ces sciences qui nous préoccupe. Je crois utile de le redire, au seuil de cette chronique qui se propose de mettre en cause les données et orientations essentielles des études démographiques, en les considérant, elles aussi, de ce point de vue d'ensemble, et non du point de vue de la seule histoire.

Que l'on se rassure : je ne veux pas, par ce biais, entreprendre le procès facile d'un certain *démographisme*, explication impérialiste, unilatérale, souvent hâtive de la réalité sociale. Chaque science, surtout si elle est jeune ou, ce qui revient au même, rajeunie, s'efforce de soulever l'ensemble du social et de l'expliquer à elle seule. Il y a eu, il y a encore un *économisme*, un *géographisme*, un *sociologisme*, un *historicisme* ; tous, impérialismes assez naïfs, dont les prétentions sont cependant naturelles, voire nécessaires : pendant un certain temps du moins, cette agressivité a eu ses avantages. Mais peut-être, aujourd'hui, conviendrait-il d'y mettre un terme ?

Sans doute, le mot *science auxiliaire* est-il celui qui gêne, ou irrite le plus les jeunes sciences sociales. Mais, dans mon esprit, toutes les sciences de l'homme, sans exception, sont auxiliaires, tour à tour, les unes des autres et, pour chacune d'elles, il est licite (du point de vue personnel, mais non exclusif, qui est et doit être le sien) de domestiquer, à son usage, les autres sciences sociales. Il n'est donc pas question de hiérarchie, fixée une fois pour toutes et, si je n'hésite pas, pour ma part, du point de vue égoïste qui est le mien, à ranger la démographie parmi les

---

* *Annales*, 1960, pp.493-523. Publié dans *Écrits sur l'histoire*, 1969.

sciences auxiliaires de l'histoire, je souhaite que la démographie considère l'histoire comme une, entre quelques autres, de ses sciences auxiliaires. L'essentiel est que toutes les explications d'ensemble s'harmonisent, finissent par se rejoindre ; qu'elles esquissent au moins un rendez-vous.

C'est à cette hauteur que je souhaite placer le présent dialogue avec nos collègues et voisins démographes, et non pas, je m'en excuse auprès de Louis Henry et de René Baehrel, au niveau des discussions sur les méthodes. Je ne nie pas un instant la valeur, en soi, des méthodes et ne partage qu'à demi les colères de Lucien Febvre[1] contre les interminables querelles qu'elles suscitent d'ordinaire. Tout de même, « au sommet », ce ne sont pas seulement les méthodes, ou les moyens, qui comptent, mais les résultats et, plus encore, l'interprétation, la mise en œuvre de ces résultats, en un mot, ce par quoi on peut corriger au besoin plus d'une erreur due à la méthode.

C'est donc de l'orientation générale des sciences de l'homme qu'il sera question dans la présente chronique. Un tel propos m'oblige à choisir mes interlocuteurs et, pratiquement, à sortir plus qu'à moitié de l'étroite et insuffisante actualité bibliographique. Je crois que les retours en arrière que ce point de vue m'impose ne seront pas inutiles. Il n'est jamais trop tard pour parler des œuvres importantes.

I

LES « SEUILS » D'ERNST WAGEMANN

Bien que ce ne soit ni tout à fait juste, ni très commode, (à ma connaissance aucune revue critique ne l'a tenté chez nous) présentons, en premier lieu, les travaux autoritaires, irritants aussi, d'Ernst Wagemann. À les aborder, une première difficulté peut nous arrêter : il est malaisé de se reconnaître avec exactitude dans ces premières éditions, rééditions, traductions, ampliations, résumés sélectifs, articles repris dix fois de suite pour des moutures différentes, transpositions ou répétitions intégrales... Cependant au milieu de ces redites, un sondage doit suffire et, en tout cas, nous suffira. Il mettra surtout en cause deux ouvrages dont j'ai pris connaissance, il y a longtemps, à Santiago du Chili où leur apparition, en 1949 et 1952, avait fait un certain bruit, non sans raison. Le premier, traduit de l'allemand en espagnol, s'intitule *La Population dans le destin des peuples*[2] ; le second, *L'Économie mondiale*[3], semble, en espagnol, une première édition, mais reprend des passages entiers du précédent, ainsi que d'autres publications antérieures. J'aurai recours également au petit volume paru en 1952, peu avant la mort de Wagemann (1956), dans la vaste collection de la librairie Francke, à Berne, *Die Zahl als Detektiv*[4] et qui, lui aussi, est une réédition, mais, en même temps, un chef-d'œuvre de clarté. Ce livre où Sherlock Holmes s'entretient, avec son bon ami le docteur Watson, de chiffres, de statistiques, d'ordres de grandeur économique, comme s'il s'agissait d'autant de coupables ou de suspects — ce livre témoigne, mieux qu'un autre, de la maîtrise et de l'agilité, parfois désinvoltes, d'un guide qui pense avoir dégagé, à travers les complications de la vie sociale, une piste d'où les choses, vues de très haut, peuvent s'ordonner selon les seules déductions de l'intelligence et du calcul.

Ajoutons, pour compléter notre présentation, qu'Ernst Wagemann, comme le savent tous les économistes, a été, avant la seconde guerre mondiale, le directeur du célèbre *Konjunktur Institut* de Berlin. Après la débâcle, il prit le chemin du Chili dont, comme de nombreux Allemands, il était originaire. L'occasion lui fut donnée d'occuper, durant quelques années, jusqu'en 1953, une chaire à l'université de Santiago, ce qui expliquerait, si nécessaire, les publications chiliennes que j'ai signalées. Mais ce sont les œuvres, non l'homme, que nous voulons mettre en cause.

Des œuvres, en vérité, hâtives, écrites à la diable, inachevées, fiévreuses, amusées, amusantes, sinon toujours très raisonnables. Sur le plan de l'histoire, assez banales, voire franchement médiocres, mais ne suscitant jamais l'ennui. Dans le premier des ouvrages cités, *La Population dans le destin des peuples*, les cent cinquante premières pages ont de la tenue et une certaine grandeur : cet économiste de formation s'y veut démographe, et démographe passionné, novateur.

Son premier soin est d'ailleurs de se dégager, vaille que vaille, des études et points de vue de l'économie qui, longtemps, avaient été les siens, de se dégager même de l'économie puissamment enracinée dans l'espace, la plus intelligente selon lui : celle de von Thünen, « peut-être le plus grand économiste allemand, nous confie-t-il, avec Karl Marx ». Pour se libérer vite et de façon spectaculaire, il multiplie négations et diatribes, bouscule les explications admises. Tout cela amusant, plus que sérieux.

Malthus, en lever de rideau, est l'une de ses cibles de choix. D'ailleurs peut-on se fier, argumente-t-il, à ces pseudo-démographes, pessimistes ou optimistes selon que la conjoncture est à la hausse ou à la baisse économique ? « La dépendance fortement marquée dans laquelle se trouvent les théories démographiques à l'égard de la situation économique donne, à elle seule, la preuve que cette discipline ne dispose pas de fondements de méthode suffisants. »

Ceci dit, ce que Wagemann cherchera avec obstination, quand il aura rejeté successivement l'idée du développement continu, chère à Gustav Schmoller, ou la théorie de la capacité démographique — la charge d'hommes que peut supporter un système économique donné —, théorie issue des remarques de cet « empiriste de l'économie » que fut Friedrich List ; quand il aura écarté encore telle ou telle définition (cependant intelligentes à son sens) du *surpeuplement* ou du *sous-peuplement,* dues à des économistes comme Wilhelm Röpke ou Gustav Rümelin — bref, quand toutes les amarres, anciennes ou nouvelles, auront été coupées entre économie et démographie —, ce qu'il cherchera, c'est la constitution de cette dernière en un monde à part, en un domaine scientifique autonome qui est un peu, dans sa pensée, si j'ose dire, celui des causes premières. « Une des thèses préférées de l'économie politique de vulgarisation, c'est que le rapide accroissement moderne de la population doit être attribué aux succès du capitalisme en vive expansion. Sans aucun doute, ceux qui soutiennent le contraire ont, semble-t-il, bien plus raison encore : à savoir que les progrès techniques et économiques des XIXe et XXe siècles doivent être attribués à la rapide augmentation de la population. » Nous voilà fixés : la démographie mène le jeu.

Ces démolitions, ces gestes de bravoure, utiles ou moins utiles, ne sont qu'un lever de rideau. Il faut, pour lui donner la dignité de science, assigner à la démographie des tâches précises, définies avec clarté. À suivre Ernst Wagemann, la démographie serait, avant tout, l'étude des fluctuations démographiques et de leurs conséquences. Elle serait ainsi une science de la conjoncture, curieusement calquée sur l'économie conjoncturelle. Mais ne sourions pas, au passage, de cette apparente contradiction, de ce retour en arrière.

C'est, en tout cas, de la conjoncture que relèvent les grandes oscillations démographiques du passé, ces flux et reflux aux longues vagues, mouvements essentiels, bien connus des historiens, et qu'Ernst Wagemann considère, pour sa part, comme le premier objet d'étude digne de constituer le bien propre de la démographie. *Grosso modo*, il reconnaît, en Occident, les rythmes démographiques suivants : Xe-XIIIe siècles, augmentation appréciable de la population ; XIVe, diminution catastrophique, avec la Peste noire ; XVe, stagnation ; XVIe, essor considérable (dans l'Europe centrale, précise Wagemann) ; XVIIe, stagnation ou diminution ; XVIIIe, augmentation considérable ; XIXe, essor « intempestif » ; XXe, augmentation encore, mais plus lente. Ainsi, trois grandes poussées, à l'horloge de l'Europe : la première avant et pendant les Croisades, la seconde jusqu'à la veille de la guerre de Trente Ans, la troisième du XVIIIe siècle à nos jours. Que ces flux s'étendent à l'univers, c'est certain pour la dernière montée (celle des XVIIIe, XIXe et XXe siècles), probable pour la deuxième (XVIe). Pour la première (Xe-XIIIe siècles), Ernst Wagemann raisonne un peu vite : à son avis, pas de poussée démographique sans longues guerres. Or, le seul nom de Gengis Khan (1152 ou 1164-1227) indique combien le destin global de l'Asie a été alors agité. Ne peut-on en déduire que l'Asie a connu, elle aussi, une large poussée démographique à l'époque, ou peu s'en faut, des Croisades ? Nul historien prudent n'emboîtera le pas à notre guide pour se rallier à des conclusions aussi péremptoires, même au cas où il serait frappé, et avec raison, par tant d'analogies entre Extrême-Orient et Occident. Cependant, Gengis Khan mis à part, tout ce que nous pouvons entrevoir sur les tensions démographiques de l'Asie des Moussons et de l'Asie centrale n'infirme pas, au contraire, les suppositions de Wagemann. D'ailleurs, si, à partir du XVIe, sûrement du XVIIIe siècle, les oscillations démographiques se situent à l'échelle de la planète, il a le droit d'affirmer, en bref, que la population du monde augmente par ondes plus ou moins brusques, plus ou moins longues, mais qui tendent à gagner l'humanité entière. En quoi d'ailleurs, il se trouve d'accord avec un esprit de poids, Max Weber lui-même.

Du même coup, toutes les habituelles explications de la démographie historique et, au-delà, de la démographie elle-même, sont mises, ou peu s'en faut, hors de jeu. Ne nous dites plus que tout a été commandé au XVIIIe siècle, puis au XIXe par les progrès de l'hygiène, de la médecine, victorieuse des grandes épidémies, ou de la technique, ou de l'industrialisation. C'est renverser l'ordre des facteurs, comme nous l'avons déjà indiqué, car ces explications, taillées à la mesure de l'Europe, ou mieux de l'Occident, habillent mal les corps lointains de la Chine ou de l'Inde qui pourtant, démographiquement, progressent, semble-t-il, au même rythme que notre péninsule privilégiée. Ernst Wagemann a ici raison de donner aux historiens et à tous les responsables des sciences sociales, une excellente leçon : il n'y a de vérité humaine essentielle qu'à l'échelle du globe.

Il faut donc sortir de nos explications ordinaires, même si nous ne devons pas, pour l'instant, en trouver de bonnes à ces mouvements d'ensemble. Roberto Lopez pense au climat. Hier, les spécialistes des prix ont pensé, eux aussi, en désespoir de cause, aux cycles des taches solaires... Mais Ernst Wagemann ne se soucie guère — une fois l'indépendance de la démographie retrouvée — de répondre à cette interrogation naturelle. Le problème, pour lui, est de dégager, puis de saisir « des phénomènes universels, sujets à répétition » ; j'ajoute, bien qu'il ne le dise pas, mesurables si possible. La spéculation scientifique peut s'en tenir là, faute de mieux, si elle veut pas mettre en cause, comme Ernst Wagemann le fait, en passant, telle « loi biologique (qui expliquerait tout), mais que nous ne connaissons encore, ni dans ses racines, ni dans son développement perspectif ». Mieux vaut dire qu'il se contente là (de même qu'à propos des « alternances » que nous allons aborder dans un instant) de simples hypothèses de travail, c'est-à-dire d'une théorie dont on exige seulement qu'elle tienne compte d'une série de connaissances acquises et ouvre la voie à une recherche meilleure. Le critère est l'efficacité. À ce jeu, c'est moins la nature de ces oscillations que leurs conséquences, du moins certaines conséquences, qui seront mises en cause, sous le nom d'alternances.

Les « alternances » de Wagemann, que j'appellerais plus volontiers des « seuils », sont une hypothèse de travail dynamique ou, comme il le dit, *démodynamique*, une hypothèse séduisante, bien que trop simple assurément. L'exposer brièvement, c'est la déformer encore et, en outre, jeter le lecteur dans le piège d'un vocabulaire trompeur, car les mots de *surpeuplement* et de *sous-peuplement*, ici décisifs, évoquent une image de nombres croissants ou décroissants qu'il est bien difficile d'écarter, quels que soient les avertissements de l'auteur. Je préférerais pour ma part les remplacer par les expressions neutres de phase A et phase B, auxquelles j'ai pensé, assez logiquement, car les explications d'Ernst Wagemann rejoignent parfaitement le langage de François Simiand, connu de tous les historiens de chez nous.

Il s'agit donc de porter notre attention sur la masse des hommes vivants et ses variations incessantes. Soit, dirons-nous, pour parler au niveau de l'abstrait et du général (comme il convient), soit hors du temps réel et de l'espace précis, un pays P. Sa population, que nous pouvons faire varier à notre gré, est supposée croissante. Sa densité kilométrique — c'est elle surtout qui sera mise en cause — atteindra donc successivement toutes les valeurs. Nous retiendrons, dans cette succession, quelques chiffres fatidiques, vrais chiffres d'or de la démonstration de Wagemann : 10, 30, 45, 80, 130, 190, 260 habitants au km^2. Chaque fois que la population franchit l'un de ces « seuils », elle subit dans sa masse, dit notre auteur, une mutation matérielle profonde ; et pas seulement matérielle d'ailleurs.

Avant le seuil de 10 habitants au km^2, notre pays P est en phase de *sous-peuplement,* disons en phase A ; de 10 à 30, le voici en phase B de *surpeuplement* ; au-delà de 30, retour (et c'est là qu'il faut abandonner nos images ordinaires) au *sous-peuplement* ; et ainsi de suite, en alternant. On voit que c'est prêter aux mots de *sous-peuplement* et *surpeuplement* un sens élastique, hors du langage courant. Il faudrait, certes, définir ces concepts. Or, nous attendons vainement notre guide à ce premier tournant. Il déclare rejeter toutes les habituelles définitions des économistes et se contenter, dans un premier stade, de définitions très provisoires. Mais il donne la preuve qu'en science aussi, hélas ! le provisoire peut durer longtemps.

En fait, ces alternances ne s'entendent clairement que traduites en langage économique. Ce qui est en cause, c'est, essentiellement, le rapport entre population et ressources économiques, le rapport, nous y reviendrons, entre deux croissances. Ernst Wagemann le dit à sa façon. Il y a *surpeuplement* quand les hommes, s'étant multipliés, n'ont pas encore augmenté leurs ressources en proportion. Alors, l'observation décèle régulièrement les signes suivants : le chômage, comme dans l'Angleterre d'avant 1939 ; l'imparfaite utilisation de la main-d'œuvre (au cours de cette même année 1939, on aurait pu soustraire, à dire d'expert, 750 000 travailleurs de la Bulgarie sans abaisser le niveau de sa production agricole) ; les crises monétaires et de crédit, les méventes... Second cas, celui du *sous-peuplement* : si l'on ne signalait, avec force et d'entrée de jeu, l'étroitesse chronique des marchés, et le développement imparfait des circuits économiques, la situation se présenterait sous de trop belles couleurs. Néanmoins, les signes heureux abondent : la demande de main-d'œuvre reste régulièrement insatisfaite, il y a surabondance de terres fertiles, vacantes, pour le moins faciles à prendre ; des immigrations s'avèrent nécessaires (qu'elles soient spontanées ou dirigées) ; l'économie s'installe et prolifère sous le signe de la liberté...

Ces passages de A en B, ou de B en A, et les changements considérables qu'ils entraîneraient, sont-ils lents, doivent-ils traverser le relais d'équilibres d'assez longue durée, ou sont-ils brusques, sous le signe de catastrophes courtes ? Les deux explications nous sont fournies tour à tour, sans qu'il soit possible de savoir s'il faut, dans l'esprit de l'auteur, les ajouter l'une à l'autre, comme c'est probable, ou choisir entre elles... Mais laissons-lui, ici et ailleurs, toutes ses responsabilités.

Au-delà des définitions « provisoires » et qui n'éclairent les problèmes qu'à moitié, nous avons droit à une série rapide de « preuves » particulières. Cette fois, le plan théorique, où devait s'achever et se couronner l'explication, est abandonné sans tambour ni trompette. C'est aux chiffres et aux chiffres seuls de parler, comme s'ils parlaient d'eux-mêmes ! Nous voilà, en tout cas, ramenés au contact de réalités tangibles, au milieu de multiples exemples où l'historien se réjouira de retrouver ses habituelles perspectives et ses contingences. Mais la démonstration y perd de sa force, elle se partage en rivières, puis en ruisseaux minuscules.

Fleuve, cependant, le premier exemple met en cause à peu près le monde entier, mais il est le seul de cette catégorie exceptionnelle. Supposez que l'on répartisse le plus grand nombre possible des pays d'aujourd'hui selon leurs densités de peuplement, ce qui revient à les grouper en deçà ou au-delà des « seuils » (10, 30, 45, etc.) et que l'on calcule pour chacun d'eux, en partant des chiffres de Colin Clark, leur revenu national par tête d'habitant actif ; puis que l'on mette en regard de ces chiffres ceux de la mortalité infantile, considérés, non sans raison, comme exemplaires, on obtient le tableau et le graphique établis par l'auteur. Même démonstration graphique dans le cas du commerce extérieur comptabilisé par tête d'habitant selon les densités croissantes. Ces variations dans l'espace — et non dans le temps — dénoncent les oscillations concomitantes du bien-être, au-delà des différents seuils choisis, tantôt dans un sens, tantôt dans un autre. Si le calcul est juste, ce sur quoi je ne puis me prononcer, les chiffres d'or semblent avoir un fondement, au moins dans la réalité actuelle.

Des démonstrations analogues nous sont présentées ensuite, avec un appareil statistique toujours simplifié, à propos des divers États des États-Unis (classés selon leur densité kilométrique croissante) ; à propos de la Basse-Saxe, entre 1925 et 1933, où les divers districts ont été classés de la même manière ; à propos des variations du revenu national des États-Unis entre 1869 et 1938 ; enfin à propos de la nuptialité en Prusse, entre 1830 et 1913, de part et d'autre de l'année 1882, date à laquelle la Prusse franchit le seuil fatidique des 80 habitants au km². Ce graphique amusant montre l'opposition des deux périodes : avant 1882, des oscillations fortes de la nuptialité, en rapport avec les oscillations d'une situation économique tendue ; puis, au-delà, une courbe régulière. Pour Wagemann, ce passage de l'agitation au calme est celui d'un pays surpeuplé à « un pays en équilibre », et bientôt sous-peuplé et donc à l'aise.

Où s'arrêter, dans l'énumération sans fin des exemples, dont certains grêles et peu convaincants, bien que jamais sans intérêt ? À l'exemple de la régression de la population noire des Indes Occidentales anglaises ? Plus éclairant est le retour de l'Irlande, après l'émigration massive qui suit la crise de 1846, à une tension démographique dès lors supportable. Au début du XIXᵉ siècle, en 1821, l'Irlande représentait la moitié de la population de l'Angleterre : celle-ci ne pouvait assurer sa tranquillité qu'en maîtrisant sa trop puissante voisine. En 1921, l'Irlande est dix fois moins peuplée qu'elle : il n'y a plus d'inconvénient à lui concéder son indépendance politique. Ainsi raisonnait le démographe anglais Harold Wright, à qui notre auteur emboîte le pas.

Mais arrêtons-nous, faute de pouvoir les analyser tous, à un dernier exemple très symptomatique. Vers 1912, dans l'État d'Espirito Santo (au nord de Rio de Janeiro), dont la capitale est le port de Vitoria, vit une colonie de 17 500 Allemands. Elle dispose d'un territoire de 5 000 km² (densité 3,5 en 1912 pour 17 500 habitants, de 7 à 8 en 1949 avec 35 ou 40 000 individus). Pays arriéré, assurément *sous-peuplé*. Le seul moyen de transport, en 1949, y est encore la mule, comme dans le Brésil colonial de jadis, ou, tout au plus, la carriole de bois. Une seule technique au service de l'homme : un mortier hydraulique pour décortiquer le café, précieuse denrée dont l'exportation assure les quelques achats nécessaires à l'extérieur : viande séchée (le *charque*), farine, tabac, alcool, quincaillerie... Cependant, pour l'essentiel, la nourriture provient des propriétés des colons. Et bien d'autres signes d'autarcie s'offrent à nous : la petite maison élevée avec l'aide des voisins, les meubles (chacun possède ceux qu'il fabrique lui-même)... La terre abonde, bien sûr et, chaque fois que les cultures ont épuisé le sol et que la récolte devient trop maigre, on s'attaque à un nouveau canton de forêt... Il en résulte un nomadisme des cultures et des hommes. Santa Leopoldina, qui comptait 300 familles en 1885, en perd la bonne moitié pendant les trente années qui suivent. Il faut vivre, mais les écoles, la civilisation, je ne dis pas la douceur de vivre — on le devine ! — accompagnent mal ces nomades. Pourtant, ils prospèrent. Dans ce vaste espace qui lui est offert, l'homme se multiplie : mortalité 7 ‰, natalité 48,5 ‰, chiffres inouïs que l'on se reprend à lire deux fois avant d'y croire. Ainsi il y a des économies primitives et qui sont aptes à proliférer ; celle-ci nous est un bon témoin sur une vie ancienne, sans artisanat, avec un commerce réduit, aux mains des *tropeiros*, ces propriétaires de caravanes muletières qui ont, dès le XVIIIe siècle, créé la première économie brésilienne de large extension continentale. Qu'en faut-il conclure ? Que la population commande l'économie, qu'elle commande tout...

Ces échantillonnages, ces résumés disent bien, je l'espère, l'intérêt de la pensée de Wagemann. Il ne saurait être question, ici, d'en reprendre les affirmations et les enchaînements pour les soumettre à une vérification serrée, inutile. Tout d'abord, l'auteur n'est plus là pour se défendre — et il eût été capable de le faire avec vigueur. Le lecteur, en outre, aura lui-même, chemin faisant, formulé les critiques et les réserves qui s'imposent. Enfin et surtout, cette pensée appelle une appréciation d'ensemble, non des chicanes de détail.

Comme tout économiste, comme tout intellectuel d'action, Ernst Wagemann a, sans doute, trop vu le temps présent, celui sur lequel, vaille que vaille, il lui a fallu travailler. Les chiffres qu'il nous offre jalonnent, à la rigueur, des seuils *actuels*, mais leur succession ne vaut pas, *ipso facto*, pour le passé. Qui pourrait croire, en effet « hors des conditions naturelles ou techniques et des conjonctures particulières à l'histoire », à la valeur d'une série de chiffres de densité, donnés une fois pour toutes et où, d'avance, comme dans un horoscope des plus simples, tous nos destins seraient inscrits et lisibles ? La France, en 1600, a environ 16 millions d'habitants, densité kilométrique 34. Reportons-nous à l'échelle invariable : la voilà sous-peuplée, alors que tous les signes connus de sa vie d'alors et, à elle seule, une forte émigration en direction de l'Espagne, prouve qu'elle appartient à l'autre catégorie. Il est vrai, pourrait-on objecter, que le chiffre de 16 millions n'est pas absolument certain. Mais continuons le jeu : la France en 1789, est-elle surpeuplée ? La France de 1939 sous-peuplée ? Une étude, même rapide, montrerait qu'il y a trente-six façons, pour le moins, en un pays donné, aux prises avec son histoire et son espace réels, d'avoir trop ou pas assez d'hommes. Tout dépend de sa capacité, de ses capacités sur tel ou tel plan, ou même de la « vitalité » que lui infuse ou lui refuse le flux démographique qui traverse son destin. Tout est question de rapports et ces valeurs « totales », dont parle Ernst Wagemann, mais je dirais plutôt dominantes, ne cessent de varier, suivant les déformations d'une équation complexe. Le nombre des hommes est tour à tour déterminant et déterminé, essentiel ou relativement secondaire, etc. Je ne crois pas à *une* explication capable de servir de « valeur totale » ou de cause première au multiple destin des hommes.

Mais ne quittons pas Ernst Wagemann sur ces critiques trop faciles. Son mérite n'est pas mince d'avoir tué certains mythes et soulevé tant de problèmes que nous retrouverons, dans un instant, sous la plume agile d'Alfred Sauvy. Et ne retiendrions-nous que sa théorie des mutations, sous le poids de la montée des hommes, nous n'aurions pas entièrement perdu notre temps. Il n'y a probablement pas de seuils immuables, mais des mutations, oui, sans doute, à des niveaux démographiques variables, selon les lieux et les temps. Ces mutations coupent, en profondeur, le temps de l'histoire. Elles donnent un sens supplémentaire, une valeur nouvelle au vieux jeu, toujours utile, des *périodisations*.

Ce n'est pas un mince mérite, non plus, que d'avoir cherché à délimiter et à préciser, pour la rendre plus scientifique, une discipline qui reste à édifier, bien que, d'ailleurs, elle ait accéléré à vive allure le rythme de sa construction, durant ces dernières années. Cependant, est-il sage, comme le fait Wagemann, de l'enfermer seulement dans des problèmes de conjoncture ? De la laisser en dehors des mesures et des explications capables d'appréhender ce que désigne assez bien, malgré sa relative imprécision, le mot, aujourd'hui triomphant, de *structure* ? Ce serait dommage, assurément, pour une science dont le rôle, et l'ambition, sont d'aller jusqu'aux bases mêmes de la vie des hommes. Mais il faudrait, même en recourant à l'histoire [5] comme Wagemann, plus de prudence, et, surtout, moins de hâte.

II

LES MODÈLES D'ALFRED SAUVY

J'en arrive au livre essentiel, classique, d'Alfred Sauvy, livre double et même triple, car, en toute équité, il faudrait ajouter aux deux volumes de sa *Théorie générale de la population* : I. *Économie et population* (1952) ; II. *Biologie sociale* (1954) [6], le livre antérieur *Richesse et population* (1943) qui en annonce à l'avance les grands thèmes [7]. Livres déjà anciens, je devrais m'excuser de parler d'eux si tardivement, mais il n'est pas hors de saison d'en signaler la valeur : leur enseignement n'est pas épuisé.

Un vaste ouvrage consacré à l'ensemble de la démographie, survolant tout son territoire, peut se concevoir de bien des façons. Alfred Sauvy appuie le sien sur l'économique, ensuite sur le social ; je ne dis pas, sans plus, sur l'économie et sur la sociologie. En fait, le premier volume est une tentative à dessein abstraite, mathématisante, pour ébaucher un « modèle », aussi ample que possible ; le second confronte le modèle, ou mieux les « modèles » ainsi construits, puis compliqués à loisir, avec les réalités de l'expérience. Donc, deux mouvements : tout d'abord problématique, ensuite vérification expérimentale. Il est bon qu'il en soit ainsi.

Au départ, nous sommes donc hors des complications du réel et de ses contingences enchevêtrées. Le terrain est libre : calculs et raisonnements peuvent s'en donner, et s'en donnent, à cœur joie, hors des prudences ou des pusillanimités de l'observation concrète. Il ne s'agit pas d'une population réelle, d'un pays réel, d'un temps, de ressources, de revenus réels. Supposons, dit, en s'amusant, Alfred Sauvy, une île peuplée de chèvres et de loups... Ou supposons, avance-t-il une autre fois, que l'Angleterre compte 200 habitants... Comme aux côtés de Wagemann, nous gagnons en premier lieu le pays idéal des calculs, avec une population que nous verrons croître ou décroître, non pas biologiquement ou historiquement, ou selon telles ou telles règles, mais à notre seul gré, de 0 à l'infini, ou, si besoin en était, en sens contraire.

Le problème à résoudre est simple, ou plutôt posé simplement. Encore faut-il être attentif à ses éléments. Il s'agit de mettre en lumière la relation qui ne cesse de lier et d'opposer une population donnée aux ressources diverses dont elle dispose. Supposez une balance assez particulière pour accepter dans l'un de ses plateaux les populations, dans l'autre les ressources hétérogènes dont elles vivent, à chaque moment de leur histoire, ou si vous préférez, de leur « croissance ». Tour à tour, les ressources augmenteront plus vite ou moins vite que les hommes ; des phases se succéderont qui verront des renversements successifs, on n'ose dire dans le bon, puis dans le mauvais sens, ce qui serait une façon peu scientifique de parler. Mais cette image de balance, elle aussi, est peu scientifique. Laissons-la et passons aux courbes que nous propose Alfred Sauvy et aux théorèmes et modèles qu'il en dégage et qui resteront la base fixe sur laquelle s'appuiera ensuite son observation, compliquée, nuancée à plaisir.

Ces courbes sont essentiellement trois et la population y est chaque fois portée en abscisse et supposée grandissante. La première serait celle de la *production totale* de chacune de ces populations successives, les deux autres étant les courbes de la *production moyenne* et de la *production marginale*.

Cette dernière est la mieux appropriée à notre dessein. À chaque valeur x de la population, elle fait correspondre la valeur y de la production marginale, entendez celle du dernier homme qui intervienne dans le circuit du travail. Pour $x = 1\,000$, y est la production du $1\,000^e$ individu, introduit dans notre population croissante. L'axe des x est supposé commencer à 1. La production du premier homme, portée en y, est supposée égale au minimum vital, sinon ce premier homme ne serait pas capable d'attendre l'arrivée du second. [...]

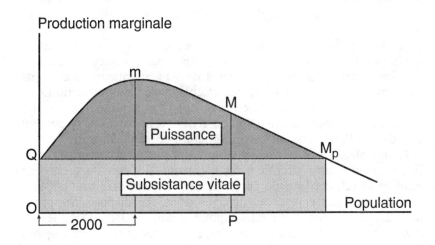

Population et production marginale,
d'après Alfred Sauvy

Dans ces conditions, la production globale, pour la population $x = 6\,000$, est représentée sur le graphique par les surfaces hachurées, surfaces qui se décomposent en deux étages : en bas, un morceau rectangulaire correspondant au minimum vital ;

au-dessus, ce qu'Alfred Sauvy appelle « la bosse », ou le surplus. Supposons notre population réduite à la portion congrue, elle consommerait seulement ce rectangle, le reste étant à la disposition de ses maîtres, seigneurs ou dirigeants.

Je ne soutiens pas que ce langage soit d'une clarté évidente pour le lecteur, surtout si celui-ci est brouillé avec les mathématiques élémentaires que suppose cette explication. Mais, à seconde lecture, nul doute qu'il ne déchiffre ce message simple. Il pourra alors admettre que l'*optimum de puissance* — c'est-à-dire la population abandonnant le « surplus » le plus considérable à ses maîtres — corresponde à la population $x = 6\,000$. Le mot de *puissance* est peu précis, sans doute, car la *puissance* dépend de l'usage que l'on veut ou peut faire des surplus. Ce peut être, au gré des décisions et des possibilités, le luxe des classes dirigeantes, le gaspillage du prince, les investissements fructueux ou la préparation à la guerre... On pourrait longuement, plus longuement encore qu'Alfred Sauvy, discuter de ce surplus, de ces « plus-values ». Leur importance, sociale autant que matérielle, est immense ; Marcel Mauss l'a dit, à sa façon rapide, à demi-énigmatique : « Ce n'est pas, dans la production proprement dite que la société a trouvé son élan... le luxe est le grand promoteur »[8]. Oui, c'est le « luxe » qui a été souvent le facteur de progrès, à condition évidemment qu'une théorie du luxe éclaire notre lanterne ; celle de Sombart ne nous satisfait qu'à moitié[9].

Mais revenons aux courbes, aux discours préliminaires d'Alfred Sauvy. Ce qu'il recherche, en cette première approche, c'est de fixer, autant que possible, les termes du problème, en un langage mathématique clair et qui les réduise à une formulation évidente et acceptable. Pour mon compte, je ne vois pas de meilleur moyen pour fixer ce rapport essentiel : population-vie matérielle, dont il faut constamment considérer l'une et l'autre variables. Il n'y a pas, en soi, d'optimum de peuplement, mais des optima divers, chacun devant répondre à des critères (surtout matériels). Nous avons ainsi, courbes en main, une définition non pas parfaite, mais acceptable, de l'*optimum de puissance*. On définirait, avec une autre courbe, l'*optimum économique*, ou tout autre *optimum*, pourvu que les critères qui le fixent soient clairement exprimés. Mais disons tout de suite que ces diverses formules, relatives à tel ou tel optimum, sont plutôt une façon de déblayer le terrain que de l'organiser. Tout jouer sur des points fixes serait immobiliser le mouvement démographique. « La notion d'optimum ne se prêtant pas à de nombreuses applications pratiques, c'est une population en mouvement qu'il s'agit d'étudier », explique Alfred Sauvy lui-même, au début de son second volume, non sans raison.

Ce premier schéma n'est donc qu'un modèle élémentaire, une façon, je le répète, de dégrossir les problèmes, mais en les simplifiant. La population idéale, par exemple, ne peut commencer ni à 0, ni à 1. Il faut, au départ, un petit groupe, le plus petit groupe capable de vivre par lui-même : *l'isolat* [10]. Il n'est pas vrai, non plus, que la production moyenne puisse se confondre, sans plus, avec le niveau d'existence, ni que toute la population soit active, ni que la courbe des productivités ait ces allures élémentaires. Toute productivité dépend du niveau technique et celui-ci varie lentement ; mais il varie, et, avec la fin du XVIIIe siècle, ses variations ont dominé, de haut, la vie entière des hommes. Il n'est pas vrai, non plus, que le minimum vital soit cette parallèle simple que nous avons tracée. Consommation, salaires, salaires réels, composantes de l'alimentation, toutes ces données varient et compliquent les problèmes. À peine tracées, nos courbes se révèlent trop rigides. Alfred Sauvy ne se prive pas du plaisir, après avoir tout simplifié, de tout compliquer, d'aller d'un schéma trop clair à une situation concrète extrêmement nuancée. Son premier livre, bien que théorique en principe, est plein ainsi d'incidentes, d'anecdotes, d'exemples. Dans cet incessant va-et-vient du réel à l'explication qui l'interprète, mille cas particuliers surgissent : la Peste noire du XIVe siècle, les catégories d'âge d'une population, les trois secteurs d'activité (primaire, secondaire, tertiaire), le chômage, les prix, le coût de l'homme... Tout cela plein de verve, d'allant, d'intelligence. À la fin de ce livre, le lecteur croit avoir atteint la pleine mer : mais il est encore dans les eaux fictivement agitées du port.

Le second volume de la *Théorie générale de la population* s'intitule : *Biologie sociale* (beau programme). Il m'a cependant, puis-je le dire, un peu surpris. Ce vaste retour à l'expérience et à l'observation, cette multiplication des exemples qui parlent plus encore d'eux-mêmes que des problèmes généraux, le désordre vivant du livre, tout cela ne va pas, pour le lecteur qui était désireux d'apprendre une technique, sans une certaine gêne. S'est-on un peu, et gentiment moqué de lui ? Premier temps, ou premier volume, Alfred Sauvy nous a dit : « Voilà comment les choses devraient se passer. » Nous l'avons donc quitté avec quelques « conclusions provisoires ». Second temps, ou second livre : tout est confronté avec l'expérience, l'actuelle et l'historique. Et alors, « ce que la théorie voulait, l'histoire (il pourrait dire tout aussi bien la vie) l'a refusé ». « De ces conclusions provisoires, certaines seulement ont pu être conservées, lorsqu'a été rendue à l'homme l'initiative que lui ôtaient les conventions premières. » Je suis sûr que toute cette démolition précise, multiple, poursuivie avec franchise au nom de l'homme, « ce gêneur », « cet éternel oublié », au nom de l'histoire et de l'expérience, aurait enchanté Lucien Febvre. « L'histoire, c'est l'homme », écrivait-il, et il entendait, par là, une succession de surprises, pas forcément agréables.

Quelles sont les « conclusions provisoires... conservées » par notre collègue ? J'avoue n'en avoir trouvé nulle part le catalogue précis. Mais peu importe ! Constatons seulement qu'Alfred Sauvy — et c'était son droit — s'est voulu obstinément relativiste, prudent, en ce second volet du diptyque. Allusif aussi parfois, et des questions posées restent sans réponse. « L'accroissement de la population est-il la cause de la richesse ou l'inverse ? » demande-t-il, en nous laissant le soin de répondre par oui ou par non, ou, à notre tour, de ne pas répondre. Je ne vois pas clairement non plus ce qu'il entend par une certaine psychologie collective, souvent invoquée, jamais dominée.

Le livre fermé, je pense que peut-être, en suivant les lignes de plus grande pente d'un texte toujours intelligent, plein d'enseignements, d'aperçus vifs, ce qui ressort le plus fortement, c'est un témoignage longuement médité sur le corps même, le destin de la France, à la lumière des pesées et des pensées démographiques, témoignage prudent, sincère, honnête, presque toujours convaincant. Qui de nous pourrait demeurer indifférent ?

Beaucoup d'exemples ainsi, que l'on croirait présentés pour eux-mêmes, (celui de l'Espagne moderne entre XVIe et XVIIIe siècles, celui de l'Italie surpeuplée, celui de la Hollande), se placent, sans doute, dans le fil d'une explication générale ; mais, ouvertement, ou insidieusement, ils viennent éclairer, par contraste, le cas français, ce cas *malthusien* typique. La sociologie ainsi esquissée, sans être jamais systématisée, est bien celle d'une population vieillissante, du fait du ralentissement, à la base, de sa natalité, et se réfère donc constamment à la France qui, la première, donna l'exemple d'une population où la restriction volontaire des naissances, dès le XVIIIe siècle, gagna les hautes classes, puis l'ensemble vivant de la nation. Si le démographe calcule à nouveau l'évolution démographique de notre pays en bousculant ce qui a été, en imaginant des coefficients différents — ceux mêmes de nos voisins — des résultats surgissent, si disproportionnés à ce qui a été notre destin, que l'aberration éclaire d'une lumière crue le cas de ce pays stationnaire, victime de faux calculs, de prudences étroites et mesquines. L'exposé tourne au plaidoyer. L'auteur « s'engage », juge. Je trouve cet engagement trop conforme à ce que je pense personnellement pour avoir quoi que ce soit à dire contre les arguments incisifs d'Alfred Sauvy, contre ce qu'il avance à propos du *vieillissement* des populations, encore moins contre son parti pris en faveur des jeunes et de leur poussée novatrice, dans les cadres, hélas ! très conservateurs, d'une société comme la nôtre.

Mais à s'abandonner ainsi à sa pente naturelle, Alfred Sauvy n'a-t-il pas restreint, en partie, la portée du second volume de sa *Théorie générale*, trop placé la France et l'Occident au centre de son argumentation, pas assez parlé du cas des pays sous-développés qu'il aborde vite, particulièrement de l'Extrême-Orient ou de l'Amérique latine, avec ses fortes croissances et ses mélanges ethniques, ou de l'ensemble de la population mondiale [11], dont il aborde peu les grands, les immenses problèmes ? N'a-t-il pas trop vu, finalement, comme un cas central, à la fois le vieillissement des populations d'Occident et l'équilibre démographique, celui de la France, lent à se rompre ? Plus encore, le vieillissement est-il suffisamment mesuré à l'échelle du monde (car il tend à se généraliser, comme les vagues « démodynamiques » chères à Wagemann) et aussi, j'y reviendrai, à l'échelle de l'histoire ?

Ce dont je doute, enfin, c'est qu'une théorie générale de la population tienne bien droit sur ces deux pieds : d'une part, le calcul à allure économique, d'autre part, l'observation à allure expérimentale. La fabrication d'un modèle doit se poursuivre dans toutes les directions du social, et pas seulement dans un ou deux domaines. Ainsi il y a une économie non classique, une géographie, une anthropologie, une sociologie, une histoire, une biologie humaine, au sens conquérant de Henri Laugier, il devrait même y avoir une microdémographie : dans ces diverses directions, la pensée d'Alfred Sauvy est peu active à mon gré. Je ne crois pas que le mot d'*œkoumène* ait été prononcé, ni celui de densité de peuplement [12], ni évoquée une géographie des villes [13]. La théorie générale de la population peut-elle se construire quasiment hors de l'espace, en tout cas sans une seule carte, sans le moindre recours aux *Principes de géographie humaine* de Vidal de La Blache, ou aux volumes denses de Maximilien Sorre, ou à des ouvrages de référence comme celui de Hugo Hassinger pour citer un ouvrage ancien, ou celui de Kurt Witthauer, pour renvoyer à une parution tout à fait récente, ou à celui de Mme Jacqueline Beaujeu-Garnier ? Ces deux derniers livres, je le dis tout de suite, Alfred Sauvy ne les avait pas encore à sa disposition, mais leur existence appuie ma critique. Je regrette pareillement que ne soit utilisé par notre collègue aucun ouvrage d'anthropologie, que les mots-clés *civilisation* et *culture* lui soient pratiquement étrangers [14], que son livre, paru pourtant dans la collection de Georges Gurvitch — *Bibliothèque de sociologie contemporaine* —, soit, au vrai, si peu sociologique.

L'histoire, enfin, dans cette recherche pourtant multiple, a régulièrement la part du pauvre. La passion agissante d'Alfred Sauvy à l'égard de l'histoire des idées et, particulièrement, d'hommes comme Malthus, Cantillon ou Quételet, ou Quesnay, ne peut lui servir d'alibi. Ce n'est pas Malthus qui m'intéresse, on en a trop parlé ; ni même Marx, encore que ce livre en parle trop peu à mon gré ; ce qui m'intéresse, c'est le monde à l'époque ou de Malthus ou de Marx.

À mon avis, Alfred Sauvy se laisse trop souvent séduire par une histoire facile, une histoire événementielle et politisante. Et c'est dommage. Le temps présent où sa pensée rapide trace ses arguments, ses exemples, ses surprises et nos étonnements, n'est qu'un instant de la vie du monde. On ne saurait comprendre pleinement cet instant sans le replonger dans la durée qui commande le sens et la vitesse du mouvement général qui l'entraîne. Cette durée historique reste trop étrangère à Alfred Sauvy. S'il touche à l'histoire, de temps à autre, c'est une histoire digne d'un humour tonique au demeurant : « C'est un jeu facile et terriblement difficile, écrit-il, que de refaire l'histoire à coup de nez de Cléopâtre. » Bien sûr, mais pourquoi essayer ? Par ailleurs, que penser de cette pierre jetée dans la mare des seiziémistes : « La chute de la natalité française est, en somme, le résultat d'une "Réforme rentrée" »... J'aurais préféré, même au prix d'un peu d'ennui, qu'ait été repris par un démographe de cette qualité le lourd dossier de la démographie historique qui, elle, n'est pas « une science sauvage », neuve, mais une recherche déjà ancienne, bien assise. J'aurais aimé connaître son avis sur les travaux historiques de Julius Beloch, d'A. P. Usher, de Paul Mombert, des frères Alexandre et Eugène Kulischer, d'Eugène Cavaignac, pour ne pas parler des études récentes de Daniele Beltrami, Alfredo Rosenblatt, Marianne Riegel ou Van den Sprenkel...

Mais voilà que je parle trop, ou pas assez d'histoire. Car ces critiques, à coup d'énumérations bibliographiques sont trop faciles, et oiseuses, si les titres cités n'évoquent rien de tangible.

Mieux vaudrait plaider la cause d'une démographie historique auprès d'Alfred Sauvy lui-même, en tentant de le rejoindre dans sa propre course mais avec des arguments d'historien ; ainsi à propos de cette sénescence française de longue durée qui est au centre, non sans raison, de la pensée et de l'action de notre auteur.

Croit-il vraiment qu'il ait suffi, pour lancer ce mouvement, de quelques pervertis, de lâchages sournois à l'égard de Rome, dès le XVIe siècle, et du succès, au XVIIIe, dans l'aristocratie et la bourgeoisie, de pratiques anticonceptionnelles gagnant peu à peu l'ensemble de la société ? « Et cela au moment même (pour citer une phrase prise à l'une de ses récentes conférences) où se donnait le départ de la grande course à l'expansion mondiale... Toute la marche de la France est depuis influencée par cet événement capital qui s'est produit à la fin du XVIIIe siècle. » La France a alors, dans la voie du vieillissement, pris un siècle d'avance. Mais ce vieillissement de *longue* durée, pourquoi n'aurait-il pas eu, dans le passé même de la France, une *longue* préparation ? Alfred Sauvy dit un peu vite « qu'il y avait, au XVIIIe siècle, un parallélisme dans le développement des pays d'Occident ». Oui et non. Oui, sur le plan de la vie culturelle, ou économique, ou encore politique ; non, si l'on songe au passé démographique.

La France sort, au XVIIIe siècle, d'une longue phase de surpeuplement, chronique depuis le XIIIe, ou mieux le XIIe siècle. Quatre ou cinq cents ans durant (si l'on excepte la régression de 1350-1450), elle a vécu dans une situation analogue à celle de l'Inde actuelle, « s'étouffant » sous sa propre natalité, au voisinage de ce pôle de « puissance » qui s'accompagne souvent de sous-alimentation, d'émigrations en chaîne. Toutes ces émigrations, toutes ces conquêtes, ces *Gesta Dei per Francos*, toutes ces usures, cela ne peut-il pas avoir déterminé, en profondeur, un avenir qu'il serait facile, mais vain, d'attribuer seulement à des fautes, à des légèretés, ou à de mauvais exemples ? Un phénomène de longue durée peut-il se déclencher pour de petites raisons ? J'en doute. Signalons, à l'appui de la thèse que j'esquisse, que l'Angleterre, si souvent évoquée par Alfred Sauvy, n'a pas eu, du XIIe au XVIIIe siècle, cette vie biologique d'exubérance qui fut la nôtre. Elle n'est un pays surpeuplé ni au XIIIe, ni au XVIe encore, au XVIIe peut-être, en tout cas les querelles religieuses y déterminent des exodes. Bref, quand arrive le XVIIIe siècle, elle n'a pas ce qu'A. P. Usher appelle une « maturité biologique », ou elle l'a depuis peu, à l'inverse de la France. Or, le *vieillissement* n'interviendrait-il pas, ici et là, dans le monde, au terme d'exubérances de longue durée ? Vous me direz qu'avec ces quinze dernières années, la France vient de connaître un brusque réveil et en attribuerez le mérite à quelques légers hommes politiques de France : c'est « événementialiser » à nouveau [15]. Un flux s'amorce qu'un reflux antérieur a comme préparé et rendu nécessaire, et nos hommes politiques ont eu l'intelligence — quand ils l'ont eue —, de s'insérer dans ce « vent de l'histoire ». Mais s'ils étaient les seuls responsables de cette heureuse montée, je m'attendrais bientôt à la voir refluer. Les grandes vagues de la démographie historique ne peuvent dépendre de médiocres raisons.

Je ne voudrais pas conclure sur ces critiques, elles-mêmes discutables, mais sur la sympathie que m'inspire une pensée toujours ouverte, sans parti pris, flexible parce que sans cesse honnête, et dont, par conséquent, le lecteur ne peut, quels que soient parfois ses légers désaccords, que se sentir extrêmement enrichi. Ce démographe est, avant tout, un homme de son siècle, qu'intéresse prodigieusement, sous tous ses angles, le monde qui l'entoure. Ce n'est jamais délibérément qu'il se met derrière une barrière. Avec Alfred Sauvy, il vaudra toujours la peine d'essayer de dialoguer. Tous les dialogues, sûrement, le tentent et il ignore cette limitation intellectuelle qu'est le dédain.

III

LOUIS CHEVALIER : POUR UNE HISTOIRE BIOLOGIQUE

Historien venu à la démographie, Louis Chevalier vient de publier un ouvrage compact et véhément : *Classes laborieuses et classes dangereuses à Paris dans la première moitié du XIXe siècle* [16], assurément un beau sujet, assurément un beau livre. Je l'ai lu et relu, moins pour en peser l'exactitude ou le bien-fondé documentaires — d'autres s'en sont chargés sans aménité — que pour en dégager les intentions et la « doctrine ». C'est à ce niveau, je pense, que le livre, difficile et déconcertant au premier abord, prend sa valeur. Encore n'est-il pas aisé de gagner le droit fil d'un ouvrage assez touffu, peu clair souvent, en raison même de ses richesses et de la multiplicité de ses intentions. En outre, il n'est pas écrit, mais parlé, ce qui explique ses longueurs, ses redites, ses redondances, ses morceaux de bravoure, son dédain aussi pour le mot ou la formule clairs, ou pour les développements alignés au cordeau. Mais, disons-le tout de suite, y abondent aussi des passages d'une beauté noire. Tout le livre — que l'auteur l'ait voulu ou non — est d'ailleurs un livre noir sur ce Paris « mal connu » de la première moitié du XIXe siècle « dangereux, malsain, terrible ». Ses plaies, ses abominations, ses sauvageries, ses paysages maudits, sa misère indicible s'accordent à de sombres gravures romantiques, à des véhémences à la Michelet : les unes et les autres sont l'honneur de ce livre.

Mais quel chemin suit-il ? L'imprudente question ! Louis Chevalier y répond dix fois pour une ; cependant, pour comprendre comment s'accordent ses réponses successives, il faudra parcourir le volumineux ouvrage de bout en bout, deux ou trois fois. Alors, tout pesé, les passages-clés relus, plume en main, les déclarations des deux ou trois dernières pages — ces pages de vérité — prennent leur *vrai* sens. Ces affirmations, ces désinvoltures qui nous avaient irrité, ces lacunes annoncées, âprement justifiées et pourtant peu compréhensibles de prime abord, s'alignent enfin dans un mouvement cohérent. Ce livre a été conçu, avant tout, comme un défi, comme un pari, comme un « manifeste », comme une œuvre pionnière ; pas un instant, l'auteur n'en ignore l'originalité. Il voudrait même, avec une certaine impatience, que cette qualité, que personnellement je ne lui conteste pas, lui fût aussitôt reconnue, que fût prise au sérieux sa révolte contre les règles monotones de notre métier d'historien, et acceptées, dans leur plénitude, les règles nouvelles qu'il s'est choisies. À ce jeu multiple tout est sacrifié, l'objet du livre est de méthode, le Paris de la Restauration et de la monarchie de Juillet est un beau prétexte. C'est le « manifeste », à la fois pari et défi, qui domine tout. Et naturellement, c'est lui que je voudrais analyser tout d'abord dans la mesure du possible. Opération peu commode, mais enjeu essentiel.

Ce « manifeste » d'ailleurs ne se ramène pas, sans plus, à un défi, multiple, volontiers affirmé, mais ce défi, s'il peut à lui seul, de temps à autre, nous égarer, est une première approche valable. Il s'exerce contre l'histoire tout d'abord (une certaine forme d'histoire mise à part qui serait strictement celle des démographes), contre une économie qui serait vue courte et facilité, contre une sociologie dont il est parlé parcimonieusement, contre une sociologie du travail, simplement ignorée, contre les criminologistes qui « traitent du crime à Paris, en ces années, comme ils le feraient pour toute autre ville et toute autre époque », même contre le statisticien (ô ingratitude !) « ... le statisticien, c'est-à-dire l'homme le moins apte à comprendre..., fort par sa spécialité, mais appauvri par elle ».

Quant au pari, nul doute : spécialement pour le cas envisagé et la période retenue, la démographie seule, au sens strict, avec la multiplicité de ses prises, doit suffire à dégager et à expliquer les problèmes divers des classes laborieuses et, plus encore, dangereuses, de l'agglomération parisienne. « La mesure démographique intervient alors à plein, de manière privilégiée, dispensant à la rigueur de toute autre mesure », écrit-il ; et, plus nettement encore : « Pour des raisons qui sont de documentation [sic], c'est la démographie qui mène. » Les raisons ne sont point, sans plus, de documentation, puisque la documentation habituelle et la judiciaire, qui existent, ont été de façon autoritaire écartées comme inutiles. Simplement, notre collègue est resté fidèle, avec un entêtement sympathique, mais strict, au programme que traçait, en 1952, sa brillante et orgueilleuse Leçon inaugurale du Collège de France. Pour lui l'histoire s'individualise en deux zones, l'une de lumière, de prises de conscience, l'autre d'obscurité, « ce domaine... où l'homme échappe à l'homme et se dissocie en formes d'existence instinctives, élémentaires, qui ne relèvent plus de la cité organisée, mais d'autres nécessités, celles de la foule, celles de l'espace ». Ces « profondeurs » sont accessibles à la démographie, non à l'histoire et à l'économie, qui relèvent de la « cité organisée ». Les démographes se veulent seuls, ou du moins Louis Chevalier, démographe, s'engage seul dans cette plongée.

J'avoue que ce programme me passionne, bien qu'il ne soit pas dans la ligne de mes préférences : je suis, au contraire, en faveur d'entreprises associées, relayées, connectées soigneusement entre elles. Je les crois seules efficaces. Mais, justement, comment ne serais-je pas plein de curiosité devant les aléas et les résultats de cette aventure ? La démographie peut-elle assurer seule le relais de l'histoire et des autres sciences de l'homme ; faut-il en croire Louis Chevalier ?

Dès qu'on les cherche, les citations, à propos des défis, paris et prises de position de l'auteur, sont faciles à retrouver dans ce livre sensible et combatif. Elles viennent à nous d'elles-mêmes, d'autant que les plongées ne vont pas sans répit : chaque fois que l'auteur fait surface, les difficultés, écartées un instant, se présentent à nouveau, narquoises. Chaque fois donc que, *normalement*, le prix du pain, ou une statistique des crimes, ou une description des conditions de travail, etc., s'imposeraient dans le fil du récit, l'auteur se croit obligé de nous dire pourquoi il nous les refuse ou nous les donne avec parcimonie et pourquoi nous resterons et devons rester sur notre faim. Aussi bien cette description du Paris ouvrier de la première moitié du siècle dernier est-elle étrangement coupée, sans cesse, de professions de foi, de justifications, de digressions sur la nécessité d'écarter, d'une analyse sérieuse, en profondeur, les autres explications sociales.

À ce jeu, l'histoire est souvent visée, cette histoire que l'auteur trouve médiocre quand il la quitte, mais acceptable quand il y rentre et qu'il la juge transformée par son propre labeur. « Ces statistiques n'apportent pas seulement à l'histoire une mesure supplémentaire... elles en étendent et en métamorphosent le programme. » Mais, hors des mains du démographe, quelle pauvre recherche que l'historique, avec son « programme incomplet et ses concepts immuables » ! Louis Chevalier ignorerait-il (comme tant de sociologues et philosophes qui ont l'excuse, du moins, de ne pas être historiens de formation) que les concepts de l'histoire, depuis bien longtemps, ne font que muer, et que son programme, complet ou non, n'est certes plus aujourd'hui cette explication traditionnelle, ce « récit chronologique » avec lesquels il semble la confondre. Il y a même, en France, une histoire largement ouverte à la démographie. Je songe à la thèse assez sensationnelle de Pierre Goubert sur le Beauvaisis du XVIIe siècle, à la thèse révolutionnaire de René Baehrel sur la Haute-Provence des temps modernes, toutes deux d'une vigueur qui n'a rien à envier au présent ouvrage. Les novateurs se croient, se veulent solitaires ; en fait ils ont toujours des compagnons...

Mais ce n'est pas seulement l'histoire que l'auteur veut ignorer. Les interdictions sont nombreuses qu'il s'impose, qu'il propose et respecte, non sans inquiétude ou regret parfois. Il écrit ainsi (et c'est l'économie politique qui sera exclue) : « ... De l'inégalité économique, nous traiterons peu, l'étude ayant souvent été faite. » Simple échappatoire : le problème n'est jamais de savoir si telle constatation a été faite, ou non, mais si elle est, ou non, nécessaire à la démonstration ou à la recherche que nous conduisons. « Peu importent, dira-t-il encore, les corrélations que l'on peut établir entre crises économiques et criminalité et cette montée parallèle du prix du pain et du nombre des attentats ». Peu importe en vérité... ! Cependant, trois ou quatre fois, il se justifiera plus posément. Paris est alors, avant tout, la proie, la victime d'une immigration massive qui submerge, commande tout. Cette immigration est la variable décisive (du plus haut degré algébrique) ; les autres s'effacent devant elle. « Engendré par le phénomène économique, le phénomène démographique se développe de son propre mouvement, à ce point coupé désormais du phénomène économique et à ce point important qu'... il agit en tant que cause et mérite attention, pour le moins autant que le phénomène économique, sinon davantage. » Donc éliminons le géniteur, le fait économique, d'autant que l'afflux des immigrants vers les grandes agglomérations se fait aussi bien à la hausse qu'à la baisse de la conjoncture économique... Soit, pensera le lecteur, mais l'afflux démographique ne s'installe pas à Paris dans un vide matériel. À la rigueur, oublions la conjoncture du départ. Reste celle de l'arrivée. À partir du moment où il « agit en tant que cause », le phénomène démographique, l'entassement d'une population dans des murs trop étroits, auront-ils les mêmes conséquences dans un climat d'euphorie économique, ou dans une conjoncture de chômage et de misère ? La réponse s'impose d'elle-même mais nous reconduirait vers des terres interdites.

L'auteur en est sans doute conscient et, ne pouvant, ne désirant même nier l'intérêt des explications économiques, il tente au moins d'en limiter la valeur. Ce ne sont là, d'après lui, qu'explications à court terme, plus ou moins superficielles. Seules les données démographiques valent en profondeur et à long terme. C'est, pour employer le jargon d'aujourd'hui, reléguer l'économie dans la conjoncture, la démographie se réservant les structures. Or, il y a aussi des conjonctures démographiques (ce livre, en fait, en est l'exemple, j'y reviendrai) et, à coup sûr, il y a des structures économiques, et même économiques et sociales à la fois. Le capitalisme en est une, non la seule bien entendu, mais il ne sera pas question de lui, ni des riches, dans ce livre où le titre même — *classes* laborieuses, *classes* dangereuses — semblait pourtant les évoquer d'avance. De parti pris, insistons bien, Louis Chevalier repousse ces explications « faciles » et, le sachant, construit son livre sur un certain vide économique : pas un mot sur les salaires, sur les prix, sur les budgets ouvriers, sur les revenus globaux de la ville, sur le volume de son ravitaillement et son alimentation, quelques indications mises à part, poussières poussées par le vent sous la plume de l'auteur, presque malgré lui (ainsi p. 316 : « Le prix de 12 à 13 sols les quatre livres [de pain] est... une véritable limite *physiologique* »). Bref, il a sciemment construit un livre économiquement faible et cette fragilité, d'entrée de jeu, surprend le lecteur. Sans doute écrit-il plaisamment : « Reconnaissons qu'histoire politique et histoire économique ont souvent fait bon ménage, se suffisant amplement l'une à l'autre (*sic*), sans qu'il leur ait jamais paru nécessaire, l'histoire démographique intervenant, de faire ménage à trois ». Mais Louis Chevalier, de toute évidence, est pour le célibat.

Ces affirmations, ces retraits esquissent une attitude plutôt qu'une politique fermement affirmée. Louis Chevalier d'ailleurs ne se contente pas, s'évadant de toutes les explications sociales, de se cantonner dans la seule reconnaissance démographique et c'est là, si je ne me trompe, que sa pensée, malgré tant de prises de position, n'est pas suffisamment claire. En tout cas, elle ne l'est pas à mes yeux et, sans doute, aux yeux de tout lecteur de bonne foi. Je n'irai pas jusqu'à dire que Louis Chevalier entend défier aussi la démographie, ce qui serait plaisant. En vérité, il entend dépasser ce que j'appellerai une démographie classique, traditionnelle. Il met en place, sans doute, les mesures et les grilles que connaissent tous les historiens soucieux de leur métier — lecteurs et, à ce titre, élèves d'Alfred Sauvy et de sa revue exceptionnelle, *Population*[17] : contrôle de l'immigration, natalité, nuptialité, mortalité, composition par sexe et par âge... Mais ces premières mesures, ainsi que leurs commentaires ne sont qu'un préalable, l'éclaircissement indispensable à une autre recherche, celle d'une *biologie* plus secrète, plus *profonde*. Les mots *biologie* et *biologique*, sous la plume de Louis Chevalier, connaissent une fortune excessive : ils sont presque un tic de langage. Dix fois pour une, biologique pourrait être remplacé, au gré des phrases qui l'introduisent, par « démographique », « humain », « social », « sociologique », « juridique », voire « géographique »... Mais ne nous arrêtons pas à cette vaine querelle.

Découvrir, dans toutes les sciences, c'est sinon « saisir ce qui est insaisissable, comprendre ce qui échappe au raisonnement », comme dit Louis Chevalier, du moins aboutir à un domaine mal connu. Or, si les réalités, si les structures que Louis Chevalier taxe de biologiques sont mal définies dans le vocabulaire et la pensée de l'auteur, elles *existent* cependant. Elles constituent, comme dirait Georges Gurvitch, « un palier en profondeur » de la réalité sociale, au vrai la grande articulation à construire et à reconnaître des sciences de l'homme. Dans la mesure où la pensée de Chevalier accepte et surtout propose cette recherche de « faits biologiques qu'une énorme sédimentation de faits économiques et moraux [*sic*] recouvrait », elle s'explique et se justifie à mes yeux. Elle me ferait même accepter ses exclusives si je pouvais croire à « des faits biologiques » isolables. Au vrai, toute la démographie, toute l'histoire, mieux tout le social, tout l'économique, tout l'anthropologique (et je pourrais continuer) sont biologiques, sont *aussi* biologiques. S'il est question de *fondements* biologiques, une large discussion s'imposerait que ce livre nous refuse. Maximilien Sorre n'a-t-il pas déjà, il y a une dizaine d'années défini les « fondements biologiques » de la géographie humaine ? Louis Chevalier semble penser que l'exemple de Paris est tellement éclairant, qu'il est, à lui seul, une démonstration. C'est le danger, dirons-nous, de mélanger un livre et un manifeste. En tout cas, je ne crois pas très satisfaisante la définition qui nous est, une ou deux fois, offerte : ces fondements seraient « tout ce qui, dans les faits sociaux, est en étroite relation avec les caractères physiques des individus », car « le comportement des gens est en liaison étroite avec leur corps, sa structure, ses besoins, ses exigences, son fonctionnement... » Assurément, mais j'aurais aimé une définition plus circonstanciée, méticuleuse de cette histoire corporelle et, ajouterais-je pour mon compte, *matérielle*, une histoire des besoins, les satisfaits et les non satisfaits. S'il l'avait tentée, notre collègue se serait-il obstiné à enfermer cette réalité profonde dans les cadres d'une histoire démographique, *stricto sensu* ? J'en doute, car luimême en déborde évidemment les cadres. Si le suicide est assurément de son ressort (et non d'une sociologie intemporelle, comme il est dit un instant), le crime, le concubinage, l'adultère, l'envoi des nouveau-nés en nourrice, le théâtre populaire, la littérature populaire et non populaire..., ces outils pour saisir une histoire biologique ne sont pas tous, au même titre que les décès ou les naissances, du domaine strict de la démographie. Tous ces témoignages en débordent l'empire sans, pour autant, combler celui du biologique qui s'étend, lui, bien au-delà. La « biologie » de Louis Chevalier[18] ne s'intéresse pas, sans doute, aux nourritures terrestres. Or, n'auraient-elles aucune influence sur ce « comportement » des hommes, en liaison étroite avec les corps ? Un proverbe allemand, qui a des allures de jeu de mots, prétend que « l'homme est ce qu'il mange », *(Der Mensch ist was er isst)*. Ainsi pense la sagesse des nations.

On voit l'ambition d'une telle formulation théorique, la multiplicité des problèmes et des discussions qu'elle soulève. Ces difficultés s'ajoutent aux difficultés propres à l'exemple que cet ouvrage aborde : l'ensemble des problèmes sociaux et biologiques du Paris de la première moitié du XIXe siècle. Mais qu'un « manifeste » aussi ample se mêle ainsi à un exemple historique concret d'une étonnante complexité est sans doute ce qui nuit, le plus souvent, à une facile compréhension de ce livre aux vastes proportions, trop prolixe si l'on songe à son argumentation théorique et trop court si l'on considère la masse énorme que proposait à l'historien cette vie parisienne d'un demi-siècle, sous le signe révolutionnaire d'une accélération de peuplement jamais vue et qui, sauf en 1856, ne se reproduira plus dans l'avenir. Louis Chevalier, dans cette complexe mise en place, est constamment gêné par de multiples intérêts, souvent en conflit les uns avec les autres : il est pris entre le général et le particulier, entre la tradition et la novation de la recherche, entre l'histoire claire (celle des prises de conscience) et l'histoire obscure... Cette multiplicité des intérêts et des points de vue fait la valeur de cet ouvrage, mais aussi sa difficulté inhérente. La digression utile y fleurit sans contrainte... Il faut tout à la fois s'en plaindre et s'en féliciter.

Tout un premier livre — *Le thème criminel* — est ainsi consacré aux témoignages littéraires. L'étrange début ! À le supprimer, l'ouvrage aurait gagné cent soixante pages ou davantage. Pourquoi notre auteur, qui a hésité à ce propos, a-t-il finalement fait sa très large place à ces « données qualitatives », à « cet univers envahissant d'images » ? J'ai pensé un instant que, ne voulant rien devoir à personne, Louis Chevalier avait eu recours, sans remords, à la littérature qui n'est pas une science sociale, ou du moins ne passe pas pour telle. J'ai pensé aussi qu'il avait procédé comme un metteur en scène : les acteurs et les pièces connus sont de bons acteurs et de bonnes pièces. *Les Misérables* peuvent être contés à nouveau, on y prendra plaisir. L'auteur avance d'autres motifs, mais, en vérité, aucun ne peut me convaincre que ces personnages de Balzac, d'Eugène Sue, de Victor Hugo et, par avance, de Zola, n'envahissent pas abusivement un livre qui se veut scientifique et même révolutionnaire. Je persiste à penser qu'il eût mieux valu réunir en un livre à part ces analyses intéressantes par elles-mêmes.

Mais les arguments opposés aux miens ont leur poids. Louis Chevalier introduisait ainsi dans son livre le « qualitatif », sans quoi, j'en suis bien d'accord, il n'y a pas d'histoire, ni d'étude sociale complète (mais il est d'autres témoignages qualitatifs, si le roman en est, en règle générale, le moins sûr). Autre avantage : il faisait place à ces prises de conscience sans quoi l'histoire est abusivement désincarnée. J'en suis d'accord tout autant. Surtout en saisissant, avec d'infinies précautions, ce témoignage littéraire *en profondeur*, à un étage infra-événementiel, il a cru pouvoir éclairer le grand thème de son observation et de sa découverte. De Balzac à Victor Hugo, le passage s'organise d'une criminalité « exceptionnelle et monstrueuse » à une criminalité « sociale », généralisée. « Le crime cesse de coller étroitement aux classes dangereuses pour s'étendre, tout en changeant de signification, à de larges masses de population, à la plus grande partie des classes laborieuses. » Celles-ci par elles-mêmes, par leur simple poids, glissent vers la frange rouge du crime ; cette limite est, en somme, leur destin. « Les crimes, comme l'écrivait Parent Duchatelet, sont des maladies de la société. » Toute cette analyse des témoignages littéraires et l'évocation des lieux sinistres de la topographie parisienne, tout ce long préambule est d'une excellente, d'une puissante venue. Mais, je le répète, c'est un livre en soi et qui ne demanderait qu'à accéder à l'autonomie et à l'indépendance car ce puissant (et novateur) malaxage du témoignage littéraire pose lui aussi ses problèmes, ses multiples problèmes. Il exige, beaucoup plus que n'importe quelle autre opération sur n'importe quelle autre source, des précautions. Une critique serrée, non seulement des réalités mises en cause, mais de la distance que, consciemment ou non, toute œuvre d'art met entre elle et ces réalités. Ces difficultés n'ont pas échappé à notre guide. Ce qu'il dit sur le contrôle, sur le téléguidage, en ces zones difficiles, par la statistique, a sa grande importance. Et non moins ce qu'il écrit sur ce témoignage de la littérature, « témoignage éternellement présent qu'il faut cependant savoir écouter. Non dans ce qu'il prétend dire, *mais dans ce qu'il ne peut éviter de dire...* ».

Ainsi se présentent, sans que j'aie la prétention de les épuiser, les problèmes multiples et vifs de ce long premier livre, intéressant assurément s'il n'entraîne pas toujours la conviction et notamment dans sa ligne majeure. Comment Louis Chevalier explique-t-il, en effet, cette tardive prise de conscience de la littérature à l'égard de la « criminalité sociale » ? Les Misérables sont au soir de sa période.

Le deuxième livre — *Le crime, expression d'un état pathologique, considéré dans ses causes* — présente, à côté des classiques mesures démographiques, l'étude des maisons, de l'équipement urbain, des structures physiques et matérielles de l'agglomération. Quelles sont les masses d'hommes qui s'entassent dans la ville ? leur répartition ? leur âge ? Ce deuxième livre est dense et solide. Regrettons seulement que les cartes et graphiques rejetés à la fin du volume soient si peu nombreux et de consultation malaisée.

Le troisième livre s'intitule *Le crime, expression d'un état pathologique considéré dans ses effets*. Louis Chevalier a tout, ou presque tout, sacrifié de son ouvrage pour que s'impose et éclate cette dernière partie. Il y étudie comment se détériorent les conditions démographiques et biologiques de la population laborieuse de Paris et, à nouveau, comment l'opinion publique, bien ou mal, et de façon différente selon l'optique bourgeoise ou ouvrière, prend conscience de cette immense transformation. Les signes dont il éclaire cette détérioration sont les suicides (suicides ouvriers), les infanticides, la prostitution, la folie, le concubinage des ouvriers, la fécondité, enfin la mort, l'inégalité par excellence, « la mort comptabilisant le tout », comme il dit fortement. Le problème est d'estimer, avec des chiffres et les corrélations et hypothèses qu'ils autorisent, la masse approximative des indigents, officiels ou clandestins (entre la moitié et le tiers des vivants) ; puis cette frange dangereuse dont on suppute la largeur sans pouvoir en calculer les effectifs. Il y a certainement un lien de l'illégitimité des naissances à la tendance criminelle d'une partie de la population. Les enfants naturels fournissent une grosse partie de « l'armée du crime ». Et Louis Chevalier se donne beaucoup de mal pour calculer cette population, plus désavantagée encore que les classes laborieuses normales et dans les rangs de laquelle la vie sociale trouve naturellement ses plus fortes tensions.

Ces *causes* mises en jeu, les *effets* ne sauraient surprendre : toute la masse laborieuse glisse, au bas de la pente, vers cette frange rouge et obsédante du crime aux *multiples* aspects. Cette frange, Louis Chevalier ne demandera pas aux statistiques criminelles de la dessiner, pour une raison qu'il donne et une qu'il passe sous silence. La première, c'est que le crime enregistré administrativement n'est qu'une partie du crime réel et virtuel. Sans doute, mais les archives judiciaires n'enregistrent-elles pas, à côté du crime, la gamme très étendue des « délits ».

La seconde raison, non exprimée il est vrai, c'est peut-être le désir de l'auteur de rester une fois de plus à l'intérieur de ses propres mesures et de sa démonstration. D'autant que, cette fois, ses moyens de contrôle, j'en suis d'accord, lui fournissent une ample moisson de renseignements. Les maladies, la mortalité, les suicides, les abandons d'enfants, les naissances illégitimes, le concubinage, les hôpitaux, les asiles de vieillards, les expéditions d'enfants en nourrice, tous ces signes « biologiques », (même s'ils ne sont pas, c'est moi qui l'ajoute, seulement biologiques) permettent une étude en laboratoire dont l'ampleur est sans précédent. Toute une pathologie sociale est ainsi révélée dont le spectacle est riche d'enseignements. Cette appréhension est une leçon valable de méthode.

Louis Chevalier a évidemment raison sur le sens général de son enquête. Un lien se marque du crime, bande étroite, au danger social, bande large ; à l'indigence qui prend dans ses mailles une si large partie de la population parisienne ; enfin à l'ensemble de la classe laborieuse, catégorie biologique et sociale. Il n'est pas question de « juger » cette dernière (tout le livre d'ailleurs lui est favorable) mais de lier en un ensemble les séries de chiffres qui contrôlent son comportement multiple et nous la montrent enfermée dans un sort inexorable. Aucune mobilité sociale ne crée vers le haut ces ascensions compensatrices dont on ne peut citer que des exemples, exceptions qui confirment la règle.

J'ai essayé de suivre et de résumer ce livre difficile. Il n'est pas, je le répète, dans mon intention d'en juger le bien-fondé en ce qui concerne Paris. Toute tentative aussi passionnée, sous le signe du risque, appelle et appellera forcément des réserves et des critiques. Le problème était pour moi d'en marquer le mouvement. J'ai essayé de le faire, à mes risques et périls. Sur l'application de la doctrine ou du « manifeste » à cet exemple qui les réalise, un long débat pourrait sans doute s'engager. Est-il utile présentement ? J'espère que Louis Chevalier me donnera l'occasion, sur un nouveau livre, de retrouver au clair sa pensée compliquée et autoritaire. J'aurais peur, à m'engager dès maintenant dans une discussion de ce genre, de rapetisser la portée du débat. Peu importe, en effet, à la mesure des sciences de l'homme, que Louis Chevalier ait raison — comme je le pense — (ou non) sur le cas parisien ; qu'il se soit trompé sur tel chiffre ou telle référence ; qu'il ait eu tort, comme je le pense, (ou non) de faire fi des archives judiciaires, lesquelles, j'en ai peur, ne sont pas forcément en accord avec sa thèse. Peu importe aussi qu'il ait eu tort, ou non, de miser avec tant d'insistance sur le témoignage littéraire.

Pourtant certaines lacunes de son étude parisienne me paraissent assez graves, dans la mesure où elles contredisent, ou mieux limitent, la prise de position de ce livre. Je m'étonne que le Paris de la Restauration et de la monarchie de Juillet n'ait pas été plus minutieusement comparé aux Paris qui l'ont précédé et suivi. Des analyses, des chiffres abondants, des mesures démographiques et biologiques auraient éclairé notre lanterne. J'ai, pour ma part, l'impression que l'aventure parisienne qui nous est contée par Louis Chevalier n'est malheureusement pas aussi exceptionnelle qu'il le croit et, par exemple, qu'à côté du Paris du XVIe siècle et de Louis XIII, les horreurs du premier XIXe ne sont qu'eau de roses. Et si j'ai tort, qu'on me le prouve ! Enfin et surtout, que se passe-t-il, au même moment, dans les autres villes et même dans les campagnes de France ? Et dans les autres capitales européennes ? Je suis troublé par l'idée que, si la population de Paris double à peu près de 1800 à 1850, celle de Londres, dont Louis Chevalier ne dit pratiquement rien, triple (900 000 à 2 500 000). Ces comparaisons, me semble-t-il, étaient indispensables pour fixer le vrai visage de Paris et le vrai sens de l'expérience démographique qui s'y déroule. Elles étaient plus indispensables encore pour donner à la leçon de méthode que veut être ce livre une force convaincante. Je suis bien persuadé que toucher aux fondements biologiques d'une société — pour parler comme Louis Chevalier —, c'est aller au plus profond de ses structures. Mais je m'étonne qu'on veuille me le prouver grâce à une étude somme toute conjoncturelle, étroitement conjoncturelle même, attentive seulement à ce que l'on nous présente comme un accident encore inconnu, comme une exception dans la vie parisienne ; pas du tout soucieuse, par contre, d'inscrire cet accident dans le mouvement séculaire qui entraîne la vie profonde de Paris et celle des autres capitales, et celle de l'Europe... C'est presque naturellement que Louis Chevalier s'attarde à des conjonctures courtes, fines comme pointes d'aiguilles : ainsi les épidémies du choléra de 1832 et de 1849.

Mais trêve de discussions et de réserves ! Ce qui compte, c'est la brèche que ce livre a ouverte, ou essayé d'ouvrir dans les sciences de l'homme vers l'horizon neuf des réalités et structures biologiques, au risque de démolir un peu au passage, pour l'agrandir d'ailleurs, l'impérialiste démographie. Reconnaître ce mérite essentiel est sans doute la meilleure façon de rendre un juste hommage à cette œuvre combative.

★

Les trois auteurs, que j'ai retenus, ne se ressemblent guère. Si je les ai réunis ici, c'est pour mieux analyser les différentes positions de la démographie en face de l'ensemble des sciences sociales, positions qui m'intéressent d'autant plus que je situe plus haut la place de la démographie dans cet ensemble. Chose curieuse, c'est Ernst Wagemann, ancien économiste, c'est Louis

Chevalier (peut-on dire ancien historien ? en tout cas venu de l'histoire) qui sont le plus farouchement nationalistes, xénophobes même, si je puis dire. Par contre, la pensée d'Alfred Sauvy est naturellement portée à une curiosité universelle qui lui épargne l'esprit de clocher.

Or, au moment où les sciences de l'homme font peau neuve, où tout se brise des vieilles barrières qui les séparent (et ici je plaide à mon tour), l'heure n'est pas, n'est plus, aux petits nationalismes, conscients ou inconscients... Ou alors je me trompe totalement. Il n'y a pas *une* science, ou *une* carrière qui dominerait, dans ce vaste champ non structuré de la connaissance de l'homme. Il n'y a pas d'histoire, et encore moins de conception historique qui « mène », pas de sociologie qui mène, pas d'économie, pas de démographie qui mène. Les méthodes, les points de vue, les connaissances acquises sont à tout le monde, je veux dire à quiconque s'avère capable de s'en servir. S'assimiler des *techniques* étrangères, c'est là, je l'ai déjà dit, la difficulté d'un marché commun des sciences sociales. N'y ajoutons pas de vaines disputes de frontières ou des querelles de préséance. Toute explication unilatérale me semble haïssable et, aujourd'hui, devant l'ampleur de la tâche, un peu vaine.

Karl Marx qui, cependant, avait ce désir autoritaire, propre à tout savant, de viser l'essentiel et le simple et qui s'en tenait, dans ses théories de l'appropriation des moyens de production, à la double ligne (du moins était-elle double), d'une articulation sociale et économique, Karl Marx qui, entre tous, eût pu, à bon droit, être saisi de la griserie du novateur, écrivait cependant, le 18 mars 1872, à Maurice La Châtre : « Il n'y a pas de voie royale pour la Science. » Ne l'oublions pas trop ! C'est par de multiples et difficiles sentiers qu'il nous faut cheminer.

IX

MICHELET TOUJOURS VIVANT*

Que ceux qui n'aiment pas Michelet tapent du pied, vocifèrent, continuent à le chicaner avec les fausses raisons d'hier ! Michelet reste vivant, et sans que la politique y soit, aujourd'hui, pour rien.

C'est même là un miracle étrange. Les ouvrages des historiens, même les plus grands, se démodent, se démonétisent vite. un livre érudit chasse l'autre. Michelet échappe, pratiquement seul, à cette règle triste. La collection de la Pléiade a pu rééditer hier la volumineuse et toujours brûlante *Histoire de la Révolution française*; les éditions Rencontre, de Lausanne, viennent de réimprimer l'*Histoire de France* en une série de petits volumes élégants et maniables, précédés les uns et les autres d'une courte préface de Claude Mettra qui, chaque fois, n'a aucun mal à mettre le feu aux poudres : celles-ci restent de bonne qualité, elles explosent à la première flamme. Et cette réédition connaît un grand succès : c'est là une heureuse surprise, un signe des temps.

Les historiens — ce qui va de soi — lisent volontiers encore Michelet, par plaisir autant que par devoir, mais le grand public lui reste, ou lui redevient fidèle pour des raisons assez différentes. J'imagine son plaisir semblable au mien, parfois, quand je retrouve Michelet inopinément : son écriture rapide, ses images, ses partis pris violents. Nul ne se passionne à un si haut degré. Nul n'écrit avec un tel éclat. André Malraux vient de le déclarer : « Le livre que je conseillerais à un jeune n'est pas un roman, c'est l'*Histoire de France* de Michelet... C'est un des plus beaux styles... » Redisons-le, alors que tant d'historiens sans talent

---

* Article inédit, 1962. Archives Fernand Braudel.

prétendent aujourd'hui que l'écriture n'a pas de place dans notre métier, qu'il faut écrire doctement, c'est-à-dire tristement.

Mais la passion de Michelet ne transparaît pas seulement dans son écriture. Le métier d'histoire est toujours une lutte contre la mort, comme si ce que nous touchions pouvait, devait revivre, échapper à la règle absurde. Or nul ne s'est jeté dans ce grand jeu avec la frénésie, l'exubérance de vie qu'y apporte Michelet. La mort chez lui a la noirceur de la nuit, la vie éclate, rouge comme le sang. Compare-t-on son récit à celui de n'importe lequel de ses successeurs : il l'emporte dès le premier mot. Je relisais dernièrement ses guerres de Religion, au-delà du règne de Henri II, « du sinistre vestibule qui introduit aux guerres civiles », à des affrontements aussi cruels et dramatiques que ceux de l'Espagne d'hier. Et j'avais l'occasion de mettre aussitôt en regard les très beaux livres de Lucien Romier (1885-1944), tellement plus documentés, tellement plus érudits. Et pourtant comme ils pâlissent de la comparaison !

L'érudition : voilà le grand mot lâché. Depuis bientôt un siècle, l'érudition a accumulé d'immenses trésors que Michelet n'a certes pas eus à sa disposition. C'est sa faiblesse profonde aux yeux d'un historien du XXe siècle. Pourtant l'érudition est une chose, l'histoire générale une autre. Il s'agit de deux plans de la connaissance. Ici il faut choisir ; là il convient de tout saisir et de tout dire, donc d'accumuler sans trop de discernement. L'histoire générale se fait bien à partir de l'érudition, mais comme l'eau-de-vie à partir du vin : il convient d'abord de le brûler. Et peut-être, finalement, l'érudition dans son accroissement quotidien, automatique, monotone, vieillit-elle plus vite encore que l'histoire générale, lente à déplacer ses explications, ses vues d'ensemble, ses partis pris.

En vérité, la problématique de Michelet ne pouvait pas trop vieillir, puisque son impérialisme, sa passion violente ont fixé aussitôt à l'histoire ses limites extrêmes. Son programme : saisir la vie entière du passé. « La vie a une condition souveraine et bien exigeante, écrira-t-il au soir de son existence [1869]. Elle n'est véritablement la vie qu'autant qu'elle est complète. » Il aura plus clairement encore exprimé sa pensée le jour où, en 1833, au seuil de son *Histoire de France*, il a présenté l'histoire elle-même comme un « récit et un système » : le *système* destiné à compléter le récit politique, devra présenter les institutions, la philosophie, la religion, le droit, la littérature... Lucien Febvre l'a fort bien dit : « Le grand mérite de Michelet c'est avec les moyens... dont il dispose d'avoir fait son histoire globale qui n'est pas limitée ni à l'histoire politique, ni à l'histoire militaire, mais qui saisit toutes les formes de la vie ancienne des hommes. «

Justement, ce à quoi les historiens d'aujourd'hui, sensibles à une histoire « globale », seront attentifs chez Michelet, c'est au « système », à ce désir d'éclairer la vie révolue dans tous les secteurs, à voir le passé par larges masses. Or les « sciences humaines » ne sont pas encore là pour lui venir en aide, mais comme il les pressent : le voilà géographe, économiste, psychologue social, même psychanalyste sans le savoir ! Ainsi, d'une certaine façon, dans le portrait si sombre de Charles le Téméraire, pour lequel il semble avoir mobilisé ses propres démons intérieurs, à lui, Michelet, ces démons qui éveillent aujourd'hui tant de curiosités.

*

En effet, un nouveau Michelet, pressenti, décrypté, par le petit essai de Roland Barthes — *Michelet par lui-même* —, vient d'être révélé en pleine lumière par le *Journal* dont la publication a été poussée par Paul Viallaneix jusqu'en 1860 et qui sera sans doute poursuivie par Claude Digeon jusqu'en 1874. C'est un document sur l'homme Michelet, ses impulsions, ses tourments, ses façons de regarder, de réagir, de vivre, de désirer, d'aimer ; c'est très souvent une description suggestive des eaux obscures sur lesquelles il aura navigué. Mais n'en est-il pas de même de tout homme aux prises, sans le savoir, avec sa vie inconsciente, tumultueuse, autoritaire ? En tout cas, ouvrez ces gros volumes, vous irez jusqu'au bout de votre lecture, bien que ce ne soit pas là, il s'en faut, un journal à prétentions littéraires. Toute la vie de Jules Michelet se présente, à réinterpréter : ses démêlés avec les femmes, avec l'Université, son second mariage avec Athénaïs Mialaret, le 12 mars 1849. Il a plus de cinquante ans, elle, un peu plus de vingt. Révoqué, chassé de sa chaire du Collège de France (1852), obligé de vivre de ses livres, il va connaître avec Athénaïs une vie difficile, laborieuse, coupée de fréquents déménagements. Cette jeune femme sera dès lors la lumière de sa vie. De quoi faire pardonner tout ce qu'on connaît de la fin de l'histoire, de la veuve qui sera si « franchement » abusive... Le *Journal*, c'est aussi, peut-être, une réhabilitation d'Athénaïs Mialaret. Un dossier à réétudier, à plaider, outre de Michelet lui-même.

*

Mais le grand public ne connaît guère le *Journal*. Il lit l'*Histoire de France* pour elle-même. Et il ne participe pas à nos discussions, à nos hésitations, à nos engouements réfléchis. Sa passion pour Michelet a d'autres sources que les nôtres, elle est, répétons-le, un signe des temps. Le public étendu d'aujourd'hui se laisse prendre par la puissance d'un récit sans égal, et il a raison. Le besoin inné de juger, contre lequel personnellement je renâcle tant que je peux, le public le ressent, quant à lui, fortement. Quels sont les bons et les mauvais, les justes et les maléfiques ? Michelet n'hésite jamais, il choisit, pousse sur le devant de la scène ses élus, rejette les autres dans l'ombre. Vive l'amiral de Coligny ! À bas les Guise ! J'imagine — hypothèse bien peu raisonnable — que s'il avait eu à raconter l'histoire de France de 1914 à nos jours, il aurait lui aussi choisi pour héros un Jean Jaurès, un Romain Rolland... Et que n'aurait-il dit ensuite de « l'étrange défaite », de l'appel de Londres, de la Résistance ! Je le vois choisissant entre les événements et entre les êtres comme Henri Guillemin ou François Mauriac, avec une véhémence contagieuse pareille à la leur.

Cette façon violente, enthousiaste, viscérale, de parler du passé des hommes change le public d'aujourd'hui de l'histoire « scientifique » où s'engage, non sans labeur, le peuple raisonnable des historiens. Au seuil de notre métier, laisser toute passion... Ne pas fixer aussitôt nos grandes options, ne pas affirmer notre goût éperdu de la liberté, ne pas réclamer l'équité sociale nécessaire, n'est-ce pas faillir à notre tâche d'homme ? Surtout quand la France vit aujourd'hui un destin dramatique dont nos querelles politiques ne disent certes pas l'immense ampleur. De cette France, convient-il de parler sagement, tristement, avec des courbes de pressions ou de température, en économiste ou en médecin ? Michelet aurait su en parler en dramaturge, rêver puissamment à son destin, au milieu du destin plus que jamais révolutionnaire du monde. Le succès de Michelet, sa jeunesse nouvelle, annoncent un immense retour de flamme dans le métier changeant sans fin de l'histoire. Il nous faut en tenir compte.

X
POUR UNE HISTOIRE SÉRIELLE :
SÉVILLE ET L'ATLANTIQUE (1504-1650) *

Pour désigner l'œuvre monumentale de Pierre Chaunu[1], il faut une expression qui définisse d'emblée le sens de son entreprise et la nouveauté, à dessein forte et limitée, de l'histoire qu'il nous propose. Disons : *l'histoire sérielle*, puisque Pierre Chaunu lui-même employait dernièrement cette formule[2] et qu'elle éclaire la perspective majeure d'un ouvrage où le lecteur risque, chemin faisant, de se laisser distraire par la multiplicité des chemins offerts, de perdre le fil, puis de s'égarer bel et bien.

J'avoue, l'ayant lu une première fois et de près, plume en main, avoir mieux compris, à la seconde lecture, cet amoncellement d'efforts et de silences inattendus, mais voulus. Dans le cadre d'une histoire sérielle, le livre trouve son unité, sa justification, ses limites acceptées d'avance.

Une œuvre, même de superbes dimensions, reste un choix. L'histoire sérielle, à l'intérieur de laquelle Pierre Chaunu se retranche, a ses exigences. Elle « s'intéresse moins au fait individuel... qu'à l'élément répété..., intégrable dans une série homogène, susceptible de supporter, ensuite, les procédés mathématiques classiques d'analyse des séries... ». Elle est en conséquence un langage — et très abstrait, désincarné.

Cette histoire réclame, exige la *série*, qui lui donne son nom et sa raison d'être, une série c'est-à-dire une succession cohérente, ou rendue cohérente, de mesures liées les unes aux autres, soit une fonction du temps historique dont il faudra avec patience établir le cheminement, puis la signification, d'autant que le tracé en est parfois incertain, que le calcul qui intervient dans sa genèse ne la fixe jamais à l'avance de façon automatique.

---

* *Annales*, 1963, pp. 541-553. Publié dans *Écrits sur l'histoire*, 1959.

Fonction et explication du temps historique ? Ces images et ces formules ne sont peut-être pas suffisamment claires ou justes. Une telle série de chiffres exprimant des mesures valables, liées entre elles, c'est tout aussi bien une route construite à travers nos connaissances incertaines et qui ne permet guère qu'un seul voyage, mais privilégié.

Le trafic de Séville avec l'Amérique de 1504 à 1650, reconstitué en volume et en valeur, telle est la *série*, historiquement prestigieuse, qui est offerte à notre connaissance, « une masse continue de données chiffrées ». Pour l'établir, Huguette et Pierre Chaunu ont publié, de 1955 à 1957, les sept volumes de l'énorme comptabilité portuaire[3]. Ils l'ont à la fois construite et *inventée*. L'essentiel a été pour eux d'établir, bien avant les débuts du XVIIIe siècle et de ses statistiques faciles, cette route solide de chiffres, « de reculer sur un point, écrit Pierre Chaunu, ne serait-ce qu'infime, la frontière des économies mesurables et de celles qu'il faut abandonner aux seules appréciations qualitatives ».

Nous le savons déjà depuis Earl J. Hamilton : la grandeur espagnole, au XVIe siècle, est *mesurable* ; nous le savons mieux aujourd'hui. Et des progrès, vu les richesses des archives de la péninsule, sont encore possibles sur cette route privilégiée des séries...

C'est donc au terme d'un effort prodigieux et novateur, que Pierre Chaunu a bâti, seul cette fois, son énorme thèse de plus de 3 000 pages. Elle nous offre une seule ligne de la grandeur espagnole, une seule ligne de l'économie mondiale, mais c'est là un axe essentiel, dominant, qui introduit un ordre impératif au milieu de mille notions et connaissances acquises. Tous les historiens et économistes qui s'intéressent à la première modernité du monde, lisant ce livre, sont appelés à vérifier et à bousculer leurs explications anciennes. Quand on a la passion de l'histoire, il n'est pas de plus beau spectacle, à condition de le bien situer et de ne pas lui demander plus qu'il ne peut et surtout ne veut nous offrir.

Structure et conjoncture

Je ne crois pas, malgré les correspondances évidentes et les filiations que Pierre Chaunu se plaît à reconnaître avec son habituelle et trop grande gentillesse, je ne crois pas que l'Atlantique sévillan qu'il nous présente soit une reprise ou un prolongement de *La Méditerranée et le monde méditerranéen à l'époque de Philippe II*, livre paru dix ans plus tôt que le sien, en 1949. Tout d'abord cet Atlantique n'est pas saisi en son entier, mais dans un certain espace arbitraire, des Antilles à l'embouchure du Guadalquivir, ce que l'auteur dit et redit à satiété : est mis en cause, pour reprendre quelques-unes de ses formules, « un Atlantique médian », « le premier Atlantique clos des Ibériques », « l'Atlantique exclusif de Séville »...

Plus que d'un espace saisi dans sa réalité géographique brute et complète, c'est d'une réalité humaine construite qu'il sera question, d'un système routier qui aboutit à Séville « d'où l'on tient tout... par le goulot de la bouteille... », et d'où tout repart.

Autre différence fondamentale que voit aussitôt Pierre Chaunu et qui saute aux yeux : celle qui oppose le plus vieil espace maritime jamais saisi par l'homme — la Méditerranée —, tout un passé, un espace alors (au XVIe siècle) au terme de sa grandeur, et un espace (l'Atlantique) au passé emprunté et hâtivement construit...

Sans doute, quand il distingue structure et conjoncture, immobilité et mouvement, Pierre Chaunu se rattache-t-il un instant à l'exemple que j'ai donné hier et qui se révèle contagieux dans bon nombre de thèses récentes. Donc Pierre Chaunu, lui aussi, s'est laissé séduire par l'efficace dialectique du temps long et du temps bref. Mais son propos, pour autant, n'est pas le mien : j'ai cherché dans *La Méditerranée* à exposer, bien ou mal, à imaginer une histoire globale, allant des immobilités aux mouvements les plus vifs de la vie des hommes. Pierre Chaunu n'a ni cette prétention, ni ce désir. Chez lui, la description des immobilités majeures (sa première partie), puis le récitatif conjoncturel (la seconde partie) ne visent qu'à reconstituer une certaine réalité économique, découpée dans une histoire globale qu'elle traverse, mais qui la déborde de toutes parts. Je soupçonne même Pierre Chaunu d'avoir consciemment préféré le conjoncturel, plus proche de l'histoire vécue, plus aisé à saisir, plus scientifique s'il est enclos dans des courbes, que le structurel, observable à travers la seule abstraction de la longue durée.

Dans cet Atlantique vu à partir de 1504, l'année où se met en route le privilège de Séville, une douzaine d'années après le voyage de Colomb, pas de structures encore, à vrai dire. Il va falloir les importer, les construire, en somme. Alors Pierre Chaunu n'a-t-il pas vu dans la séparation de la longue durée et de la fluctuation une merveilleuse occasion de débarrasser à l'avance son étude conjoncturelle — à quoi aboutit son livre et qui est le cœur de l'entreprise — de tout ce qui en gênait la mise en place ou le commentaire facile ?

Le mathématicien ne procède pas autrement quand il groupe ou rejette les termes entiers invariables dans un seul membre d'une équation.

Plus clairement, le premier volume de la thèse de Pierre Chaunu, si riche soit-il, est un préalable à la construction sérielle qui va suivre. Si nous le considérons en lui-même, nous y verrons des faiblesses, des lacunes, des silences surprenants, mais ceux-ci s'effacent, se justifient dans la perspective générale de l'œuvre, qui correspond à une intention de l'architecte, ou mieux à une obligation qu'il a choisie.

La structuration de l'Atlantique médian

J'ai eu sans doute trop tendance, dans une première réaction à l'égard de l'œuvre de Pierre Chaunu, à considérer son volume initial comme un livre en soi, qui aurait dû avoir alors ses propres exigences, et surtout sa propre unité. Que ce livre s'intitule de façon ambiguë *Les Structures géographiques* n'y change rien. Ce premier livre n'est pas intemporel et, pour Pierre Chaunu, comme pour tous les historiens qui ont approché Lucien Febvre, la géographie, quelle que soit la particularité de son point de vue, est la mise en cause de toute l'expérience vécue des hommes, ceux d'aujourd'hui comme ceux d'hier. En fait, la géographie n'est pas ici restrictive, mais indicative. Elle conseille, elle justifie un plan régional selon les voisinages de l'espace. Un plan facile, terriblement monotone et qui ne se préoccupe guère de grouper les problèmes en faisceaux ou d'introduire, pour organiser le spectacle, le temps de l'histoire, ici, cependant, constructeur de structures. À partir de la page 164, nous allons imperturbablement d'une escale à la voisine, selon un programme énumératif dont on ne saurait prendre sérieusement la défense. Il permet, nous dira-t-on, le déploiement d'un fichier fastueux. Il est vrai. Mais quel livre Pierre Chaunu n'aurait-il pas écrit, au seuil de son œuvre et selon son tempérament même, s'il avait été attentif à la lente transformation des structures, car celles-ci bougent, innovent... Un film au ralenti aurait été préférable à ces vues fixes de lanterne magique. À plusieurs reprises d'ailleurs, Pierre Chaunu a multiplié les histoires particulières et, qui plus est, sacrifié à une géographie typologique qui d'elle-même transgresse les vérités locales, les regroupe, mais pour l'abandonner, hélas, à la page suivante.

Le voyage, car cette première partie est un lent et minutieux voyage, s'organise du Vieux vers le Nouveau Monde. Dans quelles conditions s'est établi, historiquement et géographiquement parlant, le monopole sévillan sur le commerce des Amériques, quelles sont ses limites et surtout ses points faibles ? Comment, en arrière de ce privilège dominateur, se comporte le monde ibérique, vu un instant dans ses profondeurs et ses marges maritimes ? Telles sont les premières questions auxquelles de très bonnes réponses sont fournies. Ensuite sont abordées les « îles d'Europe », les Canaries (longuement étudiées), Madère, les Açores. De ces îles, on passe naturellement à celles du Nouveau Monde : Saint-Domingue, Puerto Rico, la Jamaïque, les Bermudes et la presqu'île de Floride. Des corps géographiques qu'offre le Nouveau Monde, il était tentant de distinguer les corps légers (les « îles continentales ») et les corps pesants (les « continents » : Nouvelle-Espagne et Pérou), sans oublier les isthmes, notamment celui de Panama que notre auteur proclame, non sans raison, un « isthme de Séville ».

Sur ces questions, vastes ou restreintes, ce livre apporte des lumières souvent inédites. Pierre Chaunu a prodigué là des trésors d'érudition et, chaque fois que ses séries marchandes le lui permettaient à l'avance, il a multiplié les notations décisives, fixé les échanges, signalé toute la réussite des grandes productions : cuir, or, argent, sucre, tabac... Voilà toute une cartographie des forces et surfaces de production, tout un dictionnaire bourré de renseignements, aisé à consulter. De quoi nous plaignons-nous ?

De ce que ce premier livre, répétons-le, n'ait pas été traité en lui-même ; plus précisément qu'il reste hors d'une histoire d'ensemble des *structures*, malgré tant de matériaux offerts et qu'il aurait fallu coordonner, soulever. Pierre Chaunu l'a bien senti dans les cent et quelques premières pages des *Structures* (pp. 40-163), curieusement consacrées à un récit souvent et surtout événementiel, où Colomb a sa large place, puis les grandes étapes de la conquête, pour aboutir à des considérations importantes et neuves sur la *Conquista*, en termes d'espace et en termes d'hommes (pp. 143-159). Mais ce récit utile n'est pas cette large animation à laquelle je songe et qui, me semble-t-il, aurait dû éclairer la lente mise en place des structures atlantiques et les difficultés de leur provignement.

L'Atlantique, ses bords européens et américains, ces îles en plein océan ou sur les franges continentales, ces routes d'eau qui vont les joindre — à l'heure des découvertes ce sont des espaces vides : l'homme y est absent, au mieux rare, inutilement présent. Il n'y a eu construction, çà et là, que par accumulation d'hommes,

Blancs ou Noirs ou Indiens ; par transferts et implantations répétées de biens culturels : bateaux, plantes cultivées, animaux domestiques ; à la suite souvent de dénivellations de prix : « Le bas prix américain a commandé », pour reprendre un mot d'Ernest Labrousse. Le tout s'organisait à partir de centres privilégiés, enfoncés dans le cadre de structures préexistantes : les religions, les institutions politiques, les administrations, les cadres urbains, et, au-dessus de cet ensemble, un capitalisme marchand ancien, insidieux, agile, capable déjà de franchir, de discipliner l'océan.

André-E. Sayous[4] s'est, il y a longtemps, au travers de ses sondages dans les archives notariales de Séville *(Archivo de Protócolos)*, préoccupé de ces grandes aventures en soulignant l'action novatrice et risquée des marchands génois. Depuis lors, bien des études de détail ont paru. Nous attendons même un livre décisif de Guillermo Lohmann Villena. Mais nous avons déjà les études novatrices d'Enrique Otte et les lettres du négociant Simon Ruiz (pour la seconde moitié du XVIe siècle) qui ne demandent qu'à être utilisées, ou les précieux papiers de marchands florentins publiés par Federigo Melis.

Alors on s'étonne que ce long prologue ne nous apprenne rien, sauf hasard providentiel, sur les marchands, animateurs des trafics sévillans. Pas un mot non plus sur les villes d'Ibérie, matrices des villes du Nouveau Monde, ni sur la typologie urbaine d'un côté et de l'autre de l'Atlantique. Pour finir, pas un mot sur la ville même de Séville, au vrai « goulot » de plusieurs bouteilles. Elle ne conduit pas seulement aux Indes, mais à la Méditerranée, aux entrailles de l'Espagne (ce que Pierre Chaunu dit d'ailleurs excellemment), et encore aux pays du Nord, Flandres, Angleterre, Baltique, ce qu'il ne dit pas du tout. C'est même la navigation bordière autour de l'Espagne, de Gibraltar à Londres et à Bruges, qui a permis l'explosion, préparée à l'avance, des Grandes Découvertes. C'est la concentration capitaliste internationale de Séville qui explique, en grande partie, la première Amérique.

Ainsi Séville *tient* à d'autres espaces maritimes, à d'autres circuits de bateaux, de marchandises et d'argent que l'axe Séville-La Vera Cruz et, dans la mesure où l'« océan Ibérique » est un espace « dominant » (au sens où François Perroux emploie les mots de pôle, d'économie dominante), n'était-il pas important de voir les formes d'« asymétrie », de déséquilibre, tous ces complexes d'infériorité visibles, que la supériorité de l'océan sévillan développe dans les autres espaces de la circulation océanique ? Pierre Chaunu nous dit pourtant, à propos du Pacifique des lointaines Philippines[5], que l'océan Atlantique l'a annexé à sa vie « vorace » : alors comment ne regarde-t-il pas, parlant des structures géographiques, vers la mer du Nord et la Méditerranée d'Alicante, de Gênes et bientôt de Livourne ? Il aurait fallu, évidemment, pour élucider ces problèmes, élargir les recherches d'archives, voir à Séville les richissimes *Protócolos*, à Simancas les innombrables papiers sur Séville et sur les Flandres. Mais Pierre Chaunu s'est tenu, volontairement, à l'intérieur de sa seule histoire sérielle, sans se préoccuper d'autres séries existantes.

Séville, en tout cas, avait des droits à être présente, dans sa totalité vivante et pas seulement dans son port, en aval du pont de bateaux qui la relie à Triana ; et pas seulement, dans ses institutions comme la glorieuse Casa de la Contratación, mais aussi dans ses réalités économiques, sociales, urbaines, dans la foule de ses marchands, revendeurs, changeurs, marins, assureurs. Voire dans le mouvement si caractéristique et saccadé de sa vie, commandée par les flottes qui, tour à tour, l'enrichissent et l'épuisent, amènent alternativement, sur le marché financier de la place, ce que les documents de l'époque appellent la « largesse » et « l'étroitesse » de la monnaie. En parcourant, à Simancas, le *padrón* de Séville, ce recensement exhaustif de ses maisons et de ses habitants, en 1561, j'ai pensé à tout ce dont Pierre Chaunu s'était privé et nous avait privés...

Le triomphe du sériel

Les deux volumes sur la conjoncture (tomes II et III de l'ouvrage) nous alertent aussitôt par l'insolence du singulier. Il s'agit, en fait, au-delà de l'enregistrement des trafics sévillans, de la conjoncture internationale, mondiale, des rythmes d'une *Weltwirtschaft* qui serait étendue à toutes les grandes civilisations et économies du monde et dont Pierre Chaunu, comme moi-même (mais avec bien des prudences, t. II, p. 43), affirme qu'elle est *une*. Peut-être même était-elle déjà *une*, bien avant le XVe siècle finissant, dans cette planète à part et cohérente depuis des siècles qu'est le Vieux Monde, de l'Europe à la Chine, à l'Inde et à l'Afrique des Noirs, grâce aux navigations et caravanes d'un Islam longtemps dominateur. Ce que plus d'un historien non économiste aura dit, il y a bien des années...

À plus forte raison, y a-t-il une conjoncture au XVIe siècle, alors que les cercles s'élargissent, que la vie s'accélère si fort : alors « l'universalité des fluctuations... semble bien prendre naissance, quelque part entre Séville et La Vera Cruz ». Bien sûr, cette conjoncture du monde ne bouscule pas tout : « Une économie-monde, en profondeur, ne sera possible que beaucoup plus tard, pas avant l'explosion démographique et technique des XIXe et XXe siècles... » Mais enfin, et de l'aveu même de Pierre Chaunu, à sa soutenance, le choix de l'Atlantique « est un choix téméraire, c'est tenter d'expliquer le monde ». J'aime ce mot imprudent.

C'est à cette hauteur en tout cas, celle de la conjoncture mondiale, que la critique de ce livre devra toujours ou revenir ou se hausser. Si Pierre Chaunu dit mille choses (comme déjà dans son tome premier) sur l'Empire espagnol, ce n'est pas dans ce cadre, sur lequel nous avons des renseignements nombreux et souvent plus complets, qu'il faut replacer son immense explication. Hors de l'univers hispanique, il importe de saisir la conjoncture du monde.

Il était donc intéressant, utile, après s'être délesté d'explications importantes, tout de même secondes, de laisser carrément l'espace pour le temps et d'en marquer dès lors, très à l'aise, exclusivement les phases, les périodes, les rythmes, même les instants, à l'horloge des arrivées et départs des flottes de Séville. Nous disposons à la fois d'une estimation des volumes et de la valeur des cargaisons ; allers et retours sont examinés séparément ou cumulativement et les courbes brutes traitées de plusieurs façons différentes (moyennes quinquennales, médianes sur sept ou treize ans...).

L'enregistrement, finalement, se présente sous forme d'un écheveau de courbes. Que ces courbes aient été reconstruites, inventées parfois, corrigées souvent, voilà qui révèle le travail préalable nécessaire à la mise en place de tout matériel sériel. L'obstacle le plus difficile à franchir a été l'estimation (variable) de la *tonelada* ; il signale à lui seul les dangers et risques qu'il a fallu accepter, côtoyer et, vaille que vaille, surmonter.

Mais cette critique constructive n'intéressera que les spécialistes (sont-ils nombreux ?). À accepter les décisions et conclusions numériques de l'auteur, l'historien ne risquera pas grand-chose. Il pourra donc participer sans appréhension au jeu prolongé, sûrement fastidieux, sûrement nécessaire, auquel Pierre Chaunu se livre imperturbablement pendant plus de 2 000 pages. Henri Lapeyre écrivait dernièrement que notre auteur aurait pu abréger et condenser... Il est vrai, mais est-ce si facile ? Et d'ailleurs sommes-nous obligés de lire toutes les pages avec l'attention habituelle ? Les plus pressés d'entre nous peuvent se reporter à l'atlas qui accompagne ce livre, les plus intéressés choisir les seules discussions qui leur importent.

En tout cas, Dieu soit loué, les conclusions d'ensemble sont claires et solides.

Le trend séculaire dessine deux larges mouvements : une montée, soit une phase A de 1506 à 1608, une descente, soit une phase B de 1608 à 1650.

Cependant, c'est à des mesures et à des mouvements plus courts que Pierre Chaunu arrête de préférence sa chronologie et son observation, à des périodes de vingt à cinquante ans au maximum (l'une d'elles d'ailleurs bien plus courte) et qu'il appelle de façon abusive, ou du moins ambiguë, des *intercycles*, alors que ce sont plutôt des demi-Kondratieff. Mais peu importe le mot ! On pardonnera plus facilement à Pierre Chaunu ce mot d'intercycle que celui de décade, qu'il emploie obstinément à la place de *décennie*.

Donc des intercycles successifs et contradictoires, cinq au total : 1° à la hausse de 1504 à 1550 ; 2° à la baisse de 1550 à 1559-1562 (serait-ce ici, comme je le pense, un intercycle de Labrousse ?) ; 3° à la hausse de 1559-1562 à 1592 ; 4° étale, dirons-nous, de 1592 à 1622 ; 5° franchement à la baisse de 1622 à 1650.

À l'intérieur de ces intercycles, une analyse, qui ne relève nullement de la chiromancie, donne, une fois de plus, la succession de cycles d'une dizaine d'années ; il est même possible de déceler des fluctuations plus courtes, des « Kitchin ».

Je ne crois pas, un seul instant, que ces dates et les périodes encadrées soient des mesures subjectives ; elles sont, au contraire, des mesures valables avec quoi jauger le temps révolu et sa vie matérielle. Elles ne disent pas plus, pour ce temps écoulé, qu'une température sur la maladie d'un patient, mais autant, ce qui n'est pas un si mince avantage.

L'immense effort d'une histoire sérielle aboutit ainsi à la fixation d'une échelle chronologique avec ses multiples et sous-multiples. Cette échelle ne nous surprend pas dans son articulation majeure. La prospérité du monde se casse en deux de part et d'autre de l'année 1608, quand se retourne le maelström du *trend* séculaire : en fait, le retournement ne se fait pas en un jour, ni en une année, mais durant une longue période d'indécision, semée d'illusions, de catastrophes sous-jacentes. Dans nos périodisations nécessaires (sans quoi il n'y aurait pas d'histoire générale intelligible), certains préféreront les années annonciatrices, c'est-à-dire les années 1590 ; d'autres les années de conclusion (ainsi Carlo M. Cipolla 1619 ou 1620, ainsi R. Romano 1619-1623, ainsi moi-même, hier, 1620).

Il est bien évident que le débat reste ouvert, que nous sommes peu habitués (et déjà hier Earl J. Hamilton) à discuter de ces événements exceptionnels que sont les renversements du *trend* séculaire. Un tel événement, plus important en soi, est bien plus difficile à expliquer, dans l'actuelle logique de notre métier, que l'*Invincible Armada* (sur laquelle Pierre Chaunu, comme sur la piraterie anglaise, confirme ce que nous savions déjà) ou que les débuts de la guerre dite de Trente Ans. Le *trend* séculaire n'est pas, c'est un fait, un sujet classique de discussion. À Aix, au congrès de septembre 1962, malgré la présence de l'auteur, les thèses de Mme J. Griziotti-Kretschmann n'ont pas été discutées, aucun des historiens présents, en dehors de Ruggiero Romano et de moi-même, n'ayant lu son livre rarissime.

C'est un fait qu'un immense virage est pris entre 1590 et 1630 et notre imagination, sinon notre raison, a le champ libre pour l'expliquer : ou les rendements décroissants des mines américaines (explication que retient volontiers Ernest Labrousse), ou la chute verticale de la population indienne de la Nouvelle-Espagne et, sans doute, du Pérou... Ainsi ont été abandonnées les anciennes explications : absorption du métal blanc par l'économie grandissante de l'Amérique hispano-portugaise, ou son détournement vers les Philippines et la Chine, ou sa capture par la fraude grandissante en direction du Rio de la Plata. Fraudes, détournements, ont, nous le savons, obéi à la même conjoncture que la route normale. J'avancerais volontiers, sans en être sûr, que la crise d'un certain capitalisme, plus financier et spéculatif encore que marchand, a joué alors son rôle. La fin du XVIe siècle voit une chute des profits, comme le XVIIIe siècle à son déclin. Cause, ou conséquence, il est vrai !

Mais les recherches sont trop insuffisantes encore et la problématique trop désespérément pauvre, en ces domaines, pour que le problème, certes bien posé, puisse être résolu correctement. La pensée économique, même de pointe, ne nous fournit pas encore les cadres explicatifs nécessaires.

Trop vaste problème, penseront les sages. Mais les problèmes limités ne sont pas toujours plus clairs à nos yeux. Ainsi, pour saisir un bon exemple de ces problèmes limités, l'intercycle court de 1550 à 1562, que nous révèle, à Séville, l'enquête de Pierre Chaunu.

C'est là bien plus qu'un coup de semonce, un énorme coup de roulis de toute l'économie « dominante » de Séville, le passage assez dramatique à nos yeux de l'époque de Charles Quint que je vois ensoleillée, à l'époque triste, difficile et maussade de

Philippe II. En France, le passage des années de François Ier aux sombres saisons de Henri II. Un historien nous dira peut-être demain que l'intercycle de Labrousse, à la veille de la Révolution française, a son équivalent dans cette « crise », à la veille de nos guerres de Religion, elles aussi, comme la Révolution française, drame pour l'Europe entière...

Nous regretterons d'autant plus que Pierre Chaunu ne soit guère sorti, à ce propos, de ses courbes sévillanes pour mettre en cause les lumières d'une histoire à l'échelle sérielle de l'Europe et du monde, ou même une histoire descriptive qui a valeur d'auscultation : ainsi le brusque arrêt vers la Méditerranée des navigations anglaises, ainsi le succès affirmé (dès 1530 peut-être) des navigations hollandaises de la mer du Nord à Séville. Pourquoi ne pas chercher si le cycle sévillan a été commandé par la demande américaine ou les offres de l'économie européenne, et comment (cette fois et d'autres) il s'est, ou non, propulsé vers les places européennes ?

L'enjeu : l'histoire de la production

Il faudrait des pages et des pages pour dire les richesses de cet interminable récitatif conjoncturel, ou formuler à son propos nos critiques, nos doutes ; ils ne manquent pas, mais il s'agit de détails. Et le point essentiel du livre de Pierre Chaunu n'est pas là. Alors, allons vers cet essentiel, la dernière grande discussion que nous offre son livre et dont je m'étonne que les critiques ne l'aient pas encore remarquée.

Une courbe des trafics portuaires porte témoignage sur la circulation des marchandises et des capitaux — mais cette circulation que, depuis des années et des années, l'histoire mathématisante a poursuivie, sans doute parce qu'elle était à notre portée, Pierre Chaunu a soutenu qu'elle portait témoignage aussi sur la production de l'Espagne et, au-delà, de l'Europe. La circulation, comme disaient les vieux écrivains, achève la production, elle en poursuit l'élan. Lors d'ultimes lectures, et notamment celle du livre de Gaston Imbert (*Des mouvements de longue durée Kondratieff*, Aix-en-Provence, 1959), j'ai été très frappé de l'allure, différente par nature, des mouvements de prix et des mouvements de production. Nous ne connaissons, au XVIe siècle, que quelques courbes de production textile (Hondschoote, Leyde, Venise) ; toutes ont l'allure classique d'une courbe parabolique, on peut dire d'elles, en bref, qu'elles montent vite, comme à la verticale, et qu'elles retombent vite, à la verticale. La hausse longue des prix semble déclencher leur montée vive, mais toujours en retard sur celle des prix ; avec la baisse longue, elles sont précipitées aussitôt vers le reflux, mais toujours en avance...

Or, justement, la corrélation entre les courbes de Pierre Chaunu (trafic sévillan) et les courbes des prix de Hamilton n'est pas parfaite, elle non plus. Cette corrélation est positive dans son ensemble. Cependant, que de différences ! « La courbe séculaire des prix, écrit Pierre Chaunu, a dans son ensemble de 1504 à 1608 et de 1608 à 1650... la même orientation mais, avec une *pente* trois ou quatre fois moindre. Pour la période ascendante, multiplication des prix par cinq environ ; par quinze ou vingt pour les trafics. Pour la phase descendante, par contre, réduction des trafics de plus du double au simple, tandis que les prix-métal fléchissent de 20 à 30 %... » Pour moi, c'est un peu comme une preuve, un commencement de preuve que les courbes sévillanes se comportent comme des courbes de production. La démonstration n'est pas faite, mais elle s'aperçoit.

Ai-je tort de penser que c'est là un enjeu capital, et que se dessine une histoire aux cycles divers imbriqués dans une dialectique neuve, selon le sens même des recherches théoriques et actuelles d'un Geoffrey Moore par exemple ? Qu'il y aurait intérêt à ne pas limiter l'oscillation cyclique aux seuls mouvements des prix, tellement prioritaires dans la pensée des historiens économistes français ? Les recherches encore inédites, mais de proche publication, de Felipe Ruiz Martin, notre collègue de Bilbao, sur la production textile de Ségovie, de Cordoue, de Tolède, de Cuenca au XVIe siècle vont épauler la recherche de Pierre Chaunu : elles dénoncent, en gros, avec les années 1580, une mutation caractéristique du capitalisme international vis-à-vis de l'Espagne, à l'heure où, poussé autant que responsable, l'impérialisme espagnol va tenter des entreprises spectaculaires. Signalons aussi la proche parution dans les *Annales* de la courbe des *asientos* (des emprunts) de la monarchie castillane, de Charles Quint à Philippe IV, par notre collègue de Valence, Alvaro Castillo. Toutes ces séries sont à rapprocher, à concerter entre elles si l'on veut saisir l'histoire du monde. Bref, nous avons besoin de sortir des courbes de prix pour atteindre d'autres enregistrements, et peut-être, grâce à eux, mesurer une production qui jusque-là nous a échappé et à propos de laquelle nous avons les oreilles rebattues par trop d'explications *a priori*.

Écrire long ou bien écrire ?

L'immense labeur de Pierre et — nous n'avons garde de l'oublier — de Huguette Chaunu aboutit à un immense succès. Pas la moindre discussion à ce propos. Cependant ce livre océanique n'est-il pas trop long, trop discursif, d'un mot trop vite écrit ? Pierre Chaunu écrit comme il parle ; il m'eût soumis son texte que nous aurions eu quelques belles disputes. Mais tout défaut a ses avantages. À force de parler et d'écrire librement, Pierre Chaunu réussit souvent à trouver la formule claire, excellente.

Son texte fourmille de trouvailles heureuses. Voici (en dehors de Las Palmas) les rades foraines, sans protection, de la Grande Canarie ; elles « ne sont accessibles, écrit-il, qu'aux barques qui font du microcabotage ». Nous voici, dans ce vaste continent qu'est la Nouvelle-Espagne, à la recherche des mines d'argent, situées à la jointure de deux Mexique, l'humide et l'aride ; au long du rebord oriental de la Sierra Madre, leur position est logique : « La mine a besoin d'hommes, mais elle craint l'eau. L'ennoyage est le danger que l'on redoute le plus (dès qu'on s'écarte un peu de la surface), le problème technique de l'évacuation des eaux ne sera pas vraiment résolu avant la généralisation des pompes à feu du XIXe siècle. La meilleure sauvegarde contre l'ennoyage, les mineurs la trouvent dans un climat subaride. Ils s'enfonceraient plus avant encore dans le désert s'ils ne s'y heurtaient à d'autres difficultés : manque d'eau pour les hommes, manque de nourriture... » Que reprendre à ce texte, ou à tant d'autres que l'on pourrait extraire de ce tome premier, où la géographie a si souvent bien inspiré notre auteur ? « Terre de colonisation récente, écrit-il, l'Andalousie continue (au XVIe siècle) à absorber la substance de l'Espagne du Nord, à s'en nourrir, à s'en accroître » (I, p. 29) ; il ajoutera plus loin (I, p. 246), poursuivant son idée : « L'Espagne, de 1500 à 1600, est une Espagne qui, achevant sa colonisation interne, s'alourdit vers le Sud. » Ou encore, parlant cette fois de la colonisation du Nouveau Monde : « La première colonisation espagnole est importatrice de blé, donc nécessite une liaison pondéreuse et follement coûteuse. La seconde colonisation cesse d'être, au même degré, importatrice de vivres. Parce que, entre 1520 et 1530, en allant des grandes Antilles vers les plateaux continentaux, le centre de gravité des Indes est passé de la sphère du manioc, à celle du maïs » (I, pp. 518-519). Médiocrité du manioc, comme soutien d'une culture, magnificence du maïs comme soutien d'une civilisation ! Et qui donc l'avait aussi bien dit ? J'aime aussi telle ou telle phrase ; ainsi cette « navigation à voiles tout empêtrée dans son passé méditerranéen ». Ou cette phrase de bravoure : « La poussée démographique, profonde lame de fond, depuis la fin du XIe siècle, contraint l'Occident chrétien à l'intelligence et aux solutions neuves. » Ou cette forte et simple remarque (II, p. 51) : « Il faut situer la grande révolution des prix du XVIe siècle dans son contexte et ne pas perdre de vue que la première phase, qui va de 1500 à 1550, n'a guère fait tout d'abord que remplir le creux de la longue et dramatique vague qui recouvre la seconde moitié du XIVe siècle et la totalité du XVe. »

Si ces trouvailles n'étaient perdues au milieu d'une surabondante écriture, si Pierre Chaunu se contraignait à écrire court — c'est-à-dire à refaire sur le premier jet, cet effort d'élimination et de choix qui n'est pas seulement affaire de forme —, il pourrait occuper, parmi les jeunes historiens français, cette première place à laquelle sa puissance de travail et sa passion de l'histoire lui donnent déjà des droits évidents.

XI

À PROPOS DU *BEAUVAISIS* DE PIERRE GOUBERT[*]

J'aime et j'admire la thèse alerte de Pierre Goubert[1], sa robustesse, sa réussite technique, sa langue drue que Pierre Chaunu, dans son enthousiasme, compare à la prose de Michelet. Elle peut se présenter comme le chef-d'œuvre digne des anciennes maîtrises : toutes les règles du métier sont respectées, la documentation massive est allègrement soulevée à bout de bras et le plan choisi si naturel que le texte coule de source. Le livre se lit avec beaucoup de plaisir. Pourquoi faut-il qu'il ait été écrit à propos du Beauvaisis ?

Le XVIIe siècle, en France, s'avère un siècle déshérité, assurément mal prospecté, surfait peut-être, ou même calomnié. Voici, arraché d'un seul coup, puis accessible à notre curiosité, un échantillon authentique de ce siècle perdu. Ce sondage est-il bien choisi pour juger ces cent années difficiles et cet immense pays, la France — alors « si campagnarde et si traditionnellement provinciale », si diverse en somme, où Beauvais, même augmenté du Beauvaisis, n'apparaît au mieux que comme une tache minuscule, « une ville vieille drapante, escortée de son lopin boueux : 150 000 à 200 000 hectares de labours, de pâtures, de taillis et de vignes » ? En vérité, un très petit pays et replié sur lui-même, qui vivait pour les céréales, « sensiblement en économie fermée », sûrement à l'écart des grands trafics. À peu près une aiguille dans une meule de paille. D'avance nous savons qu'il ne faudra pas trop demander, en dehors de son propre témoignage, à ce livre savoureux.

---

[*] *Annales*, 1963, pp. 767-778.

I

Ce qui prouve que Pierre Goubert n'est pas sensible, d'entrée de jeu, à la taille mesurée de son personnage, c'est qu'il le traite par les très grands moyens et le soumet aussitôt à l'utile et raisonnable dialectique de l'immobile et du mouvant ; structure d'un côté, conjoncture de l'autre, un coup de sabre autoritaire et tout est en place, à sa place. Ainsi seront opposés lenteur et mouvement, pesanteur et fragilité, répétitions et exceptions, sociologie (une certaine sociologie) et histoire (du moins une certaine histoire). Pierre Goubert reconnaît avoir été attentif à l'essentiel plus qu'à l'accessoire, au permanent plus qu'au passager, aux structures profondes plus qu'aux conjonctures. « J'ai écarté, note-t-il, presque tout le reste, notamment l'anecdotique et le "curieux"... » Qui l'en blâmera ? Ce sont là jeux licites assurément, bien que nous sachions tous que la vie, sans fin, mêle le conjoncturel et le structurel (à Beauvais comme ailleurs) ; qu'ils sont malaisés à discerner l'un de l'autre, qu'il faut non pas tant les opposer que les additionner, les voir au même instant, comme par superposition, comme par transparence réciproque ; qu'ils se confondent d'ailleurs d'eux-mêmes à la trop petite échelle de l'observation choisie. Les séparer, c'est par surcroît se condamner aux répétitions.

Ce qui ne bouge guère, pendant cent ou cent trente petites années (l'ouvrage va, en principe, de 1600 à 1730), si chargées qu'elles soient d'événements, et donc de catastrophes, c'est le cadre géographique, lui d'abord. Il est sous nos yeux en 1963, changé assurément, mais encore reconnaissable dans ses contrastes, dans sa structure différentielle, double au moins : à la fois morceau de la plaine picarde et fragment bocager du Bray, celui-ci avec ses escarpements et ses argiles, « des sources, des ruisseaux à cresson, de vieilles fontaines, des trous pleins de mousse et de têtards, des étangs et des viviers seigneuriaux où abondent des carpes... ».

Immobiles ainsi ces reliefs médiocres, les chemins, les végétations diverses, presque les cultures (« le XVIIe siècle resta sous le signe du méteil »). Immobile, ou peu s'en faut, dans ses assises, la société rurale, seigneuriale, ecclésiastique, bourgeoise, paysanne qui cerne la ville et l'envahit. Immobile la ville elle-même dans son implantation. Peu variables et se compensant à la longue, les rapports de masse entre la cité, à l'intérieur de ses murailles et de ses cinq portes, et les faubourgs (en 1647, les faubourgs groupent 15 % des Beauvaisiens ; en 1683, moins de 12 % ; en 1699, moins de 9 %, mais 12 % bientôt au XVIIIe siècle). Et toujours semblables les rues étroites et immondes, les places, les maisons malingres, l'ordre des classes, l'économie mixte, préindustrielle, si bien que chaque année « de juillet à octobre, le peuple du textile se faisait moissonneur, vendangeur, parfois batteur... » selon une pulsation monotone.

Enfin et surtout, ce qui reste invariable, c'est l'ordre même de la vie, analogue à la ville et à la campagne : il associe à une haute natalité, de l'ordre de 35 à 40 pour 1 000, de hautes mortalités (30 pour 1 000), le tout dans un équilibre instable aux brusques dérèglements et aux vives compensations. Cette « structure démographique ancienne » est celle que l'on voit, ou croit voir partout en France, en Europe, et peut-être dans le monde d'alors et qui, en ce coin particulier de la France du Nord, perdure au moins jusqu'en 1740-1750. Bref, la vie et la mort ne changent guère de visage entre 1600 et 1730...

Et cependant, entre ces deux dates, l'ordre matériel et social est agité, il se déforme, il fluctue : à Beauvais comme ailleurs, les vagues se succèdent, se compensent, selon des rythmes nets, à long terme, ou à court terme, autre division raisonnable reconstruite après coup. Mais s'il n'y avait pas reconstruction, il n'y aurait pas d'explication, pas d'histoire scientifiquement conduite.

Dans ces domaines des déformations périodiques, Pierre Goubert utilise les techniques éprouvées de l'histoire des prix et de la statistique démographique. Chemin faisant, il prend parti carrément, quand il le faut. Rien de mieux. Peut-être insiste-t-il trop, à mon goût, sur les méthodes qu'il emploie et sur celles qu'il rejette. Le texte s'en ressent — et plus encore quelques notes batailleuses et injustes. Pierre Goubert grogne, donne congé à sa bonhomie. Et c'est dommage : fallait-il faire écho à telles discussions dont l'entêtement des adversaires a tiré hier un drame, quand Pierre Goubert achevait sa thèse ? À tant de querelles, de doctes considérations sur l'échelle semi-logarithmique ou les médianes mobiles ou les sacro-saints prix en grammes d'argent ou la « légère supériorité de l'année-récolte pour l'étude des mouvements courts » des prix « par rapport à l'année civile » — ce que nul n'acceptera plus aujourd'hui les yeux fermés. Tout cela, bien souvent, réaction typique de « littéraire », s'étonnant de comprendre des techniques simples de calcul, à l'égard desquelles le mathématicien est plus désinvolte, en connaissance de cause.

Les historiens devraient penser sérieusement que toutes les méthodes statistiques ne sont que des moyens, des sciences auxiliaires — et rien d'autre —, des échafaudages, tous utilisables, suivant le but poursuivi, et que finalement c'est la maison elle-même, l'histoire à construire qui importe.

Ceci dit très vite. Il est hors de doute que Pierre Goubert domine l'océan de ses chiffres et de ses mesures, que les échafaudages ne lui cachent jamais la maison, ni « l'histoire totale, la seule concevable », comme il l'écrit lui-même, s'il est toujours difficile de l'atteindre. Spécialistes et historiens seront donc d'accord : les calculs sont bien conduits, les fluctuations justement saisies dans leur ensemble et leur détail, et avec le désir, toujours, d'atteindre, au-delà de leur mouvement, les vastes réalités sociales sous-jacentes. « J'ai essayé, confie Pierre Goubert, d'aller des prix aux groupes sociaux, c'est-à-dire ajoute-t-il avec raison, trop souvent du parfaitement connu au difficilement connaissable... » Mais ici comme en morale, les intentions comptent, elles éclairent la bonne route. L'enregistrement des prix n'est donc pas pour notre collègue une fin en soi.

Si une large place est faite aux prix alimentaires, et, en premier lieu, au prix des blés sur lesquels « les hommes du XVIIe siècle ont vécu, si l'on ose ainsi s'exprimer, les yeux fixés... » — ces blés « nourriture primordiale des classes populaires, les plus nombreuses, donc les plus dignes jusqu'à un certain point d'intéresser l'histoire » —, place a été faite aussi à tous les autres prix alimentaires et non alimentaires détectés par une recherche minutieuse, patiente, qui a essayé de saisir aussi les fluctuations des revenus, de la rente foncière (sans laquelle il n'y aurait pas de bourgeoisie solide), du mouvement des salaires, des oscillations démographiques (à propos desquelles d'excellentes et très neuves remarques sont présentées), du volume de la production textile. Soit, en gros, six enregistrements, quelques-uns (revenus, salaires, production) assez décevants, mais les zones obscures de la vie matérielle et sociale sont ainsi cernées, « approchées », ce qui ne veut pas dire que la place assiégée ait été enlevée de vive force ou que les procédés d'attaque fussent les seuls praticables... J'y reviendrai dans un instant.

Mais que demander de plus à un livre vigoureux, riche en détails, en images vivantes, en notations équitables, admirablement conduit par surcroît ? Et où, chemin faisant, on apprend tant de choses : sur la mise en herbage du pays de Bray, à partir du XIXe siècle ; sur l'absence relative, au milieu des champs, des pommiers qui ne prendront la relève des vieux poiriers à cidre qu'avec le plein XVIIIe siècle ; sur l'absence fréquente dans les maisons paysannes des porcheries, des clapiers ; sur l'importance essentielle, par contre, du mouton ; sur la malaria constatée en 1693 ; sur les ravages de la typhoïde ; sur le triomphe des barrages sanitaires contre la peste qui « aboutit, à partir de 1668, environ, à transformer des pestes générales ou régionales en pestes locales » ; sur l'apparition *notable* des lettres de change à partir de 1685 seulement ; sur l'absence nullement étonnante dans les documents du mot *corporation* ; sur la multiplication, dans les villages, de médecins accoucheurs à partir de 1760-1770 ; sur l'armement des paysans qui se livrent tous à la chasse au XVIIe siècle (à ce propos, « les inventaires après décès sont formels ») ; sur la fermeture, en 1545, des dernières étuves et du dernier bain public à Beauvais ; sur le premier éclairage des rues, en 1765 ; sur cette ville sans canalisation d'eau courante en 1843 encore, et réduite à utiliser ses puits... Tous ces détails sur la vie matérielle esquissent un paysage. Le lecteur se demandera s'il était — ou non — possible d'en dire davantage. Mais le paysage s'évoque déjà.

II

Le lecteur l'a deviné, je ne suis pas tout à fait d'accord avec cette double mise en place autoritaire ; je suis peu satisfait ou mal tranquillisé par la préface alerte de *Beauvais et le Beauvaisis*.

L'espace chronologique choisi est relativement long (sans l'être suffisamment encore à mon gré). Par contre, l'espace géographique — 200 paroisses — reste exigu. L'auteur le dit lui-même : « Vers la fin de ces recherches, j'ai compris que cette enquête beauvaisine m'avait surtout fourni une sorte de répertoire des questions qu'il serait souhaitable de traiter dans un *cadre plus large*... » C'est nous qui soulignons. Or, il dit aussi, deux fois au moins, que ce trop petit « pays » était encore « trop large » pour que sa recherche y fût exhaustive. En d'autres termes, le Beauvaisis est à la fois trop étroit pour la réussite d'une étude macroscopique qui tient mal à l'aise dans ses 200 000 hectares de terres labourées, et il s'avère trop vaste pour une étude exhaustive de *micro-histoire*.

Voilà qui limite l'entreprise. Tout d'abord, le Beauvaisis en ce siècle « de misère et de piété », ce n'est pas la France. « Que le Beauvaisin représente le Français (*je dirais volontiers le Français moyen*), c'est ce que nous n'irons pas prétendre », reconnaît

Pierre Goubert. « Qu'il porte un témoignage acceptable sur la biologie et la démographie des Français du Nord et du Centre, d'autres recherches en voie d'achèvement permettront de le contrôler. »

Ensuite, pour l'étude au microscope, il y a vraiment trop de lacunes (spécialement en ce qui concerne la société et la production) et par suite une certaine impossibilité à lier entre elles les diverses structures, ou les diverses conjonctures. L'excuse, ou plutôt la supériorité d'un sujet étroit, c'est qu'on puisse tout connaître sur un point et, connaissant tout, passer avec sûreté au général, comme le permet la microsociologie qui si souvent nous révèle des structures élémentaires sans fin répétées...

Dans ces conditions, l'entreprise se heurte aux deux limites qui la gênent, l'une haute, l'autre basse. On les franchit mal ou l'une ou l'autre. Le Beauvaisis est à la fois trop étroit et trop large, ce qu'expliquerait aussitôt un enquêteur social calibrant un sondage.

J'avoue que si j'avais eu à faire face aux problèmes difficiles que ce livre s'efforce de résoudre, et souvent domine avec aisance, j'aurais agi un peu comme Pierre Goubert dans les deux premiers volets de son ouvrage. Puis j'aurais ajouté un volet supplémentaire. Ce n'est pas simple artifice de ma part, que de parler, avec insistance, d'images superposées, de calques qui se recouvriraient et dont les dessins se verraient tous à la fois par transparence. Structures d'un côté, conjonctures de l'autre, à condition, dans un dernier mouvement, de les superposer. Autrement, comment saisir une histoire globale, pour le moins comment tendre vers elle ?

Structures et conjonctures, entendons *toutes* les structures, *toutes* les conjonctures et non pas seulement ces sortes d'infrastructures, d'infraconjonctures matérielles que l'on nous propose par priorité, parce qu'elles sont les plus aisées à saisir, mais aussi (Pierre Goubert en parle fort bien) structures et conjonctures sociales. De même pour abréger, structures et conjonctures de ce que nous appelons d'un mot large et vague, à la mode, *la civilisation*. Le livre y touche à peine : il signale, sans plus, le jansénisme des bourgeois et des curés, ou ce triomphe des magisters : « plus de la moitié des hommes sait lire et écrire dès la fin du XVIIe siècle ». Or, sans ces élargissements vers le haut et ces regroupements, l'histoire globale que l'on nous offre ne répond plus à l'humanisme nécessaire de notre métier. La maison est inachevée, sans étage supérieur, sans toit. Songeons par antithèse à ce qu'a tenté Ernest Labrousse : *La Crise économique de l'économie française* pousse devant elle la masse compacte et le destin entier de la Révolution.

Pour un troisième volet, j'aurais cherché à dégager une croissance du Beauvaisis (ou positive, ou nulle, ou négative) et calculé le poids de son économie et de sa société entière selon les règles de la macro-économie formulée, dix fois pour une, sous nos yeux, par un François Perroux. C'est à lui que j'aurais demandé conseil, après avoir prêté l'oreille aux leçons d'Ernest Labrousse et aux précautions méticuleuses et raisonnables de Jean Meuvret. Au vrai, c'est le problème que s'est posé René Baehrel dans sa thèse [2].

Que Pierre Goubert ne dise pas que les chiffres lui manquaient. L'enjeu porte au plus sur des ordres de grandeur. Or, lisant son livre, nous savons, grâce à lui, que le Beauvaisis, c'est peut-être 100 000 personnes, peut-être 150 à 200 000 hectares, où « la hantise de la disette poussait à mettre en labour toute terre qui acceptait la semence ». À Beauvais, une ville de 13 à 14 000 personnes, en 1764, la consommation annuelle est de 5 hl de blé par personne ; vers 1680, l'arpent de terre vaut de 60 à 100 livres ; l'arpent de pré de 200 à 800, et presque autant l'arpent de vigne ; nous savons que le blé donne en général du 6 pour 1, et que l'on sème un quintal et demi à l'hectare ; que les très bonnes récoltes sont par rapport aux très mauvaises, au XVIIe comme au XVIIIe siècle, de 10 à 22 ; nous savons aussi que le taux de natalité est de 40 pour 1 000, le taux de mortalité au voisinage de 30, la durée de la vie moyenne entre 20 et 25 ans... Est connu aussi, en gros, le niveau de vie : Pierre Goubert écrit à propos d'un festin de noces bourgeoises qui a coûté 340 livres, le 11 octobre 1648 : « ... de quoi nourrir pendant deux ans une famille de tisserands. » Peu de nourritures cependant sont signalées, sauf « les soupes solides » et « les tripes de veau » réservées, lors des vendanges, aux troupes de « coupeurs, hotteurs et fouilleurs ».

Ces renseignements et d'autres, pris au livre même, je les aligne pêle-mêle : ils indiquent au moins qu'un calcul est possible et, bien plus qu'un calcul, une autre façon de voir et de comprendre les choses, une autre orientation de la recherche ; la « comptabilité nationale » que j'évoque est une réalité vivante du temps présent, nous devrions, historiens, l'adapter à nos recherches, à nos besoins, la transposer... Selon cette perspective, la masse complète des pages de Pierre Goubert se classerait aisément en cette nouvelle position, y compris ses admirables portraits sociaux, entre lesquels le lecteur n'a que l'embarras du choix, tous prestement enlevés : celui du manouvrier paysan, un peu vagabond, et sûrement misérable, celui de ce petit lot de paysans moyens, jardiniers, vignerons, artisans ruraux, enfin les « haricotiers », ceux-ci possédant quelques petites parcelles de terre dispersées, plus un troupeau, et toujours une « maison de torchis avec ses dépendances et son courtil, planté d'arbres fruitiers » et surtout, en fonction de leur très relative aisance, « une manière de dignité ».

De même, les portraits du fabricant, du marchand, de l'artisan. Toute cette masse sociale, avec sa stricte hiérarchie jusqu'aux pires détresses (peut-être celles des villes où « les hommes du XVIIe siècle touchaient le fond de la misère »), toute cette masse s'insérerait dans un calcul global, où se marqueraient les lots de chacun et notamment la quote-part de cette bourgeoisie beauvaisienne, inconsciente, médisante, querelleuse, rivée à sa ville natale, ligueuse au XVIe siècle, janséniste au XVIIe... Économie et société, mais Pierre Goubert le sait bien, ce sont les deux faces d'une même réalité et son livre, sans être malmené le moins du monde, aurait pu répondre aux questions qui nous viennent à l'esprit.

D'ailleurs un tel calcul le tente, à plus d'une reprise, et il s'y abandonne au moins une fois quand, chiffres à l'appui, il jauge la production de vingt paroisses picardes, année de bonne récolte : 9 quintaux à l'hectare. Tout déduit (semences, redevances), il reste aux 12 000 paysans, outre leur nourriture (4 quintaux par personne), 16 000 quintaux à la vente, de quoi nourrir 4 000 « étrangers ». En cas de mauvaise récolte, les paysans auront « tout juste de quoi manger » ; quant aux pauvres qui vivent des surplus de blé ou de farine, la maladie et la mort seront leur lot. Ainsi, en mai 1649, « une masse considérable de pauvres mourait dans les rues, dit un contemporain, et même des personnes riches... ».

Oui, tout pourrait se regrouper sous d'autres rubriques, sous un éclairage différent, plus neuf... Rien ne nous assurant après tout que la solution de Pierre Goubert n'a pas été plus sage, ou plus efficace que la nôtre.

Dernière mise en question : Pierre Goubert, à tort ou à raison, pèse, à Beauvais, le XVIIe siècle dans son ensemble, comme s'il était une unité de poids ou d'histoire. Ce siècle plus ou moins long se juge à la fois dans ses antécédents et dans ses suites, par rapport à un XVIe siècle qui serait lent à s'effacer (pas avant 1630), par rapport à un XVIIIe siècle qui serait lent à se mettre en place (pas avant 1730-1740). Or si, vers l'aval, de part et d'autre des décennies ou 1730-1740 ou 1740-1750, la comparaison est faite de façon lumineuse et convaincante, la confrontation s'organise mal vers l'amont, avec le XVIe siècle : 1600 n'est pas une coupure, et le pseudo-XVIe siècle se survivant à lui-même de 1600 à 1630 n'est pas un ban d'épreuve valable pour une bonne comparaison. Il eût fallu mettre en cause au moins les quatre ou cinq dernières décennies du XVIe siècle, *stricto sensu* — voir, à Beauvais même, l'allure et la signification de ces années houleuses, la portée, au juste, de cette émeute du 31 décembre 1554, « cette grande émotion populaire de peigneurs, fileuses de laine et autres façonniers de draps... dont il est intervenu homicide ». En remontant le cours du temps, on atteint évidemment des eaux plus agitées, une économie plus vive, une société *plus ouverte* au moins jusqu'aux environs des années 1590... J'ai l'impression que notre collègue s'est contenté, pour ces positions de départ, d'esquisses rapides, qu'il a sous-estimé et la « révolution » et la « modernité » du XVIe siècle. La photographie qu'il donne ensuite du XVIIe siècle est mal éclairée au départ, du moins je le pense. Plus encore, ce qui est dit, ici et là, et plus ou moins nommément, contre le bon sens et l'expérience de Henri Hauser, devrait être revu de près à l'occasion d'une nouvelle édition. Que la décadence de la noblesse française s'explique non pas par les raisons qu'évoquait Henri Hauser ou par l'influence « de la conjoncture » qui serait « à rejeter », mais par les contrecoups de la Ligue ne convaincra guère. Ou alors par quoi s'explique la Ligue ? Et surtout comment se fait-il que les noblesses ou romaine, ou castillane, pour ne parler que d'elles, aient connu des difficultés analogues, à la même époque ? Je crois de même que notre ami ferait bien, sur l'intercycle qu'il signale de 1597 à 1604, de s'expliquer plus clairement ; de même sur les comptes en écus, de 1577 à 1602, il lui faudrait revoir ses explications, puis, pour s'y reconnaître, être attentif au cours des changes entre ces dates décisives : ils sont une balance de vérité. Ici se retrouve à nouveau le défaut inhérent à l'entreprise : les dimensions du *Beauvaisis* obligent Pierre Goubert à sortir constamment de ce qu'est l'histoire locale, mais il n'a pas assez étudié les structures générales ou de la France ou de l'Europe d'alors pour savoir sûrement si les problèmes qu'il pose se situent, au vrai, sur le plan de l'explication locale, où il est maître incontestable, ou sur celui de l'explication générale, où il s'avance à ses risques et périls.

III

Tout compte fait, le mérite majeur de ce livre ne se situe pas, à mon avis, là où le découvrent volontiers ses critiques (dont j'ai lu les recensions avec attention), dans la masse des constatations et des faits inédits que cette thèse nous livre avec abondance, ni dans les confirmations qu'il prodigue, sur la démographie et l'économie du XVIIe siècle, sur le processus, les enchaînements des crises, sur ces « structures dynamiques » des crises, comme dit Charles Morazé, qui impliquent avec régularité la classique séquence : mauvaise récolte, arrêt des métiers, puis famine, et épidémie si la mauvaise récolte récidive... Cela nous le savions déjà et, depuis Ernest Labrousse, il n'est plus guère permis de l'ignorer. Que les courbes des décès et des baptêmes aient une allure différente avec le XVIIe et le XVIIIe siècle, on le savait aussi, au moins depuis le travail de Daniele Beltrami sur Venise[3] ou depuis l'article même de Pierre Goubert dans les *Annales* (1952, n° 4). Sans doute, des confirmations ont leur valeur. Dieu soit loué, nous ne nous étions pas trompés. Chacun en éprouve un certain soulagement.

À mon avis, le plus important de ce livre vif, c'est la position qu'il a prise face aux gros problèmes de la typologie des fluctuations. La nomenclature raisonnable et raisonnée du livre du regretté Gaston Imbert[4] mériterait de s'imposer dans nos discussions ; elle précise le sens d'un certain nombre d'expressions classiques ou qui mériteraient de l'être : mouvement saisonnier, cycle de Kitchin (une quarantaine de mois), cycle de Juglar (qui varie autour de six ou huit ans, jamais plus, souvent moins), intercycle de Labrousse (un cycle et demi de Juglar), hypercycle (deux cycles), cycle de Kondratieff qui joue sur une cinquantaine d'années, *trend* séculaire enfin, « le plus long des longs mouvements ». Le temps réel, n'étant jamais bon prince, n'engendre pas automatiquement des cycles tels que deux ou trois Kitchin donneraient un Juglar, un Juglar et demi un Labrousse, deux Juglar un hypercycle, deux hypercycles un Kondratieff... Mais enfin toutes ces formes périodiques et le *trend* séculaire qui les sous-tend coexistent dans des associations aux éléments variables. Même le Kitchin, que l'on jugeait spécifique de l'Amérique industrielle, n'ayant atteint l'Europe soi-disant qu'après le phylloxéra, se rencontre de façon épisodique sur des courbes très anciennes, par temps calme et peu agité.

Pierre Goubert met fortement l'accent, pour son compte, sur le cycle intradécennal, sur le Juglar, dans des pages fortes, chargées de sens.

Naturellement, notre collègue connaît la série entière de ces fluctuations diverses et, s'il n'emploie pas les termes de Gaston Imbert, c'est que ceux-ci n'ont pas force de loi et que le livre de notre collègue d'Aix est paru à peine avant le sien. Il s'intéresse, pour son compte, de façon attentive et intelligente au mouvement saisonnier, ce négligé, cet infiniment petit, il s'intéresse pareillement à la phase trentenaire (qui, si je ne me trompe, chez Pierre Goubert, comme chez René Baehrel, est bel et bien un demi-Kondratieff), enfin au *trend* séculaire lui-même, dont il parle vite et sans trop de conviction.

Le cycle, comme il l'appelle, sans plus, c'est le Juglar, lequel le frappe par « son énorme présence, ses conséquences immédiates, sa portée lointaine, sa terrible menace... ». Son langage saute aux yeux, s'impose dès le premier examen : les quinze ou vingt mètres du graphique minutieux (encore inédit), tracé semaine par semaine, par R. Romano, F. Spooner et U. Tucci, pour les prix à Udine de 1400 à 1800, et que j'ai déroulé, un jour, au Collège de France, dans toute la diagonale de la salle, en donne une idée saisissante... On ne voit que cette oscillation majeure, elle oblitère, elle cache les autres. Pierre Goubert nous dit avec raison qu'il n'a pas « hésité à [la] décrire dans l'étude de fondations, de structures... » Cette fluctuation cyclique, en soi, est assurément une structure.

Il serait utile de savoir, mais le problème a été rarement posé par les économistes, comment le « cycle » s'enracine dans les mouvements inférieurs et supérieurs à sa durée et surtout dans le *trend* séculaire.

Les « cycles », nous dit en substance Pierre Goubert, sont modérés ou agités, « légers » ou « gigantesques » (et alors « l'excessif devient quotidien »), selon que leur fluctuation est faible ou virulente. Or les cycles se succèdent par familles ; ils vont souvent par groupes de quatre cycles, qui sont tous quatre ou modérés ou violents, ce qui nous ramène aux oscillations trentenaires qui, le plus souvent, atteignent et dépassent la quarantaine d'années, et se succèdent, calmes, de 1601-1602 (car Pierre Goubert s'est embarrassé bien inutilement du comput de l'année agricole) à 1645-1646, agités de 1645-1646 à 1687-1688, calmes de 1687-1688 à 1727-1728. Mais n'est-ce pas une façon de nous ramener aux oscillations de trente ou quarante ans du demi-Kondratieff ? Donc à une mesure plus longue ?

Pierre Goubert ne s'en préoccupe qu'un instant et s'est obstiné à rester dans des cycles d'ouverture chronologique si courte que le « vent cyclique » se glisse à l'aise dans le récit événementiel, il s'y insère, il s'y perd, il y trouve aussi, et trop naturellement, ses explications plus ou moins justes. De 1589 à 1597, « ce sont bien, écrit Pierre Goubert, les troubles politiques et leurs divers retentissements, qui constituent les facteurs essentiels du mouvement des prix ». Pour l'avancer il faudrait vérifier qu'en dehors de la France, le mouvement n'est pas le même... Voire...

Pour le XVIIe siècle, notre guide est plus prudent. Le cycle dit de la Fronde, 1645 à 1657, avec ses deux pointes (et qui dans une nomenclature stricte serait peut-être un hypercycle parti de l'indice brut 78), a connu deux sommets à 234 et à 209 pour retomber finalement à 84. Pierre Goubert s'arrête devant ce chef-d'œuvre du déchaînement des prix, cette « énorme chandelle » : « De 1645-1646 à 1656-1657, écrit-il, s'envole, culmine et s'atténue le gigantesque cycle contemporain de la Fronde... » Pareille boursouflure se reproduit de 1661-1662 à 1667-1668... C'est le cycle « de l'avènement de Louis XIV ». Cette fois Pierre Goubert n'avance pas un instant que la Fronde ou le changement de règne explique l'une ou l'autre de ces gigantesques crises. Ce cycle « que nous appelons en France le « cycle de la Fronde » et qui est si peu dû à la seule Fronde, écrit-il, « qu'on le retrouve dans les provinces qui ne frondèrent pas et dans presque tous les pays étrangers : Grande-Bretagne, Pays-Bas, États de la Baltique, et mêmes États méridionaux » (p. 601). Affirmation que je reprends volontiers, en insistant. Il y aurait de cette crise une cartographie possible et qui permettrait de mieux cerner ces déchaînements cycliques à l'échelle de l'Europe. Je l'ai avancé, avec Frank Spooner, dans le chapitre que nous venons d'écrire pour la *Cambridge Economic History*. En tout cas, supposez qu'une théorie du cycle soit à mettre en cause, comme il serait nécessaire à mon avis, le livre de P. Goubert s'imposerait aussitôt aux économistes, comme déjà il s'impose, et pour bien d'autres raisons encore, aux historiens.

IV

Critiquant, plus encore approuvant, j'ai finalement fait le tour du propriétaire. La terre est plus riche, mieux cultivée encore que je ne l'ai dit. Pierre Goubert a le sens de la vie, d'une histoire qui s'emploie joyeusement à la restituer. *Beauvais et le*

Beauvaisis éblouit et éblouira sûrement ; il nous séduit en raison du talent évident de l'auteur, de son humanisme de bon aloi, de son art de voir et de faire voir. Volontiers nous serions entraînés à étendre à la France cette image du XVIIe siècle à Beauvais. Or je crois le XVIIe siècle moins essoufflé, moins malheureux (tout est relatif), moins « formaliste », moins englouti dans un « sédentarisme parfois forcé » qu'il ne nous le dit, moins « ancien », moins héritier qu'il ne le prétend, bref plus vivant et de sa vraie et propre vie... Nous le saurions de façon plus sûre si Pierre Goubert avait réussi cette vaste triangulation de la France du XVIIe siècle qu'il esquisse avec talent et hardiesse. Beauvais témoignerait pour une France de la Loire à la Somme, et les diverses France auraient connu des destins matériels divergents. Voilà qui oblige à imaginer ou à reconnaître une économie française brisée en secteurs hétérogènes (ce qui est sûr) mais répondant à des conjonctures déphasées (ce qui reste à bien démontrer). Le démontrerions-nous en multipliant d'étroits sondages dans le seul cadre que l'auteur croit possible « du moins au XVIIe siècle, celui du « pays » ou du « bailliage » ? Je ne me laisserai pas aisément convaincre. Je souhaite même que les jeunes historiens français ne se lancent pas à corps perdu dans des entreprises analogues à celle des disciples prestigieux de Vidal de La Blache, étudiant les diverses régions de la mosaïque française, l'une après l'autre. Ce n'est ni le bailliage, ni le pays, ni la région, encore moins le département pour les périodes plus récentes, qui sont le vrai cadre de la recherche. Mais bien le problème. Lucien Febvre n'a cessé de le dire. Et l'unique reproche, au vrai, que je fasse au beau livre de Pierre Goubert, c'est de ne pas poser parfaitement le problème.

XII

LA CATALOGNE, PLUS L'ESPAGNE, DE PIERRE VILAR*

Pierre Vilar avait adressé dès sa parution, en 1962, sa thèse aux Annales. Fernand Braudel avait décidé d'en rendre compte. Nous avons deux rédactions de sa critique : l'une intitulée « La Catalogue en rétrospective » que, de toute évidence, il n'a pas voulu publier, l'autre que nous publions et qui ne paraîtra qu'au bout de six ans seulement, à la demande de Pierre Vilar.

J'ai lu deux fois (et même, en ce qui concerne l'admirable étude des conditions rurales au XVIIIe siècle, trois fois) le monumental ouvrage de Pierre Vilar (*La Catalogne dans l'Espagne moderne. Recherches sur les fondements économiques des structures nationales*, Paris, S.E.V.P.E.N., 1962, 3 tomes). Ce livre, riche, volumineux, n'est certes pas une thèse ordinaire et n'a été présenté comme telle à la Sorbonne qu'incidemment, pour obéir à une règle de courtoisie et de carrière. La soutenance en a d'ailleurs été brillante, ce qui prouve que la longueur de la thèse, malgré le cri d'alarme déjà oublié de Roland Mousnier[1], n'a rien à voir avec la qualité des œuvres. Des thèses maigres ont porté leurs auteurs jusqu'aux plus hautes destinées de l'Université — tant mieux ! Une thèse anormalement ample a permis cette fois à Pierre Vilar de succéder à Ernest Labrousse, à l'un des postes-clés de notre enseignement historique. D'ailleurs, il eût été facile à l'auteur de détacher les quelque 400 pages du second volume sur la production agricole (pp. 191-585), de les étoffer d'un avertissement, de les assortir des références d'usage, et il nous aurait offert, à ce compte-là, une thèse classique aussi riche et neuve que celles de Goubert, de Baehrel et de Le Roy Ladurie, que je place toutes trois très haut. Mais laissons ces considérations dérisoires. Le livre de Pierre Vilar appelle des discussions d'un plus haut intérêt.

---

* *Annales*, mars-avril 1968, pp. 375-389.

La position de l'observateur

Ai-je eu raison de le parcourir avec autant d'attention ? Trop bien lire un ouvrage pour en faire ensuite (et très tardivement) le compte rendu n'est pas une méthode à toujours recommander, elle a sûrement ses défauts. Henri Hauser, que Lucien Febvre admirait fort pour cet exploit, réussissait en une matinée de travail allègre à dégager l'essentiel d'un gros livre, fût-il écrit en langue étrangère... Charles Seignobos, armé d'un coupe-papier magistral, faisait mieux encore, il ouvrait, si l'on peut dire, les thèses en séance. L'une d'entre elles, j'en puis témoigner moi-même, d'une grosseur à déjà faire frémir les sages. « Mais, demandait Seignobos, brusquement ravi de sa découverte, il y a des statistiques dans votre travail, beaucoup de chiffres... Vous croyez aux chiffres ? — Ce sont des chiffres officiels, répondait le candidat avec assurance. — Alors vous croyez aux chiffres officiels... » Je n'ai malheureusement pas la rapidité d'écriture et de lecture de Henri Hauser ou de Lucien Febvre, et je ne dispose pas d'un coupe-papier qui puisse ouvrir, à chaque coup, la bonne discussion.

Mais trop bien lire, en vérité, c'est plonger dans la pensée d'autrui, s'y complaire, donc se substituer peu à peu à l'auteur, imaginer l'œuvre sur le métier, en train de se faire, la reconstruire alors à sa guise sans trop y prendre garde. C'est le traitement que les historiens de la littérature, après tout, d'une façon ou d'une autre, réservent aux grands écrivains. Pierre Vilar, qui écrit fort bien, appelle-t-il un traitement de ce genre ?

Vers 1930, il y a eu un âge particulier de l'historiographie française face aux diverses sciences humaines. Les *Annales* naissaient en 1929. Depuis des années, à la Sorbonne, la géographie, grâce à Albert Demangeon et Emmanuel de Martonne, éclipsait, continuait à éclipser l'histoire, si pauvre en ces années-là. Au Conservatoire des arts et métiers, puis au Collège de France, François Simiand avec quelques autres (Lescure, Aftalion, pour ne parler que des Français) découvrait la conjoncture et les crises de diverses longueurs. Henri Hauser, qui savait et enseignait tout, était alors le plus brillant des modernistes français, mais qui le savait ? Il prodiguait ses trésors, à huis clos pour ainsi dire, devant des auditoires dérisoires en nombre : cinq, six personnes au plus, chaque mercredi matin. Ajoutons qu'en cette Sorbonne des années vingt à trente, pas un seul mot n'était prononcé à propos ou de Werner Sombart, ou de Max Weber, ou encore moins de Karl Marx. Je n'ai jamais entendu une seule fois le nom de ce dernier dans la bouche d'un de nos maîtres.

Au même moment, vaille que vaille, la relativité d'Einstein s'imposait, que nul ne comprenait sur l'heure dans l'univers des « littéraires » ou même des vrais scientifiques. Peut-être a-t-elle inspiré, relancé le problème, plus que jamais irritant, qui oblige à définir soigneusement au départ la position de tout observateur. Or l'historien est lui aussi un observateur, face au paysage qu'il reconstitue et qu'il risque de déformer inconsciemment : « L'historien est dans l'histoire », certes, mais celle qu'il vit n'est pas celle qu'il reconstitue.

Ainsi avons-nous eu à choisir plus attentivement que la majorité de nos condisciples — Vilar, quelques autres, et moi-même — nos routes, nos points de repère, nos maîtres aussi, en ces années-là d'autant plus difficiles que la science historique officielle ne bougeait guère, comme de juste. Les sages suivirent alors les bons chemins traditionnels et atteignirent vite aux fortunes sûres qu'ils se promettaient à l'avance. Ceux qui, comme Pierre Vilar, se sont sentis responsables du chemin à choisir, de l'observatoire à atteindre et à définir, ont hésité, cherché, finalement ils ont perdu (ou gagné) à ce jeu des années et des années de jeunesse et de maturité. En tout cas, l'histoire nouvelle a été le fruit de ces expériences-là, de ces hésitations, de ces repentirs, Pierre Vilar a donc très bien fait de retracer son itinéraire personnel, compliqué et difficile, et sa préface inhabituelle sur ces années, si lointaines déjà, a son intérêt, à mon avis exceptionnel, si un jour, lasse de faire aux romans et aux gens de lettres la place intellectuelle abusive qui leur est réservée, la critique se décidait à retracer les étapes de la pensée historique aux prises avec les tumultes des sciences humaines. Après tout, Michelet vaut bien Victor Hugo, et Lucien Febvre ou Marcel Mauss, prince silencieux, sont aussi révélateurs d'une époque, la leur, que Paul Valéry.

C'est ainsi que Pierre Vilar a cherché longtemps, puis a établi minutieusement sa route, et qu'il en est sinon plus responsable, sûrement plus conscient qu'un autre. Les choix qu'il a faits l'ont guidé, confirmé dans ses goûts préalables. Est-il possible dès lors de le ramener à ses choix, à ses préférences ? Oui et non, il faudrait qu'il eût envie, ou éprouvât le besoin de s'expliquer plus clairement encore qu'il ne l'a fait. Ses choix, ses préférences (Albert Demangeon, Lucien Febvre, peut-être François Perroux, sûrement Ernest Labrousse et plus encore Marx, considéré avec une passion attentive et intelligente), ses choix en ont exclu quelques autres. Albert Demangeon recherchait trop passionnément, dans son enseignement, les plans simplificateurs ; il s'en tenait volontiers à la séquence, peut-être nécessaire, des tiroirs habituels : le sol, le relief, le climat, etc. Sa seule généralisation concernera, au soir de sa vie, la typologie de l'habitat rural. Bref, selon mon souvenir et mon interprétation, il y avait fracture, décomposition du réel, ce qu'Emmanuel de Martonne évitait quant à lui, ayant retiré de l'enseignement de Vidal de La Blache un besoin d'unifier, de dégager les caractères dominants... Or Pierre Vilar géographe juxtapose, comme Demangeon, et (détail révélateur si je ne m'abuse) il ne cite pas le bref et magnifique passage des *États et Nations de l'Europe*, de Vidal de La Blache, consacré à la Catalogne[2].

Juxtaposer, ne pas télescoper images et explications, ce sera en vérité l'une des habitudes, bonnes ou mauvaises, de notre collègue. Ainsi conçoit-il non seulement le croquis géographique qui ouvre son livre, mais son livre lui-même qui est une succession d'études dont on n'aperçoit pas tout de suite l'unité : sur les millénaires, puisque le destin catalan est pris par lui dès son origine lointaine ; ensuite sur les siècles décisifs, XIVe, XVe, XVIe, XVIIe ; puis, vues de près cette fois, sur les évolutions mouvementées du siècle des Lumières. Une histoire globale est esquissée de cette façon, j'en conviens, mais elle n'aboutit pas, selon mes vœux, impossibles peut-être à combler, à une vue simultanée des millénaires, des siècles et des années, saisis d'un seul mouvement, comme par transparence. S'il faut remonter jusqu'aux origines pour comprendre le XVIIIe siècle catalan, c'est que les passés et les présents se mêlent, mais alors pourquoi les présenter séparés par des cloisons étanches ?

L'influence de Lucien Febvre est moins sensible chez Pierre Vilar que celle de Demangeon. Ou plutôt, de Lucien Febvre il a choisi un seul aspect, celui qui convenait à son propre tempérament. Lucien Febvre a toujours été soucieux du contingent, du particulier, attentif au « scandale » qu'entraîne telle ou telle rupture ; car pour lui l'histoire ne se recommence guère. Attentif aussi à la position de l'observateur, qui préoccupe fort Vilar. Mais Lucien Febvre est également l'auteur de cette troisième partie du *Rabelais* où il a su merveilleusement, à travers un homme, retrouver le niveau contraignant d'un certain outillage mental de longue durée. Ce n'est pas cet effort-là que Pierre Vilar prolonge. Et ce n'est pas non plus l'effort de Marc Bloch qui reste à mes yeux plus systématique que celui de son aîné, plus appliqué à prospecter les sciences humaines et à en faire des auxiliaires effectives de l'histoire. Comme le fantassin de la tradition, Marc Bloch occupe le terrain conquis. Et s'il est toujours prudent vis-à-vis des généralisations, toutes l'induisent en tentation. Son rêve est une histoire comparative : comparer pour s'évader des cadres particuliers, ceux du temps comme ceux de l'espace. Or Pierre Vilar ne généralise, ne compare pas volontiers. Si, en intention, comme le dit le titre du livre, il replonge la Catalogne dans la modernité de l'Espagne, le plus souvent il se contente de juxtaposer celle-ci à celle-là. Et surtout je lui reprochais, lors de sa soutenance, de ne pas avoir confronté le destin catalan aux destins particuliers, marginaux d'autres « Espagne périphériques ». Je crois qu'il y aurait eu intérêt à le faire plus systématiquement, ne serait-ce que pour mieux ajuster la problématique à employer, et c'est ce que pense, à demi-mot, Pierre Chaunu[3] qui rattache le cas catalan aux zones marginales de la péninsule et à qui je reprends au passage l'expression de « ces Espagne périphériques ». Pour Pierre Vilar, la Catalogne est un univers en soi, comme la Belgique glorieuse (et même trop glorieuse, parce que trop aimée) de Henri Pirenne. La Catalogne seule, considérée avec dilection, presque comme une personne, selon les pentes d'un micro-nationalisme tendre, vigilant, sympathique. En somme une patrie, un but en soi.

Sur le plan de l'histoire économique, ce n'est ni à Henri Hauser, ni même à François Simiand que Pierre Vilar se rattache en esprit, mais à Ernest Labrousse. Celui-ci, à peine mon aîné, et je suis à peine l'aîné de Vilar, a eu le privilège de parvenir très tôt à sa propre originalité. Sa pensée entière est présente déjà dans son premier livre, la magnifique *Esquisse du mouvement des prix et des revenus en France au XVIIIe siècle*, que l'Académie des sciences morales et politiques couronnait en 1933. Ernest Labrousse lance, recrée la conjoncture, lui donne sa prodigieuse dimension historique et bouleverse ainsi d'un coup l'histoire traditionnelle.

Dès la publication de l'*Esquisse*, Pierre Vilar aura trouvé sa voie. « Je sus dès ce contact, écrit-il, que l'histoire des prix, l'histoire conjoncturelle, ne demeurerait pas, comme chez Simiand, le support de généralisations psychologiques ou sociologiques, mais qu'elle pouvait fonder l'histoire sociale la plus profonde, celle des classes dans la dynamique de leurs contradictions, et finalement éclairer, dans leurs origines et leur développement, non seulement des mouvements économiques, mais des pensées, des institutions, des événements. L'histoire quantitative ayant fait ses preuves, tendait vers une histoire totale... » (I, p. 17). Je suis presque entièrement d'accord avec ces déclarations. Toutefois, je discuterais sur tel ou tel mot, sur telle ou telle articulation de ce néomatérialisme, sur l'exclusive trop vite lancée contre François Simiand. J'ai peut-être peur aussi d'une histoire qui serait avant tout conjoncturelle. La conjoncture ne peut fonder l'histoire « totale » : elle n'est encore qu'un événementiel qu'on aurait soigneusement passé au crible pour n'en garder que les plus gros grains. Je crois pour ma part à la valeur particulière, ou plutôt *différente*, de l'étude directe des structures, des perspectives de la longue durée. Mais je sais que, sur ce point, je me sépare de Pierre Vilar qui affirmait contre moi-même, lors d'une soutenance récente de thèse : « L'histoire, c'est le temps court. »

Pourtant, pour Vilar, le marxisme, outil de connaissance, joue le rôle naturel d'une explication structurelle en profondeur, donnée à l'avance. Cette explication n'est pas pour lui à reconstruire. Implicitement toujours présente, elle est considérée comme démontrée une fois pour toutes. Il lui suffit donc de l'évoquer d'un mot, d'une référence. Le malheur, si malheur il y a, c'est que finalement cette présence qui va de soi me paraît rester marginale et la problématique de cet immense travail en être à peine effleurée, car, faut-il l'avouer, le grand attrait de Marx, pour moi, c'est la problématique de longue durée qu'il impose.

Mais ce que je reproche ainsi à Pierre Vilar, n'est-ce pas, après tout, la qualité naturelle de sa prudence d'historien, « intuitive et raisonnée », son désir de n'avancer que sur un terrain reconnu à l'avance, sa finesse évidente ? Et pourtant, lui aussi se laisse tenter à l'occasion par l'explication d'ensemble ou l'abstraction nécessaire, et ces passages rares, avec lesquels je ne suis pas forcément d'accord, sont ceux que je préfère et de loin (ainsi II, pp. 554-581 ; III, pp. 559-566). Il me semble que Pierre Vilar avait le droit de parler plus haut, et plus fort, mais il a préféré convaincre, en baissant la voix. Ou bien il a été trop pris par son métier pour s'en évader souvent.

La Catalogne de toujours

Dès le seuil du livre, au départ d'un long voyage, voici la Catalogne saisie dans son être géographique. Avec élégance, tout nous est dit, de son sol, de son orogénie, de son climat, de sa végétation, des règles de son habitat. Le lecteur ne se reportera jamais en vain à l'album de cartes et croquis excellents qui lui est offert à la fin du tome III du livre. Excellente aussi, cette recherche patiente des limites de la Catalogne où, sauf dans la région du Delta et du cours inférieur de l'Èbre — le « nœud » de l'Èbre —, la « nature » n'a guère marqué à l'avance de limites franches : elle « n'impose rien, ne suggère rien ». Ainsi du côté des Pyrénées, où la paix de 1659 arrachera à la Catalogne, au bénéfice de la France, la Cerdagne et le Roussillon, soit une partie d'elle-même ; ainsi du côté des confins indécis de l'Aragon où seule la vieille poussée divergente de la Reconquête a créé ces deux mondes différents bien que fraternels, avec, entre eux, issue de la Reconquête elle-même, la coupure de la frontière linguistique (parlers aragonais d'un côté, parlers catalans de l'autre, de part et d'autre de la division administrative d'aujourd'hui). Pyrénées, Aragon et Valence, Méditerranée, voilà les faces du triangle catalan, plus vaste qu'on ne le suppose d'ordinaire (au total « une Belgique montagneuse »).

Croire à cette immensité relative, c'est se laisser retenir aussitôt par la diversité régionale, foisonnante à vrai dire. Comme l'écrira Pierre Vilar : « S'il y a des Espagne, il y a aussi des Catalogne. » Volontiers, notre auteur s'attarderait à chacun des morceaux du puzzle — les Pyrénées, la dépression centrale catalane, le massif catalan avec ses obstacles et ses passages en direction de la côte — à ces petits terroirs, les uns bons, les autres assez mauvais, dont les nuances observées surprirent l'attente des géographes hier, lors de l'enquête d'ensemble de 1933. « La Catalogne, écrit Pierre Vilar, est un complexe de "bons pays" et de pays médiocres qui volontiers se dédaignent ou se jalousent, mais qui ne pourraient se passer les uns des autres, car des uns aux autres les produits circulent, des hommes émigrent. La Catalogne, comme la France, est une fusion de variétés... » Lucien Febvre disait « que la France se nomme diversité. »

Quant à l'ensemble catalan, le dominent tour à tour deux vocations : zone-refuge aux mauvaises heures de l'histoire, zone de passage aux époques actives et ouvertes. Ce second caractère évidemment l'emporte sur les balances de l'histoire générale... Dès que le permet le temps de l'histoire, la Catalogne s'oriente successivement, ou tout à la fois, vers la France et l'Europe, vers la Méditerranée aux directions multiples, vers le continent en miniature qu'est la péninsule Ibérique, et même plus loin vers les Amériques... Ces ouvertures et orientations successives répondent à des tensions, à des nécessités internes... « Non, notre pays n'est pas le Paradis de la vie facile », écrivait, en 1925, Carlos Pi Sunyer. « Pas un pays déshérité non plus », suggère Pierre Vilar...

Cependant à peine est-il obligé de vivre sur lui-même que la famine le menace, ou l'assaille. C'est la situation même du Portugal moderne, plus encore celle de Gênes et de ses rivières montagneuses et sauvages. Des tensions internes ne cessent ainsi de peser sur les destins mal équilibrés de ces pays prompts à s'ouvrir sur le dehors et qui, souvent, ne peuvent pas agir autrement.

Tensions, mouvements, échanges, autant dire villes, routes, ports. C'est, ou ce devrait être, mettre l'accent sur Barcelone. « La Belgique, c'est la banlieue d'Anvers », répétait volontiers Henri Pirenne. Mais Pierre Vilar n'y insiste qu'à moitié, et encore. Rien n'est fortement dit par lui sur les villes, les constellations, les « archipels », qu'elles forment. Pour Barcelone, son propos a été de réagir contre la tendance d'une littérature qui volontiers ne voyait qu'elle ; c'est la Catalogne entière qui a été l'objet voulu de son étude, pas seulement sa capitale impérieuse. Mais le lecteur a le sentiment que ce livre long aurait dû comporter quelques pages supplémentaires, que ce système urbain avec ses constantes et ses variantes a été le système « électrique » par excellence et qu'il signale des « pôles » de croissance et de commandement dont le livre parle bien sûr, mais dont on aurait voulu qu'une vue systématique fût donnée dès les premières pages.

Me voilà donc d'accord et même séduit, puis réticent. J'admirai, il y a un instant, le bornage de l'espace catalan. À la réflexion, je regrette que cet espace ait été mesuré chichement. Il n'y a pas une, mais des géographies successives de la Catalogne. J'entends par là des espaces variables à mettre en cause pour saisir ou son destin, ou sa vie quotidienne. Pierre Vilar veut accumuler — on va s'en apercevoir dans un instant — du temps vécu ; pourquoi n'accumule-t-il pas ces espaces vécus aussi par l'homme et où s'est jouée tant de fois, dans sa vivacité, l'histoire catalane en son entier ? S'arrêter aux Pyrénées vers le nord n'est pas juste, ni raisonnable. La Catalogne aurait pu se souder à une France méditerranéenne et aquitaine, dont elle est plus proche que de la Castille. S'arrêter aux rivages méditerranéens et ne pas s'embarquer sur la mer, c'est une autre surprise... Comme si l'on enfermait la France dans « l'hexagone ».

Et la Catalogne depuis toujours

Mais ce très beau tableau géographique n'est qu'un prologue rapide. Tout le reste, encore copieux, du premier volume (pp. 446-717) est consacré au destin catalan, saisi dès la Préhistoire et conduit jusqu'au XVIIIe siècle. Cette masse du passé vécu, *le milieu historique*, n'est cependant encore, comme l'indique son titre, qu'un préalable. Le propos de l'auteur n'est pas d'analyser en eux-mêmes les temps et modalités d'un très long épanouissement humain et économique, mais d'insister au-delà des explications, des épisodes et des anecdotes sur la formation d'une « puissance historique », la Catalogne, posant ainsi le premier jalon de cette perspective d'ensemble à quoi il soumet, ou veut soumettre, un livre assez rebelle d'ailleurs. C'est cette réalité « nationale » qui est visée au-delà de la montée du peuplement à partir du XIe siècle, au-delà des drames noués « autour de la terre » et dont l'analyse est excellente de bout en bout de l'ouvrage, au-delà de l'épanouissement de la maison rurale, « la *masia* aux fines colonnettes gothiques, aux amples galeries, aux greniers bien remplis », « image du XIIIe siècle paysan », au-delà des considérations sur l'artisanat, le commerce, et même la geste merveilleuse et tardive des Catalans en Méditerranée (contée celle-là un peu vite), au-delà de l'épanouissement des institutions catalanes comme le *Consolat de Mar*, au-delà des triomphes de Barcelone et du groupement de la Catalogue autour de sa dynastie...

Le but ? Saisir la « personnalité » catalane. « Peut-être, écrit Pierre Vilar en conclusion, le Principat catalan est-il le pays d'Europe à propos duquel il serait le moins inexact, le moins périlleux de prononcer des termes anachroniques en apparence : impérialisme politico-économique, ou « État-Nation » (I, p. 448). » La Catalogne « comme personnalité historique » est « née dès le Moyen Âge ». Encore faudrait-il voir, par les chemins de la comparaison, si ce phénomène catalan, que l'on veut précoce, même hâtif, est le seul en cause dans cette Europe des XIIIe et XIVe siècles, si d'autres entités politiques de même grandeur n'émergent pas alors, avec de curieuses allures modernes, ou ne sont pas sur le point d'émerger. Mais Pierre Vilar ne tient guère à s'évader de la Catalogne, ou de l'Espagne. Lors de sa soutenance, Yves Renouard et moi-même avons essayé en vain de le débusquer de ses partis pris, de l'emmener à Naples, ou dans les

Baléares, ou en Afrique du Nord... L'or du Maghreb, les escales de Majorque ne l'ont pas tenté, ni ces tours d'horizon aux dimensions de l'Occident, même pour d'élémentaires vérifications. Ainsi, pourquoi la crise catalane de 1380 — « la crise de 1929 », comme disait J. Vicens Vives — n'est-elle pas replacée dans son contexte européen : la chute des prix en France qui ouvre alors les portes à une vaste stagnation ; la crise des *Ciompi* à Florence qui est de 1378 ; les péripéties de l'Afrique du Nord entre l'expédition contre Mehdia, en 1390, et la prise de Ceuta, en 1415, etc. ?

Au vrai, seul le dialogue avec la Castille aura été retenu à partir du XVe siècle finissant. Pierre Vilar a eu sans doute raison d'opposer la vigueur castillane aux faiblesses, alors, de la Catalogne — faiblesses qu'il analyse bien, vigueur qu'il constate plus encore qu'il ne l'explique.

Je verrais volontiers la Castille éveillée en quelques-unes de ses villes privilégiées, Malaga, Séville, par cette navigation générale tendue vers l'Atlantique, depuis la liaison régulière établie entre Gênes et Bruges en 1295, puis de Venise à Londres et Bruges à partir peut-être de 1315... Il y a eu éveil périphérique de la péninsule, la Catalogne étant dès lors dans l'angle mort des liaisons nouvelles qui, en Méditerranée, s'infléchissent vers le sud : les Baléares, Valence, Alicante, Malaga, Séville... En ce XVe siècle sous le signe de la régression, il y a eu un consortium d'économies « à l'abri », comme dirait Ernest Labrousse, toutes économies maritimes qui se touchent la main, Italie, Castille, Portugal, Pays-Bas, et derrière eux tous, l'Angleterre... Cet éveil du littoral castillan s'est répercuté vers l'intérieur (ainsi le grand détournement des marchandises, de la laine castillane surtout, vers le nord biscayen, au détriment des ports de Méditerranée, est lié à une expansion du commerce et à l'implantation des Italiens sur les chemins de l'océan. Les Génois se sont installés tôt sur les deux rives du détroit de Gibraltar, en Andalousie, à Madère, à Lisbonne...). Rien ne serait plus important à constater que le relâchement, concomitant ou non, de l'importance des marchands italiens à Barcelone ou à Tarragone...

Mais comment ne pas s'intéresser aux vastes panoramas de ce premier tome en eux-mêmes ? Je trouve ainsi très important que la Catalogne entre 1580 et 1640, dates grossières, soit sous le signe d'une certaine bonne santé. Tout n'est pas pour le mieux à Barcelone et autour d'elle, mais enfin si les métiers périclitent, la vie rurale, la population sont à la hausse. Nous voilà hors d'une conjoncture maussade, comme celle de la Méditerranée. La

Castille s'épuise, se détériore, la Catalogne survit au ralenti[4]. Elle profite même des exportations de métal blanc en provenance de la Castille. La place de Barcelone se réanime, des navires catalans gagnent Alexandrie, d'Égypte, galères et naves chargées de pièces de huit prennent le chemin de l'Italie, voire de la Sicile... Tout cela lié au déséquilibre des paiements castillans, aux nécessités pour le Roi Catholique d'agir politiquement par les chemins de Méditerranée. À propos des rapports monétaires entre Castille et Catalogne, la curieuse correspondance, qu'utilise notre collègue, du frère Rafael Franch, sorte d'ambassadeur du *Consell* barcelonais à Madrid, en 1614, mériterait d'être publiée... En 1615 s'achève la défaite quasi naturelle, à Barcelone, des banques privées — petit épisode à replacer dans un large contexte méditerranéen et européen. Dès l'année précédente, en 1614, une surévaluation de l'or faisait affluer comme de juste le métal jaune en Catalogne (rapport or-argent, 1 à 16) ; « ... au même moment... Valence, écrit Pierre Vilar, devenait un pays à circulation-argent, tandis que la Castille ne voyait plus circuler que du billon ». Réalités sans doute conjoncturelles car la mauvaise monnaie chasse régulièrement la bonne, et une monnaie d'or surévaluée, comme c'est le cas à Barcelone, joue ce rôle drastique...

Au vrai, ce n'est pas par l'extérieur, sauf exception, que notre auteur a cherché l'explication de l'histoire catalane, mais en Catalogne même, préoccupé qu'il était, avant tout, de l'importance des mouvements du dedans, des crises paysannes et urbaines, de ces montées sociales successives, toutes porteuses d'une certaine idée catalane. Plus qu'en ces lointaines correspondances extérieures, c'est entre villes et campagnes, entre propriétaires et paysans, entre artisans et marchands qu'il a de propos délibéré placé ses centres d'intérêt... Plus qu'en les navires (dont nous ne verrons les images *précises* qu'avec le XVIIIe siècle), ce sont les paysages de terre ferme, les maisons paysannes, les migrations d'hommes, le banditisme endémique aux mille et un visages qui l'intéressent. Et ainsi beaucoup plus la Catalogne saisie dans ses assises terriennes, que Barcelone dans ses échappées maritimes...

Le XVIIIe siècle

Les deux derniers tomes consacrés au XVIIIe siècle constituent la merveille des merveilles de ce livre. Inachevés, mais richissimes, ils défient assurément toute analyse. À peine citerons-nous

les têtes de chapitres, et encore : la progression de la population
(« ... elle double en moins de soixante-dix ans »), la nouvelle
redistribution des densités, l'extension des cultures grâce au
défrichement et à l'irrigation, son intensification et ses modifications internes, les améliorations des techniques et des systèmes
agricoles, le mouvement des prix agricoles, la localisation des
crises... La physionomie de l'agriculture catalane s'en trouve
bouleversée. L'une de ses tendances les plus fortes favorise la
monoculture viticole (II, pp. 322-327), commandée par la
demande extérieure, qui avant tout concerne les eaux-de-vie. La
Catalogne a connu très tôt le même essor que le Languedoc
voisin. Si l'on en croit un avis du *Consejo de Estado* (Simancas
Estado, Legajo 3961) daté de Madrid, 25 mai 1686, la transformation décisive, faite sur initiative anglaise, daterait à Barcelone
de deux années déjà, « ... *haviendo empezado dos años ha* », et
serait une manœuvre au détriment des eaux-de-vie de France.
Encore faudrait-il savoir, en l'occurrence, le rôle des Hollandais
qui apprirent à l'Europe, dès avant le début du XVIIe siècle, l'art
de « brûler » les vins...

Tout au cours de son enquête, Pierre Vilar va s'intéresser par
priorité aux variations du revenu agricole et à la formation du
capital. C'est là, jusqu'à nouvel ordre, le chef-d'œuvre de son
argumentation et de sa recherche, ce calcul du montant des
fermes des droits royaux, opération compliquée, lentement
conduite, et qui lui permet, en gros, de comparer montée des
prix et montée des revenus de la terre, ceux-ci en bonne période
croissant plus vite que ceux-là, ainsi entre 1760 et 1780. En ces
domaines, particulièrement dans celui des salaires agricoles, les
chiffres sont trop rares et le descriptif reprend souvent ses droits,
mais une description fine, précise, dégage bien des perspectives
longues, ainsi certains « niveaux » de vie, ceux du très grand
seigneur, du propriétaire bourgeois, du paysan aisé, de la paysannerie subordonnée, fermiers, métayers, et de ces curieux « rabassaires », ces « défricheurs-planteurs » de vignes, qui n'ont pas
assez d'argent pour acheter de la terre et attendre trois ans la
première récolte de vin, mais qui en ont assez pour financer cette
attente, le défrichage et la plantation, en ne payant qu'une
« entrée » et non toute la valeur de la terre (II, p. 577).

Dernière opération et dernier tome, la formation du capital
commercial nous vaut une étude méticuleuse et aussi remarquable que les précédentes, d'un dessin simple, plus aisé, bien
que Pierre Vilar s'abandonne, chemin faisant, à des orgies d'érudition. Mais la matière est par elle-même plus claire que les

problèmes liés à la terre. Une mise au point solide décrit la conjoncture commerciale du siècle d'après les enregistrements quantitatifs qu'offrent les sources, son *trend* séculaire, ses crises, puis procède à une analyse micro-économique du « mécanisme du gain marchand ». C'est l'occasion d'étudier, à la loupe, les éléments permanents de la vie commerciale : la *botiga*, la boutique ; la *barca*, c'est-à-dire le petit voilier de charge, habitué au cabotage mais que n'effraient pas les longues navigations jusqu'en Amérique ; la *compagnie* enfin, dont la thèse secondaire nous donne un exemple précis [5]. Rien de plus vivant que cette analyse, et plus particulièrement la centaine de pages consacrées à des voyages de barques (III, pp. 188-296). Aucune étude à ma connaissance n'a donné, sur ce sujet rebattu du capitalisme marchand, cette somme d'exemples et de remarques intelligentes. Il y a, avec la précipitation des dernières années du siècle, de 1779 à 1795, une accélération des affaires, une concentration des entreprises très menues, humbles au départ et qui grossissent et entraînent un épanouissement du capitalisme marchand. « Il est clair toutefois que, contrairement aux apparences, la seconde moitié du siècle est moins favorable que la première aux profits commerciaux... La masse des profits commerciaux monte. Leur taux moyen ne monte pas... » Mais cette crise d'un capitalisme précoce, n'est-elle pas générale ?

Cette analyse trop brève, dérisoire, ne laisse pas soupçonner l'ampleur de l'information, la richesse des sujets traités et la façon exemplaire dont ils sont abordés. L'effort vers une rigueur scientifique ne se dément jamais. Les explications sans fin reprises cernent les problèmes au plus près. À ce jeu, le structurel se dessine souvent derrière le conjoncturel. J'aurais aimé cependant que les permanences — boutique, barque, compagnie — aient été remises en perspective longue. Ces structures, ces outils, apparaissent bien avant le XVIIIe siècle. Il aurait fallu comparer barques et barques, boutiques et boutiques — et sur un autre plan *masia* et *masia* — pour voir d'où viennent et où vont ces structures mêlées au mouvement court qui les sape, les use, les propulse. Tout cela mériterait discussion. On s'étonnera aussi qu'il n'y ait pas, malgré leur incertitude, d'essais de calculs globaux, l'indication de quelques ordres de grandeur.

Cela dit, si un historien veut prendre contact avec la pensée trop riche de Pierre Vilar sur un bref parcours caractéristique, qu'il se reporte à la conclusion du tome III, rejetée après des tableaux de chiffres et qui, de ce fait, risque d'échapper à une lecture rapide (pp. 559-566). Dans ces pages serrées, l'auteur revient sur l'effort accompli dans la double étude du XVIIIe siècle agricole et marchand. Pour lui, la montée des hommes, l'extension des défrichements, « la poussée des forces productives locales... est antérieure à l'intervention du grand commerce colonial. Sans elle, la grande conjoncture d'élan commercial des années 1765-1792 n'aurait trouvé dans la région que de médiocres reprises ». Tout se lie, peut se lier. Ce commerce à la hausse « c'est la nécessaire accumulation « primitive » (ou mieux « préalable », c'est Vilar qui fait cette remarque juste) sans laquelle le démarrage industriel n'aurait pas eu lieu. Mais cette euphorie marchande, issue de la conquête d'un marché régional, la Catalogne, d'un marché « national », l'Espagne, colonial, l'Amérique espagnole (dès avant 1778), cette euphorie n'est-elle pas en 1792, et même avant, sous la dépendance de la conjoncture mondiale et des hasards politiques, sous l'impact de forces étrangères à la Catalogne ? « ... Déjà, écrit Pierre Vilar, par l'influence des exportations d'Angleterre et des États-Unis vers l'Amérique espagnole, les progrès d'un marché mondial commençaient à réduire l'énorme distance entre prix coloniaux et prix européens, source des bénéfices de nos vendeurs d'eaux-de-vie, de coutellerie, d'indiennes catalanes. »

Ainsi, à l'avance, se trouve appelé et préparé le volume qui sera consacré à l'essor industriel qui ne fait que s'amorcer au XVIIIe siècle. La nouvelle publication annoncée pour une date proche s'appuiera donc franchement sur l'ensemble de la maison. Nous saurons alors ce que va faire, ou ne pourra pas faire, cette « bourgeoisie marchande » que nous avons vu naître avec la seconde partie du tome III. Choisira-t-elle, comme dit l'auteur dans une formule excellente, « en adoptant en toute clarté de vue l'investissement industriel, en prenant la tête de la transformation technique, la voie anglaise, la voie d'une autre société » ?

La rétrospective

En relisant les pages de ce déjà long compte rendu, j'y trouve le reflet d'une ambiguïté qui m'a gêné, que je n'ai pu lever, et qui gênera sans doute tout lecteur qui s'avancera patiemment à travers cet immense ouvrage. On s'y perd, on s'y oriente mal. Il est difficile, en effet, de s'expliquer à fond et de justifier le plan suivi, longuement annoncé, discuté, remis en mémoire. En fait, le fil conducteur casse. Pourquoi ce long préambule géographique dont on ne parle plus ensuite ? Ou ce voyage à travers tant de siècles dont la leçon se perd dès que le tome II est abordé ? Et quand le XVIIIe siècle s'offre à nous dans sa richesse, comment comprendre que le voyage s'interrompe à mi-course ? Et pourquoi rester calfeutré dans l'étroite Catalogne ? Peut-être l'explication, qui résout à peu près ces contradictions, vient-elle de la passion même qui anime ce livre et du programme qu'elle lui a imposé.

L'œuvre de Pierre Vilar s'est conçue au travers de ses expériences catalanes : à partir de 1927, il a vu vivre et souffrir un peuple, il est devenu aussi ardemment catalan que Lucien Febvre sa vie durant aura été comtois. Toute cette passion, ce besoin de demander à une longue, à une interminable histoire, le secret d'un destin saisi dans le présent, domine, infléchit, éclaire et brouille l'énorme reconstruction. C'est en réalité l'unique préoccupation de longue durée qui traverse ce livre, sa seule unité. Elle oblige souvent Pierre Vilar à interrompre récit ou explication, comme à s'éloigner de son propre texte un instant pour reprendre son propos d'ensemble. Le lecteur est ainsi dérouté : il a eu le temps, en effet, d'oublier les confidences et les avertissements cependant si clairs de la préface et de l'introduction. Pris par le fleuve d'un récit, il ne voit plus que le fleuve. Alors le *secret* du livre risque de lui échapper.

Pour s'orienter à nouveau, il importe de revenir à ces pages premières décisives, ou, ce qui revient au même, au sous-titre de l'ouvrage qui n'est pas gratuit, *Recherches sur les fondements économiques de structures nationales*. Pierre Vilar, historien de la Catalogne, s'est voulu avant tout l'historien de la nation catalane. Il y a de sa part double ou triple curiosité, besoin de savoir, mouvement du cœur, sympathie humaine à laquelle j'applaudis. Le long livre tire de là sa résonance exceptionnelle.

Le but de Pierre Vilar n'est donc pas de résumer la longue histoire de la Catalogne — ce qu'il fait cependant, mais à sa façon — ou de distinguer une histoire d'une éventuelle sociologie où elle risquerait de se dissoudre (et pourtant Pierre Vilar explique les réalités historiques à des paliers successifs, ce qui eût intéressé fort Georges Gurvitch), ou de suivre Ernest Labrousse, à l'exclusion de François Simiand ou d'Earl J. Hamilton ; ce n'est pas non plus d'expliquer, un jour, le démarrage industriel de la Catalogne, ce qu'il n'a pas encore fait. Son problème c'est de saisir la Catalogne en tant que nation, de replacer l'histoire de ce nationalisme dans son contexte, présent, passé et avenir mêlés. Tout un programme est ainsi crayonné, celui d'une histoire rétrospective (je reprends pour m'en amuser l'orthographe de Pierre Vilar). « Cette histoire à rebrousse-poil », comme disait Henri Hauser, consiste bien entendu « à aller du connu à l'inconnu, du présent au passé, d'aujourd'hui à hier puis avant-hier... » À supposer qu'aujourd'hui soit toujours mieux connu qu'hier et ainsi de suite... C'est finalement le présent, en principe mieux connu, qu'il s'agit de mieux encore comprendre, en rassemblant sur lui les lumières du passé. Voilà peut-être ce qui a entraîné Pierre Vilar à étendre son enquête jusqu'à l'aube du destin catalan et à promettre de la poursuivre jusqu'au temps présent.

Si le lecteur pressé accepte un dernier conseil, qu'il se reporte aux pages 28-38 du tome I. Renversons le titre du paragraphe en cause : il s'agit là d'examiner le « phénomène nation » devant la sociologie, incapable de le bien cerner à elle seule, et devant l'histoire qui, si l'on excepte telle ou telle remarque intéressante, a oublié de considérer scientifiquement les faits. C'est toute une problématique que Pierre Vilar élabore sur le plan théorique et sur celui des méthodes. Voir les étapes du phénomène nation comme des « cristallisations successives », c'est presque parler le langage de Stendhal définissant l'amour ; c'est le voir comme une évolution psychologique qui se fixe au gré du jeu variable des classes sociales (celles-ci donnant ses couleurs à la nation, à la fois permanente et changeante). « De proche en proche cette revue rétrospective, écrit-il (I, p. 38), posera les hypothèses fondamentales que l'ouvrage, reprenant le problème dans un ordre logique et chronologique, *sera chargé de vérifier.* » C'est moi qui souligne, la phrase me semble révélatrice : ce livre a une mission. Cette mission n'est pas accomplie, ni reconnaissable encore quand le tome III de ce livre s'achève. Soyons donc patients. Attendons la suite. Alors tout sera clair et cette œuvre intelligente, calculée, prendra dans l'historiographie française sa place définitive — une des premières assurément. Nous aurons enfin, digne de Henri Pirenne, une seconde *Histoire de Belgique,* évidemment différente de la première.

XIII

PRÉFACE À UNE *THÉORIE ÉCONOMIQUE DU SYSTÈME FÉODAL*...*

Le livre de Witold Kula que nous offrons au public dans une traduction française soigneusement révisée, et même augmentée par l'auteur, rendra d'éminents services aux économistes et aux historiens. Je n'ose dire tout le bien que j'en pense de peur de froisser la modestie de l'auteur qui est aussi grande que son talent. Mais enfin c'est un ouvrage d'une importance exceptionnelle par la puissance de sa réflexion, son obstination à chercher par toutes les voies logiques la solution d'un problème posé avec autant de fermeté que de précision. Bref, un exemple parfait d'histoire-problème pensé obstinément au fil de la longue durée.

L'histoire économique ne se comprend qu'à l'intérieur de systèmes successifs dont il nous faut construire au préalable des modèles aussi précis que possible, l'idéal étant de saisir chacun d'eux dans toute l'ampleur de son destin, c'est-à-dire de sa première existence à son épanouissement et à sa fin. C'est ce que tente Witold Kula avec une prudence merveilleuse.

Pour lui, l'expression « système féodal » n'est pas, en soi, une définition déjà toute formulée à l'avance, dans laquelle il faudrait vaille que vaille encadrer la réalité, quelle qu'elle soit. Il y a système féodal et système féodal. En l'occurrence le système « modélisé » s'applique aux réalités concrètes de l'économie polonaise entre XVIe et XVIIIe siècle et ne vaudrait certainement pas tel quel hors de cette période ou pour l'Europe occidentale ou pour telle autre région du monde. Ce serait même un problème à soi seul et d'intérêt primordial que de délimiter non plus seulement la durée, mais l'espace auquel un tel modèle est applicable. En

---

* Préface à Witold Kula, *Théorie économique du système féodal. Pour un modèle de l'économie polonaise, XVIe-XVIIIe siècles*, traduit du polonais, Paris, Mouton, 1970.

tout cas, en ce qui concerne la Pologne, c'est seulement au début du XIXᵉ siècle qu'il se désorganise définitivement, sous l'impact de forces capitalistes depuis longtemps à l'œuvre.

Toute cette démonstration est faite pas à pas. D'abord en mettant en cause la dynamique même de l'économie féodale, ses possibilités de fonctionnement du triple point de vue de l'entreprise seigneuriale, tournée surtout vers le commerce d'exportation ; de l'exploitation paysanne qui cherche les surplus capables de lui donner accès au marché local ; du rôle de l'économie artisanale, en porte-à-faux dans une économie mal urbanisée encore. De nombreuses monographies polonaises — études de production et de prix — servent de référence aux hypothèses. Le modèle ainsi construit sera mis par l'auteur à l'épreuve de « la dynamique de longue durée ». Il s'agit de reconnaître « les phénomènes constants ou réitératifs qui, par leur action cumulative, ont provoqué des transformations de structure ». De façon presque toujours inconsciente, chacun des partenaires, en effet, en suivant la pente habituelle de son calcul, en l'adaptant aux circonstances, à la conjoncture économique ou politique, à sa situation personnelle, à la résistance d'autrui, arrive finalement à fausser le jeu, à introduire dans le modèle un poids tel d'incongruité qu'à la fin il se déforme et s'effondre. C'est ainsi qu'en quelque quarante années, entre 1820 et 1860, tout le système se renverse dans une Pologne encore « féodale » mais où les seigneurs polonais se retrouvent comme des chefs d'entreprise capitalistes dont tout le comportement eût été aberrant, impossible vers 1780.

Sur la possibilité de rupture brusque d'un modèle quand sa capacité d'élasticité a été mise à l'épreuve par une série de contradictions trop longtemps répétées et jouant toujours dans le même sens ; sur la nature de ces contradictions, les unes internes, inhérentes au système qui les sécrète en quelque sorte, les autres extérieures à lui et parfois imprévisibles (par exemple l'arrêt des achats européens de blé polonais au temps du Blocus continental), l'analyse de Witold Kula est à la fois d'une finesse et d'une logique qui ne consentent jamais à abandonner leurs droits.

L'auteur donne ainsi l'exemple d'une problématique marxiste dominée, assimilée, promue à la hauteur d'un humanisme sensible et intelligent, d'une explication large de l'évolution du destin collectif des hommes. Tout ce qui a été reconnu par la recherche économique et la recherche historique polonaises et internationales est rassemblé là par un effort réfléchi, objectif,

patient et d'une rare honnêteté intellectuelle. Et le sujet traité —
en somme, le sous-développement à travers l'histoire moderne
du monde — est d'un trop grand intérêt pour que cette façon
neuve de l'aborder — à la fois de très haut dans toute l'épaisseur
d'un phénomène de longue durée, et de très près dans la précision du calcul économique quotidien du paysan, du grand
seigneur, du magnat ou du nobliau — ne fasse pas date dans
l'histoire de nos recherches. Je souhaite vivement pour ma part
que ce livre suscite autant qu'il le mérite réflexion, polémique et
discussion. Il marque sûrement une étape dans nos recherches.

XIV

PRÉFACE AUX *SOUVENIRS* D'ALEXIS DE TOCQUEVILLE*

Pour grandir encore le plaisir que vous aurez à lire ou relire les *Souvenirs* d'Alexis de Tocqueville, je vous propose un jeu relativement facile : vous supposerez, mais avec obstination, que le prestigieux auteur vous est totalement inconnu, que vous avez donc à le découvrir d'après votre seule lecture, que vous n'avez pris connaissance ni de *La Démocratie en Amérique,* ni de *L'Ancien Régime et la Révolution,* que vous ignorez, ou que vous avez oublié sciemment les étapes et détails de sa biographie et que, tout en feuilletant son livre, vous n'irez pas chercher, sur les rayons de votre bibliothèque, l'admirable édition des œuvres complètes d'Alexis de Tocqueville que nous devons à la persévérance et à l'érudition de J.-P. Mayer.

Vous allez donc aborder, comme s'il s'agissait d'une première lecture, ces *Souvenirs* rédigés avec vivacité par un homme renvoyé brusquement à ses loisirs, au sortir d'une tourmente révolutionnaire qui l'a terriblement secoué, comme elle a secoué le pays tout entier, et qui essaie de mettre un peu d'ordre dans ses impressions, pour s'expliquer à ses propres yeux l'itinéraire qu'il a suivi et, si je ne me trompe, pour se dégager si possible d'un passé qui l'obsède. Vous le suivrez ainsi sur un parcours très bref, de janvier-février 1848, à la veille de la Révolution qui va renverser le trône de Louis-Philippe, jusqu'à la démission du gouvernement Odilon Barrot (31 octobre 1849) qui met fin à sa brève carrière gouvernementale.

Cet itinéraire trop rapide nous permettra-t-il cependant, comme je le pense, de juger objectivement du talent exceptionnel d'Alexis de Tocqueville, de la qualité rare de l'homme, de la

---

* Préface à Alexis de Tocqueville, *Souvenirs*, Gallimard, Folio, 1978 (pp. 7-29).

valeur de son témoignage ? Voilà le premier de nos problèmes. Mais autant que d'un homme, d'un écrivain, d'un penseur, il s'agit d'une époque. Si rapide que soit la bourrasque qui la traverse, elle découvre sur la France, à nos yeux comme aux yeux des contemporains, des horizons imprévus. Cette France à « la physionomie indécise » dont plus d'un siècle déjà nous sépare, est-ce une France comparable à celle d'aujourd'hui ? Pouvons-nous lire ce livre au travers de nos expériences, de nos connaissances, de nos appréhensions, de notre langage ? C'est le second problème que nous posons. Car c'est en termes d'actualité, sans redouter l'anachronisme, qu'il importe de lire ou de relire Tocqueville. Les classiques ne sont classiques qu'à ce prix-là : être capables de nous parler de nous-mêmes, de nous obliger à penser à nous-mêmes, si éloignés qu'ils soient du temps et des bourrasques que nous vivons.

Après trois, quatre ou cinq pages de lecture, le doute, si doute il y avait, s'évanouit. L'écriture est parfaite, et c'est un plaisir de s'abandonner à ses longues périodes, dans la « longueur » desquelles, à la différence de tel orateur parlementaire qui le fait sourire, Tocqueville ne « s'embrouille » pas le moins du monde. La phrase va son chemin, d'un mouvement vif, se retourne souvent contre elle-même au moment de s'achever, tombe juste et le bruit de sa chute se répercute sur ce que l'on vient de lire à l'instant même. Le rythme risquerait, à la longue, d'être monotone. Mais le mouvement se brise sciemment : les verbes, les substantifs, plus encore les épithètes se font une guerre savante, se contredisent, s'entrechoquent. Et cet art de dire et de contredire n'est pas seulement une manière, une écriture. C'est aussi une façon de voir et de faire voir, plaisir de l'oreille et plaisir de comprendre se mêlant, en particulier dans les nombreux et vifs portraits qui animent le récit.

Ces portraits sont-ils cruels ? J'en doute. D'ailleurs, Tocqueville se moque aussi de lui-même. S'observerait-il plus souvent dans la glace qu'il se traiterait bel et bien comme les autres. Son regard est plutôt celui d'un historien qui veut mettre ses personnages à leur juste place : il les critique même quand il les aime, les loue à l'occasion même s'il ne les aime pas. Et son dessein n'est certes pas de les atteindre : le texte que nous lisons ne devait pas être et ne fut pas publié de son vivant, ni, en gros, de leur vivant. À sa décharge, disons aussi que les hommes politiques qu'il côtoie ne sont pas des « géants », même ceux qui essaient, sans y réussir, de répéter les gestes de la révolution de

1789. « J'ai quelquefois imaginé, écrit-il, que si les mœurs des diverses sociétés diffèrent, la moralité des hommes politiques qui mènent les affaires est partout la même. Ce qui est bien certain, c'est qu'en France, tous les chefs de parti que j'ai rencontrés de mon temps m'ont paru à peu près également indignes de commander, les uns par leur défaut de caractère ou de vraies lumières, la plupart par leur défaut de vertus quelconques. » Relisez ces lignes : la France a-t-elle tellement changé ?

Mais notre interrogation se limite, pour l'instant, à une façon d'écrire, à une façon d'être. C'est Tocqueville, peignant les autres, qui se révèle par son art même de peindre. Alors, regardons-le à l'œuvre. À tout seigneur tout honneur : commençons par Louis-Philippe. Deux lignes suffiront à nous instruire sur la manière de Tocqueville, sur sa façon de mélanger la lumière bienveillante et l'ombre dure. Voici donc le roi : « Sa conversation prolixe, diffuse, originale, triviale, anecdotière, pleine de petits faits, de sel et de sens, procurait tout l'agrément qu'on peut trouver dans les plaisirs de l'intelligence quand la délicatesse et l'élévation n'y sont point. » Même traitement pour le futur Napoléon III, président de la République depuis l'élection de décembre 1848 : « Une humeur bienveillante et facile, un caractère humain, une âme douce et même assez tendre, sans être délicate », écrit Tocqueville. Mais, écrit-il encore, « sa dissimulation, qui était profonde comme celle d'un homme qui a passé sa vie dans les complots, s'aidait singulièrement de l'immobilité de ses traits et de l'insignifiance de son regard : car ses yeux étaient ternes et opaques, comme ces verres épais destinés à éclairer la chambre des vaisseaux qui laissent passer la lumière mais à travers lesquels on ne voit rien ». Dix fois pour une, la manière se répète, méchanceté et sourire mêlés. « Ce Portalis-là n'avait ni la rare intelligence, ni les mœurs exemplaires, ni la piteuse platitude de son oncle. » Cette fois, il y a coup double. Récamier, son ami, son confrère à l'Académie française, « voit toujours si clairement ce que l'on pourrait et si obscurément ce qu'on devrait faire » ; Duchâtel, le ministre de l'Intérieur, en février 1848, est « un homme qu'on ne pouvait guère ni estimer, ni haïr » ; Odilon Barrot, « qui mêle volontiers un peu de niaiserie à ses faiblesses comme à ses vertus », « avait tout ce qu'il faut pour agir, à un moment donné, sur [la multitude] : une voix forte, une éloquence boursouflée et un cœur intrépide ». Sur Lamartine, dont il admire et le courage et l'éloquence, Tocqueville porte ce jugement sévère : « Je ne sais si j'ai rencontré, dans ce monde d'ambitions égoïstes au milieu duquel j'ai vécu, un esprit plus vide de la pensée du bien public que le sien. » Et ainsi de suite. L'étonnant, c'est qu'en dépit de la férocité des mots, l'impression domine d'un jugement serein, sans hargne personnelle. Peut-être parce que, pour Tocqueville — nous y reviendrons —, tous ces acteurs conduisent moins les événements qu'ils ne sont emportés par eux, victimes en quelque sorte plutôt que responsables de leur rôle.

Il ne faut pas demander à Tocqueville une *complète* explication de la révolution de février 1848 et de la contre-révolution qui suivit. Ne serait-ce que parce que nous sommes plus exigeants aujourd'hui sur le plan de l'explication économique et sociologique. Le récit et les réflexions de Tocqueville lui-même prennent plus de sens et de relief si, à la suite d'Ernest Labrousse (« 1848-1830-1789. Comment naissent les révolutions », in : *Actes du Congrès historique du centenaire de la révolution de 1848*), on est attentif à la crise économique patente dès 1846, violente à partir de 1847, qui a travaillé le pays en profondeur. Les facteurs économiques n'avaient-ils pas, dans des conditions en gros analogues, préparé, sinon provoqué à eux seuls, les explosions de 1789 et de 1830 ? La récolte céréalière de 1846 a été mauvaise ; les prix alimentaires montent de 100 à 150 % ; la crise atteint bientôt le textile, les mines, la sidérurgie. Les salaires ouvriers tombent de 30 % et le chômage s'étend. « La vague de hauts prix a passé sur le pays comme une inondation et, comme une inondation qui se retire, elle a laissé derrière elle toute une population sinistrée à l'épargne anéantie. Très souvent, comme en témoignent les monts-de-piété, le mobilier lui-même a été engagé. » La crise ébranle fortement le crédit, le programme de construction des chemins de fer est suspendu. « On a ajourné ainsi près d'un milliard de francs de travaux publics, c'est-à-dire que l'on renonce à environ 500 millions de journées de travail, au taux de 2 francs par journée. »

Cette crise multiple, à la fois ancienne et nouvelle — ancienne dans la mesure où elle naît, comme toujours dans le passé, dans le secteur de l'économie agricole et nouvelle dans la mesure où elle atteint l'industrie, le textile, la sidérurgie et le crédit —, cette crise, de toute évidence, a été le préalable à la Révolution. Mais le préalable est-il à inscrire au passif du gouvernement ? ou bien faut-il mettre en accusation la crise en soi et son universalité ? La question se pose dans les mêmes termes, en 1977, en France et ailleurs.

Pourtant, Tocqueville, tranquille sans doute dans sa propre vie matérielle, a été assez peu attentif aux réalités économiques sous-jacentes. À peine formule-t-il une ou deux remarques à ce propos, à la veille des violentes journées de juin 1848 : « La révolution industrielle [l'expression n'est pas si courante à cette époque et il est méritoire de l'utiliser] depuis trente ans avait fait de Paris la première ville manufacturière de France, et attiré dans ses murs tout un nouveau peuple d'ouvriers, auquel les travaux des fortifications [de la capitale après 1840] avaient ajouté un autre peuple de cultivateurs sans ouvrage. » Ou ce mot assez fort et juste, toujours à la veille de juin : « L'argent [semblait]... s'enfoncer sous terre. » Au total rien, ou presque rien.

En revanche, Tocqueville a le sens aigu des réalités sociales, il les observe, s'efforce de les expliquer. Ce sens aigu, il faut le qualifier sans hésiter de *sociologique*, mais c'est l'expérience historique qui l'accompagne et le conduit. Sociologie et histoire ne sont, chez Tocqueville, qu'une seule et même façon d'observer la société et le plaisir que nous prenons à le lire tient, pour une part, à l'alliance d'une pensée si proche de la nôtre et d'un langage ancien, étranger aux clichés de notre temps. L'expression qu'il emploie — la *guerre* (ou le *combat*) de classes — a une résonance curieuse. Voyez aussi comme un court voyage en Allemagne et les lettres qu'il reçoit au ministère des Affaires étrangères lui permettent de jauger le reflux des événements révolutionnaires en Allemagne : « D'un bout de l'Allemagne à l'autre, note-t-il, la perpétuité des rentes foncières, les dîmes seigneuriales, les droits de mutation, de chasse, de justice, qui constituaient une grande partie de la richesse des nobles, restèrent abolis. Les rois étaient restaurés, mais les aristocraties ne se relevèrent pas. » Ces deux phrases denses résument une situation politique, mais la politique intéresse beaucoup moins Tocqueville que la société, la société dans son ensemble qu'il perçoit comme une réalité sous-jacente à la réalité politique, comme « l'assiette de la vie politique ». Aussi bien quand les révolutionnaires visent la société, ils dirigent, à ses yeux, leurs attaques « plus bas que le gouvernement ». Cet étagement implicite de « paliers » eût enchanté Georges Gurvitch. Bien entendu, comme tout sociologue, Tocqueville se demande, sans y répondre, s'il y a « des lois immuables qui constituent la société elle-même ». Mais qui, aujourd'hui, répondrait à cette question embarrassante ?

En tout cas, cette réalité sociale sous-jacente commande, à ses yeux, les phénomènes de surface. Ainsi, comment expliquer la monarchie de Juillet, autrement dit les suites de la révolution de 1830, si ce n'est par l'avènement et « le triomphe de la classe moyenne », de « son esprit actif, industrieux, souvent déshonnête » ? « Non seulement elle fut ainsi la directrice unique de la société, mais on peut dire qu'elle en devint la fermière. Elle se logea dans toutes les places, augmenta prodigieusement le nombre de celles-ci et s'habitua à vivre presque autant du Trésor public que de sa propre industrie. » D'où une exploitation abusive, destructive finalement de l'équilibre même de la société et de son propre privilège. « Ces vices tenaient aux instincts naturels de la classe dominante... [Mais] le roi Louis-Philippe avait beaucoup contribué à les accroître. Il fut l'accident qui rendit la maladie mortelle. » Tocqueville lie ainsi la responsabilité du roi et les responsabilités de la bourgeoisie et c'est dans ce sens profond qu'il esquisse, si je force sa pensée, une théorie de l'explosion des révolutions (théorie sociale, non plus économique comme celle d'E. Labrousse). « En France, explique-t-il, un gouvernement a toujours tort de prendre uniquement son point d'appui sur les intérêts exclusifs et les passions égoïstes d'une seule classe. » Et cette classe privilégiée, le cas échéant, s'abandonne trop librement à la critique, préférant « le plaisir de médire [du gouvernement] avec tout le monde, aux privilèges qu'il lui assure ». Les abus, l'irresponsabilité de la classe privilégiée, sa faillite morale préparaient les catastrophes. C'est ainsi qu'a agi l'ancienne aristocratie française, ainsi que va agir une certaine bourgeoisie lors de la campagne des Banquets. Serait-ce en permanence le mal français ? En tout cas, c'est « une réflexion qui s'est bien souvent présentée à mon esprit », nous confie Tocqueville. Alors vive l'Angleterre, « le seul [pays] dans le monde où l'aristocratie continue de gouverner ».

Nous dirions que Tocqueville se trahit par cette incidente s'il n'était patent que de cœur et d'instinct, viscéralement parlant, il est en faveur du mode de propriété existant, de l'équilibre en place de la société, et qu'il n'éprouve aucun besoin, sur ce point, de se justifier, de faire (l'époque n'est d'ailleurs pas à ce genre d'exercice) ce qui serait son autocritique, de marquer avec exactitude ses coordonnées sociales et économiques. Il déclare tout aussi simplement son antipathie pour Thiers et pour Blanqui et n'éprouve pas le besoin de justifier idéologiquement ces jugements. Juger, d'ailleurs, l'intéresse beaucoup moins que comprendre.

En fait (et c'est plus que son excuse), ce qui constitue sa raison de penser et d'agir, c'est de s'expliquer, de voir le monde de façon aussi lucide que le lui permettent son intelligence qui est vive et sa passion d'observer, toujours en éveil. Cette passion le conduit, ni plus ni moins, sans qu'il le sache lui-même avec la clarté suffisante, à une définition de l'histoire. Et c'est là, disons-le sans ambages, au-delà et en marge de son expérience temporelle, qu'il nous intéresse au plus haut point. N'est-il pas ramené constamment, comme au centre de gravité de sa pensée, vers une histoire profonde, lente à s'écouler, qu'il distingue de l'événementiel — il dit : de « l'accidentel » ? « J'apercevais, je crois plus clairement qu'un autre, les causes générales qui faisaient pencher la monarchie de Juillet vers sa ruine. Je ne voyais pas [à l'avance, c'est moi qui ajoute ces mots] les accidents qui allaient l'y précipiter. » Plus caractéristique encore est son discours du 27 janvier 1848 (observez la date) à la Chambre des députés : « On dit qu'il n'y a point de péril, parce qu'il n'y a pas d'émeute ; on dit que, comme il n'y a pas de désordre matériel à la surface de la société, les révolutions sont loin de nous. Messieurs, permettez-moi de vous dire que je crois que vous vous trompez... Regardez ce qui se passe au sein de ces classes ouvrières qui, aujourd'hui, je le reconnais, sont tranquilles. Il est vrai qu'elles ne sont pas tourmentées par les passions politiques proprement dites, au même degré où elles en ont été tourmentées jadis ; mais ne voyez-vous pas que leurs passions, de politiques, sont devenues sociales ?... Je vous disais tout à l'heure que ce mal amènerait tôt ou tard... les révolutions les plus graves dans ce pays : soyez-en convaincus... » C'est rechercher la « chaîne de l'histoire » et rencontrer forcément la longue durée par quoi s'expriment toute histoire profonde et le mouvement même qui l'emporte. Ce mouvement n'est-il pas rabâchage, répétition ? « Ce que nous appelons des faits nouveaux ne sont le plus souvent, dit-il fort bien, que des faits oubliés », donc qui se répètent. « Et voici la Révolution française qui recommence, car c'est toujours la même », écrit-il ; « une seule passion reste vivace en France : c'est la haine de l'Ancien Régime et la défiance contre les anciennes classes privilégiées qui le représentent aux yeux du peuple. Ce sentiment passe à travers les révolutions sans s'y altérer ni s'y dissoudre, comme l'eau de ces fontaines merveilleuses qui, suivant les anciens, passait à travers les flots de la mer sans s'y mêler et sans y disparaître... »

Bien sûr, il lui arrive d'hésiter, de nuancer sa pensée, de cligner des yeux. Les événements mènent leur ronde, il les raconte ; les grands personnages, s'il est obligé en toute conscience de limiter leur rôle, se glissent au premier rang de son observation. Il ne se débarrassera franchement ni des uns, ni des autres. « Je vois bien tel événement, écrit-il, telle cause accidentelle ou superficielle... ce n'est pas que je crois que les accidents n'ont joué aucun rôle dans la révolution de Février, ils en ont eu au contraire un très grand, mais ils n'ont pas tout fait. » Il dira même de la chute de Guizot qu'« il fallait y voir plus qu'un incident, mais un grand événement qui allait changer la face des choses ». Et cette fois, il ne se demande pas par quel processus, quelles additions de forces, l'incident est porté au-dessus de lui-même à la dignité d'un « grand événement ».

Il se défend aussi, historien prudent comme tant d'autres, contre les comparaisons faciles : « Un temps ne s'ajuste jamais bien dans un autre temps », dit-il. Il sent bien la continuité révolutionnaire, mais il ajoute : n'est-on pas « occupé à jouer la Révolution française plus encore qu'à la continuer ? » Il voit bien la révolution sociale en puissance pointée vers l'avenir, mais il ne la rattache pas nommément à ce processus révolutionnaire. « Arriverons-nous, comme nous l'assurent d'autres prophètes, peut-être aussi vains que leurs devanciers, à une transformation sociale plus complète et plus profonde que ne l'avaient prévue et voulue nos pères, et que nous ne pouvons la concevoir encore nous-mêmes ?... J'ignore quand finira ce long voyage. » Certes, un long voyage qui n'est pas terminé aujourd'hui, qui se poursuit comme hier de l'ordre au désordre, de la liberté à la contrainte, du réel à l'idéal, de l'équilibre à la révolution, de la révolution à l'équilibre : la révolution brève, tumultueuse et qui brûle à grand feu ; l'équilibre avec le feu soigneusement sous la cendre et qui dure... Ce n'est pas ce que dit textuellement Tocqueville, mais il est si proche de nous en ses interrogations sans réponse, que l'on se surprend à parler à sa place.

L'hésitation de Tocqueville entre l'accidentel et le profond, l'événement et la structure nous vaut le plaisir de le suivre, au jour le jour, durant les temps révolutionnaires qu'il traverse, témoin, journaliste infatigable, attentif à l'incident, à la rencontre, à la scène vécue, à la « journée », poussé non par l'intrépidité, mais par ce qu'il appelle lui-même une « âpre curiosité ». Sa lucidité, sa passion de voir sont sans bornes, aux dimensions d'une inquiétude quotidienne qui le talonne sans fin, je ne dis pas de frayeurs ou de bas sentiments qui ne le touchent guère. Nous qui avons vu, en mai et juin 1968, une esquisse de révolution qui s'est offerte aux contemporains comme un spectacle révélateur au plus haut degré, nous comprenons sans mal la curiosité inlassable de Tocqueville. Le 22, le 23 février il est à la Chambre des députés. Le 24, « je descends aussitôt [à peine sorti du lit] et n'eus pas plus tôt mis le pied dans la rue que je sentis aussitôt pour la première fois que je respirais en plein l'atmosphère des révolutions : le milieu de la rue était vide ; les boutiques n'étaient point ouvertes ; on ne voyait point de voitures ni de promeneurs ; on n'entendait point les cris ordinaires des marchands ambulants... Toutes les figures étaient bouleversées par l'inquiétude ou par la colère ». La seule voiture qui apparaisse dans le récit de Tocqueville est ce cabriolet qu'éperdu, M. Thiers en fuite réussit à prendre au bois de Boulogne et avec lequel il atteint la porte de Clichy, regagnant ensuite par des rues détournées sa maison.

Aller à pied dans un Paris vide de voitures — le retour des fiacres ce sera le retour à l'ordre —, Tocqueville ne s'en prive pas, pour aller à la Chambre, pour joindre la maison d'un ami, pour retrouver un groupe d'hommes politiques chez un restaurateur des Champs-Élysées ou d'ailleurs ; le plus souvent, pour promener sa curiosité qui ne l'abandonne jamais. Ainsi, le 25 février, « dès qu'il fit jour, je sortis pour aller voir l'aspect de la ville ». Ce même jour, « je passai l'après-midi à me promener dans Paris ». Plus tard, le 23 juin 1848, au premier mouvement de l'insurrection de juin — « la plus grande et la plus singulière qui ait eu lieu dans notre histoire et peut-être dans aucune autre : la plus grande car, pendant quatre jours, plus de cent mille hommes y furent engagés » —, en ce jour d'inquiétude, Tocqueville, pour une raison, pour une autre, ne cesse d'arpenter Paris, gagne la Chambre, va du Palais-Bourbon à la rue Notre-Dame-des-Champs et y cherche ses neveux qu'il mettra à l'abri ; le voilà bientôt, comme délégué de l'Assemblée nationale, au Palais-Royal, puis à l'Hôtel de Ville. Dans les rues où s'élèvent des barricades, « les hommes étaient tous en blouse, ce qui est pour eux, comme on sait, l'habit de combat aussi bien que l'habit de travail ». « On m'arrêta... très souvent durant mon trajet et on m'obligea de montrer ma médaille [de représentant à l'Assemblée nationale]. Plus d'une fois, je fus mis en joue par ces factionnaires novices qui parlaient toutes sortes de patois ; car Paris était rempli de campagnards, arrivés de toutes les provinces, et dont beaucoup s'y trouvaient pour la première fois. » « Grâce aux chemins de fer, note-t-il encore, il en venait déjà de cinquante lieues, quoique le combat n'eût commencé que la veille au soir. Il en vint de cent et deux cents lieues le lendemain et les jours suivants. Ces hommes appartenaient indistinctement à toutes les classes de la société ; il y avait parmi eux beaucoup de paysans, beaucoup de bourgeois, beaucoup de grands propriétaires et de nobles, tous mêlés dans les mêmes rangs. Ils étaient armés d'une manière irrégulière et insuffisante, mais ils se ruaient dans Paris... »

C'est cette ruée qui a fait pencher la balance du côté de Cavaignac, de l'ordre, de la réaction. Une ruée « formidable ». Tocqueville a raison de penser que si le soulèvement de juin « avait eu un caractère moins radical et un aspect moins farouche, il est probable que la plupart des bourgeois seraient restés dans leurs maisons, la France ne serait pas accourue *à notre aide* ; l'Assemblée nationale elle-même eût peut-être cédé ». Mais à quoi bon refaire l'histoire, si ce n'est pour mieux l'expliquer *a contrario* ? Si l'émeute échoue, c'est aussi qu'elle n'a pas eu de chefs révolutionnaires qui auraient pu « se mettre à la tête des insurgés » ; ces chefs éventuels se sont « fait prendre prématurément comme des sots, le 15 mai [lors de la journée en faveur de la Pologne], et ils n'entendirent le bruit du combat qu'au travers des murs du donjon de Vincennes ».

À notre aide, comme des sots, ces mots que j'ai mis en italique, trahissent Tocqueville. Il est du côté de l'ordre, trop prompt sans doute à sous-estimer les vrais révolutionnaires de l'époque : Blanqui, « malade, méchant et immonde » ; Barbès, « le plus insensé, le plus désintéressé et le plus résolu de tous »... « je n'avais cessé d'avoir l'œil sur lui » lors de la journée du 15 mai. Quant à Ledru-Rollin (mais est-ce un vrai révolutionnaire ?), la cible est trop belle : « Un gros garçon très sensuel et très sanguin, dépourvu de principes et à peu près d'idées, sans véritable audace d'esprit ni de cœur et même sans méchanceté... » De toute évidence, Tocqueville n'est pas de leur bord et cependant le qualifier d'antirévolutionnaire ne serait ni juste, ni adéquat, car il n'est pas non plus de l'autre bord. Son attitude est celle de l'observateur impénitent et honnête, troublé par « l'effrayante rapidité [avec laquelle] les âmes les plus pacifiques se mettent... à l'unisson des guerres civiles », se laissent gagner par « le goût de la violence et le mépris de la vie humaine », mais troublé non moins de constater sa propre réaction à ce spectacle et « la promptitude avec laquelle je me familiarisai en deux jours avec ces idées d'inexorable rigueur qui m'étaient naturellement si étrangères », acceptant la répression comme une nécessité.

Le 3 juin 1849, Alexis de Tocqueville devenait titulaire du ministère des Affaires étrangères, dans le cabinet Odilon Barrot, de brève durée ; il restera à son poste quelques mois seulement, jusqu'à la démission du gouvernement, le 31 octobre de la même année. Ce passage au pouvoir est l'autre versant du livre. Disons tout de suite qu'il nous intéresse beaucoup moins que le témoignage des pages antérieures. La pente de la contre-révolution amorcée de façon dramatique, en juin 1848, s'affirmait en décembre de la même année par l'élection de Louis-Napoléon Bonaparte, se continua par les élections à la législative en mai 1849 et se poursuivra jusqu'au coup d'État du 2 décembre 1851 et au rétablissement de l'Empire.

Dans ce processus, la formation, la durée, les péripéties du ministère Odilon Barrot — si instable que Tocqueville était décidé à se conduire « chaque jour, étant ministre, comme si je devais cesser de l'être le lendemain » — ne nous intéressent que très médiocrement. Si cette dernière partie des *Souvenirs* retient notre attention, c'est qu'elle éclaire définitivement à nos yeux le « témoin » devenu, sans enthousiasme à vrai dire, « acteur ». Acteur, le voilà obligé de s'expliquer, de prendre position. Il ne s'y dérobe pas. Mais ce qu'il écrit est moins une justification qu'une clarification, il veut se voir tel qu'il a été pendant ces quelques mois d'apparente puissance où il contemple au loin l'Europe et directement, sous ses yeux, l'étonnante situation politique, triste et médiocre, au travers de laquelle se dessine et se fabrique le destin proche de la France. La façon dont il traverse l'épreuve ne décevra pas le lecteur.

Il a, dès le départ, fixé sa ligne de conduite et s'y tiendra : servir au mieux les intérêts essentiels du pays et les servir selon les possibilités et les exigences d'une situation politique qui change et dont il n'est pas évidemment le maître. Une situation double en vérité, celle du dedans et celle du dehors, mais les deux volets dépendent l'un de l'autre.

En France, comme en Europe, la marée révolutionnaire est en plein reflux ; les révolutions synchrones, durant l'hiver 1848, avaient curieusement jailli ensemble, les réactions qui suivent sont également synchrones. C'est un phénomène cosmique : le mouvement a changé de sens. Si le premier acte avait appartenu aux peuples révoltés, le second voyait le rétablissement régulier de l'autorité des princes, bousculés la veille. À un bout de l'Europe, le tsar maître de la réaction, l'orchestrant, la poussant en avant. À l'autre bout, une Angleterre « plus tiède » que jamais n'avait qu'un « bon vouloir stérile ». S'appuyer sur elle, il n'y fallait pas penser. Pour la France, la règle était donc de « se réduire à vivre petitement, au jour le jour... mais cela même était difficile », l'opinion française « regimbant contre cette nécessité du temps ». Soit, mais que faire d'autre ? Miser sur la Révolution en retraite ce n'était pas la sauver en Europe, c'était sûrement l'allumer à nouveau en France. Miser sur la Contre-Révolution c'était se mettre sous le patronage de la Russie tsariste, faire perdre à la France « l'air libéral qui caractérisait sa physionomie naturelle parmi les peuples ». Or, pour Tocqueville, ce devrait être une « maxime de conduite » des dirigeants français de « ne point se laisser entraîner jusqu'à renier les principes de notre Révolution, de liberté, d'égalité et de clémence... [de ne] jamais entrer dans les passions des vieux pouvoirs ». Bien sûr, Richelieu avait à la fois abattu les protestants au-dedans « tandis qu'il les aidait à se relever en Allemagne ». Mais un tel choix ne s'offrait pas en 1849. « Je sais, disait Tocqueville à nos ambassadeurs, que la France n'est pas en mesure de dominer en Europe, ni de faire prévaloir ses désirs dans les événements qui se passent loin d'elle. » Au plus sauver la face et attendre, naviguer au plus juste, ne pas compromettre une France fragile.

La politique intérieure aussi ne laisse qu'une faible liberté de manœuvre. Le prince Napoléon à l'Élysée, c'est le risque d'une monarchie « bâtarde » et il n'est pas nécessaire d'être extralucide pour en deviner le curieux danger et ce qui, dans la France paysanne, ouvrière et réactionnaire, le favorise : besoin de sécurité, d'ordre, de revanche, de gloire extérieure. Aux élections de la législative, en mai 1849, le succès des réactionnaires avait été massif (450 députés). Mais ils ne s'en contentaient pas. Ils avaient rêvé de supprimer, d'abolir l'adversaire ; or les « Montagnards » sont 180, à leur propre surprise. Tout se réglera d'un coup, le 13 juin, à la suite d'une journée d'émeute à laquelle la sordide expédition de Rome avait servi de prétexte, et qui échoue. La Montagne est bel et bien brisée. Selon le mot souvent répété du Prince-Président, « il est temps que les bons se rassurent et que les méchants tremblent ».

Aussi bien, en ce milieu de juin, quel peut être « l'essentiel » pour Tocqueville si ce n'est de travailler au maintien fragile de la République ? « Je ne croyais pas plus alors que je ne crois aujourd'hui, écrira-t-il en septembre 1851, que le gouvernement républicain fût le mieux approprié aux besoins de la France ; ce que j'entends à proprement parler par le gouvernement républicain, c'est le pouvoir exécutif électif... J'ai toujours considéré d'ailleurs que la république était un gouvernement sans contrepoids... [Mais] je voulais le maintenir parce que je ne voyais rien de prêt, ni de bon à mettre à la place. L'ancienne dynastie était profondément antipathique à la majorité du pays... Louis-Napoléon seul était préparé à prendre la place de la République. »

La situation politique se dispose donc selon un triangle : la

Législative monarchiste divisée en deux groupes, légitimistes minoritaires et orléanistes qui savent qu'ils ne peuvent saisir vite le pouvoir, qu'il leur faudra temporiser ; en face d'eux, sans parti constitué encore et qui puisse s'afficher publiquement, le clan du Président ; entre ces deux blocs, quelques hommes décidés à sauver la République. Dont Tocqueville qui multiplie les gestes de bonne volonté, de conciliation, qui se fait violence pour être aimable. Ses relations étant plus faciles avec les légitimistes en raison de ses origines familiales, il supporte la présence, voire l'amitié de Falloux, l'homme qui fera bientôt voter la loi sur l'enseignement qui porte son nom (15 mars 1850). Vis-à-vis des orléanistes, il est prudent, habile, lié aux cinquante ou soixante modérés du groupe. Enfin il se veut plus qu'aimable à l'égard du ténébreux Prince-Président. Il accepte, en somme, que gouverner ce soit louvoyer au jour le jour et que la rançon de toute faiblesse ou de toute sagesse soit souvent d'avoir « les mains sales » (mais l'expression eût fait horreur à Tocqueville !). Par exemple, à peine arrivé aux Affaires étrangères, il apprend que l'expédition française envoyée contre la République romaine, avec défense (selon la décision prise le 7 mai 1849 par l'Assemblée constituante sur le point de se séparer) d'attaquer la ville, va passer à l'assaut. « La première chose que j'appris en entrant dans le cabinet, c'est que l'ordre d'attaquer Rome était transmis, depuis trois jours, à notre armée. » « Durant ces deux jours [12 et 13 juin], ma situation fut très cruelle, je désapprouvais entièrement... la manière dont l'expédition de Rome avait été entreprise et conduite. » Mais la solidarité ministérielle le contraignit, il avala la couleuvre.

Évidemment, compromis et conciliation ne peuvent mener bien loin un homme qui, comme Tocqueville, est profondément honnête. Partisan du moyen terme, il est à peu près sûr de perdre, que le Prince-Président ou les orléanistes l'emportent. Mais n'est-ce pas le sort des intellectuels honnêtes d'être en porte à faux, de ne pouvoir souvent être que *contre* ? Tocqueville, toujours déçu, aura été contre la monarchie de Juillet, contre la campagne des Banquets, contre la révolution de Février, contre les journées de Juin, contre l'espérance socialiste, contre la réaction orléaniste, contre la dévorante et sournoise ambition de Louis-Napoléon Bonaparte. Sa fidélité à lui-même lui interdisait une autre attitude. Et il est bien, après tout, qu'il n'ait pas fait une trop longue carrière politique, comme ces autres historiens, Thiers et Guizot, et qu'il ait consacré les dernières années qui lui restaient à vivre à la rédaction de son livre, *L'Ancien Régime et la Révolution*.

Toutefois, comme on aurait aimé, sur son passage au pouvoir, des confidences plus complètes que celles qu'il nous offre ! Il n'a pas essayé de marquer ses propres rapports avec le pouvoir, de répondre au genre de questions qu'à ce sujet un psychanalyste lui poserait aujourd'hui. Le livre est évidemment inachevé. Mais un livre inachevé peut avoir une immense valeur. Sur la cassure du milieu du XIXe siècle européen, Tocqueville n'a-t-il pas apporté des lumières plus vives que beaucoup d'autres ? J.-P. Mayer, admirable connaisseur de Marx — c'est lui, le sait-on toujours ? qui a retrouvé et publié le manuscrit des *Écrits de jeunesse* —, par surcroît incomparable connaisseur d'Alexis de Tocqueville, préfère les *Souvenirs* au classique *18 Brumaire de Louis-Napoléon Bonaparte*, de Marx. À ses yeux, Tocqueville est plus scientifique, plus objectif que Marx, et c'est possible. Mais, sans chercher à tout concilier, n'est-il pas vrai que, dans les *Souvenirs* comme dans le *18 Brumaire*, plus encore que la réalité historique observée, ce qui nous passionne, c'est de situer la pensée de Marx ou la pensée d'Alexis de Tocqueville ?

Comparaison pour comparaison, j'aimerais en imaginer une autre. Parlant un jour avec Georges Lefebvre de Michelet et, une fois de plus, faisant son éloge, il me ripostait : « Oui, mais il y a Tocqueville. » Réponse qui, sur le moment, m'a surpris. Faut-il qu'un historien préfère toujours un modèle qui ne soit pas à l'image exacte de ses passions ? Georges Lefebvre, c'est la Révolution. Lucien Febvre aurait dû, lui, pencher du côté de Tocqueville qui, vous l'avez vu, se situe sans difficulté du côté de l'École dite des *Annales*. Or il choisissait Michelet. Mais faut-il choisir entre Tocqueville et Michelet, celui-ci plus romantique, plus révolutionnaire, celui-là plus obstiné à peser le pour et le contre, à dégager les lignes maîtresses, à manœuvrer les masses prises en bloc ? Michelet, s'il avait présenté la France de 1848 — ce qu'il n'a pas fait —, aurait choisi son héros, ou Blanqui, ou Barbès. Puis, appuyé sur son épaule, il aurait vu se dérouler et se succéder les péripéties. La France, avec ses couleurs changeantes, eût tourné autour d'un centre choisi d'avance, comme la France de nos guerres de Religion tourne, dans le récit pathétique de Michelet, autour de l'amiral de Coligny. À ce jeu, l'histoire reconstituée prend des allures de drame, se met à revivre et à nous troubler. Mais le jeu a ses risques : l'historien s'engage par personne interposée. Tocqueville, par tempérament, refuse pareil engagement. Même témoin, même acteur, il tient à se retirer du spectacle. Pas question pour lui de voir tourner l'histoire de France, même pour un instant, autour de sa personne. « Qu'il est difficile de bien parler de soi ! » s'écrie-t-il. Ou : « On est trop proche de soi pour se bien voir. » Ou encore : « Je m'ai naturellement en grande défiance. » Ne regrettons pas cette prudence ; elle permet à Tocqueville de nous donner une incomparable leçon de lucidité.

Amusons-nous toutefois à imaginer comment ces deux façons de lire l'histoire, celle de Tocqueville et celle de Michelet, si nous voulions y soumettre la France du temps présent, pourraient servir de test à nos politologues. À la Michelet, quel homme politique mettre au centre de la vie française ? À la Tocqueville, quels portraits dessiner des hommes politiques qui, soi-disant, nous gouvernent ? Quels phénomènes profonds reconnaître sous l'actualité ? Y a-t-il chez nous une classe dominante fatiguée, abusive, et, avec la décrue économique amorcée au moins depuis l'année 1974, un préalable pour que troubles et changements émergent, bref des signes (à reprendre une expression peu raisonnable du raisonnable Tocqueville) « pour qui sait flairer de loin les révolutions » ? Au vrai, une question à laquelle les prudents attendront sûrement quelques années avant de répondre.

XV

PRÉFACE AU *SISTEMA MONDIAL DELL'ECONOMIA MODERNA**

Le livre d'Immanuel Wallerstein est beau, original, intelligent, vigoureux. Un des livres les plus stimulants, sans doute, de ces dix dernières années. Son mérite ? Simplement de nous obliger à repenser l'histoire, en suivant à la lettre une problématique neuve et rigoureuse. N'y a-t-il pas été obligé lui-même par la logique de ses déductions ?

Chaque réalité sociale est, au premier chef, espace. Mais les espaces s'emboîtent les uns dans les autres, se soudent, sont pour le moins liés par des relations de dépendance. Si l'on veut trouver un espace autonome, cohérent dans sa seule étendue, on est conduit soit vers l'infiniment petit, à condition qu'il s'agisse d'une vie presque autarcique, soit vers le plus vaste espace cohérent en raison de ses échanges et de ses unissons, mais *séparé* des autres espaces de même ampleur, constituant un univers en soi où les économies, sociétés et espaces sont associés les uns aux autres et se démarquent du reste du monde. C'est pourquoi il n'y a peut-être, pour les études sociales, scientifiquement parlant, que deux cadres d'élection : ou la micro-enquête ou la mise en cause de problèmes très généraux.

Le livre de Wallerstein relève évidemment de la seconde catégorie. Il a découvert, pour son compte personnel, « l'ordre spatial » dont parle avec insistance Léon Dupriez, l'économiste, que les historiens attentifs à la longue période écoutent de préférence à tous les autres. Mais il l'a découvert à sa façon, comme on découvre une mer ou un continent inconnus, et il l'a baptisé *world economy*. N'entendez pas par ce mot ambigu l'économie

---

* Préface à l'édition italienne du livre d'Immanuel Wallerstein, *Il Sistema mondial dell'economia moderna. I. L'agricoltura capitalistica e le origini dell'economia-mondo nel XVI secolo*, Bologne, Il Mulino, 1978 (pp. 9-12).

du monde entier ; il s'applique à un morceau seulement de la planète. Dans le même sens, les Allemands disent de façon heureuse : « *Das Mittelmeer ist eine Welt für sich* », « la Méditerranée (avec toutes ses terres adjacentes) est un monde en soi », une « sorte » de *Weltwirtschaft*. J'ai, il y a longtemps, fabriqué pour désigner la Méditerranée du XVIe siècle dans sa plus large étendue, le mot d'*économie-monde*, fort mal venu en français d'ailleurs. La traduction italienne donne le mot baroque d'*economia-mondo* dont je ne garantis pas qu'il s'imposera à la longue. Si l'on en trouvait un meilleur, il serait accepté avec reconnaissance.

À la dernière Semaine de Prato, en avril 1978, les idées, le vocabulaire et les thèses d'Immanuel Wallerstein ont traversé avec succès l'épreuve de discussions vives. On sait que, dans le schéma wallersteinien, toute économie-monde comprend une *zone centrale* étroite (le cœur), une *semi-périphérie* assez large, plus une *périphérie* aux vastes proportions. Le mot de *périphérie* a fait depuis un certain temps fortune. N'est-ce pas un mot commode pour désigner le sous-développement et les pays sous-développés ? Quant à *zone centrale*, entendez Venise et ses abords à la fin du XIVe siècle, Anvers au-delà du XVIe, Amsterdam au début du XVIIe, Londres au XVIIIe, n'est-ce pas une façon de dire le capitalisme ? Car le capitalisme est au centre du schéma, alors qu'avec les derniers cercles concentriques, vous gagnez vers l'Europe de l'Est, les pays du servage, et à l'ouest, en Amérique, de vastes zones où s'implante l'esclavage. C'est la constatation qui traverse le livre de Wallerstein comme un trait de feu : cette coexistence de modes de production différents et cependant articulés entre eux, s'expliquant les uns par les autres, et qui devient, comme dirait Lewis Mumford, une étrange mégamachine, capable de broyer les hommes, de les plier aux exigences et aux volontés supérieures des sociétés dominantes. En tout cas, c'est cette coexistence de zones différenciées qui s'affirme comme la réalité d'ensemble décisive, à expliquer dans sa masse entière.

Wallerstein s'y emploie avec soin, méthode, compétence et insistance. Il a lu de près des centaines et des centaines d'ouvrages et d'études, comme chacun aura l'occasion de le constater par lui-même. D'où un texte souvent trop dense, qui a mis le traducteur à rude épreuve. Mais Max Weber n'écrit-il pas, lui aussi, de façon compliquée, en raison, comme Immanuel Wallerstein, de la richesse même de sa pensée ? Pouvait-il éviter cette surabondance ? La grille qu'il dessine est simple, elle se comprend au premier coup d'œil, mais elle n'est que trop efficace : l'histoire entière du monde l'envahit, la submerge, lui donne un sens, mais s'approprie la maison entière et y mène un beau tapage. Je dis bien toute l'histoire du monde et pas seulement une histoire économique et matérielle qui dessine les cercles impérieux d'une immense infrastructure. La géographie inégale du monde piège, explique, colore l'histoire inégale du monde dans tous ses domaines : les formes de la politique, les structures jamais entièrement figées des sociétés et même, pourrait-on ajouter, les multiples remous et énigmes d'une vie culturelle qui n'est jamais vraiment maîtresse, à elle seule, de son destin.

Mais ai-je besoin d'insister sur l'ambition, la portée et la richesse provocantes du présent ouvrage ? Son succès en Angleterre et aux États-Unis a déjà assuré son écho et fait connaître au monde des historiens ses thèses et thèmes majeurs.

Toutefois, la question la plus importante, car elle va au fond des choses, est probablement la suivante : comment se fait-il qu'un sociologue de formation, par surcroît anthropologue et africaniste de réputation confirmée, se soit précipité, un beau jour, dans l'océan de l'histoire ? Car Immanuel Wallerstein a fait le plongeon de façon délibérée, je dirai même avec enthousiasme. En fait, comme je l'indiquais il y a un instant, Wallerstein a pris cette décision contraint et forcé par la logique de son raisonnement. En effet, cette division de la planète des vivants en zones économiques autonomes, en zones cohérentes d'histoire, c'est à ses yeux le fait décisif du passé. Mais ce n'est pas là un *état*, une réalité donnée une fois pour toutes, c'est un processus, une gestation. Et seule l'histoire, l'histoire longue, peut en donner l'explication, la clef. L'ouvrage de Wallerstein, c'est justement la recherche de cette clef magique, rien de plus, rien de moins. J'imagine que Marx aurait pu, s'il était encore des nôtres, s'acharner à pareille entreprise.

Mais jamais une recherche historique n'est close : il y a avant le XVIe siècle mis en cause, les préalables, les interminables et peu discernables préalables. Il y a les siècles qui vont suivre. Pour finir, il y a le monstrueux temps présent, on l'atteint mais pour s'y perdre.

Immanuel Wallerstein s'est ainsi engagé à corps perdu dans une recherche nécessaire. Mais les trois prochains volumes qu'il nous promet y suffiront-ils ? L'histoire a ses exigences et ses pièges, ceux mêmes du temps multiple. Il ne suffit pas de maîtriser l'espace et les cercles oppressifs des économies-mondes, il faut maîtriser les temporalités qui se côtoient et se traversent, décrypter leur langage. En ce qui concerne l'étendue, la partie est gagnée. Reste à construire, un jour ou l'autre, une théorie des espaces temporels, des périodisations nécessaires. Faisons confiance à l'esprit inventif et constructeur d'Immanuel Wallerstein. Il a déjà fait ses preuves et réussira tous les tours de force que, chemin faisant, il rencontrera.

XVI

PRÉFACE À *LA RUSSIE ANCIENNE, IXe-XVIIe SIÈCLES**

Le livre de Michel Laran et de Jean Saussay est tout simplement merveilleux. Ayant ainsi dit l'essentiel, je pourrais ne pas écrire les quelques lignes qui suivent, par lesquelles j'ai l'honneur et le plaisir de présenter l'ouvrage à ses lecteurs qui, j'en suis sûr, seront nombreux.

Pourquoi merveilleux me demanderez-vous ? Non pas parce qu'il est bien fait, armé d'une bibliographie sélective très utile, de notes critiques excellentes, sommaires et bien rédigées, ni même parce que les mises au point sont d'une clarté et d'une écriture parfaites. Il y a bien des livres d'initiation qui réunissent ces qualités-là et, pour autant, ne sont pas merveilleux. Mais le présent ouvrage n'est pas un livre ordinaire d'initiation. Tout d'abord, ce qu'il offre, c'est la vaste Russie ancienne du IXe au XVIIe siècle, une terre peu connue, mal connue et qui s'offre à l'esprit comme un pays à découvrir. Essayer de le voir au-delà de nos ignorances, de nos fausses informations, d'incompréhensions dont nous ne portons pas la responsabilité entière, essayer de saisir les premières formes de l'univers moscovite, des formes qui éclairent le temps présent, ce n'est pas un petit programme.

Et puis les auteurs n'ont pas écrit un manuel ou une œuvre de vulgarisation selon les modèles habituels. La Russie, au fil de ces siècles décisifs, est ici présentée au travers de textes choisis, authentiques, qui sont autant d'images premières.

Le seul choix d'ensemble a consisté à valoriser les faits de civilisation. Qui s'en plaindra ? Chaque fois que vous lisez ces documents, au-delà des quelques pages générales qui présentent telle ou telle des quatre périodes entre quoi se divise la matière de ce

---

* Préface au livre de Michel Laran et Jean Saussay, *La Russie ancienne, IXe-XVIIe siècles*, Paris, Masson, 1975.

livre, chaque fois vous êtes en présence d'un document vivant, direct. À vous de le lire lentement, d'en peser les mots, d'en assimiler le témoignage et en relevant les yeux de voir les réalités que le document évoque. Si le document est bien choisi — et il est toujours bien choisi —, il ouvre un horizon d'autant plus large et significatif, mais cet horizon, le lecteur a l'impression assez juste de le créer par lui-même. Faites l'expérience avec n'importe lequel de ces textes, elle sera toujours positive.

Et c'est pourquoi ce livre est merveilleux : le lecteur est jeté dans l'immense histoire russe, il y voyage, il y reconnaît sa route, il a l'impression de le voir par lui-même. J'ai toujours soutenu qu'un historien se forme dans les archives. Lire des documents, c'est voyager, assister à une montée multiple d'images, vivre en esprit en un temps révolu, et brusquement en sentir comme la chaleur et la réalité. Le plaisir rare qu'apporte ce livre est de cet ordre-là. Les étudiants ne seront donc pas les seuls à fréquenter ce livre d'images étonnantes. Les historiens chevronnés le liront avec intérêt. Le grand public, passionné d'histoire, y trouvera aussi son compte, j'en suis sûr. Alors, puissent les auteurs donner bientôt une suite à ce livre exceptionnel, à mon avis un modèle pour toutes les initiations historiques : d'abord faire voir, bien faire voir, puis laisser le lecteur juger par lui-même.

XVII

CITIES AND THE SEA*

J'ai aimé, je l'avoue, l'itinéraire suivi par Josef W. Konvitz. Parti d'une monographie sur les quatre ports fondés en France sous Louis XIV (Brest, Lorient, Rochefort et Sète), il a compris que ces exemples ne prenaient leur sens qu'à un autre niveau, temporel et spatial, auquel en fait ils renvoyaient. Fondations médiocres au demeurant, comparées à des réussites autrement prodigieuses comme Saint-Pétersbourg — ou les villes du Nouveau Monde. Difficiles à créer, lentes à se développer, longtemps maintenues en vie, de façon artificielle, par l'argent et la volonté du pouvoir central. Encore celui-ci ne pouvait-il rien contre l'envasement d'un site mal choisi comme Rochefort, dans cet Ouest qui restera pauvre en villes, malgré les initiatives répétées des gouvernements successifs, de Richelieu à Napoléon. Villes d'arsenaux, de militaires plus que de marchands, où les terriens commanderont toujours aux marins. Villes condamnées à une réussite factice et fragile, comme autant de greffes qui auraient eu du mal à prendre, malgré tous les soins dont on pouvait les entourer. À tout prendre, même si elles ont réussi à durer, même si d'autres, comme Cherbourg sous l'Empire, viennent grossir leur nombre, elles ne modifient pas, ou guère, la carte des métropoles commerciales de cette France maritime dont Edward W. Fox[1] s'est plu à opposer le dynamisme en plein XVIIIe siècle, à la stagnation et aux lourdeurs de la France intérieure et rurale. À Marseille et Bordeaux, à Nantes et au Havre la prospérité marchande : ces villes restent les lieux forts et vivants du trafic maritime.

Mais le vrai problème, pense justement Josef Konvitz, est autre. Ces semi-échecs, ces fleurs de serre, sont les produits fragiles d'un long travail d'expérimentation volontaire sur

---

* *Journal of the Society of Architectural Historians*, Boston, 1980.

l'espace urbain, qui déborde largement les limites par trop étroites de la France et du règne de Louis XIV. On lui trouvera, bien sûr, des antécédents. Mais il ne commence guère, en fait, avant 1600, avec la prise de conscience que la mer est source de richesse et de puissance et que, pour y accéder, il faut se donner les instruments qui permettent de la contrôler et de la dominer. Pas seulement une flotte et des hommes d'équipage. Mais des villes conçues et aménagées en fonction de ce but, et adaptées à ce rôle. Les éléments constituants en étaient connus de longue date : quais et jetées, canaux et routes, fortifications, tours, phares, etc. Ils vont désormais être intégrés dans des ensembles susceptibles d'être reproduits à des dizaines d'exemplaires. La planification urbaine se situe ainsi au cœur d'une culture nouvelle, dont elle révèle les aspirations et les audaces. J. Konvitz a eu raison, en ce sens, de céder à la tentation et de mobiliser, en lui donnant statut de source, une énorme documentation graphique, ces milliers de cartes, de plans, de projets, réalistes ou utopiques, réalisés ou restés à l'état d'ébauche que les historiens n'utilisent encore, en règle générale, que pour en tirer des « illustrations », alors qu'ils intéressent, depuis quelque temps déjà, géographes et urbanistes, sémiologues et historiens de l'art.

1600 pourra paraître une date tardive. Mais, malgré l'élargissement des horizons de l'Europe, celle-ci reste encore, au XVIe siècle, centrée sur ces espaces maritimes clos et rassurants, dominés de longue date, dont la Méditerranée offre le meilleur exemple. La Méditerranée avec ses villes anciennes et leur long passé médiéval : villes nées de leur port et bâties autour de lui. Venise, au milieu de sa lagune, avec son réseau de canaux, offre l'inégalable réussite d'un espace entièrement ouvert à la circulation aisée des marchandises et des hommes, et la réponse la plus élégante au vieux problème, insoluble autrement dans les conditions techniques d'alors, de la rupture de charge entre trafics maritimes et trafics terrestres : un miracle de fluidité, sous le signe de la spontanéité.

Mais, paradoxalement, en ce même XVIe siècle, les grandes cités méditerranéennes paraissent vouloir tourner le dos à la mer pour se donner les monuments, les rues (ainsi Gênes avec la *Strada Nuova*), les perspectives de la cité idéale, aristocratique. À de très rares exceptions près, comme Livourne, née de la volonté du prince, les utopistes de la Renaissance auraient choisi la ville contre le port, la société contre l'économie. Entendons une société harmonieuse et équilibrée, stable donc inerte, au moment même où la croissance de l'économie, et d'abord de l'économie marchande, avec ses désordres, ses échecs et, précisément, ses déséquilibres, entraînait l'Europe, au milieu des révoltes et des guerres, vers un futur que ces utopistes ne prévoyaient pas. Loin d'orienter, en anticipant sur lui, les développements de la réalité, l'utopie se révèle incapable d'innover.

Il faudra attendre que le relais soit pris, définitivement, par l'Europe du Nord-Ouest, pour voir architectes et planificateurs réapprendre à créer et à construire du neuf. C'est Amsterdam, cette fois, qui donne le ton. Amsterdam avec les trois célèbres anneaux du plan de 1607, dans lesquels viendra se mouler, presque harmonieusement, sa croissance future. Elle devient *le* modèle, imité sans jamais être vraiment égalé, avant Saint-Pétersbourg, sur les fronts pionniers de la Baltique. Une aristocratie marchande réussit ainsi à définir une organisation rationnelle et cohérente de l'espace urbain, qui réconcilie la qualité du spectacle et l'efficacité économique : réussite dont on se plaît souvent à accorder le monopole aux princes. Alors que ceux-ci se contenteront de copier, croyant ainsi se donner, avec les instruments de la puissance, cette puissance elle-même. Or celle-ci — la France de Louis XIV est là pour le montrer, et il n'est pas indifférent de rappeler que Napoléon tentera de répéter l'expérience — continuera à leur échapper.

Nul doute donc à mes yeux que cette planification portuaire à laquelle J. Konvitz a consacré son beau livre ne révèle l'une des conditions majeures de la culture européenne à l'époque moderne. Mais cette ambition oscille entre l'utopie et le demi-échec, car la mer échappe à tout contrôle volontaire. Lorsque Amsterdam se donne ce plan tant admiré, elle est déjà devenue le centre de l'économie-monde. Mais Londres, qui lui succédera dans ce rôle, a oublié de mettre à profit le grand incendie de 1666, malgré tous les plans proposés, notamment par Wren, de créer le cadre urbain qui aurait pu et dû être le sien. La croissance urbaine, la vraie, reste normalement placée sous le signe du désordre et du déséquilibre. Quittons l'Europe pour l'Asie du Sud-Est, où Denys Lombard[2] s'est plu à opposer, à la même époque, deux types de villes, les villes cosmogoniques de l'intérieur, dont le plan, comme à Angkor, reproduit l'ordre du monde, et les grandes agglomérations portuaires, sans ordre aucun : nous y retrouvons la même opposition. Mais ce sont toujours, ou presque, les secondes qui gagnent, et organisent à leur profit les échanges, à longue distance. Ce qui traduit leur apparent désordre, c'est la complexité même, mais aussi la richesse et la spontanéité, de la vie économique.

XVIII

KARL MARX[*]

La question que me pose *Le Monde* n'aborde que de biais l'immense problème de la pensée de Marx. Cent ans après sa mort, me demande-t-on, sa pensée est-elle encore *utile* et *utilisée* dans le métier *actuel* de l'historien, considéré dans sa quotidienneté ? Je me tiendrai, bien entendu, au pied de la lettre de cette question et me limiterai, pour l'essentiel, à ma propre expérience.

Bien sûr, je ne m'étonne pas de voir la place importante que prend dans ce que j'ai écrit et ce que j'essaie d'expliquer, sur le plan de mon métier, la pensée envahissante, autoritaire, obsédante de Marx. D'ailleurs, aucun historien, quelle que soit sa position politique ou philosophique, ne lui échappe aujourd'hui.

En effet, depuis 1945 — et sans doute plus tôt, mais le rayonnement était plus restreint —, le vocabulaire de Marx a littéralement envahi la vie politique et non moins le langage courant des diverses sciences sociales. À la suite de quel processus — on ne le saurait avec sûreté qu'au prix d'une étude préalable et sérieuse qui n'a pas encore été faite. Il me semble, en tout cas, qu'après la seconde guerre mondiale, tout, dans nos consciences, a été remis en question et que les leçons de Marx se sont imposées aux esprits les plus sérieux. Il est évident que le parti communiste a joui, alors, dans le monde des intellectuels — les jeunes et les moins jeunes — d'une faveur qu'il n'a pas toujours exploitée comme il aurait pu le faire.

Bref, les expressions et les mots issus de la pensée de Marx, ou valorisés par lui, ont envahi tous les discours, ils sont venus vers nous. Nous nous sommes habitués à leur emploi et nous les avons utilisés, à notre tour, avec plus ou moins d'innocence. Qui,

---

[*] « Dérives à partir d'une œuvre incontournable » (*Le Monde*, 16 mars 1983).

parmi nous, n'a parlé de la *lutte des classes*, des *modes de production*, de la *force de travail*, de la *plus-value*, de la *paupérisation relative*, de la *praxis*, de l'*aliénation*, d'*infrastructure* et de *superstructure*, de *valeur d'usage*, de *valeur d'échange*, d'*accumulation primitive*, de *dialectique*, de *dictature du prolétariat*... Et j'en passe. Même un mot comme *capitalisme*, que Marx n'a jamais employé lui-même, passe dans le lot. Et les formules — esclavagisme, féodalisme... —, qui sont sa façon de morceler la longue durée, s'installent à côté de nous. Nous voilà forcés dans nos positions tranquilles, traqués, non, mais enveloppés, poussés sur des chemins que nous n'avions pas toujours reconnus à l'avance, obligés de réagir, ce qui prouve que nous sommes d'une certaine façon conquis. Et si nous voulions nous débarrasser du marxisme, il faudrait aujourd'hui procéder à l'expulsion systématique de ces mots qui sont tout, sauf innocents : une vraie chasse aux sorcières ! À ma connaissance, nul historien sérieux ne l'a proposée.

En vérité, l'histoire ne peut ni s'écrire, ni se penser sans utiliser le langage de notre époque. Elle est une interrogation du passé à partir du présent. Il nous faut accueillir le présent tel qu'il est. Et je ne crois pas, un instant, qu'il eût été possible de créer, pour l'histoire, comme l'a rêvé et tenté Henri Berr, un vocabulaire scientifique et fixe, une fois pour toutes.

Nous voilà donc dans une situation singulière. Jugeant les historiens — du moins ceux de mon âge — d'après mon cas personnel, je remarquerai, et c'est important, qu'à l'exemple de Jean-Paul Sartre, lors de nos études, le vocabulaire et la pensée de Marx ne nous ont pas été imposés, voire proposés par nos maîtres. Même par un homme aussi prodigieusement intelligent que Henri Hauser, sans fin à l'affût des attitudes et des mots nouveaux. Le summum de la hardiesse des étudiants de gauche se bornait à valoriser la Révolution française... C'est donc seul et à mes risques et périls, comme beaucoup d'autres, et tardivement (à partir de 1932 — je cite la date parce que j'avais en ces années lointaines l'habitude de signaler sur la page de garde de mes livres la date de leur achat, pratique que j'ai abandonnée par la suite), que j'ai abordé les œuvres de Marx... On sait bien que ce n'était pas une petite affaire, que les traductions à notre disposition, alors, n'étaient ni excellentes ni d'un maniement commode, que le recours au texte allemand ne m'a été conseillé que tardivement...

Ce que j'essaie, par ces remarques, de m'expliquer et d'expliquer aux autres, c'est que nous avons été des lecteurs tardifs de la pensée et des thèses de Marx, certes, mais au moins sans préjugé. L'ennui ou le miracle, c'est que nous les ayons lues directement, hors de la leçon des maîtres et des exégètes. Voyez la façon dont Joseph Schumpeter étudie la pensée de Marx dans son *History of Economic Analysis* (1954) — une vraie vivisection : Marx économiste, Marx sociologue, Marx historien... — alors que Marx est, dans sa pensée vivante, le mélange de ces « sciences » en ébauche, sous le signe d'une constante recherche de la globalité. Chez lui, le discours politique, sérieusement conduit, se mélange aux autres. Quelle leçon à ne pas oublier ! Si nos économistes et nos sociologues voulaient y réfléchir, ils ne seraient pas aussi aveugles aux leçons et processus du passé.

J'ai donc été sensible à ce jeu multiple. Et nullement tourmenté, oserai-je dire, par le plus léger souci d'orthodoxie. J'ai souvent dit par plaisanterie — mais c'est aussi une façon de s'expliquer — que je considérais *Le Capital* comme une thèse magnifique, qui aurait été soutenue devant une Sorbonne, impossible à imaginer, en 1867. Une thèse qu'un historien lira toujours avec profit. J'ai, dans cette œuvre hérissée de difficultés, cherché et trouvé mon bien, retenu les coïncidences qui me convenaient et m'ancraient dans mes propres convictions. Et surtout, le lisant, le souci de dresser la liste de ses erreurs ou de ses insuffisances ne m'a pas effleuré. L'idée de lui faire la leçon me paraît simplement cocasse.

Mais les mots et les thèses que j'ai acceptés, du fait même qu'ils entraient dans mes usages, ont pris un sens particulier et se sont bel et bien déformés. J'en suis conscient. En lisant le magnifique *Dictionnaire critique du marxisme*, paru aux Presses Universitaires de France, je m'amuse non pas à « critiquer » Marx, mais à me critiquer moi-même sur l'usage et l'abus que j'ai fait des mots que, sans le vouloir toujours, j'ai reçus de lui, puis remodelés un peu à ma guise. N'ai-je pas trahi Marx, par exemple, en utilisant tellement les mots d'infra- et de superstructure, en soutenant que les unes sont aussi importantes et aussi contraignantes que les autres, que même les superstructures de la politique, de la société, de l'économie, de la civilisation ont la vie dure ? Plus encore en reculant, au vrai en renâclant devant les « modes de production » ? Cependant, le mot par rapport auquel, si j'arrivais à tout mettre au clair, se mesurerait le mieux ma dérive, est celui de *praxis* que j'ai peu utilisé, me défiant de lui et de moi. Voici comment, à la rigueur et en laissant soigneusement la porte ouverte aux repentirs éventuels, je puis présentement, provisoirement, m'en expliquer.

D'abord, précisons que j'ai toujours été attentif par-dessus tout à ce que j'appellerai l'*histoire réelle*, celle qui se dessine, s'esquisse à mes yeux, quand je lis tel livre ou que je parcours telle série de documents. À ce moment-là, tout au plaisir de voir, je me laisse envahir par le spectacle. C'est ensuite qu'il faut le traverser et essayer de l'expliquer. Mais il est bien évident qu'on n'aborde pas une recherche historique sans s'être posé des questions préalables ; elles sont, en soi, une sorte de problématique qui, finalement, est mise à l'épreuve, confirmée, infirmée, déformée, selon que sa grille coïncide ou non avec le réel. Ainsi trois stades, *la* ou *les* problématiques (les échafaudages) ; l'histoire réelle ; l'explication *a posteriori*. Je voudrais appeler l'histoire réelle la *praxis*. Voilà qui n'est sans doute pas raisonnable. En tout cas, la problématique, quelle qu'elle soit, est derrière moi, au début du chemin. Je la perds quelquefois en cours de route. Pour un historien marxisant, et cela change beaucoup de choses, sa problématique est toujours devant lui, immuable, au-delà de la *praxis*.

Il y a bien une vingtaine d'années que j'ai travaillé, un mois durant, et avec délices, au British Museum. Marx l'a beaucoup fréquenté. Par amusement, en compagnie d'un de mes collègues anglais, aujourd'hui directeur du département d'histoire économique d'une grande université britannique, nous imaginions la possibilité, à la sortie, de rencontrer Marx. L'inviterions-nous au restaurant indien qui avait nos préférences ? S'il acceptait, s'il n'était pas trop bougon, quelles questions lui poserions-nous ? Notre embarras était grand. Non pour formuler nos interrogations. Mais pour imaginer au juste ses réponses. Je venais de lire avec plaisir un dialogue fictif entre Giovanni Gentile et Benedetto Croce, dû à Patrick Romanell (1946), une perfection. Pouvait-on imaginer un dialogue fictif, lui aussi, où Marx tiendrait un rôle que l'on inventerait pour lui ? Le jeu en valait-il la peine ? Aujourd'hui, avec la présentation systématique des œuvres de Marx, avec les inventaires dont nous disposons, la partie du dialogue à l'actif de Marx s'écrirait toute seule. Mais qui dialoguerait avec lui ? J'aurais posé la question à Lucien Febvre, ce que je n'ai jamais fait, qu'il m'aurait répondu : Pierre-Joseph Proudhon. Dialogue sincère, certes, mais qui risquerait de se perdre dans un conflit ancien. Si l'on voulait « actualiser » Marx — et ce serait le but — il faudrait lui trouver un partenaire d'aujourd'hui et qui fasse le poids. En Italie, Antonio Gramsci. Chez nous, personne peut-être en dehors de Jean-Paul Sartre. Mais Jean-Paul Sartre, qui avait une ouverture étonnante sur l'histoire, n'est pas un historien. Toutefois, pour faire face à Marx, un historien suffirait-il à faire le poids ? Marx n'est pas seulement un historien ; pas seulement un sociologue ; pas seulement un économiste ; pas seulement un politologue. Il avait à la fois le sens de la globalité et de la durée historiques. Et c'est pourquoi, cent ans après sa mort, il reste actuel. C'est pourquoi l'histoire, après lui, ne peut plus être ce qu'elle fut avant lui.

XIX

LE MONDE DE JACQUES CARTIER*

Benedetto Croce pensait que tout événement — même le plus humble — impliquait l'histoire entière du monde, ne s'expliquait que par elle.

Excellent précepte ! L'arrivée des deux petits navires (60 tonneaux, chacun) de Jacques Cartier, en juin 1534, au long des littoraux un peu déshérités, déjà en partie reconnus entre Terre-Neuve et Labrador, ce n'est cependant pas un événement à classer au niveau du fait divers. L'événement, discret en soi il est vrai, a eu des conséquences jusqu'à aujourd'hui. Or, tout événement est important qui laisse derrière lui une descendance. Raison de plus pour convoquer, autour de l'œuvre de Jacques Cartier qui commence alors, l'immense, la trop vaste histoire du monde, en présentant celle-ci comme une orchestration nécessaire, comme une couronne à tresser autour d'une vie discrète, à laquelle il importe de rendre sa signification, en esquissant l'explication qu'elle mérite.

Pour le succès de l'entreprise, il fallait saisir tous les flux de cette multiple histoire du monde, avant et après 1534.

Tout d'abord l'histoire traditionnelle à laquelle une place de choix a été réservée. Les grands de la scène historique nous sont donc présentés comme il convenait : Charles Quint qui, alors, a dépassé les hauts moments de sa carrière glorieuse ; François Ier ramené à un rôle second dont il s'obstine à s'évader ; Henri VIII, pris dans les remous de la Réforme dont il a précipité et détourné le cours, attentif cependant à l'équilibre ou au déséquilibre des puissances de l'Europe... Que les autres se divisent, il s'en réjouit.

---

* Introduction au *Monde de Jacques Cartier. L'aventure au XVIe siècle*, ouvrage collectif publié sous la direction de Fernand Braudel, Paris, Berger-Levrault, 1984.

Et derrière ces grands rôles, se présentent les « nations » déjà plus qu'esquissées, destructrices sûrement de l'unité de la Chrétienté, et qui vont transporter, sans tarder, leurs querelles fratricides jusqu'à l'autre rive de l'Atlantique.

Histoire importante, assurément, et qui obsède nos mémoires scolaires. Mais non pas la seule histoire à mettre en cause. Et c'est le mérite des éditeurs canadiens et français qui ont organisé ce livre, d'y avoir introduit toutes les formes de l'histoire dite *nouvelle*, au vrai toutes nos curiosités, toutes nos interrogations rétrospectives, de l'économique au social et aux mentalités, aux fantasmes de la pensée encore médiévale, aux règles de la vie quotidienne à Saint-Malo, à l'art de naviguer, pas si simple que cela !

Soit tout l'espace, soit tout le destin du monde, c'est beaucoup. Non pas beaucoup trop. Car les mises au point offertes sont brèves, précises, conduites avec le souci de suggérer, aussi nettement que possible le dernier mot de la recherche. Et toujours avec un sens heureux, *poétique*, de la mise en scène. Ce livre chante, ce livre explose en images multiples, est traversé de lumières. Il offrirait la matière d'une excellente séquence de télévision : vous tournez les pages, le film se déroule... Oui, une exceptionnelle réussite, assez rare pour qu'on la signale avec joie.

Les raisons des succès ibériques

L'histoire de l'Europe a basculé, de façon décisive, une quarantaine d'années avant le premier voyage de Jacques Cartier. Christophe Colomb, en 1492, découvrait l'Amérique, croyant découvrir l'Asie. Et avec lui, comme on l'a souvent dit, la Castille gagnait le Nouveau Monde à la loterie. Sans l'avoir mérité. Mais est-on sûr d'un jugement si péjoratif ? En tout cas, en 1497-1498, quand, à la suite des nombreux voyages des précurseurs, Vasco de Gama doublait le cap de Bonne-Espérance, touchait l'Inde à Calicut, puis revenait à Lisbonne, le Portugal recevait sa juste récompense : il ne l'avait pas gagnée à la loterie.

Alors faut-il, pour juger des succès des Ibériques, user de deux poids et deux mesures ? D'un côté l'effort, la ténacité, le mérite, de l'autre, le hasard pour une fois trop bon prince ?

Je n'accepte pas volontiers ce dernier jugement sur le triomphe espagnol — le premier, remarquez-le, de l'expansion européenne. Bien que je risque fort d'être seul de mon avis.

Frédéric Mauro soutient, dans ce livre, la thèse habituelle, celle de l'acte gratuit. Ai-je raison contre lui ? Et contre quelques autres ?

Je soutiens que l'accumulation de l'argent, de l'expérience marchande, que la transmission répétée des connaissances (science et technique), que les confluences qu'entraîne le capitalisme ont joué leur rôle. Or, longtemps à l'avance, à partir du XIIIe siècle finissant, se met en place, à travers l'Europe, un *circuit* privilégié des échanges, depuis l'Italie du Nord jusqu'aux Pays-Bas et des Pays-Bas vers Gênes, Milan, Venise et, moins facilement peut-être, vers Florence. Il s'agit d'un immense cercle tracé grossièrement et qui englobe une très large partie de l'Occident et la France en son entier. Ce cercle comporte deux parties. L'itinéraire *maritime* qui va de la mer Intérieure (Venise ou Gênes) jusqu'aux ports d'Espagne, Barcelone, Valence et qui, au-delà de Gibraltar, fait halte dans les ports de Séville et de Lisbonne, gagne la Manche par une navigation en droiture, s'arrête ensuite à Southampton, à Londres et parvient à Bruges, première forme brillante de ce que seront plus tard les fortunes d'Anvers, puis d'Amsterdam. À partir des Pays-Bas, le cercle se ferme par un faisceau de routes terrestres, qui gagnent les cols des Alpes, par la vallée du Rhin mais aussi, par Nuremberg, plus tard par Augsbourg et au-delà des routes montagneuses, débouche sur la plaine de l'Italie du Nord. Cette route terrestre profite, au passage, des mines d'argent d'Allemagne, importantes jusque vers 1530.

Ce cercle imparfait, dessiné sur la carte de l'Europe, met en lumière deux larges conséquences.

Première conséquence : les routes privilégiées touchent l'Espagne et le Portugal, animent, au passage, les deux pôles urbains qui seront les pivots des grandes découvertes de la première génération (l'Amérique et l'Inde) — deux villes, Séville et Lisbonne. Ainsi, l'argent, l'expérience marchande, les techniques de la navigation, l'esprit d'aventure, le capitalisme sont autant de biens accumulés en pays ibérique avant Christophe Colomb, avant Vasco de Gama. Vérité bien connue pour Lisbonne où la présence des marchands et navigateurs italiens a très tôt joué son rôle. Mais l'Espagne, elle aussi, est touchée par la même expérience. L'aventure maritime de la Castille ne part donc pas de zéro. Et, derrière elle, il y a eu par surcroît, la montée en force de l'économie et du gouvernement des Rois Catholiques. La prise de Grenade (1492) le prouve à elle seule.

Seconde conséquence, le cercle privilégié a mis la France hors jeu, en quarantaine. Auparavant, alors que l'Occident était sous le signe quasi exclusif des grands trafics par voie terrestre, la France a réalisé, chez elle, la jonction profitable de l'Italie et des Pays-Bas, au rendez-vous des foires de Champagne. La fin de la prospérité de ces grandes réunions marchandes — après 1297, quand les navires génois établissent la liaison régulière par eau de la Méditerranée à la mer du Nord — a entraîné la mise en place de la nouvelle circulation marchande. Dès lors, la France, au centre de l'Europe, s'est trouvée bel et bien à l'écart, plus qu'à moitié hors des trafics majeurs, des circulations privilégiées des marchandises précieuses, poivre, épices, monnaies, métaux précieux, lettres de change... Voilà qui aide à comprendre l'inertie première de la France au temps des Grandes Découvertes. Ne dites pas qu'elle a eu alors, pour tout expliquer, de *mauvais* rois : Louis XI a eu trop à faire pour reconstruire la France du dedans et, entre autres choses, il a eu la sagesse de ne pas se laisser tenter par l'Italie. Charles VIII et son entourage succombent au mirage et, en septembre 1494, la petite armée française franchissait les Alpes. Il aurait mieux fait, cent fois, de regarder vers l'Atlantique. Viser l'Italie, en 1494, peut-on dire que ce soit le mauvais chemin de l'histoire ? L'attrait d'un passé glorieux, mais arrivé en fin de course ? C'est courir après une ombre.

Il y a d'autres façons de voir et d'expliquer. Il suffira au lecteur de se reporter aux très belles pages de Henri Touchard — *Les Milieux d'affaires occidentaux et les découvertes* — et il verra que ses arguments tombent, comme boulets d'artillerie bien ajustés, sur mes explications. Faut-il le croire les yeux fermés ? Les faits qu'il évoque, les retours en arrière qu'il impose montrent l'épaisseur, les incertitudes, la complexité du problème. Il n'a pas tort de dire que les voyages de découverte n'ont pas exigé, au départ, des sommes d'argent comparables à l'armement de tels ou tels gros vaisseaux qui assuraient les trafics en Méditerranée ou sur le chemin de Bruges. Les découvreurs utilisaient de petits navires. En Bretagne, où ces petits vaisseaux sont légion, un voyage de découverte ne représentait pas en soi une impossibilité. Il demandait peu d'argent, c'est vrai. Encore en fallait-il, et pour des bénéfices aléatoires. Voilà qui est peu encourageant. C'est pourquoi on l'a finalement recherché auprès des gouvernements.

En fait, les circuits marchands, quels qu'ils soient, ont tendance à se maintenir en état, en principe ils ne sont pas novateurs. Si tel imposant navire de Gênes réunit, pour son armement, de gros capitaux, c'est qu'il implique un voyage normal avec, à son terme, un bénéfice assuré. Si en 1534, Jacques Cartier trouve difficilement, à Saint-Malo, les marins dont il a besoin, c'est que les marins préfèrent la pêche à la morue dont on connaît les bénéfices habituels, aux avantages, si avantages il y a, d'une aventure de découverte.

De même, il est vrai que l'Angleterre, face à la mer du Nord et à la Baltique, dans sa région la plus ouverte sur la mer, longtemps tourne le dos à l'aventure atlantique. Il est vrai aussi que les marchands de l'Allemagne du Sud sont engagés dans les mines du Tyrol et les liaisons avec Venise, qu'ils ont les yeux fixés vers le Sud : la fortune d'Anvers, suite du triomphe portugais, une fois acquise, ils se tourneront vers le nord, vers la ville de l'Escaut. Ces faits, vous le voyez, ne viennent pas aussitôt au secours de l'explication que j'ai avancée.

Et pourtant, la marge capitaliste de l'Europe existe bel et bien. Elle préexiste, j'y insiste, aux Grandes Découvertes. Le capitalisme est routine mais aussi expérience, connaissance, audace, même si cette étincelle est rare, elle peut être au rendez-vous. Tout a dépendu d'elle.

Mieux valait le Nord que le Sud de l'Amérique : est-ce une gageure ?

Quand la circumnavigation du globe s'achève en 1522, sans Magellan, mais sur sa lancée, l'essentiel des Grandes Découvertes n'est-il pas accompli ? Les jeux, les grands jeux sont faits. Le triomphe des Ibériques se met en place, s'étend, s'enracine, se consolide. En Amérique, l'Espagnol a pris la meilleure part, il tient les Antilles, il a conquis le Mexique des Aztèques (1519) ; treize ans plus tard (1532-33), le Pérou des Incas était atteint. Des populations denses, exploitables, mal défendues par des cultures plus brillantes que solides. Résultat tangible : la lente, la victorieuse mise en place de la *Carrera de Indias*, liaison maritime protégée entre la mer des Antilles et l'Espagne. La fortune du Roi Catholique grandit comme aujourd'hui celle des cheiks du pétrole. Le Portugais, cependant, fait fortune en Asie, mais s'y heurte à des populations autrement denses, à des civilisations autrement solides que celles qu'exploite l'Espagnol dans le Nouveau Monde. En Amérique, le Portugais dispose aussi de l'immense Brésil, à peu près vide, qu'il occupe mal mais qu'il réussit à interdire aux marchands de Dieppe et à leurs navires qui chargent du bois de teinture — le *pau brasil* — sur les côtes du Cabo Frio ou dans la baie de Guanabara où Rio de Janeiro étale aujourd'hui ses océans de gratte-ciel.

L'Europe non ibérique considère avec convoitise le succès des premiers arrivés. Se glisser dans la place qu'ils occupent n'est pas facile, elle est bien gardée. Espagnols et Portugais tiennent les îles de l'océan médian, indispensables aux voyages d'aller et de retour — Madère, les Canaries, les Açores. C'est à leur service autant de sentinelles, de places fortes, de navires immobiles... Même l'énorme France ne réussit pas à sauvegarder ses chances et ses entrées au long du littoral du Brésil. Le minuscule Portugal, en marge des querelles de l'Europe où la France s'enfonce, réussit à faire bonne garde. Bref, il ne reste à l'Angleterre et à la France que la partie nord de l'océan — la mer la plus raboteuse qui soit au monde et, au-delà de ses tempêtes, la partie la moins attrayante du continent américain pour des découvreurs : pas de perles, pas de métaux précieux, au plus quelques rares esclaves...

C'est dans cette immensité septentrionale que se situe la seconde conquête de l'Atlantique, abandonnée aux pauvres, les secondes découvertes.

Celles-ci commencées, bien avant Jacques Cartier, par une série de précurseurs et que l'on ne connaît pas tous, loin de là. Le premier d'entre eux est sans doute Jean Cabot, un Génois de naissance, naturalisé citoyen de la République de Venise, installé à Bristol, et qui part de cette ville, en mai 1497, étant de retour, le 10 juin, sans qu'on sache exactement l'itinéraire qui fut le sien au cours d'un voyage extrêmement court. Il ne devait pas revenir d'un second voyage commencé à la fin du printemps 1498. C'est un Portugais qui découvre le Labrador, en 1500, et y conduit des Anglais de Bristol, en 1501. D'autres Portugais découvraient Terre-Neuve et le Groenland. Plus tard, en 1520, un Portugais encore qui mériterait d'être célèbre, João Alvarez Fagundes, découvre l'île du Cap-Breton, pousse la reconnaissance des côtes de la Nouvelle-Écosse jusqu'à la baie de Fundy. L'expédition du Florentin Verrazano, au service de François Ier, commence comme une entreprise de marchands capitalistes, mais le roi de France s'y intéresse : la flotte part de Dieppe, au début de l'été 1523. Le premier voyage de Verrazano, un vrai roman, aboutit à une reconnaissance d'une large partie de la côte actuelle des États-Unis et notamment dans un endroit « fort agréable » qui n'est autre que le site où s'élèvera New York et où l'Hudson débouche sur l'océan... Le 8 juillet 1524, l'expédition touche à nouveau la France et le Florentin expédie à François Ier et à ses commanditaires de Lyon et de Rouen le récit de sa mission, qui aurait pu servir de cadre à « une politique coloniale cohérente » de la France. Mais François Ier part alors vers le sud pour défendre la Provence envahie et 1525 sera l'année désastreuse de Pavie. Il est même fort probable que « François Ier n'ait jamais lu le rapport de Verrazano... ». Deux autres voyages du Florentin, qui périt, en 1528, dévoré par des Indiens cannibales, puis un quatrième conduit par son frère, Girolamo, des voyages nouveaux d'Espagnols et d'Anglais, des progrès s'ajoutant les uns aux autres, des littoraux, des îles et des baies que l'on baptise et que les cartographes situent, comme ils peuvent, sur leurs relevés approximatifs — tout cela n'aboutit à rien sur le plan d'une colonisation possible. L'espoir de trouver un chemin vers les Indes s'efface. Le continent américain ne se termine-t-il pas vers le nord par une énorme épaisseur de terre et des immensités de glaces polaires ?

Cependant, dès 1504 ou 1506, les bancs à l'est et au sud de Terre-Neuve sont découverts par les pêcheurs de Bretagne, de Normandie et des autres pays européens, notamment les Basques, marins admirables, harponneurs de baleines jusque sur les côtes du Brésil bahianais et qui seront, plus tard, retirés de Terre-Neuve et de leurs liaisons anciennes avec les Flandres par leur insertion grandissante et nécessaire dans la *Carrera de Indias*. Alors l'Europe commence à manger de la morue apportée, chez elle, par les navires du Nord. En vérité, une très grande aventure. Une manne pour les riches et les pauvres d'Europe.

Les pêcheurs ont découvert, popularisé la route de l'Atlantique Nord que les avions, aujourd'hui, suivent exactement entre l'Europe et l'Amérique, comme un élève suit la leçon du maître. Deux ou trois fois favorisé par l'heure et la saison, du haut de l'avion, j'ai vu, comme bien d'autres voyageurs, les neiges et les rivages de Terre-Neuve. Quel malheur que l'escale ne soit plus obligatoire, comme hier !

Avouez, cependant, qu'on aurait bien surpris les experts et les doctes cartographes d'Italie ou d'Allemagne, si on leur avait annoncé que cette route (ces rivages mal peuplés, ces pays où l'hivernage était terrible et où pullulaient les oiseaux) serait l'une des grandes voies, la plus grande voie du monde aujourd'hui jusqu'à nouvel ordre.

Bien plus tard, les princes de la politique française, vers 1762, l'auraient-ils compris ?

Le meilleur du spectacle

Si le lecteur me permet de revenir au projet d'une transposition à l'écran de la télévision des pages de ce livre, il me facilitera une conclusion d'ensemble. La télévision est, en soi, une épreuve, la nécessité de choisir, de retenir les images et explications qui peuvent passer la rampe alors que les autres, si importantes et curieuses soient-elles, sont mises à l'écart si elles n'ont pas cette qualité de toucher le spectateur.

Dans le cas qui nous intéresse, il me semble que *tout* pourrait être retenu. Aussi bien les navires qu'évoque, au milieu du livre, Jacques Bernard, que le Marco Polo que Michel Mollat du Jourdin présente dans ses premières pages. Le plus difficile serait, sûrement, d'introduire Jacques Cartier dans sa vérité. Sans multiplier les coups de pouce, en recourant aux documents figurés, aux lectures, aux itinéraires que l'on peut reconstituer, aux rivages, aux îles, ou du moins à certains rivages, à certaines îles encore peuplées aujourd'hui d'oiseaux surabondants, l'œuvre, sinon le personnage, serait remise en place, rapprochée de nous.

Le plus facile et le meilleur du programme, sa splendeur, ce serait évidemment le Canada lui-même, ses rivages sur l'océan, le golfe du Saint-Laurent que remontaient encore, au XVIIIe siècle, les troupeaux de baleines, le fleuve lui-même, les forêts, la neige, l'immensité... Je m'acharnerais aussi à suivre, à développer le thème magnifique que présente Norman Clermont sur l'Amérique indienne du Nord : ces peuples de la chasse et de la cueillette, ces peuples que la culture du maïs et la pêche commencent à enraciner, ces populations au bord de la culture et à qui l'histoire ne va pas donner le temps et la possibilité de s'épanouir. Rêver à tout ce qui ne s'est pas produit. Voir aussi ce que l'Europe, dont la France, va construire, sans le prévoir à l'avance. Voir le Québec d'aujourd'hui que nous aimons. Chance fantastique que nous n'avons pu saisir et défendre hélas ! Pour moi, un regret, un remords aussi. Comme si j'étais responsable de ce destin manqué. Mais faire vivre ce lien de la France et du Québec que personnifie Jacques Cartier, héros retrouvé, aperçu, témoin d'une identité qui nous rattache si fortement à la France vivante d'outre-Atlantique.

POUR CONCLURE

À la fin de 1979, la rédaction du Monde *posa à Fernand Braudel la question suivante : « Comment voyez-vous les années quatre-vingt ? » Il y répondit par l'article qui suit et qui nous a semblé être une conclusion évidente tant à ce volume qu'à l'ensemble des trois tomes des* Écrits *de Fernand Braudel.*

LAISSONS BONDIR LES EAUX VIVES *

Dix ans, pour un individu, quel que soit son âge, c'est beaucoup : pour un ministère, ce serait une durée plus qu'anormale ; mais, pour la masse d'hommes qu'est la France, c'est au plus un instant. Pierre Chaunu dirait un clin d'œil. Alors, si les catastrophes apocalyptiques qui restent à l'horizon du monde nous épargnent encore, si les supergrands continuent à se battre par petits peuples, par gladiateurs interposés, la France, en principe, n'aura pas changé en 1990, malgré les coups de pouce qui semblent décisifs sur le moment et qui, au vrai, ne changent rien radicalement. Cela, c'est la première réponse de l'historien.

Mais la seconde, qui contredit partiellement la première, c'est que la France, en même temps que tout le monde industrialisé, va être fortement, anormalement, sollicitée de changer en raison de la crise économique profonde où nous nous trouvons. Une crise que nous ne comprenons pas bien, la faillite sur ce point des économistes et de l'économie politique est patente. À quelques exceptions près, chacun attend que le problème s'éclaircisse de lui-même pour oser parler d'une réalité qui se moque de nous et de tous les responsables qui sont aux postes de commande.

Il est vrai que cette crise est sans commune mesure avec celle de 1929. Celle-ci fut dramatique, tonitruante, et relativement courte. Celle-là est sans visage, insistante comme un reflux lent de la mer, et j'ai pensé, dès ses débuts, qu'elle serait longue. Elle m'apparaît, en effet, comme une de ces régressions, largement étalées dans le temps, que le monde occidental a connues périodiquement, à de longs intervalles, au XVe siècle, au XVIIe, au XIXe,

---

* *Le Monde*, 13 janvier 1980.

au lendemain, toujours, de puissantes montées économiques, comme si le moteur, finalement détraqué ou incapable de suivre la croissance, se mettait à tourner à vide.

Si je me trompe pas dans mon diagnostic, si nous sommes bien dans une de ces crises-là, alors, par la force des choses, il faudra bien s'adapter à elle, oublier les facilités des années précédentes, des « trente glorieuses », comme les appelle Jean Fourastié, et faire, aussi vite que possible, l'effort d'innover et encore innover. Car l'innovation a toujours été le seul remède, la seule porte de sortie des grandes pannes structurelles du passé. Peut-être sommes-nous malades d'une technique enfermée en elle-même et qui ne répond plus aux besoins de notre société. Il faut qu'elle accepte une mutation.

Et c'est là que se pose la question : l'organisation économique actuelle de la France est-elle facilement adaptable à ce changement de cap ? Elle s'est développée précisément pendant les trente années « glorieuses » qui ont été pour nous le temps d'une croissance particulièrement rapide. Même bien plus rapide qu'ailleurs. De sorte que, plus qu'ailleurs, notre appareil économique, à l'étage des décisions (qu'il s'agisse du secteur d'État ou du secteur privé, de l'administration, de la production ou du crédit), sacrifie à un sens du grandiose qui risque, chaque jour davantage, d'être paralysant. L'Airbus, par miracle, a succédé à Concorde. Mais qui nous délivrera de la politique monopolistique de l'E.D.F., de l'aide gouvernementale et bancaire aveuglément réservée à la grosse entreprise, du carcan administratif de la recherche ?

Et je ne parle pas dans le vague. En période de mutation technique, c'est de la base, des individus, de simples techniciens, ou de petits groupes d'ingénierie, plus libres que d'autres, que partent les solutions et réponses efficaces. Pour ne parler que de l'énergie, si le nucléaire est une nécessité inéluctable, il y a aussi la géothermie, le gaz végétal, les éoliennes, les turbines au fil de l'eau, l'énergie solaire, demain peut-être des moteurs révolutionnaires. Autant de petits moyens, qui seraient tout de même un énorme apport s'ils étaient multipliés par centaines de milliers, une fois vérifiée l'efficacité des modèles offerts.

Je souhaite donc que la politique gouvernementale change totalement sur ce point. Je souhaite aussi que les petites entreprises cessent d'être poursuivies par le fisc et les banques, lesquelles se multiplient sous nos yeux et sont incapables de faire vivre à l'aise les trésoreries d'entreprises très saines — que les étrangers d'ailleurs achètent et dont ils savent tirer bénéfice, jouissant du crédit de leurs pays d'origine. Et si, comme les études le montrent, comme l'exemple italien le prouve, la petite entreprise était, aujourd'hui, la plus forte créatrice d'emplois ?

Une autre leçon de l'histoire sur les crises longues, c'est que, généralement, elles mettent à l'épreuve les hégémonies mondiales. Depuis cinquante ans au moins, les États-Unis sont au centre du monde, vivifiés par cette position dominante. New York a remplacé Londres, qui, il y a deux siècles, avait remplacé Amsterdam. Alors une question se pose avec acuité : les États-Unis vont-ils conserver leur domination matérielle ? En tout cas, ils la défendront, chercheront à répercuter sur autrui les fruits amers de la régression. Aucun doute : ils ont quelques chances d'y réussir. Avant tout, peut-être, faute d'un autre candidat valable. L'Europe, dans ses querelles nationalistes d'une médiocrité criante, n'a aucune chance de récupérer le centre vivifiant du monde. Et la France, malgré ses dons, son ardeur au travail, son génie propre, restera dans la troupe des brillants seconds, à l'intérieur même de l'Europe.

Mais, être les seconds en Europe, c'est encore être du nombre des privilégiés, aussi longtemps au moins que l'Occident gardera ses privilèges. Il est certain que ceux-ci lui sont disputés. Ils sont à défendre, mais aussi à mériter par une efficacité éclatante. Si notre gouvernement voulait y prendre garde, il créerait dès demain un ministère de l'Innovation, avec une Académie de l'Innovation largement ouverte aux communications scientifiques et techniques, de n'importe quel citoyen, comme le fut l'Académie des Sciences à sa grande époque, à la veille de la Révolution industrielle. Il y a, en France, un large public de gens compétents, ingénieux, qu'on n'écoute pas.

L'évolution économique est une chose, l'évolution des modes de vie, de la culture, des mentalités, une autre chose. Que nous réservent, sur ce plan, les dix années qui viennent ? Moins de changements sans doute, car en ces domaines les évolutions sont beaucoup lentes que sur le terrain de l'économie. Et, d'autre part, nous avons derrière nous cette fois, tout récents, accomplis au souffle des « Trente Glorieuses », un certain nombre de changements importants s'ils ne sont pas encore complètement incorporés à notre société. Nous avons ainsi perdu tout nationalisme agressif ; les accords d'Évian, en 1962, ont sonné le glas d'une histoire batailleuse, nous voilà en chômage de gloire et d'agression.

Il y a eu aussi, depuis 1945, un glissement de nos valeurs culturelles. De 1919 à 1939, la France avait été, plus qu'on ne le dit d'ordinaire, un centre international des arts et des lettres. La royauté aujourd'hui est passée chez nous aux sciences de l'homme. Et je ne crois pas absurde de soutenir que nous gardons une certaine primauté dans ces sciences incertaines et décisives, qui constituent une révolution intellectuelle dont l'ampleur échappe peut-être à nos contemporains. Non que nous possédions les meilleurs sociologues, les meilleurs philosophes, les meilleurs économistes, les meilleurs géographes, les meilleurs historiens..., mais nous avons le meilleur ensemble, en somme le meilleur orchestre. Et je pense même que l'humanisme de nos formations universitaires nous aide à tenir ce rang.

Malheureusement, les prééminences de ce genre sont de précaires superstructures. Les sciences de l'homme, suspectes d'être aux mains de révolutionnaires, sont tenues en suspicion. Leurs crédits sont dérisoires (moins, calculait-on hier, que les dépenses pour les animaux de laboratoire de nos centres scientifiques !).

Enfin que nous prépare la décomposition maladroite de notre enseignement secondaire, d'où l'humanisme a bel et bien été chassé, de même que l'histoire, cette gêneuse, et où la mathématique nouvelle, qui vient d'empoisonner l'école, est devenue la barrière unique et absurde des études ?

Au chapitre des changements culturels encore en gestation, il y a les suites de printemps éblouissants bien qu'ils n'aient pas duré, le printemps de Prague, le printemps de mai et juin 1968, l'extraordinaire printemps de Jean XXIII qui a rajeuni d'un seul coup la vieille Église romaine. Les révolutions culturelles semblent échouer, peut-être parce que, très souvent, elles ont dépassé leurs propres buts dans un premier mouvement. Mais, ensuite, elles germent, elles « lèvent » comme dit Claude Manceron. La société conservatrice, depuis 1968, s'est refermée frileusement sur elle-même ; l'État mammouth l'appuie de toute sa force.

Rien n'aurait-il bougé ? 1968 n'aurait-il été qu'une mode d'un instant, destinée à laisser seulement le souvenir de quelques années de vie universitaire débraillée (et, il faut le dire, de niveau médiocre) ou des barbes et longues chevelures d'une jeunesse qui répète, en sens inverse, la révolution de 1968 a bien eu lieu, dans la mesure même où celle-ci est entrée dans les mœurs. Ce qui ne changera plus de sitôt, c'est, dans *tous* les milieux sociaux, la précocité, la liberté accrue, la vie sexuelle, les mariages à l'essai !... Qu'en un certain sens (pas dans tous les sens) ce soit une libération, c'est la conclusion de Luigi Aurigemma, psychanalyste, élève de Jung, qui constate que ses patients, aujourd'hui, ne se plaignent guère de conflits sur le plan sexuel. Leurs problèmes n'ont pas disparu : ils exposent à leur analyste des inquiétudes métaphysiques... Donc Dieu, malgré ce que l'on répète, n'est pas mort. Reviendrait-Il ?

Je suis de ceux qui voudraient laisser à toute expérience jeune le droit de vivre ou de mourir d'elle-même. Je crois rétrospectivement que Rome a commis, en 1517, une erreur sans nom en n'acceptant pas le « printemps » de Luther. Et j'ai peur que le Vatican ne répète cette erreur. Oserai-je dire, moi qui ne pratique point, que l'Église a aussi refusé, plus ou moins, le printemps de Jean XXIII ? Au risque, que nous ressentirons en France plus que partout ailleurs, de transformer l'élan initial en hostilités, et de couper l'Église en deux. J'ai le goût des eaux vives. L'avenir à court terme et à long terme leur appartient. À condition de les laisser bondir. Mais cette sagesse de l'histoire, est-ce la sagesse des nations ?

ANNEXES

BIBLIOGRAPHIE GÉNÉRALE
DES ŒUVRES DE FERNAND BRAUDEL*

1922-1923

Livre
Les Trois Premières Années de la Révolution à Bar-le-Duc, D.E.S., 1922, publié en feuilleton dans *Le Réveil de la Meuse*, en 1922-1923. Réédité en 1989, Dossiers Documentaires Meusiens.

Texte
La Paix de Vervins, 1922, travail rédigé sous la direction d'Émile Bourgeois. Manuscrit perdu.

1927

Comptes rendus
Compte rendu de Charles Tailliart, *L'Algérie dans la littérature française*, 1925 (*Revue africaine*, 1927, pp. 123-127).
« Quelques livres d'histoire sur le XVIᵉ siècle espagnol » (*Revue d'histoire moderne*, 1927, pp. 367-372) [Comptes rendus de R. B. Merriman, *The Rise of the spanish Empire*, I ; Louis Bertrand, *Sainte Thérèse* ; Jean Baruzi, *Saint Jean de la Croix et l'expérience mystique*].

1928

Article
« Les Espagnols et l'Afrique du Nord de 1492 à 1577 » (*Revue africaine*, 1928, pp. 184-233 et 351-428) ; thèse secondaire.

Compte rendu
Compte rendu de Christian Schefer, *La Politique coloniale de la monarchie de Juillet. L'Algérie et l'évolution de la colonisation française*, Champion, 1928 (*Revue africaine*, 1928, pp. 458-462).

1929

Textes
« Discours du Bastion de France et des commodités qui s'en peuvent retirer et de l'état et considération des Maures, par Sanson Napol-

---

* Sont évidemment exclues de cette bibliographie les traductions.

lon ». Transcription du texte par F. Braudel (*Bastion de France*, n°1, 15 août 1929, pp. 6-10).

Rapport adressé en mars 1929 à M. Charléty, recteur de l'Académie de Paris et président du comité de la Bourse Jules Ferry, sur les recherches menées dans les archives espagnoles pendant l'été 1928 pour la préparation de la thèse sur la Méditerranée.

1930

Contribution

« Le retour de Philippe II en Espagne (1559) ». Résumé d'une intervention lors du Congrès national des sciences historiques tenu à Alger, 14-16 avril 1930. (Actes publiés par la Société historique algérienne, Alger, 1932, pp. 82-85).

Articles

« L'histoire de l'Algérie et l'iconographie » (*Gazette des Beaux-Arts*, 1930, pp. 388-409).

« Pietro Egidi, 1872-1929 » (*Revue d'histoire moderne*, 1930, p. 159).

Comptes rendus

Compte rendu de Gabriel Esquer, *Iconographie historique de l'Algérie depuis le XVIe siècle jusqu'en 1871*, 3 albums, 1929 (*Revue africaine*, 1930, pp. 458-462).

Compte rendu de Gabriel Esquer, *Les Commencements d'un Empire. La prise d'Alger (1830)*, 2e éd. 1929 (*Revue africaine*, 1930, pp. 166-167).

Compte rendu de Jean Garoby, *Le Chef-d'œuvre colonial de la France, l'Algérie 1930* (*Revue africaine*, 1930, p.174).

Compte rendu du livre de G. Saint-René Taillandier, *Les Origines du Maroc français (1901-1906). Récit d'une mission*, Plon, 1930 (*Revue africaine*, 1930, pp. 398-403).

Compte rendu d'André-E. Sayous, *Le Commerce des Européens à Tunis depuis le XIIe siècle jusqu'à la fin du XVIe. Exposé et Documents*, 1929 (*Revue africaine*, 1930, pp. 412-414).

Compte rendu de Charles Monchicourt, « Dragut, amiral turc (mai 1551-avril 1556) », dans la *Revue tunisienne*, 1930 (*Revue africaine*, 1930, pp. 419-420).

Compte rendu de Jacques Debu-Bridel et Marcel Benoist, *La guerre qui paie. Alger 1930*, Prométhée, 1930 (*Revue africaine*, 1930, pp. 423-424).

Compte rendu de Jules Mazé, *La Conquête de l'Algérie*, s.d. (*Revue africaine*, 1930, p. 423).

Compte rendu de l'*Annuaire 1927-1928*, publié par l'Amicale des étudiants musulmans de l'Afrique du Nord, 1928 (*Revue africaine*, 1930, p. 428).

Compte rendu de Max Meyerhof, *Le Monde islamique*, 1930 (*Revue africaine*, 1930, p. 429).

Compte rendu du livre de F. Redon, *L'Algérie en 1930*, Alger, Carbonel, 1930 (*Revue africaine*, 1930, p. 429).

Compte rendu de Gabriel Esquer, *Un Saharien. Le colonel Ludovic de Polignac (1827-1904)*, Émile Paul, 1930 (*Revue africaine*, 1930, pp. 417-419).

1931

Contribution
« Les Espagnols en Algérie 1492-1792 », chapitre IX de *Histoire et Historiens de l'Algérie*, 1931, pp. 231-265.

Comptes rendus
« La découverte de l'Algérie et la peinture française au XIXe siècle d'après un livre récent », compte rendu de Jean Alazard, *L'Orient et la peinture française au XIXe siècle. D'Eugène Delacroix à Auguste Renoir*, Plon, 1930 (*Revue africaine*, 1931, pp. 102-110).
Compte rendu de G. de Reparaz (fils), *La Epoca de los grandes escubrimientos españoles y portugueses* (*Revue historique*, 1931, pp. 390-391).
Compte rendu de Marcel Bataillon, « Les Portugais contre Érasme à l'Assemblée théologique de Valladolid, 1527 », dans *Miscellanea de Estudios en honra de D. Carolina Michaelis de Vasconcellos* (*Revue historique*, 1931, pp. 414-415).
Compte rendu de Gabriel Boussagol, *Anthologie de la littérature espagnole des débuts à nos jours*, Delagrave, 1931 (*Revue historique*, juillet-août 1931, pp. 414-415).
Compte rendu de l'article d'Earl J. Hamilton, « Monetary inflation in Castille, 1598-1660 », dans *Journal of Economic and Business History*, 1931 (*Revue historique*, 1931, pp. 387-389).
Compte rendu de Gonzalo de Reparaz fils, *Catalunya a les mars. Navegants, mercaders i cartografs catalans de l'Edat Mitjana i del Renaixement*, 1930 (*Revue historique*, septembre-octobre 1931, pp. 170-171).
Compte rendu de Gonzalo de Reparaz, *La Constitución natural de España y las de papel*, 1928 ; *Geografía y política. Veinticinco lecciones de historia naturalista*, 1929 ; *Demolicion y reconstruccion. Hombres y hechos. Doctrinas*, 1930 (*Revue historique*, pp. 171-173).

1932

Compte rendu
Compte rendu de Charles-André Julien, *Histoire de l'Afrique du Nord*, Payot, 1931 (*Bulletin de la Société des professeurs d'histoire et de géographie de l'enseignement public*, juin 1932, pp. 297-298).

1933

Article
« À propos de l'*Histoire de l'Afrique du Nord* de Ch.-André Julien, 1931 » (*Revue africaine*, 1933, pp. 37-53).

Compte rendu
Compte rendu des *Annales de la faculté des Lettres de Bordeaux et des universités du Midi : Bulletin hispanique*, octobre-décembre 1932 (*Revue historique*, janvier-février 1933, p. 249).

1934

Compte rendu
Compte rendu de la *Chronique de Santa-Cruz du Cap de Gué (Agadir)*, texte portugais du XVIe siècle, traduit et annoté par Pierre de Cénival, 1934 (*Revue historique*, 1934, pp. 339-340).

1935

Articles
« Cartographia do Mundo actual » (*O Estado de São Paulo*, 19 mai 1935).
« O isolamento intellectual dos povos » (*O Estado de São Paulo*, 9 juin 1935).
« Anatole France et l'histoire » [I et II] (*O Estado de São Paulo*, 10 et 17 novembre 1935).

Comptes rendus
« La prépondérance espagnole d'après un ouvrage récent », compte rendu de Henri Hauser, *La Prépondérance espagnole, 1559-1660*, Alcan, 1933 (*Revue de synthèse*, février 1935, pp. 55-60).
Compte rendu de Bernard de Meester, *Le Saint-Siège et les troubles des Pays-Bas, 1566-1579*, Louvain, 1934 (*Revue historique*, mai-juin 1935, pp. 589-590).
Compte rendu d'Albert Girard, *Le Commerce français à Séville et Cadix au temps des Habsbourg. Contribution à l'étude du commerce étranger en Espagne aux XVIe et XVIIe siècles*, 1932 ; idem, *La Rivalité commerciale et maritime entre Séville et Cadix jusqu'à la fin du XVIIIe siècle*, 1932 (*Bulletin de la Société des professeurs d'histoire et de géographie de l'enseignement public*, 1935, pp. 300-304).

1936

Articles
« Conceito de Pais Novo » (*Filosofia, Ciencias*, 1936, pp. 3-10).
« O ensino da historia : suas directrizes » (*Annuario da faculdade de filosofia, ciencias e letras de la universidade de São Paulo*, 1936, pp. 113-121).

Conférence
Pedagogia da historia, prononcée à l'Instituto di Educação en 1936, publiée dans *Archivos do Instituto de Educação*, puis dans la *Revista de historia*, ano VI, n° 23, São Paulo, juillet-septembre 1955.

Comptes rendus
Compte rendu de Francesco Guicciardini, *Diario del viaggio in Spagna*, 1932 (*Revue historique*, mars-avril 1936, pp. 478-479).
Compte rendu de Roger B. Merriman, *The Rise of the Spanish Empire in the Old World and in the New* ; t. IV : *Philip the Prudent*, 1934 (*Revue historique*, juillet-août 1936, pp. 78-84).
Compte rendu de Bernardino Llorca, « Die spanische Inquisition und die "Alumbrados", 1509-1667 », (*Revue historique*, septembre-octobre 1936, p. 328).
Compte rendu de Gabriel Hanotaux, *Richelieu et le duc de la Force* (*O Estado de São Paulo*, 10 novembre 1936).

1937

Articles
« Bahia » [I et II] (*O Estado de São Paulo*, 20 et 24 octobre 1937).

Comptes rendus
Compte rendu de deux volumes de *Spanische Forschungen der Görresgesellschaft*, I., publiés en 1931 et 1933 (*Revue historique*, janvier-mars 1937, pp. 159-161).
Compte rendu de Pierre Paris, *Promenades archéologiques en Espagne. Le musée archéologique de Madrid*, 1936 (*Revue historique*, avril-juin 1937, pp. 425-426).
Compte rendu de Franco Borlandi, *El Libro di mercadantie ed uzanze de'paesi*, Turin, 1936 (*Revue historique*, octobre-décembre 1937, pp. 323-324).
Compte rendu de Paul Mérimée, *L'Influence française en Espagne au XVIIIe siècle*, 1936 (*Revue historique*, octobre-décembre 1937, p. 426).

1938

Comptes rendus
« Dans les Espagne d'avant la Reconquête », à propos de Henri Pérès, *La Poésie andalouse classique au XIe siècle. Ses aspects généraux et sa valeur documentaire*, 1937 (*Annales d'histoire économique et sociale*, 1938, pp. 333-335).
« Les jésuites au Brésil », compte rendu de Robert Ricard, « Les jésuites au Brésil pendant la seconde moitié du XVIe siècle (1549-1597). Méthodes missionnaires et conditions d'apostolat », dans la *Revue des missions*, 1937 (*Annales d'histoire économique et sociale*, 1938, pp. 477-478).
« En Algérie : problèmes généraux et problèmes d'Oranie », comptes rendus des ouvrages de E. Albertini, A. Berque, R. Lespès, etc. (*Annales d'histoire économique et sociale*, 1938, pp. 509-512).
Compte rendu de l'abbé Pierre Jobit, *Les Éducateurs de l'Espagne contemporaine. I : Les Krausistes*, 1936 ; II. *Lettres inédites de D. Julian Sanz del Rio*, 1936 (*Revue historique*, avril-juin 1938, pp. 362-365).
Compte rendu de A. Farinelli, *Guillaume de Humboldt et l'Espagne. Goethe et l'Espagne* (*Revue historique*, avril-juin 1938, pp. 375-376).
« Turquie », compte rendu de N. Iorga, *Ospiti Romeni in Venezia 1570-1610*, Bucarest, 1932 (*Revue historique*, avril-juin 1938).
Compte rendu de Robert Brunschvig, « Un document sur une princesse hafside de la fin du XVIe siècle », *Revue africaine*, 1937 (*Revue historique*, octobre-décembre 1938, p. 356).
Compte rendu de Jacques Berque, *L'Algérie terre d'art et d'histoire*, 1937 (*Revue africaine*, 3e et 4e trimestres 1938, p. 393).

1939

Comptes rendus
Compte rendu de Giacomo Bosio, *I Cavalieri gerosolimitani a Tripoli negli anni 1530-1551*, 1937 ; Ettore Rossi, *Il Dominio degli Spagnoli e dei Cavalieri di Malta a Tripoli (1530-1551), con appendice di documenti dell'Archivio dell'Ordine a Malta*, 1937 (*Revue historique*, 1939, janvier-mars, pp. 173-174).

Compte rendu de Ricardo Levene, *Les Origines de Buenos Aires et le sens de son évolution historique. La conquête de l'Amérique et du Rio de La Plata et le premier cycle de son histoire*, 1937 (*Revue historique*, janvier-mars 1939, p. 188).
Compte rendu de G. Delpy, *L'Espagne et l'esprit européen. L'œuvre de Feijoo, 1725-1760*, Hachette, 1936 (*Revue historique*, janvier-mars 1939, pp. 374-376).
Compte rendu de Henri Hauser, Auguste Renaudet, *Les Débuts de l'âge moderne. La Renaissance et la Réforme*, Alcan, 1938 (*Revue historique*, juillet-septembre 1939, p. 173).
Compte rendu de M. Canard, *La Guerre sainte dans le monde islamique et dans le monde chrétien* (*Annales d'histoire sociale*, 1939, p. 455).
« Bibliographie sur l'Amérique latine » (*Annales d'histoire sociale*, 1939, pp. 73-75).
Note sur les deux premiers volumes de la *Revista de Economia e Estatica*, 1938 avec des articles de Jorge Kingston, « A concentraçao agraria em São Paulo et de Pedro Barreto Falcoa, Intensidade economica das zonas geograficas brasileiras » (*Annales d'histoire sociale*, 1939, p. 464).
Note sur l'apport des immigrants à la main-d'œuvre dans l'État de São Paulo, d'après le *Boletim da directoria de terras, colonizaçao e immigraçao*, n° 1 (*Annales d'histoire sociale*, 1939, p. 464).
« Espagne », compte rendu de Reginald Trevor Davies, *The Golden Century of Spain 1501-1621*, 1937 (*Revue historique*, octobre-décembre 1939, p. 326).
Compte rendu de Pedro Calmón, *Historia de la civilización brasileña*, 1937 ; Francisco José de Oliveira Vianna, *Evolucion del pueblo brasileño* ; Eucycles da Cunha, *Os Sertoes* (*Revue historique*, octobre-décembre 1939, p. 329).
Compte rendu de Karl Julius Beloch, *Bevölkerungsgeschichte Italiens*, t. I (*Revue historique*, octobre-décembre 1939, p. 413).
Compte rendu d'Arsenio Frugoni, *Alessandro Luzzago e la sua opera nella controriforma bresciana*, 1937 (*Revue historique*, octobre-décembre 1939, p. 414).

1940

Comptes rendus
« Un bon recensement des publications historiques récentes », compte rendu de *Storiografia dei paesi balcanici* (*Annales d'histoire sociale*, 1940, p. 59).
« Un patricien à Venise », compte rendu de Roberto Cessi, *Alvise Cornaro e la bonifica veneziana nel secolo XVI*, Rendiconti della Reale dei Lincei, Classe di Science morali, storiche e filologiche (*Annales d'histoire sociale*, 1940, pp. 71-72).
« Portugal », compte rendu de *Cartas da rainha D. Marina Vitoria para a sua familia de Espanha, que se encontram nos arquivos historicos de Madrid e geral de Simancas*, ed. par Caetano Beirao (*Revue historique*, janvier-mars 1940, pp. 152-153).
Compte rendu de Edgar Prestage, *Portugal and the war of the Spanish Succession. A Bibliography with some diplomatic documents*, Londres, 1938 (*Revue historique*, janvier-mars 1940, p. 153).
Compte rendu de *Die Korrespondenzen Österreichischer Herrscher*.

Korrespondenz Ferdinands I, Ire partie, Vienne, 1937 (*Revue historique*, juillet-septembre 1940, pp. 452-453).

1943

Compte rendu
« À travers un continent d'histoire. Le Brésil et l'œuvre de Gilberto Freyre », compte rendu de Gilberto Freyre, *Casa Grande y Senzala. Formação de familia brasileira sob o regime de economia patriarcal*, 1934 ; *Sobrados e mucambos. Decadencia do patriarchado rural no Brasil*, 1936 ; *Guia pratico, historico e sentimental da cidade do Recife*, 1942 ; *Nordeste. Aspectos da influencia da canna sobre a vida e a paizagem do nordeste da Brasil*, 1937 ; *Mucambos do Nordeste. Algumas notas sobre o typo de casa popular, mais primitivo do Nordeste do Brasil*, s.d. (*Mélanges d'histoire sociale. Annales d'histoire sociale*, 1943, pp. 3-20).

1944

Conférences
L'Histoire, mesure du monde, conférences données, en captivité, dans les camps de Mayence et Lübeck.

Comptes rendus
« Faillite de l'histoire, triomphe du destin ? », compte rendu de Gaston Roupnel, *Histoire et destin*, 1943 (*Mélanges d'histoire sociale VI. Annales d'histoire sociale*, 1944, pp. 71-77).
« Y a-t-il une géographie de l'individu biologique ? », compte rendu de Maximilien Sorre, *Les Bases biologiques de la géographie humaine, essai d'une écologie de l'homme*, Colin, 1943 (*Mélanges d'histoire sociale VI. Annales d'histoire sociale*, 1944).
« Actions en hausse : Philippe II ? », compte rendu de plusieurs ouvrages (*Mélanges d'histoire sociale VI. Annales d'histoire sociale*, 1944).

1946

Article
« Monnaies et civilisations. De l'or du Soudan à l'argent d'Amérique. Un drame méditerranéen » (*Annales*, 1946, pp. 9-22).

Compte rendu
Compte rendu de Maurice Legendre, *Nouvelle Histoire d'Espagne*, 1938 (*Revue historique*, 1946, pp. 85-86).

1947

Articles
« Au bout d'un an » [signé par les directeurs : Lucien Febvre, Fernand Braudel, Georges Friedmann, Charles Morazé, Paul Leuilliot] (*Annales*, 1947, pp. 1-2).
« Misère et banditisme » (*Annales*, 1947, pp. 129-142).
« Conflits et refus de civilisation : Espagnols et Morisques au XVIe siècle » (*Annales*, 1947, pp. 397-410).
« A Falência da Paz : 1918-1939 ». Texte d'une conférence prononcée en 1947 à São Paulo (*Revista de historia*, 1951, pp. 235-244).

Comptes rendus
« L'épanouissement industriel de Venise au XVIe siècle. Un beau texte inédit » (*Annales*, 1947, pp. 195-196).
« Deux manuels sur l'Amérique latine », comptes rendus de V.-L. Tapié, *Histoire de l'Amérique latine au XIXe siècle*, 1945 et Otto Quelle, *Geschichte von Ibero-Amerikana. Die grosse Weltgeschichte*, 1942 (*Annales*, 1947, pp. 226-227).
« En lisant les *Novelas* : la vie à Séville au Siècle d'or » (*Annales*, 1947, pp. 228).
« Le baroque brésilien », compte rendu de Antoine Bon, *L'Art et l'Homme. Biographie d'Henri Focillon, 1881-1943*, Rio, 1945 (*Annales*, 1947, pp. 247-248).
« Introduction à "Sur la vigne : vigne et colonisation en Algérie", de H. Isnard » (*Annales*, 1947, p. 288).
« En Espagne au temps de Richelieu et d'Olivarès », compte rendu de Auguste Leman, *Richelieu et Olivarès. La Paix et l'idée de croisade*, Lille, 1938 ; de Gregorio Marañon, *El Conde-Duque de Olivarès (la passion de mandar)*, Madrid, 1936 ; et de Alfred van der Essen, *Le Cardinal-Infant et la politique européenne de l'Espagne, 1609-1634*, Louvain, 1944 (Annales, 1947, pp. 354-358).
« La prise d'Alger, 8 novembre 1942 », compte rendu de Gabriel Esquer, *8 novembre 1942, jour premier de la Libération*, Alger, 1946 (*Annales*, 1947, pp. 500-502).
« Corsarios ingleses na Bahia de Todos os Santos em 1587 » (*O Estado de São Paulo*, 14 décembre 1947).

1948
Cours polycopié
« L'Amérique latine », transcription, non vérifiée par l'auteur, de six cours de Fernand Braudel donnés à l'intention des agrégatifs, à l'Institut d'Études politiques (février-mars 1948).

Comptes rendus
« Au Brésil : deux livres de Caio Prado », compte rendu de deux ouvrages de Caio Prado Junior (*Annales*, 1948, pp. 99-103).
« Un instrument de travail : une mise au point bibliographique sur le passé espagnol », compte rendu de Sanchez Alonso, *Fuentes de la historia española e hispano-americana*, Madrid, 1927 et 1946 (*Annales*, 1948, p. 239).
« Erratum : Tolède et Saragosse aux mains des chrétiens » (*Annales*, 1948, p. 255).
« L'Amérique latine noyée dans l'unité américaine ? », à propos de la conférence de German Arciniegas, 1947 (*Annales*, 1948, p. 360).
Compte rendu de Luis Alberto Sanchez, *Y a-t-il une Amérique latine ?*, Mexico (*Annales*, 1948, pp. 467-471).
« Pour un portrait triste de l'Argentine », à propos d'un article d'Annibal Sanchez Reulet, « Ficción y realidad de la Argentina », dans *Realidad*, 1947 (*Annales*, 1948, pp. 442).
« Le jeu des portraits : la règle du jeu », à propos de l'article de Roger Bastide, « La psychologie ethnique en Amérique du Sud » (*Annales*, 1948, pp. 437-438).
« Chili, cette folie géographique », compte rendu du livre de Benjamin

Subercaseaux, *Chile, o una loca geografia*, 1948 (*Annales*, 1948, pp. 443-446).

« Le Venezuela et ses civilisations de chaleur », compte rendu de l'article de Mariano Picon Salas dans *Cuadernos americanos*, 1948 (*Annales*, 1948, pp. 450-451).

« À Cuba : le vivre et le penser », compte rendu du livre de Julio Le Riverend, *Las Origenes de la economia cubana, 1510-1600*, Jornadas, 1945 (*Annales*, 1948, pp. 456-457).

« Aux origines du Brésil du Nord et du Centre », complément au compte rendu d'Émile Coornaert (*Annales*, 1948, pp. 529-530).

« Antilles et Amérique », à propos des articles et études de G. Debien (*Annales*, 1948, p. 537).

« L'essor économique : une route clandestine de l'argent. Fin du XVIe, début du XVIIe siècle », à propos de Alicia Piffer Canabraya, *O Comercio portugués no Rio da Prata (1580-1640)*, São Paulo, Éd. de la Faculdade de Filosofia, Ciencias e Letras de la Universidade de São Paulo, 1944 (*Annales*, 1948, pp. 546-550).

« Trois études sur le Chili », compte rendu de Humberto Fuenzalida, *Chile, geografia, educacion, literatura, legislación, economia, mineria*, Buenos Aires, 1946 ; Julio Ruiz Bourgeois, *La Mineria en la vida de Chile, ibid.* ; R.C. Keller, *Chile*, 1945 (*Annales*, 1948, pp. 558-562).

1949

Ouvrage
La Méditerranée et le monde méditerranéen à l'époque de Philippe II, livre publié à compte d'auteur et diffusé par la Librairie Armand Colin, 1949.

Contribution
« L'Europe et l'Amérique, 1531-1700 »), chapitre inachevé, destiné à *Historia americana*, dont la publication, prévue à Buenos Aires, a été abandonnée.

Comptes rendus
« Au Portugal : avant et après les Grandes Découvertes », à propos d'une conférence de Charles Verlinden, « Le problème de l'expansion commerciale portugaise au Moyen Âge », Coïmbre, 1948 (*Annales*, 1949, pp. 192-197).

« Iberia », compte rendu de *Iberia*, fascicule 9, juin 1948 ; Élisabeth Laffitte, « Les sciences et l'Espagne », *ibid.* (*Annales*, 1949, p. 207).

« En marge ou au cœur de l'histoire ? », compte rendu du livre de Charles Morazé, *Trois Essais sur Histoire et Culture*, Cahier des Annales, Armand Colin, 1948 (*Annales*, 1949, pp. 311-315).

« Morisques et contagion épidémique dans l'Espagne du XVIe siècle », compte rendu de l'étude de Johannes Kleinpaul, *Fuggerzeitung* (*Annales*, 1949, p. 373).

« L'usine d'Allevard : une étude à la verticale », à propos d'un article de Pierre Léon, « Deux siècles d'activité minière et métallurgique : l'usine d'Allevard, 1675-1870 », dans *Revue de géographie alpine*, 1948 (*Annales*, 1949).

« La double faillite "coloniale" de la France aux XVe et XVIe siècles », compte rendu de Charles-André Julien, *Les Voyages de décou-*

verte et les premiers établissements, XVe et XVIe siècles, Presses Universitaires de France, 1948 (*Annales*, 1949, pp. 451-456).

« Une vue géographique de la Grèce », compte rendu d'un article de Daniel Faucher (*Annales*, 1949, p. 475).

« L'homme et la nature en Amérique méridionale » (*Annales*, 1949, pp. 480-483).

« Les plans ruraux de nos vieilles colonies », compte rendu de Robert Dauvergne, « Les anciens plans ruraux des colonies françaises », dans *Revue des colonies*, 1948 (*Annales*, 1949, pp. 493-494).

« Une communauté rurale près de Pavie, du XVIe au XVIIIe siècle », compte rendu de Giuseppe Aleati, *Tre Secoli all'interno di una possessione ecclesiastica (Portalbera, sec. XVI-XVIII)*, 1947-1948 (*Annales*, 1949, p. 495).

« Le premier papillon de gaz s'allume au Chili à Valparaiso, le 25 septembre 1829 » (*Annales*, 1949, p. 501).

« Bibliographie pour l'agrégation 1949. L'Espagne et ses dépendances (histoire intérieure et extérieure) pendant le règne de Philippe II » (*Bulletin de la Société des professeurs d'histoire et de géographie de l'enseignement public*, janvier 1949).

1950

Article
« Pour une économie historique » (*Revue économique*, 1950).

Comptes rendus
« L'Espagne de Charles Quint et de Philippe II », compte rendu de plusieurs ouvrages (*Annales*, 1950, pp. 49-60).

« Continuités et discontinuités en histoire : 1. Le problème du XXe siècle. 2. Les discontinuités de l'histoire spirituelle », à propos d'un article de Lucien Febvre dans *Le Monde* du 20 décembre 1949 pour 1. et d'un article d'Ignace Meyerson *Discontinuités et cheminements autonomes dans l'histoire de l'esprit*, 1948 pour 2. (*Annales*, 1950, pp. 125-128).

« Pour une histoire neuve des temps modernes actuels ? », compte rendu d'articles parus dans *Études d'histoire moderne et contemporaine*, n° 1, 1947 : Gaston Zeller, « Deux capitalistes strasbourgeois au XVIe siècle » ; Jean Meuvret, « Circulation monétaire et utilisation économique de la monnaie dans la France du XVIe et du XVIIe siècle » ; Roland Mousnier, « Le conseil du Roi de la mort de Henri IV au gouvernement personnel de Louis XIV » ; Roger Portal, « Pugaçev : une révolution manquée » ; Jean-Baptiste Duroselle, « L'abbé Clavel et les revendications du bas-clergé sous Louis-Philippe » ; Louis Chevalier, « L'émigration française au XIXe siècle » ; Camille Bloch, « La politique de l'U.R.S.S. dans la crise tchécoslovaque en 1939 » (*Annales*, 1950, p. 244).

« Histoire de la guerre » [note sur le fascicule 2, daté d'octobre 1949, des *Cahiers d'histoire de la guerre*] (*Annales*, 1950, p. 247).

« Dolet, propagateur de l'Évangile », compte rendu de l'article de Lucien Febvre dans *Humanisme et Renaissance*, tome VI (*Annales*, 1950, p. 393).

« L'expansion de la marine bretonne à la fin du XVe siècle et au début du XVIe siècle », à propos d'un article de Michel Mollat, « Quelques aspects du commerce maritime breton à la fin du Moyen Âge », dans *Mémoires de la Société d'histoire et d'archéologie de Bretagne*, 1948 (*Annales*, 1950, pp. 545-546).

« Naples au temps des Espagnols », compte rendu de deux catalogues : celui de D. Ricardo Magdaleno pour une série d'archives de Simancas, et celui d'une série d'archives des privilèges accordés par Charles Quint au royaume de Naples par J. Ernesto Martinez Fernando (*Annales*, 1950, pp. 413-414).

« La Martinique », compte rendu d'Eugène Revert, *La Martinique. Étude géographique*, 1949 (*Annales*, 1950, pp. 494-496).

« Georges Pagès (1867-1939) », compte rendu de Georges Pagès, *Naissance du Grand Siècle, la France de Henri IV et de Louis XIV*, 1948 (*Annales*, 1950, p. 502).

1951

Ouvrage
Navires et marchandises à l'entrée du port de Livourne (1547-1611), avec Ruggiero Romano, Armand Colin, 1951, 127 p.

Articles
« Les responsabilités de l'histoire ». Texte de la leçon inaugurale au Collège de France donnée le vendredi 1er décembre 1950 (*Cahiers internationaux de sociologie*, 1951, pp. 3-18).

« La géographie face aux sciences humaines » (*Annales*, 1951, pp. 485-492).

« Le nouveau régime de l'agrégation d'histoire » (*L'Éducation nationale*, 25 octobre 1951, pp. 1-7).

« Rapport sur l'agrégation masculine d'histoire de 1950. III : Épreuves orales » (*Bulletin de la Société des professeurs d'histoire et de géographie de l'enseignement public*, mars 1951, pp. 258-263).

Préfaces
Avant-propos à Vital Chomel et Jean-G. Ébersolt, *Cinq Siècles de circulation internationale vue de Jougne. Un péage jurassien du XIIIe au XVIIIe siècle*, ouvrage publié avec une introduction de Lucien Febvre, S.E.V.P.E.N., 1951 (pp. 7-8).

Avant-propos à Étienne Trocmé et Marcel Delafosse, *Le Commerce rochelais de la fin du XVe siècle au début du XVIIe*, Armand Colin, 1952 (pp. I-II).

Comptes rendus
« Le Moyen Âge face à l'histoire statistique, la tentative de Carlo M. Cipolla » (*Annales*, 1951, p. 31).

« L'économie française au XVIIe siècle », comptes rendus de trois ouvrages de Jean Meuvret et d'un ouvrage de Henri Enjalbert (*Annales*, 1951, pp. 65-71).

« Benedetto Croce et l'histoire », compte rendu de Benedetto Croce, *Cinque conversazioni con gli alunni dell'Istituto Storico di Napoli*, Bari, 1949 (*Annales*, 1951, pp. 90-91).

« Bibliographies brésiliennes », compte rendu d'Armando Ortega Fontes ; de Francisco Aguilera et de Charmion Chelby (*Annales*, 1951, p. 91).

« Où étudie-t-on l'histoire des Amériques ? », compte rendu de Carlos

Bosch-Garcia, *Guia de istituciones que cultivan la historia de America*, Mexico, 1949 (*Annales*, 1951, p. 91).

« En relisant Earl J. Hamilton : de l'histoire d'Espagne à l'histoire des prix » (*Annales*, 1951, pp. 202-206).

« Travail : évolution d'un mot et d'une idée », à propos d'un article de Lucien Febvre dans *Journal de psychologie*, janvier-mars 1948 (*Annales*, 1951, p. 242).

« Faillite de l'aristocratie indigène en Algérie (1830-1900) », à propos d'un article d'Augustin Berque, « Esquisse d'une histoire de la seigneurie algérienne », dans *Revue de la Méditerranée*, 1949 (*Annales*, 1951, pp. 277-279).

« Les dernières années de Richelieu », compte rendu du livre de Gabriel Hanotaux, *Histoire du cardinal de Richelieu*, Plon, 1947 (*Annales*, 1951, p. 285).

« Au Pérou avec le comte de Lemos : 1667-1672 », compte rendu de Jorge Basadre, *El Conde de Lemos y su tiempo : bosquejo de una evocacion y una interpretacion del Peru a fines del siglo XVII*, Lima 1945 (*Annales*, 1951, p. 420).

1952

Articles
« Problèmes et documents » (*Annales*, 1952, p. 503).
« Agrégation d'histoire de 1951. Rapport » (*Bulletin de la Société des professeurs d'histoire et de géographie de l'enseignement public*, mars 1952, pp. 249-255 et 267-270).

Préface
Avant-propos à Carlo Maria Cipolla, *Mouvements monétaires dans l'État de Milan (1580-1700)*, S.E.V.P.E.N., 1952 (pp. 7-8).

Comptes rendus
« Dans le Brésil bahianais au XVIe siècle, avec Roger Bastide », compte rendu d'après Robert Ricard, « Algunas enseñanzas de los documentos inquisitoriales del Brasil (1591-1595) », tiré à part de l'*Anuario de Estudios americanos* (*Annales*, 1952, pp. 255-256).

Accusé de réception d'André Marchal, *Méthode scientifique et science économique*, I : *Le Conflit traditionnel des méthodes et son renouvellement*, 1952 (*Annales*, 1952, p. 258).

Accusé de réception d'Émile James, *Histoire des théories économiques*, 1950 (*Annales*, 1952, p. 258).

Accusé de réception de l'article de Marcel Bataillon, « La Vera Paz. Roman et histoire. Les récits faits de l'évangélisation de Guatemala et la réalité (milieu XVe siècle) » ; *idem*, « Erasmo y España », dans *Bulletin hispanique*, 1951 (*Annales*, 1952, p. 258).

Accusé de réception d'Alicia Canabrava Piffer, *O Desenvolvimento da cultura do algodoeira na provincia de São Paulo, 1861-1875*, São Paulo, 1951 (*Annales*, 1952, pp. 258-259).

Accusé de réception d'Édouard Baratier et Félix Raynaud, *Histoire du commerce de Marseille*, III, 1952 (*Annales*, 1952, p. 259).

Accusé de réception d'Alfred Sauvy, *Théorie générale de la population*, I : *Économie et population*, 1952 (*Annales*, 1952, p. 259).

Accusé de réception de Georges Gurvitch, *La Vocation actuelle de la*

sociologie : vers une sociologie différentielle, 1950 (*Annales*, 1952, p. 259).
Accusé de réception de Federico Chabod, *Storia della politica estera italiana dal 1870 al 1896*, t. I : *Le premesse*, Bari, 1951 (*Annales*, 1952, p. 259).

1953

Articles
« Retour sur le Congrès international de Paris », 1950 (*Annales*, 1953, pp. 369-372).
« Rapport sur l'agrégation d'histoire (hommes), III. Les épreuves orales » (*Bulletin de la Société des professeurs d'histoire et de géographie de l'enseignement public*, mars 1953, pp. 286-292).
« Présence de Lucien Febvre », dans *Hommage à Lucien Febvre. Éventail de l'histoire vivante offert par l'amitié d'historiens, linguistes, géographes, économistes, sociologues, ethnologues*, Armand Colin, 1953, 2 vol. (t. I, pp. 1-16).

Conférence
« Histoire et économie : le problème de la discontinuité », conférence donnée le 15 octobre 1953 à la Escuela de Economia de la Universidad Nacional Autonoma de Mexico.

Préfaces
Avant-propos à Michèle Baulant, *Lettres de négociants marseillais : les Frères Hermite (1570-1612)*, Armand Colin, 1953 (pp. V-VI).
Avant-propos à Raymond de Roover, *L'Évolution de la lettre de change, XIVe-XVIIIe siècles*, Armand Colin, 1953 (pp. 7-8).

Comptes rendus
« Qu'est-ce que le XVIe siècle ? », compte rendu d'Erich Hassinger, « Die weltgeschichtliche Stellung des XVI. Jahrhunderts », article publié dans *Geschichte im Wissenschaft und Unterricht*, décembre 1951 ; Erich Will Peuckert, *Die grosse Wende. Das apokalyptische Saeculum und Luther*, Hamburg, 1948 ; Ernst Robert Curtius, *Literatur und lateinisches Mittelalter*, Berne, 1948 ; Otto Brunner, *Adeliges Landleben und europaischer Geist. Leben und Werk Wolt Helmhards von Hohberg, 1612-1688*, Salzburg, 1949 (*Annales*, 1953, pp. 69-73).
« Mouvements monétaires dans l'État de Milan au XVIIe siècle », compte rendu de l'ouvrage de Carlo Maria Cipolla, Armand Colin, 1952 (*Annales*, 1953, pp. 118-119).
« Georges Gurvitch ou la discontinuité du social », à propos de Georges Gurvitch, *La Vocation actuelle de la sociologie : vers une sociologie différentielle*, 1950 (*Annales*, 1953, pp. 126-151).

1954

Articles
« Regards vers l'aval. Le Soleil de l'or » (*Les Beaux-Arts. L'Europe humaniste*, n° spécial, 15 décembre 1954, pp. 17 et 24).
« Agrégation d'histoire 1953 (hommes). Rapport. I : Renseignements statistiques ; IV : Remarques d'ensemble. Note pour le premier oral »

(*Bulletin de la Société des professeurs d'histoire et de géographie de l'enseignement public*, 1954, pp. 266-268 et 283-284).

Compte rendu
« Aux Cyclades en 1952 », note sur une conférence prononcée à Lyon par Renée Rochefort (*Annales*, 1954, pp. 140-142).

Communication
Proposition de création d'une Chaire d'Analyse des faits économiques et sociaux, Collège de France, 28 novembre 1954.

1955

Articles
Avec Frank C. Spooner, « Les métaux monétaires et l'économie du XVIe siècle » (*Relazioni del Xe Congresso Internazionale di Scienze Storiche*, Rome 4-11 septembre 1955 et *Storia moderna*, pp. 233-264).
« Une classe rurale puissante au XVIIe siècle : les laboureurs au sud de Paris » (*Annales*, 1955, p. 517).
« Remarques sur la Méditerranée au XVIIe siècle » (*Storia e economia*, 1955, pp. 117-142 et *Cahiers de Tunisie*, n° 4, 1956, pp. 175-197).
« Agrégation d'histoire 1954. Rapport. I : Données statistiques ; IV : Quelques remarques d'ensemble » (*Bulletin de la Société des professeurs d'histoire et de géographie de l'enseignement public*, mars 1955, pp. 317-319 et 334-335).

Conférence et communication
« L'impérialisme de l'histoire », conférence donnée au Collège philosophique.
Proposition de création d'une Chaire d'Histoire sociale de l'Islam contemporain, Collège de France, 26 juin 1955.

1956

Articles
« Agrégation d'histoire 1955. Rapport. I : Données statistiques ; IV : Remarques d'ensemble » (*Bulletin de la Société des professeurs d'histoire et de géographie de l'enseignement public*, janvier 1956, pp. 201-203 et 218).
« Lucien Febvre, 1878-1956 » (*Annales*, 1956, pp. 289-291).
« Lucien Febvre et l'Histoire » (*Cahiers internationaux de sociologie*, 1956, pp. 15-20) ; article repris avec variantes dans « Lucien Febvre et l'Histoire » (*L'Éducation nationale*, 13 décembre 1956 ; *Annales*, 1957, 1957, pp. 177-182).

Contribution
Introduction : le second XVIe siècle ou le premier XVIIe siècle (1550-1650), contribution inédite destinée à un ouvrage inachevé qui devait être cosigné avec Lucien Febvre dans la Collection de Henri Berr, L'Évolution de l'humanité, sur *L'Empire espagnol*.

1957

Articles

« Les Annales continuent » (*Annales*, 1957, pp. 1-2).
« Débats et combats » (*Annales*, 1957, p. 73).
« Une carte des centres commerciaux de la Chine à la fin du XIe siècle » (*Annales*, 1957, pp. 587-588).
« La captivité devant l'histoire » (*Revue d'histoire de la deuxième guerre mondiale*, n° 25, 1957, pp. 3-5).
« Lucien Febvre » (*Larousse mensuel*, janvier 1957, pp. 197-198).

Contribution

« Le pacte de ricorsa au service du roi d'Espagne et de ses prêteurs à la fin du XVIe siècle » (*Studi in onore di Armando Sapori*, 1957, pp. 1113-1125).

Préfaces

Note liminaire à Lucien Febvre, *Au cœur religieux du XVIe siècle*, S.E.V.P.E.N., 1957 (p. 1).
Préface à Charles Morazé, *Les Bourgeois conquérants : XIXe siècle*, Armand Colin, 1957 (pp. V-XI).

Comptes rendus

« Continuité et discontinuité en histoire et en sociologie. Introduction critique à un texte de Georges Gurvitch » (*Annales*, 1957, p. 73).
« Villes et marchands de la "Russie féodale" d'après quelques articles et livres russes » (*Annales*, 1957, p. 127).
Avec P. Leuilliot, compte rendu de Jean Hamelin, *Économie et société en Nouvelle-France (1630-1760)*, Québec, 1957.

Conférence

« La vie économique de Venise au XVIe siècle », conférence prononcée à la Fondation Cini de Venise le 1er juin 1957, Sansoni, 1958 (pp. 259-269).

1958

Articles

« Les sciences sociales en France. Un bilan, un programme », article dans le rapport de Henri Longchambon (*Annales*, 1958, pp. 94-109).
« La longue durée » (*Annales*, 1958, pp. 725-753).
« Histoire et sociologie », dans *Traité de sociologie*, publié sous la direction de Georges Gurvitch, Presses Universitaires de France, 1958 (pp. 123-144).

Préface

Note liminaire à Marc Bloch, *La France sous les derniers Capétiens, 1223-1328*, Cahier des Annales, Armand Colin, 1958.

Conférence

« Les recherches historiques dans la France d'aujourd'hui », conférence prononcée en Union Soviétique à l'Institut historique de Moscou, mai 1958.
« À propos de la longue durée », conférence donnée à Heidelberg, octobre 1958.

1959

Articles

« Les Annales ont trente ans (1929-1959) » (*Annales*, 1959, pp. 1-2).
« Marc Bloch à l'honneur », à propos de la traduction en russe des *Caractères originaux de l'histoire rurale française* (*Annales*, 1959, pp. 91-92).
« L'apport de l'histoire des civilisations », chap. V de *L'Encyclopédie française*, t. XX, 1959, 20 col.
« Les emprunts de Charles Quint sur la place d'Anvers », *Charles Quint et son temps*, dans *Colloques internationaux du C.N.R.S.*, 30 septembre-3 octobre 1958, publiés en 1959, pp. 191-201.
Avec Ernest Labrousse et Pierre Renouvin, « Les orientations de la recherche historique » (*Revue historique*, juillet-septembre 1959, pp. 34-50).
Éditorial au premier numéro des *Cahiers du monde russe et soviétique* (mai 1959, pp. 5-6).
« Réalités économiques et prises de conscience : quelques témoignages sur le XVIe siècle » (*Annales*, 1959, pp. 732-735).

Préface

Introduction générale à la collection « Destins du Monde », publiée dans *L'Homme avant l'écriture*, sous la direction d'André Varagnac, Armand Colin, 1959.

Comptes rendus

« Sur une conception de l'histoire sociale », compte rendu d'Otto Brunner, *Neue Wege der Sozialgeschichte. Vorträge und Aufsätze*, Göttingen, 1956 (*Annales*, 1959, pp. 308-319).
« Une revue jeune et « centenaire » : *Cuadernos americanos* (*Annales*, 1959, pp. 348-349).
« Dans le Brésil bahianais : le témoignage de Minas Velhas », compte rendu de Marvin Harris, *Town and country in Brazil*, 1956 (*Annales*, 1959, pp. 325-336).
« Une nouvelle publication : *Prospective* » (*Annales*, 1959, p. 350).
« Sur la Renaissance : Arts, Économie, Politique », compte rendu des *Actes du colloque sur la Renaissance*, 1956 ; « Y a-t-il une esthétique de la Renaissance ? », rapport d'André Chastel et de Pierre Francastel ; « Y a-t-il une économie de la Renaissance ? », rapport de Federico Chabod (*Annales*, 1959, pp. 355-357).
« Réalités économiques et prises de conscience : quelques témoignages sur le XVIe siècle. a) Piero Bragadin, Capitaliste et diplomate vénitien ; b) Vers l'Amérique ; c) L'art des affaires à Séville » (*Annales*, 1959, pp. 732-735).

1960

Articles

« Unité et diversité des sciences de l'homme » (*Revue de l'enseignement supérieur*, 1960, pp. 17-22).
« Ludwig Beutin (1903-1958) » (*Annales*, 1960, pp. 411-412).
« La démographie et les dimensions des sciences de l'homme » (*Annales*, 1960, pp. 493-523).
« L'humanisme nouveau » (*Argumenty*, Varsovie, 12 juin 1960).

« Auprès de Federico Chabod » (*Rivista storica italiana*, 1960, pp. 621-624).

Préfaces
Préface à Georges Nadal et Émile Giralt, La Population catalane de 1553 à 1717. L'immigration française et les autres facteurs de son développement, S.E.V.P.E.N., 1960 (pp. VII-VIII).
« In memoriam », préface à Jean Casewitz, *Une loi manquée : la loi Niel : 1866-1868 l'armée française à la veille de la guerre de 1870*, Rennes, Impr. Oberthur, 1960.

1961

Articles
Avec Pierre Jeannin, Jean Meuvret et Ruggiero Romano, « Le déclin de Venise au XVIIe siècle », dans *Aspetti e cause della decadenza economica veneziana nel secolo XVII*. Atti del convegno : 27 giugno-2 luglio 1957, Venise-Rome, 1961, pp. 23-86.
« Federico Chabod, 1901-1960 » (*Annales*, 1961, pp. 1-2).
« European Expansion and Capitalism : 1450-1650 », dans *Chapters in Western Civilization, New York*, 1961 (pp. 245-288).
« Retour aux enquêtes » (*Annales*, 1961, pp. 421-424).
« Stockholm 1960 » (*Annales*, 1961, pp. 497-500).
« Vie matérielle et comportements biologiques » (*Annales*, 1961, pp. 541-549).
« Histoire de la vie matérielle : alimentation et catégories de l'histoire » (*Annales*, 1961, pp. 723-728).
« Achats et ventes de sel à Venise (1587-1593) » (*Annales*, 1961, pp. 961-965).

Compte rendu
Compte rendu de Reinhard Hohn, *Sozialismus und Heer*, Berlin, 1958 (*Erasmus*, Darmstadt, 1961, col. 53-56).

Discours
« Gaston Berger, 1896-1960 », note lue à l'École des Hautes Études, le 27 novembre 1960 (*Annales*, 1961, pp. 210-211).

1962

Articles
« Difficultés fécondes » (*Cahiers pédagogiques*, 1er juin 1962, pp. 6-8).
« La mort de Martin de Acuña », dans *Hommage à Marcel Bataillon*, 1962 (pp. 6-18).
« Michelet toujours vivant », article qui ne fut apparemment pas publié à cette époque.

Préfaces
Préface à Émile Callot, *Ambiguïtés et antinomies de l'histoire et de sa philosophie*, M. Rivière, 1962 (pp. 3-8).
Note liminaire à Lucien Febvre, *Pour une histoire à part entière*, 1962 (p. 5).

Comptes rendus
« Trois clefs pour comprendre la folie à l'époque classique », compte rendu de Michel Foucault, *Folie et déraison. Histoire de la folie à l'âge classique*, 1961 (*Annales*, 1962, pp. 771-772).

1963

Ouvrage
Suzanne Baille, Fernand Braudel, Robert Philippe, *Le Monde actuel*, Belin, 1963.

Articles
« Les *Annales* vues de Moscou » (*Annales*, 1963, p. 103).
« Georges Yver 1870-1961 » (*Annales*, 1963, pp. 407-408).
« Gabriel Esquer, 1876-1961 » (*Annales*, 1963, pp. 605-608).
« Notes brèves et prises de position » (*Annales*, 1963, p. 1203).

Préfaces
Préface à *La Corrispondenza da Madrid dell'ambasciatore Leonardo Dona (1570-1573)*, éditée par Mario Brunetti et Eligio Vitale, Venise, Fondation Giorgio Cini, 1963 (pp. IX-XIX).
Préface à la réédition de Henri Hauser, *La Modernité du XVIe siècle*, Armand Colin, 1963 (pp. 7-9).

Contribution
« Genève en 1603 », dans *Mélanges d'histoire économique et sociale en hommage au professeur Antony Babel à l'occasion de son soixante-dixième anniversaire*, Genève, 1963 (pp. 319-327).

Comptes rendus
En collaboration avec François Chatelet, Annie Kriegel et Victor Leduc, « Pour ou contre une politicologie scientifique », à propos de l'ouvrage de Raymond Aron, *Paix et guerre entre les nations*, 1962 (*Annales*, 1963, p. 119).
« Pour une histoire sérielle : Séville et l'Atlantique, 1504-1650 », compte rendu de Pierre Chaunu, *Séville et l'Atlantique (1504-1650)*, 1959 (*Annales*, 1963, pp. 541-553).
« Beauvais et le Beauvaisis au XVIIe siècle », compte rendu de la thèse de Pierre Goubert, *Beauvais et le Beauvaisis de 1600 à 1730. Contribution à l'histoire sociale de la France au XVIIe siècle*, 1960 (*Annales*, 1963, pp. 767-778).
« Histoire et économie », compte rendu de Joseph Schumpeter, *Storia dell'analisti economica*, Turin, Economica, 1959 (*Annales*, 1963, pp. 1212-1213).
« Leibniz et Spinoza », compte rendu de Georges Friedmann, *Leibniz et Spinoza*, 1962 (*Annales*, 1963, p. 1214).
« Luther jusqu'en 1520 », compte rendu de Henri Strohl, *Luther jusqu'en 1520*, 1962 (*Annales*, 1963, p. 1214).
« Le Mexique révolutionnaire d'hier », compte rendu de l'article de Luis Alberto Sanchez, « Mariano Azuela, 1873-1952 », dans *Revista Nacional de Cultura*, Caracas, mars-juin 1962 (*Annales*, 1963, p. 1218).
« En deux mots, qu'est-ce que la science politique ? », compte rendu de l'article d'Arturo Uslar-Pietri, « Politica para inocentes », dans *Revista Nacional de Cultura*, Caracas, mars-juin 1962 (*Annales*, 1963, pp. 1218-1219).

1964

Articles
« 1944-1964 : Marc Bloch » (*Annales*, 1964, pp. 833-834).
« Hommage à Henri Berr pour le centenaire de sa naissance » (*Revue de synthèse*, juillet-septembre 1964, pp. 17-26).

Préfaces
Préface à Roland Lamontagne, *Aperçu structural du Canada au XVIIIe siècle*, Montréal, Leméac, 1964 (pp. 7-8).
Préface à *L'Aventure de l'esprit*, t. II des *Mélanges Alexandre Koyré*, publiés à l'occasion de son soixante-dixième anniversaire, Hermann, 1964.

Comptes rendus
« Pasteurs et nomades dans l'Ancien Monde », compte rendu de Xavier de Planhol, « Nomades et pasteurs », dans *Revue géographique de l'Est*, pp. 291-309 et 295-318 (*Annales*, 1964, pp. 366-367).
« Le déclin de Venise », compte rendu de James Davis, *The Decline of the Venetian Nobility as a Ruling Class* (*The American Historical Review*, octobre 1964, pp. 147-149).

1965

Contribution
Carlo V, dans *I protagonisti della Storia universale*, Milan, 1965 (pp. 113-140).

Article
« André Aymard » (*Annales*, 1965, pp. 641-642).

Préfaces
Préface à *Villages désertés et histoire économique du XIe-XVIIIe siècle*, Armand Colin, Cahier des Annales, 1965 (pp. 7-8).
Présentation de *Temas de historia economica hispanoamericana*, ouvrage collectif, Mouton-E.P.H.E., 1965 (p. 9).
Préface à *L'Espagne au temps de Philippe II*, Réalités, 1965 (pp. 11-13).
Introduction à Gilberto Freyre, *Padroni e schiavi. La formazione della famiglia brasiliana in regime di economia patriarcale*, Turin, 1965 (pp. IX-XI).

Compte rendu
Recension de la thèse de Claire Janon consacrée à *La Contribution de la colonisation française d'Afrique du Nord au progrès de l'agriculture*, (Rapport adressé au ministère de l'Agriculture pour l'attribution du Prix Sully, 1965).

1966

Ouvrage
La Méditerranée et le monde méditerranéen à l'époque de Philippe II, deuxième édition revue et corrigée, publiée en deux tomes, Armand Colin, 1966.

Articles
« Les conjonctures en Méditerranée au XVIe siècle », dans *Mélanges Pierre Renouvin. Études d'histoire des relations internationales*, P.U.F., 1966 (pp. 75-82).
« Sixteenth century », dans *The Encyclopedia Americana*, New York, 1966 (pp. 854-861).
« Commerce et puissance maritime au début des temps modernes », texte demandé par la Funk Universität, pour l'université Rias.
Avec Alberto Tenenti, « Michiel da Lezze, marchand vénitien (1497-1514) », dans *Sonderdruck aus Wirtschafts, Geschichte und Wirtschaftsgeschichte, Geburtstag von Friedrich Lütge*, Stuttgart, 1966 (pp. 38-73).
« Maurice Lombard : L'homme » (*Annales*, 1966, p. 713).
« Hommage à Ferdinand Lot » (*Annales*, 1966, pp. 1177-1178).
« Le dixième anniversaire de la mort de Lucien Febvre » (*Annales*, 1966, pp. 1187-1188).

Préface
Préface à *Venice and History, the collected papers of Frederic Lane*, Baltimore, 1966 (pp. V-XIII).

Discours
Discours à l'occasion de la remise à André Piganiol de ses *Mélanges*.

1967

Ouvrage
Civilisation matérielle et capitalisme (XVe-XVIIIe siècle), t. I, Armand Colin, 1967.

Conférence
« Pour une histoire de la civilisation matérielle (XVe-XVIIIe s.) », résumé de la conférence prononcée à l'université de Genève.

Articles
Avec Frank Spooner, « Prices in Europa from 1450 to 1750 », dans *The Cambridge Economic History*, t. IV, Cambridge, 1967 (pp. 374-486). Texte original en français publié dans son intégralité dans *Écrits sur l'histoire*, t. II, Arthaud, 1970.
« Historia operacynia » (L'histoire opérationnelle), résumé dans *Kultura* d'une conférence donnée à Varsovie, 25 juin 1967.

1968

Ouvrage
La Méditerranée de la Préhistoire à l'Antiquité. Texte d'un ouvrage destiné aux éditions Skira resté inédit. Publication posthume sous le titre *Les Mémoires de la Méditerranée*, Éditions de Fallois, 1998.

Articles
« Marc Bloch », dans *International Encyclopedia of the Social Sciences*, ed. by David Sills, New York, 1968 (pp. 92-95).
« Lucien Febvre », dans *International Encyclopedia of the Social Sciences*, ed. by David Sills, New York, 1968.

Préface
Préface à L.-A. Boiteux, *La Fortune de mer, le besoin de sécurité et les débuts de l'assurance maritime*, S.E.V.P.E.N., 1968 (pp. 5).

Préface à *Troisième Conférence internationale d'histoire économique*, tenue à Munich en 1965, Mouton, 1968, 3 volumes (tome I, pp. 9-10).

Compte rendu
« La Catalogne, plus l'Espagne, de Pierre Vilar », compte rendu de la thèse de Pierre Vilar (*Annales*, mars-avril 1968, pp. 375-389).

1969

Ouvrage
Écrits sur l'histoire, Flammarion, coll. Science, 1969, 315 p. Réédité sans changement en coll. Champs-Flammarion, 1977.

Articles
« André Marchal », participation à un article collectif publié en hommage à A. Marchal [1907-1968] (*Revue économique*, mai 1969, pp. 370-375).

Contribution
Filipo II, Milan, Compania Edizione Internazionali, 1969.

1970

Article
« Lettres du consul de Russie à Leipzig, J.-C. Facius au Président du Collège des Affaires étrangères (1798-1800) », dans *La Russie et L'Europe, XVIe-XXe siècle*, 1970 (pp. 203-282).

Préfaces
Préface à Lucien Febvre, *Philippe II et la Franche-Comté. Étude d'histoire politique, religieuse et sociale*, Flammarion, 1970 (pp. 5-6).
Préface à Daniel Furia et Pierre-Charles Serre, *Techniques et sociétés*, Armand Colin, 1970.
Préface à la réédition de Lucien Febvre, *Erasmo, la contrareforma y el espiritu moderno*, Barcelone, Martinez Roca, 1970.
Préface à Witold Kula, *Théorie économique du système féodal. Pour un modèle de l'économie polonaise, XVIe-XVIIIe siècles*, traduit du polonais, Mouton, 1970.
Préface à *Pour une histoire de l'alimentation*, p.p. par J.-J. Hémardinquer, Armand Colin, 1970.

Discours
Prononcé pour le lancement de l'*Histoire économique et sociale de la France*, P.U.F., Centre universitaire international, 23 février 1970.

1971

Préfaces
Préface à Pierre Gourou, *Leçons de géographie tropicale*, Mouton, 1971 (pp. 7-8).
Préface à Hans-Dieter Mann, *Lucien Febvre. La pensée vivante d'un historien*, Armand Colin, 1971 (p. 7).

1972

Article
« Ma formation d'historien » publié en langue anglaise sous le titre « Personal Testimony », dans *Journal of Modern History*, 1972, (pp. 448-467).

Contribution
« À propos des origines sociales du capitalisme », dans *Mélanges en l'honneur d'Émile James*, 1972.

Préfaces
Introduction à l'édition par Juliette Monbeig de Rodrigo Vivero, *Du Japon et du bon gouvernement de l'Espagne et des Indes*, Éd. de l'EPHE, 1972.
Préface à Joseph Ki Zerbo, *Histoire de l'Afrique Noire. D'hier à demain*, Hatier, 1972, 704 p.

1973

Préface
Préface à *Problemi di metodo storico*, Laterza, 1973, 634 p. Publication d'un choix d'articles des *Annales*.

Article
« Présence de Maurice Crouzet » (*Revue historique*, 1973, pp. 3-6).

1974

Ouvrages
Conclusion du tome II de la *Storia d'Italia*, Einaudi, reprise ensuite par le même éditeur sous le titre *Il secondo Rinascimento. Due secoli e tre Italie*, 1986, et publié en langue française chez Arthaud en 1989 sous le titre *Le Modèle italien*.
La Storia e le altre scienze sociale, a cura di Fernand Braudel, Laterza, 1974, 386 p.

Articles
« Bilan d'une bataille », dans *Il Mediterraneo nellla seconda metà del'500 alla luce di Lepanto*, Florence, 1974, pp. 109-120.
« Endet das "Jahrhundert der Genuesen" im Jahre 1627, dans *Festschrift für Wilhelm Abel, Bd 1 : Wirtschaftliche und Soziale Strukturen im saekularen Wandel*, (pp. 455-468) ; Bd 2 : *Die Vorindustrielle Zeit : Ausseragrarische Probleme*, 1974.
« Au-dessous du plan zéro (XVe-XVIIIe siècles) » (*Revista de Historia*, 1974, pp. 187-196).
« Coligny et son temps », 1972, dans *Actes du Colloque l'Amiral de Coligny et son temps*, publiés en 1974 (pp. 21-29).

Préface
Préface à *Conjoncture économique, structures sociales : hommage à Ernest Labrousse*, Éd. de l'E.P.H.E., 1974 (pp. 9-11).

Discours
« Discorso inaugurale », dans *La Lana come materia prima, Atti della prima settimana di studio (18-24 aprile 1969)*, Instituto Internazionale di Storia Economica F. Datini, Prato, Florence, 1974 (pp. 5-8).

1975

Articles
« Économie et société. Réflexions d'un historien de la modernité », dans *Economia e Societa nella Magna Grecia. Atti del dodicesimo convegno di studi sulla Magna Grecia, Tarente, 8-14 octobre 1972* (publication des Actes en 1975, pp. 9-17).
« Lucien Febvre », Unedi, Italie, décembre 1975.

Préface
Préface à Michel Laran et Jean Saussay, *La Russie ancienne, IXe-XVIIe siècles*, Masson, 1975.

Compte rendu
William H. McNeill, *Venice. The Hinge of Europe, 1081-1797*, The University of Chicago Press, 1974.

1976

Articles
« Gênes au début du XVIIe siècle », dans *Fatti e idee di storia economica nei secoli XII-XX. Studi dedicati a Franco Borlandi*, 1976 (pp. 457-479).
« À travers la Pologne en 1585. Le voyageur François de Beccarie de Pavie, baron de Fourquevaux », dans *Miedzy feudalizmen a kapitalizmen*, 1976 (pp. 23-35).

Préface
Préface à Traian Stoianovich, *French historical methode : the Annales Paradigme*, Londres, Cornell University Press, 1976.

1977

Ouvrages
La Méditerranée (L'Espace et les Hommes), Arts et Métiers graphiques, 1977. Ouvrage collectif publié sous la direction de Fernand Braudel.
Histoire économique et sociale de la France, publiée sous la direction d'Ernest Labrousse et de Fernand Braudel, tome I préfacé par Fernand Braudel (pp. 1-8), P.U.F., 1977.

Articles
« A Tribute to Franco Borlandi » (*The Journal of European Economic History*, 1977, pp. 737-744).
« In memoriam : Albert Manfred », publié en russe,1977.

Préface
Préface à Louis Cardaillac, *Morisques et chrétiens. Un affrontement polémique (1492-1640)*, Klincksieck, 1977 (pp. 3-4).

Discours
Éloge de Federigo Melis à Florence en 1977.

Contribution
Préface aux *Mélanges offerts à Erich Hassinger*, 1977.

1978

Ouvrage
La Méditerranée (Les Hommes et l'Héritage), Arts et métiers graphiques, 1978. Ouvrage collectif publié sous la direction de Fernand Braudel.

Articles
« En guise de conclusion », intervention au colloque sur les *Annales* de l'université de Binghamton (*Review*, 1978, pp. 243-253).
« L'expansion européenne et la longue durée » dans *Expansion and Reaction. Essays on European Expansion and Reactions in Asia and Africa*, ed. by H. L. Wesseling, Leiden UP, 1978.

Discours
Allocution prononcée à l'inauguration de l'Exposition Lucien Febvre à la Bibliothèque Nationale à l'occasion du centième anniversaire de sa naissance, 1978.

Préfaces
Préface à l'édition italienne d'Immanuel Wallerstein, *Il Sistema mondial dell'economia moderna*. I. *L'agricoltura capitalistica e le origini dell'economia-monda nel XVI secolo*, Il Mulino, 1978 (pp. 9-12).
Préface au catalogue de l'Exposition Lucien Febvre à la Bibliothèque Nationale en 1978.
Préface à Alexis de Tocqueville, *Souvenirs*, Gallimard, Folio, 1978 (pp. 7-29).

1979

Ouvrages
Civilisation matérielle, économie et capitalisme (XVe-XVIIIe siècles), Armand Colin, 1979, 3 volumes
Histoire économique et sociale de la France, publiée sous la direction d'Ernest Labrousse et de Fernand Braudel, tome IV ; chapitre « Précocité des flux et reflux interséculaires » dans les Conclusions générales, P.U.F., 1979.

Articles
« Aimer Venise pour la comprendre », publié dans *Storia della civiltà veneziana*, Florence, Sansoni, 1979.
« Naissance d'une économie-monde : ville et État dans la première Europe ((IXe-XVIIIe siècles) » (*Urbi*, 1979, pp. III-XX).
« A Model for the Analysis of the Decline of Italy » (*Review*, 1979, pp. 647-662).
« La vida ejemplar de Marcel Bataillon », dans *Cuadernos de investigacion historica*, n° 5.
« Des mouvements séculaires », dans *Mélanges offerts à Charles Morazé*, 1979.

1980

Articles
« En Méditerranée : les siècles de gloire matérielle », *Total Information*, avril 1980.
« L'Empire turc est-il une économie-monde ? », dans *Memorial Omer Lufti Barkan* (pp. 39-50).
« La Toscana del sec. XVI nel mondo mediterraneo », dans *La Nascita della Toscana, dal convegno di studi per il centenario della morte di Cosimo I de' Medici*, 1980 (pp. 19-25).
« Laissons bondir les eaux vives » (*Le Monde*, 13 janvier 1980).
« Will capitalism survive ? », *The Wilson Quarterly*/Spring 1980.

Préfaces
« La France face à la guerre ». Colloque tenu en juin 1980. Introduction aux Actes de ce colloque.
Daniel Thorner, préface à *Peasants in History : Essays in Honour of Daniel Thorner*, Calcutta, Oxford U.P., 1980 (pp. IX-XIII).

Discours
« Marie-Thérèse », discours prononcé à Milan, 1980.
« Hommage à Federico Chabod », juin 1980.

Comptes rendus
Compte rendu de Josef W. Konvitz, *Cities and the Sea* (*Journal of the Society of Architectural Historians*, Boston, 1980).
« Une parfaite réussite », compte rendu de Claude Manceron, *Les Hommes de la liberté*, t. IV (*L'Histoire*, mars 1980).

1981

Articles
« The Rejection of the Reformation in France », dans *History and Imagination. Essays in honour of H. R. Trevor-Roper*, 1981.
« Les villes-mondes après 1784 », dans *Wirtschatskräfte und Wirtschatftswege V, Festschrift für Hermann Kellenbenz*, Klett-Cotta, 1981 (pp. 361-366).

Préfaces
« Pour comprendre Venise », préface au recueil d'articles de Ugo Tucci, Il Mulino, 1981.
Introduction aux *Études africaines offertes à Henri Brunschwig*, E.H.E.S.S. (pp. IX-XI).
Préface et discours à l'occasion de la réédition de deux livres de Giuseppe Parenti sur l'histoire des prix à Florence (1939) et à Sienne (1942). *Studie di storia dei prezzi*, Maison des Sciences de l'homme, 1981.
Préface aux *Mélanges en hommage à F. Chabod*, Pérouse, Annali della facoltà di Scienge politiche, 1981.

1982

Ouvrage
L'Europe, Arts et Métiers graphiques, 1982.

Articles
« Il bloc notes dello storico », articles mensuels (*Corriere della Sera*).

Compte rendu
« L'Adolphe », compte rendu du livre de Jean Maugüé, *Les Dents agacées* (*Le Monde*, 31 décembre 1982)

1983

Articles
« La civilisation, l'histoire et l'aliment » (*Prospective et Santé*, 7 mars 1983).
« Il bloc notes dello storico », articles mensuels (*Corriere delle Sera*, 1983).
« Naples dans l'histoire européenne ». Présentation des Actes du colloque, mai 1983.
« Dérives à partir d'une œuvre incontournable », (*Le Monde*, 16 mars 1983).
« Un des plus grands historiens de l'Italie », (*Sicilia archeologica* 51, 1983, pp. 9-10).
« La primauté de l'Europe », dans *Livro in memoriam : Euripides Simoes de Paula*, 1983 (pp. 17-34).
« Les illusions douloureuses » (*L'Histoire*, 1983, p.3).

Préfaces
Préface au livre de Jacques Brosse, *Les Tours du monde des explorateurs des grands voyages maritimes (1764-1843)*, Bordas, 1983, pp. 5-6.
Préface au livre de Jean Duché, *Le Bouclier d'Athéna*, Laffont, 1983.
Préface à Folco Quilici, *L'Uomo europeo*, Turin, Edizione, 1983, pp. 5-7.
Préface à l'édition française de la thèse de Joaquim Barradas de Carvalho, *À la recherche de la spécificité de la Renaisance portugaise*, Fondation Gulbenkian, 1983.

Discours
À Gênes, mars 1983, pour sa réception comme « citoyen de Gênes ».

Compte rendu
Compte rendu du livre d'Alain Minc, *L'après-crise a commencé* (*Le Nouvel Observateur*, 1983).

1984

Ouvrages
Oltremare. Codice casanatense, Franco Maria Ricci, 1984.
Venise, photos de Folco Quilici, Arthaud, 1984.
Le Monde de Jacques Cartier, Berger-Levrault, 1984, 317 p. Direction de l'ouvrage et introduction.

Articles
« Il bloc notes dello storico », articles mensuels (*Corriere delle Sera*).
« Civilisation et culture », dans *La France d'Ancien Régime. Études réunies en l'honneur de Pierre Goubert*, Privat, 1984, pp. 103-107.

Article sur l'*Histoire de l'Europe* (Fondation européenne des sciences et des arts et de la culture).
« Le temps des paradoxes », *Le Monde*, novembre 1984.
« L'inconscient dans l'histoire », *Le Monde*, 8-9 juillet 1984.
Article dans *Octobre des Arts* en juillet 1984 sur l'histoire de cette revue.

Préfaces
Préface au livre de Witold Kula, *Les Mesures et les hommes*, Maison des sciences de l'homme, 1984.
Préface à l'édition française de Frederic C. Lane, *Venice. A Maritime Republic*, Flammarion, 1984.

1985

Ouvrage
La Dynamique du capitalisme, Arthaud, 1985.

Préfaces
Préface à *Italiani in viaggio. L'Oriente*, ouvrage collectif, Electa, 1985.
Préface à Alain Guillerm, *La Pierre et le Vent*, Arthaud, 1985.
Préface à Jeno Szücs, *Les Trois Europes. Essai d'histoire comparative*, L'Harmattan, 1985.
Préface à Michel Morineau, *Incroyables Gazettes et fabuleux métaux : les retours des trésors américains d'après les gazettes hollandaises, XVIe-XVIIIe siècles*, Cambridge et MSH, 1985, 687 p.

Discours
Discours à la Maison des Sciences de l'Homme lors de la remise de l'épée d'académicien, mars 1985.
Discours de réception à l'Académie française, juin 1985.

PUBLICATIONS POSTHUMES

1986

Ouvrages
L'Identité de la France, Arthaud, 3 volumes, 1986.
Discours de réception à l'Académie française, Arthaud, 1986.
Une leçon d'histoire, Colloque de Châteauvallon, Arthaud, 1986.

Colloque
Publication d'une intervention « Il mestière d'uno storico », dans les Actes du colloque d'Amalfi, Naples.

1987-2001

Ouvrages
Grammaire des civilisations, Arthaud, 1987, puis Champs-Flammarion.
Le Modèle italien, Arthaud, 1989, puis Champs-Flammarion.
Écrits sur l'histoire, t. II, Arthaud, 1990, puis Champs-Flammarion.
Prato, Storia di una citta, 1991 (collection dirigée par F. Braudel).

Les Écrits de Fernand Braudel. I. *Autour de la Méditerranée*, Éditions de Fallois, 1996 puis Le Livre de Poche.
Les Écrits de Fernand Braudel II. *Les Ambitions de l'Histoire*, Éditions de Fallois, 1997 puis Le Livre de Poche.
Les Mémoires de la Méditerranée, Éditions de Fallois, 1998, puis Le Livre de Poche, 2001.
Les Écrits de Fernand Braudel. III. *L'Histoire au quotidien*. Éditions de Fallois, 2001.

Préface
Préface à Claude Laveau, *Le Monde rochelais : des Bourbons à Bonaparte*, La Rochelle, Rumeur des âges, 1988.

NOTES

PREMIÈRE PARTIE
DE PART ET D'AUTRE DE L'ATLANTIQUE

CHAPITRE II. À TRAVERS UN CONTINENT D'HISTOIRE :
L'AMÉRIQUE LATINE

I. À propos de l'œuvre de Gilberto Freyre
1. Cinq ouvrages au total : I. *Casa Grande e Senzala. Formação da familia brasileira sob o regimen da economia patriarchal* (Maison seigneuriale et case d'esclave) ; Maia et Schmidt, Rio, 1933, hélas, pas d'index des noms et des matières, de même pour les autres. II. *Sobrados e mucambos. Decadencia do patriarchado rural no Brasil* (traduction libre : Maisons de pierre et taudis urbains). Biblioteca pedagogica brasileira, vol. n° 64, Companhia Editora Nacional, São Paulo, 1936. III. *A guia do Recife*, guide illustré de Recife, à tirage limité, orné d'aquarelles. IV. *O Nordeste*, Rio, José Olympio, 1936. V. *Mucambos do Nordeste*, plaquette. Pour les références, nous désignerons ces ouvrages par les numéros d'ordre I, II, III, IV, V.
2. On lui préférait en partie la route du littoral ; cette voie côtière, avec le continuel cabotage de ses voiliers, a contribué elle aussi — bien qu'on en parle peu — à l'unité brésilienne, à l'accord de ses villes thalassiques, pour parler comme Gilberto Freyre.

II. Au Brésil : deux livres de Caio Prado
1. *Formaçao do Brasil contemporâneo*, Colonia. 2ᵉ édit., São Paulo, 1945, 389 p. ; *Historia econômica do Brasil*, 1945, São Paulo, 318 p.

IV. Y a-t-il une Amérique latine ?
1. *O Estado de São Paulo*, 8 juin 1947.
2. *La Nación* (de Buenos Aires), 20 juillet 1927.

V. Dans le Brésil bahianais : le témoignage de Minas Velhas
1. Marvin Harris, *Town and Country in Brazil*, New York, Columbia University Press, 1956.
2. À Minas Velhas, pas d'électricité, d'ailleurs.
3. Faites en briques séchées au soleil, avec adjonction de quelques pierres, couvertes en tuiles.
4. Marvin Harris, *op. cit.*, p. 145
5. *Ibid.*
6. P. 143.

7. Quel dommage aussi que ce livre n'ait pas les illustrations qu'il mériterait d'avoir. Pas une seule photographie !

DEUXIÈME PARTIE
L'ENSEIGNEMENT DE L'HISTOIRE

CHAPITRE II. LES SCIENCES SOCIALES EN FRANCE, UN BILAN, UN PROGRAMME
1. Du professeur titulaire à l'étudiant.
2. Lettres et droit.
3. Nous laissons de côté, dans cette étude, les facultés de Médecine : elles y auraient certes leur place, puisqu'elles couvrent tout le domaine de la biologie humaine.
4. En projet à la faculté des Lettres de Paris.

TROISIÈME PARTIE
LE TEMPS DES *ANNALES*

VII. *Histoire de la vie matérielle*
1. *Trasculturación indoespañola*, 1956, p. 285.
2. Matsuyo Takizawa, *The Penetration of money economy in Japan*, New York, 1927, pp. 76-77.
3. *From Akbar to Aurengzeb*, Londres, 1928, p. 21.
4. Roger Dion, *Histoire de la vigne et du vin en France*, Paris, 1959.
5. Paris, Armand Colin, 4 vol., 1943-1948.
6. Paris, Armand Colin, 1922.
7. *Annales de Géographie*, XX, 1911, pp. 198-212 et 289-304.
8. Ludwigsburg, 1954.
9. *Histoire de l'alimentation végétale*, Paris, Payot, 1932.

QUATRIÈME PARTIE
LES « OUVRIERS DE L'HISTOIRE »

I. *Présence de Lucien Febvre*
1. 20 août 1941 : « J'ai fini par me dire que j'étais bête de ne pas publier. Non pas pour moi personnellement. Quand un livre est écrit, cela me suffit, je n'ai aucun prurit de publicité. Mais il y a le pays : cela paraît bien ridicule dit ainsi, et cependant c'est vrai. Nous devons, en ce moment, affirmer, proclamer que nous sommes vivants. Bien vivants. Et il faut profiter, si l'on peut dire, de ce singulier répit qui nous est laissé. Eh oui, je dis bien répit, tout provisoire, répit entre deux tornades : la dernière dont la queue traîne encore sur nous, la prochaine qui s'annonce et dont on ne peut prévoir ni la violence, ni la durée. Le monde est entré dans une période de convulsions. Le monde, comme dit l'autre, va changer de base. De toute façon, quoi qu'il arrive, ce n'est pas bien drôle pour ses habitants, qui y avaient pris leurs petites habitudes. Pour les vieux comme moi, fini... »

II. *Lucien Febvre et l'histoire*
1. Gabriel Le Bras *Politique étrangère*, novembre 1956.

CINQUIÈME PARTIE
L'HISTOIRE QUI S'ÉCRIT

I. Y a-t-il une géographie de l'individu bilogique ?
1. Paris, Armand Colin, 1943, 440 p., 31 figures dans le texte. Le sous-titre me semble discutable : y a-t-il, sans plus, une écologie de l'homme, machine vivante étudiée en dehors de ses réalités sociales ? M. S. écrit, il est vrai, *Essai d'une écologie*, et non pas *Écologie*. Quant au titre, le mot biologique prête à double sens : il désigne la biologie de l'homme, sans doute, mais l'habitude s'est prise de parler d'une géographie biologique, celle des plantes ou des animaux. Dans le livre I l'un des deux sens, biologie de l'homme ; dans les livres II et III les deux sens et spécialement le second. Mais au vrai, les mots de « géographie humaine » eux-mêmes ne sont-ils pas discutables ?
2. Pour *écologie* et *œkoumène*, je conserve l'orthographe du livre. Évidemment si l'on voulait discuter !
3. P. 188.
4. Y a-t-il, selon l'hypothèse de Nicole, suppression dans certaines maladies du *vecteur*, et transmission directe, ensuite, du germe pathogène d'homme à homme, ainsi dans les cas de la tuberculose ? *Cf.* Sorre, p. 293.
5. [Puisque Fernand Braudel veut bien rappeler ce travail dont j'ai eu l'idée et qui fut mené sous ma direction (il aurait dû s'intituler, d'ailleurs, *Essai d'une carte des graisses de cuisine en France* ; les fonds de cuisine sont autre chose), il serait désirable en effet qu'il fût repris par de bons enquêteurs ; les géographes en disposent de toute une armée ; il importerait d'ailleurs que leur enquête fût historique en même temps que géographique ; l'histoire des substitutions de graisse à graisse serait passionnante (Lucien Febvre).]
6. Est-ce dans la mesure où ces maladies entraîneraient l'étude d'une action de l'homme sur l'homme, donc une étude *sociale* ? Tuberculose, maladie des villes ?
7. Max. Sorre se prononce en effet, sans fournir de preuves personnelles, en faveur de l'origine américaine. Voir p. 342 : « La syphilis paraît sûrement être d'origine américaine, quoi qu'on en ait dit parfois. »
8. Nous n'avons pas pu prendre connaissance du livre de Pierre Delbet, *Politique préventive du cancer*, Denoël, 1944.
9. P. 394, à propos de la destruction du premier Empire des Mayas et des théories d'E. Huntington. Le climat changerait-il sous nos yeux ? La question est de celles qui doivent tout de même intéresser les climatologues et les géographes. Cette variation du climat, si variation il y a, ne remettrait-elle pas en cause tous les problèmes, tous les ordres, tous les équilibres de la vie ? Beaucoup d'auteurs répondent par l'affirmative sous le couvert de preuves et d'autorités assez douteuses, j'en conviens. Selon les plus catégoriques d'entre eux, il y aurait, étalées sur plusieurs siècles à la fois, de lentes modulations de climat passant par de très faibles varia-

tions successives et des dénivelées totales assez peu importantes, de périodes sèches et chaudes à des périodes moins chaudes et surtout plus humides. Suffit-il pour trancher la question de répondre par la négative, sans plus, ou même de ne pas poser ou reposer cette question ? Il y a cependant l'exemple des avancées et des reculs des glaciers des Alpes (voire du Caucase), le retrait de la banquise arctique, assez net depuis la fin du XIXe siècle, le long des rivages russes et sibériens... Toute la politique des Soviets dans ce Nord arctique nous est présentée comme fondée sur l'hypothèse d'un réchauffement actuel de l'Arctique ; est-ce là une erreur ? Historiquement, les exemples douteux mais troublants ne manquent pas. Est-ce à cause des hommes seulement qu'au IXe siècle les sources superficielles se tarissent en Sicile ? Au XIVe et au XVe siècle, faut-il penser, avec Gaston Roupnel, que les calamités européennes sont imputables finalement à des perturbations de climat ? On constate, avec la fin du XVIe siècle, oserai-je dire, une aggravation des conditions climatiques dans la Basse-Toscane, productrice de grains, en tout cas des inondations dévastatrices, des hivers plus rudes, si rigoureux parfois que les oliviers gèlent... De même Huntington a-t-il raison, *malgré tout*, quand il soutient que le premier Empire maya a été victime d'un cataclysme, d'un changement climatique ? Tel n'est pas l'avis de Maximilien Sorre : « E. Huntington, écrit-il, a cherché l'explication de cette singularité (la disparition de florissants établissements urbains dans les pays du Péten et de l'Usumacinta) dans l'hypothèse de changements de climat entraînant une variation de la morbidité infectieuse. *Cette hypothèse n'est pas nécessaire.* » Je souligne la phrase, mais le fait est-il si sûr ? — Dans un cas analogue, pour expliquer la recrudescence de la malaria dans l'Italie du XVIe siècle (et plus généralement dans la Méditerranée de ce temps-là), Philipp Hiltebrandt suppose l'arrivée de germes maléfiques nouveaux, ceux d'une *malaria tropicalis*, en provenance rapide (ultra rapide même) d'Amérique. À la manière de Huntington, ne pourrait-on pas penser (surtout s'agissant du XVIIe siècle d'ailleurs) à une augmentation légère des précipitations atmosphériques et à une montée conséquente dans les bas pays méditerranéens des eaux stagnantes, par suite à une multiplication des gîtes anophéliques ? Tout en songeant, je le veux bien, à d'autres explications aussi plausibles : l'augmentation des hommes notamment, la multiplication des « bonifications », créatrices (à leurs débuts, surtout, mais plus tard encore quand elles ne sont pas victorieusement achevées) d'une aggravation de la malaria, comme tout remuement du sol en ces zones dangereuses ? Bien d'autres petits faits seraient à citer, discutables, obscurs aussi : ils ne résolvent pas le problème contre l'opinion des géographes partisans de l'immuabilité du climat durant les époques historiques ; non sans doute, mais, si je ne me trompe, ils le posent avec plus de netteté. Cf. à ce sujet les notes prudentes d'E. de Martonne dans *La France (Géographie universelle*, 1943), 1re partie, p. 313 : « L'esprit du savant se tourne plutôt vers l'hypothèse d'une périodicité. » Et, p. 314 : « Une périodicité d'environ 30 ans n'est pas loin d'être vraisemblable. »

10. À noter le paragraphe consacré aux survivances des régimes alimentaires primitifs, p. 239, et la note, p. 240, sur la primauté ancienne des céréales à bouillie et notamment des millets : « On pourrait parler... d'un âge des millets. »
11. Dommage qu'il n'ait pas été parlé des conséquences que purent avoir certaines grandes révolutions alimentaires de l'époque moderne en Europe. Tableau sommaire de ces révolutions dans le manuel classique d'histoire économique de Kulischer. Pour certains aspects sociaux de ces transformations (à propos du café, du thé, de la bière) voir Henri Brunschwig : *La Crise de l'État prussien à la fin du XVIIIe siècle et la genèse de la mentalité romantique*. Les historiens français contemporains sont peu attentifs en général à l'histoire de l'alimentation, peut-être aussi intéressante, après tout, que le système de Law ou toute autre grande question classique. Avons-nous une histoire de la ou mieux des cuisines françaises ? ou par exemple une histoire de l'huile ou du beurre — voire, dans la Méditerranée du XVIe siècle, une histoire du beurre rance que l'on a transporté alors par bateaux de Bône à Alger, de Djerba à Alexandrie, peut-être même jusqu'à Constantinople ? Beaucoup d'historiens connaissent-ils les difficultés de la fabrication du biscuit, dans la Méditerranée des navires ronds et des navires à rames, condition des plus glorieuses armadas ? Pas de blé, pas de flotte, pourrait-on dire. Combien encore, nous citons au hasard, connaissent telle note révélatrice de W. Sombart sur l'essor que prirent les industries de conserves aux XVe et XIVe siècles — ou cette histoire nordique et atlantique du bœuf salé que H. Hauser aimait expliquer dans ses cours ?
12. *Cf.* sur ce point la note de François Perroux, *Cours d'économie politique*, 1re année, p. 137 : « Elle [la géographie] définit peu et mal les termes qu'elle emploie », etc.
13. André Cholley, *Guide de l'étudiant en géographie*, Paris, Presses universitaires, 1943, p. 9. Mais description « homocentrique », p. 121.
14. Albert Demangeon, *Problèmes*, p. 28.
15. Selon l'expression de Maurice Halbwachs.
16. Pp. 37-38. Bien caractéristique, le fait que M. S. ait réservé (*cf.* p. 10) à un autre ouvrage, celui-là à paraître, l'étude du milieu climatique urbain.

II. Faillite de l'histoire, triomphe du destin
 1. Paris, Grasset, 1943, 6e édition.
 2. Paris, 1910.
 3. Paris, Grasset, 1939.
 4. Siloë, Paris, Stock, 1927.
 5. G. R. Écrit de lui, p. 24, qu'il était « prêt... à point pour sa mission lucrative d'apôtre au progrès civique ». Lucrative ? L'épithète n'est-elle pas très injuste, pour le moins, sans vouloir réclamer pour Michelet un respect de commande ?
 6. Est-ce la carence allemande qui explique la large irruption, en France, du baroque méditerranéen ?

III. En marge ou au cœur de l'histoire ?
 1. D'où p. 8, une phrase interrogative qui laisse à penser que Ferry était protestant. Mais faut-il s'arrêter aux minuscules détails de

ces essais qui se veulent généraux ? Sans doute, souhaiterions-nous, ici ou là, plus d'exactitude sans doute...

V. *L'économie française au XVIIe siècle*
1. Communication faite à la Société statistique de Paris, le 17 mai 1944 ; Paris, Berger-Levrault, 1944.
2. *Population*, n° 4, oct.-déc. 1946.
3. Société d'histoire moderne, *Études d'histoire moderne et contemporaine*, t. I, 1947, pp. 15-29.
4. *Annales (E.S.C.)*, t. V. 1933, pp. 266 *sq.*
5. *Annales du Midi*, t. LXII, n° 9 (janv. 1950), pp. 21-35.
6. Les Hollandais pourraient-ils seulement naviguer sans les eaux-de-vie de France et les prunes sèches qui sont un des grands remèdes contre le scorbut ?

VII. *Georges Gurvitch ou la discontinuité du social*
1. En fait, trois études : *Le Problème de la conscience collective dans la sociologie de Durkheim* ; *La Magie, la religion et le droit* ; *La Science des faits moraux et la morale théorique chez Durkheim*.
2. Paris, Flammarion, 1952, 240 p. (Coll. Philosophie scientifique).
3. « Vers un renouvellement des méthodes de l'économie politique », dans *Bulletin International des sciences sociales*, Paris, U.N.E.S.C.O., 1950, vol. II, n° 3.
4. Princeton University Press, 1944.
5. *Critique*, octobre 1951.
6. Jean de Sturler, « À propos d'une prétendue liberté de l'historien », dans *Mélanges Georges Smets*, Bruxelles, 1952.
7. P. 345 : « Ainsi la classe sociale est pour nous un groupement, 1° supra-fonctionnel ; 2° étendu en nombre ; 3° permanent ; 4° à distance ; 5° de fait ; 6° ouvert ; 7° inorganisé mais structuré (sauf lorsqu'il est en germe) ; 8° de division ; 9° normalement réfractaire à la pénétration par la société globale (sauf lorsqu'il est au pouvoir) ; 10° radicalement incompatible avec les autres classes ; 11° ne disposant à l'égard de ses membres que de la contrainte conditionnelle. »
8. *Industrialisation et Technocratie*, Paris, A. Colin, 1949, 214 p.
9. « Contribution of Sociometry to Research Methodology in Sociology », dans *American Sociological Review*, vol. XII, n° 2, juin 1947 ; et « Les fondements de la sociométrie », dans *Cahiers internationaux de sociologie*, 1950, vol. XIV, p. 3.
10. *IIe Congrès des économistes de langue française*, Paris, Domat-Montchrestien, 1952.
11. « Cycle et structure », dans *Revue économique*, janvier 1952.

VIII. *La démographie et les dimensions des sciences de l'homme*
1. « À chacun de faire sa méthode », m'écrivait-il dans une note que j'ai sous les yeux. « On n'a pas besoin d'expert pour cela. Si l'on n'est pas fichu de s'en fabriquer une de méthode, *lascia la storia...* »
2. *La Población en el destino de los pueblos*, Santiago, 1949.
3. *Economia mundial*, Santiago, 1952, I, 220 p.
4. *Sammlung Dalp*, n° 80, Berne, 2e édition, 1952.
5. Ce recours à l'histoire me paraît, chez lui, déraisonnable, mais à quoi bon s'en expliquer longuement ! Ernst Wagemann n'est pas

un historien. Dans nos domaines, il est par trop naïf pour qu'il y ait profit à le suivre ou à le critiquer.
6. Presses Universitaires, 2 tomes, 2ᵉ édition, 1959.
7. Je n'ose dire qu'il faudrait joindre par surcroît cette discutable mais vivante *Nature sociale*, parue en 1956, ou cette *Montée des jeunes*, alerte et intelligente, qui est sortie des presses il y a quelques mois. On voulait parler d'un seul livre, mais les *Annales*, par ma faute, sont tellement en retard qu'elles se voient obligées de saluer des quintuplés.
8. *Manuel d'ethnographie.* Paris.
9. *Luxus und Kapitalismus*, Munich, 1922.
10. Pour une définition simple, voir Louis Chevalier, *Démographie générale*, Paris, Dalloz, 1951.
11. Le chapitre XI, en d'autres termes, me paraît court.
12. C'est dire que le chapitre XIV me déçoit.
13. Quelques lignes, II, p. 236.
14. Hélas ! pas d'index des matières.
15. Si ce réveil, comme je le souhaite, s'annonce de longue durée.
16. Collection *Civilisations d'hier et d'aujourd'hui*, Paris, Plon, 1958, XXVIII, 566 p.
17. Éditée par l'I.N.E.D., 23, avenue F.D. Roosevelt, Paris VIIIᵉ.
18. À l'index du traité de *Démographie générale* (1951) de Louis Chevalier, amusons-nous, un instant, à ne pas trouver les rubriques de sa recherche présente des structures biologiques.

X. Pour une histoire sérielle : Séville et l'Atlantique (1504-1650)
1. Pierre Chaunu, *Séville et l'Atlantique (1504-1650)*, 2 tomes, Paris, S.E.V.P.E.N., 1959.
2. « Dynamique conjoncture et histoire sérielle », *Industrie*, 6 juin 1960.
3. Huguette et Pierre Chaunu, *Séville et l'Atlantique*. Première partie : partie statistique (1504-1650), 6 volumes, 1955-1956, Paris, S.E.V.P.E.N., plus un atlas, *Construction graphique*, 1957. La thèse de Pierre Chaunu est la seconde partie, dite interprétative, de *Séville et l'Atlantique*, d'où la tomaison peu claire au premier abord, de ses trois volumes : VIII_1, VIII_2, VIII_2 bis.
4. « La genèse du système capitaliste : la pratique des affaires et leur mentalité dans l'Espagne du XVIᵉ », *Annales d'histoire économique et sociale*, 1936, pp. 334-354.
5. Pierre Chaunu, *Les Philippines et le Pacifique des Ibériques XVIᵉ, XVIIᵉ, XVIIIᵉ siècles*, Paris, S.E.V.P.E.N.

XI. À propos du Beauvoisis de Pierre Goubert
1. Pierre Goubert, *Beauvais et le Beauvaisis de 1600 à 1730. Contribution à l'histoire sociale de la France au XVIIᵉ siècle*, Paris, S.E.V.P.E.N., 1960.
2. *Une croissance : la Basse-Provence rurale (fin du XVIᵉ siècle-1789)*, Paris S.E.V.P.E.N., 1961.
3. *Storia della popolazione di Venezia della fine del secolo XVI alla caduta della Republica*, Padoue, 1954.
4. *Des mouvements de longue durée Kondratieff*, Aix-en-Provence, La Pensée Universitaire, 1959.

XII. La Catalogne plus l'Espagne de Pierre Vilar
1. « Note sur la thèse principale d'histoire pour le doctorat ès lettres », *Revue historique*, juillet-septembre 1965.
2. 4ᵉ édition, Paris, 1908, pp. 392 *sq.*
3. « Les Espagne périphériques dans le monde moderne (Notes pour une recherche) », *Revue d'histoire économique et sociale*, 1963, n° 2, pp. 145-182, et plus particulièrement, dans la 3ᵉ partie de l'article, pp. 171 *sq.*
4. Voir à ce sujet le bel article de Felipe Ruiz Martin, consacré au livre de Pierre Vilar dans *Anales de Economía (Segunda época)*, n° 7, juillet-septembre 1964.
5. P. Vilar, *Le « Manual de la Compañya Nova » de Gibraltar (1709-1723)*, Paris, S.E.V.P.E.N., 1962.

XVII. Compte rendu du livre de Josef W. Konvitz, Cities and Sea
1. Edward W. Fox, *History in geographic perspective. The other France*, 1971. Traduction française, *L'Autre France*, Flammarion, 1973.
2. « Le capitalisme hollandais vu de l'Est », *in* Maurice Aymard ed., *Capitalisme hollandais, capitalisme mondial*, Cambridge University Press, 1980.

INDEX

Seuls les noms de personnes (PETITES CAPITALES), de revues (*italique*) ainsi que les noms de lieux ont été retenus pour composer cet index qui prend en compte le seul texte principal.

ABEL (Wilhelm), 159, 179.
ABRAHAM (Marcel), 254.
ABRAHAM (Pierre), 254.
ABREU (Capistrano de), 70.
ACKERMAN (Johan), 425.
ACONTIUS (Jacobus), 313, 314.
Açores, 66, 156, 383, 542.
Acre, 69.
Adour (fl.), 395.
Afrique, 36, 45, 46, 67, 71, 93, 143, 148, 217, 284, 300, 362, 384, 406, 468.
Afrique du Nord, 14, 37, 69, 176, 177, 197, 199, 200, 333, 498.
Afrique Noire, 342, 343.
AFTALION (Albert), 178, 310, 490.
Agen, 396, 397.
AGNELLI (Arduino), 349.
Aigues-Mortes, 169.
Ain, 263.
Aix-en-Provence, 142, 337, 471, 486.
AKERMAN (Johan), 160.
ALAIN, 121.
ALAZARD (Jean), 280.
Albanie, 55.
ALBERTINI (Eugène), 253, 268, 269, 280.
Albuquerque, 64.
Alexandrie, 169, 499.
Alger, 13, 14, 15, 142, 148, 279, 280, 281, 282, 283, 286, 294, 307, 331.
Algérie, 13, 14, 280, 282, 283, 284, 341.
Alicante, 468, 498.
Allemagne, 14, 17, 21, 29, 31, 38, 52, 53, 54, 55, 56, 66, 124, 126, 127, 159, 160, 170, 243, 266, 290, 313, 332, 341, 342, 369, 417, 512, 519, 539, 541, 543.
Alpes, 70, 350, 539, 540.
Alsace, 55, 341, 369.
ALVAREZ FAGUNDES (João), 542.
AMADO (Jorge), 108.
Amérique, 46, 63, 69, 72, 84, 93, 94, 95, 96, 97, 99, 157, 158, 168, 204, 247, 290, 307, 321, 327, 333, 362, 384, 414, 463, 466, 467, 471, 485, 495, 501, 502, 524, 538, 539, 541, 543.
Amérique espagnole, 45, 157, 502.
Amérique latine, 98-103, 134, 140, 148, 153, 158, 159, 177, 183, 185, 204, 319, 442.
Amérique du Nord, 36, 37, 39, 217, 544.
Amérique du Sud, 37, 44, 91, 93, 99, 102, 103, 134, 217.
Amiens, 304.
Amsterdam, 80, 183, 190, 244, 247, 392, 393, 524, 531, 549.
Andalousie, 331, 385, 474, 498.
Andes, 93, 94, 100, 101, 102.
Angkor, 531.

Angleterre, 14, 37, 39, 45, 56, 69, 100, 128, 129, 130, 132, 155, 166, 190, 204, 243, 244, 307, 313, 342, 362, 369, 432, 434, 444, 464, 467, 498, 502, 513, 517, 525, 541, 542.
Anjos, 72.
Annales d'histoire économique et sociale, puis *Annales* et *Annales E.S.C.*, 9, 11, 18, 19, 20, 21, 24, 25, 26, 27, 28, 29, 30, 31, 62, 63, 85, 87, 88, 93, 97, 153, 184, 201-248, 249, 254, 256, 264, 273, 291, 292, 297, 301, 302, 305, 306, 309, 314, 338, 340, 343, 351, 368, 375, 376, 377, 380, 392, 400, 407, 424, 473, 485, 489, 490, 521.
Annales d'histoire sociale, 328.
Annales de géographie, 228, 290.
Année sociologique (L'), 20, 228, 272, 289, 290.
Antilles, 94, 157, 464, 474, 541.
ANTONIL (André João), 80.
Anvers, 80, 158, 183, 247, 317, 385, 496, 524, 541.
Aquitaine, 395, 397.
Aragon, 79, 396, 495.
ARBOS (Philippe), 256.
ARCOS (comte d'), 45, 81.
Argentine, 35, 69, 78, 92, 93, 100, 159, 255.
Armagnac, 395.
Armorique, 400.
ARRAIS (Uribe), 100.
Asie, 36, 37, 38, 51, 128, 284, 300, 322, 430, 531, 538, 541.
Asie Mineure, 122.
ASSIER (d'), 70.
Asunción, 91, 94.
Athènes, 84, 303.
ATKINSON (J.), 382.
Atlantique (océan), 40, 44, 45, 46, 53, 62, 83, 84, 89, 91, 94, 96, 97, 103, 112, 131, 134, 156, 158, 199, 384, 386, 387, 396, 462-475, 498, 540, 542, 543.
Attique, 133.
Auch, 257.
AUGER (Pierre), 413.
Augsbourg, 160, 395, 396, 539.
AURIGEMMA (Luigi), 550.
Austerlitz, 12.

Autriche, 37, 55, 126.
Auvergne, 396.
AYMARD (André), 13, 153, 294-295, 296, 297.
AYMARD (Maurice), 153.
AZEVEDO (Lucio de), 66.
AZTÈQUES, 541.

BAEHREL (René), 30, 163, 427, 448, 482, 486, 489.
Bahia, 42-49, 68, 76, 77, 81, 83, 91, 104, 108, 109, 111.
Baïse (fl.), 395.
Baixa do Gamba, 106, 107.
BALASZ (Étienne), 243.
Baléares, 498.
Baltes (pays), 243.
Baltique (mer), 157, 467, 487, 531, 541.
BALZAC (Honoré de), 452, 453.
Bananal, 106.
BANDELLO (Père dominicain), 82, 222.
Bar-le-Duc, 13.
Barbarie, 169.
BARBÈS (Armand), 517, 521.
Barbezieux, 311.
Barcelone, 496, 498, 499, 500, 539.
Barrois, 11.
BARROT (Odilon), 508, 510, 517.
BARTHES (Roland), 213, 460.
BARUZI (Jean), 331.
BASIN (Thomas), 347.
BATAILLON (Eugène), 334.
BATAILLON (Lionel), 254, 329.
BATAILLON (Marcel), 153, 254, 313, 328-334.
BAULANT (Micheline), 163.
BAULIG (Henri), 25, 254.
BAUMONT (Maurice), 50.
BEAUJEU-GARNIER (Jacqueline), 443.
Beauvais, 476-488.
Beauvaisis, 448, 476-488.
BÉDIER (Joseph), 22, 29, 268.
BELDICEANU STEINHERR (Irène), 348.
BELDICEANU (Nicoara), 348.
Belfort, 263.
Belgique, 204, 342, 493, 496.
BELOCH (Julius), 443.

INDEX

BELTRAMI (Daniele), 443, 485.
Bérézina, 12.
BERGER (Gaston), 232, 276-278.
BERGSON (Henri), 21, 22, 30, 307, 414, 417.
Berlin, 29, 55, 304, 341, 342, 428.
Bermudes, 466.
BERNARD (Jacques), 544.
BERNARD (Jean), 187.
Berne, 428.
BERQUE (Jacques), 165, 197, 198, 199.
BERR (Henri), 9, 14, 16, 18, 19, 20, 21, 22, 23, 24, 25, 27, 29, 31, 217, 228, 229, 231, 254, 255, 285-293, 533.
BERTELLI (Sergio), 346, 347.
BERTHET (abbé), 254.
BERTIN (Jacques), 185.
Besançon, 263.
BEYHAUT (G.), 159.
Beyrouth, 169, 198.
Bilbao, 473.
Binghamton, 235.
Biscaye, 44.
BISMARCK (Otto), 126.
BLACHE (Jules), 161.
BLANQUI (Louis Auguste), 513, 521.
BLOCH (Gustave), 29, 271, 303.
BLOCH (Jean-Richard), 254.
BLOCH (Jules), 253.
BLOCH (Marc), 9, 18, 20, 22, 23, 24, 26, 27, 28, 29, 31, 187, 201, 203, 204, 205, 208, 210-211, 212, 213, 228, 229, 230, 231, 240, 241, 245, 249, 252, 253, 254, 260, 263, 264, 269, 272, 288, 291, 292, 297, 299, 301, 303-307, 309, 314, 338, 340, 341, 380, 400, 410, 492, 493.
BLONDEL (Charles), 253.
BLONDEL (Maurice), 277.
BOAS (F.), 63.
BODIN (Jean), 347.
Bologne, 222.
BOMFIM (Manuel), 67.
Bom Jesus de Lapa, 109.
BONET (André), 347.
Bonne-Espérance (cap de), 538.
Bordeaux, 142, 144, 148, 149, 257, 390, 394, 395, 396, 529.

BORLANDI (Franco), 223, 316-323, 324, 345.
BOSSUET (Jacques Bénigne), 373.
Boston, 45.
BOTERO (Giovanni), 319, 346, 350.
BOUGLÉ (Célestin), 256.
BOURBAKI (Charles), 259, 266.
BOURBON (connétable de), 154.
Bourg, 263.
Bourg-en-Bresse, 391.
BOURGEOIS (Émile), 15, 280.
BOURGIN (Georges), 254.
Bourgogne (duché de), 29.
Bourgogne (région), 83, 161, 164, 369, 404.
BOUTROUX (Émile), 304.
BOUTRUCHE (Robert), 307.
Bray (pays de), 478.
BRÉMOND (abbé), 331.
Brésil, 16, 35, 36, 38, 42, 43, 44, 45, 46, 47, 48, 62-84, 85-90, 93, 95, 99, 100, 104-115, 123, 124, 126, 131, 133, 134, 159, 186, 248, 387, 400, 434, 541, 542.
Bresse, 258.
Brest, 529.
Bretagne, 148, 307, 540, 543.
BRIAND (Aristide), 53, 56.
Bristol, 542.
Bromado, 105.
BROSSARD (Joseph-Philibert), 391.
Brouage, 394.
BROWN (Phels), 179.
Bruges, 385, 467, 498, 539, 540.
Brumadinho, 106.
BRUNHES (Jean), 364, 403, 404.
BRUNOT (Ferdinand), 187.
BRUNSCHVICG (Léon), 410.
BRUNSCHWIG (Henri), 28, 230, 254, 307, 340-343.
Bruxelles, 318, 324.
Buarque de Holanda, 64.
Budapest, 243.
Budienny, 52.
Buenos Aires, 16, 69, 91-97, 255.
BUGEAUD (Thomas), 282.
BULARD (Marcel), 253.
Bulgarie, 432.
BURCKHARDT (Jakob), 374.
BUZZATI (Dino), 244, 318.

Cabo Frio, 542.
CABOT (Jean), 542.
Cahiers de la Quinzaine, 290.
CAIN (Julien), 254, 291.
Calicut, 538.
CALMON (Pedro), 68.
CALVACANTI (Félix), 65, 81.
CALVINO (Italo), 244.
Cambridge, 160.
Canada, 386, 544.
Cananca, 94.
Canaries, 156, 466, 474, 542.
Candie, 170.
Cannes (Minervois), 282.
CANTACUZÈNE, 13.
CANTILLON (Richard), 443.
CANTIMORI (Delio), 314, 319, 324, 345.
Cantons suisses, 29.
Cap-Breton (île du), 542.
Cap-Vert (archipel du), 66.
CARANDE (Ramón), 155, 330, 344.
Carcassonne, 282.
CARCER Y DISDIER (Mariano de), 222.
CARDAILLAC (Louis), 333.
CARNEIRO DA CUNHA, 65.
CARON (Pierre), 254.
CARPENTIER (Élisabeth), 217.
Carthage, 176.
CARTIER (Jacques), 537-544.
CARTIER (Michel), 184.
CASTER (Gilles), 179.
Castille, 384, 496, 498, 499, 539.
CASTILLO (Alvaro), 179, 473.
Catalogne, 79, 489-504.
Cateau-Cambrésis (traité du), 158.
CATTINI (Marco), 347.
Cauterets, 257.
CAVAIGNAC (Eugène), 443, 517.
CELESTINO (João), 110.
Ceara, 69.
Cerdagne, 495.
Ceuta, 385, 498.
CHABOD (Federico), 319, 320, 324, 344-350.
CHALUS (Paul), 287, 291.
CHAMBERLAIN (Neville), 56.
Champagne, 11, 385, 540.
CHAMPEAUX (Ernest), 254.
CHAMPION (Pierre), 161.
CHARLES LE TÉMÉRAIRE, 460.
CHAUME (abbé), 404.

Charcas, 94.
Charente, 395.
CHARLES VIII, 540.
CHARLES IX, 383.
CHARLES QUINT, 155, 159, 170, 296, 319, 320, 332, 344, 346, 471, 473, 537.
Chateauvallon, 117.
CHATELAIN (Abel), 399.
CHAUNU (Huguette), 157, 273, 463, 474.
CHAUNU (Pierre), 157, 179, 183, 222, 273, 462-475, 476, 493, 547.
CHAYANOV (A. V.), 338.
Cher (fl.), 286.
Cherbourg, 529.
CHEVALIER (Louis), 445-457.
CHEVALIER (Michel), 195.
Chicago, 47.
Chili, 94, 159, 428.
CHINARD (Gilbert), 382.
Chine, 51, 52, 54, 140, 143, 183, 184, 223, 243, 323, 338, 430, 468, 471.
Chioggia, 167.
Chique Chique, 109.
CHIVA (Isaac), 185, 188.
Chocano, 100.
CHOLLEY (André), 400, 404.
Chypre, 170.
CIPOLLA (Carlo M.), 167, 323, 470.
CISNEROS (cardinal de), 332.
CLARK (Colin), 79, 193, 433.
CLÉMENS (René), 425.
CLERMONT (Norman), 544.
Clermont-Ferrand, 260, 305.
CLEYNAERTS (Nicolas), 331.
Cochamba, 94.
Cognac, 311.
COIGNARD (Jérôme), 371.
COLBERT (Jean-Baptiste), 392.
COLIGNY (Gaspard de), 258, 313, 381, 382, 383, 461, 521.
Cologne, 344.
COLOMB (Christophe), 222, 327, 383, 384, 464, 538, 539.
COLOMB (Fernand), 331.
COMMYNES (Philippe de), 347.
COMPARATO (Vittor Ivo), 347.
COMTE (Auguste), 20, 411.
CONGAR (Père), 274.

Constantine, 13, 299.
Constantinople, 51, 169.
CONTARINI (doge), 154.
Cordoba, 91, 93, 94, 96.
Cordoue, 473.
Corfou, 170.
Corinthe, 122.
CORTESÃO (Jaime), 96.
COURNOT (Antoine), 195.
COUTURIER, 185.
Cracovie, 245.
Crécy, 260, 282.
CRÉMIEUX (Bruno), 14.
Crète, 122.
Crimée, 51.
Critica, 21.
CROCE (Benedetto), 21, 314, 345, 535, 537.
CROISET (Alfred), 304.
CROUZET (Maurice), 295.
Cuba, 177.
Cuenca, 473.
Cuernavaca, 329.
CUISENIER (Jean), 188.
CUNHA (Euclydes da), 64, 68, 86.
Curzola, 322.
Cyclades, 122.

DANTE ALIGHIERI, 271.
Danube, 127.
Danzig, 55.
DATINI (Francesco), 326.
DAUDIN (H.), 253.
DAVOUT (Louis Nicolas), 128.
DAVY (Georges), 304.
DELAFOSSE (Marcel), 157.
DELAISI (Francis), 37.
DELBET (Pierre), 362.
DELBRÜCK (Hans), 155.
DELÉAGE, 254.
DELORME (Suzanne), 287, 291.
DEMANGEON (Albert), 57, 305, 364, 403, 404, 490, 491, 492.
DENIKINE, 51.
DERRUAU (Max), 161.
DESCARTES (René), 272, 285.
DESPOIS (Jean), 165, 254.
DEVEREUX (Georges), 243.
DEVÈZE (Michel), 163.
DIDEROT (Denis), 230, 288.
DIEHL (Charles), 301, 388.
Dieppe, 541, 542.
DIGEON (Claude), 460.

Dijon, 254, 390, 391.
DILTHEY, 274.
DION (Roger), 161.
Dole, 269.
DOLLÉANS (Édouard), 254.
DOLLINGER (Philippe), 254.
Dordogne (fl.), 395.
DORIA (Giorgio), 323.
DOUMER (Paul), 287.
Dresde, 424.
Dreyfus (Affaire), 281-282.
Drot (fl.), 395.
DROUOT (Henri), 164.
Dubrovnik, 16.
DUCHÂTEL (ministre), 510.
DUCRET (O.), 188.
DUHAMEL (Georges), 40.
Duisbourg, 52.
Dunkerque, 307.
DUPRIEZ (Léon), 178, 523.
DURAS (duc de), 222.
DURCKHEIM (Émile), 20, 228, 272, 288, 289, 414, 422.
DÜRER (Albrecht), 159.
DURUY (Victor), 20.
Düsseldorf, 52.

Èbre (fl.), 495.
Égée (mer), 121, 122.
Égypte, 63, 154, 385, 499.
ENJALBERT (Henri), 395-397.
EPSTEIN (Sara), 303.
Épinal, 124.
ÉRASME (Didier), 275, 313, 332, 333.
Escaut, 541.
ESCRAGNOLLE TAUNAY (Affonso d'), 70, 123.
Espagne, 15, 21, 37, 55, 64, 93, 96, 101, 115, 155, 170, 184, 243, 248, 331, 332, 333, 334, 344, 369, 396, 397, 435, 441, 467, 472, 473, 474, 493, 495, 497, 502, 539, 541.
ESQUER (Gabriel), 281-284.
ÉTARD (Paul), 304.
États-Unis, 38, 39, 56, 57, 63, 69, 103, 137, 140, 141, 151, 204, 243, 333, 362, 433, 502, 525, 542, 549.
Éthiopie, 55.
Europe, 37, 38, 39, 40, 41, 45, 47, 48, 51, 52, 55, 57, 66, 73, 78,

83, 84, 92, 95, 99, 103, 115, 123, 128, 132, 134, 159, 160, 164, 166, 168, 171, 173, 182, 187, 223, 226, 239, 244, 247, 254, 284, 300, 306, 313, 318, 319, 320, 333, 343, 344, 349, 350, 362, 363, 374, 424, 425, 430, 468, 472, 478, 484, 485, 487, 495, 497, 500, 505, 517, 519, 524, 530, 531, 537, 538, 539, 541, 542, 544, 549.
Évian (accords d'), 549.
Extrême-Orient, 37, 38, 52, 184, 217, 442.
Eylau, 128.

FAIDHERBE (Louis), 391.
FALLOUX (Frédéric Albert de), 520.
FANFANI (Amintore), 168, 322.
FEBVRE (Henri), 263.
FEBVRE (Lucien), 9, 15, 16, 17, 18, 19, 20, 22, 23, 24, 25, 26, 27, 28, 29, 30, 31, 35, 61, 62, 90, 100, 115, 153, 162, 176, 180, 183, 187, 201, 203, 204, 208, 210, 212, 213, 224, 228, 229, 230, 231, 232, 236, 240, 241, 242, 245, 246, 249, 251-275, 286, 287, 288, 291, 292, 297, 301, 303, 305, 307, 309, 310, 311, 313, 314, 317, 322, 328, 329, 331, 332, 340, 341, 349, 353, 364, 366, 375, 376, 380, 381, 382, 392, 400, 403, 412, 413, 424, 427, 459, 465, 488, 490, 491, 492, 495, 503, 535.
FEBVRE (Paulette), 263.
FEBVRE (Suzanne), 257.
FEDEL (Georges), 280.
FELLONI (Giuseppe), 169, 323.
FERRO (Marc), 31.
FERRY (Jules), 376.
Feyersheim, 303.
FIELDHOUSE (D. F.), 349.
FINLEY (Moses), 339.
Flandres, 39, 73, 169, 331, 467, 468, 543.
Florence, 17, 49, 82, 166, 244, 319, 324, 325, 326, 327, 346, 498.
Floride, 382, 383, 466.
FOLZ (Robert), 254.

Fontana, 185.
Fontenay-aux-Roses, 302.
FONTES (Elio), 49.
Formiga, 106, 111, 114.
FOSCOLO BENEDETTO (Luigi), 322.
FOUCAULT (Michel), 233.
FOUCHET (Christian), 296.
FOURASTIÉ (Jean), 179, 413, 548.
FOWLER (Kenneth), 347.
FOX (Edward W.), 529.
FRANCASTEL (Pierre), 272.
France, 19, 21, 25, 31, 36, 37, 39, 43, 51, 56, 58, 72, 101, 108, 124, 126, 131, 132, 141, 144, 151, 155, 157, 161, 162-164, 169, 180, 184, 186-190, 199, 195, 219, 222, 230, 230, 234, 238, 239, 240, 243, 244, 251, 256, 257, 264, 266, 278, 280, 284, 290, 303, 306, 307, 310, 313, 337, 342, 347, 359, 362, 368, 369, 381, 382, 383, 386, 388, 389, 390, 392, 393, 394, 396, 414, 435, 441, 442, 444, 445, 461, 476, 478, 480, 484, 488, 495, 496, 509, 511, 512, 517, 519, 521, 529, 530, 540, 542, 543, 544, 547, 549, 550.
FRANCE (Anatole), 59, 371.
Francfort-sur-le-Main, 124.
FRANCH (frère Rafael), 499.
Franche-Comté, 12, 226, 258, 369.
FRANCK (Sébastien), 269.
FRANÇOIS (Michel), 345.
FRANÇOIS Ier, 101, 383, 471, 537, 542, 543.
FREYRE (Gilberto), 45, 62-84, 86, 89, 102, 114, 204, 205.
Friedland, 128.
FRIEDMANN (Georges), 213, 231, 254.
FUGGER (famille des), 160.
Fundy (baie de), 542.
FURET (François), 238, 239.
FUSTEL DE COULANGES (Numa Denis), 25, 230, 271, 293, 306.

GABRIEL (Albert), 254.
GAGÉ (Jean), 254.
GALLEGOS (Romulo), 100.
GALLOIS (Lucien), 30, 228, 304.
GAMA (Vasco de), 383, 538, 539.

GANIVET (Angel), 64.
GARAY (Don Juan de), 92.
GASCON (René), 179.
GASSENDI, 286.
GATTINARA (Mercurio), 346.
GAUTIER (Émile-Félix), 280, 361.
GAXOTTE (Pierre), 270.
Gaypio, 72.
GENGIS KHAN, 430.
Gênes, 158, 223, 247, 318, 319, 322, 323, 324, 385, 468, 496, 498, 530, 539, 540.
Genève, 53.
GENTILE (Giovanni), 535.
GERNET (Louis), 20, 280.
Gex (pays de), 53.
Gibraltar, 157, 467, 498, 539.
GIDE (Charles), 414.
GIEYSZTOR (Alexandre), 17.
Gilão, 106.
GIRY (Arthur), 288.
GLÉNISSON (Jean), 217.
GOETHE (Johann Wolfgang von), 271.
GOLDENWEISER (A.), 410.
GOLDMANN (Lucien, 243.
GOUBERT (Pierre), 30, 163, 307, 448, 476-488, 489.
GOUBERVILLE (sire de), 223.
GOURGUES (Dominique de), 383.
GOUROU (Pierre), 30.
Goyaz, 69, 109.
GRAMSCI (Antonio), 535.
GRANDAMY (René), 179.
Grande-Bretagne, 56, 487.
GRAND MOGHOL, 183.
GRANGER (Gilles), 177.
GRANVELLE (cardinal de), 260.
Gravatão, 106.
Gray, 269.
Grèce, 121, 122, 133, 396.
GREIMAS (Julien), 243.
Grenade, 331, 333, 539.
GRENIER (Albert), 253.
Grenoble, 142.
GRITTI (Andrea), 347.
GRIZIOTTI-KRESTCHMANN (J.), 471.
Groenland, 542.
Groethuysen, 254.
GROHMANN (Alberto), 347.
Gruta, 106, 111, 114.
GSELL (Stéphane), 268.
Guadalquivir, 464.

Guadarrama (sierra de), 329.
Guanabara (baie de), 542.
GUILLEMIN (Henri), 461.
Guinée (golfe de), 157.
Guise, 461.
GUIZOT (François), 515, 520.
GURVITCH (Georges), 164, 213, 218, 236, 237, 246, 408-425, 443, 450, 503, 512.
Guyane, 100.

HABSBOURG (famille des), 183.
HALBAN (Hans von), 288.
HALBWACHS (Maurice), 24, 253, 260, 272, 297, 305, 409, 422, 425.
Hambourg, 69.
HAMILTON (Earl J.), 96, 204, 463, 471, 473, 503.
HANDELSMAN, 62.
HARRIS (Marvin), 104-115.
HASSINGER (Erich), 312-315, 442.
HAURIOU (Maurice), 417.
HAUSER (Henri), 13, 19, 23, 26, 88, 163, 182, 184, 186, 223, 231, 254, 484, 490, 504, 533.
HAY (Denys), 347.
HAZAN (Aziza), 184.
HAZARD (Paul), 382, 393.
HELLER (Clemens), 243, 339.
HENRI II, 383, 459, 472.
HENRI IV, 39.
HENRI VIII, 537.
HENRY (Louis), 427.
HERR (Lucien), 268.
HERRIOT (Édouard), 280.
HITLER (Adolf), 55.
HOBSBAWN (Eric), 241, 242, 243, 339.
HOCHHOLZER (Hans), 165.
Hollande, 69, 73, 168, 190, 244, 248, 342, 395, 441.
HOLLEAUX (Maurice), 13, 268, 294, 374.
Hondschoote, 472.
Hongrie, 51, 243.
Hudson (fl.), 542.
HUDSON (Enrique), 100.
HUGO (Victor), 452, 453, 491.
HUIZINGA (Johan), 305.
Humanité (*L'*), 311.
HUSSERL (Edmund), 277.

Iberoamerikanisches Archiv, 47.
Iguapa, 94.
Île-de-France, 348.
Ilheus, 48, 49.
IMBERT (Gaston), 173, 178, 472, 485.
Imparcial, 49.
INCAS, 541.
Inde(s), 14, 143, 184, 223, 243, 323, 336, 338, 384, 434, 468, 474, 538, 539.
Indien (océan), 157.
Indonésie, 338.
Insulinde, 184, 199, 223.
Irlande, 157, 434.
Italie, 21, 37, 39, 55, 72, 79, 82, 115, 124, 155, 170, 184-185, 190, 204, 222, 244, 290, 313, 318, 319, 320, 321, 324, 326, 327, 369, 385, 417, 441, 498, 499, 535, 539, 540, 543.

JACOB (François), 187.
Jamaïque, 466.
Japon, 37, 54, 183, 184, 217, 223, 338.
JAURÈS (Jean), 30, 311, 461.
JEAN XXIII, 550, 551.
Jemmapes (Algérie), 299.
JOLIOT-CURIE (Frédéric), 288.
JOLL (James), 349.
JORDAN (Édouard), 301.
Journal of Modern History, 11, 19.
JUAN D'AUTRICHE (Don), 184.
Jujuy, 94.
JULIEN (Charles-André), 381-387.
JULLIAN (Camille), 41.
Jura, 256, 263.

KELLENBENZ (Hermann), 344.
KEMAL (Mustafa), 51.
KEYSERLING (Hermann von), 59.
KIPLING (R.), 14.
Kœniggraetz, 126.
KOLTCHAK (amiral), 51.
KONETZKE (Richard), 385.
KONVITZ (Josef W.), 529-531.
KOVATCHEVIC (Mlle), 169
KUHN (Thomas S.), 228.
KULA (Witold), 17, 244, 245, 339, 505-507.
KULISCHER (Alexandre), 443.
KULISCHER (Eugène), 443.

KUN (Béla), 51.
KUSNETZ (Simon), 336.

Labrador, 537, 542.
LABROUSSE (Camille-Ernest), 89, 153, 213, 230, 245, 254, 308-311, 378, 389, 422, 467, 472, 482, 485, 489, 491, 493, 498, 503, 511, 513.
LA CHÂTRE (Maurice), 457.
LACOMBE (Paul), 23, 31, 288, 289.
LAGUNA (docteur), 332.
LAHERRE (Achille), 330.
Laiazzo, 322.
LAJOUX (J.-D.), 188.
LAMARTINE (Alphonse de), 510.
Landes, 395, 396.
LANDES (D. S.), 349.
LANE (Frederic C.), 204, 246.
LANGEVIN (Paul), 24, 230, 264, 288.
LANGLOIS (Charles V.), 304.
Languedoc, 237, 238, 239, 500.
LANNES (Jean), 12.
LANSON (Gustave), 304.
LAPEYRE (Henri), 162, 469.
LAPPERIÈRE (général), 126.
LARAN (Michel), 527-528.
La Rochelle, 157.
LAS CASAS (Bartolomé de), 128, 332, 333.
Las Palmas, 474.
LAUGIER (Henri), 442.
La Vera Cruz, 467, 468.
LAVISSE (Ernest), 132.
LAVOISIER (Antoine Laurent de), 213, 219.
LE BRAS (Gabriel), 25, 254, 399.
Le Caire, 198.
Le Corbusier, 40.
LEDRU-ROLLIN (Alexandre Auguste), 517.
LEFEBVRE (Georges), 25, 254, 297, 305, 394, 521.
LEFEBVRE DES NOËTTES (commandant), 370.
LE GOFF (Jacques), 31, 55, 301.
Le Havre, 529.
LEHMANN (Frederic), 45.
Leipzig, 29, 159.
LE LANNOU (Maurice), 398-407.
LÉNINE, 330.

Leningrad, 51, 210, 211.
Leopoldina, 47.
LERICHE (René), 254.
LEROI-GOURHAN (André), 402.
LEROY-BEAULIEU (Paul), 195.
LE ROY LADURIE (Emmanuel), 30, 31, 153, 179, 237, 238, 489.
LESCHI (Louis), 280.
LESCURE (Jean), 178, 310, 490.
LE SENNE, 277.
LESPÈS (René), 280.
LE TITIEN, 317.
LEUILLIOT (Paul), 25, 254, 307.
LEVASSEUR (Émile), 192, 195.
LÉVI-STRAUSS (Claude), 213, 225, 240, 410.
LÉVY (Paul), 304.
LÉVY-BRUHL (Henri), 272.
Leyde, 472.
LHOMME (Jean), 160, 189.
Lima, 91, 94, 96.
Limoges, 257.
Limousin, 294.
Lisbonne, 44, 48, 79, 93, 95, 158, 183, 247, 384, 385, 538, 539.
LIST (Friedrich), 429.
Livourne, 468, 530.
LJUBLINSKAJA (Mme A. D.), 210-211.
Locarno (traité de), 53, 54.
LOHMANN VILLENA (Guillermo), 467.
Loire (fl.), 286, 488.
LOLIVIER (Gloria), 222.
LOMBARD (Denys), 184, 531.
LOMBARD (Maurice), 299-300.
Londres, 17, 80, 158, 190, 244, 247, 314, 385, 467, 498, 524, 531, 539, 548.
LONGCHAMBON (Henri), 135.
Lons-le-Saunier, 259.
LOPEZ (Roberto), 319, 431.
LOPEZ VELARDE (Ramon), 100.
Lorient, 529.
Lorraine, 29, 83, 341, 369.
LOS COBOS (Francisco de), 346.
LOT (Ferdinand), 288, 301-302.
LOTTO (Lorenzo), 269.
LOUIS XI, 540.
LOUIS XII, 383.
LOUIS XIII, 456.
LOUIS XIV, 190, 244, 390, 392, 393, 395, 487, 529, 530, 531.
LOUIS-NAPOLÉON BONAPARTE, 517, 519, 520.
LOUIS-PHILIPPE, 508, 510, 513.
Lourdes, 257.
Louvain, 331.
Lübeck, 17, 265, 342.
LUCIFREDI (Roberto), 317, 322.
Luméville, 9.
LUTHER (Martin), 159, 270, 272, 313, 332, 551.
Luxembourg, 184.
LUZZATTO (Gino), 222, 319, 322, 324, 345.
LWOFF (André), 187.
LWOFF (S.), 185.
Lyon, 142, 144, 158, 162, 183, 252, 259, 263, 303, 308, 310, 386, 390, 543.

Macao, 183.
MACHAIN (Lafuente), 96.
MACHIAVEL (Nicolas), 319, 346, 348, 350.
Madère, 66, 73, 383, 466, 498, 542.
Madrid, 58, 222, 348, 499, 500.
MAGALHÃES GODINHO (Vitorino), 157, 385.
MAGELLAN (Fernand de), 320, 321, 385, 541.
Maghreb, 70, 498.
MAISTRE (Joseph de), 373.
Majorque, 498.
Malaga, 498.
MÂLE (Émile), 272.
MALINVAUD (Edmond), 179.
MALRAUX (André), 458.
MALTHUS (Thomas Robert), 443.
MANCERON (Claude), 550.
Manche, 45, 157, 539.
Mandchourie, 54.
MANTOUX (Paul), 23.
MARCEL (Étienne), 282.
MARCEL-DUBOIS (C.), 188.
MARCHAL (Jean), 179.
MARCZEWSKI (Jean), 179.
Maroc, 55, 72, 331.
MARQUET (Albert), 254.
Marseille, 162, 387, 394, 529.
MARTINO (Pierre), 280.
MARTIUS (Karl von), 44, 73, 81, 108.

MARTONNE (Emmanuel de), 401, 490, 492.
MARX (Karl), 229, 243, 291, 338, 351, 417, 428, 443, 457, 491, 494, 521, 525, 532-536.
MASARYK (Thomas), 59.
MASSIGLI (Louis), 304.
MAUÁ (famille des), 88.
MAURIAC (François), 461.
Mauritanie, 157.
MAURIZIO (A.), 225, 226.
MAURO (Frédéric), 179, 539.
MAUSS (Marcel), 89, 272, 409, 422, 439, 491.
MAXIMILIEN Ier, 159.
MAY (Louis-Philippe), 288.
Mayence, 17.
MAYER (J.-P.), 508, 521.
MCNEIL (William), 9, 11.
MEAD (G. H.), 416.
Medina del Campo, 158.
Méditerranée (mer), 15, 16, 17, 18, 41, 44, 45, 83, 84, 122, 128, 134, 165, 170, 222, 223, 236, 237, 244, 246, 299, 307, 333, 359, 361, 363, 366, 369, 385, 386, 406, 463, 464, 467, 468, 472, 495, 497, 498, 499, 524, 530, 540.
Médoc, 397.
Megahype, 72.
Mégare, 133.
Mehdia, 498.
MEILLET (Antoine), 304.
MEINECKE (Friedrich), 313.
MELIS (Federico), 249, 324-327, 345, 467.
MEMMI (A.), 185.
MENDOZA (Don Pedro), 92.
Mériel, 12.
METTERNICH (Klemens von), 424.
METTRA (Claude), 458.
MEUVRET (Jean), 179, 389-394, 397, 482.
Mexico, 86, 93, 140, 329.
Mexique, 100, 204, 338, 474, 541.
MEYERSON (Ignace), 379, 422, 425.
MÉZIÈRES (Philippe de), 347.
MIALARET (Athénaïs), 460.
MICHELET (Jules), 25, 180, 257, 269, 271, 275, 298, 313, 327, 351, 369, 446, 458-461, 476, 491, 521, 522.

Milan, 82, 324, 345, 346, 350.
Milanais, 319, 346.
MILLIET (Sergio), 99, 103.
Minas, 42, 69, 76, 77, 82, 83.
Minas Geraes, 76, 77, 84.
Minas Velhas, 104-115.
Moissac, 257.
MOLLAT DU JOURDIN (Michel), 307, 544.
MOMBERT (Paul), 443.
MOMMSEN (Wolfgang J.), 349.
MONCEAUX (Paul), 268.
Monde (Le), 532, 545.
Monjope, 72.
MONOD (Gabriel), 21, 29, 304.
MONOD (Gustave), 232, 254, 271, 280.
MONOD (Jacques), 187.
MONTAGNE (Robert), 197.
MONTAIGNE (Michel de), 271, 417.
Mont-Blanc, 265.
MONTEBELLO (famille des), 12.
MONTEL (Paul), 254.
Montevideo, 97, 159.
MONTLUC (Blaise de), 383.
Montpellier, 304, 305, 329.
MONZIE (Anatole de), 254.
MOORE (Geoffrey), 473.
MORAZÉ (Charles), 26, 231, 232, 254, 375-380, 405, 485.
MORELAND (W. H.), 223.
MORENO (docteur), 417, 423, 424.
Morenos, 72.
MORGENSTERN (Oskar), 413.
MORI (professeur), 327.
Moscou, 51, 128, 244, 247, 337.
Moscovie, 168.
MOUSNIER (Roland), 489.
Mühlberg, 159, 160.
Mulhouse, 341.
MUMFORD (Lewis), 524.
Munich, 55, 56, 260, 399.
MURAT (Joachim), 128.

Nancy, 29, 271.
Nantes, 387, 394, 529.
Nantua, 263.
Naples, 154, 169, 184, 319, 324, 345, 497.
NAPOLÉON Ier, 12, 15, 58, 59, 128, 132, 244, 424, 529, 531.
NAPOLÉON III, 510 (voir aussi LOUIS-NAPOLÉON BONAPARTE).

Nassau (Maurice de), 73.
Navarro (Paul), 99.
Nef (J. U.), 204.
Neruda (Pablo), 100.
Neumann (Johan von), 413.
New York, 47, 241, 247, 542, 549.
Nice, 279.
Niemen (fl.), 128.
Nietzsche (Friedrich), 59, 371.
Nil (fl.), 55, 122.
Noire (mer), 385.
Nombre de Dios, 94.
Nord (mer du), 157, 385, 468, 472, 540, 541.
Nordeste, 36, 73, 76, 80, 81, 82, 83, 108, 113.
Norman Brown (W.), 336.
Normandie, 128, 543.
Norvega, 72.
Nouvelle-Écosse, 542.
Nouvelle-Espagne, 96, 466, 471, 474.
Nouvelle-Zélande, 134.
Nuremberg, 539.

O Estado de São Paulo, 36, 37, 42.
Oise, 12.
Olinda, 64.
Olivieri (Achille), 347.
Orléans, 368.
Ortega y Gasset (José), 64, 331.
Osmanlis, 183.
Otte (Enrique), 467.
Ottoman (Empire), 185, 348.
Oursel (Charles), 391.
Ozouf (Jacques), 238.

Pacifique (océan), 37, 91, 100, 103, 321, 467.
Padoue, 348.
Palerme, 363.
Palmarès, 70.
Panama, 91, 94, 103, 466.
Paraguay, 66, 91, 94.
Parent Duchatelet (Alexandre), 453.
Paraiba (fl.), 47, 76.
Parana, 94.
Paris, 12, 13, 24, 29, 40, 142, 143, 144, 149, 150, 151, 162, 183, 216, 219, 233, 241, 244, 245, 254, 256, 265, 279, 280, 282, 284, 294, 303, 304, 305, 318, 324, 325, 335, 337, 386, 393, 394, 397, 445-457, 512, 516, 517.
Pascal (Blaise), 272.
Passerin d'Entraves (Ettore), 347.
Pavie, 317, 318, 320, 321, 543.
Pays-Bas, 37, 157, 170, 184, 248, 369, 370, 487, 498, 539, 540.
Pedras (rio das), 105, 106.
Pedro Ier, 65, 79.
Pedro II, 65, 66, 87.
Pegolotti, 323.
Péguy (Charles), 290.
Peixoto (Afranio), 64.
Pékin, 247.
Peragallo (Prospero), 385.
Périgueux, 257.
Pernambouc, 49, 109.
Pérou, 91, 94, 95, 98, 466, 471, 541.
Perrin (Charles-Edmond), 25, 254, 297, 305.
Perroux (François), 183, 191, 482, 491.
Pfister (Christian), 254, 304.
Philippe II, 15, 94, 155, 156, 165, 170, 296, 472.
Philippe IV, 473.
Philippe le Bon, 269.
Philippines, 467, 471.
Piatier (André), 179.
Pie XI, 59.
Piffer Canabrava (Alicia), 91-97.
Piganiol (André), 20, 25, 254, 296-298, 305.
Pilcomayo (rio), 95.
Pirenne (Henri), 15, 25, 84, 251, 268, 271, 281, 306, 307, 349, 406, 493, 496, 504.
Pise, 319, 323.
Pi Sunyer (Carlos), 495.
Plata, 94, 95.
Pô (fl.), 347.
Poincaré (Henri), 131, 293.
Poincaré (Raymond), 52, 53.
Poitiers, 260, 282.
Poitou, 161.
Polo (Marco), 322, 323, 544.
Pologne, 37, 52, 55, 128, 204, 243, 506, 517.
Pombo (Roch), 62.
Pomian (Krzysztof), 242.

Pommier (Jean), 329.
Pompidou (Georges), 117.
Ponteil (Félix), 254.
Pont-Euxin, 122.
Population, 391, 450.
Portalis (Joseph Marie), 510.
Porto, 48, 396.
Porto Belo, 94.
Portugal, 63, 64, 65, 66, 76, 78, 95, 96, 101, 105, 115, 154, 183, 248, 331, 396, 496, 498, 538, 539, 542.
Pose (A.), 254.
Postan (Michael Moissey), 204.
Potosi, 91-97, 168.
Prado (Caio), 68, 85-90, 204.
Prado (Paulo), 64, 86.
Prague, 550.
Prato, 325, 524.
Proudhon (Pierre-Joseph), 272, 417, 535.
Provence, 337, 448.
Provinces-Unies, 155, 248.
Prusse, 343, 433, 434.
Puerto Rico, 466.
Pyrénées, 70, 495.

Québec, 544.
Quelle (Otto), 47.
Quercy, 396.
Quesnay (François), 195, 443.
Quételet (Adolphe), 443.

Rabelais (François), 270, 313.
Raguse, 16.
Rambaud, 185.
Rauh (Frédéric), 268.
Raveau (Paul), 394.
Ray (Marcel), 253, 261.
Recife, 45, 64, 72, 73, 76, 77, 78, 80, 81, 82, 83, 91, 102, 248.
Reclus (Élisée), 73.
Reconcavo, 49.
Renan (Ernest), 329, 330.
Renaudet (Augustin), 253, 331, 332.
Rennes, 148.
Renouard (Yves), 497.
Renouvin (Pierre), 153.
Reparaz (Gonzalo de), 385.
Review, 242, 245, 248.
Revue africaine, 283.
Revue critique, 20.

Revue historique, 21, 26, 342.
Revue de métaphysique et de morale, 298.
Revue de synthèse historique puis *Revue de synthèse*, 20, 21, 22, 23, 24, 25, 27, 228, 254, 287, 289, 290, 291, 292, 302, 304, 305, 368.
Rey (Abel), 23, 254.
Reyes (Alfonso), 329, 330.
Rhénanie, 14.
Rhin, 17, 55, 127.
Ribeirão Preto, 67.
Richard (Gaston), 411.
Richelieu (cardinal de), 529.
Richet (Denis), 179.
Riegel (Marianne), 443.
Rio de Janeiro, 46, 69, 76, 78, 79, 256, 382, 542.
Rio de la Plata, 91, 93, 94, 95, 96, 97, 471.
Rio Grande, 128.
Rio Grande do Sul, 45, 49, 76, 77.
Rivière (Georges), 188.
Rochefort, 529.
Rolland (Romain), 461.
Romanelli (Patrick), 535.
Romani (Marzio A.), 347.
Romano (Ruggiero), 167, 243, 323, 470, 471, 486.
Rome, 41, 55, 127, 303, 318, 319, 324, 345, 350, 444, 520, 550.
Romero (José Luis), 61.
Romero (Ruben), 100.
Romier (Lucien), 38, 161, 459.
Roosevelt (F. D.), 39.
Röpke (William), 429.
Roques (Mario), 302.
Rosa (professeur de), 327.
Rosenblatt (Alfredo), 443.
Rossi, 195.
Roubaix, 391.
Rouen, 162, 387, 394, 543.
Rouge (Maurice), 399.
Roumanie, 204, 243.
Roupnel (Gaston), 12, 25, 89, 254, 367-374.
Roussillon, 495.
Rozoy-en-Brie, 393.
Rubinstein (Nicolaï), 346.
Ruffié (Georges), 187.
Ruhr, 52, 56.
Ruhrort, 52.

Ruiz (Simon), 157, 467.
Ruiz Martin (Felipe), 473.
Rümelin (Gustav), 429.
Ruskin (John), 130.
Russie, 37, 51, 52, 56, 84, 128, 140, 143, 151, 313, 338, 363, 527-528.
Rustichello, 323.
Ruzante, 348.

Sachs (Ignacy), 185.
Sadowa, 126, 424.
Sahara, 14, 126.
Saint-Amour, 258, 262, 263.
Saint-Antonin-de-Rouergue, 396.
Saint-Cloud, 424.
Saint-Domingue, 70, 466.
Saint-Exupéry (Antoine de), 257.
Saint-Hilaire (Geoffroy), 357.
Saint-Laurent (fl.), 382, 544.
Saint-Malo, 538, 541.
Saint-Pétersbourg, 51, 529, 531.
Sainte-Hélène, 128.
Salamanque, 331.
Salins, 269.
Salta, 93, 94.
Salvemini (Gaetano), 350.
Santiago del Estero, 91.
Sanchez (Luis Alberto), 98-103.
Santiago du Chili, 427, 428.
Santos, 16, 73, 112, 113, 255.
São Francisco (fl.), 109.
São Paulo, 16, 35, 36, 37, 46, 47, 48, 50, 61, 68, 69, 76, 77, 83, 108, 109, 112, 113, 117, 119, 133, 255.
São Vicente, 73, 91, 94.
Sapori (Armando), 319, 320, 324, 345.
Sardaigne, 400, 405.
Sartre (Jean-Paul), 533, 535.
Saussay (Jean), 527-528.
Sauvy (Albert), 160, 436-445, 457.
Saxe, 433.
Say (Jean-Baptiste), 195.
Sayous (André-E.), 467.
Scheler (Max), 414.
Schetz, 73.
Schmoller (Gustav), 429.
Schnerb (Robert), 254.
Schumpeter (Joseph), 534.
Schuschnigg (Kurt von), 55.

Ségovie, 473.
Seignobos (Charles), 26, 256, 288, 302, 304, 490.
Serra do Mar, 113.
Serra do Ouro, 106.
Sète, 529.
Sétubal, 396.
Séville, 46, 157, 158, 183, 247, 385, 462-475, 498, 539.
Shakespeare (William), 82.
Shanghaï, 54.
Sibérie, 51, 168, 183.
Sicile, 499.
Siegfried (André), 103, 196, 305.
Sienne, 82.
Sierra Madre, 474.
Simancas, 15, 344, 346, 468, 500.
Simiand (François), 23, 178, 193, 272, 305, 310, 372, 378, 409, 490, 493, 494, 503.
Simonsen (Roberto), 66.
Sincora, 111.
Sion (Jules), 253, 365.
Sombart (Werner), 57, 491.
Somme, 370, 488.
Sorre (Maximilien), 224, 353-366, 400, 404, 442, 451.
Soustelle (Jacques), 230.
Southampton, 539.
Southey (Robert), 62.
Souza Leão, 64.
Spengler (Oswald), 57, 175.
Spix (Johannes von), 108.
Spooner (Frank), 157, 158, 160, 163, 167, 222, 486, 487.
Sporades, 122.
Stein (Gertrude), 22.
Stendhal, 272, 504.
Stoianovitch (Traian), 227-234, 235.
Strasbourg, 24, 25, 27, 28, 31, 142, 229, 241, 253, 254, 280, 294, 297, 304, 305, 329, 331, 340.
Stresemann (Gustav), 53, 54, 56.
Strieder (Jacob), 160.
Strozzi, 383.
Sue (Eugène), 452.
Suède, 313.
Suez (canal de), 55.
Suisse, 204, 264, 342.
Syrie, 385.

TAMERLAN, 374.
TAPIR (Fulgence), 371.
TARDIEU (S.), 188.
Tarragone, 498.
Tasso da Silveira, 49.
Taubaté, 113.
Tawney, 204.
Tchécoslovaquie, 37, 55, 204.
TENENTI (Alberto), 169, 243, 323, 347.
TÉNÈZE (L.), 188.
Terre-Neuve, 157, 537, 542, 543.
TERZA (Dante della), 348.
Tessin, 321.
Thèbes (Grèce), 84.
THIERS (Louis Adolphe), 513, 516, 516, 520.
Thoiry, 53.
THOMAS (Albert), 253.
THORNER (Alice), 336, 337, 339.
THORNER (Daniel), 243, 335-339.
THORNER (Nicolas), 339.
Thrace, 122.
THÜNEN (J. H. von), 428.
TOCQUEVILLE (Alexis de), 81, 351, 508-522.
Tolède, 473.
Tordesillas, 96.
Toscane, 325, 326, 327.
TOUCHARD (Henri), 540.
Toulouse, 142, 253, 294.
Tours, 285.
TOUTAIN (J.-C.), 179.
TOYNBEE (Arnold), 175.
Trafalgar, 244.
Transvaal, 68.
Trentin, 313.
Triana, 468.
TROCMÉ (Étienne), 157.
TRUYOL, 344.
TUCCI (Ugo), 167, 486.
Tucuman, 74, 91, 92, 93, 94, 95, 96.
Turquie, 51, 205.
Tyrol, 541.

Ubatuba, 112, 113.
Udine, 167, 486.
UNAMUNO (Miguel de), 64, 329, 330, 331.
Urbino, 222.
U.R.S.S., 57, 177, 217.
Uruguay, 100.

USHER (A. P.), 204, 443, 444.
Utaparica, 81.
UTTERSTRÖM (Gustaf), 165.

Valence, 473, 495, 498, 499, 539.
VALÉRY (Paul), 371, 373, 491.
Valladolid, 157, 384.
VAN DEN SPRENKEL, 443.
VARAGNAC (André), 254.
Varnhagen, 62.
VASOLI (Cesare), 347.
Varsovie, 17, 52.
Vatican, 550.
VAVILOF, 357.
VEBLEN, 338.
Vénétie, 400.
VENETTE (Jean de), 282.
Venezuela, 100.
Venise, 154, 166-167, 168-170, 223, 244, 247, 279, 314, 319, 324, 325, 347, 348, 385, 386, 388, 472, 485, 498, 524, 530, 541, 542.
VERGARA (Juan de), 95.
VERRAZANO (Giovanni da), 542, 543.
Versailles (traités de), 52.
Vervins, 15.
VIALLANEIX (Paul), 460.
VICAIRE (P.), 254.
VICENS VIVÈS (Jaime), 344, 498.
VICENTE VIANNA (Francisco), 47.
Vichy, 266, 305, 307.
VIDAL (Simone, épouse de Marc Bloch), 303, 304.
VIDAL DE LA BLACHE (Paul), 30, 187, 224, 228, 257, 272, 280, 289, 366, 398, 400, 405, 442, 488, 492.
Vienne (Autriche), 40, 55, 243, 316, 348.
Vierteljahrsschrift für Sozial-und Wirtschaftsgeschichte, 27, 229.
VIGEZZI (Brunello), 348.
Vila Nova, 105, 106, 107, 109, 111, 114.
VILAR (Pierre), 153, 179, 309, 489-504.
VILLEGAIGNON (Nicolas Durand de), 381, 382.
VIVARELLI (Roberto), 348.
Vincennes, 149, 517, 517.
VINCI (Léonard de), 272.

Virginie, 396.
VITO (Francesco), 413.
Vitoria (Brésil), 434.
VITORIA (Francisco), 95.
VITRÉ, 393.
VIVANTI (Corrado), 169.
VIVES (Luis), 332.
VOISIN DE LA POPELINIÈRE (Lancelot), 313, 314.
VOLTAIRE, 180.

WAGEMANN (Ernst), 178, 310, 427-436, 437, 456.
WALDEMAR, 114.
WALLERSTEIN (Immanuel), 235, 242, 245, 246, 247, 248, 523-526.
WALLON (Henri), 30, 253.
WALRAS (Léon), 195.
WANDERLEY, 64, 65.
WÄTIEN, 73.
Waterloo, 132, 244.

WEBER (Alfred), 175.
WEBER (Max), 338, 349, 430, 491, 524.
WERTH (Emil), 224, 230, 254, 256, 257, 261.
WEULERSEE (Jacques), 165.
WIESE (von), 420.
WILLAMOVITZ, 304.
WITTHAUER (Kurt), 442.
Worms (diète de), 159.
WRANGEL (baron), 51.
WREN (Christopher), 531.
WRIGHT (Harold), 434.
Wurzbourg, 393.

Ypiranga, 65.
YUDENITCH (général), 51.
YVER (Georges), 279-280.

ZELLER (Gaston), 254.
ZIMMERMAN, 280.
ZOLA (Émile), 452.

TABLE DES MATIÈRES

Préface, par Maurice Aymard I

INTRODUCTION
Ma formation d'historien 9

PREMIÈRE PARTIE
DE PART ET D'AUTRE DE L'ATLANTIQUE 33

Chapitre I. Les années brésiliennes 35
    I. Cartographie du monde actuel 36
    II. Bahia 42
    III. La faillite de la paix, 1918-1939 50

Chapitre II. À travers un continent d'histoire :
    l'Amérique latine 61
    I. À propos de l'œuvre de Gilberto Freyre 62
    II. Au Brésil : deux livres de Caio Prado 85
    III. Du Potosi à Buenos Aires :
        une route clandestine de l'argent 91
    IV. Y a-t-il une Amérique latine ? 98
    V. Dans le Brésil bahianais :
        le témoignage de Minas Velhas 104

DEUXIÈME PARTIE : L'ENSEIGNEMENT DE L'HISTOIRE 117

Chapitre I. La pédagogie de l'histoire 119

Chapitre II. Les sciences sociales en France,
    un bilan, un programme 135

Chapitre III. Le Collège de France 153
    I. Résumés des cours au Collège de France,
       1950-1972 154
    II. Propositions de création de deux chaires
       au Collège de France 191

TROISIÈME PARTIE : LE TEMPS DES *ANNALES* 201

    I. Les *Annales* en 1947 203
   II. Problèmes et documents 206
  III. Les *Annales* continuent 208
  IV. Marc Bloch à l'honneur 210
    V. Retour aux enquêtes 212
  VI. Vie matérielle et comportements biologiques 215
 VII. Histoire de la vie matérielle 221
VIII. Préface au Paradigme des *Annales* 227
  IX. En guise de conclusion 235

QUATRIÈME PARTIE : LES « OUVRIERS EN HISTOIRE » . 249

     I. Présence de Lucien Febvre 251
    II. Lucien Febvre et l'histoire 270
   III. Gaston Berger (1896-1960) 276
   IV. Georges Yver (1870-1961) 279
    V. Gabriel Esquer (1876-1961) 281
   VI. Hommage à Henri Berr
       pour le centenaire de sa naissance 285
  VII. André Aymard 294
 VIII. Hommage à André Piganiol 296
   IX. Maurice Lombard 299
    X. Hommage à Ferdinand Lot à l'occasion
       du 100e anniversaire de sa naissance 301
   XI. Marc Bloch 303
  XII. Ernest Labrousse 308
 XIII. Erich Hassinger 312
 XIV. Franco Borlandi 316
  XV. Federigo Melis 324
 XVI. La vie exemplaire de Marcel Bataillon 328
XVII. Daniel Thorner 335
XVIII. Henri Brunschwig 340
 XIX. Federico Chabod 344

CINQUIÈME PARTIE : L'HISTOIRE QUI S'ÉCRIT 351

   I. Y a-t-il une géographie de l'individu biologique ? . 353
  II. Faillite de l'histoire, triomphe du destin 367
 III. En marge ou au cœur de l'histoire ? 375
 IV. La double faillite « coloniale » de la France
     aux XVe et XVIe siècles 381

V.	L'économie française au XVIIᵉ siècle	389
VI.	La géographie face aux sciences humaines	398
VII.	Georges Gurvitch ou la discontinuité du social ..	408
VIII.	La démographie et les dimensions des sciences de l'homme	426
IX.	Michelet toujours vivant	458
X.	Pour une histoire sérielle : *Séville et l'Atlantique (1504-1650)*	462
XI.	À propos du *Beauvaisis* de Pierre Goubert	476
XII.	La Catalogne, plus l'Espagne, de Pierre Vilar	489
XIII.	Préface à Witold Kula, *Théorie économique du système féodal. Pour un modèle de l'économie polonaise, XVIᵉ-XVIIIᵉ siècles*	505
XIV.	Préface aux *Souvenirs* d'Alexis de Tocqueville ...	508
XV.	Préface à Immanuel Wallerstein, *Il Sistema mondial dell'economia moderna*	523
XVI.	Préface à Michel Lacan et Jean Saussay, *La Russie ancienne, IXᵉ-XVIIᵉ siècles*	527
XVII.	*Cities and the Sea*	529
XVIII.	Karl Marx	532
XIX.	*Le Monde de Jacques Cartier*	537

POUR CONCLURE

Laissons bondir les eaux vives, 1980 545

ANNEXES

Bibliographie générale des œuvres de Fernand Braudel ... 555

Notes 583

Index 591

Impression réalisée sur CAMERON par

BUSSIÈRE CAMEDAN IMPRIMERIES
GROUPE CPI

*à Saint-Amand-Montrond (Cher)
en septembre 2001*

N° d'édition : 412. N° d'impression : 014306/4.
Dépôt légal : septembre 2001.

Imprimé en France